KB215448

국내 최초의 한문 주석본

풍몽룡의
동주열국지

국내 최초의 한문 주석본

풍몽룡의
동주열국지

5

전국시대

黃河

풍몽룡 지음
신동준 역주

인간사랑

연燕　조□
　　朝鮮

양평
襄平

대代

무종無終

●하북

제齊

진양晉陽

●산서　　　●산동

●섬서

적도狄道

복양濮陽

거莒

함양咸陽　낙양洛陽　●하남

진秦

●청해

완현宛縣　●호북

성도成都

수춘壽春

●사천

●절강

초楚

●호남

임상臨湘　　●복건

●광동

●광서

●표시는 독자의 이해를 돕기 위해 전국시대 위치와 현재 지명을 같이 표기했다.

차 례

제5부 전국시대戰國時代

일러두기

1. 본서는 지난 1973년 인민문학출판사人民文學出版社에서 출간한 『동주열국지東周列國志』 상하 2 권을 저본으로 하여 완역한 것이다. 이밖에도 지난 2005년 중국의 악록서사岳麓書社에서 출간한 『동주열국지』 도문본圖文本과 지난 1974년 대만의 문원서국文源書局에서 출간한 『동주열국지』 등을 참고했다. 국내 번역본으로는 김구용과 최이산 및 김영문 번역본을 주로 참고했다.

2. 『열국지』는 여타 『삼국연의』와 마찬가지로 장회소설章回小說 형식으로 편제돼 있다. 모두 108회回이다. 1회는 2개 이야기로 구성돼 있다. 제목 자체가 2개로 구성돼 있는 이유다. 본서 역시 원문과 마찬가지로 2개의 단락으로 나누면서 따로 제목을 붙였다. 기존의 국내 번역본들처럼 각 회回의 제목은 따로 붙이지 않은 것이다. 원문에 충실한 번역을 의도한 결과다.

3. 인명과 지명 모두 우리 한자음을 기준으로 했다. 처음 나오는 경우만 한자를 병기하는 것으로 했다. 다만 단락이 자주 바뀌면서 혼동될 우려가 있을 때는 재차 병기했다. 통상적인 음과 다르게 발음될 때는 각주에서 그 배경을 자세히 설명해 놓았다.

4. 중국의 지명은 수천 년 동안 그대로 이어지고 있는 경우가 매우 많다. 이는 원래의 지명대로 표기했고, 지명이 바뀐 경우는 본문에 해설 형식으로 덧붙여 놓았다. 또한 독자들의 이해를 돕기 위해 원문에 나오는 연호에 기원전 몇 년 등의 서력기원을 덧붙여 『열국지』의 사서史書로서의 의미를 부각시켰다.

5. 『열국지』에는 수많은 성어와 격언, 속담 등이 등장한다. 원문과 각주에 그 의미를 상세히 풀이해 놓았다. 4자성어가 그렇듯이 한문구절로 암기할 경우 오래 기억되는 점을 감안해 번역문 곁에 원문에 나오는 한문도 덧붙여 놓았다. 독자들의 이해에 도움을 주고자 한 것이다.

6. 『열국지』가 다루는 시대는 무려 550년에 달한다. 내용도 복잡하고 등장인물도 매우 많다. 더욱 헷갈리는 것은 시대구분이다. 본서는 기존의 춘추전국시대 구분법과 달리 춘추시대와 전국시대를 잇는 '춘추전국지제春秋戰國之際' 즉 오월시대의 존재를 인정해 크게 3분했다. 이어 다시 춘추시대를 최초로 패업을 이룬 제환공齊桓公의 시대와 두 번째로 패업을 이룬 진문공晉文公의 시대 및 진문공 사후 중원의 진晉나라와 남방의 강국 초楚나라가 천하의 패권을 놓고 다투는 진초晉楚시대로 3분했다. 통상적인 춘추전국시대를 모두 5개의 시대로 세분한 셈이다. 이는 당시 천하의 패권을 장악한 나라를 중심으로 한 구분으로 필자가 처음으로 시도한 것이기도 하다. 이런 분류가 독자들로 하여금 춘추전국시대를 일목요연하게 파악하는 데 나름 도움이 될 것으로 본다.

제 5 부 전국시대 戰國時代

黃河

呂不韋

荊軻

167話 지백이 둑을 터 진양성을 수몰시키다
– 지백결수관진양智伯決水灌晉陽

원래 진晉나라 4경이 가병을 모아 진출공을 축출할 당시, 지씨智氏 가문의 가주는 지백智伯 즉 지양자知襄子였다. 그의 이름은 순요荀瑤 즉 지요智瑤이다. 지무자智武子 순역荀躒 즉 지역智躒의 손자이고, 지선자智宣子 순서오荀徐吾 즉 지서오智徐吾의 아들이다.

지선자가 후사를 세우기 위해 친족들과 상의했다.

"후사로 지요를 세울까 하는데 어찌 생각하오?"

일족인 지과智果가 대답했다.

"지요는 지소智宵만 못합니다."

지선자가 말했다.

"지소는 재지才智가 지요만 못하다. 지요를 후사로 세우느니만 못하다."

지과가 말했다.

"지요는 다른 사람보다 뛰어난 5가지 장점이 있고, 다른 사람보다 못한 한 가지 단점이 있습니다. 다른 사람보다 뛰어난 5가지 장점을 말하면 첫째, 그는 아름다운 수염인 미염美髥이 장대한 게 뛰어납니다. 둘째, 활쏘기와 수레몰기인 사어射御가 뛰어납니다. 셋째, 다양한 기예技藝가 뛰어납니다. 넷째, 굳세고 용감하며 과감히 결단하는 강의과감強毅果敢이 뛰어납니다. 다섯째, 교묘한 지혜로 적절히 대처하는 지교편급智巧便給이 뛰어납니다. 하지만 그는 잔인할 만큼 욕심이 많고 어질지 못한 탐잔불인貪殘不仁이 한 가지 커다란 단점입니다. 뛰어난 5가지 장점으로 다른 사람을 업신여기고, 한 가지 단점으로 다른 사람을 다스리고자 하면 누가 그를 용납할 수 있겠습니까? 만일 지요를 후사로 세우면 우리 지씨 가문은 멸족의 화를 달할 것입니다."

지선자는 그 말을 듣지 않고 지요를 후사로 세웠다. 지과가 탄식했다.

"지씨 일족에서 벗어나지 않으면 닥쳐오는 파도에 휩쓸려 익사하고 말 것이다."

그러고는 은밀히 태사太史를 찾아가 족보를 고치고 스스로 보씨輔氏를 칭했다. 지선자가 죽자 훗날 시호로 인해 지양자智襄子로 불리게 된 지요가 지씨 가문의 가주인 지백智伯이 되어 진나라 실권을 장악했다. 안으로는 지개智開와 지국智國 등 충성스런 친족인 폐부지친肺腑之親이 있었고, 밖으로는 치자絺疵와 예양豫讓 등 충성스럽고 지혜로운 참모인 충모지사忠謀之士가 있었다. 그의 권세는 존귀하고도 막중했다.

마침내 그는 진나라를 송두리째 차지할 생각을 했다. 가신들을 은밀히 모아 앞일을 상의했다. 모사인 치자가 나서서 말했다.

"지금 진나라의 4경四卿은 지위가 같고 힘도 대등합니다. 어느 한 가문이 나서면 나머지 세 가문이 항거할 것입니다. 진나라 공실을 도모하기에 앞서 먼저 한씨와 조씨 및 위씨 등 3경의 세력부터 약화시켜야 합니다."

지양자 지요가 물었다.

"저들을 약화시키려면 어찌해야 하오?"

치자가 대답했다.

"지금 월나라가 매우 강성해진 탓에 우리 진나라는 맹주의 지위를 잃었습니다. 주공이 월나라와 패권을 타투겠다는 구실로 군사를 일으킨 뒤 진후晉侯의 명을 빌려 세 가문에 각각 100리의 땅을 바치라고 하십시오. 그곳에서 받은 세금으로 군자금을 마련하면 세 가문은 명에 따라 땅을 할양해야 하지만 우리는 앉아서 300리의 땅을 얻을 수 있습니다. 그리되면 지씨는 날로 강해지고, 저들 세 가문은 날로 쇠약해질 것입니다. 만일 명을 따르지 않는 가문이 있으면 진후의 명을 빙자해 대군을 이끌고 가 제거하십시오. 이것이 바로 과일의 속은 먹고 껍질은 버리는 식과거피食果去皮의 계책입니다."

지요가 말했다.

"그 계책이 실로 묘하오. 세 가문 중 어느 가문부터 시작하는 게 좋겠소?"

치자가 대답했다.

"지씨는 한씨 및 위씨와 친하고 조씨와 틈이 있습니다. 먼저 한씨, 이어 위씨에게 분부하십시오. 한씨와 위씨가 복종하면 조씨 홀로 다른 행동을 할 수 없습니다."

지요가 동생 지개를 한강자韓康子 한호韓虎의 부중으로 보냈다. 한호는 지개를 중앙의 대청인 중당中堂으로 맞이한 뒤 온 뜻을 물었다. 지개가 말했다.

"오형吾兄이 진후의 명을 받들어 장차 군사를 일으켜 월나라를 치게 됐습니다. 진후가 3경으로부터 각각 100리씩 땅을 거둬 군자금에 쓰도록 하라고 분부했습니다. 오형이 나를 시켜 이런 취지를 고하고 할양될 땅의 경계를 알아오도록 했습니다."

한호가 말했다.

"그대는 잠시 돌아가 있도록 하시오. 내가 내일 직접 가서 보고토록 하겠소."

지개가 돌아가자 한호가 가신들을 불러 대책을 상의했다.

"지요가 주상의 명을 빙자해 나머지 세 가문을 약화시키려고 출정을 구실로 땅을 내놓으라는 것이오. 내가 먼저 군사를 일으켜 이 도적을 제거코자 하는데 경들은 어찌 생각하오?"

모사인 단규段規가 대답했다.

"지백은 탐욕이 끝이 없는 자입니다. 군명君命을 빙자해 우리 땅을 삭감하려는 것입니다. 지금 군사를 동원하면 군명에 항거하는 게 됩니다. 저들은 이를 빌미로 우리에게 죄를 뒤집어씌울 것입니다. 차라리 땅을 떼어주느니만 못합니다. 지백은 틀림없이 조씨와 위씨에게도 땅을 내놓으라고 할 것입니다. 조씨와 위씨가 거절하면 틀림없이 서로 공격을 주고받을 것입니다. 우리는 가만히 앉아 이들의 승부를 구경할 수 있습니다."

한호도 이를 그럴 듯하게 여겼다.

이튿날 한호가 단규에게 명해 100리 땅의 경계 지도를 그리게 한 뒤 이를 직접 갖고 가 지백에게 바쳤다. 지백이 크게 기뻐하며 남대藍臺에서 주연을 베풀고 한호를 융숭히 대접했다. 음주 도중에 지백이 좌우에게 명해 두루마리 그림 한 축軸을 갖고 와 궤안几案 위에 펼쳐 놓게 했다. 한호와 함께 감상코자 한 것이다. 노나라 용사 변장자卞莊子가 호랑이 세 마리를 찔러 죽이는 그림이었다.¹ 그림에 제찬題贊이 적혀 있었다.

범 세 마리가 양을 먹으니	三虎啖羊
형세 상 반드시 다투리라	勢在必爭
다투도록 한 채 기다리다	其鬪可俟
지칠 때 기다려 올라타지	其倦可乘
일거에 세 마리 다 잡으니	一擧兼收
변장자의 뛰어난 능력이다	卞莊之能

지양자 지요가 한강자 한호를 놀리며 말했다.

"내가 일찍이 사서를 살펴보니 제후국 가운데 족하足下와 같은 호虎 자를 쓰는 사람으로 제나라 고호高虎와 정나라 한호罕虎가 있었소. 이제 족하를 포함하면 모두 3명이 있는 셈이오."

한호의 가신 단규가 나서서 말했다.

"예법에 의하면 직접 이름을 부르는 건 피휘避諱의 예에 어긋나는 것입니다. 군주가 우리 주인을 희롱하는 게 심하지 않습니까?"

단규는 왜소한 나머지 지백의 곁에 설 경우 머리가 겨우 가슴에 미칠 정도였다. 지백이 손을 들어 단규의 이마를 탁 치며 말했다.

"소아小兒가 뭘 안다고 쓸데없이 말을 많이 하는 요설饒舌을 하는 것인가? 너는 세 마리 범이 먹다 남긴 찌꺼기가 아니냐?"

지백은 말을 마치고 박장대소拍掌大笑했다. 단규가 대꾸도 하지 않은 채

---

1   변장자卞莊子가 호랑이 세 마리를 찔러 죽이는 뜻의 『열국지』 원문은 변장자척삼호卞莊子刺三虎다. 『전국책』 「진책」과 『사기』 「장의열전」에 따르면 변장자가 호랑이를 잡으러 나가려고 하자 객관客館의 노복이 말하기를, "호랑이 두 마리가 소를 막 잡아먹으려 합니다. 먹어봐서 맛이 좋으면 분명히 서로 다툴 것입니다. 다투면 서로 싸울 게 뻔하고, 서로 싸우면 큰 놈은 상처를 입고 작은 놈은 죽게 됩니다. 상처를 입은 놈을 찔러 죽이면 한꺼번에 두 마리 호랑이를 잡았다는 명성을 들을 것입니다."라고 했다. 여기서 일거양득一擧兩得을 뜻하는 '변장척호卞莊子虎' 성어가 나왔다.

한호를 바라봤다. 한호가 취한 척하며 눈을 감고 말했다.

"지백의 말이 옳소."

그러고는 서둘러 작별하고 돌아갔다. 지국智國이 이 소문을 듣고 지백에게 간했다.

"주공이 저들의 주인을 희롱하고 그 가신을 모욕했으니 틀림없이 한씨는 우리에게 깊은 원한을 품었을 것입니다. 미리 대비하지 않으면 곧 재앙이 닥칠 것입니다."

지요가 눈을 부라리며 대언大言을 했다.

"내가 저들에게 재앙을 내리지 않는 걸 다행으로 생각해야지, 누가 감히 나에게 재앙을 내린단 말인가?"

지국이 말했다.

"파리매, 개미, 벌, 전갈 등의 예의봉채蜹蟻蜂蠆도 능히 사람을 해칠 수 있습니다. 하물며 저들 주인과 가신의 경우이겠습니까? 미리 대비하지 않으면 뒷날 후회해도 소용없습니다."

지요가 말했다.

"나는 앞으로 변장자처럼 한꺼번에 범 세 마리를 일거에 잡을 작정이다. 그까짓 '예의봉채' 따위를 내가 무엇 때문에 걱정하겠는가?"

지국이 탄식하며 물러나왔다.

사신史臣이 이를 시로 읊었다.

지백은 우물 안 개구리이니	智伯分明井底蛙
안중에 세 가문조차 없었지	眼中不復置三家
종친 지국이 계책 말했으나	宗英空進興亡計
누가 화 피한 지과와 같을까	避害誰如輔果嘉

晉陽水灌伯櫓

지백이 둑을 터 진양성을 수몰시키다

이튿날 지백이 다시 지개를 위환자魏桓子 위구魏駒에게 보내 땅을 요구했다. 위구가 거절하려고 하자 모사인 임장任章이 말했다.

"땅을 요구하면 주십시오. 땅을 잃은 자는 반드시 두려워하고, 땅을 얻은 자는 교만해질 것입니다. 교만하면 적을 가볍게 보고, 두려워하면 서로 친해집니다. 서로 친한 사람들이 적을 가볍게 보는 자를 상대하는 까닭에 지씨의 멸망은 앉아서 기다릴 수 있습니다."

위구가 말했다.

"그대 말이 옳소!"

그러고는 1만 호戶의 마을을 바쳤다. 지요는 자신의 형 지소智宵를 조씨에게 보내 지금의 산서성 방산 일대의 채고랑蔡皐狼 땅을 요구했다. 이전의 원한을 풀지 못하고 있던 조무휼이 분노했다.

"땅은 선조가 전해 준 것인데 자손이 어찌 함부로 버릴 수 있겠소? 한씨와 위씨는 땅을 내줬지만 나는 남에게 아첨할 수 없소."

지소가 돌아가 조무휼의 말을 그대로 전했다. 지요가 대로했다. 곧 지씨의 모든 군사를 동원하면서, 사자를 한씨와 위씨에게도 보내 함께 조씨 토벌에 나설 것을 요구했다. 조씨가 망하면 조씨의 땅을 셋으로 나눠 가질 것을 약속했다. 한호와 위구는 지백의 강한 군사가 겁도 나고 내심 조씨의 땅이 탐이 나기도 해 각각 군사를 일으켜 지요를 따라나섰다.

지요가 스스로 중군을 이끌었다. 한호가 우군, 위구가 좌군을 맡았다. 이들 모두 조씨의 저택으로 들이닥쳐 조무휼을 사로잡을 생각이었다.

당시 조무휼의 모사 장맹담張孟談은 지요의 군사가 공격해 올 것을 예상하고 조무휼에게 다른 곳으로 피할 것을 권했다.

"우리 군사로는 적의 많은 군사를 대적할 수 없습니다. 주공은 속히 난을 피하십시오."

조무휼이 물었다.

"어디로 피하면 좋겠소?"

장맹담이 대답했다.

"진양晉陽만한 곳이 없습니다. 진양성 안엔 옛날 동안우董安于가 지어놓은 공궁公宮이 있습니다. 또 윤탁尹鐸이 오랫동안 다스리면서 많은 공을 들였습니다. 백성들도 수십 년 동안 윤탁이 많은 은혜를 베푼 것을 잘 알고 있기에 조씨를 위해 목숨을 바칠 것입니다. 선군이 세상을 떠날 때 훗날 변란이 생기면 반드시 진양으로 가라고 당부했습니다. 주공은 시간을 지체하지 말고 속히 진양으로 피신하십시오."

조무휼이 즉시 장맹담과 고혁高赫 등을 이끌고 진양 땅으로 달아났다. 지요가 한호와 위구의 군사를 강압해 조무휼을 추격했다.

당시 조무휼의 가신 원과原過는 주인 일행보다 뒤쳐져 가다가 우연히 길에서 한 신인神人을 만났다. 그 신인은 구름과 안개에 싸여 있었다. 머리에 금관金冠을 쓰고 몸에 금포錦袍를 걸친 것만 보일 뿐 얼굴 모습은 분명치 않았다. 신인이 원과에게 청죽靑竹 두 마디로 된 죽관竹管을 주며 당부했다.

"이걸 조무휼에게 갖다 주어라."

원과가 급히 달려가 조무휼에게 신인을 만난 사실을 고하고 죽관을 바쳤다. 조무휼이 죽관을 쪼개보니 그 속에 붉은 글씨 두 줄이 쓰여 있었다.

나는 곽산霍山의 산신이다. 이제 나는 상제上帝의 명에 따라 3월 병술일丙戌日에 너로 하여금 지씨를 멸하도록 하겠다.

조무휼이 이를 비밀에 부쳤다. 이들이 진양성에 당도하자 진양 땅 백성들이 지난날 윤탁으로부터 많은 은혜를 입은 까닭에 늙은이를 부축하고 어린애의 손을 이끄는 휴로부유攜老扶幼의 모습으로 거리에 나와 이들의 입성을 영접했다.

조무휼이 공궁에 머물렀다. 그는 백성들이 친부親附하고, 진양성의 성곽이 고고高固하고, 창고마다 곡식이 가득 채워져 있는 것을 보고 다소 안심했다. 곧바로 백성들에게 성으로 올라가 굳게 지킬 것을 명했다.

그러나 무기를 점검해 보니 과극戈戟이 무딘데다 녹이 슬어 있었고, 화살도 채 1천 대가 안 됐다. 조무휼이 근심스런 기색으로 장맹담에게 말했다.

"성을 지키는 무기로는 화살보다 더 나은 게 없소. 지금 화살이 수백 대에 불과해 충분히 공급할 수 없소. 어찌하면 좋소?"

장맹담이 대답했다.

"제가 소문을 들으니 지난날 동안우가 이곳에다 공궁을 지을 때 화살을 만들 수 있는 나무로 담장을 쌓았다고 합니다. 담장을 헐고 그 속을 살펴보십시오."

조무휼이 사람들을 시켜 공궁의 담장을 헐었다. 과연 담장 속에 화살을 만들 재료가 가득 채워져 있었다. 조무휼이 말했다.

"화살대는 이만하면 충분하오. 그러나 다른 무기를 주조할 수 있는 쇠가 없으니 어찌하면 좋소?"

장맹담이 대답했다.

"지난날 동안우는 공궁을 지을 때 모든 궁실의 기둥을 잘 정련한 동銅으로 만들어 세웠다고 합니다. 그걸 뽑아 쓰면 무기를 넉넉히 만들 수 있을 것입니다."

조무휼이 사람들을 시켜 기둥을 뽑아 보니 모두 정련된 동으로 만든 것이었다. 즉시 야공冶工들을 시켜 기둥을 녹여 다양한 종류의 창칼인 검극도창劍戟刀槍을 만들게 했다. 주조된 무기 가운데 날카롭지 않은 게 없었다. 민심이 더욱 안정됐다.

조무휼이 탄복했다.

"실로 그러하니, 치국治國에는 현신賢臣이 필요하다! 동안우를 얻어 무기를 갖추게 되었고, 윤탁을 얻어 민심이 나에게 귀의하게 된 게 그렇다. 하늘이 조씨에게 복을 내리니 조씨는 미애未艾²할 것이다!"

당시 지씨와 한씨 및 위씨 등 3가家의 군사는 세 곳에 영채를 세우고 서로 연락을 주고받았다. 이들이 진양성을 철통같이 에워싸자 진양성 백성

---

2 미애未艾의 애艾는 통상 쑥을 가리키나 동사로 사용될 때는 지止 또는 절絶의 의미이다. 미애未艾는 후사가 끊이지 않고 이어진다는 의미이다.

가운데 나가서 싸우겠다고 자원하는 사람이 매우 많았다. 이들은 일제히 공궁으로 달려가 조무휼에게 조속한 출전 명령을 요청했다. 조무휼이 장맹담과 이를 상의하자 장맹담이 말했다.

"저들은 군사가 많고 우리는 적습니다. 싸워도 반드시 이긴다는 보장이 없습니다. 차라리 해자를 깊게 파고 보루를 높이 쌓는 심구고루深溝高壘와 성문을 굳게 닫고 싸움에 응하지 않는 견폐불출堅閉不出을 행하면서 저들의 변고를 기다리는 게 낫습니다. 원래 한씨와 위씨는 우리 조씨와 아무런 원한이 없습니다. 저들은 지씨의 강박强迫으로 부득이 여기까지 왔을 뿐입니다. 더구나 한씨와 위씨가 땅을 할양한 것도 스스로 원한 게 아닙니다. 지금 저들은 군사를 함께 이끌고 있지만, 속마음은 서로 다릅니다. 몇 달 지나지 않아 틀림없이 서로 의심하고 시기하는 일이 빚어질 것입니다. 저들이 어찌 오래갈 수 있겠습니까?"

조무휼이 이를 좇아 백성들을 위무하며 힘을 합쳐 성을 굳게 지킬 것을 다짐했다. 군민軍民이 서로 힘을 북돋웠다. 부녀자와 어린아이들까지 흔연히 사력을 다했다. 적병이 성벽 가까이 다가오면 바로 강한 쇠뇌로 화살을 쏘았다. 세 가문이 1년이 넘도록 진양성을 함락시키지 못한 이유다.

지요가 작은 수레를 타고 진양성 밖을 한 바퀴 둘러보고 탄식했다.

"이 성은 견고하기가 마치 쇠로 만든 독처럼 튼튼하게 쌓은 성인 이른바 철옹성鐵甕城과 같다. 어찌 격파할 수 있겠는가?"

이같이 고민하며 수레를 몰고 가다가 한 산기슭에 이르렀다. 산 아래에 수많은 샘물이 모여 시내를 이루며 동쪽으로 흘러가고 있었다. 지요가 그곳 지리를 백성에게 묻자 그 백성이 대답했다.

"이 산 이름은 용산龍山입니다. 산언덕에 큰 독 같은 돌이 걸려 있기에 일명 현옹산懸甕山이라고도 합니다. 저 진수晉水는 동쪽으로 흘러 분수汾水와 합류합니다. 이 산이 바로 발원지입니다."

지요가 다시 물었다.

"진양성까지 몇 리나 떨어져 있소?"

그 백성이 대답했다.

"진양성 성문까지 10리가량 됩니다."

지요가 용산에 올라가 진수를 바라보다가 다시 진양성 동북쪽을 한 바퀴 돌았다. 그러다가 문득 뭔가 깨달은 것처럼 중얼거렸다.

"진양성을 깨뜨릴 계책이 생각났다!"

곧바로 영채로 돌아와 한강자 한호 및 위환자 위구를 불러 상의했다. 진수를 끌어들여 진양성에 수공水攻을 가하는 계책을 언급했다. 한호가 물었다.

"동쪽으로 흐르는 진수를 어떻게 서쪽으로 돌린단 말이오?"

지백이 말했다.

"나는 진수를 끌어오려는 게 아니오. 진수는 용산에서 발원하오. 마치 물을 쏟아 붓는 것처럼 수량이 풍부하오. 용산 북쪽 높은 곳에 큰 못을 판 뒤 물이 진수 쪽으로 흐르지 못하게 하면 틀림없이 물이 새로 판 못으로 모여들 것이오. 이제 바야흐로 봄비가 쏟아질 터이니 용산의 물이 크게 불어날 것이오. 물이 가득 찼을 때 둑을 터뜨려 진양성 안으로 쏟아 들어가도록 만들면 성 안의 사람들 모두 어별魚鱉이 되고 말 것이오?"

한호와 위구가 탄복했다.

"그 계책이 실로 묘하오."

지요가 말했다.

"오늘부터 바로 거리를 재는 등 각각 일을 분담해야 하오. 한공韓公은 동쪽, 위공魏公은 남쪽 길을 파수도록 하시오. 아침저녁으로 마음을 써 갑작스런 충돌을 막도록 하시오. 나는 군영을 용산으로 이동시킨 뒤 서쪽과 북쪽을 지키면서 못을 파는 일을 전담해 감독하는 전독專督을 하도록 하겠소."

한호와 위구가 지요의 지시를 받고 떠나갔다.

이튿날 지요가 휘하 군사들에게 명해 진수 북쪽 산에 올라가 못을 파기 시작했다. 군사들이 여러 곳으로 흐르는 물길을 모두 둑으로 막았다. 이어 큰 못 좌우에 높은 둑을 쌓은 뒤 산 계곡의 물이 흘러드는 곳에도 둑을 쌓았다. 용산에서 발원하는 모든 샘물이 둑 안에 가득 차 넘실거리기 시작했다. 그 물이 오직 북쪽을 향해 새로 판 큰 못으로 흘러들게 했다. 그곳에 쇠로 만든 갑문을 설치해 물이 흘러나가는 입구를 차단했다. 물길이 차단된 큰 못 안의 물은 수위가 계속 높아졌다. 오늘날 진수의 북쪽 지류 한 곳을 지백거智伯渠라고 부른다. 당시에 굴착했던 수로이다.

1달 뒤 과연 봄비가 크게 내렸다. 용산의 계곡물이 불어났다. 새로 판 못의 수위도 높아져 거의 제방의 높이와 비슷하게 됐다. 마침내 지백이 군사를 시켜 북쪽 둑을 무너뜨렸다. 순간 갇혔던 큰 못의 물이 북쪽에서 쏟아져 내리며 진양성 안으로 흘러 들어갔다.

옛 사람이 시를 지어 이를 증명했다.

산릉을 삼킨 홍수 이야기 들었는데	向聞洪水汨山陵
진양성 수몰된 걸 오늘 또 보다	復見甕泉灌晉城
수신이 조금 더 담대하게 했으면	能令陽侯添膽大[3]
치수 성공한 우왕도 놀랐으리라	便敎神禹也心驚

처음에는 비록 진양성이 포위돼 곤경에 처하기는 했으나 백성들은 줄곧 넉넉히 생활하며 굶주려 얼어 죽는 동뇌凍餒의 고통을 겪지는 않았다. 게다

---

3 양후陽侯는 고대 전설상의 파도의 신을 말한다. 『전국책』「한책韓策」과 『회남자』「남명훈覽冥訓」에 '양후지파陽侯之波' 표현이 나온다. 흔히 파도를 표현할 때 사용한다.

가 성곽의 기초가 튼튼하고 두터워 물이 스며들기는 했으나 전혀 손상되지 않았다.

그러나 날이 갈수록 수위가 높아져 성 안이 점차 물에 잠기기 시작했다. 집들이 쓰러지고 침몰됐다. 거주할 곳이 없었고, 밥을 해먹을 부뚜막도 없었다. 모두 높은 곳에 둥지를 짓고 살며 솥을 걸고 밥을 해먹었다.

공궁은 비록 고대高臺로 되어 있었지만 조무휼은 그곳에서 편히 잘 수 없었다. 장맹담과 함께 수시로 뗏목에 올라 성안 곳곳을 두루 살폈다. 성 밖을 보니 철썩거리는 소리가 들려오고, 마치 강호江湖처럼 물길이 아득히 펼쳐져 있었다. 수세水勢가 엄청나 산을 밀어내고 협곡을 뒤덮을 기세였다.

4-5척만 더 높아지면 성곽의 꼭대기에 닿을 지경이었다. 조무휼은 내심 두려움을 느꼈지만 성을 지키는 군민 모두 주야로 순찰을 돌며 조금도 태만해하지 않는 모습을 보고 한편으로 기뻐했다. 이들 모두 죽음으로 성을 지키겠다고 맹서하며 전혀 두 마음을 품지 않았다. 조무휼이 감탄했다.

"오늘에야 윤탁의 공을 알겠다."

그러고는 장맹담에게 말했다.

"민심은 비록 변하지 않으나 수위가 전혀 낮아지지 않고 있소. 만일 용산 계곡의 물이 다시 불어나면 성 안 백성들 모두 어별魚鼈의 신세를 면치 못할 것이오. 어찌하면 좋겠소. 곽산의 신령이 나를 속인 것이오?"

장맹담이 대답했다.

"한씨와 위씨가 지백에게 땅을 바친 것은 마지못해 한 것입니다. 군사를 이끌고 이곳에 온 것도 압박에 못 이겨 그런 것입니다. 청컨대 신이 오늘밤 몰래 성 밖으로 나가 한씨와 위씨의 주인을 만나 유세를 할까 합니다. 저들이 방향을 바꿔 지백을 치면 우환에서 벗어날 수 있습니다."

조무휼이 말했다.

"적이 겹겹이 포위하고 있고, 물이 가득 차 있는 상황에서 비록 날개가 있을지라도 포위를 벗어날 수는 없을 것이오."

장맹담이 말했다.

"신에게 나름 계책이 있으니 너무 염려 마십시오. 다만 주공은 제장들에게 명해 배와 뗏목을 많이 만들게 하고 무기를 날카롭게 정비해 두라고 하십시오. 하늘이 도와 신의 유세가 통하면 수일 안으로 로 지백의 목을 취할 수 있을 것입니다."

조무휼이 허락했다. 장맹담은 한강자 한호가 동문 밖에 주둔하고 있다는 걸 알고 있었다. 그날 밤 장맹담은 지백의 모사로 가장한 뒤 밧줄을 타고 성 밖으로 나갔다. 곧바로 한호가 있는 대채大寨로 가 영문을 지키는 군사에게 말했다.

"지백 원수가 비밀리에 의논할 일이 있어 나를 보냈소."

한호가 군막 안에 있다가 사람을 보내 장맹담을 불러들였다. 당시 군중軍中의 경계가 삼엄했다. 대장의 군막으로 들어가는 사람 모두 몸수색을 철저히 받은 뒤에야 진입이 가능했다. 장맹담은 일반 군사처럼 가장한데다가 몸에 의심 받을 물건을 지니지 않은 덕분에 전혀 의심을 받지 않았다.

장맹담이 한호를 만나자 좌우 시종을 모두 물리쳐 달라고 청했다. 한호가 좌우 시종을 모두 내보낸 뒤 오게 된 까닭을 물었다.

"저는 사실 지백의 모사가 아니라 조씨의 가신 장맹담입니다. 저의 주인은 오랫동안 포위당해 이제 단석旦夕에 멸망할 처지에 놓여 있습니다. 비록 목숨을 잃고 집안이 망할까 두려워하면서도 하고 싶은 말을 남길 곳이 없는 까닭에 신을 변장시켜 이곳으로 보낸 것입니다. 이제 장군을 만났으니 저의 주인의 말을 전하겠습니다. 제가 올리는 말씀이 옳지 않다고 생각되면 장군의 면전에서 죽여주십시오."

한호가 말했다.

"그대는 일단 말씀을 하시오. 일리가 있으면 따르도록 하겠소."

장맹담이 말했다.

"전에 6경卿이 화목할 때는 함께 진晉나라의 정사를 돌봤습니다. 그러나 범씨와 중항씨가 민심을 잃고 패망한 이후 이제 지씨와 한씨, 위씨, 조씨 등 4가家만 남았습니다. 그런데 지백은 무고無故히 조씨의 소유인 채고랑 땅을 빼앗으려고 합니다. 저의 주인은 선대의 유언을 생각해 차마 그 땅을 할양하지 못한 것입니다. 이게 지백에게 죄를 지은 것은 아닙니다. 그럼에도 지백은 자기 힘만 믿고 한씨와 위씨를 동원해 조씨를 멸망시키려 하고 있습니다. 조씨가 망하면 그 재앙이 틀림없이 한씨와 위씨에게 차례로 미칠 것입니다."

한호가 깊이 생각하며 진중한 모습을 보이는 이른바 침음沈吟을 행하며 아무 말도 하지 않았다. 장맹담이 말을 계속했다.

"지금 한씨와 위씨가 지백을 도와 조씨를 공격하는 것은 진양성이 함락되는 날 조씨의 땅을 셋으로 나눠 가지려는 소망 때문일 것입니다. 한씨와 위씨는 이미 1만 호의 땅을 베어 지백에게 바치지 않았습니까? 조상 대대로 물려받은 강우疆宇를 지백이 침을 흘리며 빼앗아 갈 때 한씨와 위씨가 단 한마디라도 항의했다는 소문을 들은 적이 없습니다. 이런 상황에서 다른 사람의 땅이야 더 말해 무엇하겠습니까? 조씨가 망하면 지백만 더 강해질 것입니다. 한씨와 위씨가 오늘의 공을 내세워 지백과 땅을 다툴 수 있겠습니까? 설령 3분 할지라도 지씨가 훗날 다시 달라고 하지 않겠습니까? 장군은 이런 점을 자세히 생각하는 세사細思를 해야 할 것입니다."

한호가 물었다.

"그대의 의욕意欲은 어떠하오?"

장맹담이 대답했다.

"신의 우견愚見으로는 우리 주인과 은밀히 화해를 한 후 지백을 공격해 그 땅을 균분하는 것보다 나은 방안은 없습니다. 지씨의 땅은 조씨보다 몇 배나 큽니다. 또 그리하면 훗날의 우환도 제거할 수 있습니다. 세 주인이 마음을 합쳐 순치脣齒처럼 서로 의지하면 어찌 아름답지 않겠습니까!"

한호가 대답했다.

"그대의 말에 일리가 있는 듯하오. 내가 위씨 집안과 대책을 상의해 보겠소. 그대는 잠시 돌아갔다가 3일 뒤에 와서 답변을 들으시오."

장맹담이 말했다.

"신은 구사일생으로 이곳에 왔습니다. 다시 오는 일이 쉽지 않고 또 군중軍中의 이목이 번다합니다. 원컨대 장군 휘하에 3일만 머물며 명을 기다리게 해 주십시오."

한호가 사람을 보내 은밀히 단규를 불러 장맹담이 한 말을 전했다. 단규는 지난날 지요에게 당한 모욕을 잊지 않고 있었다. 그는 장맹담의 계책을 극구 찬양했다. 한호는 단규를 장맹담과 대면시켰다. 그날 밤 단규와 장맹담은 마음속 이야기를 나누며 깊이 친교를 맺었다.

이튿날 단규가 한강자 한호의 분부를 받고 위환자 위구의 군영으로 갔다. 이어 위구에게 조무휼의 신하 장맹담이 와서 한 말을 은밀히 고했다.

"오주吾主가 감히 홀로 결정할 수 없어 장군의 재결裁決을 청하는 것입니다."

위구가 대답했다.

"나도 속으로 광적狂賊이 함부로 날뛰는 패만悖慢을 한스럽게 생각하고 있소. 다만 호랑이를 잡으려다 실패해 호랑이에게 물릴까 걱정이오."

단규가 말했다.

"앞으로 지백과 서로 용납할 수 없다는 건 사세 상 필연입니다. 훗날 후회하니 차라리 오늘 결단하는 게 낫습니다. 오늘 우리 한씨와 위씨 두 집안이 망하게 된 조씨를 살려주면 저들은 틀림없이 우리 은혜를 잊지 않을 것입니다. 이것이 흉인凶人과 함께 일하는 것보다 오히려 낫지 않겠습니까?"

위구가 대답했다.

"이 일은 숙사熟思한 뒤 결행해야 하오. 경솔히 움직이는 조차造次를 행할 수는 없소."

단규가 일단 위구에게 하직하고 물러나왔다.

이튿날 지요가 친히 물길을 이용해 현옹산懸甕山으로 간 뒤 주연을 베푸는 치주治酒를 했다. 한호와 위구를 초청해 무섭게 쏟아져 내리는 수세水勢를 관람코자 한 것이다. 술을 마시는 도중 지요가 얼굴에 희색을 띠고 손가락으로 멀리 진양성을 가리키며 두 사람에게 말했다.

"저 진양성에서 물에 잠기지 않은 부분은 위쪽으로 3판版 즉 6척尺 뿐이오. 나는 오늘에야 비로소 물로도 나라를 망하게 할 수 있다는 걸 알았소. 흔히 진나라의 강성함은 국경의 험한 산과 나라 안의 깊은 강물에 의지하고 있기 때문이라고 하오. 분수汾水와 회수澮水, 진수晉水, 강수絳水 모두 큰 강이지만 내가 보건대 물이란 족히 믿을 게 못 될 뿐만 아니라 오히려 나라의 속망速亡을 재촉할 뿐이오."

위환자 위구가 슬며시 팔꿈치로 한강자 한호를 찌르자 한호가 발로 위구의 발을 슬쩍 밟았다. 두 사람은 두려운 모습으로 서로 얼굴을 쳐다봤다. 잠시 후 술자리가 파하자 세 사람은 서로 인사를 나누고 각자 자기 군영으로 돌아갔다. 치자絺疵가 지요에게 말했다.

"한씨와 위씨는 틀림없이 주공을 배반할 것입니다."

지요가 물었다.

"그대는 그것을 어찌 아시오?"

치자가 대답했다.

"신은 두 사람의 말을 자세히 살피지는 못했으나 안색을 보고 알았습니다. 지난날 주공은 조씨 집안을 멸망시키면 그 땅을 셋으로 나눠 갖자고 약속했습니다. 이제 진양성이 단석에 함락되려는 순간 두 사람은 땅을 얻는 기쁨을 전혀 드러내기는커녕 오히려 근심하는 빛을 보였습니다. 저들이 장차 배반하리라는 것을 알게 된 이유입니다."

지요가 말했다.

"나는 지금 두 사람과 흔연히 함께 일을 하고 있는 중이오. 그들에게 무슨 근심이 있겠소?"

치자가 말했다.

"오늘 주공은 말하기를, '물이란 족히 믿을 게 못 될 뿐만 아니라 오히려 나라의 속망速亡을 재촉할 뿐이다.'라고 했습니다. 무릇 진수晉水로 조씨의 진양성을 잠기게 할 수 있다면 분수汾水로 위씨의 안읍安邑을 잠기게 할 수 있고, 강수絳水로 한씨의 평양平陽을 잠기게 할 수 있을 것입니다. 주공이 진양을 잠기게 한 물을 언급했는데 두 사람이 어찌 근심하지 않을 수 있겠습니까?"

이로부터 3일이 지난 후 한호와 위구가 술을 갖고 지요의 군영으로 가 연회를 열었다. 전날 지요가 베푼 은정에 보답한다는 취지였다. 지요가 첫 번째 술잔을 다 마시지도 않은 채 두 사람에게 물었다.

"나 지요는 원래 성격이 솔직해서 말을 집어삼킬 수가 없소. 어제 어떤 사람이 나에게 장차 두 장군이 변란을 일으킬 것이라고 했소. 과연 그게 사실인지 모르겠소?"

한호와 위구가 동시에 반문했다.

"원수는 그 말을 곧이듣는 것입니까?"

지요가 대답했다.

"내가 그 말을 곧이들었다면 어찌 장군들 면전에서 직접 물어 볼 수 있겠소?"

한호가 말했다.

"소문을 들으니 지금 조씨가 황금과 비단을 대거 풀어 우리 세 사람을 이간시키고 있다고 하오. 그건 틀림없이 어떤 간신이 조씨의 뇌물을 먹고 우리 두 사람을 참소해 의심을 불러일으키려는 수작이오. 우리 포위가 느슨해지는 틈을 타 재앙에서 벗어나려는 속셈이오."

위구가 말했다.

"그 말이 심히 옳소. 진양성의 함락이 목전에 닥쳤는데 누가 그 땅을 나눠가지려 하지 않겠소? 눈앞에 닥쳐온 이익을 버리고 예측불허의 화를 자초할 사람이 누가 있겠소?"

지요가 웃으며 말했다.

"나도 두 분이 그런 어리석은 마음을 먹지 않으리라는 걸 잘 알고 있소. 이는 모두 치자가 걱정이 지나쳐 한 말이오."

한호가 말했다.

"원수가 오늘은 그의 참소를 믿지 않았지만 조만간 또 같은 말을 하는 자가 있을까 두렵소. 그때는 우리 두 사람의 충심忠心도 드러낼 길이 없으니 어찌 참신讒臣의 계책에 떨어지지 않을 수 있겠소?"

지요가 술을 땅에 부으며 맹서했다.

"금후今後 우리가 서로 의심하면 이 술처럼 버려질 것이다!"

한호와 위구가 공수拱手하며 칭사稱謝했다. 이날 세 사람은 평소보다 곱절로 술을 마신 뒤 밤늦게 헤어졌다. 뒤이어 치자가 들어와 지요에게 물었다.

"주공은 어찌하여 신의 말을 두 사람에게 누설한 것입니까?"

지요가 반문했다.

"그걸 어찌 알았소?"

치자가 대답했다.

"신이 마침 군영으로 들어오다가 원문轅門에서 두 사람을 만났습니다. 이들은 눈을 가늘게 뜨고 곁눈질하는 단목端目으로 신을 흘겨보더니 황망히 달아났습니다. 신이 저들의 마음을 간파한 걸 알고 두려운 마음을 드러 낸 것입니다. 저들이 황망히 달아난 이유입니다."

지요가 웃으며 말했다.

"나는 이미 두 사람과 술을 땅에 부으며 서로 의심하지 않기로 맹세했 소. 그대는 망언妄言으로 우리의 화기和氣를 상하게 하지 마시오."

치자가 물러나오며 탄식했다.

"지씨의 목숨이 오래가지 못하겠구나!"

이튿날 치자는 문득 한질寒疾이 났다고 거짓말을 한 뒤 진秦나라로 달 아났다.

염옹이 시를 지어 치자를 평했다.

한씨와 위씨 변심 드러났으니	韓魏離心已見端
멀리 보는 치자를 어찌 속일까	絺疵遠識詎能瞞
일조에 칭병하고 멀리 떠나니	一朝托疾飄然去
청풍명월 즐기며 평안했으리라	明月淸風到處安

한호와 위구는 지요의 군영에서 돌아오는 길에 마음을 정한 뒤 장맹담 과 삽혈하며 약속을 정했다.

"내일 한밤중에 둑을 터뜨려 물을 다른 방향으로 뺄 것이오. 진양성은 물이 빠지는 것을 신호로 바로 성안의 군사를 이끌고 출격하시오. 우리 함 께 지백을 쳐 사로잡읍시다."

장맹담이 성으로 돌아가 조무휼에게 경과를 보고했다. 조무휼은 크게 기뻐하며 은밀히 군사들에게 전령傳令을 내려 접응을 위한 만반의 준비를 마쳐 놓도록 지시했다.

약속 시간이 되자 한호와 위구가 비밀리에 자객을 보내 제방을 지키는 지요의 군사를 죽인 뒤 서쪽 둑을 무너뜨려 물길을 서쪽으로 돌렸다. 물길이 삽시간에 서쪽 지요의 군영으로 쏟아져 들어갔다. 지요의 군사들이 곤히 자다가 크게 놀라 혼비백산하며 비명을 질러댔다.

지요가 꿈속에서 깨어났을 때는 이미 물이 침상까지 차올라 옷과 이불까지 모두 젖어 있었다. 지요는 그때까지만 해도 제방을 순시하는 군사들의 부주의로 물이 잘못 새어 나온 것으로 생각했다. 급히 좌우 시종을 불러 속히 새는 곳을 막도록 명한 이유다.

그러나 수세水勢가 더욱 거대해졌다. 이때 지국과 예양이 수군을 이끌고 뗏목을 타고 와 지요를 구출했다. 뗏목 위에서 군영을 돌아보니 파도가 마구 밀려드는 곤곤滾滾의 모습을 보였고, 영루營壘가 모두 침수됐고, 무기와 군량이 모두 파도에 떠내려가 씻은 듯이 사라졌다. 군사들은 살기 위해 물속에서 부침浮沈하며 허우적거리고 있었다.

지요가 처참한 심정에 젖어 있을 때 문득 어디선지 북소리가 크게 울렸다. 한씨와 위씨의 군사가 각각 작은 배를 타고 물살을 이용해 쏜살같이 쳐들어와 지씨의 군사를 마구 엄살했다. 그러고는 이같이 외쳤다.

"지요를 잡아오는 자에겐 중상重賞을 내릴 것이다!"

지요가 탄식했다.

"내가 치자의 말을 듣지 않다가 결국 저들의 속임수에 빠졌다!"

예양이 말했다.

"사태가 위급합니다. 주공은 속히 산 뒤편으로 몸을 피했다가 진秦나라로 가 군사를 청하시오. 신은 목숨을 걸고 적을 막겠습니다."

지요가 이를 좇아 지국과 함께 작은 배를 저어 산 뒤편으로 돌아갔다. 그러나 조무휼이 이미 지요의 도주로를 예상하고 있을 줄이야 누가 알았겠는가? 조무휼은 장맹담을 시켜 한씨와 위씨의 군사를 좇아 지씨의 군사를 추격케 한 뒤 직접 1대隊를 이끌고 용산 뒤에 매복하고 있었던 것이다. 곧 그곳으로 돌아오는 지요를 만났다. 조무휼이 직접 지요를 포박한 뒤 죄목을 일일이 나열하고 곧바로 목을 벴다. 지국은 물로 뛰어들어 자진했다.

당시 예양은 패잔병을 독려하며 분투했으나 중과부적이라 어찌할 수 없었다. 병사들이 점점 흩어지고 지요마저 사로잡혔다는 소식이 들렸다. 이내 변복을 한 뒤 지금의 산서성 태원시에 있는 석실산石室山으로 달아났다. 지씨의 군사는 몰살을 당했다. 이날이 바로 3월 병술일이었다. 지난번에 신령이 준 죽통의 예언이 들어맞은 셈이다.

조씨와 한씨 및 위씨 등 3가의 군사가 한 곳에 모여 제방의 갑문을 모두 터뜨렸다. 그제야 물이 이전처럼 다시 동쪽으로 흘러 진수로 유입했다. 진양성에 가득 찼던 물도 이내 모두 빠졌다. 조무휼이 일단 성안의 백성들을 위로한 뒤 한호와 위구에게 말했다.

"두 분의 도움에 힘입어 쓰러져가던 성을 보전保全했소. 실로 망외望外의 행운이오. 비록 지요는 죽었지만 그 일족은 아직 건재해 있소. 풀을 베면서 뿌리를 남겨 두면 후환이 될 것이오."

한호와 위구가 말했다.

"응당 그 일족을 진멸盡滅해 원한을 풀어야만 하오."

조무휼이 한호 및 위구와 함께 진晉나라 도읍 강주絳州로 갔다. 지요를 역적으로 몬 뒤 지씨 일족의 집들을 모두 포위하고 지씨 성을 가진 자는 남녀노소 할 것 없이 모두 도륙했다. 지씨 종족宗族은 멸문지화를 당했지만 오직 지과智果만 참화에서 살아남았다. 성씨를 보씨輔氏로 바꾼 덕분이다. 사람들은 이때 비로소 그가 선견지명이 있다는 것을 알게 됐다.

한호와 위구는 전에 지요에게 바친 땅을 도로 찾았다. 이어 지씨 일족이 보유했던 땅을 모두 몰수한 뒤 3분의 1씩 나눠 가졌다. 진나라 공실에는 단 1명의 백성도, 단 1척의 땅도 돌려주지 않았다. 이는 주정왕 16년인 기원전 453년의 일이었다.

168話 예양이 옷을 찔러 지백에 보답하다
— 예양격의보양자豫讓擊衣報襄子

　　당시 조무휼은 진양성 전투에 대한 논공행상을 하자 좌우 가신들 모두 장맹담의 공을 수공首功으로 쳤다. 그러나 조무휼 홀로 고혁高赫을 꼽았다. 장맹담이 말했다.

　　"고혁은 진양성 안에만 있으면서 한 가지 계책도 내지 않았고, 단 한 번도 나가서 목숨을 걸고 싸우는 수고를 하지 않았습니다. 그런데도 수공을 차지하니 신은 아무리 생각해도 이해할 수 없습니다."

　　조무휼이 말했다.

　　"내가 곤경에 처하자 모두 당황해 어쩔 줄 몰라 했소. 오직 고혁만은 몸가짐을 경건하고 신중히 하며 군신의 예의를 잃지 않았소. 무릇 전공은 일시적인 것이지만, 예법은 천추만대까지 전해지는 것이오. 이런 사람이 수공을 차지하는 것은 마땅한 일이 아니겠소?"

　　장맹담은 부끄러워하며 승복했다. 조무휼은 지씨의 멸망을 예시해준 신령에게 감사드리기 위해 곽산에 사당을 짓고 해마다 제사를 올리게 했다.

　　또 지요에 대한 원한이 식지 않아 지요의 두개골 즉 두로頭顱에 옻칠을 하여 대소변을 임시로 처리하는 수변지기溲便之器로 사용했다. 지요의 신하 예양은 석실산 속에 숨어 있다가 조무휼이 지요의 두로를 '수변지기'로 사용한다는 소문을 듣고는 체읍涕泣하며 다짐했다.

　　"선비는 자신을 알아주는 사람을 위해 죽는다는 뜻의 사위지기자사士爲知己者死[4] 이야기가 있다. 나는 지백으로부터 많은 은혜를 입었다. 이제 지백의 가문은 멸망했고, 그의 유해는 모욕을 당하고 있다. 내가 구차하게 목숨을 이어가면 어찌 사람이라 할 수 있겠는가?"

이내 성명을 바꾼 뒤 노역형에 처해진 죄수로 위장해 비수를 품고 조씨 집 측간으로 숨어들었다. 조무휼이 측간에 들어오면 빈틈을 노려 그를 찔러 죽일 작정이었다. 그날 조무휼은 측간 앞에 당도해 문득 가슴이 뛰었다. 좌우 시종을 시켜 측간 안을 수색케 했다. 시종들이 숨어 있던 예양을 찾아내 조무휼 앞으로 끌고 왔다. 조무휼이 물었다.

"너는 몸에 흉기를 감추고 나를 척살하려던 것인가?"

예양이 정색하고 대답했다.

"나는 지백의 망신亡臣이다. 지백을 위해 복수코자 했다."

좌우 시종들이 말했다.

"이 자는 반역叛逆을 꾀했으니 의당 주살해야 합니다."

조무휼이 이들을 제지하며 말했다.

"지백은 죽었고 자손도 남아 있지 않다. 예양이 주인을 위해 복수에 나선 것이다. 그는 진짜 의사義士이다. 의사를 죽이는 것은 상서롭지 못하다."

그러고는 곧 석방해 집으로 돌아가게 했다. 예양이 떠나려 할 때 다시 불러 물었다.

"내가 그대를 석방했으니 이전의 원한을 잊을 수 있겠는가?"

예양이 대답했다.

"나를 석방한 건 장군의 사은私恩이고, 내가 원수를 갚고자 하는 건 나의 대의大義요."

좌우의 시종들이 또 말했다.

"이런 무례한 자를 풀어주면 틀림없이 후환이 있을 것입니다."

---

4 '사위지기자사士爲知己者死' 구절은 『전국책』 「조책趙策」에서 인용한 것이다. 원문은 '선비는 자신을 알아주는 사람을 위해 목숨을 바치고, 여인은 자신을 기쁘게 해주는 사람을 위해 화장을 한다.'는 뜻의 '사위지기자사士爲知己者死, 여위열기자용女爲說己者容'이다.

조무휼이 말했다.

"내가 이미 석방을 허락했다. 어찌 실신失信할 수 있겠는가? 지금부터 조심하면 될 것이다."

그날 무휼은 예양의 화를 피하기 위해 진양으로 돌아갔다. 예양은 집으로 돌아와서도 온종일 주군의 복수만 생각했다. 그러나 좋은 계책이 떠오르지 않았다. 아내는 그에게 한씨나 위씨를 찾아가 벼슬을 하며 부귀를 누리라고 권했다. 예양이 화를 내며 옷깃을 떨치고 집을 나섰다. 진양으로 가고 싶었지만 사람들이 자신을 알아볼까 걱정이 됐다. 이내 수염을 깎고 눈썹까지 밀어버린 채 온 몸에 옻칠을 하여 문둥병 환자인 나자癩子를 가장한 뒤 저잣거리를 돌아다니며 걸식했다. 그의 아내가 남편을 찾으려고 저잣거리로 갔다가 그가 구걸하는 목소리를 듣고 깜짝 놀라 말했다.

"이는 오부吾夫의 목소리이다!"

예양의 아내는 그곳으로 달려가 보고는 이같이 말했다.

"목소리는 비슷한데 사람이 다르다."

그러고는 다른 데로 가 버렸다. 예양은 자신의 옛 목소리가 아직 남아 있는 것을 알고는 뜨거운 숯을 삼켜 목소리까지 변하게 했다. 다시 걸식을 나갔을 때 그의 아내는 그의 목소리를 듣고도 더 이상 의아하게 생각지 않았다.

그때 평소의 예양의 굳은 결심을 알고 있는 친구 한 사람이 있었다. 그는 구걸하는 거지의 행동을 보고는 예양이 아닐까 하는 의심이 들어 몰래 그 이름을 불렀다. 과연 예양이었다. 그가 예양을 자기 집으로 이끌고 가 음식 대접을 하며 물었다.

"자네는 복수의 의지만 결연하지 복수의 기본을 터득치 못하고 있네. 자네의 재주를 가지고 거짓으로 조씨에게 투항하면 틀림없이 중용될 것이네. 그때 빈틈을 노려 거사를 하면 손바닥에 침을 뱉는 것처럼 쉽게 성공할 수

예양이 옷을 찔러 지백에 보답하다

있네. 그런데도 어찌하여 이처럼 고통스럽게 형용形容을 훼손하고 본성까지 죽여 가며 거사를 도모하는 것인가?"

예양이 정색하고 말했다.

"내가 조씨의 가신이 되고 빈틈을 노려 척살하면 이는 두 마음을 먹는 게 되네. 내가 지백의 복수를 위해 몸에 옻을 칠하고 숯불을 삼키는 칠신탄탄漆身吞炭[5]을 행한 것은 오직 두 마음을 먹은 자들이 나를 보고 부끄러움

---

5 칠신탄탄漆身吞炭 성어는 『전국책』 「조책」과 『사기』 「자객열전」에 나오는 일화에서 나온 것이다. 흔히 복수를 위해 자신의 몸을 아끼지 않는 것을 비유할 때 사용된다.

을 느끼도록 만들려는 취지라네. 이젠 그대와 헤어져 다시는 만나지 않았으면 하네."

그러고는 마침내 진양성으로 가서 이전처럼 걸식을 했다. 아무도 그를 알아보는 사람이 없었다.

당시 조무휼은 진양성에 머물며 지난날 지백이 만든 큰 못을 둘러보고는 이미 완성된 사업을 다시 허물어서는 안 된다고 생각했다. 곧 그 못 위에 다리를 놓아 사람들이 왕래하는 데 도움을 주고자 것이다. 그는 이어 다리 이름을 적교赤橋로 지었다. 적赤은 불의 색이므로 불이 물을 이긴다는 이치에서 나온 작명이었다. 그는 진수晉水로 인해 큰 곤욕을 치른 까닭에 적교를 세워 물의 기운을 누르고자 한 것이다.

마침내 적교가 완공되자 조무휼은 수레를 타고 구경을 나왔다. 이날 예양은 조무휼이 적교를 구경하러 온다는 사실을 미리 알고 가슴에 날카로운 비수를 품은 채 시체로 위장해 적교 아래 엎드려 있었다.

조무휼의 수레가 적교 가까이 다가오자 수레를 이끌던 말이 갑자기 슬피 울며 걸음을 멈췄다. 고삐를 잡은 어자가 연신 채찍질을 했으나 말이 앞으로 나아가려 하지 않았다. 장맹담이 말했다.

"좋은 말은 주인을 위험에 빠뜨리지 않는다는 뜻의 양기불함기주良驥不陷其主라는 말을 들은 적이 있습니다. 말이 적교를 건너려 하지 않는 것은 틀림없이 간인奸人이 숨어 있기 때문일 것입니다. 자세히 살피지 않을 수 없습니다."

조무휼은 수레를 멈추고 좌우 군사를 시켜 다리 일대를 수색케 했다. 잠시 후 보고가 올라왔다.

"다리 아래 간교한 세작인 간세奸細는 없고, 다만 교량에 죽은 시체 한 구가 엎어져 있습니다."

조무휼이 말했다.

"새로 세운 교량에 어찌 시체가 있겠는가? 틀림없이 예양일 것이다."

조무휼이 시체를 끌어올려 살피도록 했다. 형용이 비록 변하기는 했으나 무휼은 예양을 알아 볼 수 있었다. 조무휼이 대로해 꾸짖었다.

"내가 전에 이미 법을 어기면서까지 그대를 사면했다. 이제 또 나를 척살하려고 온 것인가? 황천이 어찌 너를 도울 리 있겠는가?"

그러고는 밖으로 끌고 가 참수케 했다. 예양이 하늘을 우러러 울부짖으며 피눈물을 흘렸다. 좌우의 사람들이 물었다.

"그대는 죽음이 두려운 것인가?"

예양이 대답했다.

"죽는 건 두렵지 않다. 다만 내가 죽은 뒤 우리 주인의 복수를 해 줄 사람이 없다는 게 원통할 따름이다."

조무휼이 물었다.

"그대는 먼저 범씨를 섬기다가 범씨가 지백에게 멸망하자 그대는 수치를 무릅쓰고 목숨을 구해 범씨의 복수를 꾀하기는커녕 오히려 지백을 섬겼다. 그런데 지금은 왜 굳이 지백을 위해 복수코자 하는 것인가?"

예양이 대답했다.

"무릇 군신 사이는 의로써 합치는 법이오. 주군이 신하를 수족手足처럼 대하면 신하도 주군을 복심腹心처럼 대하고, 군주가 견마犬馬처럼 대하면 신하도 길 가는 사람인 노인路人처럼 대하는 법이오. 내가 전에 범씨를 섬길 때는 범씨가 나를 중인衆人처럼 대한 까닭에 나 역시 범씨를 중인으로서 보답한 것이오. 하지만 지백은 나에게 자신의 옷을 벗어주고 자신이 먹는 음식을 나눠주며 나를 나라 안의 최고의 선비인 국사國士로 대했소. 그래서 나도 국사로서 보답코자 한 것이오. 어찌 이를 같은 사례로 취급할 수 있겠소?"

조무휼이 말했다.

"그대의 마음이 철석鐵石 같아 바뀔 가능성이 없으니 더 이상 용서할 수 없다."

그러고는 패검을 풀어 예양에게 내준 뒤 책임을 물으며 자재自裁를 명했다. 예양이 말했다.

"충신은 자신의 죽음을 걱정하지 않고, 명주는 다른 사람의 대의를 은폐하지 않는다는 뜻의 '충신불우신지사忠臣不憂身之死, 명주불엄인지의明主不掩人之義'라는 이야기를 들은 적이 있소. 전에 이미 용서를 받았으니 나는 벌써 만족하고 있소. 오늘 내가 어찌 다시 살기를 바라겠소. 하지만 2번 계속 실패하니 마음속 울분을 해소할 길이 없소. 청컨대 그대의 옷을 벗어주면 내가 그것이라도 칼로 찔러 복수의 뜻을 대신하고자 하오. 그러면 신은 죽어도 편히 눈을 감을 수 있을 것이오."

조무휼이 그의 뜻을 가련히 여겨 비단 도포를 벗은 뒤 좌우 시종을 시켜 그에게 갖다 주게 했다. 예양이 손에 칼을 들고 성난 눈으로 마치 조무휼을 대하듯이 도포를 노려보며 3번 뛰어올라 3번 칼로 내리치며 말했다.

"내가 이젠 지하에서 지백에게 고할 말이 있게 됐다."

그러고는 칼 위에 엎어져 죽었다. 지금도 그 다리가 남아 있다. 후대인은 그 다리를 예양교豫讓橋로 고쳐 불렀다.

당시 조무휼은 목전에서 예양의 처절한 죽음을 보고 크게 슬퍼했다. 즉시 그의 시신을 거둬 장사 지내도록 했다. 군사들이 비단 도포를 가져와 조무휼에게 바쳤다. 그가 보니 칼을 맞고 찢어진 곳마다 선혈이 배어 있었다. 하늘이 그의 정성에 감응한 결과다. 조무휼이 크게 놀라 절로 마음에 병이 들었다.

그의 목숨이 어찌될지 알 길이 없으니 다음 회를 보라.

제85회

169話　악양이 자식을 삶은 국물을 마시다
－악양자노철중산갱樂羊子怒啜中山羹

　　당시 조무휼은 자신의 도포가 예양의 칼에 3번에 걸쳐 찢길 때마다 연이어 몸서리를 쳤다. 게다가 도포가 베어진 곳마다 선혈이 배어 있는 것을 보고 충격을 받았다. 병이 들어 자리에 누운 이후 1년이 지나도록 낫지 않았다.

　　원래 조무휼에게는 5명의 아들이 있었다. 자신의 형 백로가 자신으로 인해 적자의 자리에서 물러난 것을 알고 있었던 까닭에 백로의 아들 주周를 가문의 후계자로 삼고자 했다. 그러나 주周가 일찍 죽는 탓에 주의 아들 완浣을 후계자로 삼았다. 임종 때 조무휼이 조완趙浣을 불러 말했다.

　　"진晉나라 3경卿은 지씨를 멸한 뒤 영토도 넓어지고, 백성도 기꺼이 복종하고 있다. 이 기회를 틈타 한씨 및 위씨와 함께 진晉나라를 3분한 뒤 각각 종묘사직을 세우고 보위를 후손에게 전하도록 하라. 만일 몇 년 더 늦추다가 혹여 진나라에 영주英主가 나타나 우리의 권세를 거둬들이며 정사에 힘쓰는 남권근정攬權勤政을 하고 민심을 수습하면 우리 조씨의 제사는 보전할 수 없을 것이다."

그러고는 숨을 거뒀다. 조완은 장례를 끝낸 뒤 바로 조양자趙襄子 조무휼의 유언을 한강자韓康子 한호에게 전했다. 그때가 주고왕周考王 4년인 기원전 437년이었다.

같은 해에 진애공晉哀公도 세상을 떠나고 그 아들 유柳가 즉위했다. 그가 바로 진유공晉幽公이다. 마침내 한강자韓康子 한호韓虎는 위환자魏桓子 위구魏駒 및 조헌후趙獻侯 조완趙浣과 함께 모의해 강주絳州와 곡옥曲沃 두 고을만 진유공에게 내준 뒤 나머지 진나라 땅을 3분해 차지했다. 이후 사람들은 이들 한씨와 위씨 및 조씨 등 3가家가 세운 나라를 3진三晉이라고 칭했다. 3진의 성립으로 진유공은 군주의 몸으로서 이들 세 권세가를 알현하러 다니게 됐다. 군신의 관계가 뒤바뀐 것이다.

당시 제나라 상국 전반田盤은 진晉나라의 권신세력인 3진이 공실의 땅을 나눠 차지했다는 소문을 듣고는 자신의 형제와 친척을 모두 제나라 고을의 대부로 임명했다. 이어 사자를 보내 3진에 보내 우호를 맺었다. 이를 계기로 천하의 제후국도 이들과 직접 교류했다. 제나라 전씨와 3진 모두 자신의 이름을 내걸고 제후국과 왕래했다. 제나라와 진나라의 군주는 공수拱手한 채 지켜볼 수밖에 없었다. 마치 목우木偶와 같았다.

주고왕은 동생 게揭를 지금의 하남성 낙양 서북쪽에 있는 왕성王城에 봉하고 주공周公의 관직을 이어가게 했다. 또 게의 아들 반班을 따로 지금의 하남성 공의현 서쪽의 공鞏 땅에 봉했다. 공 땅은 왕성의 동쪽에 있었던 까닭에 사람들은 공 땅의 반을 동주공東周公, 하남 왕성의 게를 서주공西

周公이라고 불렀다. 이것이 바로 주나라 왕실이 사실상 동서 양쪽으로 쪼개지는 이른바 2주二周의 발단이다.

주고왕 사후 아들 오午가 즉위했다. 그가 바로 주위열왕周威烈王이다. 주위열왕 재위 때 3진의 조완이 죽고 그의 아들 조적趙籍이 후계자가 됐다. 한건韓虔은 한씨, 위사魏斯는 위씨의 가문을 이었다. 또 제나라에서도 전반이 죽고 그 손자인 전화田和가 대를 이었다. 이들 3진과 제나라는 서로 우호를 깊이 다졌다. 앞으로 도움을 서로 주고받으며 대업을 함께 이루자고 약속했다.

주위열왕 23년인 기원전 403년, 천둥과 번개인 뇌전雷電이 구정九鼎을 쳤다. 구정이 흔들리자 이 소문을 들은 3진의 가주家主들이 모여 대책을 상의했다.

"구정은 하, 은, 주 3대三代에 걸쳐 전해 내려온 보물이오. 지금 뇌전에 흔들렸다고 하니 이제 주나라의 운수도 끝난 것 같소. 우리는 나라를 세운 지 오래 됐으나 아직 바른 명호名號를 갖지 못했소. 주왕실이 쇠미한 틈을 빌려 각각 주나라 천자에게 사자를 보내 제후로 임명해달라고 요청합시다. 천자는 우리 3진의 강성함을 두려워해 허락지 않을 수 없을 것이오. 그러면 명분도 바르고 말도 순조로운 이른바 명정언순名正言順[1]이 될 것이오. 우리는 장차 실속 있게 부귀를 누리면서도 찬탈의 오명을 쓰지 않아도 될 것이오. 이 어찌 아름다운 일이 아니겠소?"

각 가문의 가주들이 심복을 주왕실에 사자로 보냈다. 위사는 전문田文, 조적은 공중련公仲連, 한건은 협루俠累를 보냈다. 이들 3진의 세 심복은 많은 황금과 비단 및 토산물을 싣고 가 주위열왕에게 바쳤다. 이어 자신의 주

---

1   명정언순名正言順은 『논어』「자로」에서 약간 변용해 인용한 것이다. 「자로」의 원문은 명분이 바르지 못하면 말이 순조롭지 못하고, 말이 순조롭지 못하면 일이 이뤄지지 않는다는 뜻의 '명부정즉언불순名不正則言不順, 언불순즉사불성言不順則事不成'으로 되어 있다.

공을 제후로 승인해 달라고 청했다.

주위열왕이 이들 사자에게 물었다.

"진나라 땅이 모두 3가家에 속하게 된 것이오?"

위사의 사자 전문이 대답했다.

"진나라 공실은 정사에 실패해 밖으로는 제후들이 이반하고, 안으로는 신하들이 반란을 일으켰습니다. 그로 인해 3가는 스스로 군사를 동원해 역적을 토벌하고 그 땅을 소유하게 된 것이지 공실의 땅을 빼앗은 것은 아닙니다."

주위열왕이 또 물었다.

"이제 3진이 제후의 반열에 오르고 싶어 하면서 어찌하여 자립하지 않는 것이오? 왜 짐에게 그것을 고하는 것이오?"

조적의 사자 공중련이 대답했다.

"3진 모두 누세累世에 걸쳐 강성함을 쌓아온 까닭에 자립하고도 남습니다. 그러나 반드시 이를 고하며 명을 받고자 하는 것은 천자의 존엄을 잊지 않고 있기 때문입니다. 천자가 3진의 군주를 제후에 봉해주면 대대로 충정忠貞을 다해 주왕실의 울타리인 번병藩屏이 될 것입니다. 그러면 주왕실에게 이익이 되지 않겠습니까?"

주위열왕은 크게 기뻐했다. 곧바로 내사內史에게 명해 제후 책봉을 선포하는 공식 문서인 책명策命의 작성을 명했다. 조적을 조후趙侯, 한건을 한후韓侯, 위사를 위후魏侯에 봉했다. 이어 새로 책봉된 이들 제후에게 의복과 면류관인 보면黼冕, 홀인 규벽圭璧 등 제후의 신분을 나타내는 데 필요한 물건을 모두 하사했다.[2]

---

2 사마광은 『자치통감』에서 주왕실이 3진을 공식 승인하는 기원전 403년을 전국시대戰國時代의 개막으로 보았다. 현재 학계에서는 이게 춘추시대와 전국시대를 가르는 통설로 자리 잡고 있다.

전문 등이 돌아가 주위열왕으로부터 모든 승인 조처를 보고하자 3가는 백성에게 천자의 명을 국내에 널리 선포했다. 조후 조적은 지금의 하남성 중모현인 중모中牟, 한후 한건은 지금의 산서성 임분현 서남쪽인 평양平陽, 위후 위사는 지금의 산서성 하현인 안읍安邑에 도읍을 정했다. 각각 종묘사직을 세우고 열국에 사자를 보내 책봉 사실을 두루 알렸다. 열국이 사자를 보내 3진을 축하했다.

다만 진秦나라만 축하사절을 보내지 않았다. 진秦나라가 진晉나라를 버리고 초나라와 친교를 맺은 이후 중원의 열국과 왕래를 하지 않았고, 중원에서도 진秦나라를 이적夷狄으로 대한 탓이다.

얼마 후 3진이 진나라 마지막 군주인 진정공晉靜公[3] 구주俱酒를 폐해 서민으로 쫓아낸 뒤 지금의 산서성 둔류현인 순류純留 땅으로 옮겨가 살게 했다. 이어 진정공이 마지막으로 보유했던 강주와 곡옥의 땅마저 셋으로 나눠 가졌다. 이로써 진晉나라는 당숙우唐叔虞에서부터 진정공에 이르기까지 모두 29대 만에 멸망하고 말았다.

염옹이 시를 지어 탄식했다.

6경이 4경 됐다가 3경 되니	六卿歸四四歸三
남면칭후에 부끄럼 모르다	南面稱侯自不慚
이기를 남에게 넘기지 마라	利器莫敎輕授柄
혼주들 그렇게 간신 불렀다	許多昏主導奸貪

또 주위열왕이 부당히 3진의 요구를 받아들여 반역을 초래했다고 비평하는 시도 있다.

---

3 진정공晉靜公이 『열국지』 원문에는 진정공晉靖公으로 되어 있다. 정靜이 잘못해 정靖으로 바뀐 것이다. 번역문은 『사기』 「진세가」의 기록을 좇아 정靜으로 바꿔 놓았다.

주왕실 고단해져 혹이 되었으니	王室單微似贅瘤
3진의 칭후 어찌 막을 수 있을까	怎禁三晉不稱侯
책봉 없는데도 끝내 보위 훔치면	若無冊命終成竊
주왕실 빼고 3진 탓했을 것이다	只怪三侯不怪周

3진 가운데 위환자 위구의 아들인 위문후魏文侯 위사魏斯가 가장 현명했다. 그는 마음을 비우고 선비들 아랫자리에 앉기도 했다. 당시 공자의 고제高弟 자하子夏가 지금의 산서성과 섬서성 경계인 서하西河 일대에서 제자들을 가르치고 있었다. 위문후는 그 이야기를 듣자 곧바로 서하 땅을 찾아가 경전을 배우기도 했다. 친동생인 위성자魏成子가 현자인 전자방田子方을 천거하자 전자방과 친구로 사귀었다. 위성이 또 말했다.

"서하 출신 단간목段干木이 덕행이 있으나 벼슬을 하지 않은 채 은거하고 있습니다."

위문후가 수레를 타고 단간목의 집으로 갔다. 단간목은 위문후가 온다는 말을 듣고 뒷담을 넘어 몸을 피했다. 위문후가 차탄했다.

"진정 고사高士이다."

위문후는 서하 땅에 1달 동안 머물며 날마다 그 집 문 앞으로 가서 만나기를 청했다. 그는 수레가 단간목의 집에 가까워지면 수레 앞 가로나무를 잡고 기립해서 경의를 표한 뒤 감히 앉으려고 하지 않았다. 단간목도 위문후의 정성엔 감동해 면회를 허락하지 않을 수 없었다. 결국 1달 만에 단간목은 문밖으로 나가 위문후를 영접했다.

그날로 위문후는 단간목을 수레에 태워 함께 중모성으로 돌아갔다. 이후 위문후는 단간목과 전자방을 상빈上賓으로 삼았다. 사방에서 선비들이 이 소문을 듣고 위나라로 귀의했다. 또 이극李克, 척황翟璜[4], 전문田文, 임좌任座 등 당래 일류 모사들이 위나라 조정에 가득 찼다. 당시 인재가 많은 나라로 위나라를 능가하는 나라가 없었다. 진秦나라가 누차 위나라를 치려고 했으나 많은 인재가 두려워 출병을 단념할 수밖에 없었다.

하루는 위문후가 군주의 정원이나 산림을 보살피는 우인虞人과 오시午時에 교외에서 사냥을 하기로 약속했다. 약속한 날 아침 비가 내리고 추위가 심했다. 위문후가 신료들에게 술을 내린 뒤 함께 술을 마셨다. 술자리가 무르익었을 때 위문후가 좌우 시종에게 물었다.

"시간이 오시가 됐는가?"

좌우 시종이 말했다.

"지금이 바로 오시입니다."

위문후는 급히 술상을 치우게 하고는 수레꾼인 여인輿人을 재촉해 어가를 타고 교외로 달려갔다. 좌우 신하들이 말했다.

"비가 와서 사냥을 할 수 없는데 어찌하여 헛걸음을 하려는 것입니까."

위문후가 말했다.

"나는 우인과 약속을 했소. 그는 틀림없이 교외에서 나를 기다리고 있을 것이오. 비록 사냥을 하지 못할지라도 내가 직접 가서 약속을 지켜야 하지 않겠소?"

---

4 척황翟璜의 '척'은 원래 적狄과 같은 뜻이다. 『원화성찬元和姓纂』과 『통지通志』 「씨족략氏族略」에 따르면 상고 때 중원의 북쪽에 훗날 적국翟國으로 불린 적족翟族이 살았다. '적국'은 춘추시대 당시 이웃한 진晉나라에 의해 패망했다. 훗날 진나라가 한韓과 조趙 및 위魏로 삼분되고 이후 다시 진秦나라에 의해 패망하는 와중에 중원에 들어와 살던 '적국' 사람들이 각지로 옮겨가 살면서 나라 이름을 성씨로 삼았다. 당시 북쪽에 사는 사람들은 적翟을 '적'으로 읽었으나, 남쪽으로 이주한 사람들은 '척'으로 읽었다. 전국시대 초기 위나라의 명신 척황翟璜은 북쪽 출신인 까닭에 '적황'으로 읽는 게 옳을 듯하다. 그러나 현대 중국에서는 디황díhuáng이 아니라 자이황zháihuáng으로 음독하고 있다. '적황'이 아닌 '척황'으로 음독하는 이유다.

국인國人들은 위문후가 비를 맞으며 외출하는 걸 보고는 모두 의아하게 생각했으나 그것이 우인과 약속을 지키기 위한 것이라는 사실을 알고는 서로 돌아보며 말했다.

"우리 군주가 실신失信하지 않으려는 모습이 이와 같다."

조정에서 내리는 정교政教가 아침에 영이 내리면 저녁에 바로 바로 시행되었다. 감히 어기는 자가 없었다.

당시 진晉나라 동쪽에 중산中山이란 작은 나라가 있었다. 성은 희씨姬氏였고, 봉작은 자작子爵이었다. 백적白狄의 별종으로 선우鮮虞로 불리기도 했다. 진소공晉昭公 이래 배반과 복종을 반복해 여러 번 정벌을 받았다. 조간자趙簡子 조앙趙鞅이 군사를 이끌고 가 중산의 도성을 포위하자 우호를 청한 뒤 조공을 바쳤다.

진나라가 3진으로 나뉘자 중산은 누구를 섬겨야 좋을지 몰라 아무에게도 조공을 바치지 않았다. 중산의 군주 희굴姬窟은 술을 크게 좋아했다. 밤낮으로 술만 마셨다. 대신들을 멀리하고 소인배들을 가까이했다. 백성들은 실업失業을 하고, 재이災異가 속출했다. 위문후가 중산 토벌을 결심하고 신하들과 함께 상의했다.

위성자가 나서서 말했다.

"중산은 서쪽 조나라와 가깝고 남쪽에 있는 우리 위나라와는 꽤 멉니다. 중산을 쳐서 얻을지라도 지키기는 어렵습니다."

위문후가 대답했다.

"만일 조나라가 중산을 얻으면 북쪽에 있는 그들의 세력이 더욱 강해질 것이오."

척황翟璜이 말했다.

"신이 한 사람을 천거하겠습니다. 성은 악樂, 이름은 양羊입니다. 악양은 우리나라 곡구穀邱 출신으로서 문무를 겸비한 사람입니다. 대장으로 삼을 만합니다."

위문후가 물었다.

"어째서 그리 생각하는 것이오?"

척황이 설명했다.

"악양이 길을 가다가 황금을 주워 집으로 돌아간 일이 있습니다. 악양의 아내가 황금에 침을 뱉고 말하기를, '지사志士는 남몰래 남의 우물물도 마시지 않고, 염치를 아는 사람은 남이 함부로 던져주는 음식도 먹지 않는 법입니다. 황금은 내력을 모르는 물건인데 어찌하여 집으로 갖고 와 소행素行을 더럽히려고 하는 것입니까?'라고 했습니다. 악양은 아내의 말에 느낀 바가 있어 황금을 들판에 내다 버렸습니다. 그러고는 아내와 이별하고 외지로 나갔습니다. 그는 노나라와 위衛나라에서 1년 넘게 공부한 뒤 돌아왔습니다. 베틀에서 비단을 짜던 아내가 악양에게 묻기를, '학문을 이뤘습니까?'라고 했습니다. 악양이 대답키를, '아직 성취하지 못했소.'라고 했습니다. 아내가 즉석에서 칼을 들어 베틀의 실을 모두 끊어 버렸습니다. 악양이 크게 놀라 까닭을 묻자 아내는 학문을 이룬 연후에 행동할 수 있는 건 베를 다 짠후에 옷을 만들어 입는 것과 같다는 '학성이후가행學成而後可行, 유백성이후가복猶帛成而後可服' 구절을 언급하며 반문키를, '중도에서 학문을 폐하고 돌아왔으니 첩이 칼로 끊어버린 이 베틀의 비단과 무엇이 다르겠습니까?'라고 했습니다. 악양은 아내의 말에 크게 깨닫고 다시 공부하러 가서 7년 동안 한 번도 집으로 돌아오지 않았습니다. 지금 악양이 우리 위나라에 있습니다. 스스로 높은 벼슬을 하겠다며 작은 벼슬을 거들떠보지도 않고 있습니다. 어찌하여 그를 등용하지 않는 것입니까?"

위문후가 곧바로 척황에게 명해 어가를 몰고 가 악양을 불러오게 했다. 좌우 신하들이 반대했다.

"신들이 들으니 악양의 큰아들 악서樂舒가 중산에서 벼슬을 살고 있다고 합니다. 그런 자를 어찌 임용할 수 있습니까?"

척황이 말했다.

"악양은 공명심이 높은 선비입니다. 그의 아들 악서가 중산에 있으면서 중산국 군주를 위해 부친 악양을 부른 적이 있습니다. 악양은 중산의 군주가 무도하다고 여겨 가지 않았습니다. 주공이 만일 그에게 장수의 임무인 부월지임斧鉞之任을 맡기면 어찌 성공하지 못할까 걱정할 필요가 있겠습니까?"

이내 악양이 척황을 좇아 조정으로 와 위문후를 알현했다. 위문후가 물었다.

"과인은 그대에게 중산 토벌을 맡기고자 하오. 그대의 아들이 중산에서 벼슬을 살고 있으니 어찌하면 좋겠소?"

악양이 대답했다.

"대장부가 공을 세우고 사업을 일구는 건공입업建功立業을 이루기 위해서는 각자 자신의 주군을 섬길 뿐입니다. 어찌 사정私情 때문에 공사公事를 폐할 수 있겠습니까? 신이 중산을 깨뜨리지 못하면 군령을 달게 받겠습니다."

위문후가 크게 기뻐했다.

"그대가 그토록 자신하니 과인도 그대를 믿지 않을 도리가 없소."

이내 악양을 원수, 서문표西門豹를 선봉으로 삼은 뒤 군사 5만 명을 이끌고 가 중산을 치게 했다. 중산의 군주 희굴은 급보를 받고는 대장 고수鼓須에게 명해 지금의 하북성 영대 서북쪽인 추산楸山에 주둔하며 적을 막게 했다. 악양은 추산 인근의 문산文山에 영채를 세웠다. 양측이 1달 남짓 대치했으나 승부가 나지 않았다.

악양이 서문표에게 말했다.

"나는 주공의 면전에서 군령을 받고 왔소. 출병한 지 1달이 넘도록 촌공

寸功도 세우지 못했소. 이 어찌 부끄러운 일이 아니겠소. 내가 추산 일대를 살펴보니 가래나무가 너무 많소. 만일 용감한 장수 하나를 시켜 몰래 군사를 이끌고 적진 근처 가래나무 숲에 불을 지르게 하면 적들이 틀림없이 혼란에 빠질 것이오. 그 틈을 타 공격하면 이기지 못할 리 없소."

서문표가 자원했다. 그날은 마침 8월 중추였다. 중산의 군주 희굴은 사람을 시켜 양고기와 술을 수레에 싣고 추산으로 가 대장 고수를 위로케 했다. 고수는 가을밤 밝은 달을 바라보며 통쾌하게 술을 마시는 대월창음對月暢飮을 했다. 즐거운 분위기에 근심을 잊었다.

밤이 깊어 3경이 됐다. 위나라 선봉 서문표가 함매銜枚한 군사를 이끌고 고수의 진영으로 다가갔다. 군사들 모두 횃불 하나씩 들고 마른 가지를 쌓았다. 이어 불이 잘 붙는 인화약물引火藥物을 안에 넣고 사방에서 불을 질렀다. 고수는 군영 근처에서 불길이 솟아 안으로 번지는 것을 보고 취중에도 군사를 이끌고 불을 끄러 달려갔다.

그러나 불은 이미 뿌직뿌직呦呦喙喙 소리를 내며 온 산으로 번져 단 한 곳도 손을 쓸 수 없었다. 중산의 군영은 큰 혼란에 빠졌다. 고수는 전방에 위나라 군사가 있는 걸 알고 황급히 추산 뒤 쪽으로 달아났다. 하지만 이미 추산 뒤에 와서 매복하고 있던 악양이 고수가 도망쳐 오는 걸 보고 친히 군사를 이끌고 추격해 왔다. 중산의 군사는 대패하고 고수는 사전死戰을 벌인 끝에 간신히 탈출해 백양관白羊關에 당도했다. 그러나 위나라 군사가 다시 바짝 추격해오자 이내 백양관까지 버리고 달아났다.

악양이 대군을 이끌고 진격하며 중산 군사를 모두 쳐부쉈다.

싸움에 크게 패한 고수는 패잔병을 이끌고 달아나 군주 희굴에게 가서 말했다.

"악양은 용지勇智가 많아 대적키가 어렵습니다."

며칠 뒤 악양은 중산의 도성을 완전히 포위했다. 희굴이 대로했다. 대부 공손초公孫焦가 말했다.

"악양은 우리나라에서 벼슬을 살고 있는 악서의 아비입니다. 주공은 악서에게 명해 성 위로 올라가 아비를 물러가게 설득토록 하십시오. 이게 상책입니다."

희굴이 악서에게 말했다.

"그대의 아비가 위나라 장수가 되어 우리 도성을 치고 있다. 만일 그대 아비의 군사를 물러가게만 하면 그대를 대읍에 봉하겠다."

악서가 대답했다.

"신의 아비는 전부터 중산에 벼슬하는 걸 원치 않고 지금 위나라에서 벼슬하고 있습니다. 신의 부자는 지금 각각 자신의 군주를 위해 일하고 있습니다. 신이 어떻게 아비를 설득할 수 있겠습니까?"

희굴은 악서에게 성 위로 올라갈 것을 강요했다. 악서는 부득이 성 위로 올라간 뒤 고함을 지르며 부친을 찾았다. 악양이 큰 사다리를 설치한 초거轢車에 올라 아들을 바라봤다. 아들을 보자마자 입을 열 틈도 주지 않고 꾸짖었다.

"군자는 위태로운 나라에 머물지 않고, 어지러운 조정에서 벼슬을 살지 않는다는 뜻의 '군자불거위국君子不居危國, 불사난조不事亂朝'[5] 구절이 있다. 너는 부귀를 탐한 나머지 거취를 분간하지 못하고 있다. 나는 우리 주상의 명을 받들어 중산의 백성을 위무하고, 죄 많은 중산의 군주를 토벌하러 왔다. 네가 네 군주를 설득해 조속히 항복하면 우리 부자도 상견할 수 있을 것이다."

악서가 말했다.

---

5 '군자불거위국君子不居危國, 불사난조不事亂朝' 구절은 『논어』 「태백」에서 공자가 위태로운 나라에는 발을 들여놓지 않고, 어지러운 나라에서는 살지 않는다는 취지에서 언급한 '위방불입危邦不入, 난방불거亂邦不居' 구절을 약간 변용한 것이다.

"항복할지 여부는 우리 주상에게 달려 있는 것으로 소자가 마음대로 할 수 있는 게 아닙니다. 다만 부친이 잠시 공격을 늦추면 우리 군신이 종용從容[6]히 대책을 논의해 보겠습니다."

악양이 말했다.

"부자간의 정을 생각해 1달 동안 공격치 않을 것이다. 너희 군신은 속히 결론을 내 대사를 그르치지 않도록 하라."

악양이 과연 명을 내려 포위만 한 채 공격을 하지 못하게 했다. 희굴은 악양이 자식을 사랑한 나머지 결코 급공急攻을 가하지 않을 것으로 믿고 차이피일 시간을 늦추며 전혀 다른 대책을 세우지 않았다. 1달이 지나자 악양이 항복을 받기 위해 사자를 중산의 조정으로 보냈다. 희굴이 또 악서에게 부탁해 다시 1달의 말미를 얻었다. 이후 다시 1달이 지났다. 희굴이 다시 악서에게 부탁해 1달의 말미를 얻었다. 모두 3번에 걸쳐 시간을 늦췄다. 서문표가 나서서 말했다.

"원수는 중산의 도성을 칠 생각이 없는 것입니까? 어찌하여 이토록 오래도록 공격을 하지 않는 것입니까?"

악양이 말했다.

"중산의 군주가 휼민恤民하지 않는 까닭에 내가 공격에 나선 것이오. 서둘러 공격하면 결국 중산의 백성만 더 상하게 되오. 내가 3번이나 저들의 요청을 좇은 것은 부자간의 정리 때문이 아니고, 바로 중산의 민심을 수습키 위한 것이었소."

한편 위문후의 좌우 신료들은 악양이 일약 중임을 맡게 되자 내심 커다란 불만을 품었다. 이들은 악양이 3달 동안 중산의 도성을 공격치 않고 있

---

6 종용從容은 휴식 등을 취하며 시간적으로 여유를 갖고 대처하는 것을 말한다. 성격이나 태도가 차분하고 침착한 것을 흔히 '종용從容하다'라고 표현한다. 수선스럽지 않고 매우 얌전한 것을 뜻하는 '조용하다'와 뜻이 유사하다.

다는 보고를 접하자 이내 악양을 참소하기 시작했다.

"악양은 여러 번 승리한 위세에 올라타 파죽지세破竹之勢로 공격할 수 있었는데 단지 아들 악서의 말 한마디만 듣고 3달 동안 공격을 하지 않고 있습니다. 부자간의 정이 매우 깊다는 걸 알 수 있습니다. 주상이 그를 소환하지 않으면 공연히 병사만 수고롭게 하고 재물만 낭비하는 노사비재勞師費財를 초래할 것입니다. 위나라에 아무런 도움이 되지 않습니다."

위문후가 대답을 하지 않은 채 척황에게 대책을 물었다. 척황이 대답했다.

"악양에게 반드시 계책이 있을 터이니 주공은 의심치 마십시오."

이후 조정의 신료들이 분분히 상소했다. 혹자는 희굴과 나라의 반을 쪼개 악양에게 줄 것이라고 했고, 혹자는 악양이 중산과 합세해 위나라를 공격할 것이라고 했다. 위문후는 상소문을 상자 속에 넣어 봉해뒀다. 그러고는 수시로 사자를 중산으로 보내 악양을 위로했다. 도성 안에 저택까지 준비해두고 개선하기를 기다렸다.

악양은 위문후의 후의에 감격했다. 그는 중산이 끝까지 항복하지 않는 걸 보고 마침내 총공격에 나섰다. 중산의 도성은 매우 견고했다. 성안에 비축된 식량도 풍부했다. 중산의 대장 고수와 공손초는 밤낮으로 순찰하며 성안의 나무와 돌을 쪼개 무기로 사용하는 등 방비를 더욱 튼튼히 했다.

몇 달 동안 거듭 공격을 가했지만 함락시키지 못했다. 화가 난 악양이 마침내 서문표와 함께 성 아래서 시석矢石을 무릅쓰고 성의 동서남북 4문에 대한 급공을 독려했다. 중산의 대장 고수는 성 위에서 군사들을 지휘하다가 위나라 군사가 쏜 화살을 머리에 맞고 죽었다.

돌멩이 등을 얻기 위해 성안의 주택과 담장까지 허물어야만 했다. 공손초가 희굴에게 말했다.

"사태가 매우 급합니다. 지금 적을 물리칠 계책은 한 가지밖에 없습니다."

희굴이 물었다.

"무슨 계책이오?"

공손초가 대답했다.

"악서가 3번이나 공격을 늦춰 달라고 요청하자 악양은 모두 들어줬습니다. 악양이 아들을 끔찍이 사랑하는 걸 알 수 있습니다. 적의 공격이 급하니 악서를 포박해 높은 장대에 매달고 군사를 후퇴시키지 않으면 악서를 죽이겠다고 하십시오. 악서에게는 목숨을 살려달라고 애원케 하십시오. 그러면 악양이 틀림없이 공격을 늦출 것입니다."

희굴이 이를 좇았다. 악서를 높은 장대 위에 매단 뒤 고함을 지르게 했다.

"부친은 소자를 제발 살려주십시오!"

악양이 그 모습을 보고 마구 욕을 퍼부었다.

"불초자不肖子! 너는 벼슬을 살면서 위로는 기책奇策을 내어 군주로 하여금 전공戰功을 얻게 하지도 못했고, 아래로는 위기 상황에서 목숨을 던지는 견위수명의 자세로 임해 군주로 하여금 우호의 결단을 내리도록 하지도 못했다. 그런데도 젖내 나는 아이인 유소아乳小兒처럼 살려 달라고 애걸하는 것인가?"

말을 마치자 곧바로 활을 들어 쏘려고 했다. 악서가 내려달라고 울부짖었다. 성 위로 내려와 희굴에게 말했다.

"신의 아비는 위나라를 위하는 데만 마음이 있을 뿐 부자간의 정은 생각지 않습니다. 주공은 성을 지킬 도리를 새로 강구하십시오. 신은 주공 앞에서 목숨을 끊어 적을 물리치지 못한 죄를 씻도록 하겠습니다."

공손초가 말했다.

"그 아비가 성을 공격하고 있으니 아들도 죄가 없지는 않습니다. 죽음을 내리는 게 합당합니다."

山蕢子羊樂
蕢中怒

희굴이 말했다.

"그것은 악서의 잘못이 아니오."

공손초가 다시 말했다.

"악서가 죽으면 신이 적을 물리칠 계책을 따로 마련할 수 있습니다."

희굴이 결국 악서에게 칼을 내렸다. 악서가 스스로 목을 찌르고 죽었다.

공손초가 계책을 말했다.

"인정人情 가운데 부자간의 정보다 더한 것은 없습니다. 악서를 삶아 악양에게 보내십시오. 악양은 자식을 삶은 국을 보면 틀림없이 참지 못해 애읍哀泣하며 전의도 상실할 것입니다. 그 틈을 타 주공은 군사를 이끌고 나가 한바탕 전투를 벌이십시오. 다행히 승리하면 다음 계책을 구사할 수 있을 것입니다."

희굴은 마지못해 좇았다. 중산의 사자가 악서를 삶은 국과 악서의 수급을 갖고 가 악양에게 바쳤다.

"과군은 악서를 시켜 위나라 군사를 물리치려는 계책이 실패하자 자진케 한 뒤 삶았습니다. 지금 그 국을 바칩니다. 도성에는 악서의 처자가 남아 있습니다. 만일 원수가 다시 공격하면 즉시 주륙할 것입니다."

악양이 악서의 수급을 향해 마구 욕을 퍼부었다.

"불초자! 무도한 군주를 섬겼으니 죽어도 마땅하다."

그러고는 국그릇을 끌어당겨 사자 앞에서 국물 한 방울 남기지 않고 다 먹었다. 이어 사자에게 말했다.

"너의 군주가 이처럼 맛있는 국을 하사했으니 성을 함락시키는 날 직접 대면하여 칭사稱謝할 것이다. 우리 군영에도 큰 가마솥이 있으니 너의 군주를 잡을 날만 기다리고 있겠다."

사자가 돌아가 그대로 보고했다. 희굴은 악양이 악서의 죽음을 전혀 슬퍼하지 않고 더욱 세차게 공격하는 것을 보고는 성이 함락되면 모욕을 당할까 두려운 나머지 후궁으로 들어가 스스로 목을 매고 죽는 자액自縊을 했다.

공손초가 결국 성문을 열고 항복했다. 악양은 아첨으로 나라를 패망케 한 죄목을 들어 공손초를 참수했다. 이어 백성들을 위무하며 중산을 안정시켰다. 서문표에게 군사 5천 명을 주어 중산을 지키게 한 뒤 보물을 모두 거둬 회군했다.

위문후는 악양이 개선해 돌아온다는 보고를 받고 직접 도성 밖까지 나가 위로하며 말했다.

"장군이 나라를 위하다가 아들을 잃은 것은 모두 과인의 잘못이오."

악양이 머리를 조아리며 대답했다.

"신은 주상이 하사한 부월斧鉞의 채임을 다하느라 사정私情을 돌볼 여유가 없었습니다."

그는 알현이 끝나자 중산의 지도와 보물 목록을 바쳤다. 모든 신하들이 경하의 인사를 올렸다. 위문후가 궁궐 안쪽 누대에서 연회를 베풀고 친히 술잔을 들어 악양에게 하사했다. 악양이 그 술잔을 받아 마시고는 자못 의기양양하게 전공을 자랑하는 기색을 보였다.

연회가 끝나자 위문후가 좌우 시신에게 명해 상자 2개를 들고 오게 했다. 상자는 단단히 봉해져 있었다. 위문후가 악양에게 집에 갖고 가 열어보게 했다. 좌우 내시들이 상자를 건네주자 악양이 속으로 생각했다.

'필시 저 상자 속엔 진주珍珠와 금옥金玉 등이 들어 있을 것이다. 주상은 군신들이 서로 시기할까 우려해 이처럼 단단히 봉한 뒤 집에 가서 열어보라고 한 것이다.'

악양이 상자를 집으로 가져와 중당으로 들고 들어간 뒤 덮개를 열었다. 상자 안에는 신하들의 상소문이 가득 차 있었다. 모두 악양이 배반을 하거나 모반할 것이라는 내용이었다. 악양이 대경大驚했다.

"원래 조정에 나를 비방하는 자가 이토록 많았단 말인가! 주공이 나를 깊이 신임하지 않았다면 내가 어찌 전공을 세울 수 있었겠는가?"

이튿날 궁으로 들어가 사은謝恩했다. 위문후가 상상上賞을 더해 주려고 하자 악양이 재배하며 사양했다.

"중산을 쳐서 이긴 것은 오로지 주상이 조정에서 신을 힘껏 지지해준 덕분입니다. 신은 다만 밖에서 견마지로犬馬之勞를 다했을 뿐입니다. 신에게 무슨 힘이 있었겠습니까?"

위문후가 말했다.

"과인이 아니었으면 경을 임명할 수 없었을 것이고, 경이 아니었으면 과인이 부과한 임무를 수행하지 못했을 것이오. 경이 이번에 장군이 되어 너무 노고가 많았소. 어째 봉읍으로 내려가 편히 쉬지 않는 것이오?"

악양을 지금의 하북성 영수靈壽 땅에 봉한 뒤 영수군靈壽君의 군호君號를 내렸다. 그 대신 모든 병권을 거둬들였다. 척황이 말했다.

"주상은 악양의 뛰어난 능력을 잘 알면서 왜 그에게 군사를 주어 변경을 지키게 하지 않고 한가하게 쉬도록 한 것입니까?"

위문후가 웃기만 하고 아무 대답도 하지 않았다. 척황은 조회를 마치고 나오다가 이극李克에게 똑같은 질문을 했다. 이극이 대답했다.

"악양은 자기 자식도 사랑하지 않는데 하물며 타인은 말해 뭐하겠소? 이는 전에 관중管仲이 역아易兒를 의심한 것과 같소."

척황은 그 말을 듣고서야 위문후의 의도를 알아챘다.

당시 위문후는 중산 땅이 멀기에 종친 가운데 믿을 만한 사람을 보내 지키도록 함으로써 걱정을 덜 생각이었다. 이내 태자 격擊을 중산군中山君에 봉한 뒤 그곳에 가서 다스리게 했다. 태자 격이 부임해 가던 도중 우연히 전자방이 낡은 수레를 타고 오는 것을 보았다. 황급히 수레에서 내려 길가에 서서 경의를 표했다. 전자방이 태자 격을 쳐다보지도 않고 그냥 지나가 버린다. 태자 격이 불쾌한 나머지 시종을 시켜 수레를 붙잡아 세우게 했다. 그러고는 물었다.

"제가 선생에게 묻고 싶은 게 있소. 부귀한 사람이 오만하오, 아니면 빈천한 사람이 오만하오?"

전자방이 웃고 대답했다.

"자고로 오직 빈천한 자만이 교만할 수 있소. 부귀한 사람이 어찌 교만할 수 있겠소? 무릇 군주가 교만하면 사직을 보전할 수 없고, 대부가 교만하면 사당을 보전할 수 없소. 옛날 초영왕은 교만히 굴다가 나라를 망쳤고,

지백 지요는 교만히 굴다가 집안을 망쳤소. 이를 보면 부귀는 족히 믿을 수 없다는 게 분명하오. 빈천한 선비는 먹는 게 거친 나물인 여곽藜藿에 불과하고, 입는 건 성긴 베옷인 포갈布褐에 불과하오. 다른 사람에게 구할 게 없기에 세상에 욕심이 없소. 오직 선비를 좋아하는 군주를 만나면 스스로 즐거워하며 벼슬에 나아갈 뿐이오. 군주가 자신의 말을 들어주고 생각이 합치되면 군주를 위해 힘쓰지만, 그렇지 않으면 드넓은 강호로 홀연히 떠나버리오. 그러니 누가 그를 막을 수 있겠소? 주무왕은 만승의 천자인 주나라 은紂을 주살했지만 수양산의 백이伯夷와 숙제叔弟만은 굴복시키지 못했소. 대략 빈천이 고귀한 게 이와 같소."

태자 격이 크게 부끄러워하며 전자방에게 사죄하고 그곳을 떠났다. 위문후는 전자방이 태자에게도 굴하지 않았다는 소식을 듣고는 공경히 예우하는 경례敬禮에 더욱 신경을 썼다.

170話 서문표가 하백신부의 악습을 바로잡다
- 서문표교송하백부西門豹喬送河伯婦

당시 지금의 하북성 임장현인 위나라 업鄴 땅에 수령 자리가 비어 있었다. 척황이 말했다.

"업 땅은 상당上黨과 한단邯鄲 사이에 끼어 있어 한나라 및 조나라와 가깝습니다. 반드시 성품이 강하고 현명한 선비를 보내 지키도록 해야 합니다. 서문표가 아니면 감당할 수 없습니다."

위문후가 서문표를 업 땅의 수령으로 보냈다. 서문표가 부임해 보니 저잣거리는 쓸쓸하고, 백성의 왕래도 드물었다. 부로父老들을 불러 고충이 무엇인지 물었다. 부로들이 입을 모아 말했다.

"하백河伯에게 부녀를 바치는 게 가장 괴롭습니다."

서문표가 의아해했다.

"괴이하고, 괴이한 일이오. 하백이 어떻게 부녀를 취한단 말이오. 자세히 말해 보시오."

한 부로가 말했다.

"장수漳水는 첨령沾嶺에서 발원해 사성沙城을 거친 후 동쪽으로 흘러가오. 이후 업 땅을 거치며 장하漳河가 되오. 하백은 바로 장하의 신이오. 아름다운 부녀를 매우 좋아해 해마다 부녀를 바치오. 그래야만 풍년이 들고 비도 순조롭게 온다고 하오. 그리하지 않으면 하백이 대로해 장하를 범일泛溢케 만들고, 사람과 가옥을 떠내려 보내오."

서문표가 물었다.

"이는 누가 시작한 것이오?"

부로가 말했다.

"이 고을 무당이 먼저 말했소. 속인들은 홍수가 두려워 무당의 말을 따르지 않을 수 없소. 매년 이 고을의 토호인 이호里豪와 아전인 정연廷掾이 무당들과 짜고 백성들로부터 수백만 전의 세금을 부과한 뒤 그 가운데 20−30만 전을 하백의 아내를 얻어주는 비용으로 사용하오. 나머지는 그들이 함께 나눠 쓰고 있소."

서문표가 물었다.

"백성들은 참외를 쪼갠 것처럼 그토록 부당한 부과인 과분瓜分을 떠맡고 한마디 불평도 하지 않은 것이오?"

부로가 대답했다.

"무당은 하백에게 기도하는 일을 주관하고 교화를 담당한 향관鄉官인 삼로三老와 아전들은 세금 걷는 일을 맡고 있소. 그렇게 거둔 세금을 공금으로 나눠 쓰기에 백성들이 기꺼이 참여하는 것이오. 더욱 괴로운 것은 초봄에 파종할 무렵 무당이 처녀가 있는 집을 두루 찾아다니며 자색이 고운 처녀를 고르는 일이오. 무당은 처녀를 고른 뒤 말하기를, '이 처녀는 하백의 부인이 될 것이다.'라고 하오. 그걸 원치 않는 사람은 무당에게 많은 재물을 줘야만 딸을 구할 수 있소. 그러면 무당은 또 다른 처녀를 찾아 나서게 되오. 가난한 백성들은 딸을 되찾아올 재물이 없어 그냥 무당에게 딸을 내줄 수밖에 없소. 무당은 강가에 재궁齋宮을 지어 놓고 붉은 휘장을 친 침대와 자리를 새로 마련하오. 이어 선발한 처녀를 깨끗이 목욕을 시키고, 새 옷으로 갈아입힌 후 재궁 안에 안치하오. 이후 길일을 받은 뒤 그날이 되면 갈대로 엮은 배에다 그 처녀를 태워 강물에 떠내려 보내오. 갈대로 만든 배는 수십 리를 떠내려가다가 가라앉고 마오. 지금 백성들은 그 일의 경비를 대느라 끊임없이 고통을 겪고 있고, 딸을 가진 부모는 딸을 하백의 부인으로 빼앗기지나 않을까 두려워 모두 딸을 데리고 먼 곳으로 달아나오. 성안이

날로 텅 빈 모습이 된 배경이오."

서문표가 물었다.

"이 고을은 사람과 가옥이 몇 번이나 홍수에 떠내려 갔소?"

부로가 대답했다.

"해마다 하백에게 처녀를 바친 덕분에 아직 하신河神을 노하게 한 적은 없소. 우리 고을은 땅이 높고 강과 거리가 멀기에 강물이 도달하기가 매우 어렵소. 대신 거의 해마다 가물어서 곡식이 말라 죽는 우환을 겪고 있소."

서문표가 말했다.

"하신이 그렇듯 영험하다고 하니 처녀를 바칠 때 나도 가서 처녀를 전송하며 여러분을 위해 기도하고 싶소."

그 날이 되자 과연 부로가 서문표에게 와서 행사를 알렸다. 서문표가 의관을 갖추고 친히 장하로 나갔다. 그 고을의 관속官屬과 삼로, 토호, 이장, 부로 등이 빠짐없이 모여 있었다. 원근에 사는 백성들도 구경하기 위해 모두 모여들었다. 적어도 수천 명이 될 듯했다.

이윽고 삼로와 이장 등이 큰 무당인 대무大巫를 이끌고 와 서문표에게 인사를 시켰다. 그 모습이 자못 거만했다. 서문표가 보니 한 늙은 여인이었다. 그 늙은 무당 뒤에 20여 명의 젊은 여자 무당인 소무小巫들이 늘어서 있었다. 소무들은 옷을 맵시 있게 차려 입고 손에는 수건과 빗, 향로 등을 들고 그 뒤를 따라왔다. 서문표가 말했다.

"대무는 수고가 많소. 이번에 하백에게 처녀를 시집보낸다기에 나도 구경을 나왔소."

늙은 대무가 제자들을 시켜 처녀를 데려오게 했다. 서문표가 보니 그 처녀는 아름다운 옷과 하얀 버선인 선의소말鮮衣素襪을 하고 있었다. 얼굴은 중등中等이었다.

서문표가 늙은 대무와 삼로 등에게 분부했다.

"하백은 고귀한 신령이니 처녀의 용모가 반드시 뛰어나야 서로 어울릴 것이오. 그런데 이 처녀는 자색이 아름답지 못하오. 수고스럽겠지만 대무가 먼저 물속으로 들어가 하백에게 '아름다운 처녀를 구한 후에 다시 보내주겠다.'는 이 고을 태수의 말을 전하고 오시오."

그러고는 좌우의 이졸에게 명해 늙은 노무를 안아 강물 속으로 던지게 했다. 좌우에서 지켜보던 사람들 가운데 경해실색驚駭失色하지 않는 자들이 없었다. 서문표가 조용히 서서 기다리다가 다시 말했다.

"늙은 노무 할멈이 나이가 많아 일을 잘 처리하지 못하는 듯하오. 강물 속으로 들어간 지 한참 됐는데도 아직 보고하러 나오지 않고 있소. 젊은 제자가 가서 재촉 좀 해보시오."

이졸들이 젊은 제자 한 사람을 안아 강물에 내던졌다. 잠시 후 서문표가 또 말했다.

"젊은 제자도 어찌하여 이토록 시간을 지체한단 말인가?"

그러고는 다시 제자 한 사람을 강물 속으로 보내 재촉케 했다. 또다시 시간을 지체한다는 이유로 다시 한 제자를 던져 넣었다. 젊은 제자 3명이 물에 잠겼다. 젊은 제자들은 곧바로 강물 속으로 사라졌다. 얼마 후 서문표가 또 말했다.

"지금 들어간 사람은 모두 여인들이라 말을 분명히 전하지 못하는 듯하오. 수고스럽지만 삼로들이 강물로 들어가 분명히 내 말을 전해 주시오."

삼로가 사양하려고 하자 서문표가 일갈一喝했다.

"속히 가서 대답을 듣고 오라!"

이졸들이 좌우에서 끌어당기며 말할 틈도 주지 않고 강물 속으로 밀어 넣었다. 물결을 따라 순식간에 사라졌다. 구경하던 사람들 모두 혀를 내두르는 토설吐舌을 했다. 서문표가 머리에 붓을 비녀처럼 꽂고 몸을 구부리는 잠필국궁簪筆鞠躬[7]을 하고 강물을 향한 채 공경스런 자세로 기다렸다. 대략 한 시진時辰이 안 되었을 때 서문표가 말했다.

"삼로가 연세가 높아 일을 제대로 처리하지 못하는 듯하오. 아전인 정연廷掾을 비롯해 호족과 이장인 호장豪長이 가봐야 할 듯하오."

정연과 호장이 놀라 일시에 얼굴이 흙빛으로 변했다. 등에서 식은땀이 흘렀다. 일제히 꿇어 엎드려 이마를 땅에 찧으며 애원했다. 얼굴이 피범벅이 된 채 한사코 일어나려 하지 않았다. 서문표가 말했다.

---

7 잠필국궁簪筆鞠躬을 『사기』 「골계열전滑稽列傳」은 잠필경절簪筆磬折로 표현했다. '잠필'을 두고 당나라 측천무후 때 활약한 역사가 장수절張守節은 『사기정의史記正義』에서 붓을 마

"그럼 잠시만 기다리시오."

사람들이 전전긍긍戰戰兢兢하는 사이 다시 1각刻이 지났다. 서문표가 말했다.

"강물은 도도滔滔하고 들어간 사람은 나올 줄 모르니 하백이 어디에 있다는 것인가? 죄 없는 민간의 처녀들을 억울하게 죽였으니 너희들은 응당 목숨으로 죗값을 치러야 한다."

이들이 다시 이마를 땅에 찧으며 사죄했다.

"지금까지 무당에게 속은 것이지 저희들이 저지른 것은 아닙니다."

서문표가 분부했다.

"늙은 무당 할멈은 이미 죽었다. 이후 또다시 하백에게 시집을 보내야 한다고 주장하는 자가 있으면 그 자를 중매로 삼아 하백에게 먼저 보낼 것이다."

그러고는 아전과 이장, 토호, 삼로 등이 거둔 세금을 모두 몰수해 백성에게 다시 돌려줬다. 또 그곳 부로들을 시켜 나이가 많아 장가를 들지 못한 사람을 찾아 무당의 제자들을 모두 시집보냈다. 이후 업 땅에는 잘못된 무풍巫風이 사라지고, 멀리 달아났던 백성들도 다시 고향으로 돌아왔다.

이를 뒷받침하는 시가 있다.

하백이 어찌 아내를 취했을까	河伯何曾見娶妻
어리석은 백성 속았을 뿐이지	愚民無識被巫欺
현명한 수령 덕에 의혹 푸니	一從賢令除疑網
처녀들 안면하며 해악 면하다	女子安眠不受虧

치 비녀의 머리 부분처럼 하여 관冠의 앞부분에 꽂는 것으로 풀이했다. 판관判官의 판결 과정을 표현한 것이다. '경절'은 굽은 모양의 경쇠처럼 몸을 구부리며 읍揖을 하는 것을 말한다.

서문표는 업 땅의 지형을 잘 살핀 뒤 백성을 징발해 장수가 통할 수 있는 12곳의 수로를 팠다. 덕분에 세찬 강물의 수세水勢를 죽일 수 있었다. 내륙의 땅은 수로를 통해 물을 공급받은 덕분에 가뭄 걱정이 사라졌다. 이후 수확이 배로 증가해 백성들이 즐겁게 생업에 종사했다. 지금도 임장臨漳에 서문거西門渠가 남아 있다. 바로 서문표가 판 수로이다.

위문후가 척황에게 말했다.

"과인이 경의 말을 좇아 악양으로 하여금 중산을 치고, 서문표로 하여금 업 땅을 다스리게 하자 두 사람 모두 임무를 훌륭히 수행했소. 과인은 두 사람을 신임케 됐소. 지금 우리 위나라 서쪽 변경의 서하西河 땅은 진秦나라가 침공하는 길목이 돼 있소. 경은 누구를 보내 지키면 좋을지 생각해보시오."

척황이 한참 생각하다 말했다.

"신이 1명을 천거하겠습니다. 성은 오吳, 이름은 기起라고 합니다. 뛰어난 장수의 재질을 갖고 있습니다. 지금 노나라에서 우리 위나라로 망명을 와 있습니다. 주공이 속히 등용토록 하십시오. 늦으면 다른 곳으로 갈지도 모릅니다."

위문후가 물었다.

"그 오기는 노나라에서 장수가 되기 위해 아내를 죽인 자가 아니오? 소문에는 재물을 탐하고 여색을 밝히며 성격도 잔인하다고 하오. 그런 자에게 어찌 중임을 맡길 수 있겠소?"

척황이 대답했다.

"신이 그를 천거한 것은 그의 뛰어난 능력을 취함으로써 주공을 위해 일일지공一日之功을 이루도록 하려는 것일 뿐입니다. 그의 소행素行은 따질 바가 아닙니다."

위문후가 말했다.

"과인을 위해 한 번 불러주시오."

오기가 어떻게 위나라에서 공을 세우는지 알 길이 없으니 다음 회를 보라.

제86회

171話　오기가 아내를 죽여 장군이 되다
－ 오기살처구장吳起殺妻求將

　　오기吳起는 본래 위衛나라 출신이다. 어렸을 때는 칼싸움이나 무뢰배無
賴輩로 살았다. 어머니가 꾸짖자 스스로 팔뚝을 깨물어 피를 내고 맹서
했다.

　　"이제 어머니 슬하를 떠나 타향으로 공부하러 가겠습니다. 앞으로 일국
의 경상卿相이 되어 절모節旄[1]를 잡고 고거高車를 타기 전에는 위나라 도성
으로 어머니를 뵈러 오지 않겠습니다."

　　어머니가 울며 만류했지만 오기는 도성 북문으로 나가면서 단 한 번도

1　절모節旄는 사신들이 소지하는 부절符節 위에 장식한 모우牦牛의 꼬리털을 말한다.『한
　　서』「이광소건전李廣蘇建傳」에 절모진락節旄盡落 표현이 나온다.

돌아보지 않았다. 그는 노나라에 가서 공자의 유명한 제자인 증삼曾參 밑에서 학문을 배웠다. 그는 밤낮으로 학문에 매진하며 온갖 어려움도 마다하지 않았다. 당시 제나라 대부 전거田居가 노나라에 왔다가 열심히 공부하는 오기를 보고 가상히 여겨 여러 이야기를 나눴다. 오기의 높은 식견과 해박한 지식은 끝이 없는 듯했다. 전거가 자신의 딸을 주고 오기를 사위로 삼았다.

오기가 1년 넘게 공부하는 동안 증삼은 오기에게 노모가 있다는 걸 알게 됐다. 어느 날 증삼이 물었다.

"자네는 이곳에 와서 공부한 지 6년 동안 부모에게 문안인사를 하는 성근省觀을 하지 않으니 그러고도 자식 된 자로서 마음이 편안한가?"

오기가 대답했다.

"저는 전에 어머니 슬하를 떠날 때 맹서키를, '일국의 경상이 되지 않으면 돌아오지 않겠다.'고 했습니다."

증삼이 말했다.

"다른 사람과는 맹서할 수 있으나 어머니와 무슨 맹서를 한단 말인가?"

이후 증삼은 내심 오기를 미워하게 됐다. 얼마 후 위나라에서 오기의 모친이 죽었다는 서신이 왔다. 오기가 하늘을 우러러 3번 울부짖고는 다시 돌아와 눈물을 닦고 평시처럼 책을 읽었다. 증삼이 분노했다.

"오기가 모친의 장례에 가지 않은 것은 인간의 본분을 잊은 것이다. 무릇 물도 근원이 없으면 마르고, 나무도 근본이 없으면 시든다는 뜻의 '수무본즉갈水無本則竭, 목무본즉절木無本則折' 구절이 있다. 사람이 근본을 망각하고 어찌 좋은 결말을 볼 수 있겠는가? 오기는 나의 제자가 아니다."

그러고는 제자를 시켜 사제관계의 절연을 통보하고 다시는 만나주지 않았다. 오기는 결국 유학儒學을 버리고 병법을 배웠다. 3년 만에 일가를 이룬 뒤 노나라에서 벼슬을 구했다.

노나라 상국 공의휴公儀休는 그와 병법을 논하다가 그의 뛰어난 재능을 알아보고는 곧바로 노목공魯穆公에게 천거했다. 덕분에 오기는 노나라 대부가 됐다. 봉록이 많아지자 비첩을 많이 사서 오락娛樂했다.

당시 제나라 상국 전화田和는 강씨의 제나라를 찬탈할 생각이었다. 제나라가 노나라와 대대로 혼인한 까닭에 자신의 죄를 토벌하러 올까 두려워했다. 선수를 치기 위해 전에 노나라가 오왕 부차의 도움을 받아 제나라 군사를 격파한 애릉艾陵 전투의 원한을 갚는다는 구실로 군사를 일으켜 노나라 정벌에 나섰다. 위력으로 굴복시킬 작정이었다. 노나라 상국 공의휴가 노목공에게 말했다.

"제나라 군사를 물리치려면 오기가 아니면 안 됩니다."

노목공이 건성으로 대답하며 끝내 등용하려 하지 않았다. 제나라 군사가 성읍成邑을 함락시켰다는 소식을 듣고 공의휴가 다시 청했다.

"신이 오기를 등용해야 한다고 건의했는데 주상은 어찌하여 임명하지 않는 것입니까?"

노목공이 말했다.

"과인도 오기에게 장재將才가 있다는 걸 아오. 그러나 그의 아내가 바로 제나라 전씨田氏 가문의 딸이오. 무릇 지극한 사랑으로 부부간의 사랑보다 더한 것은 없소. 그가 싸움을 관망만 하지 않으리라고 보장할 수 있겠소? 과인이 주저하며 결정하지 못하는 이유요."

공의휴가 조정에서 물러나 부중으로 돌아오자 오기가 이미 와서 기다리고 있었다. 그가 공의휴에게 말했다.

"제나라의 노략질이 이미 극심한데 주상은 양장良將을 찾았습니까? 오늘 제가 자천自薦코자 하는 것은 아니지만 저를 대장으로 천거해 주면 틀림없이 제나라 군사가 타고 온 병거를 단 1대도 가져가지 못하게 할 것입니다."

공의휴가 말했다.

"나는 재삼 천거했지만 주공은 그대가 제나라 전씨 집안과 혼인했다는 이유로 선뜻 결정하지 못하고 있소."

오기가 말했다.

"주공 의심을 푸는 건 매우 쉬운 일입니다."

오기는 집으로 돌아가 아내 전씨에게 물었다.

"사람들이 아내를 귀하게 여기는 이유는 무엇이오?"

전씨가 대답했다.

"안과 밖이 동시에 존재해야 가도家道가 세워집니다. 아내를 귀하게 여기는 것은 바로 가정을 이루기 때문입니다."

오기가 다시 물었다.

"남편이 경상의 지위에 올라 녹봉이 1만 정鍾에 달하고, 공적이 죽백竹帛에 기록돼 그 명성이 천고에 전해지면 집안이 흥성하게 될 것이오. 이 어찌 아내가 남편에게 바라는 바가 아니겠소?"

전씨가 말했다.

"그렇습니다."

오기가 말했다.

"당신에게 부탁할 일이 있는데 들어줬으면 좋겠소."

전씨가 말했다.

"소첩은 아녀자에 불과한데 어떻게 당신의 공명을 도와드릴 수 있겠습니까?"

오기가 말했다.

"지금 제나라 군사가 노나라를 치고 있소. 노후魯侯가 나를 대장으로 임명코자 하오. 다만 내가 제나라 전씨 집안에 장가들었다는 이유로 의심하며 기용치 않으려 하고 있소. 만일 당신의 머리를 들고 가 알현하면 의심을 풀 수 있고 나 또한 공명을 이룰 수 있게 되오."

전씨가 대경大驚해 무슨 말을 하려고 하는데 오기가 칼을 휘둘렀다. 전씨의 머리가 방바닥에 굴러 떨어졌다.

사신이 이를 두고 시를 지었다.

하룻밤 인연 백일 밤 은혜 맺는데	一夜夫妻百夜恩
무고한 아내를 원혼으로 만들었다	無辜忍使作冤魂
모친 장례 무시하며 인륜 끊으니	母喪不顧人倫絶
구구한 처자식 더 말해 무엇 하나	妻子區區何足論

오기는 비단 보자기로 아내 전씨의 머리를 싸들고 노목공을 찾아갔다.

"신이 나라에 보답할 뜻을 세웠지만 주상은 신의 아내 때문에 신을 의심해 이렇게 아내의 목을 끊어 왔습니다. 이로써 신이 제나라가 아닌 노나라만을 위하는 마음을 밝히고자 합니다."

노목공이 참담한 심경으로 참연慘然히 말했다.

"대부는 잠시 기다리시오."

얼마 후 상국 공의휴가 조정으로 들어왔다. 노목공이 공의휴에게 말했다.

"오기가 제 아내를 죽여 장군이 되려 하고 있소. 이토록 극도로 잔인한 사람의 마음을 과인은 예측할 수가 없소."

공의휴가 말했다.

"오기는 아내를 사랑하지 않고 공명을 사랑하는 사람입니다. 주상이 그를 버리면 그는 틀림없이 우리 노나라를 버리고 제나라를 위해 일할 것입니다."

노목공은 상국 공의휴의 말을 좇았다. 오기를 대장, 설류泄柳와 신상申

吳起殺妻求將

詳을 부장으로 삼은 뒤 군사 2만 명을 이끌고 가 제나라 군사를 물리치게 했다. 오기는 어명을 받은 후 병영에서 지낼 때도 병사들과 의식衣食을 똑같이 하고, 잘 때도 자리를 깔지 않고, 행군할 때도 말이나 병거를 타지 않았다. 그는 병사가 무거운 군량미를 진 자가 있으면 나누어 졌고, 병이나 종기가 나면 직접 약을 지어 먹이고 입으로 농혈膿血을 빨았다. 병사들 모두 오기의 은혜에 감격해하며 마치 부자지간처럼 생각했다. 손을 비비고 주먹을 쥐며 목숨을 걸고 싸우기를 원했다.

당시 제나라 상국 전화는 대장인 전기田忌와 단붕段朋을 이끌고 노나라 남쪽 변경을 쳤다. 그는 오기가 노나라 대장이 됐다는 소문을 듣고 웃었다.

"그는 우리 전씨 집안에 장가를 든 자로 여색을 밝히는 자이다. 그런 자가 어찌 군려軍旅에 관한 일을 알겠는가? 노나라는 패배를 자초하기 위해 그런 자를 장수로 삼은 것이다."

양측이 서로 진을 치고 대치하게 됐다. 오기가 싸울 생각을 하지 않았다. 전화가 첩자를 파견해 오기의 동정을 살펴보게 했다. 첩자는 오기가 병사들과 함께 음식을 나눠 먹는 것을 보고는 돌아와서 그대로 보고했다. 전화가 웃으며 말했다.

"장수는 존엄해야 병사가 두려워하고, 병사가 두려워해야 싸움에 임해 힘을 다해 싸우는 법이다. 오기가 그런 거동으로 어찌 군사를 부릴 수 있겠는가? 나는 이제 걱정할 일이 없어졌다."

전화가 다시 총애하는 장수 장추張醜에게 명해 짐짓 강화를 구실로 노나라 군영으로 가 적들의 전투 의지를 탐지케 했다. 오기는 제나라 장수 장추가 온다는 이야기를 듣고 곧바로 정예병을 모두 후군後軍으로 돌려 숨긴 뒤 늙고 허약한 병사만 앞에 내세웠다. 이어 짐짓 공경하는 모습을 보이며 장추를 예우했다. 장추가 말했다.

"군영에서 소문을 들으니 장군은 아내를 죽여 대장이 됐다는데 과연 그런 일이 있었소?"

오기가 두려워 벌벌 떠는 곡속觳觫의 자세로 대답했다.

"내가 비록 불초하지만 그래도 일찍이 성인聖人의 문하에서 공부한 적이 있습니다. 어찌 그런 몰인정한 짓을 할 리 있겠습니까? 마침 아내가 병으로 죽었을 때 군사를 이끌라는 어명을 받았습니다. 장군이 들은 소문은 사실이 아닙니다."

장추가 말했다.

"장군이 만일 우리 제나라 전씨 집안과 맺은 우호를 버리지 않으면 내가 장군과 맹약을 맺고 친선을 회복하고 싶소."

오기가 말했다.

"나는 일개 서생에 불과한데 어찌 감히 제나라 전씨를 상대로 싸울 수 있겠습니까? 귀국과 강화만 맺을 수 있다면 이 이상 바랄 게 없습니다."

오기는 장추를 군중에 머물게 하고 3일 동안 술을 마시게 한 뒤 돌려보냈다. 이 와중에 군사에 관한 일은 일절 언급하지 않았다. 헤어질 때도 재삼 강화를 청했다. 장추가 만족해하며 떠나자 오기는 곧바로 군사를 3로路로 나눠 그 뒤를 쫓게 했다. 전화는 장추의 보고를 받고 오기의 군사가 크게 약할 뿐만 아니라 전의가 전혀 없다고 생각해 전혀 괘의掛意하지 않았다.

바로 이때 갑자기 원문轅門 밖에서 우레와 같은 북소리가 울리며 노나라 군사가 쇄지殺至했다. 전화가 대경실색했다. 말에 갑주甲冑를 입힐 틈도, 병거에 말을 맬 겨를도 없었다. 제나라 군사가 일대 혼란에 빠졌다. 제나라 장수 전기는 간신히 보군步軍만 수습해 나왔고, 단붕은 황급히 병사들에게 병거의 정돈을 명한 뒤 응전에 나섰다.

그러나 방어할 겨를도 없이 노나라 장수 설류泄柳와 신상申詳이 좌우에서 일제히 쇄입殺入하며 제나라 군사가 우왕좌왕하는 틈을 타 협공을 가했다. 제나라 군사가 대패해 온 들판에 강시僵尸가 가득했다.

노나라 군사는 제나라 군사를 지금의 산동성 문수 위쪽인 평륙平陸까지 쫓아버린 연후에 회군했다. 노목공이 승전 보고를 듣고 크게 기뻐하며 오기를 상경上卿으로 승진시켰다.

제나라로 돌아간 뒤 전화가 휘하 장수 장추를 질책하자 장추가 말했다.

"제가 가서 봤을 때는 분명 아까 보고한 것과 같았습니다. 오기가 사모詐謀를 쓸 줄이야 어찌 알았겠습니까?"

전화가 탄식했다.

"오기는 옛날 손무孫武 내지 사마양저司馬穰苴와 같은 인물이다. 오기가 노나라에 있는 한 우리 제나라는 불안한 나날을 보내야 할 것이오. 내가 지금 사람을 노나라로 보내 은밀히 강화를 청하고 서로 침범하지 말 것을 약속할 생각이오. 장군이 갔다 오겠소?"

장추가 대답했다.

"원컨대 목숨을 걸고 노나라로 가 반드시 공을 세워 패전의 죄를 갚겠습니다."

전화기 미녀 두 사람을 사서 황금 1천 일鎰과 함께 장사꾼으로 가장한 장추에게 내준 뒤 은밀히 오기에게 바치도록 했다. 오기는 재물을 좋아하고 여색을 밝힌 까닭에 즉시 뇌물을 받아들이고, 장추에게 말했다.

"제나라 상국에게 감사드리오. 제나라가 노나라를 침공하지 않으면 노나라가 어찌 제나라를 침공할 수 있겠소?"

이튿날 장추가 노나라 도성을 떠나며 고의로 뇌물 공여 사실을 누설했다. 오기가 뇌물을 받은 사실이 널리 퍼지면서 비난 여론이 비양沸揚했다. 소문을 들은 노목공이 말했다.

"나는 본래 오기가 불측한 마음을 먹고 있다는 사실을 알고 있었다."

노목공이 오기의 관직을 삭탈하고 죄를 추궁하려고 했다. 오기가 소식을 듣고 겁이 난 나머지 집을 버리고 위나라로 달아나 척황의 집에 머물렀다. 이후 위문후가 척황에게 서하 땅을 지킬 사람을 묻자 척황이 이내 오기를 천거한 것이다. 위문후가 오기를 부른 뒤 물었다.

"소문에 장군은 노나라 장수가 되어 전공을 세웠다는데 어째서 폐읍敝邑에 와 욕을 당하고 있는 것이오?"

오기가 대답했다.

"노나라 군주가 간신들의 참소를 곧이듣고 신을 끝까지 신임하지 않았습니다. 신이 죽음을 피해 이곳으로 온 것입니다. 군후가 선비들에게 몸을 낮추는 까닭에 천하의 호걸들이 군주를 사모해 귀심歸心하고 있다고 들었습니다. 원컨대 말채찍이라도 잡고 군후의 말 앞에 서고자 합니다. 신에게 전쟁터에 적과 싸우도록 하는 구사驅使의 은혜를 베풀어 주시면 비록 간뇌도지肝腦塗地하여 죽을지라도 여한이 없겠습니다."

위문후가 오기를 서하 태수로 임명했다. 오기는 서하 땅에 도착해 성곽과 해자를 수축하고, 군사를 훈련시키면서 병사들을 자식처럼 애휼愛恤했다. 노나라에서 장수로 있었을 때와 조금도 다르지 않았다. 진秦나라가 쳐들어오지 못하도록 성을 쌓은 뒤 오성吳城이라고 명명했다.

당시 진秦나라에선 진혜공秦惠公이 죽고 태자인 출자出子가 뒤를 이었다. 진혜공은 진간공秦簡公의 아들이고, 진간공은 진영공秦靈公의 계부季父였다. 진영공이 훙거薨去할 당시 아들 사습師隰이 어려 신하들이 진간공을 옹립했다. 이로 인해 3세世 동안 보위가 아래로 전해져 출자에 이르게 된 것이다. 성년이 된 사습이 대신들에게 말했다.

"진나라는 선친인 진영공의 나라인데 나는 무슨 죄를 저질러 폐위된 것이오?"

대신들은 대답할 말이 없었다. 마침내 사습이 대신들과 함께 출자를 죽이고 즉위했다. 그가 바로 진헌공秦獻公이다.

오기는 진나라에 변란이 일어난 틈을 타 군사를 이끌고 가서 하서 부근의 진나라 성읍 5곳을 빼앗았다. 함께 3진三晉을 구성하고 있는 한나라와 조나라가 각각 사자를 보내 경하했다. 위문후는 현신을 천거한 척황의 공을 가상히 여겨 상국에 임명하려고 했다. 이를 이극에게 묻자 이극이 대답했다.

"위성자魏成子가 더 낫습니다."

위문후는 고개를 끄덕이는 점두點頭를 했다. 이극이 궁에서 나오다가 척황을 만났다. 척황이 이극에게 물었다.

"주공이 상국을 임명하면서 대부에게 결정을 맡겼다는데 이미 정해졌소? 그가 누구요?"

이극이 대답했다.

"위성자로 결정됐소."

척황이 원망하는 모습으로 분연忿然히 말했다.

"나는 주공이 중산을 치고자 할 때 악양을 천거했고, 업 땅을 근심할 때 서문표를 천거했고, 서하 땅을 근심할 때 오기를 천거했소. 내가 어째서 위성자만 못하단 말이오!"

이극이 말했다.

"위성자가 천거한 사람은 복자하卜子夏와 전자방田子方과 단간목段干木 등이었소. 이들 모두 군왕의 스승 내지 친구인 사우師友에 해당하는 사람들이오. 그대가 천거한 사람은 모두 주공의 신하에 불과한 자들이오. 위성자는 식록食祿이 1천 종鍾이지만 10분의 9를 밖에서 현사賢士를 접대하는 데 사용하고 있소. 대부는 식록을 모두 자신을 위해서만 쓰고 있소. 그러니 그대가 어찌 위성자와 견줄 수 있겠소?"

척황이 이극에게 재배하고 사과했다.

"이 비루한 사람이 실언을 했소. 앞으로 선생 문하로 들어가 제자가 되고자 하오."

위나라는 장상將相의 자리에 모두 적당한 인재를 둔 덕분에 변경이 안정되고, 3진 가운데 가장 강성했다. 제나라 상국 전화는 위나라가 강성해지고 위문후가 현명하다는 명성인 현명賢名이 천하에 널리 알려지는 것을 보고 위나라와 깊은 우호관계를 맺었다.

이후 마침내 군주인 제강공齊康公을 바닷가로 옮긴 뒤 성읍 한 곳을 식읍으로 내주고 나머지 제나라 땅을 모두 차지했다. 이어 위문후에게 사자를 보내 3진의 경우처럼 천자에게 자신을 제후로 천거해 줄 것을 부탁했다.

당시 주위열왕은 이미 죽고 아들 교驕가 주안왕周安王으로 즉위해 있었지만 주왕실은 더욱 쇠미해져 있었다. 주안왕은 재위 16년인 기원전 386년[2]

위문후의 청을 받아들여 제나라 권신 전화를 제나라의 새 제후로 승인했다. 그가 바로 전씨田氏 제나라의 초대 군주인 제태공齊太公 전화이다.

전화의 조상인 진陳나라 공자 진완陳完이 제나라로 망명해 제환공을 섬기며 대부가 된 이후 10세손인 전화의 시기에 이르러 마침내 강씨姜氏의 제나라를 대신해 제나라를 소유케 된 것이다. 이를 계기로 강씨의 제사는 이내 끊어지게 됐다. 이에 대해서는 더 이야기하지 않겠다.

당시 3진 모두 상국의 역할을 중시한 까닭에 상국의 권한이 막중해졌다. 조나라 상국은 공중련公仲連, 한나라 상국은 협루俠累였다. 협루는 미천한 시절에 지금의 하남성 복양濮陽 출신 엄중자嚴仲子 수遂와 8번 절하고 의형제가 되는 이른바 8배지교八拜之交를 맺었다.

협루는 빈궁했고 엄수는 부유했다. 엄수가 협루의 생활비를 대 줬다. 이후 협루는 엄수로부터 1천 금을 얻어가지고 한나라 도성 평양平陽으로 간 뒤 그걸 밑천으로 출세의 기반을 닦아 마침내 상국의 자리까지 올라갔다. 협루는 상국이 돼 위세가 막강해지자 사사로운 방문을 모두 거절했다.

엄수는 협루가 상국이 됐다는 소문을 듣고 한나라로 간 뒤 협루의 천거를 받고자 했으나 1달여 동안 기다려도 만날 길이 없었다. 엄수가 한열후韓烈侯 주변에 재물을 풀어 마침내 한열후를 배견했다. 한열후가 기뻐하며 그를 중용코자 했다.

이 소문을 듣고 협루가 한열후에게 엄수의 단점을 말하면서 그의 등용을 막았다. 소문을 들은 엄수가 깊은 원한을 품었다. 한나라를 떠나 열국을 편력하는 과정에서 협루를 살해해 원한을 풀고자 용사를 구했다.

엄수가 제나라에 이르렀을 때 도살장에서 한 사람이 큰 도끼를 들고 쇠

2　『열국지』 원문은 안왕지13년安王之十三年으로 되어 있다. 그러나 『사기』「표」에는 주안왕 16년인 기원전 386년에 전화를 제후에 봉한 것으로 나온다. 번역문은 「표」를 좇아 '주안왕 16년'으로 바꿔 놓았다.

고기를 바르는 것을 보게 됐다. 도끼로 내려치는 곳마다 소의 힘줄과 살이 해체되는데도 전혀 힘들어 보이지 않았다. 도끼는 대략 30근 이상이나 되어 보였다. 엄수가 기이하게 생각해 그를 유심히 살펴봤다. 8척의 키에 고리눈인 환안環眼, 돌돌 말린 수염인 규수虯鬚, 툭 튀어나온 광대뼈인 특용관골特舂顴骨을 갖고 있었다. 목소리를 들으니 제나라 사람 말씨 같지 않았다. 엄수가 그를 불러 인사를 나눈 뒤 성명과 내력을 물었다. 그가 대답했다.

"나의 성은 섭聶, 이름은 정政으로 위魏나라 출신이오. 집은 지軹 땅 심정리深井里에 있소. 성질이 거칠어 고향에 있을 때 어떤 일로 죄를 지은 까닭에 노모와 누님을 모시고 이곳으로 몸을 피했소. 지금 소를 잡아 조석의 끼니를 잇고 있소."

섭정이 엄수의 성명을 물었다. 엄수가 자신의 성명을 가르쳐 준 뒤 곧 섭정과 작별하고 숙소로 돌아갔다. 이튿날 아침, 엄수가 의관을 갖추고 도살장으로 가 섭정에게 정중히 절을 한 뒤 주사酒肆로 끌고 가 빈주賓主의 예로 대접했다. 술을 3잔 나눈 뒤 엄수가 섭정에게 황금 100일鎰을 증정했다. 섭정이 이유를 묻자 엄수가 대답했다.

"소문을 들으니 그대의 노모가 댁에 계시다기에 약소한 선물이나마 전해 주고 싶었소. 나를 대신해 단 하루만의 봉양인 일일지양一日之養이라도 해 달라는 것일 뿐이오."

섭정이 말했다.

"엄중자가 나의 노모를 위한 '일일지양'을 애기했지만 틀림없이 나의 능력을 쓰고자 하는 마음이 있는 듯하오. 분명히 말해 주지 않으면 결코 이를 받을 수 없소."

엄수가 한나라 상국 협루의 배은망덕한 일을 자세히 이야기한 뒤 복수의 뜻을 밝혔다. 섭정이 대답했다.

"옛날 오나라 전제專諸는 오자서에게 말하기를, '저에겐 노모가 계시는

까닭에 이 몸을 감히 다른 사람에게 허락할 수 없습니다.'라고 했소. 나의
입장도 같소. 다른 용사를 찾아보시오. 나는 감히 이 귀한 예물을 헛되게
할 수 없소."

엄수가 말했다.

"나는 그대의 고의高義를 사모해 의형제를 맺고 싶소. 어찌 감히 노모를
봉양하려는 그대의 효심을 빼앗아 사사로운 욕심을 채울 수 있겠소?"

섭정은 엄수의 강권을 물리치지 않고 예물을 받아들였다. 절반은 누나
섭앵聶罃을 출가시키는 데 쓰고, 나머지는 노모에게 매일 기름지고 맛있는
음식을 올리는 데 썼다. 1년여 뒤 노모가 노환으로 병사했다.

엄수는 섭정의 집에 가 곡하며 조상한 뒤 모든 장례용품을 마련해 제공
하는 등 그를 위해 치상治喪했다. 섭정이 엄수에게 말했다.

"오늘부터 나의 몸은 족하足下의 것이오. 쓸 곳을 일러주면 더 이상 내
몸을 아끼지 않겠소."

엄수가 섭정에게 복수의 방법을 물은 뒤 거기車騎와 장사壯士가 필요하
면 갖춰 주겠다고 했다. 섭정이 대답했다.

"협루는 한나라 상국으로 매우 고귀한 지위에 있소. 출입할 때 비할 데
없이 날랜 군사들의 호위를 받소. 기이한 계책을 써야지 힘으로는 도저히
이길 수 없소. 날카로운 비수 한 자루를 구해 주시오. 그것을 품고 가 빈틈
을 보아 일을 성사시키겠소. 오늘 그대와 작별하고 이곳을 떠나면 다시는
만날 수 없을 것이오. 그대도 이제 더 이상 내가 하는 일에 대해 묻지 마시
오."

섭정이 한나라에 도착한 뒤 도성 밖 교외에 묵었다. 3일간 정식靜息한 뒤
아침 일찍 일어나 성안으로 들어갔다. 마침 협루가 4필의 말이 끄는 고거高
車를 타고 조정에서 나오고 있었다. 갑사들이 창을 들고 수레의 앞뒤를 호
위했다. 수레가 나는 듯이 거리를 지나갔다.

섭정은 그 행차를 뒤따라 상국의 집무처인 상부相府까지 갔다. 협루가 수레에서 내려 부중으로 들어간 뒤 중당中堂에 앉아 공무를 처리했다. 대문에서 중당 계단까지 무기를 든 병사들이 늘어서 있었다.

섭정은 대문 밖에서 멀리 당상을 바라봤다. 협루가 두툼한 방석 위에 앉아 궤안几案에 기대고 있었다. 주위에는 문첩文牒을 들고 결재를 받으려는 자가 매우 많았다.

잠시 후 공무를 끝내고 사람들이 물러가려 했다. 섭정은 호위가 느슨한 틈을 타 이같이 외쳤다..

"상국에게 보고할 급사急事가 있습니다!"

그는 팔을 휘두르며 대문 밖에서 중당 위로 곧바로 달려갔다. 그를 막아서는 갑사들 모두 그의 손에 맞아 종횡으로 나뒹구는 전지顚躓를 당했다. 섭정은 협루가 앉아 있는 자리까지 내달려 곧바로 비수를 꺼내 협루를 찔렀다. 협루는 크게 놀라 벌떡 일어났으나 자리를 벗어날 틈도 없이 심장에 칼을 맞고 죽었다.

당상이 일대 혼란에 빠졌다. 여러 사람이 소리쳤다.

"도적이다!"

군사들이 섭정을 잡기 위해 대문을 걸어 잠갔다. 섭정이 칼로 몇 사람을 격살했다. 그러나 스스로 벗어날 수 없다는 것을 알고 다른 사람이 자신을 알아볼까 우려해 황급히 자신의 얼굴 가죽을 벗기고 두 눈알까지 파냈다. 이어 비수로 목을 찔러 자진했다. 곧바로 한열후에게 보고됐다. 한열후가 물었다.

"범인이 누구인가?"

사람들 모두 섭정을 알아보지 못했다. 저잣거리에 그의 시체를 내건 뒤 신원을 알려주는 자에게 1천 금의 상금을 주겠다고 선전했다. 한열후는 도적의 신분을 알아내 상국 협루의 복수를 해줄 생각이었다. 7일이 지나도록 지나가는 행인들이 개미처럼 많았지만 섭정을 아는 사람이 아무도 없었다. 이 일은 위나라 지 땅까지 알려졌다. 섭정의 누나 섭앵의 귀에도 들어갔다. 섭앵이 통곡하며 말했다.

"틀림없이 내 동생이다!"

그러고는 바로 흰 비단으로 머리를 가리고 한나라로 달려갔다. 그녀는 저잣거리에 걸려 있는 섭정의 시체를 어루만지며 애절하게 통곡했다. 시장을 관할하는 관원인 시리市吏가 물었다.

"너는 죽은 사람과 무슨 관계인가?"

섭앵이 말했다.

"죽은 사람은 내 동생 섭정이고, 첩은 그 누나 되는 사람이오. 동생은 지 땅 심정리에 살 때부터 용맹하다고 소문이 자자했소. 상국을 죽인 죄가 무겁다는 것을 알고 천첩에게 화가 미칠까 두려워 스스로 눈알을 파내고 살 가죽까지 벗겨 이름을 숨긴 것이오. 천첩이 일신의 죽음을 애석해하여 어찌 차마 내 동생의 이름이 세상에서 사라지는 걸 두고만 볼 수 있겠소?"

시리가 말했다.

"죽은 자가 동생이라면 틀림없이 역적질을 한 까닭을 알 것이다. 누가 이 일을 시켰는가? 분명히 알려주면 내가 주상에게 상주해 네 목숨을 살려주도록 하겠다."

섭앵이 말했다.

"첩이 죽는 걸 두려워했다면 이곳에 오지도 않았을 것이오. 내 동생이 자신의 몸을 아끼지 않고 천승지국의 상국을 죽인 것은 다른 사람의 복수를 위한 것이었소. 천첩이 동생의 이름을 밝히지 않으면 동생의 이름이 영원히 사라질 것이오. 또 복수의 내막을 발설하면 내 동생의 대의가 사라질 것이오."

그러고는 이내 정자의 돌기둥에 머리를 찧고 죽었다. 시리가 한열후에게 이를 보고했다. 한열후는 탄식하고 이들 남매의 시신을 수습해 장사 지내게 했다. 이어 한산견韓山堅을 상국으로 임명해 협루의 직무를 대신하게 했다.

이후 한열후는 보위를 아들 한문후韓文侯에게 전하고, 한문후는 다시 한애후韓哀侯에게 전했다. 한산견은 평소 한애후와 사이가 좋지 않았다. 마침내 기회를 틈타 한애후를 제거했다. 그러자 대신들이 힘을 합쳐 한산견을 죽이고 한애후의 아들 약산若山을 옹립했다. 그가 한의후韓懿侯이다. 한의후의 아들 한소후韓昭侯는 신불해申不害를 재상으로 삼았다. 신불해는 형명학刑名學³에 정통해 나라를 잘 다스렸다. 이는 물론 뒷날의 이야기다.

주안왕 14년인 기원전 388년⁴, 위문후는 병이 위독해지자 중산 땅을 다스리고 있는 태자 격擊을 급히 소환했다. 당시 조나라는 위나라 태자 격이 중산 땅을 떠났다는 소문을 듣고 곧바로 군사를 동원해 땅을 빼앗았다. 이때부터 위나라와 조나라의 틈이 벌어졌다. 위나라 태자 격이 귀환했을 때 위문후는 이미 훙거한 뒤였다.

위나라 태자 격은 장례를 주관하고 보위에 올랐다. 그가 바로 위무후魏武侯이다. 위무후는 즉위 후 전문田文을 상국으로 삼았다. 이땐 오기도 서하 땅에서 도성으로 돌아와 자신이 그간 세운 공을 자부하며 상국 임명을 크게 기대했다. 그러다가 전문이 상국이 됐다는 말을 듣고는 분연히 불쾌해했다. 퇴조退朝하다가 우연히 전문과 만났다. 전문에게 물었다.

---

3 형명학刑名學은 명목과 실상이 부합하는지 여부를 따지는 명실론名實論을 법의 적용에 응용코자 한 학문이다. 형명학形名學과 같다. 원래는 논리학파에 해당하는 명가名家의 이론을 지칭했으나 이후 법가法家의 통치술을 지칭하는 말로 전용됐다. 상앙商鞅의 저서 『상군서商君書』「획책劃策」에서 "법술法術을 채택키만 하면 비록 군주가 침상에 누워 음악만 들을지라도 천하는 잘 다스려진다."고 언급한 게 대표적이다.

4 『열국지』 원문은 주안왕 15년周安王十五年이나 『사기』「표」는 위문후가 재위 38년이 되는 주안왕 14년의 기원전 388년에 죽은 것으로 나온다. 번역문은 「표」의 기록을 좇아 '주안왕 14년'으로 바꿔 놓았다.

"그대는 이 오기의 공로를 아시오? 청컨대 오늘 그대와 나의 공로를 따져 봅시다."

전문이 공수拱手하며 말했다.

"들어보고 싶소."

오기가 물었다.

"3군을 이끌고 북을 울려 병사들로 하여금 목숨을 걸고 나라를 위해 전 공을 세우도록 하는 일은 그대와 나 둘 중에서 누가 더 낫소?"

전문이 대답했다.

"그대만 못하오."

오기가 물었다.

"백관을 다스리고 만민과 친하면서 나라의 창고를 가득 채우는 일은 그 대와 나 둘 중에서 누가 더 낫소?"

전문이 대답했다.

"그대만 못하오."

오기가 물었다.

"서하 땅을 지키며 진秦나라 군사가 감히 동쪽으로 침공하지 못하게 하 는 일은 그대와 나 둘 중에서 누가 더 낫소?"

전문이 대답했다.

"그대만 못하오."

오기가 물었다.

"그대는 이들 3가지 모두 나만 못한데 벼슬은 나의 윗자리에 있게 됐소. 이는 어찌된 일이오?"

전문이 말했다.

"내가 재주도 없이 높은 자리에 앉는 도절叨竊[5]을 하여 상국이 된 것은 실로 부끄러운 일이오. 지금 새로 즉위한 주상이 아직 젊어 나라가 안정돼 있지 않고, 백성들도 친하게 다가오지 않고, 대신들도 마음을 주지 않고 있소. 나는 다만 선왕의 훈구勳舊로서 폐부肺腑의 역할을 맡게 된 것이오. 지금은 서로 공을 다툴 때가 아닌 듯하오."

오기가 고개를 숙이고 침사沈思하다가 한참 만에 말했다.

"그대의 말씀도 옳소. 그러나 그 자리는 결국 내가 맡게 될 것이오."

이 이야기가 누설돼 위무후의 귀에 들어갔다. 위무후는 오기가 자신에게 원망을 품고 있다고 생각해 오기를 서하 땅으로 보내지 않고 다른 사람을 태수로 임명했다. 오기는 위무후에게 주륙을 당할까 두려운 나머지 초나라로 달아났다.

초도왕楚悼王 웅의熊疑는 평소 오기의 재능에 대한 소문을 익히 들은 까닭에 그를 보자마자 상국에 해당하는 영윤令尹으로 삼았다. 오기는 줄곧 바라던 상국의 자리에 오르자 감개무량한 마음으로 부국강병富國强兵을 자임했다. 곧 초도왕에게 청했다.

"초나라는 사방 수천 리의 땅을 보유하고 있고, 갑사가 100여만 명이나 됩니다. 의당 열국의 제후들을 제압하며 맹주로 군림했어야 합니다. 그런데도 위엄을 과시하지 못한 것은 양병養兵의 도道를 잃었기 때문입니다. 무릇 양병의 도는 먼저 재물을 넉넉히 마련한 뒤 그 여력으로 무력을 행사하는 것입니다. 초나라는 필요하지도 않은 관원이 조정과 모든 부서에 가득 차 있습니다. 대왕의 먼 친척까지 공름公廩을 마구 축내고 있고, 전사戰士들은 간신히 몇 승升 몇 두斗의 급료만 받고 있습니다. 이런 상황에서 그들에게 나라를 위해 목숨을 바치라고 요구하는 것은 어려운 일이 아니겠습니까? 대왕이 실로 신의 계책을 쓰려면 먼저 필요 없는 관직인 용관冗官을 도태하

---

5 도절叨竊은 외람되이 훔친다는 뜻으로 부당하게 자리를 차지하는 것을 뜻한다. 『자치통감資治通鑑』「진문제천가원년陳文帝天嘉元年」조에 제도절은영자諸叨竊恩榮者 표현이 나온다. 흔히 재주도 없이 높은 자리에 앉았다는 취지의 겸사謙辭로 사용된다.

고 먼 친척을 물리친 뒤 창고에 재물을 넉넉히 저장해 두고 용감히 싸움에 나서는 병사들을 우대하십시오. 그리하고도 국위가 선양되지 않으면 신은 망언을 한 죄로 엎드려 주살을 청하겠습니다."

초도왕이 이를 좇았다. 대다수 신하들이 오기의 말을 채용해서는 안 된다고 반대하고 나섰으나 초도왕은 듣지 않았다. 마침내 오기는 관제를 자세히 살펴 교정하는 상정詳定을 단행했다. 이에 불필요한 자리인 용관 수백 개를 삭거削去했다. 대신의 자제일지라도 아무 까닭 없이 녹봉을 훔쳐 먹지 못하게 됐다. 또 왕실의 친척 가운데 5대 자손 이하는 각각 자기 힘으로 벌어먹어야 하고 일반 백성인 편맹編氓과 같이 취급됐다. 5대 자손까지는 촌수의 원근에 따라 녹봉을 가감하게 했다.

이같이 하여 절약한 수만금의 세금인 국부國賦를 활용해 정예 군사를 뽑아 조석으로 훈련시킨 뒤 재능을 살펴 녹봉을 차등지급했다. 녹봉을 몇 배나 많이 받아가는 군사가 생기자 병사들 모두 부지런히 훈련에 임했다.

초나라는 이내 강력한 군사를 보유한 덕분에 천하를 내려다보는 웅시雄視를 하게 됐다. 초도왕이 살아 있을 때 3진과 제나라 및 진나라가 초나라를 두려워하며 감히 군사를 일으켜 쳐들어올 생각을 하지 못한 이유다.

그러나 초도왕이 훙거하자 시신을 빈렴殯斂하기도 전에 작록을 잃은 귀족과 대신의 자제들이 변란을 일으켜 오기를 죽이려 했다. 오기가 죽은 초도왕의 침전으로 달아나자 이들은 궁시弓矢를 들고 그 뒤를 쫓아갔다. 오기는 힘으로 대적할 수 없다는 것을 알고는 초도왕의 시신을 끌어안고 엎드렸다. 뒤쫓던 자들이 그를 향해 화살을 쐈다. 여러 대의 화살이 초도왕의 시신에도 꽂혔다. 오기가 고함을 질렀다.

"내가 죽는 건 애석치 않으나 신하들이 대왕에게 원한을 품고 그 시신을 해쳤으니 이는 대역무도한 짓이다. 어찌 국법을 벗어날 수 있겠는가?"

말을 마치자 숨이 끊어졌다. 이들은 오기의 말을 듣고 두려운 나머지 곧바로 흩어져 달아났다. 초도왕의 태자 웅장熊臧이 보위를 이었다. 그가 바로 초숙왕楚肅王이다. 초숙왕은 즉위 1달여가 지나자 선왕의 시신에 화살을 쏜 죄인들을 추궁했다. 동생 웅량부熊良夫에게 명해 군사를 이끌고 가 이들을 차례로 주살케 했다. 모두 70여 가문이 멸족을 당했다.

염옹이 시를 지어 탄식했다.

종신토록 대신 되려는 꿈 가득 품어	滿望終身作大臣
아내 죽이고 모친 버리며 인륜 끊다	殺妻叛母絶人倫
뉘 알았을까 노나라 위나라 유랑객이	誰知魯魏成流水
자신 몸 죽여 초나라 사람 죽일 줄을	到底身軀喪楚人

또 오기가 초도왕의 시신 위에 엎어져 복수한 것을 두고 죽는 순간까지 기지를 발휘한 것으로 평한 시도 있다.

나라 위해 몸 바치며 죽음 사양치 않고	爲國忘身死不辭
교묘히 적의 화살을 왕 시신에 모았다	巧將賊矢集王屍
왕법 따라 적을 주멸하는 게 당연하나	雖然王法應誅滅
왕의 복수가 아닌 오기의 복수를 했다	不報公仇卻報私

172話 추기가 거문고 연주로 재상이 되다
- 추기고금취상騶忌鼓琴取相

이야기가 둘로 나뉜다. 당시 제태공齊太公 전화田和는 전씨 제나라의 첫 군주가 돼 보위에 오른 지 2년 만에 세상을 떠났다. 전화의 아들 오午가 제환공齊桓公으로 즉위하고, 이어 제환공 오의 아들인 제위왕齊威王 인제因齊가 보위를 이었다. 그때가 바로 주안왕 23년인 기원전 379년이었다.

제위왕 인제는 늘 제나라의 부강을 자랑했다. 그는 전에 오나라와 월나라가 왕을 자칭하며 사자 편에 보내는 국서에도 왕호를 사용한 것을 생각해 그 아래에 처하는 것을 달갑게 여기지 않았다. 곧 스스로 왕을 칭했다. 전씨의 제나라 군주 인제가 '제위왕'으로 칭해진 이유다.

당시 위무후의 뒤를 이은 위후魏侯 위앵魏罃도 제위왕이 왕호를 칭했다는 소식을 듣고 말했다.

"위나라가 어찌 제나라만 못할 리 있겠는가?"

그러고는 스스로 왕이라고 일컬었다. 『맹자』의 첫 편에 등장하는 양혜왕梁惠王이 바로 당사자로, 위나라가 양梁나라로 명칭이 바뀌면서 위혜왕魏惠王이 양혜왕으로 불리게 된 것이다.

당시 제위왕 인제는 날마다 주색에 빠져 가무를 즐기고 정사를 전혀 거들떠보지 않았다. 그가 즉위한 후 9년 동안 3진과 노나라가 모두 군사를 일으켜 제나라를 침공했고, 그때마다 제나라 장수들은 변경에서 이들을 맞이해 싸웠으나 번번이 패하기만 했다.

하루는 한 선비가 제나라 궁문 앞에 와 머리를 조아리며 알현을 청했다.

"신의 성은 추騶이고, 이름은 기忌라고 하오. 거문고에 대해 조금 알고 있

습니다. 소문을 들으니 대왕이 음악을 좋아한다기에 특별히 알현을 청하고
자 합니다."

보고를 접한 제위왕이 곧 불러들여 자리를 권했다. 이어 좌우의 시종을
시켜 궤几를 설치하고 거문고를 갖다 놓게 했다. 추기가 거문고 줄만 쓰다듬
을 뿐 탄주하지 않았다.

제위왕이 물었다.

"듣건대 선생은 거문고를 잘 탄다고 하니 과인은 그 지음至音을 듣고 싶
소. 지금 줄만 어루만지고 탄주하지 않으니 혹여 거문고가 마음에 들지 않
아 그런 것이오? 아니면 과인에게 부족한 점이 있는 것이오?"

추기가 거문고를 밀어둔 채 안색을 바로잡으며 말했다.

"신이 아는 것은 거문고의 이치입니다. 오동나무에 줄을 매어 소리를 내
는 것은 악공이 할 일입니다. 신은 비록 소리를 낼 줄 알기는 하나 대왕의
귀를 더럽히는 수준에 불과합니다."

제위왕이 말했다.

"거문고의 이치가 어떤 것이오? 들을 수 있겠소?"

추기가 대답했다.

"원래 거문고 금琴은 금할 금禁과 같은 뜻입니다. 음사淫邪를 금지해 사
람을 바른 길로 인도한다는 뜻입니다. 옛날 복희씨가 처음으로 거문고를 만
들었을 때 그 길이가 3척 6촌 6푼이었습니다. 이는 바로 1년 366일을 본뜬
것입니다. 또 폭은 6촌이었습니다. 이는 동서남북과 상하를 총칭한 6합六合
을 상징한 것입니다. 또 앞은 넓고 뒤를 좁게 만들었습니다. 이는 존귀하고
비천한 것을 상징한 것입니다. 위는 둥글고 밑은 모가 나도록 만들었습니다.
이는 천지天地를 상징한 것입니다. 줄은 5개입니다. 이는 오행五行을 상징한
것입니다. 대현大弦은 군주, 소현小弦은 신하를 상징합니다. 뿐만 아니라 그
소리는 완급緩急을 청탁淸濁으로 삼습니다. 탁음은 관대하면서도 해이해

지지 않으니 군주가 지켜야 할 군도君道, 청음은 청렴하면서도 어지러워지지 않으니 신하가 지켜야 할 신도臣道를 뜻합니다. 5개의 현弦으로 궁宮, 상商, 각角, 치徵, 우羽의 음을 나타냅니다. 주문왕과 주무왕이 여기에 각각 1개의 줄을 더했습니다. 문현文弦은 소궁少宮, 무현武弦은 소상少商의 음이 납니다. 이는 군신이 서로 은혜로 합쳤다는 뜻입니다. 군신이 맡은 바 직분을 다하고, 정령이 조화인 화해和諧를 이루면 됩니다. 치국의 도는 이것에 지나지 않습니다."

제위왕이 말했다.

"좋은 말씀이오. 선생이 거문고의 이치를 그토록 소상히 아는 걸 보니 틀림없이 거문고 소리에도 밝을 것이오. 원컨대 한 번 탄주해 주기 바라오."

추기가 말했다.

"신은 거문고를 다루는 치금治琴을 일로 삼고 있기에 늘 거문고에 대해 자세히 알고 있습니다. 대왕은 치국治國을 일로 삼고 있습니다. 어찌하여 나라에 대해 깊이 살피지 않는 것입니까? 대왕이 나라를 어루만지기만 하고 다스리지 않는 것은 신이 거문고를 어루만지기만 하고 탄주하지 않는 것과 무엇이 다릅니까? 신이 거문고를 어루만지기만 하고 탄주하지 않으면 대왕을 기쁘게 할 수 없듯이 대왕도 나라를 어루만지기만 하고 다스리지 않으면 만민을 기쁘게 할 수 없습니다."

제위왕이 악연愕然히 말했다.

"선생이 거문고로 과인을 간하니 과인이 그 명을 따르겠소."

그러고는 추기를 오른쪽 방에 머물게 했다. 이튿날 제위왕이 재계한 뒤 추기를 불러들여 국사를 논했다. 추기가 제위왕에게 술을 절제하는 절음節飮과 색을 멀리하는 원색遠色, 명분과 실질이 부합하도록 추구하는 핵명실核名實, 충신과 간신을 구별하는 별충녕別忠佞, 백성을 쉬게 하면서 전투를 가르치는 식민교전息民敎戰 등을 권했다. 그래야만 패왕霸王의 대업을 경영

■ 추기가 거문고 연주로 재상이 되다

鼓瑟
聽
取相慕忌

經營할 수 있다고 언급했다. 제위왕이 크게 기뻐하며 추기를 상국으로 삼았다.

당시 변사辯士 순우곤淳于髡은 추기가 손바닥에 침을 뱉는 타수唾手처럼 손쉽게 상국이 된 걸 보고는 내심 반발했다. 이내 많은 제자들을 이끌고 추기를 찾아갔다. 추기가 공손히 맞이했다. 그러나 순우곤이 거만한 기색을 띠고 곧바로 안으로 들어가 윗자리에 앉은 뒤 추기에게 물었다.

"나 곤에게 어리석은 생각인 우지愚志가 있소. 상국의 면전에서 털어 놓고자 하는데 가능한지 모르겠소?"

추기가 대답했다.

"들어보고 싶소."

순우곤이 물었다.

"자식은 부모를 떠나서는 안 되고 아내는 남편을 떠나서는 안 되오."

추기가 대답했다.

"삼가 가르침을 받들어 말하면, 그 경우 감히 주상의 곁에서 멀리 떠나는 일을 하지 않겠소."

순우곤이 물었다.

"멧대추나무로 수레바퀴를 만든 뒤 돼지기름을 치면 매끄럽게 잘 굴러가오. 이를 네모난 구멍에 설치하면 운전運轉할 수 없게 되오."

추기가 대답했다.

"삼가 가르침을 받들어 말하면, 그 경우 감히 인정人情에 순응하지 않을 수 없소."

순우곤이 물었다.

"활대에 아교 칠을 해도 때로 느슨해지고, 수많은 강물은 바다로 흘러들어 절로 하나가 되오."

추기가 대답했다.

"삼가 가르침을 받들어 말하면, 그 경우 만백성과 친하게 지내지 않을 수 없소."

순우곤이 물었다.

"여우 갖옷인 호구狐裘는 해지더라도 누런 개가죽인 황구지피黃狗之皮로 기울 수 없소."

추기가 대답했다.

"삼가 가르침을 받들어 말하면, 그 경우 현자를 천거하고 그 사이에 불초한 자를 섞어 넣지 않겠소."

순우곤이 물었다.

"바퀴살과 바퀴통인 복곡輻轂은 미세한 간격조차 잘 비교해 다듬지 않으면 수레를 만들 수 없고, 금슬琴瑟의 줄은 완급을 조절하지 않으면 음률을 완성할 수 없소."

추기가 대답했다.

"삼가 가르침을 받들어 말하면, 그 경우 법령을 정비하고 간리奸吏를 잘 감독하겠소."

순우곤이 말문이 막혀 추기에게 재배하고 물러갔다. 대문을 나서자 제자들이 물었다.

"부자夫子는 처음 상국을 대할 때 위세가 당당했는데 지금 재배하고 물러나올 때는 어찌하여 그토록 풀이 죽은 것입니까?"

순우곤이 대답했다.

"나는 5가지 은근한 비유로 내 뜻을 말했다. 상국은 즉시 응답하며 내 마음을 모두 알아챘다. 그는 실로 대재大才이다. 내가 미칠 수 있는 사람이 아니다."

당시 유세객들은 추기의 명성을 듣고 감히 제나라로 들어가려 하지 않았다. 추기 역시 순우곤의 조언을 참작해 진심盡心으로 치국에 애썼다. 그는 늘 사람들에게 각 고을을 다스리는 수령인 읍수邑守 가운데 누가 현명하고 누가 불초한지 여부를 물었다. 그럴 때마다 조정의 대부들은 지금의 산동성 양곡현인 아성阿城 대부의 현명함을 칭송하고, 동시에 지금의 산동성 즉묵卽墨의 대부를 폄하했다.

추기가 이를 제위왕에게 고하자 제위왕도 가끔 조정 대신들에게 어느 고을의 수령이 현명한지 여부를 물었다. 대신들 모두 비슷한 대답을 했다. 제위왕이 은밀히 사람을 보내 두 고을의 상황을 살펴보고 사실대로 보고토록 했다. 이어 교지를 내려 아성과 즉묵 대부 모두 입조케 했다.

즉묵 대부가 먼저 와서 제위왕을 알현했다. 제위왕은 질책하는 말을 한마디도 하지 않았다. 좌우 대신들 모두 경아驚訝하며 그 까닭을 알지 못했다. 얼마 후 아성 대부가 당도했다. 제위왕이 군신들을 모두 불러 모았다. 상벌을 시행코자 한 것이다. 좌우 신료들 모두 내심 이같이 미뤄 짐작하는 췌탁揣度을 했다.

'아성 대부는 오늘 틀림없이 중상重賞을 받고, 즉묵 대부는 화를 만나게 될 것이다.'

문무백관의 조현朝見이 끝나자 제위왕이 즉묵 대부를 앞으로 불러내 말했다.

"그대가 즉묵으로 부임한 이후 날마다 그대를 비난하는 말이 내 귀에 들려왔소. 과인이 사람을 보내 살펴보니 논밭은 잘 개벽開闢돼 있었고, 백성은 부요富饒하고, 관청엔 밀린 일인 유사留事가 없는 등 제나라 동쪽 지역이 편히 잘 다스려지고 있었소. 그대는 고을을 다스리는 데만 전념하고, 과인의 좌우 대신에게 아첨하지 않았소. 그래서 비난을 당한 것이오. 그대는 실로 성실한 수령인 현령賢令이오."

이어 아성 대부를 앞으로 불러냈다.

"네가 아성으로 부임한 이후 날마다 그대를 칭송하는 말이 내 귀에 들려왔다. 과인이 사람을 보내 살펴보니 논밭은 황무荒蕪로 변해 있었고, 백성은 헐벗고 굶주리는 동뇌凍餒에 처해 있고, 또 지난날 조나라 군사가 변경 가까이 쳐들어왔을 때도 구원하러 가지 않았다. 그러면서도 후한 선물과 많은 황금을 과인의 좌우 대신에게 뿌려 칭찬을 받으려 했다. 수령의 무도함이 너보다 더한 경우는 없을 것이다."

아성 대부가 돈수頓首하며 사죄謝罪했다. 제위왕이 듣지 않고 역사力士를 불러 큰 솥인 정확鼎鑊을 준비하게 했다. 불을 지피자 순식간에 물이 펄펄 끓었다. 역사들이 아성 대부를 묶은 채 정확 속으로 던졌다. 평소 아성 대부를 칭찬하며 즉묵 대부를 헐뜯던 좌우 대신 수십 명을 불러 질책했다.

"너희들은 좌우에서 과인의 이목이 되어야 함에도 사사롭게 뇌물을 받아먹고 시비是非를 전도顚倒해 과인을 속이고자 했다. 이런 신하를 어디에 쓸 것인가? 가히 팽형烹刑에 처할 만하다."

신료들이 모두 울며 애원했지만 제위왕의 노여움은 식지 않았다. 평소 친신親信했던 측근 10여 명을 골라 차례대로 정확 속에 던져 넣게 했다. 신료들 모두 다리를 부들부들 떠는 고율股栗을 했다.

후대인이 시를 지어 이를 증명했다.

측근에 권세 주고 주인이 기댔는데	權歸左右主人依
비난과 칭찬 속에 시비가 전도되다	毀譽紛來倒是非
아성은 팽살 되고 즉묵은 봉해지니	誰似烹阿封卽墨
끝내 모든 여론 제위왕을 칭송하다	竟將公道頌齊威

이후 제위왕은 이런 폐단이 없도록 현재賢才를 뽑아 파견하는 등 지방 수령을 대거 경질했다. 단자檀子를 지금의 산동성 비현인 남성南城 수령에 임명해 초나라를 막게 하고, 전힐田肹을 지금의 산동성 고당高唐 수령에 임명해 연燕나라를 막게 했다. 이어 종수種首를 사구司寇, 전기田忌를 사마司馬로 삼았다. 이후 제나라가 크게 다스려지자 제후들이 모두 두려워하며 복종했다. 제위왕이 상국 추기에게 지금의 강소성 수녕현인 하비下邳 땅을 봉토로 하사하며 말했다.

"과인의 뜻을 성취시켜 준 사람은 바로 경이오."

그러고는 그에게 성후成侯의 군호를 내렸다. 성후 추기가 사은謝恩한 뒤 말했다.

"옛날 제환공과 진문공은 춘추5패 가운데 가장 강성한 군주였습니다. 주왕실을 높인 덕분입니다. 지금 주왕실이 비록 쇠미해졌지만 천자를 상징하는 구정九鼎이 아직도 그곳에 있습니다. 대왕은 어찌하여 주왕실로 가서 조근朝覲의 예를 올리지 않는 것입니까? 천자의 은총을 빌려 제후들에게 군림하는 이른바 가왕총임제후假王寵臨諸侯를 하면 제환공과 진문공의 패업도 더 이상 언급할 필요가 없을 것입니다."

제위왕이 말했다.

"과인은 이미 왕을 칭하고 있소. 왕이 왕에게 조공을 바치는 게 가능한 일이오?"

추기가 대답했다.

"무릇 왕을 칭한 것은 제후들 앞에서 패자로 군림키 위한 것이지 천자를 압제하라는 뜻은 아닙니다. 주왕을 조근할 때만 잠시 제후로 행세하십시오. 그러면 천자는 틀림없이 대왕의 겸덕謙德을 기뻐해 더 많은 총명寵命을 내릴 것입니다."

제위왕은 크게 기뻐하며 이를 좇았다. 곧바로 어가를 타고 성주成周로 행차해 천자를 조현했다. 그때가 주현왕周顯王 12년인 기원전 357년[6]이었다.

당시 주왕실은 이미 크게 쇠약해져 있었다. 제후들이 오랫동안 조례하지 않았다. 그러던 차에 문득 제위왕이 단독으로 조례를 한 것이다. 주나라의 군신 상하가 크게 고무鼓舞돼 서로 축하를 하는 상경相慶을 했다. 주현왕도 왕실 창고에서 많은 보물을 찾아와 제위왕에게 하사했다. 제위왕이 제나라로 돌아오는 연도에는 그를 칭송하는 사람들이 길을 가득 메웠다. 모두 제위왕의 현명한 행보를 칭송했다.

당시 천하에는 제齊, 초楚, 위魏, 조趙, 한韓, 연燕, 진秦 등 7개의 대국이

---

6 이 대목이 『열국지』 원문에는 제위왕 9년으로 기원전 370년인 '주열왕지6년周烈王之六年'으로 되어 있다. 그러나 『사기』「전경중완세가」와 「표」에는 제위왕 22년인 주현왕 12년 즉 기원전 357년에 추기를 성후에 봉한 사실이 기록돼 있다. 추기를 성후에 봉한 해에 주현왕을 조현한 것으로 보면 주현왕 12년으로 해석하는 게 옳다. 번역문은 '주현왕 12년'으로 바꿔 놓았다.

있었다. 이들 7국은 땅도 넓고 병력도 강한데다 서로 실력이 비등했다. 그밖에 월越나라가 왕을 칭하고 있었으나 나날이 국력이 쇠약해져 가고 있었다. 또 송宋, 노魯, 위衛, 정鄭 등은 너무 쇠약해 언급할 대상조차 되지 못했다.

제위왕이 주왕실에 다녀온 후 패자를 칭하자 초나라를 비롯해 3진과 연나라 등 5국이 제나라를 섬겼다. 이들은 회맹할 때마다 제나라를 맹주로 추대했다. 다만 진秦나라는 멀리 떨어진 서융西戎 땅에 위치한 까닭에 중원과 관계를 끊은 채 통호通好하지 않았다.

진헌공秦獻公 때 하늘에서 황금색 비가 3일 동안 내렸다. 주왕실 태사太史 담儋이 은밀히 탄식했다.

"진나라 땅은 옛날 주왕실의 터전이었다. 천하가 500년 동안 분리된 후 다시 합쳐지면서 패왕을 자처하는 군주가 나타나 금덕金德으로 천하의 왕 노릇을 할 것이다. 지금 진나라에 황금색 비가 내리는 것은 아마 그 단서일 것이다."

진헌공이 세상을 떠나자 그의 아들 진효공秦孝公이 보위를 이었다. 그는 진나라가 중원의 제후국 대열에 서지 못하는 것을 부끄럽게 생각해 현자를 초빙하는 명령인 이른바 초현령招賢令을 내렸다.

"빈객과 군신들 가운데 기계奇計를 내어 진나라를 강하게 만들 수 있는 자는 존관尊官을 하사하고 대읍大邑을 봉하겠다!"

어떤 현신이 응모應募해 올지 알 길이 없으니 다음 회를 보라.

제87회

173話 위앙이 진효공을 설득해 변법을 행하다
– 설진보위앙변법說秦君衛鞅變法

위衛나라 출신 공손앙公孫鞅은 원래 위나라 군주의 서자로 평소 형명학
刑名學을 좋아했다. 그는 위衛나라의 국력이 미약한 것을 보고 자신의 재주
와 능력을 펴기 위해 위魏나라로 갔다. 그는 벼슬을 구하려고 위나라 상국
전문田文을 찾아갔으나 그는 이미 죽고 없었다. 당시 위나라 상국은 공숙좌
公叔痤[1]였다. 위나라 출신인 까닭에 위앙衛鞅으로 불린 공손앙이 마침내
상국 공숙좌의 문하에 몸을 의탁했다.

---

1 『사기』「상군열전商君列傳」에는 공숙좌公叔座로 되어 있으나 『전국책』「위책魏策」에는 공
숙좌公叔痤로 나온다.

상국 공숙좌는 위앙의 재주를 단박에 알아채고 중서자中庶子² 의 자리에 천거했다. 그는 큰일이 있을 때마다 위앙과 함께 대책을 상의했다. 위앙이 건의한 계책은 들어맞지 않는 경우가 없었다. 상국 공숙좌는 그를 더욱 사랑하면서 장차 큰 벼슬자리에 천거할 생각이었다.

그러나 문득 공숙좌가 병으로 드러눕게 됐다. 위혜왕이 문병을 가보니 공숙좌는 병세가 위중해 가쁜 숨을 몰아쉬고 있었다. 위혜왕이 눈물을 흘리며 물었다.

"공숙이 불행하게도 만에 하나 다시 일어나지 못하면 장차 누구에게 이 나라 일을 맡겨야 하오?"

공숙좌가 대답했다.

"지금 중서자 위앙은 비록 나이는 젊으나 실로 당대의 기재奇才입니다. 주상은 장차 그의 말을 좇아 나라를 다스리십시오. 그의 능력은 신보다 10배나 나을 것입니다."

위혜왕이 아무 말도 하지 않았다. 공숙좌가 계속 말했다.

"주상이 그를 등용할 생각이 없거든 차라리 죽여 버리십시오. 그가 경계를 벗어나 다른 나라로 가면 장차 우리 위나라에 반드시 해를 끼칠 것입니다."

위혜왕이 대답했다.

"그리하겠소."

위혜왕이 수레에 올라 탄식했다.

"심하다, 공숙의 병이! 위앙에게 나라를 맡기라고 한 게 그렇다. 더구나

---

2 중서자中庶子는 전국시대 당시 군주나 태자 또는 상국의 시종侍從으로 있는 관원을 말한다. 진한秦漢 때는 태자의 시종을 가리켰다. 당초 서주西周 때 서자관庶子官으로 설치돼 제후와 경대부의 서자에 대한 교육을 담당했다. 이후 전국시대에 들어와 위魏나라와 진秦나라 등에서 '중서자'를 설치했다. 진한 때는 동궁의 속관屬官이 됐다.

차라리 쓰지 않으려거든 죽여 버리라고 하니 더욱 그렇다. 위앙이 대체 무엇을 할 수 있단 말인가? 어찌 혼수상태에서 한 헛소리인 혼궤지어昏憒之語가 아니겠는가?"

위혜왕이 떠나자 상국 공숙좌가 위앙을 병상 곁으로 불렀다.

"내가 오늘 주상에게 그대에 관해 여러 이야기를 하며 등용할 것을 권했으나 주상이 수락치 않았소. 그래서 나는 말하기를, '등용할 생각이 없거든 차라리 죽여 버리십시오.'라고 했소. 주상이 그리한다고 했소. 나는 이전부터 주상의 이익을 먼저 생각한 뒤 신하들을 생각한 사람이오. 군주에게 먼저 건의한 뒤 그대에게 일러준 이유요. 화를 당하지 말고 속히 떠나도록 하시오."

위앙이 태연히 대답했다.

"주상이 상국의 건의를 듣고도 신을 임용하지 않았는데 어찌 상국의 말을 좇아 신을 죽이겠습니까?"

그러고는 끝내 달아나지 않았다. 대부인 공자 앙卬도 위앙과 가까운 까닭에 위앙을 천거했지만 위혜왕은 끝내 등용하지 않았다.

이때 위앙은 진효공秦孝公이 널리 천하의 인재를 구한다는 소문을 들었다. 이내 위魏나라를 떠나 진秦나라로 들어갔다. 곧 진효공의 총애를 입고 있는 대부 경감景監을 찾아갔다. 경감이 위앙과 국사를 토론해 보고는 그의 뛰어난 재능을 알게 됐다. 이내 궁에 들어가 위앙을 천거했다. 진효공은 곧 위앙을 불러 치국지도治國之道를 물었다.

위앙이 복희씨와 신농씨, 요순堯舜 등의 정사를 예로 들어 대책을 올렸다. 말이 끝나기도 전에 진효공이 이미 잠에 떨어졌다. 이튿날 경감이 궁으로 들어가자 진효공이 꾸짖었다.

"경의 문객門客은 망인妄人에 불과하오. 현실과 동떨어진 쓸데없는 말만 했소. 어째서 과인에게 그런 사람을 천거한 것이오?"

경감은 물러나온 뒤 위앙에게 말했다.

"내가 선생을 천거한 것은 선생이 주상의 기호에 맞는 정책을 건의함으로써 중용되는 계기를 만들고자 한 것이오. 어째서 현실에 맞지 않는 우활迂闊하고 무용無用한 이야기로 주상의 귀를 더럽힌 것이오?"

위앙이 말했다.

"나는 주상이 도가道家에서 말하는 제왕의 지극한 치도인 이른바 제도帝道를 행하기를 바랐지만 주상은 깨닫지 못했소. 원컨대 다시 한 번 유세해 보도록 하겠소."

경감이 대답했다.

"지금 주상이 선생을 불쾌하게 생각하고 있소. 5일쯤 지난 뒤 다시 주선해 보겠소."

이후 5일이 지나자 경감이 진효공에게 말했다.

"신의 문객이 아직 말을 다하지 못했다며 다시 배견코자 합니다. 원컨대 주공은 이를 허락해 주십시오."

진효공이 다시 위앙을 불렀다. 위앙은 하나라 우왕이 땅의 경계를 나누고 세금을 정한 일을 비롯해 모든 구역을 정하고 세를 부과했던 일에서부터 은나라 탕왕과 주나라 무왕이 천명과 민심에 순응한 일을 자세히 이야기했다. 진효공이 말했다.

"그대는 실로 사물을 널리 알고 이를 잘 기억하는 박문강기博聞强記의 인물이오. 그러나 지금은 옛날과 시대가 다르오. 그대의 말은 현실에 적용할 수 없소."

그러고는 물러가라고 손짓을 했다. 경감이 궁문 밖에서 기다리다가 궁에서 물러나오는 위앙을 보고 물었다.

"오늘의 유세는 어떠했소?"

위앙이 대답했다.

"이번엔 주상에게 유가儒家에서 말하는 군왕의 덕정인 이른바 왕도王道를 행하기를 바랐지만 주상은 마음에 들지 않았나 봅니다."

경감이 목소리를 높여 말했다.

"군주가 인재를 등용코자 하는 것은 마치 주살로 새를 잡고자 하는 사람이 좋은 주살의 줄을 구해 조만간 날아가는 새를 잡고 싶어 하는 것과 같소. 어찌 목전의 효용을 버리고 멀리 옛 성군의 치도인 제도와 왕도를 본받으려 하겠소? 그런 유세를 할 생각이면 그만 두는 게 낫겠소."

위앙이 말했다.

"앞서의 경우는 주상의 뜻을 알지 못해 그리 말씀드린 것이오. 주상이 높은 뜻을 지니고 있는데 내 말이 비천해질까 우려해 제도와 왕도를 언급하며 주상의 마음을 떠본 것이오. 이제 주상의 마음을 알았으니 다시 한 번 주선해주면 주상이 마음에 들어 하지 않을까 걱정하지 않아도 될 것이오."

경감이 대답했다.

"선생이 주상에게 2번이나 건의했지만 모두 거절당했소. 내가 어찌 감히 또 요설饒舌로 주상의 화를 돋울 수 있겠소?"

이튿날 경감이 궁에 들어가 사죄만 한 뒤 더 이상 위앙에 관한 이야기를 하지 않았다. 경감이 집으로 돌아오자 위앙이 물었다.

"주상에게 나에 관한 이야기를 하셨소?"

경감이 대답했다.

"못했소."

위앙이 탄식했다.

"애석하오! 주상은 구현령求賢令을 내리고도 눈앞의 인재를 등용하지 못하고 있소. 나는 이제 진나라를 떠나야겠소."

경감이 물었다.

"선생은 어디로 갈 작정이오?"

위앙이 대답했다.

"지금 6국의 군주 모두 어지러이 패권을 다투고 있소. 이들 가운데 어찌 진군秦君보다 인재를 좋아하는 군주가 없겠소? 그렇지 않을지라도 천하에 어찌 몸을 굽혀 상대를 설득하는 위곡委曲을 행하여 현자 천거를 그대보다 더 잘하는 자가 없겠소? 나는 장차 그런 사람을 찾아갈 것이오."

경감이 말했다.

"선생은 잠시만 조용히 기다리시오. 5일 후 내가 다시 한 번 주선해 보도록 하겠소."

5일 뒤 경감이 궁으로 들어가 진효공 곁에서 시중을 드는 복시服侍를 했다. 진효공이 술을 마시다가 문득 기러기인 홍안鴻雁이 날아가는 것을 보고는 술잔을 내려놓고 탄식했다. 경감이 나서서 물었다.

"주상이 날아가는 홍안을 보고 탄식을 하니 어찌된 일입니까?"

진효공이 대답했다.

"옛날 제환공은 말하기를, '나에게 중보仲父 관중이 있는 것은 마치 홍안에 우익羽翼이 있는 것과 같다.'고 했소. 과인이 널리 구현령을 선언한지 벌써 여러 달이 지났건만 아직 기재奇才가 한 사람도 나타나지 않고 있소. 홍안을 예로 들면 하늘을 찌를 듯이 넘치는 의지인 충천지지沖天之志는 있지만 도와줄 우익이 없는 것과 같소. 그래서 탄식하고 있는 것이오."

경감이 말했다.

"신의 문객 위앙은 자신에게 제도帝道와 왕도王道, 패도覇道의 3술三術이 있다고 했습니다. 지난번에 말한 것은 제도와 왕도입니다. 주상은 현실과 동떨어진 이론이라 채택키 어렵다고 했습니다. 그는 마지막으로 패술伯術을 진언하겠다고 합니다. 원컨대 극히 짧은 짬인 수유지가須臾之暇를 내어 그가 말을 다 마칠 수 있도록 해주십시오."

진효공은 '패술'이라는 말이 마음에 들었다. 곧 경감을 시켜 위앙을 불러오게 했다. 위앙이 오자 진효공이 물었다.

"듣건대 그대에게 패도伯道에 관한 술법이 있다고 하는데 어찌하여 과인에게 속히 가르쳐 주지 않은 것이오?"

위앙이 대답했다.

"신이 말씀드리고 싶지 않은 게 아니었습니다. 다만 패업覇業을 이루는 '패술'은 제도와 왕도를 이루는 제술帝術 내지 왕술王術과 다르기 때문에 그리한 것입니다. 제업帝業과 왕업王業을 이루는 '제도'와 '왕도'는 민정民情에 순응하는 데 반해 패업을 이루는 '패도'는 반드시 민정에 역행할 수밖에 없습니다."

진효공이 발끈 화를 내고 칼을 어루만지며 말했다.

"어찌하여 '패도'가 반드시 민정에 역행한다고 말하는 것이오?"

위앙이 대답했다.

"무릇 금슬琴瑟의 소리가 고르지 못하면 반드시 현弦을 바꾼 뒤 다시 조여야 합니다. 정사 역시 경장更張을 하지 않으면 백성을 다스릴 수 없습니다. 백성은 목전의 편안함에 연연할 뿐 백세百世의 이익은 돌아보지 않습니다. 이룬 것은 함께 즐길 수 있으나 처음부터 근심을 함께 할 수는 없습니다. 옛날 관중은 제나라 상국이 되어 내정內政도 군령에 의지해 다스렸습니다. 제나라 전체를 15개의 향鄕으로 나누고, 사농공상의 4민四民으로 하여금 각기 자신의 일을 고수하게 하면서 제나라의 낡은 제도를 모두 바꿨습니다. 이런 일에 백성이 어찌 즐겁게 따랐겠습니까? 하지만 결국 정사가 안에서 성공하고, 밖으로 적들이 굴복하고, 군주의 명성이 천하에 널리 떨치자 백성들도 그 이익을 향유하게 됐습니다. 연후에 백성들도 관중이 천하재天下才임을 알게 된 것입니다."

진효공이 말했다.

"그대에게 실로 관중과 같은 통치술이 있다면 과인이 어찌 그대에게 나라를 맡긴 뒤 그대의 말을 좇지 않겠소? 다만 과연 그런 통치술이 있는지 여부를 모르겠소."

위앙이 말했다.

"무릇 나라가 부유하지 않으면 용병할 수 없습니다. 또 군사가 강하지 않으면 적을 무찌를 수 없습니다. 나라를 부유하게 하는 방법으로 힘써 밭을 가는 역전力田보다 나은 게 없고, 군사를 강하게 하는 방법으로 평소 전투력을 쌓도록 권하는 권전勸戰보다 나은 게 없습니다. 중상重賞으로 장려하면 백성들이 나아갈 바를 알고, 중벌重罰로 금지하면 백성이 두려워할 바를 알게 됩니다. 상벌을 믿을 수 있게 시행하면 조정의 명령도 반드시 이뤄질 것입니다. 이러고도 나라가 부강해지지 않은 경우는 일찍이 존재한 적이 없습니다."

진효공이 말했다.

"훌륭하오. 과인은 그 방법을 시행하겠소."

위앙이 말했다.

"무릇 부국강병의 통치술은 인재를 얻지 못하면 실행할 수 없습니다. 또 인재를 얻었다 할지라도 전권을 맡기지 않으면 실행할 수 없습니다. 전권을 맡겼을지라도 다른 사람의 말에 미혹돼 그 뜻을 두 세 갈래로 분산시키면 이 또한 실행할 수 없습니다."

진효공이 대답했다.

"훌륭하오."

위앙이 물러가기를 청하자 진효공이 말했다.

"과인이 이제 그대가 말한 통치술을 모두 채택코자 하는데 어째서 문득 물러가려고 하는 것이오?"

위앙이 대답했다.

"원컨대 주상은 3일 동안 숙사熟思한 뒤 결단하십시오. 연후에 신은 감히 진언盡言하겠습니다."

위앙이 조정에서 물러나오자 경감이 책망조로 말했다.

"오늘 주상이 재삼 잘했다고 칭찬하는 칭선稱善을 할 때 왜 마음속의 계책을 모두 털어놓지 않은 것이오? 주상에게 다시 3일간의 숙사 기간을 주었으니 이 어찌 요군要君[3]하려는 의도가 아니겠소?"

위앙이 대답했다.

---

3   요군要君은 군주를 강요한다는 뜻이다. 『논어』「헌문」에 '비록 군주를 강요치는 않았다고 말하나'의 뜻인 수왈불요군雖曰不要君 표현이 나온다.

"주상의 의지가 아직 견고하지 않소. 의지가 견고하지 않으면 도중에 변심할 공산이 큰 까닭에 그게 두려워 그랬을 뿐이오."

이튿날 진효공은 사람을 보내 위앙을 불렀다. 위앙이 사양했다.

"이미 주상에게 말씀 드린 것처럼 신은 3일이 지나지 않으면 알현하지 않을 것이오."

경감이 사양하지 말 것을 권했다. 위앙이 대답했다.

"내가 주상과 처음 한 약속을 주상이 지키지 않으면 훗날 어떻게 주상을 믿을 수 있겠소?"

경감은 그의 말에 탄복했다. 3일 후 진효공이 사람을 시켜 수레를 갖고 가 위앙을 영접해 오게 했다. 위앙이 다시 궁으로 들어가 배견하자 진효공이 앉을 자리를 내주며 가르침을 청했다. 그 언사가 매우 간절했다. 위앙은 진나라가 반드시 경장更張해야 할 사안을 자세히 고했다. 두 사람의 문답은 밤낮을 가리지 않고 3일 동안 지속됐다. 진효공은 조금도 피곤한 기색을 보이지 않았다.

진효공은 마침내 위앙을 개혁의 실무를 총괄하는 좌서장左庶長에 임명한 뒤 큰 저택과 황금 5백 일鎰을 내렸다. 이어 군신들에게 이같이 유시諭示했다.

"금후今後 국정은 모두 좌서장의 건의를 좇아 시행할 것이오. 만일 위항違抗하는 자가 있으면 모두 역모와 같은 죄로 다스릴 것이오."

군신들 모두 숙연肅然한 표정을 지었다.

위앙은 마침내 모든 법제를 뜯어고치는 변법變法의 명령을 정해 진효공에게 바치고 함께 상의한 뒤 타당한 시행방안을 마련했다. 그러나 그는 곧바로 변법의 명령을 선포하지는 않았다. 백성들이 믿지 못할까 두려워 즉시 봉행하지 않은 것이다.

그는 먼저 도성인 약양櫟陽⁴의 남문南門에 3장 길이의 나무를 세웠다.

관원으로 하여금 그 나무를 지키게 하면서 이런 방문을 붙였다.

"이 나무를 북문北門으로 옮기는 자에게는 10금金의 상을 내리겠다."

많은 백성이 이를 봤지만 그 저의를 알 수 없다며 의심했다. 나무를 옮기는 자가 없었던 이유다. 위앙이 말했다. [4]

"백성이 나무를 옮기지 않은 것은 상금이 너무 적다고 생각하기 때문이다."

그러고는 다시 명을 바꿔 50금의 상을 주겠다고 했다. 백성들이 더욱 의심하는 가운데 한 사람이 나서서 말했다.

"우리 진나라 법에는 자고로 후한 상을 내린 적이 없다. 지금 문득 이런 명을 내린 데에는 틀림없이 무슨 계의計議가 있을 것이다. 설령 50금이야 안 줄지라도 어찌 박상薄賞조차 없겠는가?"

그러고는 마침내 나무를 메고 가 북문에 옮겨 세웠다. 구경하는 백성들이 마치 담장을 두른 듯했다. 관원이 재빨리 달려가 이를 보고했다. 위앙이 그 백성을 불러 크게 칭찬했다.

"너는 실로 양민良民이다. 내 명을 따랐기에 그렇다!"

그러고는 50금을 내리면서 말했다.

4 약양櫟陽이 『열국지』 원문에는 함양시咸陽市로 나온다. 그러나 제1차 변법을 시행할 당시 진나라의 도성은 지금의 섬서성 서안西安인 함양이 아니라 약양이었다. 『사기』 「상군열전」은 진효공 때 옹성雍城에서 함양성으로 천도한 것으로 기록해 놓았으나 이는 잘못이다. 진나라는 진헌공秦獻公 2년인 기원전 366년 당시 이미 옹성에서 지금의 섬서성 약양으로 천도한 바 있다. 따라서 옹성에서 함양으로 천도한 게 아니라 약양에서 함양으로 천도한 것이다. 원래 약양은 기원전부터 함양과 더불어 지금의 섬서성 일대인 관중關中 지역의 핵심지역 가운데 하나로 존재했다. 초한전 때는 함양이 항우의 분탕으로 폐허가 된 까닭에 관중 제1의 도시가 돼 한중왕漢中王에 임명된 유방이 관중으로 진출한 뒤에는 임시 수도가 되기도 했다. 약양의 약櫟은 원래 상수리나무를 뜻하는 글자로 본래의 뜻으로 사용될 때는 '력'으로 읽는다. 그러나 지명으로 사용될 때 '약'으로 읽는다. 다만 지금의 하남성에 있는 역성櫟城은 같은 글자인데도 '역'으로 읽는다. '역성'은 춘추시대 정나라의 대표적인 도시로 '약양'만큼이나 유서가 깊다. 같은 글자로 된 지명인데도 달리 읽는 매우 희귀한 경우에 속한다. 번역문에서는 '함양시'를 '약양'으로 바꿔 놓았다.

"나는 끝까지 백성들에게 신의를 잃지 않을 것이다."

시장 사람들은 좌서장이 일단 발포한 영은 반드시 이행하고, 발포에 앞서 미리 경계하며 일러주는 계유誡諭를 행한다는 사실을 서로 입을 통해 널리 전했다. 다음날 새로운 법령이 반포되자 시장 사람들이 모두 몰려와 구경했다. 이를 보고 혀를 내두르는 토설吐舌을 하지 않는 자가 없었다. 이는 주현왕 10년인 기원전 359년의 일이었다. 위앙이 선포한 새 법령은 이러했다.[5]

1. 정도定都에 관한 건

진나라에서 형승形勝이 좋은 곳으로 함양咸陽만한 곳이 없다. 산으로 둘러싸이고 강을 끼고 있어 금성천리金城千里라 하겠다. 이제 도읍을 함양으로 옮겨 길이 왕업의 발판을 마련한다.

2. 건현建縣에 관한 건

무릇 경내의 모든 고을을 통합해 현縣을 설치한다. 현에는 현령縣令과 현승縣丞 각각 1인을 두고, 새로운 법령의 시행을 철저히 감독 집행한다. 법령을 준수하지 않는 자는 경중에 따라 처벌한다.

5 『열국지』는 제1차 변법과 제2차 변법을 마구 뒤섞어 놓았다. 제1차 변법은 진효공 3년이자 주현왕 10년인 기원전 359년에 시행됐다. 골자는 크게 4가지였다. 첫째 천도遷都에 관한 건, 둘째 관작官爵에 관한 건, 셋째 십오什伍에 관한 건, 넷째 준법遵法에 관한 건이다. 제2차 변법은 제1차 변법이 시행된 지 10년 뒤이자 함양 천도 이듬해인 진효공 13년의 기원전 349년에 시행됐다. 골자는 크게 3가지였다. 첫째 치현置縣에 관한 건, 둘째 개간開墾에 관한 건, 셋째 증산增産에 관한 건이다. 상앙은 제2차 변법 시행 이듬해인 진효공 14년인 기원전 348년에, 농지의 면적에 따라 세금을 부과하는 부세법賦稅法을 시행키도 했다. 모든 전답의 국유화를 전제로 한 이 제도는 황무지를 남김없이 개간하기 위한 비상조치에 해당했다.

3. 벽토闢土에 관한 건

무릇 교외의 모든 들판에서 수레나 말이 다니는 도로와 전답 사이의 밭두렁을 제외한 모든 땅은 인근 농민을 시켜 개간하고 농토로 만든다. 곡식이 익으면 보수步數로 무畝 단위를 정하고 세법에 따라 세금을 징수한다. 사방 6척尺이 1보步, 사방 250보가 1무畝가 된다. 1보가 6척을 넘으면 사기로 간주해 전답을 몰수하고 관에 귀속시킨다.

4. 정부定賦에 관한 건

무릇 조세는 무畝의 크기에 따라 부과한다. 수확의 10분의 1을 부과하는 정전제井田制의 십일지제什一之制는 사용하지 않는다. 모든 전답은 나라에 귀속시키고 백성은 척촌尺寸의 땅도 사유할 수 없다.

5. 본부本富에 관한 건

남자는 밭을 갈고 여인은 베를 짜는 남경여직男耕女織에 충실해야 한다. 곡식과 옷감인 속백粟帛을 많이 생산하는 백성을 양민良民이라 부르고, 한 집안의 부역을 면제해준다. 게을러 가난해진 자는 잡아다가 재산을 몰수한 뒤 관가의 노비로 삼는다. 도로에 재를 버리는 자는 농경에 게으른 자로 간주한다. 공인과 상인에게는 무거운 세금을 부과한다. 한 집안에 아들이 2인 이상 있을 경우엔 즉시 분가해 각각 세금을 내야 한다. 분가하지 않을 경우 1인이 2인 몫의 세금을 내야 한다.

6. 권전勸戰에 관한 건

모든 벼슬은 전공戰功에 따라 부여한다. 적 1인의 수급首級에 벼슬을 한 등급씩 올린다. 전쟁 때 1보를 후퇴한 자는 즉각 참한다. 전공이 많은 자는 상작上爵을 받고, 거복車服도 화려하게 할 수 있다. 그러나 전공이 없는 자는 비록 부유할지라도 베옷을 입고 송아지를 타는 포갈승독布褐乘犢을 해야 한다. 종실의 친척도 전공의 다소를 친소親疏의 기준으로 삼는다. 전공을 세우지 못한 종친은 명부에서 삭제하고 서민과 같이 취급한다. 사사로운 일로 다툰 자는 불론곡직 不論曲直하고 모두 참형에 처한다.

7. 금간禁奸에 관한 건

5가家를 1보保로 삼고, 10가 단위로 연대해 서로 각찰覺察한다. 1 가라도 과오를 범하면 나머지 9가 모두 이를 고발해야 했다. 고발하지 않을 경우 10가 모두 연좌連坐해 허리를 자르는 요참腰斬에 처한다. 가장 먼저 이웃의 간행奸行을 고발하는 자는 적의 수급을 벤 것과 같은 상을 내린다. 죄인을 숨겨두는 자는 그 죄인과 같은 처벌을 받는다. 객사에 숙박하는 자는 통행증명서인 문빙文憑을 지참해 검사에 응해야 한다. 응하지 않는 자는 숙박을 허용치 않는다. 무릇 1인이 죄를 지으면 해당 집안의 식구와 재산을 모두 관아에서 몰수한다.

8. 중령重令에 관한 건

일단 정령이 반포되면 신분의 귀천을 막론하고 반드시 준수해야 한다. 준수하지 않는 자가 있으면 모두 주살한 뒤 시체를 사방으로 돌리는 전시傳尸를 행한다.

새 법령이 반포되자 백성들의 의견이 분분했다. 혹자는 불편하다고 했고, 혹자는 매우 편하다고 했다. 위앙은 신법에 대해 논란을 벌리는 자들을 모두 부중으로 잡아들인 뒤 질책했다.

  "새 법령을 들었으면 반드시 봉행해야 한다. 불편하다고 말하는 자는 법령을 방해하는 자이고, 편하다고 말하는 자는 법령에 아첨하는 자이다. 양자 모두 양민이 아니다."

  그러고는 이들의 이름을 모두 장부에 올린 뒤 변경으로 보내 수졸戌卒로 삼았다. 대부 감룡甘龍과 두지杜摯도 사사롭게 신법을 비난했다가 서인庶人으로 쫓겨났다. 사람들은 길에서 아는 사람을 만나도 서로 눈으로 쳐다보기만 할 뿐 감히 입으로 말하는 자가 없었다. 위앙은 병사를 대거 동원해 함양성 안에 궁궐을 짓고, 길일을 택해 도읍을 옮기고자 했다.

태자 사駟가 천도에 반대하며 변법의 잘못된 점을 지적했다. 위앙이 화를 냈다.

"변법이 시행되지 않는 것은 윗사람이 법령을 위반했기 때문이다. 태자는 주상의 후사後嗣인 까닭에 형벌을 내릴 수 없다. 그러나 사면을 하는 것 또한 법을 무효화하는 비법非法이 된다."

그러고는 진효공에게 상주해 태자의 사부에게 연좌제를 적용했다. 태부太傅인 공자 건虔은 코를 베는 의형劓刑, 태사太師 공손 가賈는 얼굴에 먹을 뜨는 경형鯨刑을 받았다. 백성들이 서로 말했다.

"태자가 법령을 어겨 사부들이 형벌을 받았는데 다른 사람이야 말해 무엇 하겠는가?"

위앙은 민심이 안정되는 것을 보고는 곧 길일을 받아 천도를 단행했다. 약양櫟陽에서 함양咸陽으로 이사를 간 대성大姓만 해도 수천 가家에 달했다. 진나라는 전 지역을 31개 현縣으로 나눈 뒤 모든 황무지를 남김없이 밭으로 개간했다. 불어난 세금이 거의 1백만 전에 달했다.

위앙은 늘 친히 위수 가로 가서 죄수를 모두 사열하고 하루에 700여 명씩 주살했다. 위수 강물이 핏빛으로 붉게 물들었고, 곡성이 들판에 가득했다. 백성들은 잘 때 꿈속에서조차 싸움을 할 정도였다.

그러나 길에 물건이 떨어져 있어도 줍는 자가 없었고, 나라 안에 도적이 사라졌고, 국고도 가득 채워졌다. 국가 간의 전쟁인 공전公戰에는 용감하게 싸우면서도 사적인 원한에 의한 사투私鬪는 감히 생각도 하지 못했다. 이내 진나라의 부강은 천하에 비교할 나라가 없게 됐다.

진효공은 군사를 일으켜 초나라를 쳐 상어商於 땅을 빼앗았다. 지금의 섬서성 단봉현에 있는 무관武關의 동남쪽 600여 리 땅을 개척한 것이다. 이 소식을 들은 주현왕이 사자를 보내 진효공에게 제후들의 우두머리를 뜻하는 방백方伯의 칭호를 내렸다. 중원의 제후들 역시 사자를 보내 축하했다.

당시 3진에서는 오직 위魏나라만 왕을 칭했다. 위혜왕魏惠王은 한나라와 조나라를 없애 3진을 통일할 작정이었다. 그는 진나라가 위앙을 등용했다는 소식을 듣고 탄식했다.

"공숙좌의 말을 듣지 않은 게 후회된다."

이땐 위문후의 사우師友로 명성이 높았던 공자의 제자 복상卜商 즉 자하子夏와 도가사상가 전자방田子方을 비롯해 현신賢臣으로 명성을 떨친 위성자魏成子와 이극李克 등이 모두 세상을 떠난 이후였다. 위혜왕은 후한 예물로 천하의 호걸을 초빙했다.

지금의 산동성 추현 동남쪽에 있는 추鄒나라 출신 맹가孟軻는 자가 자여子餘이다. 그는 자사子思 문인門人의 제자였다.[6] 자사는 공자의 적손嫡孫이자 공리孔鯉의 아들로 이름은 급伋이었다.

맹가는 자사 문인으로부터 성현의 도를 배웠다. 일찍부터 세상을 구하고 백성을 편하게 하는 제세안민濟世安民의 뜻을 품은 이유다. 그는 위혜왕이 선비를 좋아한다는 소문을 듣고 추나라를 떠나 위나라로 갔다. 위혜왕은 맹자의 명성을 익히 들은 까닭에 교외까지 나가 영접한 뒤 상빈上賓으로 예우했다. 이내 나라를 이롭게 할 방도인 이국지도利國之道를 물었다. 맹자가 대답했다.

"신은 성인의 문하인 성문聖門에서 노닌 까닭에 인의仁義에 대해서만 알 뿐 이利에 대해서는 모릅니다."

위혜왕은 맹자의 말이 현실과 동떨어진 우언迂言으로 여겨 등용하지 않았다. 맹자는 위나라를 떠나 제나라로 갔다.

---

6 『열국지』 원문은 '자사 문하門下의 뛰어난 제자였다.'는 뜻의 내자사문하고제乃子思門下高弟로 되어 있다. 당시의 통설에 좇은 것이기는 하나 맹자는 공자가 죽은 기원전 479년으로부터 무려 100여 년 뒤에 태어났다. 공자의 손자인 자사子思의 직계제자로 보는 것은 무리가 있다. 현재는 자사의 문인門人으로부터 자사의 학풍을 이어받은 것으로 보는 게 통설이다. 번역문은 '자사 문인의 제자'로 바꿔 놓았다.

잠연이 이를 시로 읊었다.

인의와 이리는 함께할 수 없으니   仁義非同功利謀
난세에 그 누가 유자를 등용할까   紛爭誰肯用儒流
맹자는 부질없이 왕도를 도모해   子輿空挾圖王術
제후들 편력했으나 통하지 않다   歷盡諸侯話不投

174話 손빈이 귀곡자를 하직하고 하산하다
— 사귀곡손빈하산辭鬼谷孫臏下山

    지금의 하남성 등봉현인 주나라 양성陽城 땅에 귀곡鬼谷이라는 계곡이 있다. 산이 깊고 수목이 우거져 깊이를 잴 수 없었다. 사람이 살 수 없고 귀신만이 사는 계곡이라는 취지에서 '귀곡'으로 불린 이유다.

    그 산 속에 한 은자가 살고 있었다. 스스로 귀곡자鬼谷子를 칭했다. 전하는 말에 따르면 그의 성은 왕王, 이름은 허栩라고 했다.[7] 그는 진평공晉平公 때 사람이다.[8] 운몽산雲夢山에서 묵적墨翟과 함께 약초를 캐며 수도했다는 소문도 있다.

    묵적은 처자식이 없었다. 천하를 주유하며 오직 사람을 구제하고 만물을 이롭게 하며 살고자 했다. 다른 사람의 고액苦厄을 풀어주고, 위난危難을 구제하는 것을 자신의 임무로 삼은 이유다.

    그러나 귀곡자는 묵적과 달리 세상을 등진 채 귀곡에 숨어 살았다. 사람들이 그를 '귀곡선생鬼谷先生'으로 부른 배경이다. 귀곡자는 하늘과 땅의 이치에 통달했고, 다른 사람이 미칠 수 없는 여러 학문에 정통했다. 그가 통

---

7   귀곡자는 전국시대 중기 천하를 풍미한 종횡가縱橫家의 시조로 알려진 인물이다. 현재 귀곡자의 실존 여부를 놓고 이론이 분분하다. 사학자 전목錢穆은 실존인물로 간주해 『선진제자계년先秦諸子繫年』에서 귀곡자의 활약시기를 대략 기원전 390년에서 320년 사이인 것으로 추정했다. 송대 이방李昉의 『태평광기太平廣記』와 청대 가경제 때 중수된 『일통지一統志』 등은 귀곡자의 이름을 왕훈王訓, 왕선王禪, 왕허王栩, 왕후王詡 등으로 기록해 놓았다.

8   진평공晉平公은 진도공晉悼公의 아들로 기원전 557년부터 기원전 532년까지 재위했다. 공자가 태어나기 전에 보위에 앉아 있었다. 묵적墨翟은 공자 사후 유학을 공부하다 묵가墨家를 창시한 인물로 진평공 때 태어난 귀곡자가 묵자와 함께 약초를 캐는 것은 있을 수 없는 일이다. 귀곡자는 전설상의 인물로 보는 게 합리적이다.

달한 학문은 어떤 것이 있을까?

첫째, 수학數學이다. 그는 일월성신의 현상을 손바닥 안에 놓고 과거와 미래를 점쳤다. 그의 예언이 맞지 않는 경우가 없었다.

둘째, 병학兵學이다. 그는 전래의 병서인 『육도六韜』와 『삼략三略』을 공부해 변화무궁한 병법을 익혀 군진을 펼치고 작전을 운용했다. 귀신도 그 뜻을 측량하지 못했다.

셋째, 유학遊學이다. 그는 보고 들은 바가 많은 광기다문廣記多聞의 인물이었다. 사리를 분명히 파악하고 대세를 잘 살펴 적당한 말로 변설을 토해내면 1만 명의 변사들도 그를 당해 낼 수 없었다.

넷째, 출세학出世學이다. 그는 늘 인간의 진정한 성품을 갈고 닦으면서 단약丹藥을 복용하고 일종의 단전호흡인 도인술導引術을 구사함으로써 병을 물리치고 수명을 연장했다. 문득 하늘로 올라가 신선이 되는 충거沖擧를 기다리는 듯했다.

이처럼 선가仙家의 충거지술沖擧之術을 통달한 사람이 어찌 세상에 몸을 굽히며 살아가겠는가? 단지 몇 명의 총명한 제자와 함께 선경仙境으로 들어가기 위해 귀곡에 몸을 의탁하고 있는 것에 불과할 뿐이었다.

당초 그가 귀곡에 왔을 때 우연히 시정市井으로 나갔다가 어떤 사람의 점을 쳐 준 일이 있다. 그가 말한 길흉화복이 귀신처럼 모두 들어맞았다. 이후 그의 학문을 배우려는 사람이 점차 늘어났다. 그는 제자의 소질과 성품 등을 살펴 그에 부합하는 학문을 가르쳤다. 그의 제자가 크게 둘로 나뉜 이유다.

첫째, 전국시대 7웅七雄의 조정이 등용코자 하는 무리이다. 둘째, 선골仙骨을 탐구해 함께 속세를 떠나고자 하는 무리이다. 그가 귀곡에 산 지 얼마나 오래되는 지 알 길이 없었다. 그의 학문을 배우러 온 제자가 얼마나 되는 지도 알 길이 없었다. 오는 자를 거절하지도 않았고 떠나는 자를 만류하지도 않았다.

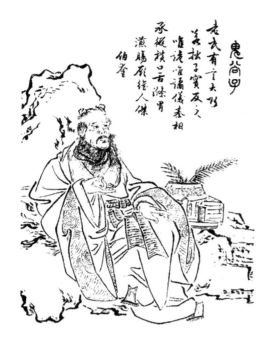

鬼谷子

老氏有言大形
若缺子實反之
唯誅唯論儀秦相
承挺損口舌誅胃
瀉腸殘縫人傑
伯奎

그와 거의 같은 시기에 명성을 떨친 몇 명의 제자가 있다. 제나라 출신 병법가 손빈孫賓과 위魏나라 출신 병법가 방연龐涓, 위나라 출신 종횡가 장의張儀와 주나라 낙양 출신 종횡가 소진蘇秦이 그들이다.

손빈은 방연과 함께 의형제를 맺고 함께 귀곡자 밑에서 병법을 배웠다. 소진과 장의도 의형제를 맺고 함께 귀곡자 밑에서 종횡술을 배웠다. 이들 모두 전공 분야에서 일가를 이뤘다 .

방연은 병법을 배운 지 3년이 되자 스스로 병법에 능통하게 됐다고 생각했다. 하루는 물을 길러 우연히 산 아래까지 내려갔다가 위魏나라에서 많은 재물을 써 널리 장상將相의 재목을 구하고 있다는 소식을 들었다. 귀곡자가 보내주지 않을까 두려워 말도 못하고 내심 주저躊躇했다.

귀곡자는 이미 그의 속마음을 모두 알고 있었다. 웃으며 말했다.

"너의 시운時運이 이미 왔는데 어찌하여 하산해 부귀를 취하지 않는 것인가?"

방연이 자신의 심중을 꿰뚫는 그 말을 듣고는 무릎을 꿇고 청했다.

"불초 제자도 그럴 뜻이 있으나 과연 이번 행차에서 득의得意할 수 있을지 모르겠습니다."

귀곡자가 말했다.

"너는 가서 산화山花 한 가지를 꺾어 오너라. 내가 너를 위해 점을 쳐 주마."

방연이 하산해 산화를 찾아 다녔다. 때는 6월 염천炎天이었다. 봄꽃이 모두 져서 산에는 아무 꽃도 피어 있지 않았다. 방연은 이리저리 돌아다니는 좌반우전左盤右轉을 하느라 많은 시간을 허비했다. 겨우 초화草花 한 줄기를 찾아냈다. 뿌리 채 뽑았다. 그는 그것이라도 갖고 가려다가 문득 이런 생각이 들었다.

'이 꽃은 너무 미약해 내가 큰 그릇이 되지 못할 것이라고 말할지도 모르겠다.'

그 꽃을 땅에 버린 뒤 다시 한 바퀴 돌아 더 좋은 꽃을 찾아 다녔다. 그러나 이상하게도 다른 꽃은 절무絶無했다. 부득이 몸을 돌려 아까 버린 초화를 찾아 소매 속에 감췄다. 돌아와 귀곡자에게 말했다.

"산속에 아무 꽃도 없습니다."

귀곡자가 말했다.

"꽃이 없다면서 네 소매 속에 든 것은 무엇이냐?"

방연이 더 숨길 수 없어 그 초화를 바쳤다. 초화는 뿌리째 뽑힌 뒤 먼저 햇볕을 받은 까닭에 이미 반쯤 시들어 있었다. 귀곡자가 말했다.

"너는 이 꽃 이름을 아느냐? 바로 마두령馬兜鈴이란 꽃이다. 이 꽃은 한 번에 12송이가 핀다. 이것이 바로 네가 영화를 누릴 햇수이다. 이 꽃은 귀곡에서 채취된 뒤 햇볕을 받는 바람에 시들어 버렸다. 귀鬼 자 앞에 시들 위萎

자를 쓰면 바로 위나라 위魏 자가 된다. 네가 출신出身할 곳은 반드시 위나라일 것이다."

방연이 내심 신기하게 생각했다. 귀곡자가 계속 말했다.

"다만 너는 남에게 속지는 않겠지만 훗날 틀림없이 남을 속이는 일이 있을 것이고, 결국 남에게 속게 될 것이다. 반드시 경계토록 하라. 내가 너에게 8자를 써 줄 터이니 잘 기억해 두도록 해라."

양을 만나면 영화를 누리고	遇羊而榮
말을 만나면 고달프게 되다	遇馬而瘁

방연이 재배하고 하직했다.

"오사吾師가 큰 가르침을 주셨으니 어찌 감히 허리띠에 기록해 두지 않을 수 있겠습니까?"

손빈은 방연이 떠날 때 산 아래까지 따라가 전송했다. 방연이 손빈에게 말했다.

"나는 오형吾兄과 함께 8배지교八拜之交의 의형제를 맺을 때 부귀를 함께 하자고 맹서했소. 내가 이번에 가서 진신進身의 계단을 밟게 되면 틀림없이 거천擧薦토록 하겠소. 함께 공업功業을 세우도록 합시다."

손빈이 물었다.

"오제吾弟의 그 말이 과연 진심이오?"

방연이 대답했다.

"제가 거짓말을 하면 1만 발의 화살을 몸에 맞고 죽을 것이오."

손빈이 말했다.

"후정厚情을 보여줘 실로 감사하오. 어찌 거듭 맹서할 필요가 있겠소?"

두 사람이 눈물을 흘리며 작별했다. 손빈이 다시 산으로 돌아오자 귀곡자가 눈물 자국을 보고 물었다.

"너는 방연이 떠나 애석한가?"

손빈이 대답했다.

"함께 공부하던 정이 있는데 어찌 애석하지 않겠습니까?"

귀곡자가 거듭 물었다.

"너는 방연의 재주가 대장의 역할을 감당하리라고 보는가?"

손빈이 반문했다.

"그가 오랫동안 사부의 가르침을 받았는데 어찌 대장 직을 감당치 못하겠습니까?"

귀곡자가 대답했다.

"전혀 아니다, 전혀 아니다."

손빈이 크게 놀라 그 까닭을 물었지만 귀곡자는 아무 말도 하지 않았다. 이튿날 귀곡자가 제자들에게 말했다.

"어젯밤 쥐들이 시끄럽게 설쳐대는 소리가 성가시다. 너희들은 나를 위해 돌아가며 숙직을 서서 쥐를 쫓아다오."

제자들이 스승의 분부를 좇았다. 이내 손빈이 당직을 서는 날이 돌아왔다. 귀곡자가 손빈을 자기 방으로 불러들였다. 베개 밑에서 책 한 권을 꺼내 손빈에게 보여주며 말했다.

"이 책은 너의 선조 손무자孫武子[9]가 지은 『병법』 13편이다. 손무가 오왕 합려에게 바친 것이다. 합려는 이 병법을 사용해 초나라 군사를 대파했다.

---

9 '너의 선조 손무자'가 『열국지』 원문에는 '너의 조부祖父 손무자'인 여조손무자汝祖孫武子로 되어 있다. 손무가 실존인물일 가능성이 희박한데다 설령 그럴지라도 조부로 간주할 아무런 근거가 없다. 손빈의 저서 『손빈병법』은 큰 틀에서 볼 때 『손자병법』의 수준을 넘어서지는 못하나 그 내용만큼은 훨씬 풍부하다. 일부 대목에서는 『손자병법』이 제시한 전술을 뛰어넘는 견해를 피력하고 있다. 『손자병법』을 읽고 진일보한 견해를 피력한 결과로 보인다. 번역문에서는 '조부'를 '선조'를 바꿔 놓았다.

이후 합려는 이 책을 아끼면서 사람들에게 널리 전하려 하지 않았다. 쇠로 만든 궤인 철궤鐵櫃 속에 넣어 고소대 대들보 밑에 감춰 뒀다. 이후 월나라 군사가 고소대를 불태운 후 실전됐다. 나는 지난날 그와 교분이 있어 다행히 그 책을 한 권 얻어 보관해 두었다가 직접 주해注解를 붙였다. 군사를 운용하는 비밀은 모두 그 속에 들어 있다. 나는 다른 사람에게는 이 책을 경솔히 전하지 않았다. 너의 심술心術이 충후한 것을 보고 이 책을 전하려고 한다."

손빈이 물었다.

"저는 어렸을 때 부모를 잃었습니다. 또 나라에도 변란이 많아 친척들조차 뿔뿔이 흩어졌습니다. 선조가 지은 병서가 있다는 말은 들었으나 아직그 책을 보지는 못했습니다. 사부가 상세한 주해까지 달았다면서 어찌하여 방연에게 전하지 않고 유독 저에게만 전하려 하는 것입니까?"

귀곡자가 말했다.

"이 책은 선용하면 천하를 이롭게 할 수 있으나 악용하면 천하에 큰 해를 끼칠 수 있다. 방연은 천하를 이롭게 할 선한 선비인 가사佳士가 아니다. 어찌 경솔하게 그에게 전할 수 있겠는가?"

손빈은 그 책을 받아갖고 자기 방으로 돌아와 밤낮없이 연구하며 외웠다. 3일 뒤 귀곡자가 문득 손빈에게 책을 돌려달라고 했다. 손빈은 돌려주자 귀곡자가 『병법』13편에 대해 차례로 질문을 하기 시작했다. 손빈의 대답은 흐르는 물처럼 막히는 데가 없었다. 한 글자도 빠뜨리지 않았다. 귀곡자는 크게 기뻐했다.

"너의 마음씀씀이인 용심用心이 이와 같으니 너의 선조가 다시 살아온 듯하다."

당시 방연은 손빈과 작별한 뒤 곧바로 위나라로 갔다. 이어 병법을 내세워 위나라 상국 왕조王錯를 찾아갔다. 왕조가 위혜왕에게 천거했다. 방연

산려방하손휘
嶺 谷 龐 孫
下 涓 鬼

손빈이 귀곡자를 하직하고 하산하다

이 위혜왕의 부름을 받고 조정으로 들어갈 때 마침 포인庖人이 위혜왕 앞에 찐 양고기인 증양蒸羊을 바치고 있었다. 방연은 내심 크게 기뻐했다.

'사부가 나에게 양을 만나면 영화를 누릴 것이라고 했는데 과연 틀린 말이 아닌 듯하다.'

위혜왕은 훤칠한 방연의 겉모습을 보고 젓가락을 내려놓고 자리에서 일어나 예법에 맞춰 정중하게 맞아들였다. 방연이 재배하자 위혜왕이 그를 부축해 앉힌 뒤 그의 학문에 관해 물었다.

방연이 대답했다.

"신은 귀곡선생 문하에서 용병지도用兵之道를 배웠습니다. 그 정수를 거의 모두 터득했습니다."

위혜왕이 물었다.

"우리 위나라 동쪽엔 제나라, 서쪽엔 진秦, 남쪽엔 초나라, 북쪽엔 한나라와 조나라 및 연燕나라가 있소. 이들 모두 우리와 세력이 필적하오. 게다가 조나라가 우리 중산中山 땅을 빼앗아갔건만 아직 복수를 하지 못하고 있소. 선생은 이에 대해 어떤 계책을 갖고 있소?"

방연이 대답했다.

"만일 대왕이 신을 쓰지 않으면 그만이지만 신을 등용해 대장으로 삼으면 전쟁을 할 때마다 반드시 승리를 거두고, 적을 공격할 때마다 반드시 그들을 패퇴시킬 수 있습니다. 그리되면 천하를 겸병兼併할 수 있는데 어찌 6국을 걱정할 게 있겠습니까?"

위혜왕이 물었다.

"선생은 지금 대언大言을 하고 있지만 과연 실행에 어려움이 없겠소?"

방연이 대답했다.

"자신 있게 말하건대 신은 실로 6국을 손바닥 위에 놓고 조종할 수 있습니다. 만일 신이 임무를 제대로 수행하지 못하면 달게 복죄伏罪하겠습니다."

위혜왕이 크게 기뻐하며 방연을 총사령관인 원수元帥로 삼고 아울러 군사軍師의 자리를 겸하게 했다. 방연의 아들 방영龐英을 비롯해 조카인 방총龐蔥과 방모龐茅까지 모두 장수가 됐다.

방연은 군사를 훈련시켜 먼저 위衛나라와 송宋나라 같은 소국을 침공해 여러 차례 승리를 거뒀다. 송나라와 위衛나라를 비롯해 노나라와 정나라 군주가 서로 약속하고 분분히 위나라에 조공을 했다. 마침 제나라 군사가 침공해오자 방연은 곧바로 군사를 이끌고 가서 제나라 군사를 물리쳤다. 이내 방연은 불멸의 공적인 불세지공不世之功이라도 세운 듯이 자부하며 과장된 자랑인 과후誇詡를 참지 못했다.

당시 묵적은 천하의 명산을 두루 유람하다가 우연히 귀곡에 들어 옛 친구인 귀곡자를 찾아갔다. 그는 손빈을 만나 이야기를 나눠보고는 깊이 마음을 통하게 됐다. 묵적이 말했다.

"그대는 학업을 모두 이뤘는데 어찌하여 세상에 나가 공을 세우지 않고 이토록 산택山澤에만 머물러 있는 것이오?"

손빈이 대답했다.

"저에게는 동학同學 방연이 있는데, 위나라에 출사出仕하러 갔습니다. 그는 떠날 때 득의하는 날 반드시 이끌어주기로 약속했습니다. 그래서 기다리고 있는 중입니다."

묵적이 말했다.

"소문에 방연이 위나라 장수가 됐다는 말이 있다고 하오. 내가 그대를 위해 위나라로 가서 방연의 뜻을 살펴보겠소."

묵적이 귀곡을 떠나 곧바로 위나라로 갔다. 방연을 찾아가 보니 방연은 스스로 자신의 능력만 믿고 큰소리를 일삼으며 부끄러운 줄 몰랐다. 묵적은 방연에게 손빈을 이끌어줄 마음이 없다는 걸 알았다. 곧 시골사람 차림인 야복野服으로 위혜왕을 찾아갔다.

위혜왕은 평소 묵적의 명성을 익히 들은 까닭에 황급히 계단 아래까지 내려와 맞아들였다. 그는 묵적에게 병법에 관해 물었다.[10] 묵적이 병법의 요체를 대략 말해 줬다. 위혜왕이 크게 기뻐하고 관직을 내리고자 했다. 묵적이 사양했다.

"신은 평소 산야를 떠도는 성품을 지닌 까닭에 의관衣冠에 익숙히 않습니다. 신은 손무자孫武子의 후손인 손빈을 알고 있습니다. 그는 대장의 재목입니다. 신은 그의 1만분의 1에도 미치지 못합니다. 그는 지금 귀곡에 있

---

10 묵적의 저서 『묵자』에는 병법에 관한 내용이 전체의 3분의 1가량 담겨 있다. 제52편 「비성문備城門」에서 마지막의 제71편 「잡수雜守」에 이르는 20여 편은 『손자병법』을 비롯한 여타 병서에서는 전혀 찾아볼 길이 없는 뛰어난 수성守城 전략전술로 채워져 있다. 흔히 「비성문」 이하를 이른바 묵자병법墨子兵法으로 칭하는 이유다. 고집스럽게 굳게 지킨다는 뜻의 묵수墨守 성어도 여기서 나왔다.

습니다. 대왕은 어째서 그를 부르지 않는 것입니까?"

위혜왕이 물었다.

"손빈이 귀곡에서 학문을 닦았다면 방연과 동문일 터인데 선생이 보기에 두 사람 가운데 누가 더 낫습니까?"

묵적이 대답했다.

"손빈과 방연이 비록 동학이긴 하나 손빈은 그의 선조 손무가 남겨 놓은 비전秘傳을 터득했습니다. 천하에 그와 맞설 대수對手는 없습니다. 하물며 방연이겠습니까?"

묵적이 사거辭去하자 위혜왕이 방연을 불러 물었다.

"소문을 들으니 장군의 동문 손빈이 홀로 손무자의 비전을 터득해 그의 재주와 비견할 만한 사람이 없다고 하오. 장군은 어째서 과인에게 그를 천거하지 않은 것이오?"

방연이 대답했다.

"신이 그의 재주를 모르는 건 아닙니다. 하지만 그는 제나라 사람입니다. 종족宗族이 모두 제나라에서 살고 있습니다. 그가 위나라에서 벼슬을 살지라도 틀림없이 제나라를 앞세우고 위나라를 뒤에 놓을 것입니다. 신이 감히 진언지 못한 이유입니다."

위혜왕이 말했다.

"자고로 선비는 알아주는 사람을 위해 목숨을 바친다고 했소. 어찌 반드시 본국 출신만 등용해야 한단 말이오?"

방연이 말했다.

"대왕이 그를 부르고자 하면 신이 직접 편지를 써서 보내겠습니다."

방연은 입으로는 그리 말했지만 속으로는 몹시 주저했다.

'위나라 병권은 지금 나의 손에 있다. 손빈이 오면 틀림없이 위왕의 은총을 빼앗아갈 것이다. 이제 위왕의 명이 떨어졌으니 따르지 않을 수 없다. 일

단 손빈이 오도록 한 뒤 방해할 계책을 마련해 그의 등용을 저지하는 게 오히려 더 낫지 않은가?'

그러고는 곧바로 손빈에게 보내는 서신을 한 통 써서 먼저 위혜왕에게 바쳤다. 위혜왕이 4필의 말이 이끄는 고거高車에 황금과 백벽白璧을 실었다. 이어 사자에게 방연의 서신을 건네며 귀곡으로 가 손빈을 초빙해 오게 했다. 손빈이 서신을 열어보니 대략 이런 내용이었다.

저는 오형의 비호庇護 덕분에 위나라로 와 곧바로 중용됐소. 작별할 때 오형을 이끌어주겠다고 한 약속을 아직도 가슴에 새긴 채 잊지 않고 있소. 지금 특별히 위왕에게 오형을 천거하자 수레를 보내 맞이해 오게 했소. 앞으로 함께 공업을 도모코자 합시다.

손빈은 서신을 귀곡자께 보였다. 귀곡자는 방연이 이미 시운을 얻어 대용大用될 것이라는 사실을 알고 있었다. 그러나 이 서신에는 스승에 대한 문후問候가 단 한마디도 없었다. 극히 각박해 근본을 잊는 사람이라 더 이상 언급할 가치도 없었다. 게다가 방연은 성품이 교만하고 질투가 심해 손빈이 위나라로 갈지라도 어찌 양립兩立할 수 있겠는가?

귀곡자는 보내고 싶지 않았지만 위혜왕의 초빙이 매우 정중鄭重하고, 손빈 자신도 매우 급한 총총悤悤한 모습으로 가고 싶어 했다. 막을 길이 없었다. 귀곡자는 점을 치기 위해 손빈에게도 산화山花 한 가지를 꺾어오게 했다. 때는 9월이었다.

손빈은 귀곡자의 책상 위 꽃병에 있는 황국黃菊 한 송이를 뽑아서 바쳤다. 귀곡자가 돌려주자 손빈이 도로 제자리에 꽂았다. 귀곡자가 길흉을 판단해 말했다.

"이 꽃은 꺾인 꽃이다. 완벽히 좋다고 할 수 없다. 그러나 국화는 추위를 견디며 서리를 맞고도 시들지 않는다. 비록 상거가 날지라도 크게 흉한 것은 아니다. 게다가 지금 병 속에서 길러지고 있으니 사람들에게 사랑을 받고 있는 것이다. 이 꽃병은 종鐘 및 정鼎처럼 쇠로 만든 것이다. 너는 결국 상설霜雪을 이기고 위엄을 떨칠 것이다. 이름이 종과 정에 새겨져 후대에 전해질 것이다. 그러나 이 꽃은 다시 뽑혔다가 꽂혔으니 아마도 한동안 뜻을 얻지 못할 것이다. 다만 네가 꽃을 받아 다시 꽃병에 꽂은 까닭에 너는 마침내 공명을 고향에서 이룰 것이다. 내가 이제 너의 이름을 고쳐 앞날의 진취進取를 도와주겠다.”

그러고는 손빈의 이름인 빈賓 자 왼쪽에 고기 육肉을 뜻하는 월月 변을 붙여 빈臏 자로 고쳐 줬다. 글자의 뜻에 따르면 빈臏은 무릎뼈를 발라내는 형벌을 뜻한다. 귀곡자의 개명을 보면 그는 이미 손빈이 장차 빈형臏刑을 받으리라는 것을 알고 있었던 셈이다. 다만 천기를 누설할 수 없어 분명히 말을 하지 않았을 뿐이다. 어찌 이인異人이 아니겠는가?

염옹이 시를 지어 칭송했다.

산꽃 손에 들고 길흉 알았으니　　　　　山花入手知休咎
시초 거북점보다 배나 영험하다　　　　試比著龜倍有靈
오늘날 점치는 자들 가소로우니　　　　却笑當今賣卜者
공연히 귀곡자 팔아 점괘 그리다　　　　空將鬼谷畫占形

귀곡자는 손빈이 떠날 때 비단 주머니 하나를 내줬다.

“지급至急 상황에서만 열어보도록 하라.”

손빈이 사부에게 하직의 절을 올리고 위나라 사자를 따라 하산한 뒤 수레를 타고 곧바로 위나라 도성으로 향했다. 당시 소진蘇秦과 장의張儀도 손빈이 떠나는 것을 보고 크게 부러워했다. 두 사람이 서로 상의한 뒤 귀곡자에게 자신들도 공명을 구하기 위해 떠나겠다고 말했다. 귀곡자가 말했다.

"천하에서 가장 얻기 어려운 게 총명지사聰明之士이다. 너희 두 사람의 자질로 볼 때 욕망을 버리고 도를 닦으면 능히 신선이 될 수 있다. 어찌하여 티끌 같은 세상에서 분주하게 고생하며 부질없는 명성과 헛된 이익인 부명허리浮名虛利를 좇고자 하는 것인가?"

소진과 장의가 동성同聲으로 대답했다.

"무릇 훌륭한 재목은 바위 밑에서 썩지 않고, 좋은 칼은 칼집 속에만 숨지 않는다는 뜻의 '양재부종후어암하良材不終朽於巖下, 양검부종비어갑중良劍不終秘於匣中' 이야기를 들은 적이 있습니다. 세월은 흐르는 물과 같아서 한번 가면 다시 돌아오지 않는다는 뜻의 '일월여류日月如流, 광음부재光陰不再' 구절도 있습니다. 저희도 사부로부터 배운 학문으로 시운을 만나 공을 세운 뒤 후대에 이름을 전하고 싶습니다."

귀곡자가 말했다.

"너희 두 사람 가운데 한 사람이라도 나의 도반道伴이 될 생각이 없는가?"

하지만 소진과 장의 모두 떠나기를 고집하며 남으려 하지 않았다. 이들을 붙들어 둘 수도 없는 노릇이었다.

귀곡자가 탄식했다.

"신선이 될 재목을 찾는 게 이토록 어렵구나!"

그러고는 소진과 장의를 위해 점을 쳐 보고 말했다.

"소진은 먼저 길하고 나중에 흉하다. 장의는 먼저 흉하고 나중에 길하다. 소진의 유세가 먼저 행해지고, 장의의 유세는 늦게 이뤄질 것이다." 내가 손빈과 방연의 앞날을 점쳐 보니 틀림없이 서로 양립할 수 없어 물고 뜯는 사건인 탄서지사呑噬之事가 빚어질 것이다. 너희 두 사람은 서로 밀어주고 양보하는 추양推讓을 통해 함께 명예名譽를 이루도록 하라. 동학의 정을 상하게 해서는 안 된다."

두 사람이 머리를 조아리며 가르침을 받았다. 귀곡자는 또 책 2권을 꺼내 두 사람에게 1권씩 나눠줬다. 두 사람이 받아서 보니 바로 태공망太公望 여상呂尙의 저서로 알려진 『음부편陰符篇』이었다.

두 사람이 물었다.

"이 책의 내용은 저희들이 이미 오랫동안 암송해 익히 알고 있는 것입니다. 오늘 무슨 뜻으로 이 책을 우리에게 주는 것입니까?"

귀곡자는 대답했다.

"너희는 비록 익숙하게 암송하고 있기는 하나 그 정밀한 뜻은 얻지 못했다. 이번에 이곳을 떠나 유세를 하다 뜻대로 일을 이루지 못할 때 이 책을 깊이 연구하는 탐토探討를 행하면 절로 유익한 점을 얻을 수 있을 것이다. 나도 이제는 해외海外를 소요하며 다시는 이 골짜기에 머물지 않을 것이다."

소진과 장의가 떠난 후 얼마 되지 않아 귀곡자도 바다에 배를 띄우고 유람을 시작했다. 혹자는 그가 신선이 되었다고 했다.

손빈이 위혜왕의 초빙에 응하는 응빙應聘을 하여 하산한 뒤 어찌 되었는지 알 길이 없으니 다음 회를 보라.

11 이 대목의 『열국지』 원문은 '진세선행秦說先行, 의당만달儀當晚達'이다. 소진이 먼저 출세하고 덕분에 장의도 명성을 얻게 됐다는 『사기』 「소진열전」과 「장의열전」의 기록을 좇은 것이다. 지난 1973년 호남성 장사長沙의 마왕퇴馬王堆 3호묘에서 현존 『전국책』과 유사한 내용을 담은 백서帛書가 출토됐다. 이른바 『백서전국책帛書戰國策』이다. 이는 아무런 표제도 없이 소진과 장의 등 종횡가의 행적이 시대별로 편제되어 있어 『전국종횡가서戰國縱橫家書』로 불리기도 한다. 여기에는 장의가 기원전 310년, 소진이 기원전 284년에 죽은 것으로 나온다. 소진이 26년이나 늦게 죽은 것이다. 소진이 먼저 활약했다는 『사기』의 기록을 뒤엎는 셈이다. 장의가 연횡책連衡策으로 진秦나라에서 재상으로 활약할 때 소진은 아직 무명의 청년에 지나지 않았고, 장의의 진정한 상대는 일명 서수犀首로 불린 당대의 종횡가 공손연公孫衍이었다는 게 학계의 통설이다. 공손연은 연횡책과 대비되는 합종책合縱策의 창시자이다. 현존 『전국책』에도 소진이 죽기 직전까지 활약한 일화가 나온다. 그 내용을 자세히 보면 『전국종횡가서』가 발굴되기 이전에 이미 『전국책』 역시 장의가 소진보다 먼저 죽은 것으로 간주했음을 대략 짐작케 해준다.

제88회

175話 손빈이 광인 흉내로 화를 벗어나다
—손빈양광탈화 孫臏佯狂脫禍

손빈은 위나라에 도착하자마자 곧바로 방연의 부중으로 가 머물렀다. 손빈이 자신을 천거해준 방연에게 감사했다. 방연의 얼굴에 자못 뻐기는 기색인 덕색德色이 완연했다. 손빈은 귀곡자가 빈賓에서 빈臏으로 개명해준 사실도 알렸다. 방연이 놀랐다.

"빈臏자는 가어佳語가 아니오. 어찌하여 이 글자로 바꾼 것이오?"

손빈이 대답했다.

"사부의 명이라 감히 어길 수 없었소."

이튿날 손빈은 방연을 따라 위나라 조정으로 들어가서 위혜왕을 알현했다. 위혜왕이 계단 아래까지 내려와 손빈을 영접했다. 그 모습이 매우 정중했다. 손빈이 위혜왕에게 재배하고 말했다.

"신은 촌야村野의 필부匹夫입니다. 이렇게 대왕의 두터운 빙례聘禮를 받고 보니 참괴慚愧를 이길 수 없습니다."

위혜왕이 말했다.

"묵자는 선생이 홀로 손무자의 병법 비전을 터득했다고 칭송했소. 과인은 목마른 사람이 물을 생각하듯이 선생이 오기를 고대했소. 이제 선생이 이토록 왕림했으니 과인은 큰 위안을 느끼고 있소."

방연을 돌아보고 물었다.

"과인은 손 선생을 부군사副軍師로 삼아 경과 함께 병권을 장악케 할 생각이오. 경의 뜻은 어떠하오?"

방연이 대답했다.

"신은 손빈과 동창同窓으로 맺어져 있을 뿐만 아니라 의형제 사이이기도 합니다. 손빈은 바로 신의 형에 해당합니다. 어떻게 형을 제 아랫자리인 부군사에 임명할 수 있겠습니까? 객경客卿으로 임명하느니만 못합니다. 나중에 손빈이 공을 세우면 신이 자리를 양보해 그의 아랫자리에 들어가겠습니다."

위혜왕이 이를 좇아 우선 손빈에게 객경 벼슬을 내리고, 좋은 저택을 하사해 방연 다음가는 대우를 했다. 원래 객경은 절반은 빈객으로 대우하며 신하로 대하지 않기에 겉으로 보기엔 높게 예우하는 것 같지만 실은 손빈에게 병권을 나눠주지 않으려는 계책이었다. 손빈과 방연은 이후 자주 접촉하게 됐다. 방연이 속으로 생각했다.

'손빈이 비책을 전수받았다고 소문이 났는데 아직 그 내용을 발설한 적이 없다. 내가 주의 깊이 속을 떠봐야겠다.'

그러고는 이내 주석을 마련한 뒤 손빈을 청했다. 함께 술을 마시며 병법의 요체인 병기兵機에 관한 이야기를 하게 됐다. 손빈은 방연의 질문에 마치 물이 흐르는 것처럼 막힘없이 대답했다. 이어 손빈이 몇 가지 대목을 질문하자 방연은 그 출처를 알지 못했다. 그럼에도 마치 자신도 아는 양 반문했다.

"그건 손무자의 『병법』에 실려 있는 말이 아니오?"

손빈은 아무 의심도 하지 않고 말했다.

"그렇소."

방연이 말했다.

"우제愚弟도 전에 사부의 가르침을 받은 적이 있소. 당시 별로 주의하지 않아 마침내 잊어버리고 말았소. 오늘 그 책을 빌려주면 반드시 잊지 않고 돌려드리겠소."

손빈이 대답했다.

"그 책은 사부가 주해를 달아 상세히 뜻을 밝힌 것이어서 원본과 다르오. 사부는 내게 3일 동안 빌려준 뒤 바로 회수해갔소. 지금 내겐 초록본도 없소."

방연이 말했다.

"오형吾兄은 그 내용을 모두 기억하시오?"

손빈이 대답했다.

"희미하게 기억할 뿐이오."

방연은 내심 그 내용을 전수받고 싶었지만 일시一時에 다그쳐 알아낼 수는 없는 일이었다.

며칠 후 위혜왕이 손빈의 실력을 시험하기 위해 교장敎場에 병사들을 늘어세우고 열병식인 열무閱武를 한 뒤 손빈과 방연에게 각각 진법을 구사토록 했다. 방연이 먼저 진법을 펼치자 손빈은 그게 어떤 진법이고 어떻게 깨뜨릴 수 있는지 한눈에 알아봤다. 손빈이 진법을 펼치자 방연은 전혀 알아보지 못한 채 몰래 손빈에게 물었다. 손빈이 대답했다.

"이는 전도팔문진顚倒八門陣이란 것이오."

방연이 말했다.

"어떻게 변하오?"

손빈이 대답했다.

"공격을 할 때는 장사진長蛇陣으로 변화하오."

방연이 손빈의 말을 은밀히 들은 뒤 그 내용을 먼저 위혜왕에게 고했다.

"손빈이 펴고 있는 진법은 '전도팔문진'입니다. 적을 공격할 땐 장사진으로 변합니다."

위혜왕이 손빈에게 묻자 손빈의 대답이 방연의 말과 같았다. 내심 방연의 재주가 손빈만 못하지 않다는 걸 알고 속으로 더욱 기뻐했다. 그러나 방연은 부중으로 돌아와 이같이 생각했다.

'손빈의 재주는 나보다 훨씬 뛰어나다. 그를 제거하지 않으면 훗날 틀림없이 그에게 욕을 당할 것이다.'

방연은 마침내 한 가지 계책을 생각해 낸 뒤 은밀히 손빈에게 말했다.

"오형의 종족宗族이 모두 제나라에 있지 않소? 지금 오형은 위나라에서 벼슬을 하고 있는데 어찌하여 그들을 이곳으로 모셔와 함께 부귀를 누리지 않는 것이오?"

손빈이 눈물을 흘리며 대답했다.

"그대는 나와 함께 공부했지만 우리 집 사정을 잘 모를 것이오. 나는 4세 때 모친을 여의고, 9세 때 부친까지 여읜 후 숙부인 손교孫喬 밑에서 자랐소. 숙부는 제강공齊康公 때 대부가 됐소. 이후 제나라 권신 전씨田氏의 가주家主인 제태공齊太公이 제강공을 바닷가로 옮길 때 그 신하들을 모조리 쫓아냈소. 이때 여러 사람이 죽었소. 나의 종족도 이산됐소. 숙부와 종형從兄인 손평孫平 및 손탁孫卓은 나를 데리고 주나라로 피신했소. 이후 숙부는 주나라에 흉년이 들자 다시 나를 주나라 북문 밖 어느 집에 머슴으로 살게 한 뒤 두 아들을 이끌고 어디론지 가버렸소. 장성할 때까지 남의 집에서 머슴살이를 한 이유요. 도중에 귀곡선생의 학문이 높다는 소문을 듣고 흠모하다가 단신으로 찾아가 그 밑에서 공부를 하게 됐소. 이후 공부를 하는 동안 고향 소식을 전혀 듣지 못했소. 그러니 어찌 종족의 안부에 대해 물어볼 수 있겠소?"

방연이 다시 물었다.

"그럴지라도 고향에 있는 선조의 묘는 기억하고 있는 게 아니오?"

손빈이 대답했다.

"사람이 목석이 아닌 바에야 어찌 근본을 잊을 수 있겠소? 사부도 내가 떠날 때 공명을 결국 고향에서 이룰 것이라고 했소. 나는 이미 위나라의 신하가 되었으니 이제는 고향을 거론하지 않았으면 하오."

방연이 손빈의 대응을 알려고 짐짓 이같이 물었다.

"오형의 말이 맞소. 대장부는 머무는 곳에서 공을 세워야지 어찌 반드시 고향을 고집할 필요가 있겠소?"

이후 반년이 지나 손빈은 방연에게 한 말을 거의 모두 잊었다. 하루는 조회가 끝나 집으로 돌아오는데 문득 산동山東 말을 쓰는 사람이 물었다.

"혹여 손 객경이 아닙니까?"

손빈이 그를 집안으로 불러들여 내력을 물었다. 그가 대답했다.

"소인의 성은 정丁, 이름은 을乙로 제나라 임치 사람입니다. 주나라를 오가며 장사를 하고 있습니다. 귀인의 영형令兄 부탁으로 서신 한 통을 받고 귀곡까지 갔습니다. 귀인이 위나라에서 벼슬을 한다는 소문을 듣고 길을 돌아 이곳으로 오는 길입니다."

정을은 말을 마치자 품속에서 일봉서신을 내어 손빈에게 바쳤다.

손빈이 그 서신을 뜯어보니 대략 이런 내용이었다.

어리석은 형 평卒과 탁卓이 동생 빈에게 서신을 보낸다. 우리 가문이 불행을 당하는 바람에 종족이 뿔뿔이 흩어진 후 여러 해가 지났다. 지난번에 너의 숙부가 송나라에서 다른 사람을 위해 농사도 지어주고 목축 일도 하다 병을 얻어 그만 즉세卽世하고 말았다. 이향異鄕에서 떠돌며 겪은 영락零落의 고통은 말로 다 표현할 수 없다. 지금은 다행히 제나라 왕이 우리 가문의 혐의를 풀어준 후 다시 고향으로 불러주었다. 이제 아우도 불러들여 함께 가문을 일구고자 한다. 소문을 들으니 아무가 귀곡선생에게 학문을 배운 덕분에 좋은 재능을 갈고닦아 위기偉器로 자랐다고 했다. 이제 사람을 통해 서신으로 소식을 전하게 됐다. 속히 귀환해 우리 형제가 다시 상견코자 한다.

손빈은 두 종형의 서신을 읽고 너무 반가운 나머지 자신도 모르는 사이 소리 내어 울었다. 정을이 말했다.

"손 객경의 현형賢兄은 저에게 객경이 속히 귀향토록 권해 속히 골육이 만날 수 있게 해달라고 부탁했습니다."

손빈이 대답했다.

"나는 이미 위나라에서 벼슬을 하고 있는 까닭에 경솔히 조차造次할 수 없소."

손빈이 정을에게 음주飮酒를 제공하며 친절하고 두텁게 예우하는 관대款待를 행했다. 이어 종형에게 보내는 답장을 썼다. 서신의 머리에 고향을 그리워하는 말을 언급한 후 뒤에는 대략 이런 내용을 썼다.

동생은 이미 위나라에서 벼슬을 하고 있는 까닭에 쉽게 돌아갈 수 없습니다. 이곳에서 조그마한 공이라도 세운 뒤 서서히 수구지계首邱之計[1]를 세우도록 하겠습니다.

손빈이 광인 흉내로 화를 벗어나다

그러고는 정을에게 답장과 황금 1정錠을 노비路費로 줬다. 정을이 곧바로 작별 인사를 하고 떠났다. 그러나 그 누가 손빈에게 온 정을이 사실은 방연의 심복인 서갑徐甲이란 사실을 알 수 있었겠는가. 방연은 손빈의 내력과 성씨 등을 기억해 거짓으로 손평과 손탁의 서신을 만든 뒤 제나라 상인 정을로 위장한 서갑을 보낸 것이다. 손빈은 어릴 때 두 종형과 헤어진 까닭에 필적도 분명히 구별할 수 없었다. 그 서신을 진짜로 믿은 이유다.

방연은 속임수로 손빈의 답장을 얻은 뒤 그의 필적을 모방해 마지막 몇

1 수구지계首邱之計는 여우가 죽을 때 머리를 자기가 살던 굴 쪽으로 향하는 수구초심首丘初心의 귀향 계책을 가리킨다.

구절을 이같이 고쳤다.

> 동생은 지금 위나라에서 벼슬하고 있지만 마음은 늘 고향에 가 있습니다. 머지않아 '수구지계'를 마련해 그간 못다 한 형제가 만나는 즐거움인 수족지환手足之歡을 다하도록 하겠습니다. 만일 제왕齊王이 미력한 나를 등용해 주면 응당 진력盡力해 보답토록 하겠습니다.

방연이 마침내 가짜 서신을 들고 은밀히 위혜왕을 알현했다. 이어 좌우를 물리쳐달라고 청한 뒤 가짜 서신을 바치며 말했다.

"손빈은 과연 위나라를 배반하고 제나라로 가려는 마음을 품고 있습니다. 근래 은밀히 제나라에서 온 심부름꾼에게 답신을 써줬습니다. 신이 그 사실을 알고 곧바로 사람을 보내 교외에서 그 제나라 사자를 잡았습니다. 그의 몸에서 이런 서신이 나왔습니다."

위혜왕이 위조 서신을 다 읽은 뒤 말했다.

"손빈은 자신의 고향을 생각하고 있는 것이오. 과인이 아직 그를 중용하지 않았으니 그가 어찌 자신의 재주를 다 발휘하려고 하겠소?"

방연이 말했다.

"손빈의 선조 손무자도 오나라 대장이 됐다가 나중엔 제나라로 돌아갔다고 합니다. 누군들 부모의 나라를 쉽게 잊을 수 있겠습니까? 대왕이 손빈을 중용할지라도 그의 마음은 제나라를 그리워하는 까닭에 틀림없이 위나라를 위해 최선을 다하지 않을 것입니다. 손빈의 재주는 신의 아래에 있지 않습니다. 만일 제나라에서 그를 장수로 삼으면 우리 제나라와 쟁웅爭雄할 것입니다. 이는 대왕에게 이일異日의 후환이 될 것입니다. 지금 제거하느니만 못합니다."

위혜왕이 대답했다.

"손빈은 과인이 초빙한 사람이오. 그의 죄상이 밝혀진 것도 아닌데 문득 그를 죽이면 천하인이 과인을 두고 선비를 가볍게 여기는 군주로 비난할 것이오."

방연이 말했다.

"대왕의 말씀은 지당합니다. 그렇다면 신이 손빈에게 위나라에 계속 머물면 대왕이 관작을 더욱 높여줄 것이라며 설득해 보겠습니다. 그래도 말을 듣지 않으면 신에게 그의 죄를 논하게 해주시오. 그러면 미신微臣이 적절히 조처토록 하겠습니다."

방연이 물러나온 뒤 곧바로 손빈을 찾아가 물었다.

"소문을 들으니 오형이 제나라로부터 천금보다 귀중한 서신을 받았다는데 그런 일이 있습니까?"

손빈은 원래 충직한 까닭에 조금도 의심치 않고 말했다.

"과연 그런 일이 있소."

그러고는 서찰에서 종형이 자신에게 귀향을 권한 일까지 자세히 일러줬다. 방연이 말했다.

"형제간에 오래 헤어져 있었으니 고향으로 돌아오라고 권하는 건 인지상정입니다. 형장兄長은 어찌하여 대왕으로부터 1–2달간의 휴가를 얻은 뒤 고향으로 가 성묘를 하고 돌아올 생각을 하지 않는 것입니까?"

손빈이 대답했다.

"주공이 의심하고 윤허하지 않을까 걱정이오."

방연이 말했다.

"형장이 휴가를 청하면 곁에서 힘껏 도와 드리겠습니다."

손빈이 말했다.

"현제賢弟가 모두 주선해 줄 걸로 믿겠소."

그날 밤 방연이 다시 위혜왕에게 고했다.

"신이 대왕의 명을 받들어 손빈을 권했으나 그는 위나라에 머물러 있는 걸 바라지 않을 뿐 아니라 대왕을 원망하는 말까지 했습니다. 그가 휴가를 청하는 표장表章을 올리면 주공은 곧바로 그가 제나라 사자와 내통한 죄를 공표하십시오."

위혜왕은 점두點頭했다.

이튿날 과연 손빈의 표장이 올라왔다. 1달여의 휴가를 주면 고향으로 가 성묘를 하고 돌아오겠다는 내용이었다. 위혜왕은 지난밤에 방연의 말을 들은 까닭에 크게 화를 냈다. 그는 표장의 끝부분에 비답批答을 써서 내려 보냈다. 그 내용은 대략 이러했다.

손빈이 제나라 사자와 사통하고 이제 다시 고향으로 가겠다며 과인에게 휴가를 청했다. 위나라를 배반하려는 마음을 드러냈다. 그는 과인이 위임한 직무를 버리고자 한 것에 대한 책임을 져야 한다. 그의 관질官秩을 삭탈한다. 이 사건을 군사부軍師府에 보내 문죄問罪토록 하라.

감옥 등을 관할하는 관서인 군정사軍政司는 위혜왕의 명을 좇아 손빈을 체포해 군사부로 압송해 방연 앞에 대령시켰다. 방연은 손빈을 보자 거짓으로 놀라는 체하며 물었다.

"형장이 무슨 일로 이곳에 온 것이오?"

군정사가 위혜왕의 명을 방연에게 전했다. 방연이 왕명을 수령한 뒤 손빈에게 말했다.

"오형吾兄이 억울한 누명을 썼소. 이 우제愚弟가 응당 군주 앞에 나아가 변호에 애쓰도록 하겠소."

그러고는 어자御者로 하여금 수레를 준비하게 했다. 이내 수레를 타고 위혜왕을 찾아간 뒤 이같이 고했다.

"손빈이 비록 제나라 사자와 내통한 죄를 저지르기는 했으나 그 죄가 사형에 해당하지는 않은 줄 압니다. 신의 우견愚見으로는 슬개골을 제거하는 빈형臏刑을 내리면서 먹으로 얼굴을 뜨는 경형黥刑을 병과해 폐인으로 만드는 게 타당할 듯싶습니다. 그러면 그는 죽을 때까지 고국 제나라로 돌아가지 못할 것입니다. 그의 목숨을 살려주면서 위나라에 후환이 없게 하니 이 어찌 2가지를 모두 온전하게 만드는 양전지책兩全之策이 아니겠습니까? 신이 임의로 처분할 수 없어 대왕의 윤허를 받으러 왔습니다."

위혜왕이 말했다.

"경의 처분이 최선인 듯하오."

방연은 군사부로 돌아온 뒤 손빈에게 말했다.

"대왕이 십분 격노해 오형에게 극형을 가하려고 했소. 우제가 재삼 주청한 덕분에 오형이 목숨을 보전할 수 있게 된 것은 그나마 다행이오. 단지 다리에 빈형臏刑,[2] 얼굴에 먹을 뜨는 경형黥刑을 가하게 됐소. 이는 위나라 법도에 따른 것이니 우제의 진력盡力하지 못한 탓이 아니오."

손빈이 탄식했다.

"지난날 사부가 말하기를, '비록 잔해殘害는 입게 되나 크게 흉하지는 않다.'고 했소. 이제 수령首領은 보전할 수 있게 됐으니 모두 현제 덕분이오. 어찌 현제의 은혜를 잊을 수 있겠소?"

방연이 도부수刀斧手들을 불러 손빈을 형틀에 묶은 뒤 두 무릎의 슬개골을 발라내는 척거剔去를 행하게 했다. 손빈은 아픔을 견딜 수 없어 크게

---

2 슬개골을 제거하는 빈형臏刑이 『열국지』 원문에는 월형刖刑으로 나온다. 그러나 『사기』 「태사공자서太史公自序」에는 '손빈은 정강이뼈를 발라내는 빈형臏刑을 받았기에 『손빈병법』을 남겼다.'는 표현이 나온다. 번역문은 이를 좇아 '빈형'으로 바꿔 놓았다. 발을 자르는 월형과 슬개골을 제거하는 빈형은 구별할 필요가 있다.

외마디 소리를 지르고 혼절하여 바닥 위에 뒤엎어졌다.

반나절이 지난 뒤 간신히 깨어났다. 이번엔 형리들이 바늘로 손빈의 얼굴을 먹을 뜨기 시작했다. 외국과 내통한 자를 뜻하는 사통외국私通外國 4자가 새긴 뒤 먹칠을 했다.

방연이 그 광경을 보고 거짓으로 울면서 도창약刀瘡藥을 바르고 비단으로 그 상처를 싸매줬다. 이어 수하들을 시켜 손빈을 메고 나가 서관書館으로 옮기게 했다. 이어 좋은 말로 손빈을 위무하고 맛있는 음식을 주면서 편히 쉬게 했다.

1달여 뒤 상처가 아물었다. 하지만 무릎뼈를 도려낸 까닭에 다리에 힘이 없어 전혀 걷지 못했다. 앉은뱅이가 되어 늘 앉아 있기만 했다.

염옹이 이를 시로 읊었다.

귀곡자는 미리 알고 개명해줬는데	易名臏字禍先知
왜 방연이 계책 쓰도록 방치했을까	何待龐涓用計時
실로 우스우니 손빈은 너무 순진해	堪笑孫君太忠直
되레 방연을 생명의 은인으로 알다	尚因全命感恩私

손빈은 폐인이 된 뒤 날마다 방연이 보내는 3회의 공양供養을 받아먹었다. 그는 방연의 배려를 크게 고맙게 생각했다. 이 와중에 방연이 손빈에게 귀곡자가 주해를 단 손무의 병서를 전수해 달라고 청했다.

손빈은 방연을 은인으로 생각한 까닭에 강개慷慨한 마음으로 응낙했다. 방연이 손빈에게 목간木簡을 넉넉히 내주며 암기하고 있는 내용을 목간에 옮겨 적도록 했다. 손빈이 손무 병서의 내용을 10분의 1쯤 썼을 때 성아誠兒라는 이름의 어린 심부름꾼인 창두蒼頭가 있었다. 실은 방연이 손빈을 감시하기 위해 보낸 소년이었다. 성아는 손빈이 무고無辜히 형을 받은 것을 알고는 오히려 손빈을 연민憐憫하는 마음을 갖게 됐다.

하루는 방연이 은밀히 성아를 불러 물었다.

"손빈이 하루에 얼마씩 옮겨 적고 있는가?"

성아가 대답했다.

"손 장군은 두 다리가 불편해 누워 있을 때가 많고 앉아 있을 때는 얼마 되지 않습니다. 하루에 목간 2–3개밖에 못씁니다."

방연이 화를 냈다.

"그렇게 꾸물대서야 언제 다 옮겨 적는단 말인가? 너는 가서 나의 분부이니 속히 옮겨 쓰라고 독촉해라."

성아가 물러나와 방연의 근시近侍에게 물었다.

"군사軍師가 몸이 불편한 손 장군에게 머릿속의 병법을 옮겨 쓰는 선사繕寫를 부탁한 마당에 왜 굳이 이처럼 최촉催促하는 것이오?"

그 근시가 말했다.

"너는 잘 모르는 게 있다. 군사는 겉으로는 손 장군을 위해 주는 척하나 속으로는 몹시 시기하고 있다. 원수가 그의 목숨을 살려두는 것은 오로지 그 병서를 위한 것이다. 손 장군이 그것을 다 옮겨 적으면 그에게 보내는 음식을 끊어 굶어죽게 만들 작정이다. 너는 이 말을 누설해서는 안 된다."

성아는 근시로부터 들은 말을 손빈에게 은밀히 일러바쳤다. 손빈이 크게 놀랐다. 그가 이제까지 자신을 속인 사실을 비로소 깨닫게 됐다. 속으로 이같이 생각했다.

"원래 방연은 그처럼 의리 없는 자였구나. 그런 자에게 어찌 손무의 병서를 전할 수 있겠는가?"

또 이같이 생각키도 했다.

'머릿속에 들어 있는 병서의 내용을 옮겨 적지 않으면 틀림없이 내게 성을 낼 것이다. 그리되면 내 목숨은 단석旦夕에 끝나고 말 것이다.'

손빈이 이리저리 생각하는 좌사우상左思右想을 하며 방연의 마수에서 벗어날 계책을 궁리했다. 문득 귀곡자로부터 들은 말이 생각났다.

'사부는 내가 하산할 때 금낭錦囊 하나를 건네주며 말하기를, '위급할 때 열어보라.'고 했다. 지금이 바로 그때이다.'

마침내 잘 간직해 두었던 금낭을 꺼내 열어보았다. 노란 비단 한 조각에 거짓으로 미치광이 노릇을 하라는 뜻의 '사풍마詐瘋魔' 3자가 씌어 있었다.

손빈이 말했다.

"원래 사부도 짐작하고 있었구나!"

그날 저녁 손빈은 저녁 밥상이 들어오자 젓가락을 들어 문득 까무러치면서 구토했다. 한참 동안 그러다가 눈을 크게 뜨고 성을 내며 허공을 향해 부르짖었다.

"너는 어째서 음식에 독약을 넣어 나를 해치려 드는 것인가?"

그러고는 밥주발과 술병 등의 병구瓶甌를 손에 잡히는 대로 마구 내던졌다. 그간 써둔 손무 병서의 목간을 휩쓸어 불속에 던져 넣은 후 뒤로 벌컥 땅 위로 나자빠졌다. 잘 알아들을 수 없는 말을 끊임없이 중얼거렸다. 성아는 그게 '사풍마'의 일환인 줄 모르는 까닭에 군사부로 달려가 방연에게 이를 고했다.

이튿날 방연이 직접 서관으로 와 살펴봤다. 손빈은 얼굴이 가래 묻은 침인 담연痰涎으로 뒤범벅이 되어 있었다. 방연이 들어오는 걸 보고는 가가대소呵呵大笑하다가 문득 대곡大哭했다.

방연이 물었다.

"형장은 왜 문득 웃다가 우는 것이오?"

손빈이 대답했다.

"내가 웃는 것은 위왕이 나를 해치려 하기 때문이다. 내게는 나를 돕는 10만 명의 천병天兵이 있다. 그가 어떻게 나를 죽일 수 있단 말인가? 내가 우는 것은 내가 아니면 위나라에 대장이 될 사람이 없기 때문이다."

말을 마치고는 눈을 크게 부릅뜨고 방연을 응시했다. 그러고는 연신 머리를 조아리며 부르짖었다.

"귀곡선생이여, 이 손빈의 목숨을 살려주십시오."

방연이 말했다.

"나는 방연이오. 사람을 잘못 본 것이오."

손빈이 방연의 옷자락을 놓지 않고 연신 외쳤다.

"선생은 내 목숨을 살려주십시오."

방연이 좌우에 명해 손빈을 떼어놓게 했다. 성아에게 물었다.

"손 선생의 병증病症이 언제부터 나타난 것인가?"

성아가 대답했다.

"어젯밤부터 갑자기 발작을 일으켰습니다."

방연은 수레를 타고 돌아가면서도 의혹을 금치 못했다. 거짓으로 미치광이 흉내를 하는 게 아닌가 생각했다. 이내 그 진위를 시험코자 했다. 군사부로 돌아간 뒤 좌우에 명해 손빈을 돼지우리에 가두게 했다. 손빈은 돼지의 분예糞穢가 낭자한 우리 속에서도 머리를 풀어 헤쳐 얼굴을 가린 채 드러누웠다. 방연이 다시 시종을 시켜 주식酒食을 건네면서 거짓말을 하게 했다.

"우리 소인들은 선생이 빈형을 당한 것을 애련哀憐하게 생각하고 있습니다. 이 음식이나마 올려 경의를 표하고자 합니다. 원수는 이를 모릅니다."

손빈은 이것이 모두 방연의 속임수란 걸 알았다. 손빈이 화난 눈을 싸움 개의 털처럼 세우는 사나운 정녕猙獰의 모습을 보이며 꾸짖었다.

"네가 또 나를 독살하러 온 것인가?"

그러고는 주식을 모두 바닥에 내동댕이쳤다. 시종은 개가 먹다 둔 음식에 진흙을 섞어 손빈에게 줬다. 손빈은 그걸 냉큼 받아 맛있게 먹었다. 시종이 군사부로 돌아가서 이를 고했다. 방연이 말했다.

"진짜 광질狂疾에 걸렸구나. 이젠 염려할 게 없다."

이후 손빈에 대한 감시를 푼 덕분에 손빈은 바깥출입을 할 수 있게 됐다. 아침 일찍 나갔다가 저녁 늦게 돌아와 돼지우리 속에 들어가서 잤다. 어떤 날은 돌아오지 않고 시정市井에서 잤다. 혹은 태연히 앉아 담소키도 하고, 혹은 슬피 울며 울음을 그치지 않았다. 시정의 백성들은 그가 객경 벼슬에 있던 손빈이란 걸 알고는 불쌍히 여겨 손빈에게 음식을 가져다 줬다. 어떤 때는 받아먹고 어떤 때는 줘도 먹지 않았다.

그는 늘 미친 말과 허황된 소리인 광언탄어狂言誕語를 중얼댔다. 사람들 모두 손빈이 정말 미친 줄 알았다. 그러나 방연은 손빈이 매일 어디서 자고 일어났는지 그 소재를 보고토록 분부해 놓았다. 여전히 치지도외置之度外 할 수는 없었기 때문이다.

염옹이 시를 지어 이를 탄식했다.

전국칠웅 어지러이 자웅 겨루는데　　　　　　紛紛七國鬪干戈
준걸이 때맞춰 그물에 걸려들었다　　　　　　俊傑乘時歸網羅
간신이 질투 품은 것을 한탄하니　　　　　　堪恨奸臣懷嫉忌
좋은 벗 '사광마' 행하도록 했기에　　　　　　致令良友詐瘋魔

당시 묵적은 천하를 구름처럼 돌아다니는 운유雲遊를 하다가 제나라에 이르렀다. 제나라 대부 전기田忌의 집에서 유숙했다. 마침 제자 금골리禽滑釐[3]가 위나라에서 제나라로 왔다. 묵적이 물었다.

3　금골리禽滑釐는 묵자의 수제자로 『열국지』 원문에는 금골禽滑로 나온다. 그러나 『묵자』의 각주에는 금골희禽滑釐로 돼 있다. 현재 '금골리'의 독음을 놓고 크게 '금골리'와 '금골희'로 읽는 쪽이 크게 대립하고 있다. '금골'은 옛 성씨이다. 미끄러져 내리는 활강滑降 뜻의 '활'로

"손빈이 위나라에서 득의했는가?"

금골리는 묵적에게 손빈이 빈형을 당해 앉은뱅이가 된 사실을 소상히 이야기했다. 묵적이 탄식했다.

"나는 그가 재능을 세상에 펼 수 있도록 도와주기 위해 위왕에게 천거했다. 도리어 그를 해치고 말았다!"

그는 전기에게 손빈이 뛰어난 재능을 지니고 있고 방연이 이를 투기해 해친 사실을 자세히 말해 주었다. 전기가 이를 다시 제위왕에게 고했다.

"나라에 현신賢臣이 있는데 지금 위나라에서 욕을 당하고 있습니다. 이는 크게 불가한 일입니다."

제위왕이 말했다.

"과인이 군사를 일으켜 위나라로 쳐들어가 손빈을 맞아들이는 게 어떻겠소?"

전기가 대답했다.

"방연은 손빈이 위나라에서 벼슬하는 것마저 용납지 않았는데 우리 제나라에서 벼슬하는 것을 어찌 용납하겠습니까? 대왕이 위나라로 쳐들어가면 방연은 곧바로 손빈을 죽일 것입니다. 반드시 계교를 써서 은밀히 수레에 싣고 돌아와야 만전을 기할 수 있습니다."

읽어서는 안 되는 이유다. 문제는 이름인 리釐이다. 현대 중국은 『한어대자전漢語大字典』과 『사해辭海』의 해석을 근거로 금골리의 원래 이름이 리䃣인 까닭에 같은 뜻을 지닌 리釐의 간체자인 리厘를 사용할 수 있다는 입장이다. 금골리의 이름이 여러 고전에 골려滑黎, 골리骨釐, 굴리屈釐 등으로 표현돼 있는 것 등을 논거로 들고 있다. '친꾸리qínguǐlí'로 읽는 게 보편화돼 있는 이유다. 이에 반해 타이완과 홍콩 등 번자체를 사용하는 곳에서는 청나라 때 나온 『강희자전康熙字典』을 근거로 '금골희'로 읽고 있다. 다스린다는 뜻의 리釐가 인명 내지 시호 희僖와 같은 뜻으로 사용될 때는 '희'로 읽는 것을 논거로 들고 있다. '친꾸시qínguǐxī'로 읽는 것을 당연시하는 이유다. 양쪽의 주장 모두 나름대로 일리가 있다. 어느 한쪽의 독음이 잘못됐다고 판단할 것은 아니다. 다만 본서는 독자들의 편의를 위해 일단 현대 중국의 독음을 좇아 '금골리'로 통일했다.

제위왕이 이를 좇았다. 곧 객경으로 있는 순우곤淳于髡을 위나라에 사자로 보냈다. 위혜왕에게 좋은 차를 선물한다는 구실로 보내 손빈을 구출코자 한 것이다. 순우곤은 국서를 받든 채 차를 실은 수레를 이끌고 위나라로 갔다. 묵적의 제자 금골리가 시종으로 가장해 따라갔다.

순우곤은 위나라에 당도하자 위혜왕을 알현한 뒤 친선의 뜻을 전했다. 위혜왕이 크게 기뻐하며 순우곤 일행을 관역에 가 편히 쉬게 했다. 금골리는 거리로 나가 손빈이 미치광이 노릇을 하는 것을 보고 말을 나누지 못했다. 그날 한밤중에 다시 손빈을 찾아 나섰다. 손빈이 골목길 우물가에 몸을 기댄 채 앉아 있었다. 그는 금골리를 보고 눈을 크게 뜨고는 말은 하지 않았다.

금골리가 눈물을 흘리며 말했다.

"손 선생이 어찌하여 이처럼 참혹하게 된 것입니까? 선생은 전에 본 적이 있는 이 금골리를 알아보겠습니까? 저의 스승 묵적이 손 선생의 원통한 사연을 제왕齊王에게 고했습니다. 제왕이 그 말을 듣고 손 선생을 크게 사모하고 있습니다. 이번에 제나라 객경 순우곤이 위나라에 온 것은 차를 바치기 위한 게 아니라 실은 선생을 제나라로 모셔 가기 위한 것입니다. 저의 스승은 손 선생이 빈형을 가한 원수에게 보복키를 바라고 있습니다."

손빈이 눈물을 비 오듯이 흘렸다. 한참 후에 손빈이 말했다.

"나는 끝내 도랑인 구거溝渠에 굴러 떨어져 죽는 운명인 줄 알았소. 오늘 이런 기회가 올 줄은 전혀 몰랐소. 방연의 의심이 극심하오. 그의 눈을 피해 위나라를 떠나기가 쉽지 않소. 어찌할 생각이오?"

금골리가 말했다.

"제가 이미 계책을 마련해 두었습니다. 손 선생은 너무 염려치 마십시오. 떠날 때가 되면 즉시 선생을 모시러 오겠습니다."

그러고는 그곳에서 다시 만날 것을 약속하면서 결코 다른 곳으로 이동하지 말 것을 당부했다.

이튿날 위혜왕이 연회를 베풀어 순우곤을 환대했다. 그는 순우곤이 변설에 능한 것을 알고 황금과 비단을 후하게 하사했다. 순우곤은 하직 인사를 올리고 귀국할 뜻을 밝히자 방연이 장정長亭에서 연회를 베풀어 전별餞別코자 했다.

금골리는 그날 밤 은밀히 우물가로 가서 손빈을 온거溫車에 옮겨 실은 뒤 심복인 왕의王義로 하여금 손빈의 옷을 입고, 머리도 풀어헤쳐 산발하고, 얼굴에 진흙을 발라 가짜 손빈으로 분장한 우물가에 앉아 있게 했다.

이튿날 새벽 방연은 우물가에 있는 가짜 손빈을 본 아전의 보고를 그대로 믿고 아무런 의심도 하지 않았다. 이내 장정으로 나가 연회를 베풀고 순우곤을 전송했다. 당시 순우곤은 금골리로 하여금 먼저 손빈을 실은 온거를 몰고 속히 달려가게 했다. 자신은 직접 그 뒤를 호위하며 따라갔다.

며칠 뒤 손빈으로 분장한 왕의가 슬그머니 위나라를 떠나 제나라로 달아났다. 아전이 그날 새벽 손빈이 있는 우물가로 갔다가 손빈은 보이지 않고 더러운 옷가지만 땅바닥에 팽개쳐져 있는 걸 보았다. 즉시 방연에게 달려가 보고했다.

방연은 손빈이 우물에 빠져 죽지나 않았는지 의심했다. 휘하들로 하여금 우물 속을 샅샅이 뒤지게 했다. 이후 며칠 동안 찾아 헤맸지만 손빈은 그림자도 보이지 않았다.

방연은 손빈이 사라진 사실이 밝혀지면 위혜왕으로부터 견책을 당하지나 않을까 두려워 좌우 시종들의 입을 막은 후 손빈이 우물에 빠져 죽은 것으로 보고를 올리도록 했다. 그는 손빈이 제나라로 달아났으리라고는 생각지도 못했다.

당시 순우곤은 금골리 일행을 따라잡아 손빈을 수레에 태우고 위나라 경계를 벗어났다. 그제야 손빈으로 하여금 목욕을 하도록 했다. 손빈과 함께 임치성 교외로 접어들자 전기가 10리 밖까지 나와 손빈을 영접했다.

전기가 손빈의 도착 사실을 알리자 제위왕이 부들 풀을 수레바닥에 깔고 바퀴에 감아 승차감을 좋게 한 포거蒲車를 보내 입조入朝케 했다. 제위왕은 손빈을 접견한 뒤 병법에 관해 물었다. 곧바로 벼슬을 내리고자 한 것이다. 손빈이 사양했다.

"신은 아직 제나라를 위해 촌공寸功도 세우지 못했으니 벼슬을 받을 수 없습니다. 신이 제나라에서 벼슬했다는 소문을 방연이 알면 이는 또 질투의 단서가 될 것입니다. 신이 제나라에 온 사실을 은폐하느니만 못합니다. 신을 쓸 기회를 기다렸다가 힘을 다하도록 하는 게 어떻겠습니까?"

제위왕이 이를 좇았다. 그는 손빈으로 하여금 전기의 집에서 기거케 했다. 전기는 손빈을 상객으로 대우했다. 손빈이 금골리를 불러 함께 묵적을 찾아가 고마움을 표하고자 했다. 그러나 두 사람은 간다는 말도 없이 제나라를 떠나고 없었다. 손빈이 탄식을 금치 못했다. 다시 사람을 시켜 손평과 손탁의 소식을 알아보게 했다. 두 사람의 행방도 묘연해 찾을 길이 없었다. 손빈은 비로소 종형들이 자신에게 보낸 서신이 방연의 속임수인 걸 알았다.

당시 제위왕은 한가할 때면 늘 종족의 여러 공자들과 함께 경마와 활쏘기 내기를 하는 걸 낙으로 삼았다. 전기가 기르는 말들은 제위왕의 말보다 힘이 보족해 늘 돈을 잃었다.

하루는 전기가 손빈을 이끌고 활을 쏘며 경마를 행하는 사포射圃로 가서 내기하는 광경을 구경시켰다. 손빈이 보니 전기의 말은 제위왕의 말에 비해 힘이 그다지 뒤지지 않는데도 내기에서 3번을 모두 졌다. 손빈이 전기에게 사적으로 말했다.

"주군은 내일 다시 한 번 제위왕과 내기를 하십시오. 반드시 그대가 이기도록 해드리겠습니다."

전기가 말했다.

"선생이 과연 나를 이기게만 해주면 나는 응당 1천 금을 걸고 내기를 청하겠소."

손빈이 말했다.

"다만 군주에게 내기를 하자고 청하기만 하십시오."

전기가 제위왕에게 내기를 청했다.

"신이 경마와 활쏘기에서 매번 겨뤄 매번 지기만 했습니다. 내일 집안 재산을 기울여 대왕과 승부를 겨룰 작정입니다. 한 번에 1천 금씩 걸도록 하겠습니다."

제위왕이 웃으며 승낙했다. 이튿날 여러 공자들이 화려하게 꾸민 거마를 이끌고 일제히 사포로 모여들었다. 내기를 구경하러 모여든 백성들도 수천 명이나 되었다.

전기가 손빈에게 물었다.

"반드시 이길 수 있다는 선생의 비법이 무엇이오? 1차례 내기에 1천 금을 걸었소. 이는 장난이 아니오."

손빈이 대답했다.

"제나라의 좋은 말은 모두 왕의 마구간인 왕구王廐에 있습니다. 주군이 말의 등급에 따라 좋은 말부터 차례로 내기하면 이길 수 없습니다. 하지만 제 방법대로 하면 틀림없이 이길 수 있습니다. 무릇 3번 내기를 할 때 말에도 상중하 등급이 있을 것입니다. 먼저 주군의 하등 말로 대왕의 상등 말, 상등 말로 대왕의 중들 말, 상등 말로 대왕의 하등 말을 대결시키십시오. 그럼 비록 한 번은 패하지만 2번은 이길 것입니다."

전기가 말했다.

"실로 묘책이오!"

전기는 먼저 황금 안장을 비롯해 안장 밑에 까는 언치인 금안금천金鞍錦韉으로 자신의 하등 말을 장식해 상등 말로 위장한 후 첫 번째 경기를 치렀다. 전기의 말이 크게 뒤쳐졌다. 첫 번째 내기에서 1천 금을 잃었다. 제위왕이 득의에 찬 얼굴로 크게 웃었다.

전기가 말했다.

"아직도 2번 남았습니다. 대왕은 신이 3번 모두 진 뒤 신을 비웃어도 늦지 않을 것입니다."

과연 2-3번째 경기에서는 전기의 말이 모두 이겼다. 전기는 모두 1천 금의 돈을 벌게 됐다. 전기가 제위왕에게 말했다.

"오늘 승리는 신의 말들이 힘이 좋아 이긴 게 아닙니다. 손빈의 가르침 덕분입니다."

그러고는 이기게 된 까닭을 설명했다. 제위왕이 크게 탄복했다.

"이번 일은 작은 일에 불과하지만 손 선생의 지혜를 잘 알게 됐소."

이후 제위왕은 더욱 손빈을 존경하면서 기회 있을 때마다 많은 상을 내렸다. 이 이야기는 더 이상 하지 않겠다.

176話 방연이 계릉에서 손빈에게 패하다
- 방연병패계릉龐涓兵敗桂陵

당시 위혜왕은 손빈을 폐인으로 만든 뒤 방연에게 명해 조나라에 빼앗긴 중산 땅을 찾아오게 했다. 방연이 말했다.

"중산 땅은 우리 위나라에선 멀고, 조나라에선 가깝습니다. 먼 땅을 두고 조나라와 다투는 것은 가까운 조나라 땅을 빼앗느니만 못합니다. 신이 곧바로 한단邯鄲 땅을 빼앗아 중산 땅을 잃은 원한을 갚아드리겠습니다."

그러고는 마침내 병거 500승을 이끌고 조나라로 쳐들어가서 한단 땅을 포위했다. 한단의 수장守將 비선丕選은 위나라 군사를 맞이해서 싸웠으나 매번 패했다. 급히 사자를 조성후趙成侯에게 보내 위급을 고했다. 조성후가 사자를 제나라로 보내 중산 땅을 뇌물로 주면서 원군의 파견을 청했다.

제위왕이 이를 받아들였다. 이미 손빈의 재능을 알고 있는 까닭에 원군의 대장으로 삼고자 했다.

손빈이 말했다.

"신은 악독한 형을 받아 불구가 된 몸입니다. 신이 대장이 되면 이는 제나라에 인재가 없는 걸 세상에 드러내는 것으로 적의 비웃음을 사게 됩니다. 청컨대 대왕은 전기를 대장으로 삼으십시오."

제위왕이 이를 좇아 전기를 대장, 손빈은 군사軍師로 삼았다. 손빈은 남의 눈에 띄지 않게 하기 위해 늘 군수軍需 운반용 수레인 치거輜車 속에 앉아 획책劃策하며 자신의 이름을 드러내지 않았다.

전기가 곧바로 제나라 군사를 이끌고 조나라 한단 땅을 구하려 했다. 손빈이 말렸다.

"조나라 장수 비선은 방연의 적수가 되지 못합니다. 우리가 한단에 이르렀을 때는 이미 함락된 뒤일 것입니다. 차라리 중간에 주둔시킨 뒤 위나라 양릉襄陵 땅을 치러간다고 소문을 내십시오. 이 소문을 들으면 방연은 틀림없이 양릉 땅을 지키기 위해 회군할 것입니다. 우리는 길목을 지키고 있다가 적들을 공격하면 됩니다. 승리하지 못할 이유가 없습니다."

전기가 이를 좇았다. 당시 한단의 수장 비선은 제나라 원군이 오지 않자 이내 방연에게 한단성을 바치고 항복했다. 방연이 먼저 위혜왕에게 사자를 보내 승첩을 알린 뒤 이내 입성코자 했다. 이때 문득 제나라 장수 전기가 군사를 이끌고 위나라 양릉 땅을 치러 간다는 급보가 올라왔다.

방연이 크게 놀랐다.

"양릉 땅을 잃으면 위나라의 근본인 안읍安邑이 진동케 된다. 응당 근본부터 구해야 한다."

그러고는 곧바로 회군해 계릉桂陵에서 20리쯤 떨어진 곳에 왔을 때 제나라 군사와 조우했다. 손빈은 첩자를 통해 위나라 군사가 회군한다는 보고를 받았다. 미리 모든 준비를 갖추고 있었다. 아장牙將 원달袁達로 하여금 군사 3천 명을 이끌고 가 위나라 군사의 길을 막고 영격케 한 게 그렇다.

당시 위나라의 선발 부대를 이끌고 회군한 장수는 바로 방연의 조카인 방총龐蔥이었다. 방총이 제나라 장수 원달과 20여 합을 싸웠다. 원달이 짐짓 패한 체하고 달아나기 시작했다. 방총은 제나라 군사가 매복하고 있지나 않을까 우려해 추격하지 않았다. 이내 방연에게 가서 싸운 경과를 보고했다.

방연이 꾸짖었다.

"그런 편장偏將 하나도 못 잡으면 앞으로 어찌 전기를 잡을 수 있겠는가?"

그러고는 즉시 대군을 이끌고 제나라 군사를 추격했다. 방연이 계릉 땅에 와서 보니 제나라 군사가 앞쪽에 포진하고 있었다. 방연이 경거를 타고 앞으로 나가 진세를 살펴보았다. 이는 지난날 손빈이 위나라에 처음 왔을 때 보여준 전도팔문진顚倒八門陣이었다. 내심 의아하게 생각했다.

'제나라 장수 전기가 어떻게 저 진법을 안 것일까? 손빈이 위나라를 탈출해 제나라로 간 것은 아닐까?'

방연 역시 위나라 군사를 정돈해 진을 펼쳤다. 당시 제나라 군사 쪽에서 대장 전기의 깃발이 펄펄 나부끼는 병거 한 대가 천천히 나왔다. 그 병거 위엔 전기가 투구와 갑옷으로 전신을 무장하고, 손에 철극을 잡고 서 있었다. 전영田嬰이 창을 들고 꼿꼿이 서서 거우車右 역할을 맡았다. 전기가 위나라 군사를 향해 외쳤다.

"싸움에 능한 위나라 장수는 할 말이 있거든 앞으로 나온 뒤 나와 이야기해 보자."

방연이 직접 병거를 몰고 앞으로 나와 전기에게 말했다.

"제나라와 위나라는 지금까지 화호和好를 유지해 왔소. 우리 위나라는 조나라와 원한이 있는 까닭에 치고 있을 뿐이오. 제나라는 어찌해서 서로의 화호를 버리고 이 싸움에 끼어드는 것이오? 이제 화오 관계를 버리고 원수가 되려고 하니 이는 실책에 해당하오."

전기가 말했다.

"조나라는 중산 땅을 이미 우리 주상에게 바쳤다. 우리 주상이 나에게 명해 군사를 이끌고 가 조나라를 구원케 한 이유다. 위나라도 땅을 몇 곳 베어서 나에게 넘기면 응당 군사를 이끌고 물러가겠다."

방연이 대로했다.

"네가 뭘 믿고 감히 나와 대진對陣코자 하는 것인가?"

전기가 말했다.

"네가 그리 대단하다면 내가 펼치는 진법을 알아보겠는가?"

방연이 말했다.

"그건 '전도팔문진'이다. 나는 귀곡자에게서 배웠다. 너는 어디서 그중 한두 가지 절취竊取해 내게 묻는 것인가? 우리 위나라에서는 3세 아동도 모두 아는 것이다."

전기가 말했다.

"네가 이 진법을 안다면 깨뜨릴 수도 있겠는가?"

방연은 내심 주저했지만 모른다고 말할 경우 군사들의 사기가 떨어질까 두려웠다. 이내 사나운 목소리인 여성厲聲으로 말했다.

"그 진법을 알고 있는데 어찌 깨뜨리는 법을 모를 리 있겠는가?"

방연이 방영龐英, 방총龐葱, 방모龐茅에게 분부했다.

"내가 전에 손빈이 저 진법에 관해 이야기하는 걸 들은 적이 있다. 저 진법을 깨뜨리는 방법도 대략 알고 있다. 저 진법은 공격을 받으면 장사진長蛇陣으로 변한다. 머리를 치면 꼬리가 와서 구하고, 꼬리를 치면 머리가 와서 구하고, 그 중간을 치면 머리와 꼬리가 한꺼번에 와서 구하는 식이다. 공격하는 자가 순식간에 곤경에 빠지는 이유다. 내가 먼저 공격에 나설 터이니 너희 3인은 각각 한 부대씩 이끌고 있다가 '전도팔문진'이 '장사진'으로 변할 때 한꺼번에 공격해 머리와 꼬리가 서로 구하지 못하게 하라. 그럼 저 진법은 절로 무너지고 말 것이다."

그러고는 직접 선봉대 5천 명을 이끌고 적진을 공격했다. 적진 속으로 들어가자 8방八方의 깃발이 나부끼며 '전도팔문진'이 변화하기 시작했다. 방연은 어느 것이 휴식할 휴休, 생동할 생生, 손상을 입을 상傷, 막힐 두杜, 활발할 경景, 죽을 사死, 놀랄 경驚, 활로를 열 개開에 속하는 문門인지 분간할 수 없었다. 좌충우돌하는 동충서당東沖西撞을 해보았으나 사방에 창을 든 갑사들이 수풀처럼 늘어서 있어 출로를 찾을 수 없었다.

이때 징소리와 북소리가 어지럽게 울리며 사방에서 함성이 일었다. 이리

저리 하늘로 치솟는 깃발 모두 '군사軍師 손孫'이라는 글자가 쓰여 있었다. 방연이 대경실색했다.

"그 앉은뱅이가 실로 제나라에 있었구나. 내가 그의 계략에 빠지고 말았다."

방연이 위험한 상황에 빠졌을 때 마침 방영과 방총이 두 갈래로 군사를 이끌고 쇄도해 방연을 구했다. 그러나 방연이 이끌고 간 선봉대 5천 명은 몰살을 당했다. 방모가 어찌 되었는지 묻자 이미 제나라 장수 전영에게 피살됐다고 했다. 방연은 모두 2만여 명의 군사를 잃었다. 그의 상심은 이루 말할 수조차 없었다.

원래 전도팔문진은 8괘八卦를 응용한 것이다. 8방에 군사를 배치하고, 무戊와 기己에 속하는 중앙의 진영과 연계해 모두 9개의 병거로 구성되는 진법을 말한다. 모양은 정방형이었다. 방연은 '전도팔문진'을 깨뜨리기 위해 쳐들어갈 때 머리와 꼬리 두 부대를 일거에 공격했다. 외부에서 서로 도움을 주지 못하게 막은 것이다.

그러나 공격을 받지 않은 7개 부대의 병거가 원형으로 진법을 바꾸자 방연은 이내 길을 잃고 말았다. 훗날 당태종 때 활약한 위국공衛國公 이정李靖은 전도팔문진을 응용해 육화진六花陣을 만든 바 있다. 이는 바로 원진圓陣에서 파생한 것이다.

이를 증명할 만한 시가 있다.

팔문진 가운데 예측불허의 기밀 있어	八陣中藏不測機
귀곡자가 전했지만 아는 사람 드물다	傳來鬼谷少人知
방연은 오로지 장사진만 알았을 뿐	龐涓只曉長蛇勢
장방형이 원형 될 줄 어찌 알았을까	那識方圓變化奇

방연은 손빈이 제나라 군중에 있다는 사실을 알고는 두려움에 젖어 방영 및 방총과 의논한 뒤 자신의 군영을 버리고 밤새 위나라로 달아났다. 전기는 손빈과 함께 위나라 군영이 텅 빈 걸 탐지한 뒤 이내 개선가를 부르며 회군했다. 그때가 주현왕 17년인 기원전 352년이었다.

위혜왕은 방연이 한단 땅을 함락한 공을 높이 평가해 계릉의 패전을 추궁치 않았다. 당시 제위왕은 전기와 손빈을 완전 신뢰한 까닭에 두 사람에게 모든 병권을 맡겼다. 제나라 상국 추기騶忌는 전기와 손빈이 상국의 자리에 오를까 걱정이 됐다. 은밀히 문객 공손열公孫閱과 상의해 전기와 손빈이 받고 있는 은총을 빼앗고자 했다.

이때 마침 방연이 사람을 보내 1천 금의 뇌물을 추기에게 바치고, 손빈을 물러나게 해달라고 주청했다. 추기도 똑같은 마음을 먹고 있었다. 곧 공손열을 전기 집안의 심부름꾼으로 가장시킨 뒤 10금의 돈을 갖고 5경 무렵 점쟁이 집으로 가 물었다.

"나는 전기 장군의 심부름으로 점을 치러 왔소."

점쟁이가 점괘를 갖고 물었다.

"무슨 일로 점을 치는 것이오?"

공손열이 대답했다.

"우리 전 장군은 바로 전씨 가문의 종친으로 지금 병권을 잡고 있소. 그 위세가 이웃 나라까지 진동케 만들고 있소. 이제 대사를 도모하려고 하는데 좀 길흉을 봐 주시오."

점쟁이가 크게 놀랐다.

"그건 패역지사悖逆之事요. 나는 감히 안 들은 걸로 하겠소."

공손열이 당부했다.

"선생이 점괘를 판단하고 싶지 않으면 그만이오. 절대로 이 일을 다른 사람에게 누설하지 마시오."

그러고는 집 대문을 나가자 추기가 보낸 군사가 들이닥쳐 점쟁이를 잡고 전기의 점괘에 관해 물었다. 점쟁이가 말했다.

"어떤 사람이 오긴 했으나 점을 치지는 않았습니다."

그러나 추기는 조정으로 들어가 전기가 역모를 위해 점을 친 사실을 제위왕에게 고했다. 끌고 온 점쟁이가 증인이 됐다. 제위왕은 의심이 들어 매일 사람을 보내 전기의 거동을 살폈다.

전기가 그에 관한 소문을 듣고는 병을 핑계로 대장의 자리에서 물러났다. 제위왕의 의심이 풀렸다. 손빈도 함께 군사軍師 직을 사임했다.

이듬해에 제위왕이 죽고 아들 벽강辟疆이 즉위했다. 그가 제선왕齊宣王

이다. 제선왕은 평소 전기의 억울한 사정과 손빈의 뛰어난 재능을 알고 있었다. 곧바로 이들을 불러 옛날 직위를 회복시켰다.

한편 위나라 군사軍師 방연은 전기와 손빈이 제나라 벼슬자리에서 쫓겨났다는 소식을 듣고 환호했다.

"내 이제야 맘대로 천하를 횡행할 수 있게 됐다."

이때 한소후韓昭侯가 정나라를 멸망시킨 뒤 그곳으로 천도했다. 조나라 상국 공중치公仲侈가 한나라로 가서 축하 인사를 올린 뒤 함께 군사를 일으켜 위나라를 치자고 청했다. 위나라를 멸망시키는 날 위나라 땅을 똑같이 나눠 갖기로 약속했다. 한소후가 응낙했다.

"올해는 흉년이 든 까닭에 내년에나 군사를 일으킬 수 있을 듯싶소."

위나라 방연이 이 소식을 탐지한 뒤 위혜왕에게 말했다.

"소문에 따르면 한나라가 조나라를 도와 우리 위나라를 친다고 합니다. 저들이 아직 힘을 합치지 못했을 때 우리가 먼저 한나라를 쳐 그 음모를 막아야 합니다."

위혜왕이 이를 좇았다. 태자 신申을 상장군, 방연을 대장으로 삼았다. 이어 온 나라의 군사를 모두 동원한 뒤 한나라를 향해 떠났다.

싸움의 승부가 어찌 될지 알 길이 없으니 다음 회를 보라.

제89회

177話 방연이 마릉에서 화살을 1만 개 맞다
- 마릉도만노사방연馬陵道萬弩射龐涓

위나라 군사軍師 방연은 태자 신申과 함께 군사를 일으켜 한나라 정벌에 나섰다. 지금의 하남성 기현 동쪽인 외황外黃 땅을 지나갈 때 벼슬을 지내지 않는 선비인 포의지사布衣之士 서생徐生이 다가와 태자 신에 대한 알현을 청했다. 태자 신이 서생에게 말했다.

"선생이 이처럼 욕되게 왕림한 것은 무슨 가르침을 내리기 위한 것이오?"

서생이 말했다.

"이번 행차는 한나라를 정벌키 위한 것인데 신에게 백전백승百戰百勝의 술책이 있습니다. 이를 듣고 싶지 않습니까?"

태자 신이 말했다.

"즐거운 마음으로 듣겠소."

서생이 물었다.

"태자는 위나라를 소유하는 것보다 더 큰 부富가 있고, 위왕의 자리에 오르는 것보다 더 높은 자리가 있다고 생각합니까?"

태자 신이 대답했다.

"그보다 더 큰 부와 자리는 없소."

서생이 말했다.

"이번 행차에서 다행히 이길지라도 그 부는 위나라에 그치고, 자리 또한 위왕에 그칠 것입니다. 그러나 지게 되면 어찌되겠습니까? 패전의 피해를 보지도 않고 장차 위왕의 영광을 누릴 방안이 있습니다. 싸우지 않는 부전 不戰이 바로 신이 말한 백전백승의 술책입니다."

태자 신이 감사했다.

"좋은 말이오. 선생의 가르침을 좇아 즉일卽日 반사班師하겠소."

서생이 말했다.

"비록 태자가 저의 말에 공감할지라도 실행키는 어려울 것입니다. 무릇 한 사람이 솥에 죽을 끓이면 여러 사람이 먹고 싶어 한다는 뜻의 '일인팽정 一人烹鼎, 중인철즙衆人啜汁' 구절이 있습니다. 지금 태자가 끓이는 죽을 먹고자 하는 사람이 매우 많습니다. 태자가 곧바로 반사코자 하면 과연 누가 그 말을 듣겠습니까?"

그러고는 작별인사를 하고 가버렸다. 태자 신이 반사의 명을 내리려고 하자 방연이 말했다.

"대왕이 태자에게 3군을 맡겼습니다. 승부를 겨루기도 전에 문득 반사하면 싸움에 패한 것과 무엇이 다르겠습니까?"

제장諸將 모두 아무런 공도 세우지 못한 채 돌아가선 안 된다고 했다. 태자 신은 스스로 결정을 내릴 수 없어 결국 군사를 이끌고 진격해 마침내 한나라 도성에 당도했다.

한소후韓昭侯[1]는 제나라에 사자를 보내 위급을 알리고 출병을 청했다. 제선왕齊宣王이 백관들을 불러 모아 물었다.

"한나라를 구해 주는 것과 구해주지 않는 것 가운데 어느 쪽이 낫겠소?"

상국인 추기騶忌가 말했다.

"한나라와 위나라가 서로를 병탄키 위해 싸우는 것은 이웃 나라에게 행운입니다. 구해주지 않느니만 못합니다."

전기田忌와 전영田嬰이 말했다.

"위나라가 승리하면 그 재앙이 우리 제나라에도 미칩니다. 구해주는 게 옳습니다."

손빈은 묵연嘿然히 아무 말도 하지 않았다. 제선왕이 손빈에게 물었다.

"군사軍師는 한마디 말도 꺼내지 않으니, 그렇다면 2가지 모두 그르다는 것이오?"

손빈이 대답했다.

"그렇습니다. 위나라는 자신의 용맹만 믿고 지난해엔 조나라를 쳤고, 금년엔 한나라를 치는 것입니다. 저들이 어찌 잠시라도 우리 제나라를 잊고 있겠습니까? 우리가 구해주지 않으면 한나라를 버리고 위나라를 살찌우게 됩니다. 구하지 않는 것은 잘못된 일이라고 말하는 이유입니다. 그러나 위나라가 한나라를 치는 상황에서 한나라가 피폐해지기도 전에 도우면 우리가 한나라를 대신해 위나라의 공격을 받는 게 됩니다. 결국 한나라는 편히 쉬고, 우리만 위험에 처하게 됩니다. 구하는 것 역시 잘못된 일이라고 말하는 이유입니다."

---

1   한소후韓昭侯가 『열국지』 원문에는 한애후韓哀侯로 나온다. 뒤에 다시 '한소후'로 나오고 있는 점에 비춰 탈고 당시부터 착오가 있었던 것으로 보인다. 중국에서 출간된 기존의 모든 판본이 이를 고치지 않은 채 '한애후'로 출간해 놓았다. 번역문은 '한소후'로 바꿔 놓았다.

제선왕이 물었다.

"그럼 어찌해야 하오?"

손빈이 대답했다.

"대왕을 위한 계책을 말하면 우선 한나라를 구원해 준다고 말해 한나라를 안심시키십시오. 한나라는 우리가 구해 줄 것을 믿고 보유한 모든 힘인 실력悉力을 쏟아 부어 위나라와 맞설 것입니다. 위나라 역시 '실력'으로 한나라를 칠 것입니다. 우리는 위나라가 피폐해질 때를 기다려 서서히 군사를 이끌고 진격하면 됩니다. 피폐해진 위나라를 공격해 위기에 처한 한나라를 구하면 힘은 적게 들이고 공은 크게 세우는 게 됩니다. 이 어찌 앞의 두 계책보다 나은 게 아니겠습니까?"

제선왕이 손뼉을 치며 감탄했다..

"실로 뛰어난 계책이오."

제선왕이 한나라 사자를 불러 약속했다.

"제나라가 한나라를 구하기 위해 단석旦夕에 도착할 것이오."

한나라 사자는 귀국해 한소후에게 제선왕의 말을 전했다. 한소후가 대희大喜했다. 곧 '실력'으로 위나라 군사와 맞서 싸웠다. 그러나 전후로 5-6회의 교봉交鋒에서 번번이 패했다. 급히 제나라로 다시 사자를 보내 속히 구원에 나서줄 것을 간청했다. 그때 비로소 제선왕이 전기를 대장, 전영을 부장, 손빈을 군사로 삼은 뒤 병거 500승을 내주며 한나라 구원에 나서게 했다. 전기가 곧바로 떠나려고 하자 손빈이 말했다.

"불가, 불가하오. 우리는 지난번 조나라를 구할 때도 곧바로 가지 않았습니다. 지금은 어찌하여 한나라로 곧바로 가려는 것입니까?"

전기가 물었다.

"그럼 군사는 어찌하려는 것이오?"

손빈이 대답했다.

"무릇 분쟁을 해결하려면 구원을 청한 나라의 적을 쳐야 합니다. 오늘 우리는 곧바로 위나라 도성을 쳐야 합니다."

전기가 이를 좇아 3군에 위나라 도성에 대한 진격 명령을 내렸다. 당시 위나라 장수 방연은 연전연승의 승세에 올라타 한나라의 새 도성인 옛 정나라의 도성으로 육박해 들어갔다. 이때 문득 본국에서 경보警報가 왔다.

　　지금 제나라 군사가 또 우리 위나라 변경을 침공했으니 원수는 속
　히 반사해 주기 바라오.

방연이 크게 놀라 곧바로 한나라를 버려둔 채 속히 반사토록 하라는 전령傳令을 띄웠다. 한나라는 철군하는 위나라 군사를 추격하지 않았다. 손빈은 방연이 돌아온다는 사실을 탐지한 뒤 전기에게 말했다.

"3진三晉의 군사는 평소 자신들의 용맹만 믿고 우리 제나라를 경시하면서 '제齊'를 겁쟁이의 별칭으로 쓰고 있습니다. 싸움은 용맹만으로 이기는게 아닙니다. 싸움을 잘하는 선전자善戰者는 형세를 좇아 싸움을 유리하게 이끕니다. 『병법』에도 100리를 진격해 이익을 좇는 자는 상장上將을 잃고, 50리를 진격해 이익을 좇는 자는 군사의 절반만 당도한다는 뜻의 '백리이추리자궐상장百里而趨利者蹶上將, 오십리이추리자군반지五十里而趨利者軍半至'[2] 구절이 있습니다. 우리 군사는 먼 길을 진격해 위나라 땅으로 들어온

2　이 구절은 『사기』「손자오기열전」에 나오는 '백리이취리자궐상장百里而趨利者蹶上將, 오십리취리자군반지五十里而趨利者軍半至' 구절을 그대로 인용한 것이다. 『손자병법』「군쟁」은 "전군이 경장輕裝한 채 밤낮으로 쉬지 않고 달리는 경우가 있다. 이런 식으로 100리를 강행군하여 이기고자 하면 삼장군三將軍 모두 생포되고 만다. 건장한 병사는 앞서 가고 약하고 피로한 병사는 낙오돼 병력의 10분의 1만 목적지에 도착하기 때문이다. 50리를 강행군하여 이기고자 하면 상장군上將軍이 좌절을 맛보게 된다. 병력의 절반만 도착하기 때문이다. 30리를 강행군하여 이기고자 하면 병력의 3분의 2만 목적지에 도착하게 된다."고 했다. 삼장군三將軍은 전군을 뜻하는 삼군三軍의 장수, 상장군上將軍은 선두부대 장수를 의미한다.「군

까닭에 짐짓 약한 모습을 보이며 위나라 군사를 유인해 들여야 합니다.”

전기가 물었다.

“어찌해야 적을 유인할 수 있겠소?”

손빈이 대답했다.

“오늘은 취사용 부뚜막 10만 개를 만들고 내일은 반으로 줄이십시오. 적들은 그걸 보고 틀림없이 우리 군사가 두려워하며 절반 이상 달아난 것으로 여길 것입니다. 이어 진군 속도를 2배 이상 높여 이익을 좇아 추격전을 전개할 것입니다. 저들의 기세는 틀림없이 교만해지고, 체력은 지칠 수밖에 없게 됩니다. 우리는 적이 지치기를 기다렸다가 적절한 계책으로 승리를 취하면 됩니다.”

전기가 이를 좇았다.

당시 방연은 군사를 이끌고 위나라로 돌아오며 내심 이같이 생각했다.

‘한나라 군사에게 여러 번 승리를 거두고 이제 저들의 새 도성으로 쳐들어가려는 순간 제나라 군사의 침요侵擾로 전공을 침해당했다. 분노를 참을 길이 없다.’

위나라 경계로 들어서니 제나라 군사가 이미 지나간 흔적이 있었다. 사방을 둘러보니 제나라 군사가 영채를 세웠던 자리가 매우 넓었다. 사람을 시켜 부뚜막 수를 세어보니 족히 10만 개나 됐다. 방연이 크게 놀랐다.

“제나라 군사가 이토록 많단 말인가? 적을 경솔히 대하는 경적輕敵은 불가하다.”

이튿날 또 제나라 군사가 있었던 곳에 이르러 부뚜막 수를 세어보니 5만여 개만 남아 있었다. 그 다음날은 겨우 3만 개정도였다. 방연이 손으로 이마를 어루만지며 말했다.

쟁」의 50리가 100리, 30리가 50리로 바뀌었음을 알 수 있다. 손빈이 경무장을 한 채 급히 내달리는 위험을 상대적으로 축소해 말한 셈이 된다.

"이는 위왕의 홍복洪福이다"

태자 신이 물었다.

"군사는 아직 적의 모습을 보지도 않고 어찌하여 기쁜 모습을 보이는 것이오?"

방연이 대답했다.

"저는 평소 제나라 군사가 겁이 많다는 걸 알고 있습니다. 이들은 위나라 땅으로 들어온 지 불과 3일 만에 병사의 절반 이상이 달아났습니다. 이런 상황에서 저들이 과연 창을 들고 싸움에 나서겠습니까?"

태자 신이 말했다.

"제나라 사람은 속임수가 많습니다. 군사는 십분 조심해야만 하오."

방연이 대답했다.

"제나라 장수 전기 등은 스스로 죽을 곳을 찾아온 셈입니다. 이 방연이 비록 재주는 없으나 저들을 생포해 계릉桂陵의 치욕을 씻도록 하겠습니다."

그러고는 곧바로 명을 내려 정예병 2만 명을 뽑고, 태자 신과 함께 군사를 양분한 뒤 2일 걸리는 거리를 1일 만에 강행군했다. 그러나 보군은 뒤쪽에 남아 방총의 지휘 아래 서서히 진격했다.

이때 손빈은 첩자를 파견해 방연의 동정을 살피게 했다. 그 첩자가 방연의 동정을 살핀 뒤 황급히 고했다.

"위나라 군사가 사록산沙鹿山을 지났습니다. 저들은 밤낮을 가리지 않고 평소보다 2배나 빠른 속도로 진격해 오는 중입니다."

손빈이 손가락을 꼽으며 저들의 행군 속도를 계산했다. 위나라 군사가 이미 지금의 하북성 대명현에 있는 사록산을 지났으면 날이 저물 무렵 지금의 하남성 범현에 있는 마릉馬陵에 도착할 듯했다. 마릉은 길이 두 산 사이로 나 있고, 좁고 깊은 계곡이 이어져 있다. 군사를 매복시키기에 좋았다. 손빈이 휘하 병사들을 시켜 길가에 수목이 총밀叢密한 곳에 큰 나무 하나만

방연이 마릉에서 화살을 1만 개 맞다

남기고, 나머지 나무는 모두 베어내게 했다. 이어 베어낸 나무를 종횡으로
쓰러뜨려 길을 막았다. 그러고는 큰 나무의 동쪽 방향으로 껍질을 하얗게
벗겨낸 뒤 먹으로 6자를 크게 썼다.

  방연이 이 나무 아래서 죽다   龐涓死此樹下

그러고는 6자 위에 또 가로로 4자를 썼다.

  군사 손빈이 쓰다   軍師孫示

172 풍몽룡의 동주열국지 5권

손빈이 부장인 원달袁達과 독고진獨孤陳에게 궁노수 5천 명을 뽑아 길 좌우에 매복시키도록 한 뒤 이같이 분부했다.

"저 큰 나무 아래서 불길이 솟으면 일제히 활을 쏘도록 하라."

전영에게는 군사 1만 명을 이끌고 마릉에서 3리가량 떨어진 곳에 매복하고 있다가 위나라 군사가 지나가면 후미를 치게 했다. 역할분담의 지시인 분발分撥을 끝낸 뒤 손빈이 전기와 함께 나머지 군사를 이끌고 약간 멀리 떨어진 곳에 군영을 세웠다. 접응接應에 대비코자 한 것이다.

당시 방연은 급히 행군해 오면서도 제나라 군사의 동정을 수시로 탐문했다. 그는 적을 일거에 따라잡지 못한 것을 매우 한스럽게 생각했다. 지친 군사들에게 더 빨리 행군할 것을 재촉한 이유다. 군사를 이끌고 마릉에 당도했을 때 마침 해가 서쪽 산으로 기우는 일락서산日落西山의 시점이었다. 10월 하순이라 달빛도 없었다. 이때 선봉대의 보고가 올라왔다.

"벌목된 나무가 길을 막고 있어 더 이상 전진키가 어렵습니다."

방연이 꾸짖었다.

"적들이 우리가 뒤를 바짝 쫓아올까 겁이 나 이런 계책을 쓴 것이다."

그러고는 바로 군사를 지휘해 나무를 옮기고 길을 열게 했다. 이때 문득 고개를 들자 길가의 큰 나무 껍질이 하얗게 벗겨진 게 보였다. 거기에 글자 같은 게 은은隱隱히 드러났다. 어두워서 읽을 수가 없었다. 방연이 좌우에 명해 불을 켜서 그곳을 비추게 했다. 병사들이 일제히 불을 켰다. 방연은 불빛 아래서 글자를 분명히 읽을 수 있었다. 순간 대경실색하며 외쳤다.

"내가 앉은뱅이의 계략에 빠졌다."

그러고는 급히 명했다.

"속히 퇴각하라!"

그의 외치는 소리가 끝나기도 전에 길가 좌우로 각각 5천 명씩 매복하고 있던 원달과 독고진 휘하의 궁노수들이 화광火光이 보이자 활을 일제히 쐈다. 1만 발에 달하는 화살이 쏟아지자 위나라 군사들이 큰 혼란에 빠졌다. 몸에 중상을 입은 방연은 그곳에서 탈출할 수 없는 걸 알았다. 그가 탄식했다.

"당초 그 앉은뱅이를 죽이지 않은 게 한이다. 끝내 그 어린애를 유명하게 만들고야 말았구나!"

그러고는 곧바로 패검을 뽑아 스스로 목을 찌르고 죽었다. 방연의 아들 방영도 화살을 맞고 죽었다. 화살을 맞고 죽은 병사가 부지기수로 많았다.

사관이 이를 시로 읊었다.

지난날 가짜 서신은 귀신처럼 간교한데	昔日僑書奸似鬼
오늘밤 궁노수 매복은 신령처럼 묘하다	今宵伏弩妙如神
친구 사귈 땐 진실과 신의로 대할지니	相交須是懷忠信
스스로 몸을 망친 방연을 배우지 마라	莫學龐涓自隕身

지난날 방연이 하산할 때 귀곡자는 이런 말을 한 적이 있다.

"너는 훗날 틀림없이 남을 속이는 일이 있을 것이고, 결국 남에게 속게 될 것이다."

실제로 방연은 가짜 서신으로 손빈을 속이고 무릎뼈를 도려내는 빈형을 가했다. 그러나 오늘날 결국 부뚜막 숫자를 차례로 줄이는 손빈의 속임수인 이른바 감조지계減竈之計에 걸려들었다. 또 귀곡자는 이같이 말하기도 했다.

"말을 만나면 고달프게 될 것이다."

과연 그는 마릉 땅에서 목숨을 잃었다. 방연은 죽기까지 위나라에서 12년 동안 권세를 누렸다. 지난날 방연이 꺾어온 마두령의 꽃송이가 12개로 피어난 조짐이 들어맞은 셈이다. 이로써 귀곡자의 점술은 미세한 부분까지 모두 들어맞았고, 헤아릴 수 없을 정도로 신묘했다는 걸 알 수 있다.

당시 위나라 태자 신은 후대後隊에 있다가 방연이 이끄는 전대前隊가 대패했다는 보고를 받고는 크게 당황해 군사를 주둔시킨 채 앞으로 나아가지 못했다. 이런 상황에서 장수 전영이 이끄는 제나라 군사가 후방에서 쇄도하자 제대로 막을 수조차 없었다. 위나라 군사는 이미 심담心膽이 모두 찢겨진 상황이라 사방으로 흩어져 달아나기 바빴다. 태자 신은 고립되고 병력도 모자라는 세고역과勢孤力寡의 처지에 빠진 나머지 이내 포로로 잡혀 함거檻車에 갇히는 신세가 되고 말았다.

전영과 손빈은 대군을 이끌고 접응에 나섰다. 죽은 위나라 군사의 시체가 들판을 가득 덮었다. 무기들은 모두 제나라 군사의 수중에 들어갔다. 전영은 태자 신을 전리품으로 바쳤다. 원달과 독고진은 방연과 방영 부자의 시체를 손빈에게 전리품으로 바쳤다. 손빈이 직접 칼을 뽑아 방연의 목을 끊은 뒤 병거 위에 그의 수급을 높이 매달았다.

대승을 거둔 제나라 군사가 일제히 개선가를 부르며 귀국했다. 그날 밤 위나라 태자 신은 앞으로 제나라 군사에게 곤욕을 당할 게 무서워 칼로 목을 찌르고 자진했다. 태자 신을 죽일 생각이 없었던 손빈은 거듭 탄식했다.

제나라 대군이 사록산에 이르렀을 때 방총이 이끄는 위나라 보군步軍과 조우했다. 손빈이 부하를 시켜 방연의 목을 보여주자 보군이 싸우기도 전에 무너져 내렸다. 방총이 황급히 병거에서 내려 손빈에게 다가간 뒤 머리를 조아리며 목숨을 구걸했다. 전기가 그의 목을 베려고 하자 손빈이 말했다.

"악행을 한 자는 방연 한 사람뿐이었소. 그의 아들 방영도 죄가 없는데 그 조카인 방총의 경우이겠습니까?"

그러고는 방총에게 위나라 태자 신과 방영의 시체를 내주며 위혜왕에게 이같이 보고토록 했다.

"위왕은 속히 국서와 함께 조공을 바치도록 하라. 그리하지 않으면 제나

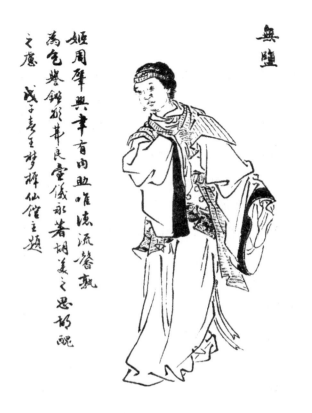

라 군사가 다시 쳐들어갈 것이다. 그때는 종묘사직을 보전하지 못할 것이다.”

방총이 공손히 ‘예예’하며 대답하는 ‘야야喏喏’를 연발한 뒤 군사를 이끌고 달아나듯이 떠났다. 그때가 주현왕 28년인 기원전 341년이었다.

당시 전기와 손빈이 군사를 이끌고 제나라로 돌아가자 제선왕이 크게 기뻐하며 연회를 베풀고 이들의 공로를 치하했다. 친히 전기와 전영 및 손빈을 위해 술잔을 손에 들고 술을 따른 뒤 하사하는 파잔把盞[3]을 행했다.

---

3 파잔把盞은 직접 술을 따라 주며 빈객에게 경의를 표하는 것을 말한다. 당나라 시인 나은羅隱의 시인 「설중회우인雪中懷友人」에 나오는 ‘소사수파잔所思誰把醆, 단좌한무항端坐恨無

상국 추기는 지난날 위나라의 뇌물을 먹고 전기를 해치려고 한 일이 생각나 내심 부끄러움을 이길 수 없었다. 이내 병이 위독하다는 핑계로 상국의 인수印綬를 반환했다.

제선왕은 이를 받아들이고 전기를 상국, 전영을 장군으로 삼았다. 손빈은 이전처럼 군사軍師의 자리를 유지했지만 제선왕이 그에게 대읍을 봉읍으로 더해주었다. 손빈이 사양하고 받지 않았다. 그는 자신의 손으로 직접 손무자의 『병법』 13편을 베껴 제선왕에게 바치며 말했다.

"신은 폐인이 된 몸으로 과분하게도 발탁의 은혜를 입었습니다. 위로는 주상의 은혜에 보답하고, 아래로는 신의 사사로운 원한도 갚았으니 소원을 충분히 이룬 셈입니다. 신의 학문은 모두 이 책 안에 담겨 있습니다. 신이 이곳에 남아 있어도 아무 쓸모가 없을 것입니다. 원컨대 태산泰山 아래의 신선이 산다는 석려산石閭山이나 봉토로 얻어 여생을 보낼까 합니다."

제선왕은 손빈을 머물게 할 수 없다는 걸 알고 지금의 산동성 태안시 남쪽의 석려산을 봉토로 하사했다. 손빈은 1년여 동안 석려산에 머물다가 어느 날 저녁 홀연히 종적을 감췄다. 혹자는 귀곡자가 그를 데리고 인간 세상을 떠났다고 한다. 이는 모두 훗날의 이야기다.

당나라 숙종肅宗 상원上元 원년인 760년에 태공망 여상을 무성왕武成王으로 추존하면서 손무를 비롯한 역대 명장 10명을 함께 배향한 뒤 다시 건중建中 3년인 782년에 손빈을 비롯한 명장을 덧붙여 모두 64명을 배향케 된 무성왕묘武成王廟에 손빈을 칭송하는 「손자찬孫子贊」이 붙어 있다.

| 손빈은 병법에 통달했건만 | 孫子知兵 |
| 오히려 도적에게 미움 받다 | 翻爲盜憎 |

航' 구절이 전거이다. 파잔把醆으로 표현한다.

빈형 당한 후 원한을 품고	刖足銜冤
앉은 채 제 능력 발휘하다	坐籌運能
한나라 구하려 위나라 치니	救韓攻魏
치욕 씻고 신령함 드러내다	雪恥揚靈
공 세우고 포상을 사양하니	功成辭賞
이내 종적과 이름을 감추다	遁跡藏名
선조 손무 선생을 본 받아	揆之祖武
전형으로 어찌 부끄러울까	何愧典型

제선왕은 도성의 문인 국문國門에 방연의 목을 높이 걸고 제나라의 위 엄을 크게 떨쳤다. 이어 열국의 제후들에게 사자를 보내 이번 승리를 널리 알렸다. 제후들 가운데 제나라를 두려워하지 않는 자가 없었다. 특히 한소 후韓昭侯와 조숙후趙肅侯는 제나라 군사의 구원으로 위기를 모면한 까닭 에 직접 제나라로 와 승리를 축하했다.

제선왕이 한나라 및 조나라와 연합군을 결성해 위나라를 치려고 하자 위혜왕은 두려운 나머지 사자를 보내 강화를 청하면서 조공을 바칠 것을 약속했다. 제선왕은 3진의 군주를 모두 지금의 산동성 박평진에 있는 박망 성博望城으로 소집했다. 3진의 군주 모두 감히 이를 어기지 못했다. 이들이 동시에 제나라에 조공을 바치러 가자 천하가 제나라의 영화를 크게 기렸 다.

그러나 이후 제선왕은 자국이 강한 것만 믿고 점차 주색酒色에 빠져들었 다. 도성인 임치성 안에 화려한 설궁雪宮을 짓고, 잔치음악인 연악宴樂을 즐겼다. 교외에 사방 40리나 되는 원포苑圃를 만들어 수렵을 즐겼다. 또 문 장과 유세에 뛰어난 선비들을 불러들였다. 도성 임치성의 서남쪽 문인 직문 稷門의 좌우에 강실講室을 지어 유세객의 거처로 제공했다.

강실에 거처하는 이른바 유세한다는 수천 명의 선비들 가운데 추연騶衍과 전병田駢, 접여接輿, 환연環淵 등 76명이 저택을 하사받고 상대부가 됐다. 제선왕은 이들과 날마다 쓸데없는 의론議論을 하며 실질적인 정사인 실정實政을 소홀히 했다. 제선왕의 측근 내시 왕환王驩 등이 정사에 간여하자 상국 전기가 누차 간했다. 그러나 제선왕이 이를 듣지 않았다. 상국 전기는 울울불락鬱鬱不樂하다가 병사했다.

하루는 제선왕이 설궁에서 연회를 베풀고, 미녀 악사 여러 명을 불렀다. 이때 한 여인이 등장했다. 넓은 이마인 광액廣額과 움푹 들어간 눈인 심목深目, 높은 코인 고비高鼻, 튀어나온 목젖인 결후結喉, 낙타 등인 탁배駝背, 굵은 목인 비항肥項, 긴 손가락인 장지長指, 커다란 발인 대족大足, 가을 풀인 추초秋草처럼 헝클어진 머리카락, 칠漆을 한 듯이 시꺼먼 피부, 온통 해진 옷인 파의破衣를 입은 몸을 한 채 밖에서 안으로 들어오며 소리를 질렀다.

"대왕을 알현코자 한다."

호위 무사들이 제지했다.

"추부醜婦가 어찌 안으로 들어와 감히 대왕을 알현하려는 것인가?"

그 여인이 대답했다.

"나는 제나라 무염無鹽 땅 사람으로 성은 종리鍾離, 이름은 춘春이오. 이제 나이 40세가 넘도록 시집을 가지 못했소. 소문을 들으니 대왕이 별궁에서 연회를 연다기에 특별히 알현하고 후궁이 된 뒤 궁궐 청소라도 하기 위해 온 것이오."

좌우의 시종들이 모두 입을 가린 채 웃으며 말했다.

"천하에 이처럼 뻔뻔한 얼굴인 강안强顔을 한 여인이 있는가?"

이 사실을 제선왕에게 알렸다. 제선왕이 불러들이자 연회에서 시중을 들던 군신들 모두 종리춘의 추루醜陋한 모습을 보고 웃음을 참지 못했다.[4]

제선왕이 물었다.

"지금 궁중엔 비첩婢妾이 모두 갖춰져 있다. 지금 부인의 추모醜貌는 향리에서도 용납되지 못할 것이다. 포의布衣의 신분으로 천승지국의 군주를 만나고자 하니 혹여 무슨 기이한 재능인 기능奇能이라도 있는가?"

종리춘이 대답했다.

"첩은 기능이 없습니다. 다만 은어隱語로 비유를 잘합니다."

제선왕이 말했다.

"과인이 판단할 수 있도록 은어를 한번 말해 보라. 그 말이 타당치 않으면 즉시 참수할 것이다."

종리춘이 눈을 부라리고 이빨을 드러낸 채 손을 들어 무릎을 3~4번 두드리며 부르짖었다.

"위태롭고, 위태롭다!"

제선왕이 그 뜻을 알 수 없어 군신들에게 물었다. 아무도 대답하는 자가 없었다. 제선왕이 종리춘에게 말했다.

"종리춘은 앞으로 가까이 와서 과인에게 그 뜻을 설명토록 하라."

종리춘이 돈수頓首하며 말했다.

"대왕이 첩을 죽이지 않겠다고 약속하면 감히 대답하겠습니다."

제선왕이 말했다.

"사면할 터이니 너에게는 죄가 없다."

종리춘이 설명했다.

"첩이 눈을 부라린 것은 대왕을 대신해 제가 우리 제나라에 봉화가 오

---

4 여기서 무염 땅의 추녀 종리춘이 화장을 했다는 뜻의 각화무염刻畵無鹽 성어가 나왔다. 아무리 꾸며도 표가 나지 않아 별 효과가 나지 않는 것을 비유할 때 사용한다. 『진서晉書』「주의전周顗傳」에 어찌하여 종리춘을 뜻밖에 서시와 비교할 수 있는가 하는 뜻의 '하내각화무염何乃刻畵無鹽, 당돌서시야唐突西施也' 표현이 나온다.

르는 걸 본다는 취지입니다. 이빨을 드러낸 것은 제가 대왕을 대신해 간언을 가로막는 자를 징벌한다는 취지입니다. 손을 든 것은 제가 대왕을 대신해 참녕讒佞한 자들을 내쫓겠다는 취지입니다. 무릎을 탁탁 친 것은 첩이 대왕을 대신해 연회를 여는 누대를 철거한다는 취지입니다."

제선왕이 대로했다.

"과인에게 어찌 그런 4가지 잘못이 있겠는가? 촌부村婦가 망언을 함부로 하고 있다."

그러고는 곧바로 좌우에 명해 참수케 했다. 종리춘이 말했다.

"첩은 대왕의 4가지 잘못을 밝힌 연후에 죽도록 하겠습니다. 첩이 듣건대 진秦나라는 위앙衛鞅을 등용해 나라가 부강해졌다고 합니다. 머지않아 군사를 함곡관 밖으로 출동시켜 제나라와 천하 패권을 다툴 것입니다. 틀림없이 우리가 가장 먼저 환란에 시달릴 것입니다. 그런데도 대왕은 안으론 양장良將이 없고, 밖으론 변경의 기강이 해이해지고 있습니다. 첩이 대왕을 대신해 눈을 부라리고자 한 이유입니다. 또 첩은 군주에게 간언하는 신하가 있으면 나라를 패망케 만들지 않고, 아비에게 간언하는 자식이 있으면 집안을 패망케 하지 않는다는 뜻의 '군유쟁신君有諍臣, 불망기국不亡其國. 부유쟁자父有諍子, 불망기가不亡其家' 구절을 들은 적이 있습니다. 그런데도 대왕은 안으론 여색만 즐기고, 밖으론 국정을 황폐케 만들면서 충간지사忠諫之士를 받아들이지 않고 있습니다. 첩이 대왕을 대신해 간언을 받아들인다는 취지에서 이빨을 드러낸 이유입니다. 또 왕환 등은 아첨으로 총애를 얻은 뒤 현인을 가로막으며 벼슬을 훔치고 있습니다. 그런데도 추연 등은 우활迂闊한 담론이나 펴고 있습니다. 그런데도 대왕은 이들을 신임하고 있습니다. 첩이 종묘사직을 염려한 나머지 대왕을 대신해 손을 내저은 이유입니다. 대왕은 큰 궁실과 원유苑囿를 만들고, 큰 누대와 못인 대사피지臺榭陂池를 조성하고 있습니다. 민력民力을 완전히 소진하는 탄갈殫竭을 행하고,

나라의 조세수입인 국부國賦를 헛되이 소모하는 허모虛耗를 행하고 있습니다. 첩이 대왕을 대신해 그런 것을 모두 무너뜨린다는 취지에서 무릎을 친 이유입니다. 대왕이 지금 이들 4가지 잘못을 범한 까닭에 지금 제나라는 누란累卵의 위기에 처해 있습니다. 대왕은 목전目前의 편안함만 추구하며 이일異日의 우환은 돌아보지 않고 있습니다. 첩은 죽음을 각오하고 간했습니다. 첩의 말을 채청採聽만 해주면 죽어도 한이 없습니다."

제선왕이 말했다.

"종리씨의 간언이 없었다면 과인은 결코 과인의 허물을 듣지 못했을 것이다."

제선왕이 곧바로 잔치를 파한 뒤 종리춘을 수레에 싣고 정궁으로 들어가 정비正妃로 삼고자 했다. 종리춘이 사양했다.

"대왕은 첩의 충언은 받아들이지 않으면서 어찌 첩의 몸만 등용하려는 것입니까? 나라를 다스리는 이국理國이 급합니다. 현자를 등용해 활용하는 용현用賢이 우선입니다."

이후 제선왕은 널리 현인을 초빙하며 스스로 몸을 낮추고, 간신배를 멀리하고, 직하稷下의 유세객을 모두 해산시켰다. 이어 전영을 상국으로 삼고, 추鄒나라 출신 맹자孟子를 상빈上賓으로 삼았다. 제나라가 크게 다스려진 이유다. 종리춘에게는 무염無鹽 고을을 봉지로 내리면서 무염군無鹽君이라는 군호君號를 내렸다. 그러나 이는 모두 훗날의 이야기다.

178話 상앙이 함양에서 거열형을 당하다
– 함양시오우분상앙咸陽市五牛分商鞅

이야기가 둘로 나뉜다. 당시 진秦나라 상국 위앙衛鞅은 위魏나라 장수 방연이 죽었다는 소문을 듣고 진효공에게 말했다.

"진나라와 위나라는 이웃 사이입니다. 진나라에 위나라가 붙어 있는 것은 마치 사람의 뱃속에 병이 있는 것과 같습니다. 위나라가 진나라를 병탄하든지, 아니면 진나라가 위나라를 병탄하든지 해야 합니다. 두 나라는 결코 양립할 수 없습니다. 지금 위나라가 제나라에 대패하자 제후들 마음도 이반하고 있습니다. 이 기회를 틈타 위나라를 치면 위나라는 견디지 못하고 틀림없이 동쪽으로 천도할 것입니다. 이후 험준한 산하에 기대면서 동쪽으로 열국 제후들을 차례로 제압해 나가면 제왕의 대업을 이룰 수 있을 것입니다."

진효공이 이를 그럴 듯하게 여겼다. 곧 위앙을 대장, 공자 소관少官을 부장으로 삼은 뒤 군사 5만 명을 내주며 위나라를 치게 했다. 진나라 군사가 함양을 떠나 동쪽으로 진격했다. 급보가 서하西河 땅으로 전해졌다. 서하 태수 주창朱倉이 하루에도 3번씩 사자를 보내 위급을 알렸다. 위혜왕이 군신들을 소집해 대책을 물었다. 공자 앙卬이 나서서 말했다.

"위앙은 지난날 우리 위나라에 있을 때 신과 친하게 지냈습니다. 당시 신이 그를 천거했지만 대왕이 받아들이지 않았습니다. 이제 신이 군사를 이끌고 가서 그에게 강화를 청해 보겠습니다. 강화 요청에 응하지 않으면 그때가서 성을 굳게 지키면서 한나라와 조나라에게 구원을 요청해도 늦지 않을 것입니다."

군신들 모두 그의 계책에 찬동했다. 위혜왕이 공자 앙을 대장으로 삼은 뒤 군사 5만 명을 내주면서 서하 땅을 구하게 했다. 공자 앙이 오성吳城에 영채를 세웠다. 오성은 위문후 재위 당시 오기가 서하 땅 유수로 있을 때 진나라에 대한 방어책으로서 쌓은 성으로 성곽이 매우 견고했다.

공자 앙은 서신 1통을 쓴 뒤 사자를 통해 진나라 군영으로 보내고자 했다. 위앙과 교신하며 파병罷兵을 이끌어낼 속셈이었다. 이때 문득 오성을 지키던 병사가 고했다.

"지금 진나라 상국의 사자가 서신을 갖고 성 밖에 와 있습니다."

공자 앙이 밧줄을 내려 사자를 올라오게 했다. 서신을 뜯어보니 대략 이런 내용이었다.

나 위앙은 당초 공자公子와 서로 마음이 맞아 골육지친이나 다름없이 친하게 지냈소. 이제 우리가 서로 다른 주군을 섬기며 양국의 장수로 맞서게 됐소. 그러나 어찌 군사를 동원해 서로 살육전을 펼 수 있겠소? 나는 이제 공자와 약속을 정해 각각 병거를 버리고 갑주를 벗은 채 예복을 입고 화목을 다지는 의관지회衣冠之會를 갖고자 하오. 옥천산玉泉山에서 만나 즐겁게 술을 마시며 회포를 풀 생각이오. 그러면 양국 군사는 간뇌도지肝腦塗地를 면할 것이고, 후대인은 천추만대에 이르도록 우리 두 사람의 우정을 관중과 포숙아의 우정에 비유해 칭송할 것이오. 공자가 이 말을 좇고자 하면 우리가 함께 만날 날을 일러주시기 바라오.

공자 앙이 서신을 다 읽고 난 뒤 매우 기꺼했다.

"내 뜻도 바로 이러하다."

그러고는 곧바로 사자를 후대한 뒤 답서를 썼다.

상국은 지난날의 교분을 잊지 않고 옛날 제환공이 행한 친선회맹인 의상지회衣裳之會를 거론하며 진나라와 위나라의 백성을 편안하게 하고, 관포지교의 우의를 밝히고자 했소. 이는 나의 뜻이기도 하오. 3일 안에 상국이 날짜를 정해주면 내가 그 명을 좇도록 하겠소.

위앙이 공자 앙의 답서를 보고 크게 기뻐했다.

"나의 계책이 성사됐다."

그러고는 다시 사자를 보내 약속 날짜를 정하게 했다. 위앙의 사자가 공자 앙에게 말했다.

"진나라 전방 부대는 영채를 거둬 먼저 회군했습니다. 원수와 만난 뒤 나머지 영채를 모두 거둬 회군하겠다고 했습니다."

그러고는 홍초紅蕉로 불리는 한우旱藕와 사향麝香을 주며 말했다.

"이 2가지 물건은 진나라에서 나는 특산물입니다. 한우는 사람 몸에 좋고 사향은 사악한 기운을 물리칩니다. 옛정을 기념하고 길이 교분을 두텁게 하기 위해 보낸다고 했습니다."

공자 앙은 위앙이 자신을 매우 아끼고 있다고 생각해 전혀 의심치 않았다. 바로 답서를 써 감사의 마음을 전한 이유다.

이때 위앙은 거짓으로 군령을 내려 전방의 군영을 철수시키는 한편 공자 소관에게 명해 군사를 이끌고 앞서 가게 했다. 이어 군량을 충당키 위해 사냥을 한다는 소문을 낸 뒤 지금의 산서성 효의현에 있는 호기산狐岐山과 백작산白雀山으로 군사를 보내 은밀히 매복시켰다. 이어 약속한 날 오시午時 끝 무렵에서 미시未時 시작 무렵에 위나라 군사가 옥천산 아래에 이르면 산 위에서 울리는 포성을 듣고 일제히 몰려나가 위나라 군사를 모두 사로잡을 것을 명했다. 단 1명도 빠져나가는 것을 용납지 않았다.

약속한 날 이른 새벽, 위앙이 먼저 사자를 오성으로 보내 이같이 보고케
했다.

"상국이 먼저 옥천산으로 가 기다리고 있습니다. 수행인원은 300명도 되
지 않습니다."

공자 앙이 이를 곧이듣고 곧 수레에 술과 음식을 실은 뒤 300명 내에서
악사 등의 수행원을 싣고 옥천산으로 갔다. 위앙이 산 밑까지 내려와 공자
앙을 영접했다. 공자 앙은 위앙의 수행원이 매우 적고 아무런 무기도 갖고
있지 않은 것을 보고는 전혀 걱정이 없는 듯 탄연坦然히 아무 것도 의심치
않았다.

두 사람이 서로 인사를 나눈 뒤 옛날의 교분과 오늘의 우호를 정겹게 이
야기했다. 위나라에서 온 수행원 가운데 기뻐하지 않는 자가 없었다. 양측
모두 나름 주연酒宴을 준비해 왔다.

옥천산은 위나라에 있는 까닭에 공자 앙이 주인이 돼 위앙에게 잔을 3
번 올리고 빈객인 공자 앙도 공자 앙에게 3번 답례의 술잔을 올리는 3헌3
수三獻三酬의 의례를 행했다. 이어 3번에 걸친 주악奏樂이 끝나자 위앙이
군리軍吏를 시켜 위나라에서 준비한 주연을 모두 끝낸 뒤 진나라 측이 마
련한 주연을 시작케 했다.

당시 술시중을 든 2명의 시종은 진나라의 유명한 용사였다. 한 사람은 오
획烏獲이었다. 그는 능히 1천 균鈞의 무게를 들어 올리는 장사였다. 또 한
사람은 임비任鄙였다. 그는 일찍이 맨주먹으로 호랑이를 때려눕힌 바 있다.

위앙은 첫 잔을 공자 앙에게 권하면서 좌우 시종들에게 눈짓을 했다. 그
러자 시종들이 산정山頂으로 올라가 포를 울렸다. 산 아래서도 이에 호응하
는 포성이 울렸다. 포성이 능곡陵谷에 진동했다.

공자 앙이 크게 놀랐다.

"이 포성은 어디서 나는 것이오? 상국이 나를 속인 게 아니오?"

위앙이 웃으며 말했다.

"잠시 그대를 속였으니 나의 죄를 용서해주시오."

공자 앙이 당황해 달아나려고 하자 오획이 달려들어 꼼짝 못하게 결박했다. 임비는 좌우 수행원을 지휘해 공자 앙의 수하들을 나포했다. 진나라 공자 소관도 군사를 이끌고 병거와 장병 등을 빠짐없이 나포했다. 실로 물샐 틈 없는 계책이었다.

위앙은 좌우에 명해 공자 앙을 함거에 실은 뒤 진나라 도성인 함양으로 나는 듯이 달려가 승첩을 고하게 했다. 그러나 사로잡은 공자 앙의 수행원들은 모두 포박을 풀어주고 술을 내려 위로했다. 이어 그들에게 무기를 돌려주며 말했다.

"너희 대장이 회합에서 돌아오는 행차라고 말해 오성의 성문을 열게 하라. 그럼 중상重賞을 내릴 것이다. 내 말을 듣지 않으면 즉시 참수할 것이다."

위나라 수행원들 모두 소인배인 까닭에 죽음을 두려워하지 않는 자가 없었다. 모두 위앙의 명대로 행동했다. 위앙이 오획을 공자 앙으로 분장시켜 수레에 타게 한 뒤 임비는 수레를 호송하는 사자로 분장시켜 단거單車로 수행케 했다. 오성을 지키는 위나라 군사들은 자기 편 군사들이 오는 것으로 알고 즉시 성문을 열었다.

이때 함께 들어온 진나라 용장 오획과 임비가 성문을 닫지 못하게 주먹과 발길질로 성문을 분쇄粉碎했다. 이를 막기 위해 달려온 위나라 군사들 모두 오획과 임비의 주먹을 맞고 쓰러졌다. 뒤에 있던 위앙이 대군을 이끌고 성안으로 나는 듯이 쇄도해 들어갔다. 오성 안의 위나라 군민軍民이 사방으로 흩어져 달아났다. 위앙이 군사를 풀어 한바탕 살육전을 편 뒤 오성을 완전히 점령했다.

한편 서하 땅을 지키던 위나라 태수 주창朱倉은 대장인 공자 앙이 사로잡히고, 오성이 함락됐다는 보고를 듣자 곧바로 성을 버리고 달아났다. 위앙이 대군을 이끌고 장구長驅해 마침내 위나라 도성 안읍安邑을 압박했다. 위혜왕이 두려워한 나머지 대부 용가龍賈를 진나라 군영으로 보내 강화를 청하게 했다. 위앙이 용가에게 말했다.

"지난날 위왕이 나를 등용하지 않아 진나라로 가 벼슬을 살게 된 것이오. 다행히 진왕의 신임을 얻어 경상卿相의 자리에 오르고, 1만 종鍾의 녹봉을 받고, 이제 병권까지 잡게 됐소. 이번에 위나라를 아주 없애버리지 않으면 이는 내가 맡은 중책을 저버리는 게 되오."

대부 용가가 말했다.

"좋은 새는 옛 숲을 그리워하고, 좋은 신하는 옛 군주를 생각한다는 뜻의 '양조연구림良鳥戀舊林, 양신회고주良臣懷故主' 구절을 들은 적이 있소. 위왕이 비록 족하足下를 등용하진 않았으나 족하는 부모의 나라에 대해 어찌 무정할 수 있겠소?"

위앙이 한참 침사沈思한 뒤 대답했다.

"우리를 철군케 하려면 서하 땅을 할양해야만 가능할 것이오."

용가가 응낙을 얻기 위해 위혜왕에게 위앙의 요구를 전했다. 위혜왕이 수락했다. 용가는 다시 진나라 군영으로 갔다. 용가는 서하 땅 지도를 바치고 진나라와 강화를 맺었다. 위앙은 지도에 근거해 서하 땅을 할양받은 뒤 개선가를 부르며 귀국했다. 위나라 공자 앙도 결국 진나라에 항복했다.

위혜왕은 빼앗긴 서하 땅과 도성인 안읍이 너무 가깝다고 생각해 마침내 도읍을 지금의 하남성 개봉시인 대량大梁으로 옮겼다. 이때부터 위나라를 양梁나라로 부르기도 했다.[5]

---

5 사서 등에 위혜왕魏惠王을 양혜왕梁惠王이라고도 부르게 된 것도 도읍을 안읍에서 대량으로 옮긴 데 따른 것이다. 『사기』는 '위혜왕'과 '양혜왕'을 혼용해 사용하고 있다. 반면 『맹자』는 첫 편이 「양혜왕」으로 되어 있는 데서 알 수 있듯이 '양혜왕'만을 사용하고 있다. 맹자는 위나라가 대량으로 천도한 뒤 처음으로 '양나라'를 찾아가 유세한 바 있다.

진효공은 위앙의 공을 높이 평가해 열후列侯에 봉했다. 이어 지난번에 빼앗은 지금의 섬서성 단봉현인 위나라의 상商 땅과 하남성 서협 인근의 어於 땅 등 15개 성읍을 식읍으로 내렸다. 상군商君이라는 군호도 내렸다. 후대인이 이후 그를 상앙商鞅으로 부르게 된 이유다.

당시 상앙은 진효공의 은혜에 사은하고 자신의 부중으로 돌아온 뒤 가신들에게 말했다.

"나는 원래 위衛나라 공실의 서출 지손支孫으로 뛰어난 계책을 지닌 채 진秦나라에 귀의해 진나라 정사를 새롭게 개혁해 나라를 부강하게 만들었다. 지금 위나라 땅 700리에 봉읍으로 15개 성읍을 보유케 됐다. 대장부가 이 정도로 뜻을 펼쳤으니 그 한도가 극에 이르렀다고 이를 만하다."

가신과 빈객들이 이구동성으로 경하했다. 이때 한 선비가 앞으로 나서서 말했다.

"천 사람이 '예예'하는 낙낙諾諾을 행하는 것보다 한 사람이라도 사나운 목소리로 바른 말을 하는 악악諤諤을 행하는 게 더 낫습니다. 여러 빈객은 상군의 문하에 머물면서 어찌하여 아첨을 일삼으며 주인을 함정에 빠뜨리는 것입니까?"

사람들이 바라보니 상객上客 조량趙良이었다. 상앙이 조량에게 물었다.

"선생은 여러 사람의 말이 아첨이라고 하는데, 그렇다면 내가 지금 진나라를 다스리는 것과 진목공 때 오고대부五羖大夫 백리해百里奚가 진나라를 다스린 것을 비교하면 누가 더 뛰어나오?"

조량이 대답했다.

"오고대부는 진목공의 재상이 되어 진晉나라의 군주를 3번이나 정해 주고, 21개국을 병탄해 진목공을 서융西戎의 패주伯主로 만들었습니다. 그럼에도 여름에 일산을 펴지 않았고, 피곤해도 수레를 타지 않았습니다. 그가 죽자 진나라 백성들 모두 마치 부모를 잃은 것처럼 슬피 울며 상복을 입었습니다. 지금 상군은 진나라 상국으로 8년을 지내는 동안 법령은 잘 시행되었으나 형벌이 지나치게 가혹합니다. 백성들은 상국의 위엄만 보았을 뿐 덕망을 보지 못했습니다. 또 이익만 좇을 줄 알지 대의가 있다는 걸 모르고 있습니다. 태자는 상군이 지난날 자신의 사부에게 형벌을 내린 일로 인해 원망이 골수에 사무쳐 있습니다. 민간의 부형과 자제들도 상군에게 원한을 품은 지 이미 오래됐습니다. 만일 어느 날 진군秦君이 문득 안가晏駕하면 그 위태로움은 마치 조로朝露와 같을 것입니다. 사정이 이러한데도 상군은 어찌하여 현인을 천거해 상국의 자리를 대신토록 하지 않는 것입니까? 녹봉과 벼슬을 사양한 뒤 시골에서 농사나 짓고 살아야 생명을 온전히 보전할 수 있을 것이오."

상앙이 입을 다문 채 불락不樂했다.

5달 뒤 진효공이 문득 병사했다. 군신들이 태자 사駟를 옹립했다. 그가 바로 진혜문공秦惠文公이다. 상앙은 선군의 훈구대신을 자부하며 궁정을 출입할 때 더욱 방자하게 굴었다. 당시 공자 건虔은 상앙에게 의형劓刑을 당해 깊은 원한을 품고 있었다. 그는 진효공이 죽은 지 얼마 안 돼 묵형墨刑을 당한 공손 가賈와 함께 진혜문공에게 이같이 말했다.

"대신의 권세가 너무 크면 나라가 위태롭고, 좌우 측근의 권세가 너무 크면 자기 몸이 위태롭다는 뜻의 '대신태중자국위大臣太重者國危, 좌우태중자신위左右太重者身危' 구절을 들은 적이 있습니다. 상앙이 신법을 만들어 진나라를 다스린 후 나라가 잘 다스려지고는 있으나 여인과 동자들은 진나라의 법이 있다고 말하지 않고 상군의 법이 있다고 말합니다. 게다가 지금 15개 성읍을 식읍으로 갖고 있어 그 지위는 높고 권한은 막중합니다. 상황이 이런 까닭에 상앙은 틀림없이 모반할 것입니다."

진혜문공이 말했다.

"나는 그 도적에게 원한을 품은 지 오래됐소. 다만 선군의 신하이고, 반

상앙이 함양에서 거열형을 당하다

역 행위가 분명히 드러나지 않았기에 잠시 두고 보는 중이었소."

그러고는 이내 사자를 보내 상국의 인수를 환수하고, 식읍인 상어商於 땅으로 물러가게 했다. 상앙이 조정에 하직인사를 올린 뒤 수레를 타고 도성을 나섰다. 그가 탄 수레와 앞뒤를 따르는 화려한 의장대의 행렬은 제후의 행렬에 비유될 만했다. 조정은 문무백관이 모두 나가 상앙을 전송하는 바람에 텅 빈 듯했다. 공자 건과 공손 가가 은밀히 진혜문공에게 고했다.

"상군은 잘못을 뉘우칠 줄 모르고 참람하게도 제후의 의장을 사용해 상어 땅으로 돌아가고 있습니다. 틀림없이 반기를 들 것입니다."

두 사람과 함께 입조한 감룡甘龍과 두지杜摯도 그리될 것이라며 이들의 주장을 뒷받침하고 나섰다. 마침내 진혜문공이 화를 냈다. 곧바로 공손 가에게 명해 군사 3천 명을 이끌고 상앙을 추격케 했다. 상앙의 목을 베어 장대에 매는 효수梟首를 행한 뒤 보고토록 했다. 공손 가가 이내 명을 받고 조정을 나섰다. 당시 진나라 백성들 역시 상앙을 원망하고 있었다. 공손 가가 상앙을 잡으러 간다는 소식을 듣고는 함께 따러 나선 자가 수천 명이나 되었다.

이때는 상앙이 수레를 타고 도성을 나선 후 100여 리쯤 갔을 때였다. 문득 뒤에서 함성이 크게 들려 왔다. 상앙이 시종을 보내 까닭을 알아보게 했다. 시종이 와서 고했다.

"조정에서 군사를 보내 우리를 추격하고 있다고 합니다."

상앙이 크게 놀랐으나 곧바로 진혜문공이 자신을 문책키 위해 군사를 보낸 걸 알아챘다. 붙들리면 살아나지 못하리라는 걸 직감했다. 급히 의관을 벗어던지고 수레에서 내려 사병 복장으로 변복한 뒤 정신없이 달아났다. 함곡관에 이르렀을 때 날이 저물었다. 그는 여점旅店에 투숙케 됐다.

여점 주인이 일종의 신분증인 조신첩照身帖을 요구했다. 상앙이 없다고 하자 여점 주인이 말했다.

"상군이 정한 법에 의하면 조신첩이 없는 사람을 여점에 머물게 해서는 안 되오. 이를 어기면 모두 참수를 당하오. 이곳에 머물게 할 수 없소."

상앙이 탄식했다.

"내가 이 법을 만들어 결국 내 몸을 해치게 됐다."

그는 밤을 새워 앞으로 내달리는 모야전행冒夜前行을 통해 백성 속에 뒤섞여 관문을 벗어난 뒤 곧바로 위나라를 향했다. 위혜왕은 상앙이 진나라에서 도망쳐 왔다는 말을 듣고는 그가 전에 공자 앙을 유인해 포로로 잡고 해서 땅을 탈취한 일로 인해 원한을 품고 있었던 까닭에 상앙을 묶어 진나라에 바치려고 했다.

상앙은 이 소문을 듣고 다시 상어 땅으로 달아났다. 이내 군사를 일으켜 진나라를 공격하다가 공손 가에게 포획돼 조정으로 압송됐다. 진혜문공이 상앙의 죄목을 모두 나열한 뒤 저잣거리로 끌어내 5말의 소에 사지를 매어 찢어 죽이는 이른바 오우분시五牛分屍에 처하게 했다. 원한에 찬 백성들이 그의 살을 다퉈 씹었다. 순식간에 그의 시신이 남김없이 사라졌다. 그의 일족 역시 모두 죽임을 당했다.

가련하게도 그는 신법新法을 만들어 진나라를 부강하게 만들었지만 오늘날에 이르러 거열형車裂刑의 참화를 입었다. 이 어찌 지나치게 각박한 법을 만든 데 따른 앙갚음이 아니겠는가? 이는 주현왕 31년인 기원전 338년의 일이었다.

염옹이 이를 두고 읊은 시가 있다.

상어 땅에 봉해진 지 1년도 안 돼서	商於封邑未經年
오우분시를 당했으니 실로 가련하다	五路分屍亦可憐
각박하게 법을 집행한 흉한 결과이니	慘刻從來凶報至
부디 권하니 형벌 줄이는 책 읽기를	勸君熟讀省刑篇

상앙이 죽자 백성들은 마치 무거운 부담인 중부重負를 벗은 듯이 길거리로 나와 가무歌舞했다. 6국의 군주도 이 소문을 듣고 모두 기뻐했다. 전에 상앙으로 인해 가장 먼저 삭탈관직을 당한 감룡과 두지도 복직됐다. 진혜문공이 공손연公孫衍[6]을 상국으로 삼았다.

---

6   공손연公孫衍은 위魏나라 출신의 저명한 종횡가로 진혜문왕 때 상앙을 대신해 대량조大良造로 있었다. 이후 위魏나라 상국으로 있을 때 소진처럼 합종책을 주장하며 장의張儀의 맞수로 활약했다. 상국이 되기 전에 위나라에서 서수犀首의 벼슬을 산 까닭에 『사기』와 『전국책』 등에 일명 '서수'로도 나온다는 견해가 통설이나, '서수'를 공손연의 호號로 보는 견해도 유력하다.

상국이 된 공손연이 진혜문공에게 서진하여 지금의 사천성 일대인 파촉巴蜀을 병탄하고, 왕호王號 사용을 천하에 공표하며 제후들에게 축하용으로 위나라처럼 자국의 땅을 떼어 진나라에 바치도록 할 것을 권했다. 이를 어길 경우 바로 군사를 일으켜 정벌에 나서겠다고 위협했다.

마침내 진혜문공이 왕을 칭한 뒤 열국에 사자를 보내 이 사실을 알리면서 축하 예물로 땅을 요구했다. 제후들 모두 차일피일 미루는 유예猶豫를 하며 결정을 내리지 않았다.

이때 초위왕楚威王 웅상熊商이 소양昭陽을 영윤으로 등용한 뒤 월왕 무강無疆을 잡아 죽이고 월나라 땅을 모두 차지했다. 영토가 넓고 군사가 막강해 진나라와 대적할 만했다. 진나라 사자가 초나라 조정에 이르자 초위왕이 크게 꾸짖어 돌려보냈다. 마침 낙양 출신 종횡가縱橫家인 소진蘇秦이 천하의 열국을 모두 병탄하는 이른바 겸병지책兼佾之策을 들고 진혜문왕 앞에서 유세했다.

소진이 진혜문왕 앞에서 어떻게 유세했는지 알 길이 없으니 다음 회를 보라.

179話 소진이 합종책으로 6국의 재상이 되다
– 소진합종상육국蘇秦合從相六國

　　소진蘇秦과 장의張儀는 귀곡자鬼谷子 밑에서 공부를 마친 뒤 하직인사를 하고 하산했다. 장의는 위魏나라, 소진은 고향인 주나라 도성인 낙양으로 돌아갔다. 노모는 아직 생존해 있었지만 형 하나와 동생 둘 가운데 형은 이미 세상을 떠나 과부가 된 형수만 집에 있었다. 두 동생의 이름은 소대蘇代와 소려蘇厲였다. 몇 년 동안 헤어져 있다가 이제 다시 만나게 되자 온 가족이 거가적擧家的으로 환희歡喜했다.

　　며칠 후 소진이 노모에게 가재家財를 팔아 노잣돈을 마련해 줄 것을 청했다. 노모와 형수 및 아내 모두 극력 저지하고 나섰다. 노모가 말했다.

　　"너는 농사를 짓지 않으려면 공상工商에 종사해 작은 이익이라도 얻어야 한다. 구설口舌을 놀려 부귀를 꾀하고, 눈앞에 있는 일을 버린 채 손에 잡히지도 않는 이익을 도모하다가 뒷날 생계生計가 무료無聊해지면 후회해도 소용없을 것이다."

소대와 소려도 말했다.

"형님이 유세술遊說術에 뛰어나면 고향의 주나라 천자에게 유세해 명성을 이루려 하지 않고 굳이 먼 곳으로만 가려고 하는 것입니까?"

소진은 온 가족의 극력 반대에 부딪치자 이내 주현왕周顯王을 만나 자강술自强術을 유세했다. 주현왕이 그를 객관에 머물게 했다. 주현왕의 좌우 측근 모두 소진이 농사를 짓거나 장사를 하는 집안인 농고지가農賈之家 출신인 걸 잘 알고 있었다. 이들은 소진의 유세가 공허하고 쓸모없는 공소무용空疏無用의 변설에 불과하다고 생각해 아무도 그를 천거하려고 하지 않았다.

소진은 관사에 머문 지 1년이 지나자 결국 임용되기를 포기한 채 분통을 터뜨리며 귀가했다. 이내 집의 재산을 모두 팔아 황금 100일鎰을 마련한 뒤 흑색의 담비 가죽인 흑초구黑貂裘 한 벌을 만들어 입었다. 또 수레와 말과 노복까지 마련해 열국 유세에 나섰다.

그는 열국 유세 과정에서 산천의 지형을 살피고, 인민人民의 풍토風土를 관찰했다. 열국의 이해득실을 상세히 파악케 된 배경이다. 그러나 이같이 여러 해를 보냈지만 아직 알아주는 군주를 만나지 못했다.

이때 위앙이 상군에 봉해져 진효공의 신임을 받고 있다는 소문을 듣게 됐다. 진효공에게 유세하기 위해 서쪽 진나라로 갔다. 그가 당도했을 때는 이미 진효공도 죽고, 상앙도 거열형을 당한 뒤였다. 그는 왕호를 칭한 진혜문왕秦惠文王을 알현코자 했다. 진혜문왕이 그를 궁전으로 불러 물었다.

"선생이 불원천리不遠千里하여 폐읍에 왕림했으니 장차 과인에게 무슨 가르침을 주려는 것이오?"

소진이 말했다.

"신이 들으니 대왕은 제후들에게 땅을 바치라고 요구했다는데, 편히 앉아 천하를 병탄하려는 것입니까?"

진혜문왕이 대답했다.

"그렇소."

소진이 말했다.

"진나라 동쪽엔 함곡관과 황하인 관하關河, 서쪽엔 한중漢中, 남쪽엔 파촉巴蜀, 북쪽엔 호맥胡貊이 있습니다. 이처럼 진나라는 사방이 요새로 둘러싸여 있습니다. 또 비옥한 들판인 옥야沃野가 1천 리에 이르고, 용감무쌍한 병사인 분격奮擊이 1백만 명에 달합니다. 대왕은 현명한 정사로 사민士民을 다스리니 신은 대왕을 위해 계책을 세우며 모든 힘을 다 바치고자 합니다. 이제 대왕은 제후들과 주왕실을 병탄한 뒤 천자를 칭하며 천하를 하나로 만들 수 있을 것입니다. 이는 마치 손바닥을 뒤집는 여반장如反掌처럼 쉬운 일이지만 그렇다고 이것이 어찌 편히 앉아 이룰 수 있는 일이겠습니까?"

진혜문왕은 앞서 상앙을 죽인 것처럼 원래 유세객을 싫어했다. 곧 사양하며 말했다.

"고孤는 털도 나지 않은 새는 높이 날 수 없다는 뜻의 '모우불성毛羽不成, 불능고비不能高飛' 구절을 들은 바 있소. 선생의 말을 들었지만 마음은 있어도 좇아갈 수 없소. 몇 년을 기다려 병력이 어느 정도 충족될 때 다시 논의토록 합시다."

소진은 궁에서 물러나온 뒤 하나라 우왕과 은나라 탕왕 및 주무왕의 삼왕三王과 춘추오패春秋五霸가 무력으로 천하를 얻게 된 요점을 10여만 언言에 달하는 책으로 엮어 다음날 진혜문왕에게 바쳤다. 진혜문왕이 비록 그 책을 받아 일람一覽하긴 했으나 추호도 등용할 생각은 없었다. 다시 상국인 공손연을 찾아갔으나 공손연은 그의 재주를 시기해 이끌어주지 않았다.

소진이 진나라에 머문 지 1년여의 세월이 흘렀다. 갖고 있던 황금 100일鎰도 모두 떨어지고, 입고 있던 흑초구도 낡아빠져 너덜너덜해진 폐괴敝壞의 상태가 됐다. 다른 계책을 마련할 길이 없자 이내 수레와 말과 노복을 팔아 노잣돈을 마련한 뒤 봇짐 하나만 메고 귀향했다.

노모는 그의 낭패狼狽한 몰골을 보고 온갖 욕을 퍼부었다. 그의 아내도 베를 짜다가 남편이 돌아왔건만 베틀에서 내려오지 않았다. 몹시 허기가 져 형수에게 밥 한 그릇을 달라고 했으나 형수는 땔감이 없다며 밥을 지으려 하지 않았다.

후대인이 시를 지어 이를 증명했다.

부귀하면 남도 골육처럼 가깝고	富貴途人成骨肉
빈곤하면 골육도 남처럼 변하지	貧窮骨肉亦途人
다 해진 갖옷 입은 소진을 보라	試看季子貂裘敝
눈앞 모두 가족이나 모른 체하다	舉目雖親盡不親

소진이 자신도 모르는 사이 눈물을 흘리며 탄식했다.

"일신一身이 빈천해지니 아내도 나를 남편으로 여기지 않고, 형수도 나를 시동생으로 대하지 않고, 노모도 나를 아들로 보지 않는다. 모두 내 죄다."

이후 책 상자를 뒤지다가 강태공 여상이 쓴 『음부陰符』를 발견하고는 문득 깨달은 듯 말했다.

"귀곡선생이 일찍이 말하기를, '유세하다 실의失意할 경우 이 책을 깊이 연구하면 절로 유익한 점을 얻을 수 있다.'고 했다."

이후 문을 닫고 『음부』를 열심히 연구해 유세의 이치를 궁구窮究하는 데

蘇秦

落拓歸來一敝裘
茫茫清况不堪考
責家庭的利謙言
眼游子功名未肉
於十上書羞
漢北堂一
奮心血未冷
決支充未寛
長妻驕襲屡
風塵珍襲還
泰启运唐史
士業事况

소진

힘을 썼다. 밤낮을 가리지 않고 연구에 전념하며 밤에 잠이 쏟아질 때는 송곳을 꺼내 넓적다리를 찌르는 자고刺股[1]를 했다. 흘러내린 피가 그의 발을 붉게 물들였다.

소진은『음부』탐구를 통해 깨달음을 얻은 뒤 여러 나라의 형세를 자세히 대조하며 대책을 연구했다. 이같이 1년을 연구하자 천하대세가 마치 장

---

1 여기서 나온 성어가 자고현량刺股懸梁이다.『전국책』「진책」과『한서』「손경전」에 따르면 전국시대의 종횡가 소진은 넓적다리를 송곳으로 찔러 졸음을 쫓았고, 전한 때 손경孫敬은 자신의 목을 끈으로 묶은 뒤 끈을 들보에 매달아 졸음을 쫓았다고 한다. '자고현량'은 각고의 노력으로 학문에 정진하는 것을 상징한다. 현량자고懸梁刺股로 표현키도 한다.

중掌中에 있는 듯했다. 그는 자위自慰하며 말했다.

"나에게 이 정도 학문이 있으면 인주人主에게 유세할 수 있다. 어찌 내게 금옥과 비단을 하사하며 경상卿相의 자리에 임명하지 않겠는가?"

그러고는 소대와 소려에게 말했다.

"이제 나의 학문이 완성됐으니 부귀를 얻는 일도 쉽게 이뤄질 수 있다. 너희가 나에게 노잣돈을 마련해 내가 열국에 유세할 수 있도록 도와주면 내가 출신出身하는 날 반드시 너희들도 이끌어 주겠다."

그러고는 『음부』를 동생들에게 자세히 풀이해줬다. 소대와 소려도 깨달은 바가 있어 각각 황금을 마련해 형의 노잣돈으로 내줬다. 소진이 가족과 헤어져 다시 진나라로 가려다가 이런 생각이 들었다.

'지금 7국 가운데 진나라가 가장 강하다. 내가 진나라를 돕기만 하면 능히 제업帝業을 성취시킬 수 있다. 그러나 진왕이 나를 써주지 않으면 어찌할 것인가? 내가 이번에 또 진나라에 갔다가 이전처럼 거절을 당하면 무슨 면목으로 고향으로 돌아갈 수 있겠는가?'

그러고는 진나라를 물리칠 계책을 생각했다. 열국이 합심해 진나라를 고립시키고, 각자 자립할 수 있도록 돕고자 했다. 이내 동쪽으로 방향을 틀어 조나라로 간 이유다.

당시 조나라 군주는 조숙후趙肅侯였다. 그의 동생인 공자 성成이 상국으로 있었다. 봉양군奉陽君이라는 군호를 갖고 있었다.

소진이 먼저 봉양군을 찾아가 유세했다. 그러나 봉양군은 소진을 별로 달가워하지 않았다. 결국 뜻을 얻지 못했다. 다시 조나라를 떠나 북쪽 연나라로 가 연문공燕文公을 알현코자 했다. 그러나 연문공 좌우에도 그를 끌어줄 만한 인물이 없었다. 연나라에서 1년여 머무는 동안 노잣돈이 모두 떨어진 나머지 객점客店인 여저旅邸에서 밥을 굶는 처지가 됐다. 여저의 주인이 이를 불쌍히 여겨 100전錢을 빌려줬다. 덕분에 굶주림을 면할 수 있었다.

하루는 연문공이 외출하는 틈을 이용해 길가에 엎드려 알현을 청했다. 연문공이 성명을 물어보고는 그가 소진이라는 걸 알고 기뻐했다.

"소문에 듣건대 선생은 전에 10만 언ల이나 되는 저서를 진왕에게 바쳤다고 해서 매우 부러워하고 있었소. 안타깝게도 선생의 책을 읽을 수 없는 걸 평생의 한으로 여기고 있던 참이오. 이제 선생이 우리 연나라에 왔으니 과인에게도 가르침을 베풀면 연나라에 다행이겠소."

연문공이 수레를 돌려 조정으로 돌아가 소진을 부른 뒤 허리를 굽히는 국궁鞠躬을 하며 가르침을 청했다.

소진이 말했다.

"대왕은 열국이 서로 다투는 전국戰國의 상황에서 연나라를 다스리고 있습니다. 연나라는 영토가 사방 2천리, 무장한 갑사가 수십만 명, 병거가 600승, 기병騎兵이 타는 말이 6천 필匹에 달합니다. 그러나 중원에 비하면 그 절반에도 미치지 못합니다. 그럼에도 연나라 사람들은 귀로는 쇠로 만든 창이 부딪치고 철마가 내달리는 금과철마金戈鐵馬의 소리를 듣지 않고, 눈으로는 병거가 뒤엎어지고 장수의 목이 잘리는 복거참장覆車斬將의 위험을 목도하지 못하고 있습니다. 이는 편히 살며 아무 탈이 없는 안거무사安居無事의 삶입니다. 대왕은 그 이유를 알고 있습니까?"

연문공이 대답했다.

"과인은 잘 모르오."

소진이 말했다.

"연나라가 외침을 받지 않는 것은 조나라가 병풍처럼 막아주고 있기 때문입니다. 그런데도 대왕은 가까운 조나라와 우호를 맺을 생각을 하지 않고, 멀리 있는 진나라에 땅을 떼어주고 아첨하려 하고 있습니다. 이는 너무 어리석은 일이 아닙니까?"

■ 소진이 합종책으로 6국의 재상이 되다

연문공이 물었다.

"그렇다면 어찌해야 하오?"

소진이 대답했다.

"신의 어리석은 생각으로는 가까운 조나라와 손을 잡은 걸 계기로 열국과 연대해 천하를 하나로 묶은 뒤 서로 힘을 합쳐 진나라에 대항하는 게가장 좋습니다. 그리하면 백세百世가 지나도록 나라를 안정시킬 수 있습니다."

연문공이 말했다.

"선생이 열국과 합세해 진나라에 대항하는 합종책合縱策으로 나라를 보전하라고 하니 과인도 그리하고 싶소. 다만 열국의 제후들이 과연 선생의 말을 따르지 않을까 걱정이오."

소진이 대답했다.

"신이 비록 부재不才하지만 조후趙侯를 만나 '합종'을 추진토록 하겠습니다."

연문공은 크게 기뻐하며 소진에게 많은 황금과 비단을 여비로 쓰게 하고, 4마리 말이 이끄는 고거高車를 내줬다. 이어 장사壯士들을 시켜 조나라까지 호송케 했다.

이때 마침 조나라는 상국인 봉양군 공자 성成이 죽었다. 조숙후는 연나라에서 사자가 왔다는 말을 듣고 직접 궁궐 계단 아래까지 내려가 영접했다.

"상객上客이 먼 곳을 찾느라 고생하는 원욕遠辱을 했소. 과인에게 무슨 좋은 가르침을 내리려는 것이오?"

소진이 말했다.

"신이 듣건대 천하의 포의布衣 현사賢士들 가운데 현군賢君의 행의行義를 높이 평가하지 않는 자가 없다고 합니다. 그들 모두 현군 앞에 충성을 다하고자 합니다. 그러나 봉양군이 인재를 시기하고, 실력 있는 선비를 질투해 어찌할 수가 없었습니다. 유세객이 발을 싸매고 조나라로 들어오려 하지 않고, 입을 봉한 채 말을 하지 않은 이유입니다. 이제 봉양군이 관사를 버리는 연관사捐館舍[2]를 했다고 하니 신이 감히 우충愚忠을 바치도록 하겠습니다. 보국保國에 안민安民보다 나은 게 없고, 안민에 가려서 친교하는 택교擇交보다 나은 게 없다는 뜻의 '보국막여안민保國莫如安民, 안민막여택교安民莫如擇交' 이야기를 들은 바 있습니다. 지금 6국이 있는 효산崤山 동쪽의

---

2 연관사捐館舍는 직무를 보던 관사館舍를 떠났다는 의미로 상국을 포함한 고위 관원의 죽음을 에둘러 표현한 아어雅語이다. 『전국책』「조책」에 나오는 소진의 언급이 전거典據이다.

산동山東 일대를 살펴보건대 조나라가 가장 강성합니다. 영토가 사방 2천여 리, 무장한 갑사가 수십만 명, 병거가 1천 승, 기병이 타는 말이 1만 필에 달합니다. 게다가 여러 해 동안 버틸 수 있는 식량까지 쌓아두고 있습니다. 진나라가 가장 싫어하며 해치고 싶어 하는 나라가 조나라인 이유입니다. 그런데도 진나라는 감히 군사를 일으켜 조나라를 치지 못하고 있습니다. 그 이유는 바로 한나라와 위나라가 그 배후를 칠까 우려하기 때문입니다. 조나라의 남쪽 울타리가 되어주는 나라가 바로 한나라와 위나라입니다. 한나라와 위나라는 명산대천의 험준함이 없습니다. 일단 진나라가 대군을 일으켜 두 나라를 잠식蠶食하면 바로 항복하고 말 것입니다. 그 화가 이내 조나라에 미치게 됩니다. 신이 일찍이 천하의 지도를 살펴보니 진나라를 제외한 열국의 땅이 진나라 땅보다 1만 리나 더 넓었고, 군사 또한 10배나 더 많았습니다. 만일 산동의 6국이 합세해 서쪽으로 진격하면 진나라를 격파하는 일이 어찌 어려울 리 있겠습니까? 지금 진나라의 계책은 제후들을 위협해 땅을 할양받고 강화를 하는 것입니다. 무릇 아무 까닭도 없이 땅을 할양하는 것은 스스로 파멸의 길로 나아가는 것입니다. 다른 나라를 멸망시키는 것과 다른 나라에게 멸망당하는 것 가운데 어느 게 더 좋습니까? 신의 우견愚見으로는 열국의 군신君臣을 원수洹水에 모아 동맹의 서약을 하고, 서로 형제의 나라가 되어 순치脣齒처럼 돕는 게 가장 좋습니다. 진나라가 동맹국의 1국을 치면 나머지 5국이 함께 구원에 나서고, 동맹을 배신하는 나라가 있으면 힘을 합쳐 그 나라를 치면 됩니다. 진나라가 비록 강포强暴하다고는 하나 어찌 감히 고립된 상태로 천하의 열국과 승부를 겨룰 수 있겠습니까?"

조숙후가 말했다.

"과인은 나이도 어리고, 즉위한지도 얼마 안 돼 이처럼 뛰어난 계책을 들은 적이 없소. 지금 상객이 제후를 규합해 진나라에 맞서고자 하니 과인이 어찌 따르지 않을 수 있겠소?"

그러고는 소진에게 조나라 상국의 인수와 큰 저택을 내렸다. 아울러 호화롭게 장식한 수레 100승, 황금 1천 일鎰, 백벽白璧 100쌍, 수놓은 비단인 금수錦繡 1천 필匹을 내렸다. 이어 소진을 합종책 이행을 총감독하는 이른바 '종약장縱約長'으로 삼았다.

당시 소진은 조숙후의 신임을 얻어 '종약장'이 되자 곧바로 사람을 시켜 100금을 갖고 연나라로 가 객점 주인에게 100전錢을 갚게 했다. 이어 날짜를 잡고 한나라와 위나라 등 열국에 유세를 하러 떠나고자 했다. 이때 문득 조숙후가 상의할 일이 있다며 급히 조정으로 불러들였다. 소진이 황망히 달려가자 조숙후가 말했다.

"변경을 지키는 관원으로부터 급보가 왔소. 진나라 상국 공손연이 위나라를 쳐 대장인 용가龍賈를 사로잡고, 위나라 군사 4만5천 명을 참수했다고 하오. 위나라가 하북 땅에 있는 10개의 성읍을 바치고 강화를 청한 상황에서 공손연이 다시 군사를 옮겨 우리 조나라를 친다고 하니 어찌하면 좋겠소?"

소진이 내심 크게 놀랐다.

'진나라 군사가 조나라로 쳐들어오면 조군趙君은 틀림없이 위나라처럼 진나라에 강화를 청할 것이다. 그러면 합종책은 성사될 수 없다.'

사람이 급하면 계책이 생겨난다고 하듯이 소진도 우선 적당히 대답한 뒤 다시 계책을 마련키로 했다. 짐짓 편한 표정으로 공손히 손을 모으고 대답했다.

"신이 판단컨대 진나라 군사는 지쳐 있기에 조나라까지는 올 수 없을 것입니다. 이곳으로 쳐들어온다 할지라도 신에게는 적을 물리칠 계책이 있습니다."

조숙후가 말했다.

"선생은 잠시 우리 조나라에 머물다가 진나라 군사가 오지 않을 때 과인의 곁에서 떠나도록 하시오."

이는 소진의 생각과도 맞아떨어지는 것이었다. 곧 그리하겠다고 말하고 조정에서 물러나왔다. 그는 부제府第로 돌아온 뒤 심복을 불렀다. 심복이 오자 밀실로 데리고 가 은밀히 말했다.

"전에 나와 동문수학한 친구가 있다. 이름은 장의張儀, 자는 여자餘子이고 위魏나라 대량 사람이다. 내가 너에게 1천 금을 줄 터이니 너는 상고商賈로 위장하고 이름을 가사인賈舍人으로 바꾼 뒤 위나라로 가서 장의를 찾도록 하라. 그를 만나면 반드시 내가 가르친 바대로 행하고, 조나라로 돌아와서도 내가 가르친 바대로 움직여라. 다른 사람이 알아채지 못하게 특별히 주의하도록 하라."

가사인은 소진의 명령을 받고는 밤낮을 가리지 않고 위나라 대량으로 향했다.

180話 장의가 격분해 진나라로 가다
– 장의피격왕진방張儀被激往秦邦

이야기가 둘로 나뉜다. 당초 장의는 귀곡자와 작별하고 위나라로 갔다. 그러나 집이 가난해 위혜왕에게 벼슬을 구했으나 뜻을 이루지 못했다. 이후 위나라는 다른 나라와 싸울 때마다 계속 패했다. 장의는 아내를 이끌고 위나라를 떠나 초나라로 갔다. 초나라 영윤 소양昭陽은 장의를 자신의 문객으로 받아들여 머물게 했다. 이때 소양이 군사를 이끌고 가 위나라를 대파했다. 지금의 하남성 수현 남쪽인 양릉襄陵 등 7개 성읍을 빼앗았다. 초위왕이 영윤 소양의 공을 높이 사 화씨和氏의 구슬로 불리는 이른바 화씨지벽和氏之璧을 내렸다.

'화씨지벽'은 무엇인가? 당초 초여왕楚厲王 말년에 변화卞和란 사람이 있었다. 그는 형산荊山에서 옥돌 원석을 주웠다. 곧 그 옥돌을 초여왕에게 바쳤다. 초여왕이 옥공玉工을 불러 그 옥돌을 보게 했다. 옥공이 말했다.

"이건 돌입니다."

초여왕은 변화가 자신을 속인 것으로 알고 대로한 나머지 곧바로 왼쪽 발을 자르는 월형刖刑을 가했다. 초여왕이 죽고 초무왕楚武王이 즉위하자 변화는 또 그 옥돌을 바쳤다. 초무왕이 옥공을 불러 그 옥돌을 보였다. 이번에도 옥공이 돌이라고 하자 초무왕이 변화의 오른쪽 다리마저 끊었다.

초무왕 사후 초문왕楚文王이 즉위하자 변화는 다시 옥돌을 바치고자 했으나 두 다리가 없어 능히 움직이질 못했다. 형산 아래서 옥돌을 가슴에 품은 채 통곡했다. 3일간 밤낮을 통곡하자 눈에서 눈물이 마르고 피가 흘렀다. 이를 보고 변화를 잘 아는 사람이 와서 물었다.

張儀

萬妾婦行竊丈夫名棹三
寸舌任爾縱橫

　"그대는 2번씩이나 그 옥돌을 바쳤다가 2번 월형을 받았다. 이제 그만둘 때가 됐는데도 아직 상을 바라는 게 아니라면 무엇 때문에 울고 있는 것인가?"

　변화가 말했다.

　"나는 상을 타기 위해 옥돌을 바치려는 게 아니다. 내가 한스럽게 생각하는 건 이토록 좋은 옥돌을 보고 돌이라고 무시하고, 곧은 선비인 정사貞士를 사기꾼으로 모는 상황이오. 이처럼 시비是非가 전도顚倒되고 있는데도 스스로 해명할 길이 없는 까닭에 그것이 슬퍼 우는 것이오."

초문왕은 변화가 슬피 운다는 소문을 듣고는 그 옥돌을 가져온 뒤 다른 옥인玉人을 시켜 쪼개 보게 했다. 그 옥인은 과연 원석 안에서 흠결 하나 없는 아름다운 옥을 얻었다. 초문왕은 그것으로 둥근 옥인 벽璧을 만들게 하고 화씨지벽和氏之璧으로 명명했다.

오늘날도 양양부襄陽府 남장현南漳縣 형산 꼭대기에 연못이 있고, 연못 가에 석실이 있는데 그곳에 있는 바위를 포옥암抱玉巖이라고 한다. 변화가 옥돌을 안고 울던 곳이다. 당시 초문왕은 변화의 정성을 가없게 여겨 죽을 때까지 대부의 녹봉을 내렸다.

화씨지벽은 값을 따질 수 없는 천하의 보배였다. 초위왕은 마침내 위나라를 대파한 영윤 소양의 공을 높이 사 화씨지벽을 하사한 것이다. 소양은 출타할 때도 늘 화씨지벽을 갖고 다녔다. 잠시도 곁에서 떼어놓지 않았다.

하루는 초나라 영윤 소양이 사방에서 모여든 빈객과 함께 지금의 안휘성 선성에 있는 적산赤山에 놀러갔다. 빈객과 수행인이 100명이나 됐다. 적산 밑엔 깊은 못이 있었다. 전설에 의하면 옛날 강태공이 이 못에서 낚시질을 했다고 한다.

소양 일행이 연못가에 있는 높은 누대에 올라 술을 마시며 풍악을 들었다. 주객이 반쯤 취할 무렵 빈객들이 화씨지벽의 아름다움을 칭송하며 한 번만 보여줄 것을 청했다. 소양이 보물을 관리하는 시종인 수장수守藏豎에게 수레 안에 감춰둔 화씨지벽 상자를 꺼내오게 했다. 소양이 직접 열쇠를 꺼내 상자를 열고 3중으로 된 비단 보자기인 금복錦袱을 벗겼다. 옥빛이 뜨겁게 빛나는 삭삭爍爍의 모습을 보이며 구경하는 사람들의 얼굴을 비췄다. 빈객들이 차례로 화씨지벽을 감상하며 모두 극구極口 칭찬했다. 이때 좌우 시종이 말했다.

"못에서 큰 물고기가 뛰어오르고 있습니다."

소양이 몸을 일으켜 난간에 기댄 채 연못을 내려다봤다. 빈객들도 일제히 난간으로 몰려가 연못 속을 주시했다. 길이가 1장丈 남짓한 큰 물고기가 수면 위로 뛰어오르자 군어群魚가 그 뒤를 따라 뛰어올랐다. 이때 문득 동북쪽에서 검은 구름이 일어나며 큰 비가 내리려 했다.

소양이 분부했다.

"속히 돌아갈 차비인 전정轉程을 수습收拾하라."

수장수守藏豎가 화씨지벽을 상자 안에 넣으려고 보니 화씨지벽이 누군가의 손에 들어갔는지 종적을 찾을 길이 없었다. 이를 찾느라 한바탕 난리가 났지만 끝내 찾지 못했다. 소양은 화씨지벽을 잃고 부중으로 돌아왔다. 그는 한 문객을 시켜 화씨지벽을 훔친 도적을 찾게 했다. 그 문객이 말했다.

"장의는 적빈赤貧한데다 평소 품행이 단정치 못했습니다. 틀림없이 그가 가져갔을 것입니다."

소양도 그같이 의심했다. 곧 사람을 시켜 장의를 잡아들인 뒤 매질을 하며 자백을 강요했다. 하지만 화씨지벽을 훔치지 아니한 장의가 어찌 이를 승복할 수 있겠는가? 매질이 수백 대에 이르자 장의는 온 몸이 상처투성이가 되어 간신히 숨을 쉴 뿐이었다. 소양은 장의가 거의 죽게 되었을 때 매질을 중지시켰다.

곁에서 장의를 보고 가련하게 여긴 사람이 그를 부축해 집으로 데려다 줬다. 곤욕을 치른 그를 보고 아내가 눈물을 흘리며 말했다.

"당신이 오늘 곤욕을 치른 것은 모두 책을 읽고 유세를 다닌 탓이오. 조용히 틀어박혀 농사나 짓는 안거무농安居務農을 했더라면 어찌 이런 꼴을 당했겠습니까?"

장의가 입을 벌려 아내에게 보이며 물었다.

"내 혀가 아직 남아 있소?"

아내가 웃으며 대답했다.

"아직 남아 있소."

장의가 말했다.

"혀가 남아 있으면 본전은 건진 셈이오. 끝까지 곤궁하지나 않을까 걱정할 필요는 없소."

몸이 반쯤 회복할 때까지 초나라에서 쉬다가 다시 위나라로 돌아갔다. 소진의 심복 부하인 가사인이 위나라에 당도했을 때는 장의가 초나라에서 위나라로 돌아온 지 반년이 지난 후였다.

당시 장의는 소진이 조나라에서 득의했다는 소문을 들었기에 한 번 소진을 찾아가 볼 작정이었다. 하루는 장의가 집을 나오다가 우연히 문 앞에 수레를 멈추고 서 있는 가사인과 만났다. 서로 인사를 나누다가 가사인이 조나라에서 왔다는 사실을 알고 물었다.

"소진이 조나라 상국이 되었다는데 과연 그게 사실이오?"

가사인이 반문했다.

"선생은 누구시오. 우리 상국과 친분이 있소? 어째서 묻는 것이오?"

장의는 소진이 동문수학한 친구이고 형제 같은 사이라고 대답했다. 가사인이 말했다.

"그렇다면 선생은 왜 속히 가보지 않는 것이오? 상국은 틀림없이 선생을 천거할 것이오. 나는 장사 일을 끝내고 조나라로 돌아가려던 참이었소. 미천한 신분을 탓하지 않으면 선생과 함께 수레를 타고 귀국하고 싶소."

장의는 흔연欣然히 따랐다. 조나라에 당도하자 가사인이 말했다.

"나의 한가寒家가 교외에 있소. 집에 일이 있어 잠시 헤어져야 하겠소. 도성의 각 성문 안에 원객遠客이 쉴 만한 여점旅店이 마련돼 있소. 며칠 뒤 선생을 방문토록 하겠소."

장의가 가사인과 작별하고 수레에서 내린 뒤 성안으로 들어가 여점에서 쉬었다. 이튿날 장의가 일종의 명함인 명자名刺를 만든 뒤 소진을 만나러 상부相府로 갔다. 소진은 장의가 찾아올 것을 알고 미리 문지기들에게 장의를 들여보내지 말 것을 명해 두었다. 장의는 5일이나 기다린 후 겨우 명자를 전할 수 있었다. 소진은 바쁘다는 핑계로 훗날 다시 만나자는 전갈을 보냈다. 장의는 며칠을 기다렸으나 끝내 만날 수 없었다. 화가 나 떠나려 하자 여점 주인이 만류했다.

"선생은 이미 상부에 가서 명자까지 전하고 그에 관한 조처인 발락發落을 보지 못한 상태이오. 만일 지금이라도 상국이 부르면 어찌할 작정이오? 반년이나 1년을 기다릴지라도 지금 떠나서는 안 되오."

장의는 깊은 고민에 빠져 가사인을 찾아가려 했으나 그가 어디에 사는지 아는 사람이 없었다. 며칠 뒤 장의가 또 명자를 써 상부를 찾았다. 마침내 내일 만나자는 전갈을 받았다. 장의가 여점 주인으로부터 옷과 신발을 빌린 뒤 이튿날 이른 새벽부터 상부에 가서 대기했다.

소진은 미리 위엄을 갖춘 호위병을 벌려 세운 뒤 중문中門을 굳게 닫은 채 빈객을 곁문인 이문耳門으로만 들어오게 했다. 장의가 이문을 통과해 계단으로 올라가려 하자 좌우 시종들이 제지했다.

"상국은 아직 공무가 끝나지 않았소. 빈객은 잠시 기다리시오."

장의가 회랑 아래서 기다렸다. 당상을 올려다보니 소진을 만나려는 관원이 매우 많았다. 알현한 뒤 보고를 올리는 자도 여러 명 됐다. 오랜 시간이 흘러 해가 중천을 지날 무렵 당상에서 부르는 소리가 났다.

"빈객이 지금 어디에 있는가?"

좌우 시종이 말했다.

"상국이 찾고 있소."

장의가 의관을 바로잡은 뒤 계단을 올라갔다. 그는 소진이 자리에서 내려와 자신을 맞아줄 것으로 생각했다. 그러나 소진은 앉은 자리에서 꼼짝도 하지 않을 줄 누가 알았겠는가? 장의가 치미는 분을 참고 공손히 읍揖했다. 그제야 소진이 자리에서 일어나 손만 살짝 들어 보이며 거만한 자세로 자가 여자餘子인 장의에게 답례했다.

"여자는 그간 무양無恙했는가?"

장의는 분노로 얼굴을 붉히며 아무 대답도 하지 않았다. 좌우 시종이 점심을 올리겠다고 말하자 소진이 말했다.

"공무가 바빠 여자를 오래 기다리게 했소. 배가 고플 터이니 초솔草率히 대강 식사한 뒤 다시 이야기를 나누도록 합시다."

그러고는 좌우에 명해 당하에 장의의 식사 자리를 마련케 했다. 자신은 당상에 한 상 가득 진수성찬이 가득한 진수만안珍羞滿案의 모습으로 혼자 식사했다. 장의의 밥상에는 고기 한 접시와 채소 한 접시인 일육일채一肉一菜, 그리고 싸라기로 지은 밥인 조려지찬粗糲之餐밖에 없었다.

장의는 식사할 생각이 전혀 나지 않았으나 배가 몹시 고팠고, 당시 여점의 밥값도 여러 차례 외상으로 달아둔 상황이었다. 그는 내심 소진을 만나면 바로 임용은 되지 않을지라도 약간의 금전을 얻어 목전의 곤경을 벗어날 수 있을 것으로 믿었기에 이런 광경은 상상치도 못했다. 그러나 낮은 처마 아래 누가 감히 고개를 숙이지 않겠느냐는 뜻의 '재타왜첨하在他矮簷下, 수감불저두誰敢不低頭' 속담이 지적한 것처럼 장의도 수치를 머금고 수저를 들지 않을 수 없었다.

장의가 멀리서 소진의 밥상을 보니 진기한 음식이 가득했다. 좌우 시종에게 나눠주는 음식도 장의가 먹는 음식보다 훨씬 푸짐했다. 내심 수치심과 분노가 치솟았다. 식사가 끝나자 소진이 좌우 시종을 통해 명을 전했다.

"빈객을 당상으로 모셔라."

장의가 눈을 들어 보니 소진은 여전히 높은 자리에서 일어날 생각조차 하지 않았다. 장의가 분을 참을 수 없어 몇 걸음 앞으로 나아간 뒤 큰 소리로 꾸짖었다.

"나는 네가 옛 친구를 잊지 않을 줄 알고 먼 곳에서 찾아왔다. 어찌하여 나를 이토록 심하게 모욕하는 것인가! 동학의 정은 어디로 갔는가?"

소진이 천천히 대답했다.

"그대는 재주가 뛰어나 나보다 먼저 때를 만날 줄 알았소. 이처럼 처지가 곤궁할 줄은 생각지도 못했소. 내 어찌 능히 조후趙侯에게 그대를 천거해 부귀하게 만들지 못하겠소? 다만 그대의 의지가 쇠한 데다 재주 또한 퇴보해 과연 일을 맡겼을 때 제대로 하지 못해 천거한 사람에게 누를 끼치지나 않을까 두려울 뿐이오."

장의가 말했다.

"대장부는 스스로 부귀를 찾는 법이다. 어찌 너 같은 자에게 천거를 바라겠는가?"

소진이 말했다.

"그럼 스스로 부귀를 찾으면 되지 어찌하여 나를 찾아온 것인가? 이제 동문수학한 정분情分을 감안해 황금 1홀笏을 줄 터이니 편히 쓰도록 하라."

그러고는 좌우 시종을 시켜 홀笏 모양으로 만든 황금 1홀을 장의에게 갖다 주게 했다. 장의는 울화가 치밀어 황금을 바닥에 내팽개친 뒤 분노를 터뜨리며 밖으로 나왔다. 소진은 장의를 잡지도 않았다.

장의가 여점으로 돌아오자 자신의 침구가 모두 밖으로 옮겨져 있었다. 까닭을 묻자 여점 주인이 대답했다.

"오늘 족하足下가 상국을 만나면 틀림없이 좋은 관사와 음식을 받을 것으로 생각해 침구를 밖으로 옮긴 것입니다."

장의가 머리를 가로저으며 입으로 되뇌었다.

"실로 한스럽고, 한스럽다!"

그러고는 의관과 신발을 벗어 여점 주인에게 돌려줬다. 여점 주인이 물었다.

"상국이 족하의 동학이 아닌데도 족하가 상국을 망령되게 끌어들이는 망반妄扳을 저지른 게 아닙니까?"

장의가 여점 주인에게 과거 소진과 친하게 지낸 사실과 오늘 자신이 당한 수모를 자세히 이야기했다. 여점 주인이 말했다.

"상국이 비록 거오倨傲하긴 했으나 지금 지위도 높고 권세가 막중한 까닭에 빈객 대하는 예법 상 그리 할 수밖에 없었을 듯하오. 족하에게 황금 1홀을 준 것은 상국의 미정美情이오. 선생은 그거나마 받아왔으면 그간 밀린 밥값도 갚고, 돌아갈 노잣돈도 마련할 수 있었는데 어찌하여 그것까지 사양한 것이오."

장의가 말했다.

"내가 일시 화를 참지 못해 황금을 바닥에 내팽개쳤소. 지금 수중에 돈 한 푼 없으니 이를 어찌하면 좋겠소?"

이같이 이야기를 나누고 있을 때 전에 장의를 데리고 온 가사인이 여객 안으로 들어왔다. 그는 장의와 인사를 나눈 뒤 이같이 말했다.

"오랫동안 기다리게 해서 죄송하오. 선생은 상국을 만나보았소?"

이 말을 듣자 장의는 다시 울화가 치밀어 올랐다. 주먹으로 여점의 탁자를 치며 욕설을 퍼부었다.

"그 인정머리도 없고 의리도 없는 도적의 이야기는 다시 꺼내지도 마시오."

가사인이 말했다.

"선생의 말이 지나치오. 어째서 이토록 역정을 내는 것이오?"

여점 주인이 장의와 소진이 만난 이야기를 다시 자세히 들려줬다.

"이제 외상인 흠장欠帳[3]을 갚을 수 없고, 고향으로 돌아갈 대책도 없으

---

3 흠장欠帳은 외상 장부를 뜻하는 말로 흠장欠賬과 같은 말이다. 은나라 때는 장부帳簿를 모두 책책冊으로 불렀다. 서주西周 때는 적적籍 또는 적서籍書로 바뀌었다. 전국시대에 들어와 부

니 얼마나 답답하겠소."

가사인이 말했다.

"당초 소인이 선생을 끌어들였으니 오늘 등용되든 안 되든 결국 선생에게 누를 끼친 셈이오. 소인이 선생 대신 외상을 갚고 위나라로 돌아갈 수 있도록 수레와 말을 준비해 드리겠소. 선생의 의향은 어떻소?"

장의가 대답했다.

"내가 무슨 낯으로 위나라로 돌아갈 수 있겠소? 진나라로 가고 싶으나 수중에 노자가 없는 게 한이오."

가사인이 말했다.

"진나라로 가고자 한다면 그곳에도 동학이나 형제 등이 있는 것이오?"

장의가 말했다.

"없소. 지금 7국 가운데 진나라가 가장 강하오. 진나라의 힘이라면 능히 조나라를 곤경에 빠뜨릴 수 있소. 다행히 등용되면 소진에 대한 울분을 갚을 수 있을 것이오!"

가사인이 말했다.

"선생이 다른 나라로 간다면 모실 수 없지만 진나라로 간다면 소인도 마침 그곳으로 가 친척을 만날 참이어서 같이 갈 수 있을 것이오. 서로 길벗이 되면 이 어찌 아름답지 않겠소?"

장의가 크게 기뻐했다.

"세상에 이처럼 드높은 대의가 있다는 걸 알면 소진은 부끄러워 죽는 괴사愧死에 이르게 될 것이오."

서부書로 통용되다가, 전한 때 회계사항을 기재한 장부를 부부簿로 표현하기 시작했다. 장부帳이 회계의 개념으로 사용되기 시작한 것은 남북조시대이다. 황제나 고위관원이 출유出遊하기 전에 필요한 물품을 미리 기재하도록 한데서 비롯된 것이다. 여기서 부장簿帳 또는 기장記帳의 용어가 나왔다.

장의가 가사인과 의형제를 맺었다. 가사인이 장의 대신 객점의 숙박비와 식비를 계산해줬다. 두 사람은 문밖에 대기하고 있던 수레를 함께 타고 서쪽 진나라를 향해 말을 몰았다. 길을 가는 틈틈이 가사인은 의관을 마련해주고 노복까지 갖춰줬다. 장의에게 필요한 것이 있으면 돈을 아끼지 않았다. 진나라에 도착해서도 황금과 비단을 진혜문왕 측근에게 뇌물로 주는 등 장의의 입신을 위해 노력했다.

당시 진혜문왕은 소진을 등용하지 않은 것을 후회하고 있던 참이었다. 마침 좌우 측근들이 장의를 천거하자 곧바로 불러들여 객경에 임명하고, 장차 제후들을 제압할 일을 상의했다. 이때 가사인이 장의를 찾아와 작별 인사를 했다. 장의가 눈물을 흘리며 말했다.

"나는 원래 심한 곤액困厄에 처해 있었으나 그대 덕분에 진나라에 현용顯用될 수 있었소. 이제 그대의 은덕을 갚게 됐는데 어찌하여 문득 떠나겠다는 것이오?"

가사인이 웃으며 대답했다.

"제가 선생을 알아준 게 아니라 선생을 알아준 것은 소 상국이오."

장의가 악연愕然히 놀라 한참 동안 말을 못하다가 입을 열었다.

"그대가 자부資斧[4]를 내주고선 어째서 소 상국이 내줬다고 하는 것인가?"

가사인이 대답했다.

"소 상국은 지금 합종책을 추진하고 있는 까닭에 진나라가 조나라를 칠까 우려하고 있소. 선생이 아닌 다른 사람이 진나라 정권을 잡아서는 안 된다고 생각한 이유요. 나는 소 상국의 분부를 받고 장사꾼으로 가장한 뒤 선

---

4 자부資斧는 여비旅費를 뜻한다. 『주역』 「여괘旅卦」의 구사九四 효사爻辭에 여행 도중 잠시 쉴 곳을 찾으니 가시덤불을 제거하는 데 쓰이는 날카로운 도끼를 얻게 됐다는 뜻의 '여우처旅于處, 득기자부得其資斧' 구절이 나온다. 여기서 여비를 뜻하는 '자부' 표현이 나왔다.

張儀被激往秦邦

생을 조나라까지 유인해 온 것이오. 소 상국은 선생이 조나라에서 작은 성취에 안주할까 우려해 고의로 업신여기며 분노를 촉발한 것이오. 선생이 진나라로 갈 뜻을 세우자 소 상국이 막대한 자금을 주며 선생을 위해 마음대로 쓰게 한 것이오. 선생이 진나라에서 권력을 잡게 되면 돕는 일을 멈추라고 했소. 이제 선생이 진나라에 등용됐으니 나는 속히 조나라로 돌아가 소 상국에 경과를 보고해야 하오."

장의가 자가 계자季子인 소진을 들먹이며 탄식했다.

"아, 나는 계자의 술책에 걸려들었으면서도 전혀 눈치를 채지 못했소. 이를 보면 나는 계자보다 한참 뒤지는 사람이란 걸 알 수 있소. 수고스럽겠지만 돌아가서 계자에게 감사의 말을 전해 주시오. 계자가 조나라에서 관직을 맡고 있는 한 감히 진나라에서 조나라를 치겠다는 뜻의 '벌조伐趙' 2자가 나오지 않도록 하겠소. 이것으로 계가가 베푼 옥성지덕玉成之德[5]에 보답코자 하오."

가사인은 귀국해 소진에게 진나라 상황을 보고했다. 소진이 조숙후에게 말했다.

"진나라는 군사를 일으키지 않을 것입니다."

그는 조숙후에게 하직인사를 한 뒤 한나라로 갔다. 한선혜후韓宣惠侯에게 말했다.

"한나라는 영토가 사방 900여 리에 달하고, 무장한 갑사가 수십만 명입니다. 천하의 강궁强弓과 쇠뇌 모두 한나라에서 생산되고 있습니다. 지금 대왕이 진나라를 섬기고자 하면 진나라는 틀림없이 땅을 할양하라고 할 것이고, 내년에도 똑같은 요구를 할 것입니다. 무릇 한나라 땅은 유한有限하지만 진나라 욕심은 무궁無窮합니다. 2–3번 땅을 떼어주다 보면 한나라 땅은 남아나지 않게 됩니다. 닭의 머리가 될지언정 소의 꼬리가 되지 말라는 뜻의 '영위계구寧爲雞口, 물위우후勿爲牛後' 속담이 있습니다. 대왕처럼 현명한 지혜와 강군을 보유한 군주가 우후牛後의 오명을 갖게 되는 것을 신은 내심 수치스럽게 생각합니다."

한선혜후가 삼가며 불안해하는 모습으로 축연蹴然히 말했다.

"국가대사를 선생의 계책을 좇아 처리하고, 조후趙侯와도 우호의 맹약을 맺도록 하겠소."

그러고는 황금 100일을 내렸다. 소진이 위나라로 가 위혜왕에게 유세했다.

---

5 옥성지덕玉成之德은 상대가 성공을 이루도록 물심양면으로 돕는 은덕을 말한다. '옥성'은 촉성促成의 아어雅語이다.

"위나라는 영토가 사방 1천 리입니다. 게다가 인민人民과 거마車馬가 많기로 천하에 위나라보다 더한 나라는 없습니다. 진나라에 능히 맞설 수 있습니다. 그런데도 대왕은 신하들의 말만 곧이듣고 땅을 떼어준 뒤 신하노릇을 하고 있습니다. 만일 이후에도 진나라가 끊임없이 요구하면 어찌할 것입니까? 대왕이 신의 말을 좇아 6국이 힘을 합치는 쪽에 서면 앞으로 영원히 진나라로 인한 후환이 없을 것입니다. 지금 신은 조후의 명령을 받들어 이곳에 와 '합종'의 약속을 하려는 것입니다."

위혜왕이 대답했다.

"과인은 어리석고 불초해 패배와 모욕인 패욕敗辱을 자초했소. 이제 선생이 뛰어난 계책으로 과인을 가르쳐주니 어찌 감히 따르지 않을 리 있겠소!"

위혜왕도 소진에게 금백金帛 1거車를 내렸다. 소진이 또 제나라로 가서 제선왕에게 유세했다.

"신이 듣건대 제나라 도성 임치臨淄의 거리는 수레의 바퀴가 서로 부딪치고, 사람의 어깨가 서로 맞닿을 정도로 번화해 제나라의 부성富盛은 천하의 그 어떤 나라와도 비교할 수 없다고 합니다. 그런데도 대왕은 서쪽 진나라를 섬기고자 하니 이 어찌 부끄러운 일이 아니겠습니까? 제나라는 진나라에서 멀리 떨어져 있어 진나라 군사가 이를 수 없습니다. 그런데도 무엇 때문에 진나라를 섬기려는 것입니까? 원컨대 대왕은 조나라처럼 합종의 맹약을 맺고 6국이 화친하여 서로 돕는 쪽에 서도록 하십시오."

제선왕이 대답했다.

"삼가 가르침을 받겠소."

소진이 다시 남쪽으로 수레를 몰아 초나라로 갔다. 초위왕에게 유세했다.

"초나라는 영토가 사방 5천여 리에 달합니다. 또 막강한 군사를 거느리고 있습니다. 진나라가 걱정하는 나라로 초나라만한 나라가 없습니다. 초나라가 강해지면 진나라는 약해지고, 진나라가 강해지면 초나라는 약해집니다. 지금 열국 선비들은 합종책이 아니면 연횡책連衡策에 따르고 있습니다. 무릇 합종책은 제후들이 땅을 떼어 초나라를 섬기는 일이고, 연횡책은 초나라가 땅을 떼어 진나라를 섬기는 일입니다. 이 2가지 계책은 그 취지가 서로 크게 다릅니다."

초위왕이 말했다.

"선생의 말은 우리 초나라에 홍복이오."

소진이 조숙후에게 보고하기 위해 북행北行했다. 낙양을 지나자 제후들이 사자를 보내 소진을 전송했다. 각국에서 보내온 의장儀仗과 정모旌旄가 앞뒤를 모두 가렸다. 거기車騎와 치중輜重은 20여 리에 걸쳐 끊임없이 이어졌다. 위엄 있는 행차는 군왕에 비견될 만했다.

연도 가까이에 있는 관원들은 모두 길가로 나와 배례拜禮를 올렸다. 주현왕周顯王도 소진이 온다는 소식을 듣고 사람을 시켜 길을 깨끗이 소제케한 뒤 교외에 장막을 세워 영접했다. 소진의 노모는 지팡이를 짚고 아들의 행차를 구경하는 와중에 쩍쩍嘖嘖거리며 경탄했다. 그의 두 동생과 아내 및 형수는 곁눈질을 하는 측목側目만 할 뿐 감히 쳐다보는 앙시仰視를 하지 못했다. 이들은 교외에서 부복俯伏한 채 소진을 영접했다. 소진이 수레 위에서 형수에게 말했다.

"형수는 전에 나에게 밥도 지어 주지 않더니 오늘은 어째서 이토록 공손한 것이오?"

형수가 대답했다.

"지금은 계자季子의 지위가 높고 돈도 많은 까닭에 경외敬畏하지 않을 수 없소."

소진이 탄식했다.

"세상의 인심인 세정世情은 염량세태인 냉난冷暖에 따라 달라지고, 사람들의 태도인 인면人面은 벼슬의 고저高低를 좇아 달라지는구나! 나는 오늘 비로소 부귀를 소홀히 취급해서는 안 된다는 사실을 깨달았다."

소진은 일가친척을 수레에 태우고 함께 고향 마을로 들어갔다. 이어 거대한 저택을 지어 친족들이 함께 모여 살게 하고, 1천 금의 재산을 종친들에게 고루 나눠줬다. 오늘날도 하남부河南府 성안에 소진의 옛 저택 터가 남아 있다. 전하는 말에 따르면 예전에 어떤 사람이 그 집터를 파다가 황금 100정錠을 얻었다고 한다. 대략 당시에 묻었던 것으로 보인다. 소대와 소려는 형이 부귀해진 것을 부러워하며 『음부』의 유세술을 열심히 공부했다.

당시 소진은 집에서 며칠 머물다가 수레에 올라 조나라를 향했다. 조숙후는 소진을 무안군武安君에 봉한 뒤 제나라와 초나라, 위나라, 한나라, 연나라 등 5국에 사자를 보내 5국의 군주를 원수洹水 회맹에 초청했다. 소진과 조숙후는 미리 원수 땅으로 가 단을 쌓고 자리를 배열한 뒤 제후들이 오기를 기다렸다.

가장 먼저 연문공이 도착했고, 이어 한선혜후가 당도했다. 며칠 동안에 위혜왕과 제선왕, 초위왕 등이 차례로 이르렀다. 소진은 열국 대부들과 만나 좌석의 차례를 상의했다. 초나라와 연나라가 가장 오래됐고, 3진과 제나라는 군주의 성씨가 바뀐 신생국이었다. 그러나 당시는 전쟁을 벌이는 시기인 까닭에 나라의 크기로 순서를 정했다.

초나라가 가장 컸고, 다음은 제나라와 위나라, 조나라, 연나라, 한나라 순이었다. 이들 가운데 초나라와 제나라, 위나라는 왕호를 사용했지만 조나라와 연나라 및 한나라는 아직 후侯를 칭했다. 작위가 서로 달라 칭호를 정하는 데 매우 불편했다. 소진이 6국 모두 왕호를 쓸 것을 제안했다.

맹회를 주최한 조나라는 주인의 자리에 앉았고, 초위왕 등은 모두 앞에서 정한 순서대로 자리에 앉았다. 각국 군주와 회맹 내용을 적절히 상의한 뒤 약속시간이 되자 모두 단 위로 올라가 순서에 맞게 늘어섰다. 소진이 계단 위로 올라가 6국의 군주에게 고했다.

"산동山東에 있는 대국의 모든 군주는 지위가 왕에 이르렀을 뿐만 아니라 땅도 넓고 군사도 많아 각각 스스로 패웅霸雄을 자처할 만합니다. 저 진나라는 원래 말이나 먹이던 천부賤夫의 나라입니다. 지금 함양의 험준한 지형에 기대 열국을 잠식하고 있습니다. 여러 군왕은 북면北面의 예를 올리며 진나라를 섬길 수 있습니까?"

6국 군주가 일제히 대답했다.

"진나라를 섬기고 싶은 게 아니라 선생의 밝은 가르침인 명교明教를 받고자 하오."

소진이 다시 고했다.

"진나라를 물리치기 위한 합종책은 지난번에 이미 여러 군주에게 자세히 고한 바와 같습니다. 오늘은 희생을 잡아 삽혈 의식을 거행하며 천지신명에게 맹서를 하도록 하겠습니다. 이제 열국이 형제의 맹약을 맺고, 환난이 있을 때 서로 돕는 환난상휼患難相恤에 노력할 것을 약속토록 하겠습니다."

6국 군주가 공수拱手하며 말했다.

"삼가 가르침을 받고자 하오."

소진이 마침내 희생의 피를 담은 쟁반을 받들고 6국 군주에게 차례로 삽혈할 것을 청했다. 이어 천지신명과 6국의 조종祖宗에게 절을 올리며 이같이 맹서했다.

1국이 배맹하면 5국이 함께 치리라　　　　一國背盟, 五國共擊.

6국 군주는 맹약을 담은 6통의 문서를 작성한 뒤 각각 1통씩 나눠 가졌다. 이어 곧바로 연회가 열렸다. 조숙후가 말했다.

"소진이 대책大策을 세워 6국을 편안케 했소. 이제 높은 작위에 봉해 6국을 자유롭게 오가며 맹약을 더욱 튼튼히 만들게 합시다."

나머지 5국의 군주가 말했다.

"조왕의 말이 지당하오."

6국의 군주가 소진을 합종책 이행을 총감독하는 종약장縱約長으로 추대했다. 이어 각각 소진에게 상국의 인수와 보검을 하사했다. 6국의 백성을 총괄하도록 허용한 것이다. 6국의 군주는 소진에게 각각 황금 100일과 양마良馬 10승을 줬다. 6국의 상국이 된 소진이 6국의 군주에게 정중히 사은의 예를 행하자 6국의 군주가 이를 받은 뒤 각각 자신의 나라로 돌아갔다. 소진도 조숙후를 따라 조나라로 돌아갔다. 때는 주현왕 36년인 기원전 333년이었다.

사신史臣이 이를 시로 읊었다.

원수에서 회맹하며 신명에게 맹서하고 　　　相要洹水誓明神
순망치한이듯 서로 골육처럼 의지하다 　　　脣齒相依骨肉親
소진의 합종책을 끝내 깨지 않았으면 　　　假使合縱終不解
진나라 멸하는 게 무슨 어려움 있을까 　　　何難協力滅孤秦

이해에 연문공이 세상을 떠나고 연역왕燕易王이 뒤를 이었다.[6]

6　'이해에 연문공이 세상을 떠나고 연역왕燕易王이 뒤를 이었다.'의 『열국지』 원문은 '이해에 위혜공과 연문공이 모두 세상을 떠났다. 위나라에선 위양왕魏襄王, 연나라에선 연역왕이 뒤를 이었다.'는 뜻의 '위혜왕염능왕구훙魏惠王燕文王俱薨, 위양왕연역왕사립魏襄王燕易王嗣立'으로 되어 있다. 그러나 서진西晉 태강 2년인 281년 위안희왕魏安釐王의 묘에 매장되어 있다가 출토된 『죽서기년竹書紀年』에 따르면 위혜왕은 재위 36년인 기원전 335년에 칭왕稱王했다. 이때 개원改元이 이뤄져 새로운 기년紀年이 시작됐다. 위혜왕이 후원後元 16년인

소진이 조나라로 돌아간 이후의 뒷일이 어찌될지 알 길이 없으니 다음 회를 보라.

기원전 319년에 죽자 아들 사嗣가 위양왕으로 즉위했다. 사마천은 위혜왕이 칭왕한 때 죽은 것으로 간주한 데 이어 위양왕이 재위한 23년을 가공의 인물인 위애왕魏哀王이 재위한 기간으로 간주했다. 커다란 오류이다. 사마광은 『자치통감』에서 『사기』를 좇지 않고 『죽서기년』을 좇았다. 『사기』와 『열국지』에 나오는 위양왕의 재위 16년간 기록은 위혜왕의 후원後元 재위 기간, 위애왕의 재위 23년 기록은 위양왕의 재위기간으로 해석해야만 한다. 번역문은 『죽서기년』과 『자치통감』을 좇아 『열국지』의 위양왕은 위혜왕, 위애왕은 위양왕으로 바꿔 놓았다.

제91회

181話　연왕 쾌가 선양을 흉내 내어 병란을 부르다
- 학양국연쾌소병學讓國燕噲召兵

　　당시 소진蘇秦은 6국을 하나로 묶는 데 성공하자 곧바로 맹약을 적은 문
서 1통을 진秦나라 관문으로 보냈다. 진나라 관원이 이를 진혜문왕에게 바
쳤다. 진혜문왕이 크게 놀라 서수犀首로도 불리는 상국 공손연公孫衍에게
물었다.

　　"6국이 하나로 힘을 합치면 과인이 중원으로 진출하는 꿈은 사라지게
되오. 반드시 좋은 계책을 마련해 저들의 합종 맹약을 깨야만 장차 대사를
도모할 수 있소."

　　상국 공손연이 대답했다.

　　"합종 맹약을 주도한 나라는 조나라입니다. 대왕은 군사를 일으켜 조나

라부터 치십시오. 조나라를 구원하는 나라가 있거든 곧바로 군사를 옮겨 그 나라를 치십시오. 그러면 열국의 제후들이 두려워하며 합종의 맹약도 깨지게 될 것입니다."

장의도 그 자리에 있었지만 소진의 은덕을 배반하는 게 될까 우려해 조나라 정벌에 마음이 내키지 않았다. 그가 나서서 말했다.

"지금 6국이 새로이 힘을 합친 상황이라 곧바로 저들을 분리시킬 순 없습니다. 우리가 조나라를 치면 한나라 군사는 의양宜陽, 초나라 군사는 무관武關, 위나라 군사는 하외河外, 제나라 군사는 청하淸河를 건너 진격해 올 것입니다. 또 연나라는 모든 정예부대를 이끌고 와 이들을 도울 것입니다. 그리되면 우리는 저들을 맞아 싸우기에도 겨를이 없을 터인데 어떻게 다른 나라로 군사를 이동시킬 수 있겠습니까? 무릇 우리 진나라와 가까운 나라는 위나라이고, 가장 먼 나라는 연나라입니다. 대왕은 위나라로 사자를 보내 후한 예물을 주고 화친을 맺으십시오. 그러면 열국이 위나라를 의심할 것입니다. 이어 연나라 태자와 혼인을 맺도록 하십시오. 그러면 합종 맹약은 절로 깨질 것입니다."

진혜문왕이 칭선稱善하며 위나라에 양릉襄陵 등 7개 성읍을 돌려준다는 구실로 강화를 청했다. 잃었던 땅을 돌려받는다는 말에 위나라가 곧바로 보빙報聘의 사자를 보내 화친을 맺었다. 진혜문왕은 다시 사자를 연나라로 보내 자기 딸을 연나라 태자에게 시집보냈다.[1]

조양왕이 이 소문을 듣고는 소진을 불러 책망했다.

"그대가 합종 맹약을 주장해 6국이 화친하며 모두 힘을 합쳐 진나라에 맞서기로 했소. 지금 1년도 안 돼 위나라와 연나라가 모두 진나라와 우호를

---

1 이 대목의 『열국지』 원문은 '부이녀허배진태자復以女許配秦太子'로 되어 있다. 이 구절은 주어인 진왕秦王이 생략된 것으로, 문맥상 진泰을 연燕의 오기誤記로 보는 게 합리적이다. 번역문에서는 '연나라 태자'로 바꿔 놓았다.

맺었으니 합종 맹약은 이제 믿을 만한 게 못 되오. 만일 진나라 군사가 문득 우리 조나라로 쳐들어오면 과연 저들 2국의 구원을 기대할 수 있겠소?"

소진이 황공惶恐한 자세로 사죄했다.

"청컨대 신은 대왕을 위해 곧 연나라로 가겠습니다. 반드시 저들이 조나라를 돕도록 하겠습니다."

그러고는 곧바로 조나라를 떠나 연나라로 갔다. 연문공의 뒤를 이어 즉위한 지 얼마 안 된 연역왕은 소진을 상국으로 대접했다. 당시 제선왕은 연문공이 죽은 틈을 타 곧바로 군사를 일으켜 연나라의 10개 성읍을 빼앗았다. 연역왕이 소진에게 물었다.

"당초 선군은 그대의 말만 믿고 합종 맹약에 가담했소. 그러나 선군의 뼈가 식기도 전에 동맹국인 제나라가 쳐들어와서 변경의 10개 성읍을 빼앗아 갔소. 원수洹水 땅에서 맺은 맹약은 어찌된 것이오?"

소진은 말했다.

"신이 대왕을 위해 제나라로 가서 10개 성읍을 돌려주도록 하겠습니다."

연역왕이 허락했다. 소진이 제선왕을 만나 말했다.

"지금 연왕燕王은 대왕과 동맹한 사이이고, 진왕이 아끼는 사위이기도 합니다. 대왕이 연나라의 10개 성읍 빼앗은 까닭에 연나라는 원한을 품게 됐을 뿐만 아니라 진나라 또한 제나라에 원한을 품게 됐습니다. 10개 성읍을 취해 연나라와 진나라의 원한을 사는 것은 비계非計입니다. 대왕은 신의 계책을 좇아 연나라에 10개 성읍을 돌려주고, 연나라와 진나라의 환심을 사느니만 못합니다. 두 나라의 마음을 얻게 되면 천하를 호소號召하는 것도 어렵지 않습니다."

제선왕은 크게 기뻐하며 10개 성읍을 돌려줬다. 연역왕의 생모인 연문공의 부인 문부인은 오래전부터 소진의 재주를 사모했다. 하루는 문부인이 좌우 시종을 시켜 소진을 궁궐로 불러들인 뒤 은밀히 사통했다. 연역왕은 이를 알았으나 아무 말도 하지 않았다.

소진이 두려운 마음에 연나라 상국 자지子之와 친교를 맺고 자신의 딸을 결혼시켰다. 이어 자신의 동생인 소대와 소려를 연나라로 불러들여 자지와 의형제를 맺게 했다. 모두 자신을 튼튼히 하기 위한 조치였다. 이후 문부인이 누차 불렀으나 후환이 두려워 감히 가지 못했다.

하루는 소진이 연역왕에게 말했다.

"연나라와 제나라는 사세 상 결국 하나로 통합될 수밖에 없습니다. 신은 이제 대왕을 위해 제나라로 가서 적의 내부를 이간시키는 반간계反間計를 쓰고자 합니다."

연역왕이 물었다.

"어떻게 반간계를 쓴다는 말이오?"

소진이 대답했다.

"신이 짐짓 연나라에서 죄를 지은 것처럼 하고 제나라로 달아나겠습니다. 그럼 제왕齊王은 틀림없이 신에게 중임을 맡길 것입니다. 이후 신은 제나라를 패하게 만드는 정사를 펼치겠습니다. 그러면 제나라는 자연히 연나라 땅이 될 것입니다."

연역왕이 이를 허락하고 곧바로 상국의 인수를 회수했다. 소진이 이내 제나라로 달아났다. 제선왕이 소진의 명성을 인정해 객경으로 삼았다. 이후 소진은 제선왕에게 주로 전렵田獵과 종고鐘鼓의 즐거움을 권했다. 또 제선왕이 재물을 좋아하는 호화好貨의 성향을 알고 세금을 대폭 올리게 했다. 이어 제선왕이 여색을 좋아하는 호색好色의 성향을 알고 아름다운 궁녀를 많이 뽑도록 했다. 제나라가 어지러워지기를 기다려 연나라 군사를 끌어들일 심산이었다. 제선왕은 소진의 의도를 전혀 깨닫지 못했다. 상국 전영田嬰과 객경인 맹자孟子가 극력 간했으나 제선왕이 듣지 않았다.

제선왕이 이내 죽고 그의 아들 지地가 제민왕齊湣王으로 즉위했다. 제민

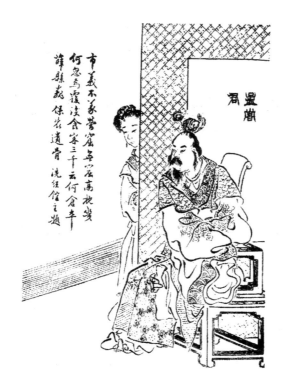

市義不禁營兔窟身居高枕尖
何怨為霞沒食客三千云何卒
薛縣敎民保此遺骨洗絕館主趨

■맹상군

왕은 진나라 여인을 왕후로 맞이한 뒤 전영을 설공薛公에 봉하고 정곽군靖
郭君의 군호를 내렸다. 소진의 객경 지위는 옛날처럼 그대로 유지하게 했다.

이야기가 둘로 나뉜다. 당시 장의는 소진이 조양왕의 책망을 듣고 조나
라를 떠났다는 소문을 들었다. 합종 맹약이 무너질 걸 예상했다. 곧 양릉
땅 7개 성읍을 위나라에 돌려주지 말 것을 권했다. 위혜왕이 크게 화를 냈
다. 곧 사자를 진나라로 보내 땅을 돌려달라고 요구했다.

진혜문왕이 공자 화華를 대장, 장의를 부장으로 삼은 뒤 군사를 이끌고
가 위나라를 치게 했다. 진나라 군사가 단숨에 지금의 산서성 습현인 위나
라의 포양蒲陽 땅을 함락시켰다. 장의가 진혜문왕에게 청해 포양 땅을 돌려

주고 공자 요繇를 위나라에 인질로 보내 위나라와 우호를 맺는 방안을 제시했다.

진혜문왕이 이를 좇았다. 장의가 공자 요를 이끌고 위나라로 갔다. 위혜왕은 진혜문왕의 호의에 깊이 감사했다. 장의가 위혜왕에게 말했다.

"진왕秦王은 위나라를 매우 두텁게 예우하고 있습니다. 빼앗은 성읍도 차지하지 않고, 공자까지 볼모로 보낸 게 그렇습니다. 위나라는 진나라를 무례하게 대해서는 안 되고, 의당 사의謝意를 표해야 할 것입니다."

위혜왕이 물었다.

"어떻게 사의를 표해야 하오?"

장의가 대답했다.

"땅을 제외하고는 진나라가 좋아하는 게 없습니다. 대왕이 땅을 베어 진나라에 사의를 표하면 진나라는 틀림없이 위나라를 깊이 사랑할 것입니다. 이후 진나라와 위나라가 서로 연합해 열국의 제후를 도모하면 대왕은 진나라에 바친 땅의 10배를 회수할 수 있을 것입니다."

위혜왕은 그 말에 미혹돼 지금의 섬서성 한성시인 소량少梁 땅을 떼어 진나라에 바치고 인질은 받지 않았다. 진혜문왕이 크게 기뻐하며 상국인 공손연을 사직케 한 뒤 장의를 상국으로 삼았다.

당시 초나라에선 초위왕이 죽고, 그의 아들 웅괴熊槐가 즉위했다. 그가 바로 초회왕楚懷王이다. 장의가 사람을 시켜 초회왕에게 서신을 보냈다. 자신의 처자식을 맞아오고자 하는 심경과 지난날 화씨지벽을 훔친 범인으로 몰린 억울한 사연을 호소하는 내용이었다. 초회왕이 장의의 서신을 읽은 뒤 영윤 소양을 불러 질책했다.

"장의는 현사賢士인데 경은 어찌하여 그를 선군에게 천거하지 않고 오히려 핍박하여 진나라로 달아나 벼슬을 살게 한 것이오?"

소양이 크게 부끄러워 아무 말도 못했다. 이내 집으로 돌아간 뒤 병이 나 죽고 말았다.

초회왕은 장의가 진나라의 상국으로 발탁되자 혹여 제후들과 연결해 초나라에 대적할까 두려워했다.[2] 당시는 소진이 이미 짐짓 연나라에 죄를 짓고 제나라로 달아난 뒤였다. 장의가 진혜문왕에게 진나라 상국의 인수를 반환하며 위나라로 갈 것을 자청했다. 진혜문왕이 말했다.

"그대가 진나라를 버리고 위나라로 가려는 것은 무슨 뜻이오?"

장의가 대답했다.

"지금 6국이 소진의 말에 미혹돼 아직 합종 맹약을 깨지 않고 있습니다. 신이 위나라로 가 권력을 잡으면 위나라로 하여금 제후들 가운데 가장 먼저 진나라를 섬기도록 만들겠습니다."

진혜문왕이 이를 허락했다. 장의가 위나라로 가자 위혜왕이 상국으로 삼았다. 장의가 위혜왕에게 말했다.

"대량大梁은 지금 남으로 초나라, 북으로 조나라, 동으로 제나라, 서로 한나라와 이웃해 있습니다. 그러나 의지할 만한 험준한 강산이 없습니다. 이는 외침을 당할 경우 이른바 사분오열四分五裂될 땅입니다. 진나라를 섬기지 않으면 나라는 안정을 유지할 수 없습니다."

위혜왕이 마음을 정하지 못하자 장의가 몰래 진나라로 사람을 보내 위나라를 치게 했다. 진나라 군사가 위나라 군사를 격파하고 곡옥曲沃 땅을 빼앗았다.

염옹이 이를 두고 시를 지었다.

---

2 '혹여 제후들과 연결해 초나라에 대적할까 두려워했다.'는 구절의 『열국지』 원문은 '회왕구장의용진懷王懼張儀用秦, 부신소진합종지약復申蘇秦合縱之約, 결연제후結連諸侯'이다. 장의가 소진의 합종책을 다시 구사해 제후들과 결연할까 우려했다는 뜻이다. 이는 장의가 소진의 합종책과 정반대되는 연횡책을 구사한 역사적 사실과 배치된다. 번역문은 '부신소진합종지약' 구절을 생략한 채 번역해 놓았다.

소진은 연나라 위해 제나라서 벼슬 살고 仕齊卻爲燕邦去

장의는 진나라 위해 위나라 상국이 되다 相魏翻因秦國來

두 사람이 각각 합종연횡을 주장했지만 雖則縱橫分兩路

결국 언행을 뒤집는 소인배에 불과했다 一般反覆小人才

위혜왕은 진나라 군사의 침공에 화가 나 합종책을 추구하며 초회왕을 종약장縱約長으로 추대코자 했다. 덕분에 소진은 제나라에서 더욱 중시됐다. 당시 제나라 상국 전영은 병사한 뒤였다. 그의 아들 전문田文이 설공의 작위를 계승하고 맹상군孟嘗君이라는 군호를 받았다.

원래 전영에겐 40여 명의 아들이 있었다. 맹상군 전문은 천첩賤妾 소생이었다. 더구나 그의 출생일은 5월 5일이었다. 전문이 태어날 당시 부친 전영은 천첩에게 아이를 내다버리도록 했다. 천첩은 차마 그럴 수 없어 몰래 아들을 키웠다. 전문이 5세가 됐을 때 천첩이 전문을 데리고 전영에게 갔다. 전영이 자신의 명을 어겼다며 발끈 화를 냈다. 이때 전문이 머리를 조아리며 말했다.

"부친이 소자를 버리고자 한 것은 무슨 이유입니까?"

진영이 대답했다.

"세간의 전설에 따르면 5월 5일은 흉일凶日이다. 이날 태어난 아이가 방문 높이 만큼 자라면 부모가 해를 입는다고 했다."

전문이 말했다.

"사람의 목숨은 하늘이 부여하는 것이지 어찌 방문이 부여하는 것이겠습니까? 만일 진정으로 방문이 사람의 목숨을 부여하는 것이라면 어찌하여 방문 높이를 더 높게 하지 않는 것입니까?"

전영은 아무 대답도 못했지만 내심 기특하게 생각했다. 전문은 10여세부터 능히 빈객들을 접대할 줄 알았고, 빈객들 모두 그와 어울려 놀며 칭송했다. 제후들의 사자도 제나라에 오면 모두 전문을 만나고 싶어 했다. 전영은 전문이 현명한 걸 알고 후계자로 삼았다. 전문은 마침내 부친 사후 작위를 계승해 맹상군의 군호를 받게 된 것이다.

맹상군 전문은 작위를 계승한 뒤 관사를 크게 짓고 천하의 인재를 모두 불러 모았다. 그를 찾아온 선비는 현우賢愚를 막론하고 모두 받아들였다. 천하의 망명객과 죄수들까지 모두 그에게 귀의한 이유다.

맹상군은 비록 귀한 몸이었지만 음식을 먹을 때는 빈객과 같은 자리에서 같은 음식을 먹었다. 하루는 빈객들에게 야식夜食을 대접했다. 어떤 사람이 맹상군 밥상을 비추는 불빛을 가렸다. 빈객 가운데 한 사람이 상차림에 차별이 있는 것으로 의심하고 젓가락을 내던지며 나가려고 했다. 맹상군이 황급히 일어나 빈객을 앉힌 뒤 직접 밥상을 비교하게 했다. 상차림에 아무 차이가 없었다.

빈객이 탄식했다.

"맹상군이 이토록 빈객을 잘 대우해 주는데도 나는 그 분을 의심했다. 나야말로 소인이다. 내가 무슨 면목으로 맹상군 문하에 있을 수 있겠는가?"

그러고는 칼을 뽑아 목을 찌르고 자진했다. 맹상군이 그의 장례를 치러주며 크게 슬퍼했다. 감동하지 않는 빈객이 없었다. 이후 문하로 모여드는 빈객이 더욱 많아졌다. 식사를 함께 하는 빈객이 늘 수천 명이나 됐다.

제후들은 맹상군이 현명한데다 문하에 수많은 빈객이 있다는 소문을 듣고는 모두 제나라를 존중하며 감히 국경을 침범하지 않았다.

이를 읊은 옛 시가 있다.

호표가 산에 있으면 뭇 짐승 달아나고　　　　虎豹踞山群獸遠
교룡이 물에 있으면 물고기 몸 숨기다　　　　蛟龍在水怪魚藏
집안에 빈객 3천 명이나 모여 있으니　　　　　堂中有客三千輩

천하 모든 사람 맹상군을 두려워하다　　　　天下人人畏孟嘗

　　장의가 위나라 상국이 된 지도 3년이 되었을 때 위혜왕이 죽고 그의 아들 사嗣가 위양왕魏襄王으로 즉위했다. 초회왕이 위나라로 사자를 보내 조문하고 이번 기회에 여러 제후국과 함께 군사를 일으켜 진나라를 정벌하자고 제의했다. 위양왕이 허락했다.[3]

　　한선혜왕韓宣惠王과 조무령왕趙武靈王, 연역왕의 아들 연왕 쾌噲 모두 호응했다. 초나라 사자가 제나라로 가 이를 고하자 제민왕이 군신들을 소집해 대책을 상의했다. 좌우 대신들이 모두 말했다.

　　"진나라는 우리 제나라와 혼인한 사이입니다. 더구나 지금까지 소원하게 지낸 적이 없습니다. 진나라 토벌에 참여해서는 안 됩니다."

　　그러나 소진만은 합종책을 주장하며 토벌 참여를 견지했다. 맹상군이 제민왕에게 말했다.

　　"지금 참여와 불참을 각각 주장하는데 모두 잘못된 계책입니다. 토벌에 참여하면 우리는 진나라와 원수지간이 되고, 불참하면 산동 5국의 분노를 살 것입니다. 신의 우견으로는 두 계책 모두 발병發兵은 하되 완행緩行을 하는 계책만 못합니다. 발병은 산동 5국에 신의를 지키는 게 되고, 완행은 사태를 관망하며 진퇴를 결정하자는 취지입니다."

　　제민왕이 이를 좇아 맹상군에게 군사 2만 명을 이끌고 진군케 했다. 맹

3　이 대목의 『열국지』 원문은 '위양왕이 죽자 그 아들 위애왕魏哀王으로 즉위했다. 초회왕이 위나라로 사자를 보내 조문하고 이번 기회에 여러 제후국과 함께 군사를 일으켜 진나라를 정벌하자고 제의하자 위애왕이 허락했다.'는 뜻의 '위양왕훙魏襄王薨, 자애왕립子哀王立. 초회왕견사조상楚懷王遣使弔喪, 인징병벌진因徵兵伐秦, 애왕허지哀王許之'이다. 앞서 언급한 것처럼 이는 『사기』 「위세가」의 기록을 그대로 좇은 데 따른 오류이다. 『죽서기년』과 『자치통감』에 따르면 위애왕은 가공의 인물로 그의 재위기간은 곧 위양왕의 재위기간을 가리킨다. 번역문은 『죽서기년』과 『자치통감』을 좇아 위애왕을 위양왕으로 바꿔 놓았다.

상군은 교외를 나서다가 문득 칭병稱病하며 의료치醫療治를 이유로 행군을 늦췄다. 이후에도 계속 시간을 끌며 행군을 서두르지 않았다.

한편 3진과 연나라 등 4국의 군주는 초회왕과 진나라의 함곡관 밖에서 만나 진나라 진공의 시기를 정하기로 약속했다. 초회왕이 합종 맹약을 지휘하는 종약장縱約長이 되기는 했으나 나머지 4국 군주는 각각 자신의 군사를 거느린 채 힘을 합치려는 노력을 하지 않았다. 관문을 지키는 진나라 수장 저리질樗里疾은 5국의 군사가 몰려온 걸 보자 크게 관문을 열어 놓고는 군사를 늘어세운 채 싸움을 걸어왔다. 5국 군주는 서로 출전을 떠넘기며 선발先發하려 하지 않았다.

이런 대치 상황이 며칠 지속되자 저리질은 은밀히 돌격대를 선발한 뒤 함께 성을 나와 군량미 통로인 초나라의 향도餉道를 끊었다. 초나라 군사들은 군량미가 떨어지자 고함을 치며 난리를 피웠다. 이 틈을 타 저리질이 군사를 이끌고 가 초나라 군영을 급습했다. 초나라 군사가 패주하자 나머지 4국의 군주도 이내 철군하고 말았다. 이것이 맹상군이 말한 교계巧計였다. 맹상군이 귀환하자 제민왕이 감탄하며 말했다.

"하마터면 소진의 잘못된 계책을 좇을 뻔했소."

그러고는 맹상군에게 황금 100근斤을 하사하며 식객비食客費로 쓰게 했다. 이후 맹상군을 더욱 아끼며 중용했다. 소진도 맹상군의 능력에 미치지 못한 것을 부끄럽게 생각했다.

당시 초회왕은 제나라와 진나라가 친교를 맺을까 우려했다. 맹상군에게 사람을 보내 두터운 교분을 쌓고, 이를 배경으로 제나라와 우호관계를 다졌다. 이후 두 나라는 친선 사자의 왕래가 끊이지 않았다.

소진은 제선왕 때부터 군주의 총애를 독점하며 중용된 까닭에 제나라 좌우의 귀척貴戚 가운데 그를 시기하는 자가 많았다. 제민왕 때도 군주의 총애는 식지 않았다. 그러나 이제 제민왕이 소진의 계책 대신 맹상군의 계책을 따르면서 상황이 바뀌었다. 진나라 토벌의 유리한 시기를 놓쳤음에도 맹상군이 많은 황금을 받게 되자 제민왕의 좌우 측근들은 소진에 대한 총애가 식은 것으로 생각했다.

곧 장사를 모집한 뒤 비수를 품고 조정으로 들어가 소진을 척살케 했다. 비수가 배에 꽂히자 소진은 배를 움켜잡고 제민왕의 침소로 달아나 호소했다. 제민왕이 급히 도적을 잡을 것을 명했지만 도적은 이미 멀리 달아난 뒤였다. 소진이 말했다.

"신이 죽은 뒤 신의 목을 끊어 저잣거리에 내건 뒤 호령키를, '소진은 연나라를 위해 제나라에 반간계를 쓴 첩자였다. 지금 다행히 주살되었지만 그를 척살한 자가 누구인지 아는 자에게는 1천 금의 상을 내리겠다.'고 하십시오. 그러면 도적을 잡을 수 있습니다."

그러고는 배에 꽂힌 비수를 뽑았다. 붉은 피가 바닥을 적시는 가운데 이내 숨을 거두었다. 제민왕이 그의 말을 좇았다. 좌우에 명해 머리를 끊은 뒤 저잣거리에 내걸고 호령했다. 순식간에 어떤 사람이 소진의 머리가 있는 곳을 지나다가 현상금 팻말을 보고 스스로 자랑하며 말했다.

"소진을 죽인 사람은 바로 나요!"

시장을 관리하는 관원인 시리市吏가 곧바로 그를 붙들어 제민왕 앞으로 끌고 갔다. 제민왕이 사구司寇를 시켜 그를 엄히 국문鞫問하게 했다. 이 사건에 관여한 주범과 하수인을 모두 알아낸 뒤 여러 가문을 멸족에 처했다. 훗날 사관이 소진을 이같이 평했다.

> 비록 죽기는 했으나 마지막까지 계책을 마련해 복수했다. 가히 지혜롭다고 이를 만하다. 그러나 몸은 비수를 피해갈 수 없었으니 이 어찌 반복反覆하며 불충不忠을 저지른 대가가 아니겠는가?

소진이 죽자 소진의 문하에 있었던 빈객들이 비밀을 누설하기 시작했다.

"소진은 연나라를 위해 제나라에서 벼슬한 것이다."

제민왕은 그제야 소진에게 속은 걸 알았다. 이후 제나라와 연나라 사이에 금이 가기 시작했다. 제민왕이 맹상군에게 명해 군사를 이끌고 가 연나라를 치게 했다. 당시 연나라에서는 소진의 동생 소대가 연왕 쾌에게 유세하고 있었다. 그는 연왕 쾌에게 아들을 제나라에 인질로 보내고 강화하는 방안을 제시했다. 연왕 쾌가 이를 좇았다. 곧 소대의 동생 소려에게 명해 자신의 아들을 데리고 가 제민왕을 알현케 했다. 제민왕은 소진에 대한 증오가 가라앉지 않은 까닭에 곧바로 소려를 구금하려고 했다. 소려가 말했다.

"연왕은 원래 온 나라를 들어 진나라에 의지코자 했습니다. 그러나 저희 형제는 대왕의 위엄과 덕망을 이야기하며 진나라를 섬기는 것보다는 제나라를 섬기는 게 낫다고 했습니다. 연왕이 신에게 인질을 데리고 가 우호를 청하도록 한 이유입니다. 대왕은 어찌하여 죽은 사람의 마음을 의심하며 그 죄를 산 사람에게까지 씌우려는 것입니까?"

제민왕이 이 말을 듣고는 소려를 융숭히 대접했다. 소려는 제나라에 인질을 바치고 대부가 됐다. 소대는 그대로 연나라에 남아 벼슬을 했다.

훗날 사관이 소진에 관한 사찬史贊을 지었다.

소진은 주나라 출신으로	季子周人
귀곡자 밑에서 공부했다	師事鬼谷
학문 닦고 하산한 뒤도	揣摩既就
『음부』를 깊이 연마하다	陰符伏讀
합종으로 연횡을 막으니	合縱離橫
산동 6국의 인수를 차다	佩印者六
끝내 절개 지키지 못해	晚節不終

연나라 제나라를 오가다   燕齊反覆

　한편 진나라 상국을 하다가 위나라 상국으로 가 있던 장의는 6국이 진
나라 공격에 나섰다가 아무 성과도 거두지 못하자 내심 좋아했다. 또 소진
이 죽었다는 소식을 듣고는 크게 기뻐했다.
　"이제야 나의 변설 솜씨를 발휘할 때가 되었다."
　틈을 내 위양왕에게 말했다.
　"진나라의 강력한 힘은 산동 5국을 제압하고 남습니다. 위나라가 진나라
에 맞설 수 없는 것은 분명합니다. 본래 합종을 제창한 자는 소진입니다. 그
러나 소진은 자신의 몸도 지킬 수 없었는데 어찌 다른 나라를 지킬 수 있겠
습니까? 무릇 부모를 같이하는 친형제 사이도 돈과 재물 때문에 끊임없이
싸우는데 하물며 나라가 다른 경우이겠습니까? 대왕이 소진의 계책만 고
수하며 진나라를 섬기지 않다가 다른 나라가 진나라를 받들고 함께 쳐들
어오면 이내 위기에 처하고 말 것입니다."
　위양왕이 말했다.
　"과인은 상국의 말을 좇아 진나라를 섬기고 싶소. 그러나 진나라가 우리
의 요청을 받아들이지 않으면 어찌해야 하오?"
　장의가 대답했다.
　"신이 대왕을 위해 진나라로 가서 지난 일을 사죄하고, 우호를 맺도록 하
겠습니다."
　위양왕이 화려하게 장식한 수레와 시종을 내주면서 장의로 하여금 진나
라로 가 우호를 청하게 했다. 이로써 두 나라가 통호通好케 됐다. 장의는 진
나라에 그대로 남아 다시 상국의 일을 맡아보게 됐다.
　원래 연나라 상국 자지子之는 키가 8척, 허리가 10위圍나 됐다. 근육이
굵고 살집이 두툼한 기비육중肌肥肉重의 몸매였다. 얼굴은 넓고, 입이 컸다.

學讓
國爽
兵噲
召

연왕 쾌가 선양을 흉내 내어 병란을 부르다

그러나 손동작이 매우 민첩해 나는 새를 능히 잡아챌 정도였고, 걸음도 매우 빨라 달리는 말을 따라잡을 정도였다. 연역왕 때부터 연나라의 권력을 좌지우지한 배경이다.

연역왕의 뒤를 이어 보위에 오른 연왕 쾌는 즉위 후 주색에 빠져 쾌락만 탐하고, 조정에서 정사를 돌보려 하지 않았다. 자지가 마침내 연나라를 찬탈할 마음을 품었다. 소대와 소려는 자지와 교분이 깊었다. 제후들의 사자가 연나라에 오면 늘 그들에게 자지가 현명하다고 칭송했다.

하루는 연왕 쾌가 소대에게 명해 자신의 아들을 제나라에 인질로 바치고 제민왕을 문후問候케 했다. 소대가 임무를 마치고 돌아오자 연왕 쾌가 물었다.

"소문을 들으니 제나라 맹상군은 천하의 대현大賢이라고 하오. 제왕齊王은 그런 현신을 보유하고 있으니 결국 천하를 제패하지 않겠소?"

소대가 대답했다.

"그렇지 않습니다."

연왕 쾌가 물었다.

"어째서 그렇지 않다는 것이오?"

소대가 대답했다.

"맹상군이 현명하다는 걸 알고도 그에게 정사를 전적으로 맡기지 않으니 어찌 천하를 제패할 수 있겠습니까?"

연왕 쾌가 탄식했다.

"과인은 맹상군 같은 사람을 신하로 삼을 수 없으니 정사를 전적으로 맡기는 게 어렵지 않겠소?"

소대가 말했다.

"지금 상국 자지는 정무에 밝습니다. 그가 바로 연나라의 맹상군입니다."

연왕 쾌가 이를 좇아 상국 자지에게 정사를 전적으로 맡겼다. 하루는 연왕 쾌가 문득 대부 녹모수鹿毛壽에게 물었다.

"옛날 역사를 보면 보위에 오른 군주가 매우 많소. 어찌하여 유독 요순堯舜만 칭송을 받는 것이오?"

녹모수도 상국 자지의 붕당朋黨이었다.

"요순이 성왕聖王의 칭송을 받는 것은 요가 순에게 천하를 양보했고, 순은 우禹에게 천하를 양보했기 때문입니다."

연왕 쾌가 물었다.

"그럼 우는 어찌하여 아들에게 보위를 전한 것이오?"

녹모수가 대답했다.

"우도 익益에게 천하를 양보했습니다. 다만 자신의 정사를 대신하게 했을 뿐 태자를 폐하진 않았습니다. 우가 세상을 떠난 후 태자 계啓가 익으로부터 천하를 빼앗았습니다. 지금까지 논자들이 우의 덕이 쇠퇴한 나머지 요순에 미치지 못했다고 말하는 이유가 바로 여기에 있습니다."

연왕 쾌가 말했다.

"과인은 상국 자지에게 이 나라를 내주고자 하는데 이게 가능하겠소?"

녹모수가 말했다.

"대왕이 그 일을 실행하면 요순과 무엇이 다르겠습니까?"

연왕 쾌가 마침내 군신들을 소집한 뒤 자신의 세자 평平을 폐하고 나라를 상국 자지에게 넘겼다. 상국 자지는 짐짓 3번 사양한 뒤 연나라를 넘겨받았다. 이내 천지신명에게 제사를 올리고 면류관과 곤룡포를 갖춰 입은 뒤 위가 뾰족하고 아래가 네모난 상첨하방上尖下方의 옥홀玉笏인 규圭를 손에 잡고 남면하며 왕을 칭했다. 그의 얼굴에는 전혀 부끄러운 기색이 없었다.

연왕 쾌는 신하의 자리에서 북면해 예를 올린 뒤 별궁으로 나가 거주했다. 소대와 녹모수 모두 상경上卿에 임명됐다. 연나라 장군 시피市被는 분노를 참지 못하고 이내 휘하 군사를 이끌고 자지를 쳤다. 많은 백성이 그를 따랐다. 싸움이 10여 일 동안 계속됐다. 수만 명이 죽거나 다쳤다. 시피는 끝내 이기지 못하고 자지에게 피살됐다.

녹모수가 자지에게 말했다.

"시피가 난을 일으킨 것은 세자 평이 살아있기 때문입니다."

자지가 그 말을 듣고 세자 평을 잡아들이려고 하자 태부 곽외郭隗가 세자 평과 함께 미복微服으로 갈아입은 뒤 지금의 천진시 계현에 있는 무종산無終山으로 달아났다. 세자 평의 서제庶弟인 공자 직職도 한나라로 달아났다. 연나라 백성 가운데 원분怨憤을 품지 않은 자가 없었다.

당시 제민왕은 연나라에 반란이 일어났다는 보고를 받고는 곧바로 광장匡章을 대장으로 삼은 뒤 군사 10만 명을 이끌고 가 연나라를 치게 했다. 광장이 발해渤海를 건너 연나라를 쳤다. 연나라 백성들은 자지에 대한 원한이 골수에 사무친 나머지 모두 대광주리에 음식과 호리병 술을 가득 담은 단사호장簞食壺漿으로 제나라 군사를 환영했다. 짧은 무기인 촌병寸兵이라도 손에 들고 제나라 군사에게 항거하는 사람은 아무도 없었다.

제나라 장수 광장은 출병한지 50일 만에 군사를 한 번도 주둔시키지 않은 채 지금의 북경인 연나라 도성 계성薊城에 이르렀다. 연나라 백성들이 성문을 열고 제나라 군사를 맞이했다. 자지의 무리는 제나라 군사가 중성衆盛한데다 장구長驅하여 입성하는 모습을 보고는 두려움에 떨며 뒷구멍으로 달아나기에 바빴다.

다만 자지는 자신의 용맹을 믿고 녹모수와 함께 군사를 이끌고 큰 길거리에서 제나라 군사와 싸웠다. 군사들이 점점 흩어졌고 녹모수도 전사했다. 그 역시 중상을 입고도 100여 명의 적을 격살했지만 결국 힘이 다해 포로로 잡혔다. 별궁에서 연왕 쾌는 목을 매 자진했고, 소대는 주나라로 달아났다.

제나라 장수 광장은 연나라의 종묘사직을 파괴한 뒤 부고에 보관된 보물을 모두 거둬들였다. 이어 좌우에 명해 자지를 함거에 싣고 임치로 압송한 뒤 전공을 고하게 했다. 연나라 땅 3천리 가운데 절반 이상이 제나라에 귀속됐다. 광장은 연나라 도성에 머물며 속읍을 두루 순시했다. 때는 주난왕周赧王 원년인 기원전 314년이었다.[4]

당시 제민왕은 친히 자지의 죄를 열거한 뒤 능지처사陵遲處死에 처하고,

---

4 『사기』 「표」는 주난왕 원년이 제민왕 10년에 해당한다고 했으나 『자치통감』은 이 해에 제선왕이 죽고 그의 아들 지地가 비로소 제민왕에 즉위한 것으로 기록해 놓았다. 번역문은 일단 『사기』의 기록을 좇았다.

그 살코기로 육젓을 담아 신하들에게 두루 나눠 줬다. 자지는 연나라 왕이 된 지 겨우 1년여 만에 탐욕을 부리다가 상멸喪滅되고 만 것이다. 이 어찌 어리석은 자가 아닌가! 원래 연나라 백성들은 자지를 미워했지만, 제나라가 연나라를 아주 없애 버리려고 하자 불만을 품고 옛 세자 평을 맞이해 새 군주로 세웠다. 그가 바로 연소왕燕昭王이다.[5] 곽외가 연나라 상국이 됐다.

조무령왕趙武靈王도 제나라가 연나라를 병탄하려는 처사에 불만을 품은 나머지 장수 악지樂池로 하여금 한나라에서 공자 직職을 맞이해 연나라 왕으로 옹립케 하려고 했다. 그러나 이미 세자 평이 보위에 올랐다는 소식을 듣고 그 계획을 그만두었다.

연나라 상국이 된 곽외가 연나라 도성에 격문을 전하고 나라가 회복恢復된 사실을 고했다. 제나라에 항복했던 고을이 모두 반기를 들고 일어나 연나라로 귀의했다. 제나라 대장 광장도 도저히 이들을 막을 수 없었다. 결국 군사를 거둬 제나라로 돌아갔다.

연소왕은 도성으로 돌아온 뒤 종묘를 수리하고 제나라에 대한 복수를 다짐했다. 스스로 몸을 낮추고 후한 예물을 갖춰 현사賢士를 초빙코자 했다. 상국 곽외에게 말했다.

"선왕이 당한 치욕을 과인은 밤낮으로 잊을 수 없소. 만일 현사를 얻어 함께 제나라에 대한 복수를 꾀할 수 있다면 과인은 온 몸을 바쳐 그를 섬길 것이오. 상국은 과인을 위해 그런 사람을 천거해 주시오."

곽외가 말했다.

"옛날 어떤 군주가 곁에서 시중을 드는 연인涓人에게 1천 금을 주고 천리

5   학계에서는 연왕 쾌의 뒤를 이어 보위에 오른 연소왕燕昭王의 실체를 놓고 견해가 엇갈리고 있다. 『사기』는 「표」에서 '공자公子 평平'이 연소왕으로 즉위한 것으로 기록해 놓았다. 그러나 「연세가」에는 '세자 평'이 연소왕으로 즉위한 것으로 되어 있다. 『자치통감』이 이를 좇았다. 중국의 사학자 전목錢穆은 연왕 쾌의 아들 공자 직職이 연소왕으로 즉위한 것으로 보았다. 번역문은 일단 「연세가」와 『자치통감』의 기록을 좇았다.

마를 구해오게 했습니다. 연인이 길을 가다 죽은 말을 보았는데, 사람들이 말을 둘러싸고 탄식을 내뱉고 있었습니다. 연인이 까닭을 묻자 이들이 대답키를, '이 말은 살았을 때 하루에 1천 리를 달렸소. 지금 이렇게 죽었으니 애석하지 않겠소?'라고 했습니다. 연인이 500금을 주고 그 죽은 말의 뼈를 사자루에 넣은 뒤 조정으로 돌아왔습니다. 군주가 대로해 꾸짖기를, '죽은 말의 뼈를 어디에 쓰려고 그토록 많은 황금을 허비한 것인가?'라고 했습니다. 연인이 대답키를, '신이 500금을 사용한 것은 그것이 천리마의 뼈이기 때문입니다. 사람들은 이 특별한 일을 서로 전하면서 죽은 말의 뼈도 500금이나 주고 샀는데 하물며 살아 있는 말의 경우는 더 말할 게 없다고 이야기할 것입니다. 그럼 천리마를 곧바로 구할 수 있습니다.'라고 했습니다. 이후 1년도 되지 않아 천리마를 3필이나 구할 수 있었습니다. 대왕이 천하의 현사를 얻고자 하면 이 곽외를 죽은 말의 뼈로 활용하십시오. 곽외보다 현명한 사람들 모두 자신의 능력을 비싼 값에 팔기 위해 몰려들 것입니다."

연소왕이 특별히 곽외를 위해 궁궐을 지어주었다. 자신은 제자의 예를 다해 북면하며 곽외의 가르침을 듣고, 친히 음식을 대접하는 등 지성으로 모셨다. 또 지금의 하북성 역현 경내에 있는 역수易水 가에 높은 누대를 지은 뒤 누대 위에 황금을 쌓아두고 사방의 현사를 초청했다. 사람들이 그 누대를 초현대招賢臺 또는 황금대黃金臺로 부른 이유다.

당시 연소왕이 선비를 좋아한다는 소문이 천하에 널리 퍼졌다. 조나라에선 극신劇辛, 주나라에선 소대蘇代, 제나라에선 추연鄒衍, 위나라에선 굴경屈景이 연나라로 모여들었다. 연소왕이 이들에게 객경 벼슬을 주고 함께 국사를 상의했다.

원세조元世祖 쿠빌라이 때 활약한 문인 유인劉因이 지은 「황금대시黃金臺詩」가 있다.

연산은 산색을 바꾸지 않고 　　　　　　　燕山不改色
역수는 소리 없이 흘러가지 　　　　　　　易水無剩聲
그 누가 알까 저 누대 위에 　　　　　　　誰知數尺臺
만고의 인정이 서려 있음을 　　　　　　　中有萬古情

구구한 후대의 소인배들은 　　　　　　　區區後世人
황금이란 명칭만 좋아했지 　　　　　　　猶愛黃金名
도대체 황금이 무엇이기에 　　　　　　　黃金亦何物
그걸로 현자 가릴 수 있나 　　　　　　　能爲賢重輕

주나라의 도가 동쪽 전해져 　　　　　　　周道日東漸
백이숙제가 서쪽으로 갔다 　　　　　　　二老皆西行
백성 기르고 현사 초빙하니 　　　　　　　養民以致賢
왕업 여기서부터 이뤄지리 　　　　　　　王業自此成

182話 장의가 거짓으로 땅을 바쳐 초회왕을 속이다
– 위헌지장의기초僞獻地張儀欺楚

이야기가 둘로 나뉜다. 당시 제민왕은 연왕 쾌와 자지子之를 제거한 덕분에 그 위세가 천하를 진동시켰다. 진혜문왕도 제나라의 위세를 우려했다. 초회왕은 6국 맹약의 종약장이 되자 제나라와 깊은 교분을 맺은 뒤 부절符節을 서로 신표로 나눠가졌다. 진효문왕은 제나라와 초나라의 우호를 떼어놓기 위해 장의를 불러 대책을 물었다. 장의가 대답했다.

"신이 3치 크기의 썩지 않는 혀인 불란지설不爛之舌로 초왕에게 유세해 반드시 초왕이 제나라와 우호를 끊고 진나라와 친교를 맺도록 만들겠습니다."

진혜문왕이 말했다.

"과인은 그대의 말을 좇도록 하겠소."

장의는 진나라 상국의 인을 내놓은 뒤 곧바로 초나라로 갔다. 그는 초회왕이 총애하는 측근이 있다는 사실을 알고 있었다. 성은 근靳, 이름은 상尙이었다. 늘 초회왕의 좌우에서 수행했다. 최회왕은 그의 말이라면 듣지 않는 게 없었다.

초나라에 당도한 장의는 먼저 근상을 찾아가서 많은 뇌물을 바치고 친교를 맺었다. 이어 근상을 통해 초회왕을 알현코자 했다. 초회왕은 장의의 명성을 듣고 교외까지 나가 영접했다. 이어 장의에게 자리를 권하며 말했다.

"선생이 폐읍敝邑에 욕림辱臨했으니 어떤 가르침을 내리실 것이오?"

장의가 말했다.

"신이 이번에 온 것은 진나라와 초나라의 화친을 주선키 위한 것입니다."

초회왕이 말했다.

"과인이 어찌 진나라와 화친하는 걸 바라지 않겠소? 다만 진나라가 우리 초나라를 끊임없이 침공하기에 화친을 청하지 못하고 있는 것이오."

장의가 말했다.

"오늘날 천하에 7국이 있다지만 대국을 꼽으면 초나라와 제나라 및 진나라 등 3국이 있을 뿐입니다. 진나라가 만일 동쪽 제나라와 손을 잡으면 제나라가 강해지고, 남쪽 초나라와 손을 잡으면 초나라가 강해질 것입니다. 과군의 마음은 초나라에 있지 제나라에 있지 않습니다. 무슨 까닭이겠습니까? 제나라는 우리 진나라와 혼인으로 맺어진 사이임에도 불구하고 유독 우리 진나라를 배신하고 있기 때문입니다. 과군은 대왕을 섬기고 싶어 하고, 저 또한 대왕의 문을 지키는 노복인 문란지시門闌之廝가 되고자 합니다. 대왕이 제나라와 우호를 맺으면 이는 과군이 싫어하는 일을 하는 것입니다. 대왕이 만일 국경의 관문을 닫고 제나라와 우호를 단절하면 과군은 지난날 상군商君이 빼앗은 상어商於 땅 600리를 반환할 것입니다. 또한 진나라 왕실의 여인을 대왕에게 바쳐 빗자루라도 잡게 하겠습니다. 이리되면 두 나라는 대대로 혼인을 맺고 형제처럼 지내면서 제후들로 인한 우환을 막을 수 있습니다. 원컨대 대왕은 이를 받아들여주기 바랍니다."

초회왕이 크게 기뻐했다.

"진나라가 우리 초나라의 옛 땅을 돌려주면 과인이 어찌 제나라에 연연할 필요가 있겠소?"

초나라 군신들 모두 옛 땅을 얻게 됐다며 입을 모아 경하 칭하稱賀했다. 유독 한 사람이 벌떡 일어나 말했다.

"불가, 불가합니다. 신이 보건대 이 일은 조문해야 할 일이지 축하를 받을 일이 아닙니다."

초회왕은 보니 객경 진진陳軫이었다. 초회왕이 물었다.

偽獻地
張儀
欺楚

■ 장의가 거짓으로 땅을 바쳐 초회왕을 속이다

"과인은 군사를 1명도 동원하지 않고 600리 상어 땅을 거저 얻게 됐소. 구신들 모두 기뻐하는데 유독 그대만 조문해야 할 일이라고 하니 무슨 까닭이오?"

진진이 말했다.

"대왕은 장의를 믿을 만한 사람이라고 보는 것입니까?"

초회왕이 웃으며 말했다.

"어째서 믿지 못한단 말이오?"

진진이 말했다.

"진나라가 초나라를 중시하는 까닭은 제나라가 있기 때문입니다. 지금 초나라가 제나라와 우호를 단절하면 초나라는 고립될 수밖에 없습니다. 이리되면 진나라가 어찌 고립된 초나라를 중시해 600리 땅을 바치며 받들겠습니까? 이는 장의의 궤계詭計입니다. 제나라와 단교하는 순간 장의가 대왕을 배신해 600리 땅을 주지 않으면 제나라는 대왕에게 원한을 품고 오히려 진나라에 붙을 것입니다. 제나라와 진나라가 힘을 합쳐 초나라를 치면 초나라의 패망은 가히 서서 기다려도 좋을 것입니다. 신이 조문해야 할 일이라고 말한 이유입니다. 사자 1명을 시켜 장의와 함께 진나라로 가서 먼저 땅부터 확실히 챙기느니만 못합니다. 땅이 초나라에 들어온 연후 제나라와 절교해도 늦지 않습니다."

자가 원原인 대부 굴평屈平이 나서서 말했다.

"진진의 말이 옳습니다. 장의는 반복反覆을 일삼는 소인배입니다. 그를 결코 믿어서는 안 됩니다."

그러나 폐신嬖臣 근상은 이같이 말했다.

"제나라와 절교하지 않으면 진나라가 땅을 주겠습니까?"

초회왕이 점두點頭하며 말했다.

"장의가 과인을 저버리지 않으리라는 것은 명확하오. 진자陳子는 이제 그만하고, 과인이 땅을 받아오는 일이나 지켜보시오."

그러고는 장의에게 상국의 인수와 황금 100일, 양마 40필을 하사했다. 이어 북쪽 관문을 지키는 장수에게 명해 더 이상 제나라 사자를 통과시키지 못하게 했다. 이어 장수 봉후추逄侯丑에게 명해 장의를 따라 진나라로 가 땅을 받아오게 했다.

장의가 귀국 도중 내내 봉후추와 술을 마시고 담소하며 골육지친처럼 지냈다. 진나라 도성 함양이 가까워졌을 때 장의가 문득 술에 취한 체하며 수레 밑으로 굴러 떨어졌다. 좌우 시종들이 황급히 부축해 일으키자 장의가 말했다.

"내가 종아리인 족경足踁을 다쳐 급히 의원에게 가봐야겠다."

장의가 와거臥車를 타고 성안으로 들어가 진혜문왕에게 봉후추를 역관에 머물게 하라고 건의했다. 이어 자신은 족경의 치료를 핑계로 두문불출하며 조정으로 들어가지 않았다. 봉후추는 진혜문왕을 만나고자 했으나 만나지도 못한 채 장의만 기다려야 하는 처지가 됐다.

장의는 계속 족경이 낫지 않는다는 핑계만 댔다. 이런 식으로 3달이 지났다. 봉후추는 더 기다리지 모하고 진혜문왕에게 서신을 올려 장의가 초나라에 땅을 떼어주기로 약속한 사실을 언급했다. 진혜문왕이 곧 답서를 내렸다.

> 만일 장의가 그런 약속을 했다면 과인은 반드시 실행할 것이오.
> 그러나 소문을 들으니 초나라와 제나라가 아직 결절決絶하지 않고
> 있다고 하오. 과인은 초나라에 속을까 몹시 두렵소. 장의가 아직 병
> 상에서 일어나지 못하고 있으니 그의 말을 직접 듣기 전에는 그가 한
> 약속을 믿을 수가 없소.

봉후추가 다시 장의를 찾아갔으나 장의는 끝내 집 밖으로 나오지 않았다. 봉후추가 사람을 보내 진혜문왕의 말을 초회왕에게 보고했다. 초회왕이 말했다.

"진나라는 오히려 우리에게 제나라와 단교하지 않은 걸 심하다고 말하는 것인가?"

이내 용사 송유宋遺에게 명해 송나라로 가서 길을 빌린 뒤 송나라 사자의 부절符節을 들고 제나라 국경으로 가 제민왕에게 마구 욕설을 퍼붓게했다. 보고를 받은 제민왕이 대로한 나머지 마침내 사자를 진나라로 보내두 나라가 합세해 초나라를 칠 것을 제의했다.

장의는 제나라 사자가 왔다는 소식을 듣고 자신의 계책이 성공한 것을 알았다. 곧바로 병이 나았다는 핑계를 대고 입조키 위해 밖으로 나섰다. 조정 문 앞에서 봉후추를 만났다. 장의가 짐짓 깜짝 놀란 의아해한 표정을 지으며 물었다.

"장군은 어째서 땅을 받아 돌아가지 않고 아직도 머물고 있는 것이오?"

봉후추가 말했다.

"진왕이 오로지 상국을 만나 결정하겠다고 했소. 오늘 다행히 상국이 무양無恙하게 나왔으니 진왕에게 건의해 미리 땅의 경계를 정해 주시오. 그래야만 과군에게 보고할 수 있게 되오."

장의가 말했다.

"이런 일을 어찌 대왕에게 건의할 필요가 있겠소? 내가 전에 말한 건 내가 갖고 있는 봉읍 6리를 준다는 것이었소. 이는 제가 직접 초왕에게 주면 되는 일이오."

봉후추가 말했다.

"나는 과군으로부터 상어 땅 600리를 받아 오라는 명을 받았소. 6리를 받아오란 말은 듣지 못했소."

장의가 말했다.

"초왕이 아마 잘못 들었던 듯하오. 우리 진나라 땅은 백전百戰을 통해 얻은 것이오. 어찌 척토尺土라도 다른 나라에 내줄 수 있겠소? 하물며 600리는 말할 것도 없소."

봉후추는 급히 귀국해 이를 보고했다. 초회왕이 대로했다.

"장의는 과연 반복무상한 소인배로다! 그 자를 반드시 산 채로 잡아 생살을 뜯어 먹고야 말리라!"

그러고는 마침내 군사를 일으켜 진나라를 치도록 명했다. 객경 진진이 나서서 말했다.

"오늘 신이 다시 개구開口해도 좋겠습니까?"

초회왕이 말했다.

"과인이 선생의 말을 듣지 않았다가 교적狡賊에게 기만을 당했소. 오늘 선생에게 무든 묘책이라도 있소?"

진진이 말했다.

"대왕은 이미 제나라의 도움을 받지 못하게 된 상황입니다. 지금 다시 진나라를 공격할지라도 아무 이득도 없을 수 없습니다. 차라리 성읍 2개를 떼어 진나라에 주고, 진나라와 합세해 제나라를 치느니만 못합니다. 그러면 진나라에 잃은 땅을 제나라에서 보상받을 수 있습니다."

초회왕이 말했다.

"원래 우리 초나라를 속인 건 진나라요. 제나라에 무슨 죄가 있겠소? 진나라와 합세해 제나라를 치면 사람들이 과인을 비웃을 것이오."

그러고는 그날로 굴개屈匄를 대장, 봉후추를 부장으로 삼은 뒤 군사 10만 명을 이끌고 가 진나라를 치게 했다. 초나라 군사가 지금의 섬서성 안강현에 있는 천주산天柱山으로 길을 잡고 서북쪽으로 진군해 곧바로 지금의 섬서성 남전藍田을 기습했다.

보고를 접한 진혜문왕이 위장魏章을 대장, 감무甘茂를 부장으로 삼은 뒤 군사 10만 명을 이끌고 가 적을 막게 했다. 이어 사자를 제나라로 보내 함께 초나라 군사를 칠 것을 제의했다. 제민왕이 대장 광장匡章에게 명해 군사를 이끌고 가 진나라를 돕게 했다.

초나라 대장 굴개가 아무리 용맹할지라도 어찌 양국 군사를 대적할 수 있겠는가? 초나라 군사가 연전연패했다. 진나라와 제나라 군사가 달아나는 초나라 군사를 지금의 하남성 절천현인 단양丹陽까지 추격했다. 굴개가 패잔병을 모아 다시 전투를 벌였으나 진나라 장수 감무의 칼에 목이 떨어졌다. 앞뒤로 전사한 병사가 8만여 명에 달했고, 봉후추를 비롯한 장수도 72

명이나 전사했다. 진나라와 제나라 연합군이 지금의 섬서성 한중漢中의 600리 땅을 빼앗자 초나라 조야가 두려움에 떨었다.

한나라와 위나라는 초나라가 대패했다는 소식을 듣고는 초나라 공격을 모의하기 시작했다. 초회왕은 크게 두려워한 나머지 굴평屈平을 제나라로 보내 사죄케 하고, 진진을 진나라 군영으로 보내 2개 성읍을 바치며 강화를 청하게 했다.

진나라 장수 위장이 사람을 진혜문왕에게 보내 수락 여부의 명을 내려 줄 것을 청했다. 진혜문왕이 말했다.

"과인은 검중黔中 땅을 얻고 싶다. 우리의 상어 땅과 교환토록 하라. 나의 명을 좇으면 군사를 거둘 것이다."

위장이 진혜문왕의 명을 받들어 초회왕에게 서신을 보냈다. 초회왕이 말했다.

"과인은 땅을 바라는 게 아니라, 장의를 잡아들여 마음을 흔쾌히 하고자 하는 것뿐이오. 상국上國이 장의를 보내주기만 하면 과인은 검중 땅을 그냥 내주겠소."

진혜문왕이 상국인 장의를 과연 초나라로 보낼 것인지 여부를 알 길이 없으니 다음 회를 보라.

183話　진무왕이 완력시합하다가 정강이가 끊어지다
- 새거정진무왕절경賽擧鼎秦武王絶脛

　초회왕은 장의에게 속은 것에 원한을 품고 검중 땅을 장의와 맞바꾸고자 했다. 진효문왕의 좌우에서 장의를 시기하는 자들이 말했다.

　"한 사람을 주고 수백 리 땅을 얻을 수 있으면 그 이익은 막대합니다."

　진혜문왕이 대답했다.

　"장의는 내 고굉지신股肱之臣이오. 차라리 땅을 포기할지언정 어찌 그를 초나라로 보낼 수 있겠소?"

　장의가 자청했다.

　"신을 초나라로 보내 주십시오."

　진혜문왕이 말했다.

"지금 초왕은 선생에 대해서 격분하고 있소. 이번에 가면 살해당할 것이오. 과인은 차마 그럴 수 없소."

장의가 말했다.

"신의 한 목숨 바쳐 검중 땅을 얻을 수 있다면 신은 죽어도 영광입니다. 더구나 신은 결코 죽지 않을 자신이 있습니다."

진혜문왕이 물었다.

"선생이 무슨 계책으로 죽음에서 벗어날 수 있다는 것이오? 과인에게 좀 들려주시오."

장의가 말했다.

"초왕의 부인 정수鄭袖는 아름답고도 지혜로워 초왕의 총애를 받고 있습니다. 지난날 신이 초나라에 있을 때 소문을 들으니, 당시 초왕은 새로 한 미인을 총애하자 정수가 그 미인에게 말하기를, '대왕이 다른 사람의 콧김 쐬는 것을 싫어하오. 자네는 대왕을 모실 때 반드시 코를 가려야 하오.'라고 했습니다. 그 미인은 그 말을 곧이듣고 정수가 시키는 대로 했습니다. 그러자 초왕이 정수에게 묻기를, '미인이 과인을 만날 때마다 코를 가리는데 그게 무슨 까닭이오?'라고 했습니다. 정수가 대답키를, '대왕의 몸에서 나는 냄새를 싫어한 나머지 냄새를 맡지 않으려고 그러는 듯합니다.'라고 했습니다. 대로한 초왕이 그 미인의 코를 베도록 명했고, 정수는 마침내 초왕의 총애를 독차지하는 전총專寵을 받게 됐습니다. 초왕에게는 폐신嬖臣 근상靳尙이 있습니다. 그는 정수에게 아첨을 잘해 그녀의 두터운 신임을 얻고 있습니다. 신은 근상과 친하게 지냈습니다. 신이 판단컨대 그의 비호를 받으면 죽지 않을 듯합니다. 대왕은 위장 등에게 명해 군사를 이끌고 한중 땅에 머물게 하고, 멀리서 초나라를 공격하려는 모습만 갖추도록 하십시오. 그럼 초나라는 틀림없이 신을 죽이지 못할 것입니다."

진혜문왕은 이를 좇았다. 장의가 초나라에 당도하자 초회왕이 즉시 사자에게 명해 그를 잡아 가두게 했다. 이어 날을 잡아 태묘太廟에 고한 뒤 그를 죽이려고 했다. 장의는 이미 따로 사람을 근상에게 보내 사건청탁을 하는 이른바 타관절打關節[1]을 해둔 상태였다. 근상이 궁궐로 들어가서 정수에게 말했다.

"장차 부인이 끝내 대왕의 총애를 잃게 됐으니 이를 어찌해야 합니까?"

정수가 크게 놀라 물었다.

"왜 그렇다는 것이오?"

근상이 말했다.

"진나라는 초왕이 장의에게 분노하고 있는 줄 모르고 그를 사자로 보냈습니다. 지금 소문을 들으니 대왕이 장의를 죽이려고 하자 진나라가 장의를 속죄贖罪키 위해 지난번에 빼앗은 땅을 돌려주고, 진왕의 딸을 대왕에게 출가시키고, 겸해서 노래 잘하는 잉첩媵妾까지 딸려 보내려 한다고 합니다. 진녀秦女가 오면 대왕은 틀림없이 새 여인을 존중하며 예우할 터인데 부인이 설령 전총을 받고자 해도 그게 가능하겠습니까?"

정수가 크게 놀랐다.

"그대에게 이를 막을 무슨 계책이 없소?"

근상이 말했다.

"부인은 이번 일을 모른 채하면서 초나라의 이해득실을 대왕에게 설명하고 장의를 돌려보내면 일이 잘 처리될 수 있습니다."

정수가 한밤중에 체읍涕泣하며 초회왕에게 하소연했다.

"대왕이 장의와 우리 땅을 바꾸려 하는데 아직 진나라에 땅을 주기도 전에 장의가 먼저 초나라에 왔습니다. 이는 진나라가 대왕을 예우한 것입니다. 전에 진나라 군사는 일거에 한중 땅을 석권席捲했고, 지금은 우리 초나

---

1   타관절打關節은 관원에게 은밀히 뇌물을 먹여 사건을 청탁한다는 뜻의 속어이다. 원나라 때 무명씨가 쓴 희곡 『촌락당村樂堂』에 '타관절적강자아打關節的姜子牙' 표현이 나온다.

라까지 삼킬 태세입니다. 만일 장의를 죽여 저들의 분노를 돋우면 진나라는 틀림없이 군사를 증원해 우리를 칠 것입니다. 그럼 우리 부부는 목숨을 보장할 수 없게 됩니다. 지금 첩의 중심中心은 베일 듯이 아픕니다. 음식을 먹어도 무슨 맛인지 모르게 된 지 여러 날입니다. 인신人臣은 각각 주군을 위해 노력하게 마련입니다. 장의는 천하의 지사智士로 진나라 상국이 된 지이미 오래됐습니다. 진나라를 치우치게 편애하는 그의 편후偏厚가 어찌 이상한 일이겠습니까? 대왕이 그를 후하게 대접하면 그가 진나라를 섬기는 것처럼 우리 초나라를 섬길 것입니다."

초회왕이 말했다.

"경卿은 너무 염려하지 마시오. 과인이 종장계의從長計議토록 하겠소.[2]"

근상이 다시 기회를 보아 말했다.

"장의 하나 죽인다고 해서 진나라에 무슨 손실이 있겠습니까? 검중 땅수백 리를 잃는 것보다 장의를 진나라로 살려 보내 화친하느니만 못합니다."

초회왕도 검중 땅을 내주기가 싫어 이내 장의를 석방한 뒤 후하게 예우했다. 장의는 진나라를 섬기는 게 여러모로 초나라에 이익이 되는 점을 이야기했다. 초회왕이 장의를 진나라로 돌려보낸 뒤 진나라와 우호를 맺었다.

당시 굴평이 제나라에 사자로 갔다가 돌아온 뒤 장의를 돌려보냈다는 말을 듣고 간했다.

"전에 대왕은 장의에게 기만을 당했습니다. 신은 그가 왔을 때 대왕이 반드시 그의 고기를 삶아 먹었을 것으로 생각했습니다. 그러나 지금 그를 죽이지 않고 사면한 데 이어 그의 사설邪說을 받아들여 솔선해 진나라를 섬기기로 했습니다. 무릇 필부匹夫도 구수仇讎를 잊지 않는 법인데 하물며

---

2   종장계의從長計議는 긴 시간 상의한다는 뜻으로 신중한 자세로 상세히 고려하며 서두르지 않고 결정하는 것을 지칭한다. 『춘추좌전』 「노희공 4년」조에 불여종장不如從長 구절이 나온다.

군주의 경우이겠습니까? 이제 진나라의 환심을 얻기도 전에 천하의 분노에 직면하게 됐으니 신은 내심 이를 비계非計로 생각합니다."

초회왕은 그제야 후회하는 마음이 들어 곧바로 사람을 시켜 경거輕車를 타고 급히 장의의 뒤를 쫓게 했다. 그러나 이미 장의가 밤새 말을 달려 초나라 국경을 벗어난 지 2일이나 지난 뒤였다. 장의가 무사히 귀국하자 위장도 군사를 거둬 돌아갔다.

사신이 이를 시로 읊었다.

장의가 반복하며 진나라 위하니	張儀反覆爲嬴秦
아침의 죄수 저녁에 귀빈 되다	朝作俘囚暮上賓
가소롭다 목우 같은 초회왕이여	堪笑懷王如木偶
충언 듣지 않고 아첨꾼 말 듣다	不從忠計聽讒人

진나라로 돌아간 장의가 진혜문왕에게 말했다.

"신은 구사일생으로 돌아와 다시 대왕을 알현케 됐습니다. 초왕은 실로 대왕을 두려워하고 있습니다. 비록 그럴지라도 초나라에 신의를 잃을 수는 없습니다. 대왕은 한중 땅의 절반을 떼어 초나라에 덕을 베풀고, 초나라와 혼사를 맺도록 하십시오. 그럼 신은 이를 단서로 6국에 유세해 마침내 그들이 서로 손을 잡고 우리 진나라를 섬기도록 만들겠습니다."

진혜문왕이 이를 좇아 한중 땅의 5개 현縣을 초나라에게 내주고 사자를 보내 우호를 맺었다. 또 초회왕의 딸을 진나라 세자 탕蕩의 비妃로 삼고, 진혜문왕의 딸을 초회왕의 막내아들인 난蘭과 혼인시켰다. 초회왕이 크게 기뻐하며 장의가 과연 초나라를 속이지 않았다고 생각했다.

진혜문왕이 장의 공을 생각해 5개 읍을 봉토로 더해주고, 무신군武信君의 군호를 내렸다. 또 많은 황금과 백벽白璧, 4필의 말이 끄는 고거高車를 하사한 뒤 천하 열국을 순회하며 제후들에게 연횡책連衡策을 유세케 했다.

장의가 동쪽 제나라로 가 제민왕에게 말했다.

"대왕은 제나라와 진나라 영토 가운데 어느 쪽이 더 크다고 생각하십니까? 또 군사는 어느 나라가 강하다고 여기십니까? 아마 제나라를 위해 계책을 꾸미는 자들은 모두 제나라가 진나라에서 멀리 떨어져 있기에 아무 걱정이 없다고 말할 것입니다. 하지만 이는 목전의 안전에 매달려 후환은 돌아보지 않는 계책입니다. 지금 진나라와 초나라는 서로 딸을 상대국에 며느리로 보내며 곤제昆弟의 우의를 다지고 있습니다. 3진三晉도 두려움에 떨며 다퉈 땅을 떼어 바치고 진나라를 섬기는 상황입니다. 대왕 홀로 진나라와 원한을 맺으면 진나라는 한나라와 위나라를 동원해 제나라의 남쪽 경계를 칠 것입니다. 게다가 조나라 역시 모든 군사를 동원해 황하를 건넌 뒤 곧바로 임치와 즉묵의 빈틈을 노릴 것입니다. 이런 상황에 처한 뒤 비로소 진나라를 섬기고자 하면 그게 어찌 가능하겠습니까? 오늘날 가장 좋은 계책은 바로 진나라를 섬겨 안정을 찾는 것입니다. 진나라를 배반하면 바로 위기에 빠질 것입니다."

제민왕이 말했다.

"과인은 선생의 말을 따르겠소."

그러고는 장의에게 후한 선물을 줬다. 장의가 또 서쪽 조나라로 가 조무령왕에게 말했다.

"폐읍의 진왕은 보잘 것 없는 군사인 폐갑조병敝甲凋兵을 보유하고 있으나 대왕과 한단邯鄲 땅에서 회맹코자 하는 까닭에 미신微臣을 이곳으로 보내 그 사실을 알리게 했습니다. 지금 대왕이 믿고 있는 것은 소진의 합종책일 뿐입니다. 소진은 연나라를 배반하고 제나라로 달아났다가 주살을 당하고 말았습니다. 일신도 능히 보전하지 못한 자의 말을 믿는 것은 잘못입니다. 지금 진나라는 초나라와 서로 혼인한 사이이고, 제나라는 생선과 소금

이 산출되는 땅을 바쳤고, 한나라와 위나라는 동쪽 울타리를 지키는 번신藩臣을 자처하고 있습니다. 이들 5국이 모두 하나가 되었습니다. 이런 상황에서 대왕은 고립된 조나라 힘만으로 이들 5국의 예봉에 맞서려고 하니 이는 1만분의 1도 가당치 않은 만무일행萬無一幸입니다. 신이 대왕을 위해 계책을 말하면 진나라를 섬기는 것보다 나은 계책은 없습니다."

조무령왕도 이를 수락했다. 장의가 다시 북쪽 연나라로 가 연소왕에게 말했다.

"대왕과 가장 친한 나라는 조나라입니다. 옛날 조양자趙襄子 조무휼趙無恤은 친누이를 대代나라 군주에게 출가시켰습니다. 그는 대나라를 병탄할 작정이었습니다. 이내 대나라 군주와 회맹을 청하면서 대장장이를 시켜 자루가 긴 쇠로 된 음기飮器인 금두金斗를 만들게 했습니다. 마침내 연회가 시작되고 주인廚人이 국을 올리자 금두로 대나라 군주를 가격해 가슴이 조각나며 즉사하도록 만들었습니다. 이어 대나라를 급습해 병탄했습니다. 그의 친누이는 그 소식을 듣고 흐느껴 울며 하늘을 우러러 통곡한 뒤 스스로 비녀의 일종인 미계靡笄로 자기 목을 찌르고 자진했습니다. 후대인은 그녀가 자진한 곳을 미계산靡笄山이라고 불렀습니다. 무릇 친누이를 속여 이익을 취하는 나라가 다른 나라에 무슨 짓인들 못하겠습니까? 지금 조왕은 이미 진나라에 땅을 떼어주고 사죄한 뒤 장차 면지澠池로 가서 조공을 바치려 하고 있습니다. 어느 날 진나라가 조나라를 앞세워 연나라를 치면 역수易水와 장성長城은 대왕의 소유가 아닐 것입니다."

연소왕이 몹시 두려워하며 지금의 산서성 대동시에 있는 한산恒山 동쪽의 5개 성읍을 바치고 화친을 맺고자 했다.

장의는 연횡책連衡策을 성사시킨 뒤 진나라 귀환 길에 올랐다. 도중에 함양에 아직 이르지 못했을 때 문득 진혜문왕이 병으로 훙거하는 병훙病薨의 소식을 들었다. 태자 탕蕩이 뒤를 이었다. 그가 바로 진무왕秦武王

이다.

당시 제민왕은 장의의 유세를 들으면서 3진이 모두 땅을 떼어 바치고 진나라를 섬기는 줄 알았다. 감히 홀로 다르게 행동할 수 없었던 이유다. 그러나 이내 장의가 제나라에서 유세한 뒤 다시 조나라로 갔다는 소문을 듣게 됐다. 결국 그에게 속은 걸 뒤늦게 알고는 격노했다.

이때 진혜문왕이 죽었다는 소식을 듣고 곧바로 맹상군을 시켜 열국의 제후들에게 보내는 서찰을 쓰게 했다. 여러 제후국이 합세해 진나라에 대항하면서 다시 합종책을 회복시키자는 게 골자였다. 제민왕은 초나라가 진나라와 서로 혼인한 까닭에 합종책에 따르지 않을 것으로 보고 초나라를 먼저 정벌코자 했다. 초회왕이 세자 횡橫을 제나라에 인질로 바치자 제나라가 초나라 정벌을 중지했다.

제민왕은 스스로 종약장縱約長이 되어 제후들과 연합한 뒤 장의를 포획해 오는 사람에게 10개의 성읍을 상으로 내리겠다고 선언했다.

원래 진무왕은 거칠고 우직한 조직粗直한 성품의 소유자였다. 태자로 있을 때부터 사술詐術을 수시로 구사하는 장의의 다사多詐를 혐오했다. 진나라 군신들 가운데 장의가 총애 받는 걸 시기하던 자들은 이때에 이르러 입을 모아 장의를 참소하기 시작했다. 장의는 화가 미칠까 두려워 진무왕에게 이같이 말했다.

"신에게 우계愚計가 하나 있습니다. 대왕의 좌우에서 그 계책을 써볼까 합니다."

진무왕이 물었다.

"그게 어떤 계책이오?"

장의가 대답했다.

"신이 소문을 들으니 지금 제왕齊王이 신을 크게 미워한다고 합니다. 제나라는 신이 있는 곳을 알면 틀림없이 군사를 일으켜 칠 것입니다. 원컨대 신은 대왕 곁을 떠나 동쪽 위나라 대량大梁으로 가 있겠습니다. 제나라는 틀림없이 위나라를 칠 것입니다. 제나라와 위나라가 서로 싸우면 대왕은 그 틈을 타 한나라를 쳐 삼천三川을 지나 주왕실을 엿보십시오. 그리하면 왕업王業의 터전을 마련할 수 있을 것입니다."

진무왕이 이를 좇았다. 장의에게 가죽으로 감싼 혁거革車 30승을 내주며 위나라로 보냈다. 위양왕이 장의를 상국으로 임명해 지금까지 상국으로 있던 공손연을 대신하게 했다. 공손연은 위나라를 떠나 진나라로 들어갔다.

한편 제민왕은 장의가 위나라 상국이 됐다는 소문을 듣고 대로했다. 마침내 군사를 일으켜 위나라를 쳤다. 위양왕이 크게 두려워하며 장의와 대책을 상의했다. 장의가 자신의 사인舍人인 풍희馮喜에게 명해 초나라 빈객으로 위장한 뒤 제민왕을 만나게 했다. 풍희가 제민왕을 만나 물었다.

"소문을 들으니 대왕이 장의를 크게 미워하고 있다는데 그게 사실입니까?"

제민왕이 대답했다.

"그렇소."

풍희가 말했다.

"대왕이 실로 장의를 미워하면 위나라를 치지 마십시오. 신이 마침 함양에서 이곳으로 오는 길에 소문을 들으니 장의가 진나라를 떠날 때 진왕秦王과 밀약을 하며 말하기를, '지금 제왕齊王이 신을 크게 미워하고 있습니다. 신이 있는 곳을 알면 틀림없이 군사를 일으켜 정벌에 나설 것입니다.'라고 했답니다. 진왕이 수레를 갖춰 장의를 위나라로 보내 제나라와 위나라의 싸움을 부추긴 이유입니다. 제나라와 위나라가 싸우면 진나라는 그 틈을 노려 북쪽을 노릴 것입니다. 대왕이 지금 위나라를 치면 장의의 계략에 빠지는 게 됩니다. 그러니 대왕은 위나라를 치지 않느니만 못합니다. 대신 진나라로 하여금 장의를 의심케 만들면 장의는 위나라에서 아무 일도 할 수 없게 됩니다."

제민왕이 결국 출병을 중지하고 위나라 정벌에 나서지 않았다. 소식을 들은 위양왕이 장의를 더욱 융숭하게 대접했다. 이듬해는 주난왕 6년인 기원전 309년이었다. 장의가 위나라에서 병사했다. 이해에 제나라의 무염無鹽 왕후도 세상을 떠났다.

원래 진무왕은 몸집도 크고 힘도 장사였다. 용사들과 힘 겨루는 걸 좋아한 이유다. 당시 진나라엔 오획烏獲과 임비任鄙라는 용사가 있었다. 두 사람은 선왕인 진혜문왕 때부터 장수로 임영됐고, 진무왕 때 더욱 총애를 입었다. 진무왕은 두 사람의 벼슬을 올려주고 녹봉을 더해줬다.

제나라에도 맹분孟賁이라는 용사가 있었다. 물속에서 교룡蛟龍도 피하지 않고, 땅 위에서 호랑이도 피하지 않았다. 그가 한번 분노해 고함을 지르면 그 소리가 하늘을 진동시키는 듯했다. 일찍이 그는 들에서 소 두 마리가 싸우는 걸 봤다. 두 손으로 소를 떼어 놓았다. 한 마리는 땅에 엎드려 복종했지만 다른 한 마리는 그에게 덤벼들었다. 그가 왼손으로 소의 머리를 누르고, 오른손으로 그 뿔을 뽑아 버렸다. 소가 그 자리서 죽어 즉사했다. 사람들이 그의 용력에 겁을 먹고 아무도 맞서려 하지 않았다.

이후 그는 진무왕이 천하의 용사를 널리 구한다는 소문을 듣고 서쪽으로 가 황하를 건너려고 했다. 나루터에 사람들이 너무나 많았다. 순서에 따라 배를 타게 돼 있었다. 맹분이 맨 나중에 도착해서는 강제로 배에 올라 먼저 건너려고 했다. 화가 난 사공이 노를 들어 그의 머리를 치며 말했다.

"네가 이토록 억지를 부리니 맹분이라도 되는가?"

맹분이 눈을 부릅뜨고 그를 노려봤다. 분노로 머리칼이 곤두서고 눈이 양쪽으로 찢어졌다. 그가 한 번 고함을 지르자 큰 파도가 치솟았다. 배 안의 사람들이 모두 배가 뒤집힐까 두려워 강물 속으로 뛰어들었다. 이때 그가 힘껏 노를 저으며 발을 굴렀다. 배가 한 번에 몇 길이나 전진하며 순식간에 강 건너 언덕에 닿았다.

맹분이 곧바로 함양으로 들어가 진무왕을 알현했다. 진무왕은 그의 용기를 알아보고 곧바로 대관大官에 임명했다. 맹분은 오획 및 임비와 함께 진무왕의 총애를 받았다. 때는 주난왕 6년이자 진무왕 2년인 기원전 309년이었다.

진秦나라는 진무왕 때 다른 나라에서 상국相國이라는 명칭을 쓰는 것을 본받고 싶지 않아 이때 처음으로 좌우左右 승상丞相을 각각 1명씩 두었다. 감무甘茂가 좌승상, 저리질樗里疾이 최초의 우승상이 됐다. 승상의 자리에 오르지 못한 위장은 울분을 품고 위나라로 가버렸다. 진무왕은 전에 장의가 한 말이 생각나 우승상 저리질과 상의했다.

"과인은 서융西戎 땅에서 생장한 까닭에 아직 중원 문물의 극성한 모습을 구경도 하지 못했소. 만일 삼천三川을 지나 공성鞏城과 낙양 사이에서 한 번 노닐 수만 있다면 죽어도 여한이 없겠소. 두 분 승상 가운데 누가 과인을 위해 한나라 공벌에 나서주겠소?"

저리질이 대답했다.

"대왕이 한나라를 치고자 하는 것은 의양宜陽을 취해 삼천으로 통하는 길을 얻기 위한 것입니다. 의양으로 가는 길은 멀고 험준해 병사들이 쉽게 지치고 경비도 많이 듭니다. 게다가 위나라와 조나라의 구원병이 몰려올 것이기에 신은 불가한 일로 생각합니다."

진무왕은 다시 좌승상 감무와 상의했다. 감무가 대답했다.

"신이 위나라에 사자로 가서 함께 한나라 공벌에 나서는 방안을 약속토록 하겠습니다."

진무왕이 크게 기뻐하며 감무를 위나라에 사자로 보내 위양왕을 설득케 했다. 위양왕이 진나라를 돕겠다고 약속했다. 좌승상 감무는 평소 우승상 저리질과 의견이 맞지 않았다. 그가 중간에 방해할까 우려한 나머지 먼저 부사副使인 상수向壽를 시켜 진무왕에게 이같이 보고토록 했다.

"위나라가 이미 우리의 명을 좇기로 했습니다. 비록 그러하나 대왕은 잠시 한나라 공벌을 멈춰주시기 바랍니다."

진무왕은 그의 말이 의심스러워 친히 감무를 마중하기 위해 식양息壤 땅까지 갔다. 식양 땅에서 진무왕이 감무에게 물었다.

"승상은 위나라로부터 한나라 공벌의 약속을 받았고, 위왕도 과인의 명을 따르겠다고 했는데 '잠시 공벌을 멈춰 달라'고 요구한 것은 무슨 까닭이오?"

감무가 대답했다.

"무릇 1천 리에 이르는 험한 길을 넘어 강고한 한나라의 대읍을 공격하는 것은 단순히 세월歲月로만 판단할 문제가 아닙니다. 옛날 공자의 제자 증삼曾參이 비읍費邑에 거주할 때 노나라 사람 가운데 이름이 같은 자가 살인을 했습니다. 어떤 사람이 증삼의 모친에게 달려와 말하기를, '증삼이 살인을 했소.'라고 했습니다. 모친이 베를 짜다가 말하기를, '내 아들은 살인할 사람이 아니오.'라며 계속 베를 짰습니다. 잠시 후 또 한 사람이 달려와 말하기를, '증삼이 살인을 했소.'라고 했습니다. 모친이 잠시 베틀의 북梭을 멈추고 생각하더니 말하기를, '내 아들은 살인할 사람이 아니오.'라며 계속 베를 짰습니다. 잠시 후 또 다른 사람이 달려와 말하기를, '살인자가 과연 증삼이라고 합니다.'라고 했습니다. 그러자 모친이 북을 내던지고 베틀에서 내려온 뒤 담을 넘어 몸을 숨기는 투저유장投杼逾牆[3]을 했습니다. 무릇 모

---

3 투저유장投杼逾牆 성어는 여러 사람이 이야기를 하면 가장 가까운 사람조차 의심을 하며 동요하게 되는 것을 비유할 때 사용한다. 『전국책』「진책秦策」에서 인용한 것이다. 3인이 저잣거리에 호랑이가 나타났다고 거듭 말하면 사람들이 믿게 된다는 『전국책』「위책魏策」의 일화에서 나온 삼인성호三人成虎 성어와 취지를 같이 한다. 이 대목의 『열국지』 원문은 '두저하기投杼下機, 유장주익逾牆走匿'으로 되어 있다. 그러나 「진책」에는 '투저유장주投杼逾牆走'로 나온다. 몸을 숨겼다는 뜻의 익匿 자가 없는 것이다. 일부 번역본은 익匿 자가 없는 점

친은 증삼의 어진 성품을 믿었지만 3인이 잇달아 달려와 살인을 했다고 하자 결국 아들을 의심하게 된 것입니다.[4] 신의 현명함은 증삼에 미치지 못하고, 대왕의 신에 대한 믿음 역시 반드시 증삼의 모친과 같지는 않을 것입니다. 누군가 신이 살인을 했다고 비방하면 아마도 3인이 잇달아 오기도 전에 대왕이 북을 내던지는 투저投杼를 할까 두렵습니다."

진무왕이 말했다.

"과인이 다른 사람의 말을 듣지 않을 것을 그대와 함께 맹서하겠소."

두 군신이 삽혈하고 맹서한 뒤 서서誓書를 식양 땅에 보관했다. 이내 감무가 대장, 상수가 부장이 된 뒤 군사 5만 명을 이끌고 한나라 의양 땅으로 쳐들어갔다. 진나라 군사가 5달 동안 의양성을 포위했으나 의양의 수령이 굳건히 성을 지킨 까닭에 쉽게 함락시킬 수 없었다.

우승상 저리질이 진무왕에게 말했다.

"우리 진나라 군사가 몹시 지쳐 있습니다. 군사를 철회撤回하지 않으면 변란이 일어날까 두렵습니다."

진무왕이 사람을 감무에게 보내 속히 반사班師할 것을 명했다. 감무가 서찰 1통을 써 진무왕에게 올리며 명을 좇지 않았다. 진무왕이 서찰을 열어보니 '식양息壤' 두 글자만 쓰여 있었다. 진무왕은 그제야 지난번 맹서를 떠올리며 말했다.

"감무가 지난번에 한 말이 바로 과인의 잘못을 지적한 것이다!"

에 주목해 상상력을 발휘한 나머지 증자의 모친이 관가에 고발하기 위해 담을 넘은 것으로 풀이해 놓았다. 그러나 이는 아무래도 지나치다. 풍몽룡처럼 '주익走匿'으로 풀이하는 게 합리적이다. 다만 번역문은 논란의 여지를 없애기 위해 아예 「진책」을 좇아 익匿 자를 뺀 채 번역해 놓았다.

4 증삼의 모친과 관련한 일화는 『전국책』 「진책」에서 인용한 것이다. 이 일화에서 3인이 유언비어를 퍼뜨리면 진실도 가려진다는 취지의 삼부지언三夫之言 성어가 나왔다. 『후한서』 「마원전馬援傳」에 '삼부지언' 표현이 나온다.

賽擧鼎
秦武王
絶脛

■ 진무왕이 완력 시합하다가 정강이가 끊어지다

그러고는 다시 오획에게 명해 군사 5만 명을 이끌고 가 감무를 돕게 했다. 그러자 한양왕韓襄王도 대장인 공숙公叔 영영嬰에게 명해 원군을 이끌고 가 의양을 구하게 했다. 의양성 아래서 일대 접전이 벌어졌다.

진나라 용사 오획은 무게가 180근이나 나가는 철극鐵戟 1쌍을 휘두르며 홀로 적진 속으로 돌진했다. 한나라 군사들이 사방으로 흩어지며 감히 맞서지 못했다. 감무와 상수도 각각 1군軍을 이끌고 진격했다. 한나라가 군사는 결국 7만여 명이나 죽는 참패를 당했다.

당시 오획은 한 걸음에 성 위로 뛰어올라 성가퀴인 성첩城堞을 잡고 오르다가 성첩이 무너져 내리는 바람에 결국 돌 밑에 깔려 늑골이 부러져 죽고 말았다. 이 사이 진나라 군사가 물밀 듯 쳐들어가 마침내 의양성을 함락시켰다.

한양왕은 의양성이 함락됐다는 보고를 받고 크게 겁을 먹었다. 상국인 공중치公仲侈를 시켜 많은 보물을 갖고 진나라로 가 강화를 청하게 했다. 진무왕이 크게 기뻐하며 이를 수락했다. 곧 감무를 소환하면서 상수로 하여금 의양 땅을 다스리게 했다.

이어 우승상 저리질을 삼천으로 보내 낙양으로 가는 앞길을 열게 했다. 진무왕은 천하장사 임비와 맹분 등의 용사들을 직접 이끌고 곧바로 낙양을 향했다. 주난왕은 진무왕을 영접키 위해 직접 교외까지 나와 빈주賓主의 예를 베풀고자 했다. 그러나 진무왕은 감히 대등하게 예를 받을 수 없다며 사양했다.

진무왕은 구정九鼎이 태묘 옆에 있는 걸 알고 바로 그곳으로 갔다. 과연 구정이 일렬로 가지런히 놓여 있었다. 구정은 하나라 우왕禹王이 구주九州의 쇠를 조공으로 받아 주조한 솥을 말한다. 한 주州 당 1개의 솥을 주조했다. 각 주의 산천과 인물, 세금, 토지 등의 숫자를 기록해 놓았다. 솥발과 손잡이에는 용무늬가 새겨져 있어 구룡신정九龍新鼎으로 불리기도 한다.

구정은 하나라에서 은나라로 전해지면서 천하를 평안케 하는 진국鎭國의 중기重器로 여겨졌다. 주무왕이 은나라를 멸망시킨 후 낙양으로 옮겼다. 당시 많은 군사를 동원해 배와 수레에 나눠 운반했다. 쇠로 만든 9개의 작은 산과 같은 구정을 옮긴 까닭에 그 무게가 정확히 얼마나 되는지 아무도 알 수 없었다. 진무왕은 구정을 두루 살피며 감탄을 금치 못했다.

구정의 가운데 불룩한 배 부분에는 형荊, 양梁, 옹雍, 예豫, 서徐, 양揚, 청青, 연兗, 기冀 등 9주의 이름이 나뉘어 새겨져 있었다. 진무왕이 '옹' 자가 새겨진 솥을 가리키며 말했다.

"이는 옹주雍主를 말한다. 바로 진秦나라의 솥이다. 과인은 이것을 함양으로 가져갈 생각이다."

그러고는 구정을 지키는 관원에게 물었다.

"이 솥을 들어본 사람이 있는가?"

관원이 머리를 조아리며 대답했다.

"이곳에 옮겨온 이래 아직 움직여본 적이 없습니다. 전하는 말에 따르면 솥 1개 당 1천 균鈞의 무게가 나간다고 합니다. 누가 능히 들어 올렸겠습니까?"

진무왕이 임비와 맹분을 돌아보며 물었다.

"경卿들은 능히 들어 올릴 수 있겠소?"

임비는 진무왕이 자신의 힘만 믿고 남에게 지기 싫어하는 것을 알고 있기에 사양했다.

"신은 100균 정도는 들 수 있습니다. 하지만 이 솥은 그보다 10배나 무거우니 신은 도저히 들 수 없습니다."

곁에 있던 맹분이 힘을 과시하기 위해 소매를 걷어붙이며 팔뚝을 드러내는 양비攘臂를 하며 말했다.

"청컨대 신이 한번 들어 보겠습니다. 만일 들지 못할지라도 벌은 내리지 마십시오."

진무왕이 즉시 좌우에 명해 푸른 실로 굵은 밧줄을 꼰 뒤 밧줄을 넓게 벌려 솥의 손잡이에 매게 했다. 맹분이 밧줄의 한쪽 끝을 허리에 단단히 동여맸다. 이어 양 소매를 걷어붙이고 무쇠 같은 팔뚝으로 밧줄을 감아쥔 뒤 사나운 목소리로 고함을 질렀다.

"이얏起!"

솥이 반 자가량 들어 땅 위로 올라갔다가 다시 제자리로 떨어졌다. 맹분은 너무 힘을 쓴 나머지 눈알이 튀어나오며 눈 꼬리에서 피가 흘러 나왔다. 진무왕이 웃으며 말했다.

"경은 힘을 너무 많이 썼소. 경이 이 솥을 들어 올렸는데 과인이 어찌 그보다 못할 수 있겠는가?"

임비가 간했다.

"대왕은 만승지국의 군주입니다. 경솔히 시도해서는 안 됩니다."

진무왕이 듣지 않았다. 곧 금포錦袍와 옥대玉帶를 벗었다. 이어 허리띠를 단단히 동여맨 뒤 큰 띠를 이용해 소매까지 싸맸다. 임비가 진무왕의 소매를 끌며 극력 간했다. 진무왕이 대답했다.

"경은 이 솥을 들 수 없기에 과인을 질투하는 것이오?"

임비는 더 이상 할 말이 없었다. 진무왕이 큰 걸음으로 솥 앞으로 다가가 양팔로 밧줄을 휘감아 쥐며 내심 이같이 생각했다.

'맹분은 약간 들어 올렸다. 솥을 들고 몇 걸음 걸어야 내 힘이 더 센 게 된다.'

진무왕이 외마디 소리를 지르며 평생의 신력神力을 일거에 다 쏟았다.

"이얏!"

솥이 반 자가량 들어 올려졌다. 막 걸음을 떼려다가 자신도 모르게 힘이 달려 밧줄을 잡은 손을 놓치고 말았다. 솥이 땅에 떨어지며 진무왕의 오른쪽 발 위를 찧고 말았다. 우직跐札하는 소리와 함께 진무왕의 오른발 정강이뼈인 경골脛骨이 두 동강 났다.

무왕이 비명을 질렀다.

"아이고 아야痛哉!"

그러고는 기절해 버리고 말았다. 좌우 시종들이 황망히 진무왕을 떠메고 공관公館으로 돌아왔다. 피가 계속 흘러 침상을 흥건히 적셨다. 참을 수 없는 고통이 이어졌다. 결국 한밤중을 넘기지 못하고 숨을 거뒀다. 진무왕은 앞서 이같이 말한 적이 있다.

"공성鞏城과 낙양 사이에서 한 번 노닐 수만 있다면 죽어도 여한이 없겠다."

진무왕이 오늘 과연 낙양에서 죽게 됐으니 어찌 말이 씨가 된 경우가 아니겠는가? 주난왕은 진무왕의 참변 소식을 듣고 크게 놀라 급히 좋은 목재로 관을 준비해 친히 염殮을 감독하고 예의를 다해 조문했다. 저리질이 진무왕의 장례 행렬을 받들고 함양으로 돌아왔다.

진무왕은 아들이 없었다. 진무왕의 이모제異母弟인 공자 직稷이 보위를 이었다. 그가 바로 진소양왕秦昭襄王이다. 우승상 저리질은 구정을 들어 올린 죄를 물어 맹분을 거열형에 처하고, 그 집안을 멸족했다. 간언을 올린 임비는 한중 태수에 임명했다. 그는 또 조정에서 이같이 선언했다.

"삼천으로 길을 튼 것은 바로 감무의 계모計謀에 따른 것이다."

감무가 살해될까 두려워 위나라로 달아났다. 이후 그곳에서 일생을 마쳤다.

184話 초회왕이 회맹에 갔다가 함정에 빠지다
─ 망부회초회왕함진莽赴會楚懷王陷秦

당초 진소양왕은 초나라가 태자 횡橫을 제나라에 볼모로 보낸다는 소식을 듣고는 진나라를 배반하고 제나라와 손을 잡는 게 아닐까 의심했다. 곧 저리질을 대장으로 삼은 뒤 군사를 이끌고 가 초나라를 치게 했다. 초회왕이 대장 경앙景央을 시켜 영전迎戰케 했다. 그러나 대장 경앙은 대패한 뒤 전사하고 말았다. 초회왕이 크게 두려워했다. 이때 진소양왕이 초회왕에게 사자를 보내 국서를 전했다. 내용은 대략 이러했다.

당초 과인은 대왕과 형제가 되기로 약속하고 혼인으로 맹약을 맺은 뒤 오랫동안 우호를 유지해 왔소. 그런데 대왕은 과인을 버리고 제나라에 인질을 바쳤소. 실로 분을 참을 수 없어 귀국의 변경을 친 것으로, 이는 과인의 본심이 아니오. 지금 천하 대국은 오직 진나라와 초나라뿐이오 우리 두 나라가 화목하지 못하면 어떻게 제후들에게 영을 내릴 수 있겠소? 과인은 무관武關에서 대왕과 만나 우호의 맹약을 맺고 헤어졌으면 하오. 이번에 빼앗은 땅도 돌려주고 옛날의 우호를 회복하고 싶소. 대왕이 허락해 주시오. 이를 거절하면 과인과 절교하겠다는 뜻이 분명한 것으로 알고 과인 또한 퇴병退兵하지 않을 것이오.

초회왕은 서신을 읽고 난 뒤 바로 군신들을 불러 대책을 상의했다.
"과인은 가고 싶지 않으나 진나라의 분노를 살까 두렵소. 또한 갈지라도 진나라에 기만을 당하지나 않을까 두렵소. 어느 게 더 나은 것이오?"

이름이 평平, 또 다른 자字가 영균靈均인 대부 굴원屈原이 나서서 말했다.

"원래 진나라는 호랑虎狼의 나라입니다. 우리 초나라가 진나라에 속은 게 한두 번이 아닙니다. 대왕이 이번에 가면 틀림없이 돌아오지 못할 것입니다."

영윤슈尹 소수昭雎도 말했다.

"영균의 말은 충언입니다. 대왕은 무관으로 가지 말고 속히 군사를 동원해 진나라의 침공에 대비하십시오."

그러나 근상은 이같이 말했다.

"그렇지 않습니다. 우리 초나라는 진나라에 대적할 능력이 없기에 싸움에 패했고, 장수도 죽은 것입니다. 지금 날마다 영토를 빼앗기고 있습니다. 저들이 기쁜 마음으로 우호를 맺으려는 마당에 우리가 이를 거절했다가 만일 진왕秦王이 진노震怒해 더욱 군사를 늘려 침공하면 어찌할 것입니까?"

초회왕의 막내아들 난蘭 역시 진녀를 아내로 맞은 까닭에 초회왕의 무관 행을 역권力勸했다.

"우리 초나라와 진나라는 서로 딸을 출가시켜 혼인을 맺었으니 이보다 더 친한 관계는 없습니다. 저들이 군사를 출병시킨 상황에서는 우리가 먼저 강화를 요청해야 하는 것인데, 하물며 저들이 먼저 우호의 회맹을 원하는 경우이겠습니까? 상관대부上官大夫[5] 근상의 제안이 가장 타당합니다. 대왕

5 『사기』「굴원가생열전屈原賈生列傳」에 나오는 상관대부上官大夫에 대해 근상斳尙과 동일인물인지 여부를 놓고 예로부터 설이 대립한다. 전한 초기 가의賈誼의 『신서新書』「절사節士」는 동일인물로 보았다. 전한 말기 왕일王逸의 『이소경소離騷經序』는 상관上官을 성, 근상斳尙을 이름으로 보았다. 이에 대해 『한서』「고금인표古今人表」는 별개의 인물로 간주하면서 상관대부上官大夫는 5등급, 근상은 7등급의 관직에 해당한다고 했다. 초대 사회과학원장을 지낸 곽말약郭沫若은 역사극 『굴원』에서 가의의 주장을 좇았다. 이게 학계의 통설이기도 하

은 저들의 제안을 듣지 않을 수 없습니다."

초회왕은 초나라 군사가 방금 싸움에 패한 까닭에 내심 진나라를 두려워했다. 근상과 아들 난이 계속 권하자 결국 무관의 회맹에 참석키로 했다. 길일을 택해 떠날 때 근상 1인만 수행했다.

당시 진소양왕은 동생인 경양군涇陽君 회悝에게 자신을 가장케 했다. 자신의 수레에 올라 우모羽旄 깃발을 꽂은 뒤 호위병을 이끌고 가 무관에 머물게 한 게 그렇다. 진소양왕으로 가장한 경양군은 장군 백기白起에게 명해 군사 1만 명을 이끌고 무관 안쪽에 매복해 있다가 초회왕을 위협케 했다. 이어 장군 몽오蒙鷔에게도 명해 군사 1만 명을 이끌고 가 관외에 매복하며 비상사태에 대비케 했다. 동시에 사자를 파견해 초회왕을 영접하는 과정에서 좋은 말로 방심케 만들면서, 끊임없이 초회왕의 처소를 드나들며 동정을 살피게 했다. 초회왕이 아무런 의심도 하지 않고 무관에 도착한 이유다.

당시 진나라 사자가 활짝 열린 관문에서 나와 초회왕을 영접하며 이같이 고했다.

"과군이 관내에서 대왕을 기다린 지 이미 3일째입니다. 감히 초야草野에서 대왕의 수레를 맞이하는 결례를 저지를 수 없으니 청컨대 폐관敝館으로 모신 후 빈주賓主의 예를 올리고자 합니다."

초회왕은 이미 진나라 영내로 들어온 이상 이를 거절할 수 없었다. 이내 사자를 따라 관문 안으로 들어갔다. 그가 막 관문을 들어서자 문득 포성이 울리면서 순식간에 관문이 굳게 닫혔다. 초회왕은 그제야 의심이 나 진나라 사자에게 물었다.

"관문을 어찌 그리 급하게 닫는 것이오?"

진나라 사자가 대답했다.

다. 번역문 역시 이를 좇았다.

"그게 진나라 법입니다. 전쟁 때는 그리하지 않을 수 없습니다."

초회왕이 또 물었다.

"그대들의 대왕은 어디에 계시오?"

진나라 사자가 대답했다.

"먼저 공관에 당도해 대왕의 거가車駕를 기다리고 있습니다."

그러고는 즉시 어인御人을 재촉해 급히 수레를 몰게 했다. 약 2리가량 가자 멀리서 진왕과 호위병들이 공관 앞에 늘어서 있는 게 보였다. 진나라 사자가 정거停車를 명하자 공관 안에서 한 사람이 나왔다. 비록 몸에 금포를 두르고, 허리에 옥대를 맸으나 몸의 움직임이 진왕 같지 않았다. 초회왕이 주저하며 내리려 하지 않자 그 사람이 수레 앞까지 다가와 허리를 굽히며 말했다.

"대왕은 의심하지 마십시오. 신은 사실 진왕이 아니라 그 동생인 경양군입니다. 청컨대 대왕은 공관 안으로 들어가십시오. 드릴 말씀이 있습니다."

초회왕은 취관就館할 수밖에 없었다. 경양군이 초회왕과 인사를 나눈 뒤 자리를 권했다. 자리에 앉으려는 순간 또 밖에서 고함이 들렸다. 진나라 군사 1만여 명이 나타나 공관을 포위했다. 초회왕이 물었다.

"과인은 진왕과 한 약속을 받들기 위해 이곳에 온 것이오. 어찌하여 군사를 동원해 과인을 곤경에 빠뜨리는 것이오?"

경양군이 웃으며 대답했다.

"걱정할 게 없습니다. 과군이 마침 몸이 약간 불편한 미양微恙으로 인해 출문出門하지 못했습니다. 대왕에게 실신失信할까 우려해 미신微臣으로 하여금 영접케 한 것입니다. 어려우시겠지만 함양으로 가서 과군을 만나도록 하십시오. 지금 이곳에 있는 약간의 군사는 대왕을 호위하기 위한 것이니 사양하지 마시기 바랍니다."

초회왕은 자기 마음대로 할 수 있는 게 없었다. 결국 진나라 군사에게 포위된 모습으로 수레에 오르게 됐다. 진나라 장수 몽오는 1군을 이끌고 무관에 남고, 경양군은 초회왕과 함께 수레를 타고 함양으로 갔다. 백기는 군사들을 이끌고 사방에서 초회왕을 포위한 채 서쪽 함양을 향했다. 당시 초회왕을 따라왔던 근상은 대열에서 도망쳐 초나라로 돌아갔다. 초회왕이 탄식했다.

"내가 영윤令尹 소수昭睢와 대부 굴원屈原의 말을 듣지 않은 게 후회스럽다. 근상이 나를 망쳤다!"

그러고는 흐르는 눈물을 주체하지 못했다.

초회왕이 함양에 이르자 진소양왕은 군신들과 열국의 사자를 모두 장대章臺 위에 모아놓고 자신은 높은 자리에서 남면南面한 채 초회왕으로 하여금 북면北面하여 번신藩臣의 예를 올리게 했다. 격노한 초회왕이 큰 소리로 항의했다.

"과인은 혼인으로 맺은 우호만 믿고 경신輕身으로 회맹에 온 것이오. 그런데도 대왕은 병이 있다고 과인을 속인 뒤 함양으로 유인했소. 그러고도 예법에도 맞지 않게 과인을 맞이하고 있으니 도대체 이는 무슨 의도요?"

진소양왕이 말했다.

"지난번에 군왕은 과인에게 검중 땅을 주겠다고 하고 약속을 이행치 않았소. 오늘 이렇게 오게 한 것은 그 약속을 지키게 하려는 것이오. 만일 그 땅을 떼어주기만 하면 오늘 저녁이라도 바로 초나라로 보내 드리겠소."

초회왕이 말했다.

"진나라가 그 땅을 갖고 싶으면 좋은 말로 할 것이지 하필 이런 궤계詭計를 쓰는 것이오?"

진소양왕이 말했다.

"이리하지 않으면 군왕이 따르지 않을 것이기 때문이오."

초회왕이 말했다.

■ 초회왕이 회맹에 갔다가 함정에 빠지다

"과인이 검중 땅을 할양해 주겠소. 청컨대 대왕과 맹약을 맺은 뒤 장수한 사람을 과인에게 딸려 보내 땅을 받아 가면 어떻겠소?"

진소양왕이 대답했다.

"맹약은 믿을 수 없으니 먼저 우리 사자를 초나라로 보내 땅의 경계를 분명히 정한 뒤 군왕과 더불어 전별餞別의 모임을 행하고자 하오."

진나라 군신들이 입을 모아 초회왕에게 그리할 것을 권했다. 초회왕이 더욱 화를 냈다.

"너희들은 과인을 속여 이곳으로 끌고 와 영토 할양을 요구하고 있다.

과인이 죽으면 죽었지 너희들의 위협에 굴하지 않을 것이다!"

그날로 진소양왕은 함양성 안에 초회왕을 연금한 뒤 귀국을 허락지 않았다.

한편 도중에서 도망친 근상은 거지꼴이 되어 간신히 초나라로 돌아갔다. 근상은 영윤 소수에게 진소양왕이 검중 땅을 얻기 위해 초회왕을 함양에 연금한 사실을 고했다.

영윤 소수가 말했다.

"대왕은 진나라에 억류돼 돌아오지 못하고, 태자는 제나라에 인질로 가 있소. 제나라 사람들이 진나라와 공모해 태자를 또 억류하면 우리 초나라엔 무군無君의 상황에 처하고 마오."

근상이 말했다.

"공자 난蘭이 있지 않소? 어째서 그를 모시지 못한단 말이오?"

영윤 소수가 말했다.

"태자의 자리는 이미 오래전에 정해진 것이오. 지금 대왕이 아직 진나라에 생존해 있는데 대왕의 명을 저버린 채 적자를 폐하고 서자를 세우면 훗날 대왕이 귀국했을 때 무슨 말로 변명하겠소? 거짓으로 제나라에 대왕의 부고訃告를 전하면서 태자를 보내 달라고 하면 제나라 사람들이 틀림없이 믿고 따를 것이오."

근상이 말했다.

"나는 대왕을 환난에서 지켜드리지 못했으니 이번에는 내가 제나라로 가 미로微勞를 다해 일을 성사시키고자 하오."

영윤 소수가 이를 수락했다. 근상이 제나라로 가서 거짓으로 부고를 전하고 장례와 보위 계승을 위해 태자를 보내달라고 청했다. 제민왕이 상국인 맹상군 전문에게 말했다.

"지금 초나라에 군주가 없으니 태자를 억류해 회수淮水 북쪽 땅을 달라고 하면 어떻겠소?"

맹상군이 말했다.

"불가합니다. 초왕에게는 아들이 하나뿐이 아닙니다. 우리가 초나라 태자를 억류할 경우 저들이 땅을 떼어주면 괜찮지만 다른 아들을 옹립하면 우리는 척촌尺寸의 땅도 얻지 못할 뿐만 아니라 불의한 나라라는 오명만 덮어쓰게 됩니다. 어찌 그런 계책을 쓸 수 있겠습니까?"

제민왕도 그렇게 생각했다. 곧 태자 횡橫을 초나라로 돌려보냈다. 태자 횡이 곧바로 보위에 올랐다. 그가 바로 초경양왕楚頃襄王이다. 공자 난과 근상은 여전히 관직을 유지하며 총애를 받았다. 초경양왕이 진나라에 사자를 보내 즉위 사실을 알렸다.

"사직 신령들의 도움으로 새 왕이 즉위했습니다."

진소양왕은 공연히 초회왕을 억류했다가 척촌의 땅도 얻지 못하게 되자 부끄러움과 분노를 참을 수 없었다. 곧바로 백기를 대장, 몽오를 부장으로 삼은 뒤 군사 10만 명을 이끌고 가 초나라를 치게 했다. 백기가 초나라의 15개 성읍을 빼앗고 돌아왔다.

초회왕은 진나라에 억류된 지 1년여 뒤 감시하는 자가 해이해진 틈을 타 변복變服하고 함양을 탈출해 초나라로 돌아가려고 했다. 진소양왕이 군사를 풀어 추격하자 감히 초나라 쪽으로 가지 못했다. 곧 북쪽으로 방향을 틀어 샛길을 통해 조나라로 가고자 했다.

조나라가 초회왕을 받아들일지 여부를 알 길이 없으니 다음 회를 보라.

제93회

185話　조무령왕이 사구궁에서 아사하다
　　　- 조주부아사사구궁趙主父餓死沙邱宮

　　조무령왕趙武靈王은 키가 8척8촌이고, 용의 얼굴에 새의 부리인 룡안조
주龍顔鳥嚛의 관상을 가졌다. 넓은 구레나룻에 곱슬곱슬한 수염, 번쩍거리
며 빛이 나는 검은 얼굴이었다. 가슴은 3척이나 됐다. 기운은 1만 명을 상대
할 정도로 장사였고, 뜻은 사해四海를 모두 삼키고도 남을 정도로 광대
했다.

　　그는 재위 5년 만에 한나라 여인을 아내로 맞이해 아들 장章을 낳은 뒤
태자로 세웠다. 이어 재위 16년 되던 해에 꿈에서 거문고를 타는 미인을 보
았다. 그 모습에 반해 이튿날 군신들에게 꿈 이야기를 했다. 대부 호광胡廣
은 그 미인이 거문고 연주에 뛰어난 맹요孟姚라고 했다. 과연 맹요를 대릉

대大陵臺로 불러보니 그 모습이 꿈속에서 본 것과 같았다. 맹요의 거문고 연주를 듣고 매우 기뻐하며 궁중에 머물게 하고, 오왜吳娃라고 불렀다. 오왜와의 사이에서 아들 하何를 낳았다. 이후 한나라에서 시집 온 부인이 죽자 오왜를 왕후로 삼고 태자 장을 폐한 뒤 하를 태자로 세웠다.

당시 조나라는 북쪽으로 연燕나라, 동쪽으로 호胡, 서쪽으로 임호林胡 및 누번樓煩 등과 국경을 맞대고 있었다. 진秦나라와는 황하를 사이에 두고 있었던 까닭에 늘 사방에서 싸움이 벌어졌고, 그때마다 국력이 쇠약해졌다.

조무령왕은 이런 상황을 고려해 자신이 직접 기사騎射에 편하도록 호복胡服을 입고, 혁대革帶를 매고, 피화皮靴를 신었다. 백성에게도 모두 이를 좇아 옷소매를 좁게 하는 착수窄袖와 옷깃을 왼쪽으로 여미는 좌임左衽을 하게 했다. 모두 말을 타며 활을 쏘는 기사騎射에 편하게 하려는 조치였다. 나라 안에 귀천을 막론하고 호복을 입지 않는 사람이 없었다. 수레를 없애고 말을 타고 다니며 기사에 전념케 하자 군사력이 날마다 강화됐다.

조무령왕이 친히 군사를 이끌고 사방을 공략했다. 덕분에 영토가 지금의 하북성 곡양현 서북쪽의 항산恒山[1]에까지 이르렀다. 서쪽으론 지금의 내몽골 호화호특 있는 운중雲中, 북쪽으론 지금의 산서성 대현 북방 일대인 안문雁門까지 정벌해 수백 리의 땅을 개척했다. 조무령왕은 내심 진秦나라까지 병탄할 마음을 품었다. 운중으로 가는 길을 빼앗은 뒤 지금의 내몽골 포두 서쪽인 구원九原에서 남쪽으로 내려와 함양을 기습한다는 복안이었다.

제장諸將에게 진나라 정벌의 전권專權을 넘길 수는 없는 일이었다. 아들

---

1 항산恒山이 『열국지』에는 모두 상산常山으로 나온다. 한문제 유항劉恒과 송진종 조항趙恒의 이름을 기휘忌諱해 '항산'을 '상산'으로 바꾼 것이다. 번역문에서는 원래의 지명인 '항산'으로 바꿔 놓았다.

에게 국내 일을 맡기고 자신은 사방으로 땅을 경략하는 게 더 낫다고 여겼다. 동궁에서 조회를 연 뒤 태자 하何에게 보위를 전한 이유다. 그가 바로 조혜문왕趙惠文王[2]이다. 스스로 왕의 아비라는 뜻의 주부主父를 자칭했다. 후대의 태상황太上皇과 같은 말이다. 또 비의肥義를 상국, 이태李兌를 태부太傅, 공자 성成을 사마로 삼았다. 장자 장章은 지금의 섬서성 유림현 일대의 안양安陽 땅에 봉하고 안양군安陽君의 군호를 내렸다. 대부 전불례田不禮로 하여금 안양군 장을 보필케 했다. 때는 주난왕 17년인 기원전 298년이었다.

당시 주부는 진나라를 치기 전에 우선 진나라의 산천 형세와 진소양왕의 위인爲人부터 한번 살펴봐야 하겠다고 생각했다. 스스로 조나라 사자 조초趙招로 변장한 뒤 새 군주의 즉위를 알린다는 내용의 국서를 갖고 직접 진나라로 들어갔다. 화공들을 수행원으로 데려갔다. 이들은 가는 도중 줄곧 진나라 산천의 지형을 그렸다. 주부는 마침내 진나라 도성 함양에 이르러 진소양왕을 알현했다.

진소양왕이 물었다.

"그대 나라 군주는 금년에 연치年齒가 기하幾何요?"

주부가 대답했다.

"아직 장년입니다."

진소양왕이 물었다.

"아직 장년인데 어찌하여 태자에게 보위를 전한 것이오?"

주부가 대답했다.

---

2   조혜문왕趙惠文王의 『열국지』 원문에는 조혜왕趙惠王으로 나온다. 그러나 『사기』 「조세가」 와 『전국책』 「조책」 등에는 모두 '조혜문왕'으로 나온다. '혜문'이라는 2자로 된 시호를 받은 결과다. 조무령왕趙武靈王을 비롯해 진소양왕秦昭襄王, 진장양왕秦莊襄王 등도 2자로 된 시호를 받은 경우다. 2자 시호는 원래 시호대로 호칭하는 게 옳다. 번역문은 조혜문왕을 비롯해 모든 2자 시호를 원래대로 바꿔 놓았다.

"과군은 보위를 이을 태자가 국정을 잘 모른다고 생각해 직접 보위를 물려준 뒤 국정을 잘 익히게 하려고 한 것입니다. 주상이 비록 주부主父가 됐지만 국사 가운데 일찍이 주재主裁하지 않는 게 없습니다."

진소양왕이 물었다.

"그대 나라도 우리 진나라를 두려워하오?"

주부가 대답했다.

"과군이 진나라를 두려워하지 않았다면 백성에게 호복을 입고 기사騎射를 익히게 하지 않았을 것입니다. 지금 말을 달리고 활을 쏠 줄 아는 군사가 옛날보다 10배나 많습니다. 이처럼 철저하게 진나라에 대처해 왔기에 대략 마지막에는 진나라와 대등하게 동맹을 맺을 수 있을 것입니다."

진소양왕은 조나라 사자가 대답을 확실하고 선명하게 하는 응대착착應對鑿鑿의 모습을 보이자 내심 존경하는 마음을 갖게 됐다. 사자가 하직 인사를 하고 공관으로 물러가자 진소양왕은 문득 잠이 들었었다가 한밤중에 깨어났다. 조나라 사자가 위풍당당한 괴오헌위魁梧軒偉의 형모를 보인 게 전혀 신하 같지 않다는 생각을 했다. 의심스런 생각에 몸을 뒤척이며 잠을 이루지 못했다. 날이 밝자 사람을 보내 조나라 사자를 만나고 싶다는 전갈을 전했다. 조나라 사자의 시종이 대답했다.

"사자가 몸이 아파 입조할 수 없으니 시간을 연기시켜 주십시오."

3일이 지났는데도 조나라 사자가 오지 않았다. 진소양왕이 화를 내며 사자의 입조를 다그치기 위해 관원을 보냈다. 관원이 공관으로 가 보니 사자는 없고 대신 진짜 조초를 자처하는 시종만 보였다. 관원이 그를 잡아 진소양왕 앞으로 데려왔다.

진소양왕이 물었다.

"네가 진짜 조초라면 며칠 전 사자라고 하던 그 자는 누구인가?"

조초가 대답했다.

"그 분은 실은 우리의 대왕인 주부主父입니다. 주부는 대왕의 위엄을 보고자 사자로 가장해 이곳에 온 것입니다. 지금은 벌써 이곳을 떠난 지 3일이 됐습니다. 떠나기 전 신에게 명해 여기 남아 죄를 받으라고 했습니다."

진소양왕이 크게 놀라며 발을 구르는 돈족頓足을 했다.

"주부가 나를 크게 속였다."

그러고는 즉시 경양군과 백기에게 명해 정예병 3천 명을 이끌고 성야星夜로 주부를 추격케 했다. 이들이 함곡관에 도착하자 관문을 지키는 장령과 병사인 장사將士가 입을 모아 말했다.

"조나라 사자는 벌써 3일 전에 관문을 나갔습니다."

경양군과 대장 백기가 할 수 없이 함양으로 돌아가 그대로 보고했다. 진소양왕은 가슴이 두근거려 며칠 동안 안정을 찾지 못했다. 그는 홀로 남은 자칭 조초를 잘 예우해 조나라로 돌려보냈다.

염옹이 이를 시로 읊었다.

맹호가 함양에 도사린 게 분명하니	分明猛虎踞咸陽
어느 누가 감히 함곡관 엿보았을까	誰敢潛窺函谷關
뜻밖에 용안의 조나라 상왕 주부가	不道龍顔趙主父
마침내 당상에서 진왕 동정 살피다	竟從堂上認秦王

그 이듬해에 조나라 상왕 주부는 순행을 갔다가 지금의 하북성 울현인 대代 땅에서 서쪽으로 나갔다. 이어 지금의 산서성 북부에 있던 누번樓煩에서 군사를 거두어 하북성 평산현 동북쪽의 영수靈壽에 성을 쌓은 뒤 하북성 중남부의 중산中山을 진압했다. 그 성을 조왕성趙王城으로 부르게 했다. 주부의 부인인 오왜 역시 지금의 하북성의 비향肥鄉에 성을 쌓고 부인성夫人城으로 부르게 했다. 당시 조나라는 3진 가운데 가장 강력한 갑사를 보유

趙武靈王

翳維賢王而爲胡服効敵制敵王心
狐曲莝彼良史胡乃齦.

했다.

그해 초 초회왕이 진나라 함양을 탈출해 조나라 국경에 당도했다. 조혜문왕이 군신들과 상의했다. 그는 진나라의 심기를 거스를까 우려했다. 또 상왕인 주부가 멀리 대 땅에 있는 까닭에 마음대로 일을 처리할 수도 없어 관문을 굳게 닫고 초회왕을 받아들이지 않았다. 초회왕이 부득이 남쪽 위나라 대량으로 달아났다. 그러나 진나라 군사가 이내 초회왕을 추격해 잡자 경양군이 함양으로 압송했다. 초회왕은 분을 참지 못해 피를 1두4 이상 토한 뒤 얼마 지나지 않아 세상을 떠났다.

진소양왕은 초회왕을 초나라로 돌려보내 장사를 치르게 했다. 초나라 사람들 모두 초회왕이 진나라에 속아 외국에서 객사한 것을 가련하게 생각했다. 초회왕의 상여를 맞으러 온 백성들 가운데 마치 친척이 죽은 것처럼 슬피 통곡하지 않는 자가 없었다. 제후들 역시 진나라의 무도無道한 행보를 미워하며 다시 합종책으로 대항했다.

초나라 대부 굴원屈原은 초회왕의 객사를 크게 애통해했다. 공자 난과 대부 근상이 일을 그르친 탓으로 여겼다. 그러나 두 사람은 여전히 총애를 입고 조정에서 활약하고 있었다. 초나라의 군신君臣 모두 구차하게 목전의 안일을 탐하면서 진나라에 복수할 생각은 조금도 하지 않았다.

굴원이 기회 있을 때마다 초경양왕에게 간했다. 현인을 등용하며 간녕奸佞한 자를 멀리하고, 뛰어난 장수를 선발해 병사들을 훈련시킴으로써 장차 진나라에 복수를 해야 한다는 것이었다. 공자 난이 이를 눈치 채고 곧바로 근상을 시켜 굴원을 참소케 했다.

"굴원은 왕실에서 갈라져 나온 굴씨屈氏이기는 하나 중용되지 못하자 원망을 품고 늘 사람들에게 대왕과 공자 난을 헐뜯고 있습니다. 대왕은 선왕의 복수를 하지 않는 불효不孝, 공자 난은 진나라 토벌을 주장하지 않는 불충不忠을 범한다고 비난하는 게 그렇습니다."

초경양왕이 격노한 나머지 곧바로 굴원의 관직을 빼앗고 전리田里로 내쫓았다. 굴원에겐 멀리 시집을 간 수嬃라는 누나가 있었다. 그녀는 동생인 굴원이 벼슬에서 쫓겨났다는 소식을 듣고 친정으로 돌아왔다. 지금의 호북성 제귀현인 기夔 땅의 옛집으로 돌아와 굴원을 만났다. 굴원은 산발한 채 땟국이 흐르는 몰골로 수척한 몸을 일으켜 강변을 서성이며 시를 읊고 있었다. 그녀가 타일렀다.

"초왕은 동생의 말을 듣지 않는데도 동생만 홀로 이처럼 심신을 소진하고 있다. 이리한들 무슨 소용이 있는가? 다행히 집에 논밭이 남아 있다. 왜 스스로 경작하며 남은 여년餘年을 보내려 하지 않는 것인가?"

굴원이 누나의 뜻을 어기기 어려워 몸소 쟁기를 잡고 밭을 갈기 시작했다. 마을 사람들이 굴원의 충성을 애통해하며 농사일을 도와줬다. 1달여 뒤 누나가 시집으로 돌아가자 굴원이 탄식하며 말했다.

"초나라의 어지러운 사태가 마침내 이 지경에 이르게 됐다. 나는 차마 종실의 멸망을 지켜 볼 수 없다!"

그러고는 어느 날 새벽 문득 몸을 일으켜 큰 돌을 가슴에 안고 지금의 호남성 상음현의 멱라강汨羅江³에 몸을 던졌다. 그날이 음력 5월 5일이다. 당시 마을 사람들은 굴원이 강물에 몸을 던졌다는 소식을 듣고는 작은 배를 타고 다퉈 노를 저으며 구하고자 했으나 이미 구조에는 미치지 못했다.

마을 사람들이 대나무 잎으로 세모나게 싼 기장밥을 강물 속에 던지며 굴원의 제사를 지냈다. 음식을 채색 실로 매어둔 것은 강물 속의 교룡이 가로채 먹을까 걱정이 됐기 때문이다. 또 용주龍舟를 저어 강을 건너는 놀이가 생겼다. 굴원을 빨리 구하기 위해 노를 저었던 마을 사람들의 행동에서 나온 놀이다. 이 놀이는 지금도 호북성과 호남성에 해당하는 옛 초楚나라 땅과 지금의 강소성 상해 일대인 옛 오吳나라 땅에서 단오절 풍속으로 전해지고 있다.

굴원이 경작한 논에서 백옥 같은 쌀이 생산됐다고 해서 그 논을 옥미전玉米田이라고 부른다. 마을 사람들은 은밀히 굴원을 제사지내는 사당을 세우고, 그 마을을 자귀향姊歸鄕이라고 불렀다. 오늘날 형주부荊州府에 있는 귀주歸州의 지명도 '자귀'에서 유래한 것이다. 북송 원풍元豐 연간에 조정에서 굴원을 청렬공淸烈公에 봉하고 굴원의 누나를 위해서도 사당을 세워 자

---

3 멱라강汨羅江의 '멱汨'은 통상 다른 생각을 할 여유도 없이 한 가지 일에만 파묻히는 골몰汨沒의 뜻으로 사용되는 데서 알 수 있듯이 어지럽거나 다스린다는 뜻의 '골'로 읽는다. 다만 멱라강의 이름으로 사용될 때는 '멱'으로 읽는다. 현대 중국어 음도 '구gǔ'와 '미mì'로 구분하고 있다. 수水 변에 날 일日 자를 합친 '멱'과 수水 변에 가로 왈曰을 합친 율汩은 구분해야 한다. '율'은 물이 빠른 속도로 흐른다는 뜻이다.

귀묘姊歸廟라고 칭했다. 이후 굴원을 충렬왕忠烈王으로 추증했다.

염옹이 「과충렬왕묘시過忠烈王廟詩」를 지었다.

사당은 장강 가에 우뚝 섰는데	峨峨廟貌立江傍
다퉈 향불 피우며 제사 올리다	香火爭趨忠烈王
간신 뼈 어디서 썩는지 모르나	佞骨不知何處朽
매해 배 띄워 창랑에 조상하다	龍舟歲歲弔滄浪

당시 조나라 상왕 주부는 운중雲中 순행을 마치고 도성인 한단邯鄲으로 돌아와 논공행상을 했다. 백성들에게 술과 안주를 나눠주며 즐기게 하는 이른바 주포酒舖 행사를 5일 동안 열 것을 분부했다. 군신들이 모두 조정에 모여 경하했다.

주부는 아들 조혜문왕에게 조정의 일을 맡긴 뒤 자신은 그 곁에 편히 앉아 군신 간에 행하는 예법을 지켜봤다. 어린 조혜문왕은 곤룡포에 면류관을 갖추고 남면해 앉아 있는데, 지난날 태자로 있다 폐위된 큰아들 장은 위풍당당한 장부이건만 무릎을 꿇고 북면하여 춤을 추듯 배례를 올리는 배무拜舞를 행했다. 주부는 형이 동생에게 몸을 굽히는 모습을 보니 가련한 생각이 들었다. 조회가 끝난 뒤 주부가 곁에 있는 아들 조승趙勝을 돌아보며 말했다.

"너는 안양군을 보았느냐? 비록 위계에 따라 배무를 행했지만 불쾌한 기색을 보였다. 장차 조나라를 둘로 나눠 장을 대代 땅의 군왕으로 삼은 뒤 조나라와 나란히 존립토록 만들 생각이다. 네 생각은 어떠한가?"

공자 조승이 대답했다.

"군왕은 지난날 태자 장을 폐한 것부터 잘못했습니다. 지금 군신 사이의 신분이 정해진 상황에서 다시 사단事端을 만들면 장차 변란이 일어나지 않을까 두렵습니다."

주부가 말했다.

"국사의 결정권이 나에게 있는데 염려할 일이 뭐 있겠는가?"

주부가 내궁으로 들어가자 부인 오왜가 주부의 안색이 좋지 않은 걸 보고 물었다.

"오늘 조회 때 무슨 일이라도 있었습니까?"

주부가 대답했다.

"오늘 조회에서 보니 큰아들 장이 어린 동생 하에게 조례를 올리는 것을 보고 마음이 좋지 않아 순리에 따라 그를 대 땅의 왕에 봉하고자 했소. 그러나 승이 옳지 않다고 하여 아직 주저하며 결정을 내리지 못하고 있소."

오왜가 말했다.

"옛날 진목후晉穆侯[4]도 2명의 아들이 있었습니다. 큰아들 이름은 구仇, 둘째 아들 이름은 성사成師였습니다. 진목후 사후 큰아들 구가 보위를 잇고 익翼 땅에 도읍을 정한 뒤 동생 성사를 곡옥曲沃 땅에 봉했습니다. 이후 날이 갈수록 곡옥의 후손이 강해져 마침내 구의 자손을 멸하고 익 땅을 병탄했습니다. 이는 주부도 잘 아는 사실입니다. 당시는 동생인 성사의 자손이 형인 구의 자손을 쳤는데 하물며 연장자의 몸으로 어린 동생을 대하면 어떤 일이 벌어지겠습니까? 우리 모자는 장차 어육魚肉이 되고 말 것입니다."

주부는 그 말에 미혹돼 당초의 계획을 그만뒀다.

내시 가운데 지난날 동궁에서 공자 장을 모시던 자가 주부가 상의한 이야기를 듣고 몰래 공자 장에게 알렸다. 공자 장이 전불례와 상의하자 전불

---

4 진목후晉穆侯는 진헌후晉獻侯의 아들로 진晉나라의 제9대 군주이다. 진후晉侯는 원래 주성왕의 동생 숙우叔虞가 건국할 당시 당후唐侯로 불렸으나 산서성 태원현으로 천도하면서 '진후'로 개칭됐다.

례가 말했다.

"주부가 두 아들을 모두 왕으로 삼겠다는 것은 공평한 마음에서 나온 계책입니다. 다만 중간에서 오왜가 방해하고 있습니다. 지금 군주는 나이가 어려 국사를 잘 알지 못합니다. 적당한 기회를 봐서 대사를 도모하면 주부도 어쩌지 못할 것입니다."

공자 장이 말했다.

"이 일은 경이 잘 알아서 처리해 주시오. 앞으로 경과 부귀를 함께할 작정이오."

당시 태부 이태는 상국 비의와 친하게 지냈다. 몰래 이같이 말했다.

"안양군은 강장强壯하고 교만하오. 그 무리가 매우 많고 원망怨望하는 마음을 품고 있소. 더구나 그 곁에 있는 전불례는 사납고 자만심이 강한 강한자용剛狠自用의 인물이라, 앞으로 나아갈 줄만 알고 뒤로 물러설 줄 모르오. 두 사람이 지금 붕당을 만들어 흉측한 일을 꾸미며 요행僥倖을 바라고 있소. 조만간 큰일이 일어나고 말 것이오. 상국은 중책을 맡고 있는 존귀한 분이라 틀림없이 먼저 화를 당할 것이오. 병을 핑계로 공자 성成에게 자리를 내주고 화를 면하도록 하시오."

상국 비의가 대답했다.

"주부가 어린 왕을 내게 맡기고 자리를 상국으로 높여주었소. 이는 내게 어린 왕의 안위를 맡긴 것이오. 지금 변란도 일어나지 않았는데 먼저 달아나면 옛날 어린 군주를 지키다 목숨을 잃은 진晉나라 재상 순식荀息이 지하에서 나를 비웃을 것이오."

이태가 탄식했다.

"그대는 충신忠臣은 될지언정 지사智士는 되지 못할 사람이오."

그는 비의 앞에서 한참 동안 눈물을 흘리다가 작별 인사를 하고 떠났다. 비의는 이태의 말이 자꾸 생각나 밤에 잠을 이루지 못했고, 밥을 제대로 넘

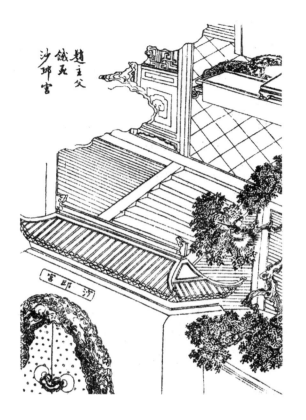

趙主父
餓死
沙邱宮

沙邱宮

■ 조무령왕이 사구궁에서 아사하다

기지도 못했다. 이리저리 궁리하면서 어찌할지 망설였으나 양책良策을 얻지 못했다. 다만 조혜문왕의 근시近侍인 고신高信에게 이같이 지시했다.

"이후에 그 누구든 군주를 알현코자 하는 사람이 있으면 반드시 내게 먼저 고하도록 하라."

고신이 대답했다.

"그리하겠습니다."

하루는 주부가 아들인 조혜문왕과 함께 사구沙邱 땅으로 놀러갔다. 안양군 장도 함께 따라갔다. 사구 땅에는 은나라 마지막 왕인 주紂가 쌓은 누대를 비롯해 2개의 이궁離宮이 있었다. 주부와 조혜문왕이 각각 이궁을 하나씩 차지해 머물렀다. 이궁 사이의 거리는 약 5~6리가량 됐다. 안양군 장이 머문 공관은 두 이궁의 중간쯤 되는 곳에 있었다. 전불례가 안양군 장에게 말했다.

"왕이 출유出遊한 까닭에 거느린 군사는 그리 많지 않습니다. 만일 거짓으로 주부의 명을 내세워 왕을 부르면 반드시 주부의 이궁으로 올 것입니다. 나는 군사를 이끌고 도중에 매복하고 있다가 왕이 나타나면 곧바로 나가서 쳐 죽이겠습니다. 연후에 주부를 받들고 신하들과 군사를 무마하면 누가 감히 거역하겠습니까?"

안양군 장이 말했다.

"그 계책이 실로 묘하오."

그날 밤 안양군 장은 심복 내시를 주부의 가짜 사자로 꾸민 뒤 한밤중에 조혜문왕이 있는 이궁으로 보내 이같이 고하게 했다.

"주부가 문득 발병했습니다. 대왕의 얼굴을 보고자 하니 속히 가도록 하십시오."

조혜문왕의 내시 고신은 상국 비의로부터 각별한 분부를 받은 까닭에 곧바로 상국 비의에게 달려가 고했다. 비의가 말했다.

"주부는 원래 무병無病이다. 일이 수상하다."

그러고는 곧바로 조혜문왕에게 갔다.

"신이 먼저 주부의 이궁으로 가보겠습니다. 별 일이 없다는 걸 확인한 뒤 기별할 터이니 그때 행차토록 하십시오."

이어 고신에게 당부했다.

"궁문을 굳게 닫고 지키시오. 경솔히 궁문을 열어선 안 되오."

그러고는 약간의 기병을 이끌고 주부의 가짜 사자를 좇아 주부의 이궁으로 갔다. 이들 일행은 이궁으로 가다가 조혜문왕 일행인 줄 착각한 전불례 복병들의 습격을 받고 모두 살해당했다. 전불례가 횃불을 들어 죽은 자들을 살펴보니 상국 비의 일행이었다. 전불례가 크게 놀라 외쳤다.

"일이 틀어졌다. 기밀이 누설되기 전인 이날 밤 안으로 모든 군사를 이끌고 가 기습을 가하면 다행히 이길 수도 있다."

그러고는 서둘러 안양군 장을 받들고 조혜문왕의 이궁을 쳤다. 고신은 비의의 분부를 받은 까닭에 이미 만반의 방비태세를 갖춰 놓고 있었다. 전불례가 기습공격을 가했는데도 이궁 안으로 들어가질 못한 이유다.

날이 밝자 고신이 병사들로 하여금 이궁의 지붕 위로 올라가 안양군 장의 군사를 향해 활을 쏘게 했다. 안양군 장의 군사가 화살을 맞고 대거 죽거나 다쳤다. 화살이 떨어지자 기와를 벗겨 내던졌다. 전불례가 병사들을 시켜 거석巨石을 나무에 매달아 궁문을 치게 했다. 그 소리가 마치 우레 소리 같았다. 조혜문왕이 위급한 처지에 놓이게 됐다.

이때 문득 궁 밖에서 함성이 크게 일어나며 2대隊의 군마軍馬가 쇄래殺來했다. 안양군 장의 군사가 대패해 사방으로 분분紛紛히 달아났다. 이들은 공자 성成과 이태가 이끌고 온 군사였다. 두 사람은 도성에서 서로 만나 이야기를 나누다가 안양군이 이번 기회를 이용해 변란을 일으키지나 않을까 우려했다. 각각 일지군一枝軍을 이끌고 와 접응키로 했다가 마침 이궁을 포위한 적들과 만나 포위를 풀고 조혜문왕을 구하게 된 것이다.

당시 안양군 장은 달아나면서 전불례에게 물었다.

"이제 어찌하면 좋겠소?"

전불례가 대답했다.

"급히 주부의 이궁으로 가서 목숨을 살려달라고 울며 애원하십시오. 주부는 틀림없이 보호해 줄 것입니다. 그 사이 나는 이곳에서 힘을 다해 추병追兵을 막겠습니다."

안양군 장이 이를 좇았다. 홀로 말을 타고 주부의 이궁으로 달려갔다. 과연 주부는 궁문을 열고 그를 맞아들인 뒤 깊숙한 곳에 숨겼다. 전불례는 남은 군사를 이끌고 다시 공자 성과 이태의 군사를 맞이해 싸웠다. 그러나 중과부적이었다. 결국 이태의 칼을 맞고 죽었다.

이태는 그곳에 안양군 장이 몸을 숨길 곳이 없는 것을 보고는 틀림없이 주부의 이궁으로 가 숨었을 것으로 생각했다. 곧 군사를 휘몰아 주부의 이궁을 에워싼 뒤 궁문을 깨뜨렸다.

이태가 칼을 들고 앞장서 길을 열었다. 공자 성이 그 뒤를 따랐다. 두 사람은 주부 앞에서 머리를 조아리며 말했다.

"안양군이 반역을 일으켰습니다. 국법상 그를 용서할 수 없습니다. 속히 그를 내주시기 바랍니다."

주부가 대답했다.

"그는 궁 안으로 들어오지 않았소. 경들은 다른 곳으로 가서 찾아보도록 하시오."

이태와 공자 성이 거듭 청했으나 주부는 입을 다물고 대답하지 않았다. 이태가 공자 성에게 말했다.

"일이 이 지경에 이르렀으니 응당 궁을 한바탕 수색해야 할 것이오. 역적을 찾아내지 못하면 그때 주부에게 사과해도 늦지 않을 것이오."

공자 성이 동조했다.

"그대의 말이 옳소."

두 사람이 곧 친병親兵 수백 명을 소집한 뒤 이궁 안을 샅샅이 뒤지게 했다. 이들은 마침내 이중으로 된 벽 속에 숨어 있는 안양군 장을 찾아낸 뒤 두 사람 앞으로 끌고 왔다. 이태가 즉시 칼을 뽑아 그 자리서 안양군의 목을 쳤다. 공자 성이 물었다.

"어찌 이리도 급하게 죽이는 것이오?"

이태가 대답했다.

"만일 주부가 안양군이 잡힌 걸 알고 풀어주라고 지시하면 어찌할 것이오? 지시를 거절하면 신하의 도리가 아니고, 순종하면 역적을 놓치게 되오. 차라리 바로 죽이느니만 못하오."

공자 성은 승복했다. 이태가 안양군 장의 수급을 들고 섬돌을 내려올 때 주부가 흐느껴 우는 소리가 들려왔다. 이태가 공자 성에게 말했다.

"주부가 궁문을 열고 안양군을 받아들인 것은 내심 그를 불쌍히 여겼기 때문이오. 우리는 그를 잡으려고 이궁을 포위했을 뿐만 아니라 그를 찾아내 죽여 버렸소. 이 일로 주부는 크게 상심했을 것이오. 이번 일이 일단락되면 주부는 우리 두 사람에게 이궁을 포위한 죄를 물을 것이오. 그리되면 우리는 우리 목숨뿐만 아니라 일족이 도륙을 당하고 말 것이오. 왕은 나이가 어려 함께 계책을 도모할 수 없소. 우리 스스로 결정을 내려야 하오."

그러고는 병사들에게 명해 이궁에 대한 포위를 풀지 말도록 했다. 이어 병사들을 시켜 거짓으로 조혜문왕의 명을 크게 외치게 했다.

"궁 안에 있는 사람들은 들어라. 먼저 궁 밖으로 나오는 자는 반역에 가담한 죄를 사면하고, 나중에 나오는 자는 역적의 일당으로 간주해 본인은 물론 일족을 모두 죽이는 이족夷族에 처할 것이다."

주부의 수행원과 내시 모두 진짜 왕명인 줄 알고 다퉈 궁 밖으로 뛰쳐나왔다. 결국 이궁 안엔 주부 혼자만 남게 됐다. 주부가 사람을 불렀으나 응답하는 자가 아무도 없었다.

주부가 궁 밖으로 나가려고 했으나 궁문은 이미 밖에서 자물쇠가 채워져 있었다. 군사들이 이궁을 포위한 지 여러 날이 지났다. 주부는 궁 안에 있으면서 몹시 굶주렸으나 음식을 먹을 길이 없었다. 뜰에 서 있는 나무 위에 참새 둥지가 있는 걸 보고 나무 위로 올라가서 새알을 꺼내 먹었다. 결국 1달여 만에 아사하고 말았다.

염선이 시를 지어 이를 탄식했다.

주부는 호복 입고 변경 넓혔으니	胡服行邊靖虜塵
진나라마저 먹으려는 웅심 품다	雄心直欲幷西秦
오왜 일파가 그에게 화를 끼치니	吳娃一脈能貽禍
꿈속 거문고 소리가 주부 망치다	夢裏琴聲解誤人

　바깥사람들은 주부가 아사한 사실도 몰랐다. 이태 등은 1달 남짓 지난 뒤에도 감히 이궁 안으로 들어가지 못했다. 3달 뒤 비로소 자물쇠를 열고 이궁 안으로 들어갔다. 주부의 시신은 이미 바싹 말라 오그라든 고별枯癟의 모습이었다.

　공자 성이 조혜문왕을 받들고 이궁인 사구궁沙邱宮으로 가서 시신을 염하고 발상했다. 이어 대代 땅에 장사지냈다. 오늘날 그곳의 지명이 영구현靈邱縣인 것은 조무령왕을 묻은 고을이라는 취지에서 나온 것이다.

　조혜문왕은 도성으로 돌아온 뒤 공자 성을 상국, 이태를 사구司寇로 삼았다. 얼마 뒤 공자 성은 병사했다. 조혜문왕은 지난날 공자 승勝이 조나라에 2명의 군주를 두려고 한 주부의 의도를 막은 공을 생각해 상국으로 삼았다. 이어 평원平原 땅에 봉하고 평원군平原君이라는 군호도 내렸다.

186話 맹상군이 몰래 함곡관을 빠져나오다
- 맹상군투과함곡관孟嘗君偸過函穀關

평원군平原君 조승趙勝 역시 제나라 맹상군孟嘗君 전문田文과 마찬가지로 선비를 좋아하는 호사好士의 기풍이 있었다. 지위가 존귀해지자 더욱 많은 빈객을 초치招致했다. 평원군의 부중엔 자고 먹는 식객이 수천 명이나 되었다.

그의 부제府第에 단청을 한 화루畫樓가 있었다. 총애하는 미인에게 화루를 전망대로 내줬다. 화루에서 민가가 내려다 보였다. 민가 주인은 다리를 저는 절름발이 벽자躄者였다. 하루는 그 '벽자'가 새벽에 일어나 다리를 흔들며 절뚝거리는 만산蹣跚의 모습으로 우물에 가서 물을 길었다. 누각 위에서 미인이 그 광경을 보고 깔깔거리며 웃었다.

분개한 '벽자'가 평원군의 부제로 가서 알현을 청했다. 평원군이 읍揖하며 집안으로 불러들인 뒤 용건을 물었다. '벽자'가 고했다.

"공자는 선비를 좋아한다는 이야기를 들었습니다. 천하의 모든 선비들이 불원천리하여 공자의 문하에 모여드는 것은 공자가 선비를 존경하고, 미색을 천하게 여기기 때문입니다. 소인은 불행히도 일찍이 다리 병을 앓아 제대로 걷지 못합니다. 오늘 아침 공자의 후궁後宮이 후원 누각 위에서 소인을 비웃었습니다. 소인은 부인婦人의 그런 모욕을 감내할 수 없습니다. 원컨대 소인은 저를 비웃은 그녀의 머리를 얻고자 합니다."

평원군이 웃으며 대답했다.

"그리하겠소."

'벽자'가 떠나자 평원군이 웃으며 말했다.

"어리석구나, 이 친구여! 자신을 한 번 비웃었다고 나의 미인을 죽이겠단 말인가?"

원래 평원군 문하에는 일정한 규율이 있었다. 1달에 한 번씩 부중에 머무는 빈객의 숫자를 기록한 장부를 제출하면 평원군이 그 수효에 따라 필요한 비용과 곡식을 계산해 지급하는 게 그렇다. 지금까지 전달에 비해 빈객의 수효가 계속해서 늘었을 뿐 단 한 번도 줄어든 적이 없었다.

그런데 평원군이 '벽자'에 대한 약속을 지키지 않자 이후 빈객들이 날마다 몇 사람씩 떠났다. 1년여 후 부중에 머무는 빈객이 평소의 절반으로 줄어들었다.

평원군이 괴이하게 생각했다. 곧 직접 종을 쳐 빈객들을 집합시킨 뒤 물었다.

"내가 오늘까지 제군諸君을 대접하면서 한 번도 예를 잃은 적이 없소. 그런데도 많은 빈객이 분분히 떠나가니 그 까닭이 무엇이오?"

한 빈객이 나서서 대답했다.

"대군이 '벽자'를 비웃은 미인을 죽이지 않은 것을 보고 모두 수군덕댔습니다. 평원군이 여색을 사랑하고, 선비를 천시한다는 이야기가 나왔습니다. 빈객들이 떠난 이유입니다. 우리들도 불일不日 떠날 생각입니다."

평원군은 크게 놀랐다.

"이는 내 잘못이오."

그러고는 곧 차고 있던 검을 풀어 시종에게 내주면서 분부했다.

"즉시 이 검을 갖고 가 누각에 있는 미인의 목을 참하도록 하라."

평원군이 이내 그 미인의 목을 들고 '벽자'의 집에 가서 정중히 사죄했다. '벽자'가 기뻐했다. 문하의 빈객들이 모두 평원군의 현명한 행보를 높이 칭송했다. 이후로 천하의 빈객들이 다시 처음처럼 모여들었다.

당시 사람이 3자시三字詩를 지어 평원군과 맹상군을 칭찬했다.

우릴 배불리 먹여주고	食我飽
우릴 따뜻이 입혀주다	衣我溫
우린 그 객관서 쉬면서	息其館
우린 그 문서서 노닐다	遊其門

제나라에 맹상군 있고	齊孟嘗
조나라에 평원군 있다	趙平原
그는 훌륭한 공자이고	佳公子
그는 현명한 주인이다	賢主人

당시 진소양왕은 조나라 평원군이 미인의 목을 베어 '벽자'에게 사죄했다는 소문을 듣고는 대부 상수向壽에게 이야기하며 탄복했다. 상수가 말했다.

"평원군이 현명하다고 하나 제나라 맹상군에게는 미치지 못합니다."

진소양왕이 물었다.

"맹상군은 어떤 사람이오?"

상수가 대답했다.

"맹상군은 부친 전영田嬰이 살아 있었을 때부터 집안 살림을 맡아보며 빈객들을 접대했습니다. 빈객이 사방에서 구름처럼 몰려들었고, 결국 열국 제후들 모두 그를 경모한 나머지 전영에게 서자인 그를 후사로 삼도록 권했습니다. 전영 사후 그는 뒤를 이어 설공薛公이 됐습니다. 빈객들이 더욱 많이 몰려들었습니다. 그는 자신이 의식衣食을 빈객과 똑같이 했습니다. 도중에 너무 많은 빈객에게 의식을 공급하느라 파산한 적도 있었습니다. 제나라에서 온 선비의 말을 들어보면 그들 모두 맹상군이 자신과 친하다고 생각하고 있고, 헐뜯은 사람은 단 한 명도 없었습니다. 평원군은 자신이 사랑하는 미인이 '벽자'를 비웃은 것을 용서하고 죽이지 않다가 빈객들이 불평하며 떠나는 것을 보고서야 미인의 머리를 베어 사죄했습니다. 이 어찌 때늦은 조처가 아니겠습니까?"

진소양왕이 말했다.

"과인이 어찌해야 그를 한 번 만나 일을 함께 해볼 수 있겠소?"

상수가 대답했다.

"대왕이 그를 보고 싶어 하면 어찌하여 부르지 않는 것입니까?"

진소양왕이 말했다.

"그는 제나라 상국이오. 과인이 부른다고 해서 그가 순순히 올 리 있겠소?"

상수가 말했다.

"대왕이 실로 아들이나 동생을 제나라에 볼모로 보내고 맹상군을 부르면 됩니다. 진나라와 제나라가 우호관계를 유지하고 있는 터에 감히 보내지 않을 수 없을 것입니다. 일단 그가 오면 즉각 승상으로 삼으십시오. 그러면 제나라도 볼모로 보낸 대왕의 아들이나 동생을 틀림없이 상국으로 삼을 것입니다. 두 나라가 이처럼 상국의 자리를 교환하면 더욱 긴밀해질 것입니다. 연후에 서로 힘을 합쳐 천하를 도모하면 그리 어려운 일도 아닐 것입니다."

진소양왕이 말했다.

"좋은 계책이오."

그러고는 곧바로 자신의 친동생 경양군涇陽君 회悝를 제나라에 볼모로 보내며 청했다.

"과인의 친동생 경양군을 귀국에 볼모로 보내니 맹상군을 진나라로 보내주기 바라오. 과인이 그의 얼굴을 한 번이라도 불 수 있으면 평소 기갈飢渴하듯 흠모해온 마음이 위안을 얻을 수 있을 것이오."

■ 맹상군이 몰래 함곡관을 빠져나오다

맹상군 부중의 빈객들은 진소양왕이 그를 초청했다는 소문을 듣고 입을 모아 진나라로 갈 것을 권했다. 마침 종횡가 소대蘇代가 연나라 사자 자격으로 제나라에 와 있었다. 그가 맹상군에게 말했다.

"이번에 연나라에서 제나라로 오다가 도중에 흙으로 만들어진 토우인土偶人과 나무로 만든 목우인木偶人이 서로 다투는 걸 보았습니다. 목우인이 토우인에게 먼저 말하기를, '하늘에서 지금 비가 내리려고 하는데 비가 오면 자네는 반드시 허물어지고 말 걸세. 이를 어찌할 것인가?'라고 했습니다. 그러자 토우인이 웃으면서 반박키를, '나는 흙에서 태어났으니 비를 맞고 무너질지라도 도로 흙으로 돌아갈 뿐이네. 그러나 자네는 나무로 된 까닭에 비가 오면 표류漂流할 터인데 자네는 도대체 어디로 표류할지조차 알 수 없을 것이네!'라고 했습니다. 진나라는 호랑虎狼의 나라입니다. 지난날 초회왕도 진나라에 갔다가 돌아오지 못했는데 하물며 상국인 그대의 경우이겠습니까? 만일 진왕이 상국을 억류하고 놓아주지 않으면 신은 상국이 끝내 어디서 삶을 마치게 될지 모르겠습니다."

맹상군은 그 말을 듣고는 끝내 사절했다. 대부 광장匡章이 나서서 제민왕에게 말했다.

"진나라가 경양군을 볼모로 보내면서까지 맹상군을 초청하는 것은 제나라와 친하게 지내려는 뜻입니다. 그런데도 맹상군이 가지 않으면 우리는 진왕의 환심을 잃고 맙니다. 또 진나라의 볼모를 그대로 두는 것은 진나라를 불신하는 표시가 됩니다. 대왕은 차라리 예절을 갖춰 경양군을 도로 진나라로 돌려보내십시오. 이어 맹상군을 답례를 위한 보빙사報聘使로 보내십시오. 그러면 진왕은 반드시 맹상군을 신뢰해 그의 말을 들을 것이고, 우리 제나라도 후대할 것입니다."

제민왕이 이 말을 그럴 듯하게 여겼다. 이내 경양군에게 말했다.

"과인은 상국인 맹상군 전문田文을 보빙사로 삼아 상국에 보내기로 했소. 진나라로 가서 진왕의 안색顔色을 문후問候토록 할 생각이오. 우리 두 나라가 친하게 지내는 터에 어찌 번거롭게 귀인을 볼모로 잡을 수 있겠소?"

그러고는 곧바로 수레를 대령케 한 뒤 경양군을 수레에 태워 진나라로 돌려보냈다. 이어 맹상군을 보빙사로 삼아 진나라로 보냈다. 빈객 1천여 명이 수레 100여 승에 나눠 타고 서행西行하여 함께 함양으로 들어갔다. 그가 진소양왕을 알현하기 위해 입궁하자 진소양왕은 계단 아래까지 내려와 영접했다. 이어 악수握手하고 즐거워하며 평소 사모했던 뜻을 피력했다.

맹상군에겐 흰 여우 털로 만든 갓옷인 백호구白狐裘 1벌이 있었다. 털 길이가 2촌寸가량 되고, 빛깔이 백설처럼 눈부셨다. 1천 금을 주고도 사기 어려운 천하무쌍의 보물이었다. 맹상군은 사사로운 예물로 이를 바쳤다. 진소양왕이 그 백호구를 입고 내궁으로 들어가 총애하는 연희燕姬 앞에서 자랑했다. 연희가 말했다.

"그런 갖옷은 노상 있는 물건인데 무슨 대단한 물건이라고 자랑하는 것입니까?"

진소양왕이 말했다.

"여우는 수천 년이 지나지 않으면 색깔이 하얗게 변하지 않소. 이 백호구는 그런 여우들의 겨드랑이 부분만 잘라 그 조각을 기워 만든 것이오. 그야말로 수많은 순백의 여우 털로 만든 옷에 해당하오. 그렇기에 귀중한 물건이고, 값으로 따질 수 없는 보배라고 할 수 있소. 제나라는 산동의 대국이기에 이런 진귀한 보물이 있는 것이오."

당시 날씨가 아직 따뜻했다. 진소양왕은 백호구를 어고御庫를 관할하는 주장리主藏吏에게 내주며 잘 보관할 것을 분부했다. 날씨가 쌀쌀해지면 꺼내 입을 작정이었다.

진소양왕이 장차 길일을 택해 맹상군을 진나라 승상에 임명할 생각이었다. 승상 저리질樗里疾이 이를 시기했다. 승상의 권한을 모두 빼앗길까 두려워한 것이다. 곧 문객으로 있는 공손석公孫奭을 시켜 진소양에게 이같이 말하게 했다.

"맹상군 전문은 제나라 왕족입니다. 그가 진나라 승상이 되면 반드시 매사에 제나라를 먼저 생각하고 진나라를 나중에 생각할 것입니다. 더구나 그는 현명합니다. 그가 꾀한 일이 들어맞지 않은 적이 없습니다. 그는 이번에 자신을 따르는 많은 빈객을 이끌고 왔습니다. 그가 진나라의 권력을 빌려 은밀히 제나라를 위해 일하면 진나라는 위태로워질 것입니다."

진소양왕은 그 말을 승상 저리질에게 전하면서 의견을 물었다. 저리질이 대답했다.

"그의 말이 틀린 게 아닙니다."

진소양왕이 물었다.

"그럼 맹상군을 제나라로 돌려보내야 하오?"

저리질이 대답했다.

"맹상군이 진나라에 온 지도 벌써 1달여나 되었습니다. 그의 빈객이 1천여 명이나 되는데 그들은 진나라의 크고 작은 일을 모두 파악했을 것입니다. 그를 그대로 돌려보내면 끝내 우리에게 해를 끼칠 것입니다. 차라리 죽이느니만 못합니다."

진소양왕이 그 말에 현혹됐다. 좌우에 명해 맹상군을 관사에 감금토록 했다.

당초 경양군은 제나라에 인질로 갔을 때 맹상군으로부터 후한 대접을 받았다. 맹상군은 날마다 경양군과 함께 음식을 같이하며 깊이 교유했다. 경양군이 제나라를 떠날 때 맹상군은 진귀한 보기寶器 몇 점을 선물했다. 경양군은 맹상군의 그런 은덕을 고맙게 여겼다. 그는 형님인 진소양왕이 맹상군을 죽이려 한다는 이야기를 듣고는 크게 놀라 맹상군을 찾아가 알렸다. 맹상군이 두려움을 느껴 살 수 있는 방도를 물었다. 경양군이 말했다.

"진왕의 계책이 아직 확실히 결정된 것은 아니오. 궁중에 진왕의 총애를 받는 연희燕姬라는 여인이 있소. 진왕의 마음을 꽉 잡고 있어 그녀의 청이라면 모두 들어주오. 그대가 진귀한 보물을 갖고 진나라에 왔다면 내가 그대를 위해 그 보물을 연희에게 전하도록 하겠소. 연희로 하여금 그대를 방면해 귀국할 수 있도록 진왕에게 청하도록 부탁할 생각이오. 그리하면 그대는 죽음을 당하는 재앙을 면할 수 있을 것이오."

맹상군이 경양군에게 백벽白璧 2쌍을 건네며 연희에게 잘 전달해 줄 것을 부탁했다. 연희가 백벽 2쌍을 바치러 온 경양군에게 말했다.

"첩은 백호구를 좋아합니다. 듣자니 산동山東의 대국인 제나라에는 그런 물건이 있다고 합니다. 만일 그 백호구를 얻을 수만 있다면 첩은 맹상군을 위해 진왕에게 한마디 하는 것을 아끼지 않겠습니다. 백벽은 원치 않습니다."

경양군이 맹상군에게 연희의 말을 전했다. 맹상군이 말했다.

"백호구 갖옷을 1벌 갖고 있었는데 이미 진왕에게 바쳤소. 어디서 그걸 다시 구한단 말이오?"

빈객들에게 두루 물었다. 빈객들 모두 손을 묶어 놓은 것처럼 아무런 계책을 내지 못해 대답을 못하는 속수막대束手莫對의 모습을 보였다. 이때 맨 밑자리에 앉아 있던 빈객이 말했다.

"신이 구해 올 수 있습니다."

맹상군이 물었다.

"그대는 무슨 수로 구해올 수 있다는 것이오?"

그 빈객이 대답했다.

"개를 가장해 진왕에게 바친 갖옷을 도로 훔쳐 오는 구도狗盜를 할 수 있습니다."

맹상군이 웃으며 '구도'를 허락했다.

그날 밤 그 빈객이 개가죽을 몸에 둘러 개처럼 꾸민 뒤 개구멍을 통해 진나라 궁중의 고장庫藏으로 들어가 잠입했다. 고장 앞에 이르자 개소리를 흉내 내 짖었다. 주장리主藏吏는 창고를 지키는 개가 짖는 소리인 줄 알고 아무런 의심도 하지 않았다.

문객은 주장리가 깊은 잠에 곯아떨어지기를 기다렸다가 허리춤에서 열쇠를 빼냈다. 그 열쇠로 고장의 문을 열고 들어갔다. 귀중품을 보관하는 궤를 열고 안을 들여다보았다. 그 안에 과연 백호구가 들어 있었다. 그는 이를 꺼내 몸 안에 감춘 뒤 궐 밖으로 나왔다.

이튿날 아침 문객은 훔쳐온 백호구를 맹상군에게 바쳤다. 맹상군이 그것을 다시 경양군을 통해 연희에게 바쳤다. 연희가 크게 기뻐했다.

연희는 진소양왕을 모시고 술을 마셨다. 진소양왕이 술이 취해서 연희를 끌어안고 한창 즐거워하고 있을 때 연희가 말했다.

"첩이 듣건대 제나라 맹상군은 천하의 대현大賢이라고 합니다. 그는 제나라 상국으로 있기에 진나라에 오기를 원치 않았으나 대왕이 굳이 초청한 까닭에 오게 된 것입니다. 그를 승상으로 등용하지 않으면 그만인데 대왕은 굳이 죽이려 하고 있습니다. 남의 나라 상국을 불러다가 무고無故히 죽이고, 더구나 '대현'의 칭송을 받고 있는 자를 죽이면 첩은 천하의 현사賢士들이 발을 싸매도 진나라를 피해 갈까 두렵습니다."

진소양왕이 말했다.

"그대 말이 옳소."

이튿날 아침, 진소양왕이 어전御殿에 나아가 시신에게 명해 맹상군에게 거마를 내주고, 통행증인 역권驛券을 발부케 했다. 맹상군이 제나라로 돌아갈 수 있도록 조치한 것이다. 맹상군이 빈객들에게 말했다.

"내가 다행히 연희의 한마디 말에 힘입어 호구虎口를 벗어나게 됐소. 만일 도중에 진왕이 후회하면 나는 목숨을 부지하지 못할 것이오."

문객들 가운데 역권의 위조에 능한 자가 있었다. 역권에 적혀 있는 맹상군의 이름을 지우고, 다른 이름으로 바꿔 넣었다.

맹상군 일행이 밤새 동쪽으로 내달렸다. 진나라의 마지막 관문인 함곡관에 당도했을 때는 한밤중이었다. 관문에 자물쇠가 채워진 지 이미 오랜 시간이 지났다. 맹상군은 진나라 군사가 추격해 올까 우려했다. 그러나 관문을 여닫는 시각이 정해져 있었다. 사람의 통행이 완전히 끊긴 인정人定[5]

---

5 인정人定은 밤이 매우 깊어 사람들이 모두 활동을 정지하고 편히 수면을 취한다는 취지에서 나온 말이다. 2시간 단위로 된 시진時辰에서 밤 9시에서 11시까지인 해시亥時가 이에 해당

의 시각에 관문을 닫고, 닭이 우는 계명鷄鳴의 시각에 관문을 연다.

맹상군은 빈객들과 함께 함곡관 안에서 쪼그리고 앉은 옹취擁聚의 모습으로 관문이 열리기만 기다렸다. 이들 모두 마음이 몹시 황박惶迫했다. 이때 문득 닭 우는 소리가 빈객 사이에서 터져 나왔다. 맹상군이 괴이하게 생각해 바라보니 빈객 가운데 말석의 하객下客 한 사람이 닭 우는 소리를 흉내 내고 있었다.

그러자 함곡관 인근 동네의 수탉들이 일제히 그 소리를 좇아 울기 시작했다. 관문을 지키는 관원이 그 소리를 듣고는 하늘이 밝아오는 줄 알고 즉시 일어나 맹상군 일행의 역권을 살펴본 뒤 관문을 열었다. 맹상군 일행은 함곡관을 벗어나자 다시 나는 듯이 동쪽을 향해 내달렸다. 맹상군이 두 하객에게 말했다.

"내가 이번에 호구에서 벗어난 것은 오로지 개소리와 닭소리로 백호구를 훔치고 관문을 열게 한 구도계명狗盜鷄鳴 덕분이오."

나머지 빈객들 모두 아무런 공도 세우지 못한 것을 부끄러워했다. 이후 아래쪽에 앉은 빈객인 하객을 감히 업신여기지 못했다.

염옹이 시를 지어 두 하객을 칭찬했다.

옥구슬로 참새를 쏘는 건	明珠彈雀
흙 탄환 쓰느니만 못하다	不如泥丸
보배라도 먹을 순 없으니	白璧療饑
허기질 때의 밥만 못하다	不如壺餐
개소리로 갖옷을 훔치고	狗吠裘得
닭소리로 관문 열게 하다	鷄鳴關啓

한다.

비록 성현이라 할지라도	雖爲聖賢
저들의 비루함만 못하다	不如彼鄙
시냇물 모여 바다가 되고	細流納海
티끌이 모여 언덕 이루다	累塵成岡
사람 쓰임새 따라 부리니	用人惟器
그의 용인술 어찌 천하랴	勿陋孟嘗

승상 저리질은 맹상군이 풀려나 귀국길에 올랐다는 보고를 받자 즉시 궁중으로 들어가 진소양왕을 알현했다.

"대왕이 전문田文을 죽일 마음이 없다면 그를 볼모로 억류라도 했어야 합니다. 어째서 그를 그냥 돌려보낸 것입니까?"

진소양왕은 맹상군을 경솔히 놓아준 것을 크게 후회했다. 곧 사람을 시켜 급히 그 뒤를 쫓아가 도로 잡아오게 했다. 진나라 사자가 군사들을 이끌고 말을 타고 급히 함곡관으로 달려가 관리關吏로부터 제출받은 통행인 명부를 확인했다. 명부에는 제나라 사자 전문의 이름이 기재되어 있지 않았다. 사자가 중얼거렸다.

"샛길로 오는 게 아니라면 어찌하여 아직 이곳에 이르지 못한 것일까?"

반나절을 기다렸으나 맹상군 일행은 나타나지 않았다. 그제야 맹상군의 용모와 빈객 및 거마의 숫자 등을 설명하자 관리가 대답했다.

"그들은 오늘 아침 일찍 관문을 통과했습니다."

사자가 물었다.

"지금이라도 추격하면 잡을 수 있겠는가?"

관리가 말했다.

"그들은 나는 듯이 수레를 몰고 갔습니다. 지금쯤은 100리는 더 갔을 터이니 추격하기 어려울 것입니다."

사자가 함양으로 돌아가 보고했다. 진소양왕이 탄식했다.

"맹상군은 귀신도 헤아리지 못할 임기응변臨機應變의 재주가 있다. 과연 천하의 현사賢士이다!"

이후 날씨가 쌀쌀해지자 진소양왕이 주장리에게 명해 맹상군이 선물한 백호구를 꺼내 오게 했다. 주장리가 고장을 아무리 뒤져도 찾을 수가 없었다. 이때 연희가 백호구를 입고 진소양왕 앞에 나타났다. 진소양왕이 묻자 연희가 대답했다.

"맹상군으로부터 선물을 받은 것입니다."

진소양왕은 진상을 조사한 결과 맹상군의 빈객이 고장에 들어가 훔쳐낸 걸 알았다. 진소양왕이 또 탄식했다.

"맹상군 문하엔 저잣거리에 나와 있는 물건처럼 없는 물건이 없는 모양이다. 우리 진나라엔 맹상군에 견줄만한 인물이 없구나!"

진소양왕은 마침내 연희에게 그 백호구를 하사하고, 주장리의 죄도 묻지 않았다.

맹상군이 귀국 후 어찌 됐는지 알 길이 없으니 다음 회를 보라.

제94회

187話 풍환이 칼 두드리며 노래해 상객이 되다
- 풍환탄협객맹상馮驩彈鋏客孟嘗

　제나라 상국 맹상군은 진나라에서 도망쳐 돌아가는 길에 조나라를 경유하게 됐다. 조나라 평원군 조승은 30리 밖까지 나와 맹상군 일행을 영접했다. 평원군은 맹상군을 극진히 공경스런 자세로 대접했다.

　조나라 사람들은 맹상군의 높은 명성만 들었을 뿐 그의 용모를 본 적이 없었다. 맹상군이 왔다는 말을 듣고는 다퉈 길거리로 나와 그를 바라보았다. 맹상군은 풍채가 단소短小했다. 그를 본 사람들 가운데 몇몇 사람이 웃으며 말했다.

　"당초 나는 맹상군을 하늘이 낸 사람으로 알고 사모하면서 풍채가 크고 출중한 괴이魁異한 인물로 알았다. 이제 보니 매우 보잘 것 없는 사내인 묘

소장부澠小丈夫에 지나지 않는다.”

그 말에 여러 사람이 따라 웃었다. 그날 밤 맹상군을 비웃은 자들 모두 머리가 잘려 나갔다. 평원군 조승은 내심 맹상군 문객의 소행임을 알았으나 감히 그 일에 관해 묻지 못했다.

당시 제민왕은 진나라로 맹상군을 보낸 이후 마치 두 손이라도 잃은 듯이 안절부절 했다. 그는 맹상군이 진나라에서 벼슬을 살지나 않을까 두려워하고 깊이 염려했다. 그러던 차에 맹상군이 도망쳐 무사히 돌아왔다는 보고를 듣고는 크게 기뻐했다. 곧 이전처럼 상국의 자리를 맡겼다.

맹상군의 명성이 전보다 높아지자 그에게 몸을 맡기러 오는 빈객이 더욱 많아졌다. 맹상군은 빈객이 거처하는 객사를 3등급으로 나눠 설치했다. 1등 객사는 대사代舍, 2등 객사는 행사幸舍, 3등 객사는 전사傳舍로 불렸다.

1등 객사를 ‘대사’라고 한 것은 그곳의 빈객 모두 맹상군을 대신해 일을 처리할 만하다는 취지에서 나온 것이다. 상객上客이 머문 이유다. 이들은 고기와 생선 반찬이 곁들인 밥상을 받았다. 외출할 때 수레나 가마인 승여乘輿를 제공받았다.

2등 객사를 ‘행사’라고 한 것은 그곳의 빈객 모두 다행 적재적소에 임용할 만하다는 취지에서 나온 것이다. 중객中客이 머문 이유다. 이들은 고기와 생선 반찬이 곁들인 밥상을 받았지만 외출할 때 승여를 제공받지 못했다.

3등 객사를 ‘전사’라고 한 것은 그곳의 빈객 모두 심부름을 시킬 만하다는 취지에서 나온 것으로 겉껍질만 벗긴 좁쌀 밥인 탈속지반脫粟之飯이 제공됐다. 배를 주리는 기뇌飢餒를 면하게 해주려는 속셈이었다. 이곳의 빈객은 자신들의 편의에 따라 임의로 객사를 출입할 수 있었다. 하객下客이 머문 이유다.

전번에 진나라에서 계명구도雞鳴狗盜를 하고 여권을 위조한 빈객 모두 원래는 '전사'에 머무는 하객이었으나 공을 인정받아 상객으로 승격돼 '대사'에서 기거케 됐다. 맹상군은 지금의 산동성 등주현 남쪽에 있는 식읍인 설읍薛邑에서 거두는 조세 수입만으론 이들 빈객을 위한 비용을 감당할 수 없었다. 돈과 곡식을 풀어 설읍 백성에게 이식利息을 받아 부족한 비용을 보충한 이유다.

하루는 상모가 수위修偉한 사내가 다 떨어진 갈옷인 폐갈敝褐과 짚신인 초리草履를 신은 채 맹상군을 찾아왔다. 그는 상부相府의 집사에게 자신의 이름은 풍환馮驩[1]으로 제나라 출신이고, 맹상군을 알현키 위해 왔다고 말했다. 맹상군이 그를 맞아들인 뒤 읍을 하고 함께 자리에 앉아 말했다.

"선생이 이처럼 낮은 곳으로 왕림해 스스로 욕을 보는 하욕下辱을 했으니 이 전문에게 가르침을 내릴 게 있을 줄 믿소."

풍환이 대답했다.

"별로 가르쳐 드릴 게 없습니다. 다만 대군이 귀천을 가리지 않고 호사好士한다기에 미천한 몸을 헤아리지 않고 의탁하러 왔습니다."

맹상군은 그를 3등 객사인 전사에 머물게 했다. 열흘 정도 지난 뒤 맹상군이 전사를 관할하는 전사장傳舍長을 불러 물었다.

"새로 온 빈객은 요즘 무슨 일을 하고 있소?"

전사장이 대답했다.

"풍 선생은 몹시 가난해 몸에 지니고 있는 물건이라곤 거의 없고, 칼 한 자루를 지니고 있을 뿐입니다. 그나마 칼집도 없어 띠 풀로 칼날을 감아 허리에 차고 다닙니다. 매일 밥을 먹고 나면 칼을 치며 노래하길, '장협長鋏아, 돌아가자! 밥상에 생선이 없구나!'라고 합니다."

맹상군이 웃으며 말했다.

---

1   풍환馮驩의 '환'을 두고 『사기색은』은 환歡과 음이 같다고 했다. '환驩'이 『전국책』 「제책齊策」에는 훤諼으로 나온다.

"이는 내가 제공하는 식사가 너무 검박儉薄하기 때문인 듯하오."

그러고는 풍환을 2등 객사인 '행사'로 옮겨 어육魚肉을 먹게 했다. 이어 '행사'를 관할하는 행사장幸舍長에게 그의 거동을 살피게 했다.

"5일 뒤 보고토록 하시오."

5일 뒤 행사장이 보고했다.

"풍 선생은 여전히 칼을 치면서 노래를 부르고 있습니다. 노랫말이 전과 약간 다릅니다. 그는 노래키를, '장협아, 돌아가자! 외출 때 수레가 없구나!'라고 합니다."

맹상군이 놀라며 말했다.

"그는 나의 상객이 되고 싶은 것이오? 그렇다면 그는 틀림없이 특이한 재능을 갖고 있을 것이오."

그러고는 다시 1등 객사인 '대사'로 옮겨주면서 '대사'를 관할하는 대사장代舍長에게 그가 또 노래를 부르는지 여부를 살피도록 했다.

풍환이 대사로 옮긴 뒤 수레를 타고 낮에 나갔다가 밤에 돌아왔다. 이어 다시 노래를 불렀다.

"장협아, 돌아가자! 집이 없구나!"

대사장이 맹상군을 찾아가 이를 보고했다. 맹상군이 이마를 찌푸리는 축액蹙額의 모습을 보이며 말했다.

"빈객의 그치지 않는 욕심이 어찌 이처럼 심한 것인가?"

그러고는 다시 노래를 부르는지 살펴보게 했다. 이후 그는 노래를 부르지 않았다.

이후 1년여의 시간이 지났다. 하루는 맹상군 집안의 살림을 맡아 보는 주가자主家者가 와서 맹상군에게 말했다.

"전곡錢穀이 1달치 정도밖에 남지 않았습니다."

맹상군이 설읍 백성들에게 대여한 전곡 장부를 보았다. 거둬들여야 할 이식이 꽤 많았다. 좌우를 둘러보며 물었다.

"빈객들 가운데 누가 능히 나를 위해 설읍으로 가서 빚을 받아오겠는가?"

대사장이 나서서 말했다.

"풍 선생에게 특별한 재주가 있다는 이야기는 듣지 못했습니다. 그러나 사람이 충직한 것 같으니 그 일을 그에게 맡겨도 될 듯합니다. 전에 스스로 상객이 되길 청했으니 대군은 이번에 그를 시험해 보도록 하십시오."

맹상군은 풍환을 불러 설읍에 가서 빚을 받아오도록 했다. 풍환이 사양치 않고 단박에 수락한 뒤 수레에 올라 설읍을 향했다. 설읍에 도착하자마자 공부公府에 앉아 일을 시작했다. 설읍은 1만 호나 되는 큰 고을이었다. 맹상군으로부터 빚을 얻어 쓴 백성이 꽤 많았다.

이들은 설공 맹상군이 상객인 풍환을 보내 빚을 받아오게 할 것이라는 통지를 받고 원금과 이자를 갚았다. 거둬들인 돈이 10만 전이나 됐다. 그는 그 돈으로 많은 쇠고기와 술을 샀다. 이어 저잣거리에 이런 공문을 내걸었다.

> 무릇 맹상군으로부터 돈과 양식을 빌려 쓴 자는 상환이 가능한지 여부를 떠나 내일 모두 공부公府로 와서 차용증에 대한 실사를 받기 바란다.

백성들은 소를 잡아 술과 함께 대접하는 우주지호牛酒之犒가 있다는 말을 듣고는 모두 때맞춰 부중으로 몰려들었다. 풍환은 이들에게 일일이 주식酒食을 제공하며 위로했다. 그는 백성들에게 모두 취하도록 마시고 배부르게 먹는 감포酣飽를 하도록 권했다. 이어 백성들이 먹고 마시는 모습을 살피며 빈부의 정도와 실상을 모두 파악했다.

백성들이 술과 음식을 모두 먹고 나자 전곡 대여를 기록한 장부와 차용증서를 일일이 대조해 착오가 없는지 조사했다. 그러고는 전곡을 빌린 백성을 크게 2부류로 나눴다. 첫째, 본래 재력이 있어 지금은 잠시 상환능력을 잃었지만 이후 갚을 수 있는 자이다. 이들은 다시 약속을 정한 뒤 상환할 날짜를 차용증에 기재했다.

둘째, 너무 가난해 도저히 갚을 능력이 없는 자이다. 이들은 모두 풍환에게 배례를 올리며 상환 날짜를 넉넉히 늦춰달라고 애걸哀乞했다. 풍환이 좌우 시종에게 명해 불을 피우게 한 뒤 이들의 차용증을 모두 불속에 던져 넣어 소각시켰다. 이어 가난한 백성들에게 말했다.

"맹상군이 백성들에게 전곡을 빌려준 것은 백성들이 생계를 꾸릴 자금이 없을까 우려했기 때문이오. 결코 자신의 이익을 위해 그런 게 아니오. 지금 식객食客이 수천 명에 달하고 있어 식비가 부족하오. 부득이 이자를 받아 빈객을 봉양하는 이유요. 지금 갚을 능력이 있는 사람은 상환기일을 연기해 주고, 갚을 능력이 없는 사람은 차용증을 모두 불태워 버렸소. 맹상군의 덕이 매우 두텁다고 할 수 있소."

설읍 백성들이 그 말을 듣고 모두 고두叩頭하며 환호했다.

"맹상군은 실로 우리의 부모요!"

설읍을 관리하는 사람들 가운데 어떤 자가 급히 달려와 이 사실을 맹상군에게 알렸다. 맹상군이 대로한 나머지 사람을 보내 속히 돌아올 것을 재촉했다. 풍환이 공수空手로 돌아왔다. 맹상군이 모른 척하며 물었다.

"설읍에 갔다 오느라 수고가 많았소. 빚은 다 받아왔소?"

풍환이 대답했다.

"대군을 위해 빚을 거둬들이는 수채收債 대신 널리 베푼 은덕을 거둬들이는 수덕收德을 행하고 왔습니다."

맹상군이 낯빛을 바꾸며 꾸짖었다.

"나에겐 식객이 3천 명이나 있소. 그들을 뒷바라지할 비용이 부족하기에 설읍 백성에게 전곡을 빌려주고 그 이자로 공비公費에 보태 쓰고 있소. 듣자니 그대는 이자를 받아 그것으로 우주牛酒를 마련해 백성들과 함께 즐겼다고 하오. 더구나 차용증의 절반 이상을 불태워 버리고는 오히려 '수덕'을 말하고 있으니 도대체 무슨 덕을 거뒀는지 모르겠소."

풍환이 대답했다.

"대군은 노여움을 거두고 제가 그 일을 자세히 이야기할 수 있도록 해 주십시오. 설읍 백성들 가운데 빚을 얻어 쓴 자가 매우 많았습니다. 술과 음식을 마련해 그들의 환심을 사지 않으면 의심을 품고 모여들지 않았을 것입니다. 그리되면 상환 능력이 있는 자와 없는 자를 가릴 길이 없습니다. 상환 능력이 있는 자는 기간을 연장해주면 되지만 그렇지 못한 자는 아무리 엄하게 채근한들 상환을 받을 길이 없습니다. 빚을 얻어 쓴 지 오래돼 원리금이 불어나면 다른 곳으로 달아날 뿐입니다. 설읍은 대군의 선조 때부터 대대로 관리해 온 식읍입니다. 그곳 백성은 대군과 안위安危를 함께해야 할 사람들입니다. 이제 무용지물인 차용증을 불태움으로써 재물을 가벼이 여기고 백성을 사랑하는 대군의 덕을 펼쳤으니 그 인의仁義의 명성이 무궁히 유포될 것입니다. 제가 대군을 위해 '수덕'을 했다고 말한 이유입니다."

맹상군은 빈객의 비용을 마련하는 데 쫓긴 나머지 내심 이를 달갑게 여기지 않았다. 그러나 이미 차용증을 불태워버린 상황에서 어쩔 도리가 없었다. 애써 얼굴을 펴는 방안放顔을 한 채 읍을 하며 사례했다.

사신이 이를 시로 읊었다.

그 말이 그럴듯해 상객 삼으니　　　　　　逢迎言利號佳賓
증서 태워 주군의 분노를 사다　　　　　　焚券先虞觸主嗔
빈손에 인의를 거둬 돌아오니　　　　　　空手但收仁義返

칼 차고 노래한 인품을 알리라　　　　　　方知彈鋏有高人

　　당시 진소양왕은 맹상군을 그대로 놓아 보낸 것을 크게 후회했다. 더구나 맹상군이 함곡관을 탈출한 걸 보고 그의 수법에 경악을 금치 못했다. 내심 이같이 생각했다.

　　'그가 제나라에서 크게 쓰이면 결국 진나라에 큰 해를 끼칠 것이다.'

　　그러고는 첩자들을 풀어 널리 동요를 퍼뜨림으로써 제나라로 흘러들어가게 했다. 그 내용은 대략 이러했다.

　　　　맹상군 명성 천하에 높으니　　　　　孟嘗君名高天下
　　　　천하는 맹상군만 알 뿐이지　　　　　天下知有孟嘗君
　　　　제나라 군주 있는 걸 모르니　　　　　　　不知有齊王
　　　　머잖아 제나라 군주 되리라　　　　不日孟嘗君且代齊矣

　　진소양왕은 또 사자를 초나라로 보내 초경양왕楚頃襄王을 설득했다. 사자가 이같이 말했다.

　　"지난날 초나라를 비롯한 6국이 우리 진나라를 쳤을 때 유독 제나라만 능장을 부렸습니다. 대왕이 6국의 종약장이 된 것에 대해 맹상군이 불복하며 함께 출병하길 거부했기 때문에 그리된 것입니다. 선왕인 초회왕이 진나라에 있을 때 과군은 이내 돌려보낼 작정이었습니다. 당시 맹상군이 사람을 보내 돌려보내지 말 것을 권유했습니다. 태자 시절의 대왕이 제나라에 볼모로 가 있었기에 우리 진나라로 하여금 초회왕을 죽게 만든 뒤 태자를 억류함으로써 보위가 비어 경황이 없는 초나라에 땅을 요구코자 한 것입니다. 이로 인해 태자 시절의 대왕은 하마터면 귀국하지 못할 뻔했고, 선왕인 초회왕은 결국 진나라에서 세상을 떠나고 말았습니다. 과군이 초나라에 죄

■ 풍환이 칼 두드리며 노래해 상객이 되다

鋏客孟嘗
馮驩彈

를 지은 것은 모두 맹상군으로 인한 것이었습니다. 과군은 저번에 귀국에
대한 죄를 씻기 위해 맹상군을 유인해 죽이려고 했습니다. 맹상군이 낌새
를 알아채고 달아나는 바람에 그를 죽이지 못했습니다. 이제 그는 다시 제
나라 상국이 되어 전권專權하고 있을 뿐만 아니라 조만간 제나라를 찬탈하
려 하고 있습니다. 그리되면 진나라와 초나라는 앞으로 많은 일을 맞닥뜨리
게 될 것입니다. 과군은 지난날의 잘못을 후회하면서 초나라와 우호관계를
맺을 생각으로 딸을 대왕에게 출가시키려 하고 있습니다. 혼인관계를 맺은
두 나라가 함께 맹상군의 변란에 대비하려는 것입니다. 대왕이 과군의 제
의를 받아주면 다행이겠습니다."

초경양왕이 그 말에 혹한 나머지 부왕인 초회왕의 원수를 갚을 생각은 하지 않고 오히려 진나라와 우호관계를 맺었다. 진소양왕의 딸을 맞이해서 부인으로 삼은 게 그렇다. 초경양왕도 제나라에 많은 첩자를 잠입시켜 맹상군에 관한 유언流言을 퍼뜨리게 했다. 제민왕이 그런 유언을 듣고 맹상군을 의심했다. 곧 상국의 인수를 거둬들인 뒤 식읍으로 내쫓는 출귀黜歸를 행했다.

빈객들 모두 맹상군이 상국의 자리에서 파면되자 분분이 흩어졌다. 그러나 풍환만은 곁에 남아 설읍으로 가는 수레를 몰았다. 수레가 설읍에 당도하기도 전에 노인을 부축하고 어린이를 손에 끄는 부로휴유扶老攜幼의 모습으로 설읍 백성들이 그를 반가이 맞이했다. 이들이 다퉈 주식酒食을 바치며 문안 인사를 올렸다. 맹상군이 풍환을 돌아보며 말했다.

"이게 바로 선생이 말한 '수덕收德'의 결과구려!"

풍환이 말했다.

"신의 의도는 그리하는 것에 그치지 않습니다. 신에게 1승의 수레를 빌려주면 반드시 대군이 제나라에서 더욱 중용되고, 식읍도 더 확장되도록 만들겠습니다."

맹상군이 말했다.

"오직 선생이 시키는 대로 하겠소."

며칠 후였다. 맹상군이 풍환에게 거마車馬와 금폐金幣을 내주며 말했다.

"선생이 가고자 하는 곳으로 가도록 하시오."

풍환이 수레를 타고 서쪽으로 달려 진나라 도성 함양에 당도했다. 곧 진소양왕을 알현한 뒤 이같이 유세했다.

"오늘날 진나라를 찾아오는 유세객 모두 진나라를 강하게 하고 제나라를 약하게 하는 강진약제强秦弱齊의 계책을 건의할 것입니다. 정반대로 제나라를 찾아오는 유세객 모두 제나라를 강하게 하고 진나라를 약하게 하는 강제약진强齊弱秦의 계책을 건의할 것입니다. 진나라와 제나라는 서로 양립할 수 없는 강국인 세불양웅勢不兩雄의 형세입니다. 양웅 가운데 이기는 자가 천하를 차지할 것입니다."

진소양왕이 말했다.

"선생은 어떤 계책으로 우리 진나라가 웅雄이 되고, 자雌가 되지 않도록 만들 수 있겠소?"

풍환이 말했다.

"대왕은 제나라가 맹상군을 폐출廢黜한 사실을 알고 있습니까?"

진소양왕이 말했다.

"과인도 벌써 들었소. 그러나 액면 그대로 믿을 수는 없었소."

풍환이 말했다.

"천하가 제나라를 존중하는 것은 맹상군이 현명하기 때문입니다. 그런데 지금 제왕齊王은 참소와 비방인 참훼讒毁에 혹해 상국의 인수를 거둬들이고, 그의 공을 죄로 몰아 폐출했습니다. 맹상군은 틀림없이 제나라를 깊이 원망하고 있을 것입니다. 이 기회를 놓치지 말고 대왕이 받아들여 중용하면 제나라의 은밀한 일인 음사陰事를 모두 알고 있는 그가 진나라를 위해 제나라를 도모하는 데 이를 이용할 것입니다. 대왕은 제나라를 제압할 수 있을 뿐만 아니라 천하까지 얻을 수 있습니다. 대왕은 속히 사자로 하여금 많은 폐백을 싣고 설읍에 가서 맹상군을 은밀히 맞아들이게 하십시오. 이번 기회를 놓치면 안 됩니다. 제왕이 맹상군을 내친 것을 후회하고 다시 임용하면 두 나라의 자웅은 알 수 없게 됩니다."

당시 진소양왕은 이미 승상 저리질이 죽고 없었기에 급히 현상賢相을 얻고자 했다. 풍환의 말을 듣고 크게 기뻐한 이유다. 곧 측근을 사자로 임명해 화려하게 꾸민 좋은 수레 10승乘, 황금 100일鎰을 내준 뒤 속히 제나라 설읍으로 가서 예를 갖춰 맹상군을 모셔오게 했다. 풍환이 말했다.

"청컨대 신이 대왕을 위해 먼저 설읍 땅으로 돌아가서 맹상군으로 하여 금 여장을 꾸리고 기다리도록 하겠습니다. 그러면 사자가 그를 데려오기 위해 지체할 일이 없을 것입니다."

그러고는 급히 수레를 달려 제나라로 돌아갔다. 그는 맹상군을 만나볼 겨를도 없이 곧바로 제민왕을 찾아가 말했다.

"지금 제나라와 진나라는 서로 자웅을 다투는 중입니다. 이는 대왕도 잘 알고 있는 것입니다. 인재를 얻는 나라가 웅雄, 그렇지 못한 나라가 자雌가 됩니다. 방금 신이 오다가 노상에 떠도는 이야기를 들었습니다. 진왕秦王은 대왕이 맹상군을 내친 것을 다행으로 생각하고 은밀히 사자를 보내 좋은 수레 10승과 황금 100일로 맹상군을 초청한 뒤 승상으로 삼으려 한다는 것입니다. 맹상군이 진나라로 가 승상이 되면 지금까지 제나라를 위해 일을 도모하던 것과 달리 앞으론 진나라를 위해 일을 도모할 것입니다. 그리 되면 진나라가 '웅'이 되고, 제나라 도성 임치臨淄와 요충지인 즉묵卽墨이 위태로워집니다."

제민왕이 당황한 표정으로 물었다.

"그렇다면 어찌해야 하오?"

풍환이 대답했다.

"진나라 사자가 단모旦暮에 설읍에 이를 것입니다. 대왕은 그 사자가 당도하기 전에 먼저 맹상군을 상국으로 복귀시키고 그의 식읍도 더 넓혀주십시오. 그러면 맹상군도 틀림없이 기쁜 마음으로 받아들일 것입니다. 진나라 사자가 아무리 강포한들 어찌 대왕의 허락도 없이 남의 나라 상국을 임의로 데려갈 수 있겠습니까?"

제민왕이 말했다.

"좋소."

그는 비록 입으론 그리 말했으나 내심 풍환의 말을 깊이 믿지 않았다. 곧 사람을 국경으로 보내 그 말의 허실을 정탐케 했다. 제민왕의 명을 받은 신하가 보니 과연 진나라 쪽에서 좋은 수레를 거느린 자가 오고 있었다. 물어보니 과연 진나라 사자였다. 곧바로 밤을 도와 임치로 달려와 제민왕에게 이 사실을 보고했다.

제민왕이 곧 풍환으로 하여금 군왕의 신표信標인 부절符節을 갖고 가 맹상군을 조정으로 맞아들이게 했다. 곧바로 맹상군을 상국으로 복귀시킨 뒤 식읍 1천 호를 더 내줬다. 진나라 사자가 설읍에 당도했을 때는 이미 상국에 복귀한 뒤였다. 수레를 돌려 서쪽을 향할 수밖에 없었다.

맹상군이 상국으로 복귀하자 빈객들이 다시 그의 객사로 돌아왔다. 맹상군이 풍환에게 말했다.

"나는 빈객들을 좋아해 감히 실례失禮한 적이 없소. 내가 하루아침에 상국 자리에서 파면되자 모두 나를 버리고 떠났소. 이제 선생 덕분에 다시 복귀했소. 저들은 무슨 면목으로 다시 나를 보려는 것이오?"

풍환이 대답했다.

"무릇 영욕성쇠榮辱盛衰은 만물의 상리常理입니다. 대군은 대도大都의 시정市井을 보지 못했습니까? 날이 밝으면 사람들은 어깨를 비비며 다퉈 성문 안으로 들어옵니다. 하지만 날이 지면 사람들은 다 떠나고 텅 비어 저 잣거리가 쓸쓸해집니다. 그때는 사람들이 찾는 것이 그곳에 없기 때문입니다. 무릇 사람이 부귀해지면 찾아오는 선비가 많아지고, 빈천해지면 찾았던 사귐도 뜸해지는 '부귀다사富貴多士, 빈천과교貧賤寡交'는 매사의 기본 이치입니다. 대군은 무엇을 괴이하게 여기는 것입니까?"

맹상군이 풍환에게 재배했다.

"삼가 선생의 말씀을 명심하겠소."

그러고는 이전처럼 자신을 찾아오는 빈객을 후하게 대접했다.

당시 위소왕魏昭王은 한희왕韓釐王과 함께 주나라 천자인 주난왕周赧王

의 명을 받고 '합종'하여 진나라를 쳤다. 진소양왕이 장수 백기白起로 하여금 군사를 이끌고 가 두 나라 연합군을 맞아 싸우게 했다. 진나라 군사와 두 나라 연합군이 이궐伊闕 땅에서 크게 싸웠다. 백기가 적병 24만 명을 참수하고, 한나라 장수 공손 희喜를 사로잡고, 한나라 무수武遂 땅 300리를 빼앗았다. 내친 김에 위나라로 쳐들어가 하동河東 땅 400리도 점령했다.

진소양왕이 보고를 받고 크게 기뻐했다. 그는 내심 진나라를 포함한 7국 모두 왕호를 사용하는 까닭에 칭왕稱王이 특별할 것도 없다고 생각했다. 왕 대신 제帝를 칭하는 칭제稱帝를 통해 진나라가 다른 나라보다 귀중貴重하다는 것을 드러내고 싶어 했다. 그러나 홀로 칭제하여 독존獨尊하는 게 마음에 걸렸다. 곧 사람을 제민왕에게 보내 이같이 청했다.

"오늘날 열국이 서로 왕을 칭하고 있소. 앞으로 천하가 어디로 귀속될지 아무도 모르는 상황이오. 과인은 서제西帝를 칭하며 서쪽의 주인이 되고자 하오. 제왕齊王을 동제東帝로 높여 동쪽의 주인으로 삼은 뒤 서로 천하를 평분平分코자 하는데 어찌 생각하오?"

제민왕은 그 제안을 받고 어찌해야 좋을지 판단이 서지 않아 상국 맹상군을 불러 상의했다. 맹상군이 말했다.

"진나라는 스스로 강한 것만 믿고 횡포를 부리고 있기에 제후들로부터 미움을 받고 있습니다. 대왕은 진나라를 본받지 마십시오."

이로부터 1달 뒤 진소양왕이 다시 사자를 보내면서 연합군을 결성해 조나라를 치는 방안을 약속받아오게 했다. 마침 연나라에서 소대蘇代가 제나라로 왔다. 제민왕은 소대에게 진나라가 함께 칭제하는 방안을 제시한 사실을 언급하며 가르침을 청했다. 소대가 대답했다.

"진나라가 다른 나라에 그런 제의를 하지 않고 오직 제나라에만 그리 말한 것은 제나라를 존경하기 때문입니다. 그런 터에 제의를 거절하면 진나라의 호의를 무시하는 게 되고, 그렇다고 받아들이면 열국의 미움을 사게 됩니다. 대왕은 제의를 받아들이되 칭제는 하지 마십시오. 진왕이 칭제를 하고 제후들이 이를 받아들이면 그때 비로소 대왕도 칭제하며 동방의 제후들 위에 군림할지라도 늦지 않을 것입니다. 진왕이 먼저 칭제케 한 연후에 제후들이 미워하면 대왕은 칭제의 허물을 진나라에 돌릴 수 있습니다."

제민왕이 말했다.

"삼가 가르침을 좇도록 하겠소."

그러고는 다시 물었다.

"진나라가 함께 군사를 일으켜 조나라를 치자고 청해 왔는데 이를 어찌하면 좋겠소?"

소대가 대답했다.

"명분 없이 출병해 성공을 거둔 예가 없습니다. 죄 없는 조나라를 쳐 땅을 얻을지라도 이는 조나라와 가까운 진나라의 이득이 될 뿐 제나라와는 아무 상관이 없습니다. 지금 송나라가 무도한 모습을 보이는 까닭에 천하가 모두 폭군 걸桀에 비유해 걸송桀宋으로 부르고 있습니다. 대왕은 조나라를 치기보다는 차라리 송나라를 치십시오. 송나라는 제나라와 가깝기에 그 땅을 얻으면 내 땅처럼 지킬 수 있고, 그 백성을 얻으면 대왕의 신민臣民으로 만들 수 있습니다. 게다가 폭군을 주살했다는 명분도 세울 수 있습니다. 옛날 걸桀과 주紂를 친 탕왕湯王과 주무왕周武王의 의거가 그렇습니다."

제민왕은 그 말을 듣고 크게 기뻐했다. 칭제의 건의를 받아들이면서도 칭제하지 않은 이유다. 이어 진나라 사자를 후하게 대접하면서도 조나라를 치자는 요청도 정중히 사절했다. 진소양왕은 칭제한 지 2달 만에 제민왕이 여전히 왕호를 사용한다는 이야기를 듣고는 이내 제호를 버린 뒤 감히 다시는 칭제하지 못했다.

188話 제민왕이 연합군을 결성해 송나라를 치다
– 제왕규병벌걸송齊王糾兵伐桀宋

이야기가 둘로 나뉜다. 당시 송강공宋康公은 송벽공宋辟公 벽병辟兵의 아들로 공자 척성剔成의 동생이다.[2] 그의 모친이 꿈속에서 서언왕徐偃王[3]이 나타나 환생을 부탁한다는 말을 듣고 낳은 까닭에 이름을 언偃으로 지었다. 그는 나면서부터 용모가 특이했다. 키가 9척4촌, 얼굴 넓이도 1척3촌에 달했다. 눈은 거성巨星 같았고, 얼굴엔 신비로운 빛이 감돌았다. 또 힘은 능히 쇠로 만든 갈고리인 철구鐵鉤를 오므렸다 펼 정도였다.

주현왕周顯王 41년인 기원전 328년, 송벽공이 죽자 공자 언이 친형인 척성을 몰아내고 스스로 보위에 올라 송강공이 됐다.[4] 즉위한 지 11년 되던 해에 도성에 사는 한 백성이 참새둥지에서 알을 깨고 막 나오는 새끼를 집어냈다. 그러나 그 새는 참새가 아니고 매였다. 이를 이상히 여겨 송강공에게 바쳤다.

---

2 학계 일각에서는 척성을 사성司城의 잘못으로 보고 있다. 송나라에서는 송무공의 이름 사공司空을 꺼려 '사공'의 관직명을 '사성司城'으로 바꾸었는데 훗날 '사성'이 '척성'으로 오독됐다는 것이다. 이를 좇을 경우 은나라 왕실의 후손 자씨子氏가 다스린 송나라는 이때에 이르러 권신에 의해 왕실의 주인공이 바뀐 게 된다. 실제로 『한비자』 「충효忠孝」는 전국시대 말기에 들어와 주인이 강씨에서 전씨로 바뀐 제나라처럼 송나라 역시 사성의 직책에 있던 대씨戴氏가 송나라의 대권을 탈취했다고 기록해 놓았다.

3 서언왕徐偃王의 사적은 자세히 알려진 게 없다. 『후한서』 「동이전」 등의 기록에 따르면 그는 주목왕周穆王 때 인정仁政을 펼친 덕분에 장강과 회수 사이의 제후국 가운데 36국이 그를 따랐다. 주목왕이 이를 크게 우려해 초나라를 시켜 토벌케 했다. 당시 서언왕은 백성들을 너무 사랑한 나머지 접전을 피하다가 목숨을 잃고 나라마저 패망케 만들었다고 한다.

4 『열국지』는 주현왕周顯王 41년에 송나라 군주 척성剔成이 동생인 공자 언偃의 기습공격으로 쫓겨났다고 했으나 『사기』 「송미자세가」는 척성의 재위 41년에 동생인 공자 언의 기습이 있었다고 했다.

송강공이 태사太史 불러 점을 치게 했다. 태사가 점괘를 뽑아 펼쳐본 뒤 말했다.

"작은 것에서 큰 것이 나왔으니 이는 약한 것이 도리어 강하게 될 조짐입니다. 주공이 약한 나라에서 굴기崛起해 패왕이 될 상입니다."

송강공이 크게 기뻐하며 말했다.

"우리 송나라는 지금 매우 약하다. 그런 송나라를 과인이 강하게 일으켜 세우지 않고 누구를 기다린단 말인가?"

그러고는 송나라 장정들을 대거 선발한 뒤 직접 군사훈련을 시켜 강력한 병사인 경병勁兵 10여만 명을 양성했다. 이어 이들을 이끌고 제나라를 쳐 5개의 성읍을 빼앗고, 남쪽으로 초나라를 쳐 영토를 200여 리 확장하고, 서쪽으로 위나라를 쳐서 2개의 성읍을 점령하고, 약소국인 등滕나라를 멸망시켜 그 땅을 병탄했다.

이처럼 국력을 키운 송강공은 진나라에 사자를 보내 통호通好했다. 진소양왕도 보빙사報聘使를 송나라로 보내 친선했다. 이후 송나라는 강국을 자처하며 제나라와 초나라 및 3진과 어깨를 나란히 했다. 송강공은 마침내 공公의 칭호를 버리고 왕호를 사용해 송왕宋王[5]을 칭했다. 그는 스스로 자신이 천하영웅이며 자신과 견줄 사람은 없다고 생각했다.

그는 조속한 패업 성취를 위해 서둘렀다. 조회에 나갈 때마다 군신들로 하여금 일제히 '만세萬歲'를 외치게 한 게 그렇다. 조문朝門 밖 시위들도 그에 따라 '만세'를 불렀다. 만세 소리가 송나라 도성을 뒤흔든 이유다.

그는 또 가죽부대에 우혈牛血을 가득 담아 높은 장대에 매단 뒤 활로 그 부대를 쏘았다. 그의 활은 강하고, 화살 또한 단단했다. 그의 화살이 부대를 꿰뚫자 혈우血雨가 공중에서 어지럽게 쏟아져 내렸다. 그러고는 사람들을

---

5 『사기』「표」에 따르면 송강왕이 왕을 칭한 것은 주신정왕周慎靚王 3년인 기원전 318년이다. 송나라는 이로부터 32년 뒤인 기원전 286년에 멸망했다.

제민왕이 연합군을 결성해 송나라를 치다

齊王糾兵伐
宋

시켜 저잣거리로 나가 이같이 선전케 했다.

"대왕이 하늘을 쏘아 승리했다!"

먼 곳의 사람들에게도 공포와 위협인 공하恐嚇를 드러내고자 한 것이다.

송강왕은 또 자주 주연을 벌이고 군신들과 함께 밤새도록 술을 마셨다. 군신들에게 강한 술을 마시게 하고, 자신은 은밀히 좌우 시종들을 시켜 술 대신 끓인 물인 열수熱水를 마셨다. 주량이 아무리 많은 신하도 술자리에서는 모두 예의를 지킬 수 없을 만큼 대취해 고꾸라졌다. 송강왕만 멀뚱멀뚱한 모습으로 성연惺然히 전혀 취한 기색이 없었다. 좌우의 아첨하는 자들이 입을 모아 말했다.

"군왕의 주량은 바다와 같습니다. 1천 석石을 마셔도 전혀 취하지 않습니다."

송강왕은 많은 부인을 두고 음탕한 짓을 즐겼다. 하룻밤에도 수십 명의 여인과 잠자리를 같이했다. 그녀들을 통해 이런 소문을 퍼뜨렸다.

"송왕의 정력과 신기神氣인 정신精神은 수백 명의 것을 합친 듯하다. 수백 명의 여인과 관계해도 전혀 권태倦怠를 느끼지 못한다."

그는 자신을 과장하며 자랑하는 자현自炫에 바빴다.

하루는 송강왕이 옛날 하나라 때의 제후인 봉보封父의 봉지였던 지금의 하남성 봉구현 일대로 놀러 나갔다가 우연히 뽕잎을 따는 여인을 보았다. 자색이 매우 아름다웠다. 송강왕이 그날로 부근에 청릉대靑陵臺를 쌓고 날마다 그 위에 올라가 뽕잎을 따는 여인을 바라봤다. 이내 사람을 시켜 여인의 집에 보내 누구인지 알아보게 했다.

그 여인은 궁중에서 심부름을 하는 사인舍人 한빙韓憑의 처 식씨息氏였다. 송강왕은 사람을 시켜 한빙으로 하여금 아내를 바치도록 귀띔케 했다. 한빙이 아내 식씨에게 궁중에 들어갈 것인지 여부를 물어보았다.

식씨가 시를 지어 대답했다.

남산에 새가 있으니	南山有鳥
북산에 그물을 쳤다	北山張羅
그 새가 높이 날면	鳥自高飛
그물 쳐도 소용없다	羅當奈何

송강왕은 식씨의 미모를 사모한 탓에 단념하지 않았다. 곧 사람을 시켜 한빙의 집으로 가서 식씨를 탈취해 오게 했다. 한빙은 아내 식씨가 수레에 실려 납치되는 것을 보고 분한 나머지 자진하고 말았다.

송강왕은 잡혀온 식씨를 이끌고 청릉대로 올라 식씨에게 말했다.

"나는 송왕이다. 능히 사람을 부귀하게 만들 수도 있고, 살리거나 죽일 수도 있다. 더구나 너의 남편이 이미 죽었는데 네가 어디로 돌아갈 것인가? 과인을 섬기면 응당 왕후로 삼을 것이다."

식씨가 다시 시를 지어 대답했다.

새도 암수 짝이 있으니	鳥有雌雄
봉황이라고 좇진 않지	不逐鳳凰
첩은 비록 서인이지만	妾是庶人
송왕을 좋아하진 않지	不樂宋王

송강왕이 말했다.

"경卿이 이미 이곳에 와 있으니 비록 과인에게 순종하지 않으려 해도 그리할 수는 없을 것이다."

식씨는 송강왕의 손아귀에서 벗어날 수 없다는 걸 알고 조용히 대답했다.

"첩이 목욕하고 옷을 갈아입고 나서 죽은 남편의 혼에 작별을 고한 뒤 대왕의 건즐巾櫛을 받들도록 하겠습니다."

송강왕이 허락했다. 식씨가 목욕하고 옷을 갈아입자 공중을 향해 재배한 뒤 대 위에서 땅으로 몸을 던졌다. 송강왕이 시종을 시켜 급히 그녀의 옷자락을 잡게 했으나 이미 늦었다. 시종이 대 아래로 내려가 보니 숨이 끊어져 있었다. 몸을 더듬어보니 치마끈에 서간이 매어 있었다. 내용은 대략 이러했다.

첩이 죽거든 첩을 한빙과 함께 같은 무덤에 합장해 주십시오. 그러면 황천에 가서도 감덕感德하겠습니다.

송강왕이 대로했다. 격절隔絶된 곳에 따로 무덤을 만들어 매장했다. 동서로 갈라진 두 무덤은 서로 바라보기만 하는 외로운 고총孤塚이 됐다. 시신을 묻은 지 3일 뒤 송강왕이 환궁했다. 어느 날 밤 문득 두 무덤 곁에서 가래나무가 하나씩 솟아났다. 10일 사이 3장丈 가량 자라났다. 두 나무의 가지들이 각각 동서로 뻗어 서로 뒤엉켜 이른바 연리지連理枝를 이뤘다.

연리지에 원앙鴛鴦 1쌍이 날아와 서로 목을 마주대고 슬피 울었다. 동네사람들이 이를 보고 모두 죽은 식씨를 가엾게 여겼다.

"이는 한빙 부부의 넋이 깃든 것이다."

그러고는 두 나무를 상사수相思樹라고 불렀다.

염선이 시를 지어 이를 탄식했다.

상사수 위의 원앙 1쌍 보게	相思樹上兩鴛鴦
천고의 정겨운 넋 안쓰럽다	千古情魂事可傷
힘으로 뜻을 빼앗지 못하니	莫道威強能奪志
식씨는 절개 지켜 항거했다	婦人執性抗君王

이후에도 송강왕은 포학한 짓을 계속했다. 여러 신하들이 간했다. 송강왕은 그런 간언에 화를 참지 못했다. 곧 활과 화살을 곁에 두고 간하는 신하가 있으면 곧바로 활을 쏴 죽였다.

언젠간 하루 사이에 대부 경성景成과 대오戴烏 및 공자 발勃 등 3인을 잇달아 쏴 죽였다. 이후 아무도 감히 송강왕 앞에서 입을 열지 못했다. 열국의 군주들이 그를 걸송桀宋이라고 부른 이유다.

당시 제민왕은 소대蘇大의 계책을 좇아 사자를 초나라와 위나라로 보내 함께 송나라를 칠 것을 제의했다. 송나라를 쳐 없앤 뒤 3국이 그 땅을 3분하기로 약속했다. 두 나라가 찬동했다. 제나라가 마침내 송나라 토벌의 군사를 일으켜 진격했다.

진소양왕은 3국이 연합해 송나라를 친다는 보고를 듣고 화를 냈다.

"송나라는 근자에 새로이 우리 진나라와 우호를 맺었다. 제나라가 송나라를 친다고 하니 과인은 재론한 여지도 없이 반드시 송나라를 구하고 말겠다."

제민왕은 이 소문을 듣고 진나라의 출병이 두려운 나머지 곧 소대를 불러 상의했다. 소대가 말했다.

"신이 진나라로 가서 출병을 막도록 하겠습니다. 그러면 대왕은 마침내 송나라 토벌의 공을 이룰 수 있을 것입니다."

소대가 진나라로 가 진소양왕을 만난 뒤 이같이 말했다.

"제나라가 이번에 송나라를 친다고 하니 신은 감히 대왕에게 이를 축하하려고 왔습니다."

진소양왕이 물었다.

"제나라가 송나라를 치는데 선생은 어째서 과인을 축하한다는 것이오?"

소대가 대답했다.

"제왕齊王의 강포强暴는 송왕과 다를 바 없습니다. 그런 그가 초나라 및 위나라와 약속하고 송나라를 치는 판이니 사세 상 제왕은 틀림없이 초나라와 위나라를 업신여길 것입니다. 그러면 두 나라는 크게 분노해 진나라를 섬길 것입니다. 이는 진나라가 송나라를 제나라에 미끼로 던져주고 대신 가만히 앉아 초나라와 위나라를 거둬들이는 게 됩니다. 이게 어찌 대왕에게 불리하겠습니까? 그러니 신이 어찌 감히 축하드리지 않을 수 있겠습니까?"

진소양왕이 물었다.

"과인은 송나라를 구해주고 싶소. 어찌 생각하오?"

소대가 대답했다.

"걸송은 천하의 공노公怒를 사고 있습니다. 천하의 모든 사람이 송나라 패망을 다행으로 여기고 있는데 진나라만 유독 구원코자 하면 중노衆怒는 곧바로 진나라로 옮겨질 것입니다."

진소양왕이 곧 출병할 군사를 해체하는 파병罷兵을 행한 뒤 송나라를 구하지 않았다.

당시 송나라 토벌에 나선 제나라 군사가 먼저 송나라 변경에 당도하자 뒤이어 초나라와 위나라 군사도 당도했다. 제나라 장수 한섭韓聶과 초나라 장수 당말唐眛⁶ 및 위나라 장수 망묘芒卯가 한곳에 모여 송나라 토벌 문제를 상의했다.

초나라 장수 당말이 말했다.

"송왕은 뜻이 크고 교만한 지대기교志大氣驕의 인물이오. 우리가 짐짓 약세를 보여 유인해 내야 하오."

위나라 장수 망묘가 말했다.

"송왕은 음탕하고 포학한 음학淫虐의 인물이라 이미 민심을 잃어 많은 원망을 사고 있소. 우리 3국은 그의 침공을 받아 군사를 잃고 땅을 빼앗기는 치욕을 당한 바 있소. 응당 격문을 돌려 그의 죄악을 널리 선포하고, 전에 빼앗긴 땅의 백성들에게도 궐기를 촉구토록 합시다. 그러면 전에 빼앗긴 땅의 백성들 내에서 반드시 창을 거꾸로 들어 송나라를 치는 자들이 나타

6　당말唐眛이 『열국지』 원문에는 당매唐眛로 돼 있으나 『사기』 「진세가」에는 '당말'로 나온다. '당말'의 이름이 문헌에 따라 다양하다. 『전국책』은 당명唐明, 『자치통감』은 당매唐眛, 『여씨춘추』와 『순자』는 당멸唐蔑로 기록해 놓았다. 청대 건륭제 때의 고증학자 양옥승梁玉繩은 『사기지의史記志疑』에서 말眛과 멸蔑이 고대에는 서로 통용되었다고 했다. 양옥승의 견해를 좇을 경우 당명과 당매는 말眛의 와전일 공산이 크다. 『자치통감』에 당매唐眛로 나오는 것은 당말의 와전인 당매唐眛의 '매'가 전사과정에서 다시 매眛로 오사誤寫된 결과로 보인다. 번역문은 「진세가」의 기록을 좇아 '당매'를 모두 '당말'로 바꿔 놓았다.

날 것입니다."

제나라 장수 한섭이 말했다.

"두 장수의 말이 모두 옳소."

그러고는 이내 격문을 만들면서 송강왕의 10대죄十大罪을 열거했다. 그 내용은 이러하다.

1. 축형찬위逐兄纂位, 득국부정得國不正 — 형을 내쫓고 부정하게 나라를 얻다.

2. 멸등겸지滅滕兼地, 시강능약恃强淩弱 — 등나라를 멸망시키고 땅을 차지하다.

3. 호공요전好攻樂戰, 침범대국侵犯大國 — 공격과 전쟁을 좋아하고 대국을 침공하다.

4. 혁낭사천革囊射天, 득죄상제得罪上帝 — 가죽부대로 하늘을 쏘아 상제에게 득죄하다.

5. 장야감음長夜酣飲, 불휼국정不恤國政 — 밤새 음주하며 국정을 돌보지 않다.

6. 탈인처녀奪人妻女, 음탕무치淫蕩無恥 — 남의 아내를 빼앗고, 음탕한 짓을 하며 무치하다.

7. 사살간신射殺諫臣, 충량결설忠良結舌 — 간하는 신하를 쏴 죽여 충신의 입을 막다.

8. 참의왕호僭擬王號, 망자존대妄自尊大 — 왕을 참칭하고 망령되게 스스로를 높이다.

9. 독미강진獨媚强秦, 결원인국結怨鄰國 — 강한 진나라에 아첨하며 이웃의 원한을 사다.

10. 만신학민慢神虐民, 전무군도全無君道 — 신명을 모독하고, 백성

을 학대하고, 군도가 전혀 없다.

10대죄를 열거한 격문이 뿌려지는 곳마다 민심이 동요했다. 전에 3국 땅이었던 곳에 살고 있는 백성들은 격문을 보자 송나라에 붙으려 하지 않았다. 그들은 난을 일으켜 송나라 관원을 몰아내고 성 위로 올라가 지키면서 자국의 군사가 오기를 기다렸다. 이들의 호응에 힘입어 3국 군사는 가는 곳마다 승리를 거두고 마침내 송나라 도성인 수양睢陽에 직핍直逼했다.

송강왕은 병거와 군사를 대대적으로 사열한 뒤 직접 중군을 이끌고 나와 수양성 10리 밖에다 영채를 세우고 보루를 쌓았다. 3국 연합군의 돌격을 저지키 위한 것이었다.

제나라 장수 한섭이 부하장수 여구검閭丘儉에게 명해 군사 5천 명을 이끌고 가 싸움을 걸게 했다. 송나라 군사는 보루 밖으로 나오려 하지 않았다. 여구검이 목소리 큰 군사 몇 명을 선발해 척후용 사다리 수레인 초거軺車에 올라가 송강왕을 꾸짖는 10대죄를 낭송케 했다. 송강왕은 그 낭송을 듣고 대로했다. 곧 장수 노만盧曼에게 명해 여구검과 싸우게 했다. 여구검이 노만과 몇 합 어울려 싸우다가 패주했다. 노만은 추격했다. 여구검이 거마車馬와 기계器械를 버리고 정신없이 달아났다.

송강왕은 보루 위에 올라가 제나라 군사가 패주하는 모습을 바라보며 크게 기뻐했다.

"제나라 군사만 패퇴시키면 초나라와 위나라 군사는 모두 사기를 잃고 말 것이다."

그러고는 전군에 출격을 명했다. 제나라 장수 한섭이 군영을 송나라 군사에게 내주고 20리 물러나 영채를 세우는 하채下寨를 했다. 그는 초나라 장수 당말과 위나라 장수 망묘로 하여금 각자 자신의 군사를 이끌고 좌우로 길을 나눠 송강왕의 대영 뒤로 돌아간 뒤 송나라 도성을 기습케 했다.

이튿날 송강왕은 제나라 군사가 이미 전투의지를 상실한 것으로 판단했다. 영채를 모두 뽑는 발채拔寨를 한 뒤 진격해 제나라의 군영을 직접 공격했다. 제나라 장수 여구검이 대장인 한섭의 깃발을 들고 영채 앞으로 나와 송나라 군사와 싸웠다. 양군은 해가 뜰 때부터 시작해 한낮에 이를 때까지 밀고 밀리며 30여 차례 전투를 계속했다. 송강왕은 과연 영용英勇했다. 칼을 휘둘러 제나라 장수 20여 명을 참하고, 병사들도 100여 명이나 쳐 죽였다. 이 와중에 송나라 장수 노만도 전사했다.

제나라 장수 여구검이 다시 대패해 달아났다. 패주하며 내버린 병거와 무기가 무수했다. 송나라 군사가 서로 앞 다퉈 제나라 군사가 버린 무기 등을 줍느라 대오에서 이탈했다. 이때 문득 척후병인 탐마探馬가 달려와 보고했다.

"지금 적군이 매우 급하게 수양성을 공격하고 있습니다. 탐지한 바로는 초나라와 위나라의 군마軍馬라고 합니다."

송강왕이 그 보고를 받고 대로했다. 황망히 군사를 정비해 수양성으로 회군할 것을 명했다. 송나라 군사가 말머리를 돌려 5리쯤 갔을 때 문득 길가의 언덕 너머에서 일지군一枝軍이 돌진하며 외쳤다.

"제나라 상장 한섭이 여기에 있다. 무도한 혼군昏君은 아직도 속히 항복하지 않는 것인가?"

송강왕을 좌우에서 호위하는 편장 대직戴直과 굴지고屈志高가 병거를 몰고 달려 나와 싸웠다. 제나라 장수 한섭이 크게 신위神威를 떨쳐 두 장수와 어우러져 싸우다가 먼저 굴지고를 베어 병거 아래로 떨어뜨렸다. 대직이 크게 놀라 감히 덤벼들지 못하고 이내 송강왕을 호위하면서 일면 싸우고 일면 달아났다.

이들은 수양성 아래까지 후퇴했다. 성을 지키고 있던 공손 발拔이 곧바로 성문을 열고 이들을 맞아들였다. 3국 연합군은 밤낮을 가리지 않고 수

양성을 공격했다. 이때 멀리서 먼지가 일어나며 대군이 수양성 쪽으로 달려왔다. 한섭이 이기지 못할까 걱정한 나머지 제민왕이 직접 대장 왕촉王蠋 및 태사太史 교돈 등과 함께 군사 3만 명을 이끌고 온 것이다.

송나라 병사들은 제민왕이 직접 군사를 이끌고 온 것을 보고는 저마다 상담喪膽하며 용기와 믿음을 잃는 회심灰心의 상태가 됐다. 송강왕은 병사를 아끼지 않는데다가 성안의 남녀를 휘몰아 밤낮없이 성을 지키게 했다. 그러고도 위무하거나 공을 세운 자에게 상을 내리지 않았다.

성안 백성들 내에서 송왕을 원망하는 소리가 점차 높아졌다. 대직이 송강왕에게 말했다.

"적군의 기세가 미쳐 날뛰는 창광猖狂의 모습을 보이고 있고, 성안의 민심이 이미 변했습니다. 차라리 도성을 버리고 잠시 하남河南 땅으로 피신했다가 다시 기회를 보아 나라를 회복토록 하십시오."

원래 송강왕은 한때 패왕이 될 마음을 품고 있었다. 이제 추수秋水처럼 덧없이 흘러가 버린 것을 깨닫고는 하늘을 우러러 크게 탄식했다. 이내 대직과 함께 수양성을 버리고 몰래 하남 땅으로 달아났다. 공손 발이 마침내 항기降旗를 내걸고 제민왕을 도성 안으로 맞아들였다. 제민왕은 먼저 송나라 백성들을 위무하고 안심시킨 뒤 제나라 군사로 하여금 달아난 송강왕을 추격케 했다.

송강왕은 대직과 함께 온읍溫邑까지 달아났으나 그곳에서 제나라 군사에게 따라잡혔다. 제나라 군사들은 먼저 대직을 사로잡아 참수했다. 송강왕은 제나라 군사의 수중에서 벗어날 수 없는 걸 알고 이내 깊은 여울인 신농간神農澗에 몸을 던졌다. 그러나 익사하기 직전 제나라 군사에 의해 끌려나와 참수 당한 뒤 수양성으로 전송傳送됐다.

결국 송나라는 제나라와 초나라 및 위나라 등 3국 연합군에 의해서 멸망했다. 이들 3국은 당초 약속했던 대로 송나라를 3분했다. 초나라와 위나라 군사가 각각 본국으로 떠나자 제민왕이 말했다.

"송나라를 쳐 없앤 이번 전쟁에서 우리 제나라가 가장 많은 힘을 썼다. 크게 힘도 쓰지 않은 초나라와 위나라가 어떻게 땅을 차지할 수 있겠는가?"

제민왕이 군사들에게 함매銜枚케 한 채 당말이 거느린 초나라 군사의 뒤를 추격했다. 중구重丘 땅에서 초나라 군사를 습격해 쳐부쉈다. 승세를 몰아 초나라가 차지한 송나라 회수淮水 북쪽의 땅을 모두 빼앗았다. 이어 다시 서쪽으로 쳐들어가 위나라를 비롯한 3진을 침공해 3진의 군사를 잇달아 격파했다. 결국 위나라 몫의 송나라 땅까지 모두 빼앗았다.

초나라와 위나라는 제민왕이 약속을 지키지 않은 것에 대해 원한을 품었다. 곧 소대가 예언한 바대로 진나라에 사자를 보내 귀의했다. 진나라는 이를 소대의 공으로 생각했다.

당시 제민왕은 송나라 땅을 모두 차지한 뒤 더욱 교만하고 방자해졌다. 총애하는 신하인 폐신嬖臣 이유夷維를 위衛나라와 노魯나라 및 추鄒나라 3국에 차례로 보냈다. 제나라에 칭신稱臣하고 입조해 알현할 것을 요구한 것이다. 3국의 군주는 제나라의 침공이 두려워 감히 좇지 않을 수 없었다. 제민왕이 말했다.

"과인은 전번에 연나라를 치고, 이번에 송나라를 멸망시켜 영토를 1천리나 넓혔소. 또 위나라를 치고, 초나라 땅까지 빼앗았소. 과인의 위엄이 열국 제후를 누르고도 남는 까닭에 위나라와 노나라 및 추나라 군주가 이미 칭신했소. 사수泗水 주변의 소국들 모두 과인을 두려워하고 있소. 과인은 조만간 군사를 이끌고 가 무능한 주왕실을 병탄하고 낙양에 있는 구정九鼎을 임치로 옮길 작정이오. 연후에 천자가 되어 천하를 호령하면 누가 감히 과인의 뜻을 어길 수 있겠소?"

맹상군이 나서서 간했다.

"송왕 언偃이 교만했던 까닭에 제나라가 이를 틈타 송나라를 차지할 수 있었습니다. 대왕은 패망한 송나라를 감계鑑戒로 삼아야 할 것입니다. 주왕실이 비록 미약하다고는 하나 모든 나라가 아직도 주왕실을 종주국으로 받들고 있습니다. 지금 7국이 서로 싸우면서도 주왕실을 건드리지 않는 것은 제후들의 종주라는 명분이 있기 때문입니다. 대왕은 전번에 진왕이 함께 사용하자고 권한 제호帝號를 사용치 않았습니다. 천하가 제나라의 겸양을 칭송했습니다. 이제 와서 문득 주왕실을 대신하려는 뜻을 키우기 시작하니 아마도 제나라의 복이 되지 못할까 두렵습니다."

제민왕이 말했다.

"은나라 탕왕은 하나라 걸桀을 내쫓고, 주무왕은 은나라 주紂를 쳤소. 원래 걸은 탕왕의 주군, 주는 주무왕의 주군이 아니었소? 과인이 어찌하여 탕왕과 주무왕만 못하다는 것이오? 과인이 두 사람만 못하면 애석하게도 상국 역시 탕왕을 도운 이윤伊尹이나 주무왕을 도운 여상呂尙만 못한 인물이 되는 게 아니오?"

제민왕은 다시 맹상군을 상국의 자리에서 내쫓고, 인수를 거둬들였다. 맹상군은 제민왕이 결국 자신을 죽이지나 않을까 두려워했다. 이내 빈객들과 함께 위魏나라 도성인 대량大梁으로 달아났다. 위나라의 공자 무기無忌의 부중에 몸을 의탁했다. 공자 무기는 위소왕魏昭王의 작은아들이다. 성품이 겸공謙恭하고 선비를 좋아했다. 사람을 접대할 때 자신의 태도에 부족한 점이 있지나 않은지 늘 걱정했다.

하루는 아침밥인 조선朝膳을 먹을 때 비둘기 한 마리가 새매에게 쫓겨 급히 밥상 아래로 날아들었다. 공자 무기는 비둘기를 숨겨주었다가 새매가 사라진 것을 보고 날려 보냈다. 그러나 새매가 지붕 용마루 밑에 숨어 있다가 비둘기가 날아오르자 쏜살같이 잡아채 쪼아 먹을 줄 누가 알았겠는가? 공자 무기가 자책했다.

"비둘기는 살기 위해 내게 왔다. 내가 비둘기를 새매에게 잡혀먹게 만들었으니 비둘기를 저버린 셈이다."

그러고는 종일토록 음식을 입에 대지 않았다. 이어 좌우에 명해 닥치는 대로 새매를 잡아오게 했다. 이들이 모두 100여 마리를 잡은 뒤 한 마리씩 조롱에 넣어 바쳤다. 공자 무기가 말했다.

"비둘기를 잡아먹은 새매는 단 한 마리다. 내가 어찌 다른 새매까지 허물이 미치게 할 수 있겠는가?"

이어 칼을 뽑아 채롱 위에 올려놓고 축원했다.

"비둘기를 잡아먹지 않은 새매는 나를 향해 슬피 울도록 하라. 그러면 놓아줄 것이다."

모든 새매는 일제히 슬피 울었다. 오직 한 조롱 속의 새매만 머리를 숙인 채 감히 그를 쳐다보지 못했다. 공자 무기가 그 새매만 잡아 죽인 뒤 나머지 새매를 모두 날려 보냈다. 사람들이 이 소문을 듣고 탄복했다.

"위나라 공자 무기는 비둘기 한 마리도 저버리지 못하는데 하물며 사람의 경우이겠는가?"

현우賢愚를 막론하고 수많은 선비가 마치 저잣거리에 쏟아져 나온 것처럼 그의 문하로 몰려갔다. 그의 식객도 3천여 명이나 됐다. 그의 명성 역시 제나라의 맹상군과 조나라 평원군에 버금할 정도로 높아졌다.

당시 위나라에 한 은사가 있었다. 그의 이름은 후영侯嬴이었다. 당시 그의 나이가 70여 세였으나 집이 가난해 대량성 동쪽 성문인 이문夷門의 문지기 노릇을 했다.

공자 무기는 후영이 고결한 소행素行으로 수양에 정진하며 기계奇計를 좋아하기에 이문 부근 사람들로부터 존경을 받으며 후생侯生으로 불린다는 소문을 들었다. 공자 무기가 수레를 타고 후생에게 가서 절을 한 뒤 황금 20일鎰을 예물로 내놓았다. 후생이 사양했다.

"나는 가난을 편히 여기며 분수를 지키는 안빈자수安貧自守를 하는 사람입니다. 망령되게 남의 돈을 1전인들 받아 본 적이 없습니다. 게다가 이미 늙었습니다. 어찌 공자 때문에 지금까지 지켜온 절개를 굽힐 수 있겠습니까?"

공자 무기는 더 이상 권할 수 없어서 황금을 도로 갖고 부중으로 돌아왔다. 공자 무기는 후생을 존경하는 것을 빈객들에게 보여주기 위해 부제府第에서 후생을 대접하기 위한 주연을 크게 베풀었다. 위나라 종실과 장상 등의 귀빈이 모여 당상의 배정된 좌석에 앉았다. 공자 무기는 좌석 가운데 왼쪽의 첫 번째 좌석을 비워두었다.[7] 이어 직접 수레를 몰고 이문으로 가서 후생에게 주빈으로 참석해 줄 것을 청했다. 후생이 수레에 오르자 공자 무기가 읍揖한 뒤 후생을 수레의 상좌에 앉게 했다. 후생이 사양하지 않고 앉았다. 공자 무기가 직접 말고삐를 잡고 그의 곁에 앉아 공손한 태도로 수레를 몰았다.

후생이 공자 무기에게 말했다.

"나의 친구 주해朱亥가 저잣거리 푸줏간에서 일을 하고 있습니다. 그곳에 들러 만나려고 하는데 공자가 수레를 몰고 함께 갈 수 있겠습니까?"

공자 무기가 대답했다.

"원컨대 선생과 함께 그곳에 가겠소."

그러고는 즉시 수레를 몰고 길을 돌아 저잣거리로 들어갔다. 수레가 푸줏간 앞에 당도하자 후생이 말했다.

"공자는 잠시 수레를 멈추고 이 노한老漢이 친구를 만나보고 올 때까지 기다려주십시오."

후생이 수레에서 내려 주해의 푸줏간으로 들어간 뒤 주해와 함께 고기

---

7 여기서 주인이 상석인 자신의 왼쪽 자리를 비워 놓고 손님을 기다린다는 뜻의 허좌이대虛左以待 성어가 나왔다. 빈객을 극진히 대우하는 것을 가리킨다. 『사기』 「위공자열전」에 '허좌虛左, 자영이문후생自迎夷門侯生' 구절이 나온다.

를 자르는 큰 탁자인 육안肉案을 마주하고 앉아 잡답을 주고받으며 시간이 가는 줄 몰랐다. 후생이 가끔 공자 무기에게 눈길을 던졌지만 공자 무기는 더욱 온화한 모습을 보이며 전혀 싫은 기색을 드러내지 않았다. 이때 공자 무기를 수행한 기병 수십여 명 가운데 후생이 끝도 없이 잡담하는 것을 보고는 짜증을 내며 몰래 욕을 하는 자가 있었다. 후생도 그 소리를 듣고 공자 무기를 쳐다봤지만 공자 무기는 시종 안색을 바꾸지 않았다.

후생이 마침내 주해와 작별하고 수레에 오르자 공자 무기는 그를 여전히 상좌에 모셨다. 공자 무기가 부중을 나온 것은 낮 12시경인 오시午時였다. 그가 후생을 모시고 부중에 돌아간 것은 오후 5시경인 신시申時 말쯤이었다.

당시 귀빈들은 공자 무기가 직접 손님을 영접하러 갔을 뿐만 아니라 그 손님을 위해 맨 윗자리까지 남겨둔 것을 보고 의아하게 생각하며 대략 고명한 선비이거나 대국의 사자인 걸로 짐작했다. 이들 모두 공경하는 마음으로 기다린 이유다. 그러나 아무리 기다려도 손님이 나타나지 않자 모두 기분이 언짢아지며 지친 기색이 드러났다. 이때 문득 외치는 소리가 들렸다.

"공자가 손님을 모시고 도착했습니다."

귀빈들은 다시 공경하는 자세로 모두 일어나 그를 맞이했다. 이들이 눈을 크게 뜨고 보니 바로 수염이 하얗게 센 노인이었다. 의관도 누추하고 남루했다. 놀라지 않는 자가 없었다. 공자 무기가 귀빈들에게 일일이 후생을 소개했다. 이들은 그가 이문의 문지기인 것을 알고는 내심 못마땅하게 생각했다.

그러나 공자는 후생에게 허리를 굽혀 읍을 한 뒤 상좌로 모셨다. 후생도 겸양하지 않고 가서 앉았다. 술이 거나하게 취했을 때 공자 무기가 황금 술잔인 금치金巵에 술을 따라 후생에게 올리면서 축수祝壽했다. 후생이 금치를 손에 받아들고 말했다.

"나는 이문의 문지기에 불과합니다. 그런데 공자가 나를 초청하러 몸소 이문까지 왕림했고, 내가 저잣거리에서 오랫동안 기다리게 했는데도 조금도 싫어하는 기색을 보이지 않았습니다. 또 나를 높여 여러 귀빈의 윗자리에 앉게 했으니 그 대접이 과분하다고 하겠습니다. 내가 그런 대접을 사양하지 않고 다 받아들인 것은 선비를 존중하고 우대하는 공자의 명성을 널리 드러내려는 취지에서 나온 것일 뿐입니다."

귀빈들 모두 그 말을 듣고는 내심 그를 비웃었다. 술자리가 파한 뒤 공자 무기가 후생을 상객으로 삼았다. 후생이 주해의 현명함을 언급하며 천거했다. 공자 무기가 그 말을 듣고 누차 주해를 찾아갔으나 주해는 공자 무기에게 답례도 하지 않았다. 공자 무기는 조금도 괘씸하게 생각지 않고 더욱 몸을 굽혀가며 선비를 존중하는 자세를 견지했다.

이때에 이르러 제나라 맹상군이 위나라로 도망쳐 와 공자 무기에게 몸을 의탁한 것도 바로 이 때문이었다. 그야말로 같은 소리는 서로 공명하고 같은 기운은 서로 융합한다는 뜻의 '동성상응同聲相應, 동기상구同氣相求'[8] 8자 구절에 딱 들어맞는 경우에 해당했다.

공자 무기와 맹상군은 서로 의기투합했다. 맹상군은 원래 조나라 평원군 공자 조승과 가까웠다. 그는 공자 무기가 평원군 조승과 사귀도록 주선했다. 공자 무기의 친누이가 평원군 조승에게 시집을 간 배경이다. 이후 위나라와 조나라는 다시 통호하게 됐고, 맹상군은 이들 사이에서 중심을 잡았다.

한편 제민왕은 맹상군이 위나라로 가버린 후 더욱 교만하며 자만하는 교긍驕矜의 모습을 보였다. 끝내 주왕실을 대신해 천자가 되려고 한 게 그렇다. 그때 제나라에선 여러 괴이한 일이 일어났다. 하늘에서 사방 400리

---

8 '동성상응同聲相應, 동기상구同氣相求' 구절은 『주역』 「건괘」의 구오九五 효사爻辭에 나오는 말이다.

안에 피가 비처럼 내렸다. 사람들의 옷에서 피비린내가 나 냄새를 맡을 수가 없었다. 또 땅이 몇 길이나 갈라지며 샘물이 솟아올랐다. 누군가 국경 지대 관문에서 곡을 했는데, 곡성만 들릴 뿐 사람의 모습이 보이지 않았다. 제나라 백성들이 허둥대며 당황하는 황황惶惶의 모습을 보였다. 아침에 일어나면 저녁에 어찌될지 몰라 민심이 흉흉한 조불보석朝不保夕의 상황이었다.

대부 호훤狐咺과 진거陳擧가 앞뒤로 제민왕에게 간하면서 맹상군의 소환을 권했다. 제민왕이 대로해 두 대부를 죽인 뒤 시신을 저잣거리의 한 가운데인 통구通衢에 내걸었다. 간언을 미리 막고자 한 것이다. 제나라 명신인 왕촉王蠋과 태사太史 교敫 등은 병을 핑계로 벼슬을 버리고 향리로 들어가 은거했다.

제민왕의 앞날이 장차 어떻게 결말이 날지 알 길이 없으니 다음 회를 보라.

189話 악의가 4국에 유세해 제나라를 멸하다
– 세사국악의멸제說四國樂毅滅齊

　연소왕燕昭王은 즉위 이래 지난날 제나라로부터 당한 치욕을 씻기 위해 일야日夜로 노력했다. 민심을 얻기 위해 일반 백성이 죽어도 직접 가서 조문하며 외로운 사람을 찾아가 위로하는 조사문고弔死問孤를 행하고, 병사들과 감고甘苦를 함께 하고, 현사賢士를 존중하며 예우했다. 사방의 호걸이 저잣거리에 사람이 꼬이듯 연나라로 속속 모여든 이유다.

　조나라 출신 악의樂毅는 지난날 중산을 함락시킨 위나라 장수 악양樂羊의 후손이다. 어려서부터 병법을 열심히 연구했다. 당초 악양은 영수靈壽에 봉해졌을 때 벼슬에서 물러난 뒤 일족을 이끌고 봉지인 영수로 내려가 살았다. 조무령왕 때 영수가 조나라 땅으로 편입되고 이어 조무령왕이 사구궁沙邱宮에서 아사하는 변란이 일어나자 악의는 일족을 이끌고 위나라 도성 대량으로 가 위소왕을 섬겼다. 위소왕은 크게 신용信用치 않았다.

이 와중에 연소왕이 황금대를 높이 쌓고 천하의 현사를 널리 구한다는 소문을 듣고는 연나라로 가 벼슬을 구하고자 했다. 곧 위소왕에게 연나라와 우호를 다지기 위해 사자로 갈 뜻을 내비쳤다. 위소왕이 이를 허락했다.

위나라 사자가 되어 연나라로 간 악의가 연소왕을 알현하고 병법을 자세히 설명했다. 연소왕은 악의가 현명한 걸 알고 객경으로 예우했다. 악의는 위나라에 벼슬을 살고 있는 까닭에 객경이 될 수 없다며 사양했다. 연소왕이 말했다.

"선생은 조나라에서 태어났으나 위나라에서 벼슬을 살고 있으니 연나라에서 객경의 예우를 받아도 마땅할 것이오."

악의가 대답했다.

"신이 위나라에서 벼슬을 살게 된 것은 조나라의 난을 피해 위나라로 간 탓입니다. 대왕이 보잘 것 없는 미말微末을 버리지 않겠다면 청컨대 신은 군주에게 예물을 바치고 칭신을 하는 위질委質을 행하고 연나라 신하가 되겠습니다."

연소왕이 크게 기뻐하며 곧바로 아경亞卿에 임명해 조나라에서 귀화해 온 극신劇辛 등보다 높은 자리에 앉혔다. 악의가 종족宗族을 모두 불러 연나라에서 살게 함으로써 연나라 사람이 됐다.

당시 제나라는 매우 강성해 열국을 잇달아 침공했다. 연소왕은 제나라를 도모코자 하는 뜻을 깊숙이 숨긴 채 군사를 양성하고 백성을 아끼면서 제나라로 출격할 때가 오기를 기다렸다. 그러던 차에 제민왕이 맹상군을 내쫓고 방자하게 행동하면서 광포狂暴한 짓을 서슴지 않아 연나라 백성들이 견디지 못하고 있다는 소문을 들었다. 당시 연나라는 오랫동안 병사들을 쉬게 하고, 백성을 양육하고 있었다. 덕분에 나라가 부유해지고, 인구가 늘어 조밀해졌고, 병사들 역시 싸우는 것을 즐겼다. 연소왕이 악의에게 물었다.

"과인이 선왕으로부터 이어받은 원한을 품은 지 28년이나 됐소. 그간 과인은 늘 원수를 갚기 전에 어느 날 문득 조로朝露처럼 스러지지나 않을까 우려했소. 이제 나라의 치욕을 씻기 위해서는 제왕齊王의 배에 칼을 꽂아야만 하는데 혹여 그러지 못할까 잠을 이루지 못하고 통탄할 때가 한두 번이 아니었소. 듣자니 제왕이 교만하고 광포하게 행동하며 자신만 믿는 교폭자시驕暴自恃의 모습을 보이는 바람에 안팎으로 인심을 모두 잃었다고 하오. 지금이 바로 하늘이 제나라를 망하게 하려는 때인 듯하오. 과인은 국력을 모두 기울인 경국지병傾國之兵을 일으킨 뒤 제나라와 죽기를 각오한 운명인 일단지명一旦之命을 걸고 제나라와 싸울 작정이오. 선생은 과인에게 어떤 가르침을 내릴 생각이오?"

악의가 대답했다.

"제나라는 영토도 넓고 백성이 많을 뿐 아니라 병사들 또한 전쟁에 익숙합니다. 연나라 홀로 공격해선 안 되는 이유입니다. 대왕이 꼭 제나라를 치고자 하면 반드시 천하의 열국과 함께 도모해야만 합니다. 지금 우리 연나라의 이웃나라인 비린比隣 가운데 조나라만큼 연나라와 밀접한 나라는 없습니다. 응당 조나라부터 끌어들여야 합니다. 그러면 조나라와 가까운 한나라도 틀림없이 뒤따를 것입니다. 또 지금 맹상군이 위나라에 가 있습니다. 그는 자신을 내쫓은 제왕齊王을 원망하고 있을 터이니 틀림없이 우리 이야기를 들을 것입니다. 맹상군을 통해 위나라도 끌어들여야 합니다. 이같이 한 연후에 비로소 제나라를 칠 수 있습니다."

연소왕이 말했다.

"좋은 생각이오."

그러면서 악의에게 군왕의 신표인 부절符節을 내준 뒤 조나라로 가서 조혜문왕을 설득케 했다. 악의가 먼저 평원군 조승을 찾아가 부탁하자 평원군이 곧바로 궁으로 들어가 조혜문왕을 설득했다. 조혜문왕이 이를 수락했다.

마침 진나라 사자가 조나라에 와 있었다. 악의는 진나라 사자에게도 함께 제나라를 치면 많은 이득이 있을 것이라고 설명했다. 진나라 사자가 본국으로 돌아가서 진소양왕에게 악의의 말을 전했다. 당시 진소양왕은 제나라가 강해지면 열국의 제후들이 진나라를 버리고 제나라를 섬길까 우려하고 있었다. 진소양왕이 다시 사자를 조나라로 보내 함께 제나라를 칠 뜻을 밝혔다.

연나라 장수 극신도 위나라로 가 위소왕魏昭王을 설득한 뒤 신릉군信陵君 공자 무기[1]을 만났다. 신릉군 역시 제나라 토벌을 위한 발병發兵을 주장하면서 다시 한나라와 약속을 정해 함께 정벌에 나서겠다고 말했다. 연나라를 위시한 5국이 출병기일을 약속했다.

출병일이 되자 연소왕이 국내의 정예병을 모두 동원한 뒤 악의로 하여금 이들을 지휘케 했다. 진나라에선 장수 백기白起, 조나라에선 장수 염파廉頗, 한나라에선 장수 포연暴鳶, 위나라에선 장수 진비晉鄙가 각각 일군一軍씩 이끌고 기일에 맞춰 모여들었다. 연소왕이 악의로 하여금 5국 연합군을 지휘케 하면서 상장군上將軍으로 부르게 했다. 상장군 악의는 마침내 5국 연합군을 이끈 채 기세 있고 힘이 있는 호호탕탕浩浩蕩蕩의 모습으로 제나라에 물밀 듯이 쳐들어가는 쇄분殺奔을 했다.

급보를 받은 제민왕이 직접 중군을 이끌고 대장 한섭韓聶을 선봉으로

---

1 여기의 신릉군信陵君이 『열국지』 일부 판본에는 맹상군孟嘗君으로 나온다. 『사기』와 『전국책』에는 이에 관한 자세한 내용이 나오지 않는다. 객관적으로 볼 때 망명객인 맹상군보다는 신릉군이 극신의 유세 대상이 되었을 것으로 짐작된다. 번역본은 '신릉군'으로 기록한 판본을 좇았다.

삼아 출격했다. 제나라 군사가 제수濟水 서쪽에서 5국 연합군을 맞이해 싸웠다. 악의가 몸을 사리지 않고 병사들보다 앞장서 분전하자 나머지 4국의 장병들 역시 용기를 내어 제나라 군사와 맞서 싸웠다. 이들 모두 닥치는 대로 제나라 군사를 찔러 죽였다. 온 들판에 제나라 병사의 시체가 널렸다. 피가 흘러서 도랑을 이뤘다 .

제나라 장수 한섭은 싸우다가 악의의 종제從弟인 악승樂乘의 칼을 맞고 죽었다. 5국 연합군은 승리의 여세를 몰아 달아나는 제나라 군사를 추격했다. 제민왕이 크게 패해 임치로 달아났다. 그러고는 곧바로 사자를 초나라로 파견했다. 밤을 새워 초나라로 달려가 원군을 청하게 한 것이다. 대가로 초나라로부터 빼앗은 회수 이북의 땅을 돌려주겠다는 약속을 제시했다. 이어 나머지 군사와 백성을 점검하면서 성벽에 올라 도성을 지키게 했다.

당시 진나라와 3진 등 4국 군사는 승리의 흐름에 올라탄 승승乘勝의 기세로 각각 길을 나눠 제나라 변경의 성읍을 수취收取했다. 오직 악의만 연나라 군사를 이끌고 계속 몰아치는 장구長驅의 기세로 제나라의 깊숙한 곳까지 쳐들어갔다. 지나는 곳마다 연나라 군사의 위엄을 보여주고 덕을 베풀었다.

제나라 각지의 성읍이 그 소문을 듣고 마치 풀이 큰 바람에 휩쓸려 무너지는 망풍이궤望風而潰의 모습으로 항복했다. 파죽지세破竹之勢로 진격해 임치성을 압박했다. 두려움을 느낀 제민왕이 마침내 수십 명의 문무文武 관원만 이끌고 몰래 북문으로 달아났다.

제민왕 일행은 위衛나라로 갔다. 위회군衛懷君이 교외까지 나가 신하의 예로 영접했다. 이어 정전正殿까지 내주며 기거케 한 뒤 정성을 다해 공경스런 자세로 모셨다. 그런데도 제민왕은 거만하게 행동하며 위회군을 무례하게 대했다. 위나라 신하들이 크게 불만을 품었다. 이들이 한밤중에 제나라의 치중輜重을 노략질했다.

이튿날 제민왕이 이 사실을 알고 대로했다. 위회군이 문안을 드리러 오면 크게 꾸짖고, 도적들을 잡아들이도록 명할 작정이었다. 낌새를 눈치 챈 위회군이 종일토록 나타나지 않았다. 음식도 들여보내지 않았다.

그제야 제민왕은 부끄러운 생각이 들었다. 날이 저물도록 저녁상이 들어오지 않자 제민왕은 몹시 배가 고팠다. 혹여 위회군이 연나라 군사와 내통해 자신을 넘기지나 않을까 겁이 났다. 이내 폐신 이유夷維를 비롯한 신하 몇 명만 이끌고 연야連夜로 달아났다. 따라왔던 신하들 역시 이를 알고는 이내 사방으로 흩어졌다.

제민왕 일행은 위나라에서 달아난 이튿날 노나라 국경 관문에 이르렀다. 관문을 지키던 관원이 이를 노민공魯湣公에게 고했다. 노민공이 사자를 시켜 제민공을 영접케 했다. 이유가 사자에게 말했다.

"노나라는 오군吾君을 어찌 대접할 것이오?"

노나라 사자가 대답했다.

"소와 양과 돼지를 각각 10마리씩 잡는 십태뢰十大牢[2]의 예로 대접하겠습니다."

이유가 말했다.

"오군은 천자이다. 천자가 제후의 나라를 순수巡狩하면 제후는 궁을 비우고 조석으로 당하堂下에서 천자가 음식을 다 먹을 때까지 시립하며 기다리는 시선視膳을 해야 한다. 천자가 식사를 다 마치면 물러나 있다가 들어와 나랏일을 보고해야 한다. 어찌 '십태뢰'로 천자를 봉양하는 데 그치려 하는 것인가?"

---

2 태뢰太牢는 소와 양과 돼지를 한꺼번에 잡아서 차리는 잔칫상 내지 제사상을 말한다. 대뢰大牢라고도 한다. 십태뢰十太牢는 통상적인 태뢰를 10배 규모로 확장한 것으로 소와 양과 돼지를 각각 10마리씩 잡는 것을 의미한다. 양과 돼지만 쓰는 것을 소뢰小牢라고 한다. 통상 천자는 태뢰, 제후는 소뢰를 썼다.

연소왕

사자는 돌아가 노민공에게 이를 고하자 노민공이 대로했다. 이내 관문을 닫고 받아들이지 못하게 했다.

제민왕은 다시 추鄒나라로 갔다. 당시 추나라는 마침 군주가 죽어 국상을 치르던 중이었다. 제민왕이 곧바로 추나라 도성으로 들어가 조문할 작정이었다. 이유가 영접 나온 추나라 신하에게 말했다.

"천자가 죽은 제후를 조상하러 오면 상주는 반드시 그 관을 등에 지고 서쪽 계단에 서서 북쪽을 향해 곡을 해야 한다. 그러면 천자는 동쪽 계단으로 나아가 남면을 하고 상주에게 조문을 한다."

추나라 신하가 대답했다.

"우리나라는 소국이어서 감히 번거롭게 천자의 조문을 받을 수 없습니다."

추나라도 거절하며 받아들이지 않았다. 제민왕은 어디로 가야 할지 모르는 궁지에 처하게 됐다. 이유가 말했다.

"소문을 들으니 거주莒州는 아직 적의 침공을 받지 않았다고 합니다. 왜 그곳으로 가지 않는 것입니까?"

제민왕은 거주 땅으로 급히 달려갔다. 거주 땅에 당도한 후 그곳 병사를 모아 성을 지키며 연나라 군사에 대항할 채비를 갖췄다.

당시 악의는 마침내 제나라 도읍 임치성을 함락시킨 뒤 제나라 부고의 모든 재물과 종묘의 제기를 모두 거뒀다. 이어 지난날 제나라 군사에게 약탈당한 연나라의 보물과 중기重器도 모두 찾아내 환수했다. 되찾은 연나라 보물과 빼앗은 제나라 보물을 여러 대의 대거大車에 실어 연나라로 보냈다.

연소왕이 크게 기뻐했다. 직접 제수까지 나가 3군을 호궤犒饋했다. 임치성으로 들어온 연소왕은 악의를 창국昌國에 봉하고 창국군昌國君의 군호를 내린 뒤 본국으로 돌아갔다. 이때 악의에게 제나라에 남아 제나라의 남은 성을 공략토록 지시했다.

제나라 종실에 전단田單이란 사람이 있었다. 그는 지혜로웠고 병법에도 능통했다. 제민왕이 그를 중용하지 않은 까닭에 임치성의 시장을 관리하는 아전인 시연市椽으로 있었다. 임치성이 함락되고 연소왕이 입성하자 성안 사람들이 분분히 성 밖으로 도찬逃竄했다. 전단도 종족들과 함께 성을 탈출해 안평安平으로 달아났다. 그는 안평으로 오자마자 수레의 바퀴통 밖으로 나와 있는 차축車軸 끝머리 부분을 동그란 바퀴통의 겉면과 가지런하게 되도록 잘라냈다. 이어 철엽鐵葉으로 차축을 감싸 차축이 부러지지 않도록 견고하게 만들었다. 사람들 모두 이를 보고 비웃었다.

미기未幾[3]에 연나라 군사가 안평에도 들이닥쳤다. 성이 격파되자 사람들이 앞 다퉈 다시 달아나기 시작했다. 많은 사람이 한꺼번에 성을 빠져나가는 바람에 수레들이 서로 밀고 밀리면서 부딪쳤다. 많은 수레들이 바퀴통 밖으로 길게 나와 있는 차축의 끝머리가 뒤엉키는 바람에 질구疾驅할 수 없었다. 뒤쫓아 오는 연나라 군사에게 모두 붙들린 이유다. 단지 전단과 그 종족宗族만 차축의 끝머리를 잘라내고 철엽으로 단단히 감싼 덕분에 무사히 즉묵卽墨까지 달아날 수 있었다.

당시 악의는 군사를 나눠 제나라 각지를 공략했다. 주읍畵邑에 이르러 제나라의 옛 태부 왕촉王蠋이 그곳에 있다는 말을 들었다. 즉시 군중에 명을 내려 병사들로 하여금 그곳에서 30리 밖에서 빙 둘러싸게 한 뒤 아무도 주읍을 침범치 못하게 했다. 이어 사자를 왕촉에게 보내 황금과 비단인 금폐金幣를 전하면서 연소왕에게 천거코자 했다.

왕촉이 노병老病을 이유로 정중히 사양하자 사자가 말했다.

"악의 상장군이 말하기를, '태부가 오면 즉시 연왕에게 천거해 대장으로 1만 호의 고을에 봉할 것이다. 응하지 않으면 군사를 이끌고 가 주읍 백성을 도륙할 것이다.'라고 했습니다."

왕촉은 하늘을 우러러 탄식했다.

"충신은 두 군주를 섬기지 않고, 열녀는 두 남편을 섬기지 않는다는 뜻의 '충신불사이군忠臣不事二君, 열녀불경이부烈女不更二夫' 격언이 있다. 제왕齊王이 충간을 물리치는 것을 보고 향리로 내려와 밭을 갈며 살고 있다. 이제 나라는 깨지고 군주는 패망하는 국파군망國破君亡의 상황에 처하게 됐다. 늙은 내가 살아서 무엇을 할 수 있겠는가? 더구나 연나라 군사가 무력으로 나를 겁박劫迫하고 있다. 의롭지 못하게 사느니 차라리 의를 온전히 한 채 죽는 게 낫다."

---

3 미기未幾는 매우 짧은 시간이나 작은 것을 지칭할 때 사용한다. 미구未久와 통한다. 『시경』「제풍齊風, 보전甫田」에 '미기견혜未幾見兮' 구절이 나온다.

그러고는 나무 위로 올라가 가지에 목을 맨 뒤 아래로 뛰어내렸다. 결국 그는 목이 부러져 죽었다. 악의는 왕촉이 죽었다는 보고를 받고 크게 탄식했다. 곧 그를 후하게 장사지내게 한 뒤 묘비에 직접 제나라 충신인 왕촉의 묘지라는 뜻의 '제충신왕촉지묘齊忠臣王蠋之墓'라고 썼다. 그는 제나라로 진격한지 6달 만에 제나라의 70여 개 성읍을 모두 함락시켰다. 함락된 성읍을 모두 연나라의 군현郡縣으로 편입시켰다.

오직 제나라에는 굳게 지킨 덕분에 함락되지 않은 거주莒州와 즉묵卽墨의 2개 성읍만 남게 됐다. 악의는 연나라 군사를 쉬게 하면서 잘 먹였다. 또 전에 제민왕이 점령 지역의 제나라 백성에게 내렸던 폭령暴令을 해제하고, 그들에게 부과된 노역도 완화시켜 주었다. 제나라를 강국으로 만들었던 제환공과 관중의 사당을 세우고 제사를 지냈다. 이어 숨어사는 일민逸民을 찾아내 우대했다. 제나라 백성들이 크게 기뻐했다.

악의는 내심 손바닥과 주먹 안을 뜻하는 이른바 장악지중掌握之中에 있는 거주와 즉묵의 2개 성읍을 끝내 함락시키지 않으면 제나라 토벌의 대사大事를 매듭지을 수 없다고 생각했다. 은혜를 베풀어 민심을 붙드는 방법으로 투항을 이끌어내고자 했다. 악의가 무력을 극한까지 사용하지 않은 이유다. 이는 주난왕 31년인 기원전 284년의 일이다.

당시 초나라에 간 제나라 사자는 급히 구원에 나서줄 것을 청하면서 회수 북쪽 땅을 할양하겠다고 약속했다. 초경양왕楚頃襄王은 대장 요치淖齒에게 명해 군사 20만 명을 이끌고 가 구원한다는 명분으로 땅을 받아오게 했다. 그가 요치에게 당부했다.

"제왕이 다급한 나머지 우리에게 구원을 청해 왔소. 경은 제나라로 가서 상황을 잘 살펴 대처토록 하시오. 우리 초나라에 유리하도록 편의便宜를 좇아 일을 처리해주기 바라오."

요치가 사은謝恩한 뒤 궁궐을 나섰다. 곧 20만 대군을 이끌고 제나라 거

說四
國滅
樂毅
齊

주 땅으로 가서 제민왕을 알현했다. 제민왕은 요치가 온 것을 큰 은덕으로 생각해 곧바로 제나라 상국에 임명했다. 제나라의 대권大權이 일거에 요치에게 넘어갔다.

요치는 연나라의 군세軍勢가 매우 성한 것을 보고는 제나라를 구하러 왔다가 아무런 공도 세우지 못한 채 오히려 연나라 및 제나라 양국에 죄를 짓는 것이나 아닌지 두려워했다. 은밀히 연나라 군중에 사자를 보내 악의와 사사롭게 내통한 이유다. 그는 악의에게 사자를 보내 제민왕을 죽이고 제나라 땅을 양분한 뒤 연나라가 자신을 새로운 제나라 왕으로 세워주는 방안을 제시했다. 악의가 회보했다.

"장군이 직접 무도한 제왕을 주살하는 공을 세우면 옛날 제환공과 진문공의 업적도 장군 앞에서는 족히 언급할 게 없소. 장군의 분부대로 따르겠소."

요치가 크게 기뻐했다. 이튿날 고리鼓里 땅에 초나라 군사를 집합시킨 뒤 제민왕으로 하여금 이를 열병閱兵케 했다. 요치는 제민왕이 오자 좌우에 명해 곧바로 포획케 한 뒤 그의 죄를 나열했다.

"제나라는 망할 징조인 망징亡徵이 이미 3가지나 나타났다. 첫째, 하늘에서 피비를 내렸으니 하늘이 제나라를 망하게 한 것이다. 둘째, 땅이 갈라졌으니 땅이 제나라를 망하게 한 것이다. 셋째, 사람이 관문에 와서 곡을 했으니 사람이 제나라를 망하게 한 것이다. 그런데 왕은 반성하거나 경계하는 성계省戒를 하지 않고 오히려 충신을 죽이며 현신을 내쫓았다. 나라의 회복을 꾀하는 것은 분수 밖의 일인 비분非分에 해당한다. 이제 제나라를 모두 잃고 한 모퉁이의 성에 의지해 목숨을 부지하면서 오히려 무엇을 하려는 것인가?"

제민왕이 고개를 숙인 채 아무 대답도 하지 못했다. 이유가 제민왕을 감싸 안고 통곡했다. 요치가 먼저 이유를 끌어내 죽이게 했다. 이어 제민왕의 근육을 뽑아낸 뒤 관청의 대들보 위에 매달게 했다. 제민왕은 대들보에 매달린 지 3일 만에 숨이 끊어졌다. 그가 받은 재앙은 참혹한 것이었다. 당시 요치는 제나라 태자 법장法章까지 잡아 죽이려고 했으나 끝내 잡지 못했다.

그는 자신의 공을 자세히 기술한 연소왕에게 보내는 표문을 작성한 뒤 사자를 시켜 악의에게 보냈다. 그를 통해 연소왕에게 전하고자 한 것이다. 이후 초나라 군사가 장악한 거주와 악의가 점령한 임치 사이에 교신이 끊이지 않았다. 양쪽 모두 왕래를 금하지 않았다.

당시 제나라에 대부 왕손가王孫賈라는 사람이 있었다. 12세 때 부친을 여의고 노모를 모시고 살았다. 제민왕이 그를 불쌍히 여겨 벼슬을 내렸다.

임치성의 함락이 임박해 제민왕이 수십 명을 이끌고 위衛나라로 달아날 때 왕손가도 그들 틈에 끼여 수행했다. 제민왕이 다시 이유 등 몇 사람만 데리고 다시 위나라를 떠나자 그는 제민왕의 행방을 알 길이 없었다. 그는 할 수 없이 잠행潛行하여 임치의 집으로 돌아왔다.

노모가 물었다.

"제왕齊王은 어디에 있느냐?"

왕손가가 대답했다.

"소자가 왕을 따라 위衛나라까지 갔으나 왕이 밤중에 남몰래 떠난 까닭에 알지 못합니다."

노모가 화를 냈다.

"네가 아침에 나가 저녁에 돌아올 때가 되면 나는 대문에 기대 기다리는 의문이망倚門而望을 하고, 네가 저녁에 나가 오래도록 돌아오지 않으면 나는 동네 어귀까지 나가 기다리는 의려이망倚閭而望을 한다.[4] 신하를 기다리는 군주의 심정이 어찌 자식을 기다리는 어미의 심정과 다를 리 있겠느냐? 너는 신하의 몸으로 군왕이 밤중에 달아났는데도 행방을 알지도 못한 채 어찌 집으로 돌아올 수 있단 말이냐?"

왕손가는 그 말을 듣고 크게 부끄러웠다. 곧 노모에게 작별을 고하고 다시 제민왕의 종적을 찾아 나섰다. 수소문 끝에 그는 제민왕이 거주에 가 있다는 소문을 듣고 급히 그곳으로 달려가 알현코자 했다. 그는 거주에 이르러 비로소 제민왕이 요치에게 시해를 당한 사실을 알게 됐다.

왕손가가 윗옷의 옷깃을 벗어 오른쪽 어깨를 드러내는 이른바 단우袒右[5]

---

4 의문이망倚門而望과 의려이망倚閭而望 성어 모두 밖에 나간 자식이 돌아오기를 간절히 바라는 부모의 심경을 비유할 때 사용한다. 『전국책』「제책」에서 인용한 것이다.

5 단우袒右가 『열국지』 원문에는 좌단左袒으로 나오나 『전국책』「제책齊策」에는 '단우'로 되어 있다. '좌단'은 원래 전한 초기 한고조 유방의 부인 여후呂后가 죽었을 때 태위太尉 주발周勃이 여씨呂氏의 병권을 탈취하기 위해 군중軍中에 들어가 "여씨를 지지하는 사람은 우

를 한 채 거리에 나가 호소했다.

"초나라 장수 요치는 제나라 상국으로 임명을 받고도 군주를 시해했으니 불충한 자라고 할 것이다. 나와 함께 그 죄를 주토誅討하려는 자는 '단우'를 하도록 하라!"

저잣거리의 백성들이 서로 돌아보며 말했다.

"저 사람은 나이가 어린데도 오히려 충의지심忠義之心을 지니고 있다. 충의를 좋아하는 사람들은 모두 의당 저 사람을 따라야 한다."

일시에 400여 명의 사람들이 왕손가를 좇아 '단우'를 했다. 당시 초나라 군사는 비록 숫자는 많았으나 부대별로 나뉘어 거주성 밖에 주둔해 있었다. 요치는 제민왕이 거처하던 별궁에 들어앉아 술을 마시고, 여인들로 하여금 음악을 연주케 하면서 즐겼다. 수백 명에 달하는 요치의 병사들이 궁 밖에 도열해 호위했다.

왕손가가 400명의 무리를 이끌고 문득 별궁 안으로 들이닥쳤다. 이들은 호위병들을 쳐서 쓰러뜨리고 창칼을 빼앗았다. 당상으로 뛰어올라가 요치를 붙잡은 뒤 얇게 저미는 타살剮殺을 하여 고기젓인 육장肉醬을 담갔다. 초나라 군사는 요치가 죽자 절반은 사방으로 흩어져 달아나고, 절반은 연나라 군사에게 투항했다.

제나라 태자 법장은 부왕인 제민왕이 변을 당했다는 소식을 듣자 급히 해진 옷으로 갈아입고 거지 사내인 궁한窮漢 흉내를 냈다. 그러고는 임치 사람 왕립王立을 자칭했다. 거주성 밖으로 달아나기는 했으나 갈 곳이 없었다. 이내 낙향한 태사 교敫의 집으로 가서 머슴인 용공傭工으로 일했다.

단우右袒, 유씨劉氏를 지지하는 사람은 '좌단'을 하라."고 요구한데서 나온 말이다. 이후 견해가 대립할 때 한쪽을 지지하는 것을 '좌단'으로 표현케 됐다. '좌단' 용어가 나중에 나왔고, 전국시대의 기본사료가 『전국책』인 점을 감안해 번역문은 「제책」을 좇아 '단우'로 바꿔 놓았다.

법장은 태사 교와 함께 채소밭에 물을 주는 등 농사일을 하느라 고생스런 나날을 보냈다. 태사 교를 포함해 그 누구도 귀개자貴介者[6]인 태자 법장을 알아보지 못했다.

태사 교에게 딸이 하나 있었다. 나이가 비녀를 꽂는 성년 여인의 나이인 계년笄年이 되었다. 하루는 우연히 채소밭에 갔다가 법장의 용모를 보고 크게 놀랐다.

"이는 일반인과 다른 비상인非常人이다. 어찌하여 우리 집에 와서 몸을 굽히고 이런 일을 하고 있는 것일까?"

곧 시녀를 시켜 일꾼의 내력을 알아오게 했다. 태자 법장은 자기 정체가 드러날까 두려워 끝내 신분을 토설吐說하지 않았다. 태사 교의 딸이 혼잣말로 중얼거렸다.

"이는 흰 용이 물고기로 변해 연못에서 노니는 이른바 백룡어복白龍魚服[7]의 형상이다. 뭔가 두려워해 스스로를 숨기고자 하는 것이다. 훗날 부귀한 사람이 되리라는 건 더 말하지 않아도 될 것이다."

이후 시녀를 시켜 자주 법장의 의식衣食을 챙겨주었다. 날이 갈수록 친근해지자 마침내 자신의 신분을 밝혔다. 그녀는 자신이 먼저 나서서 태자 법장과 부부가 되기로 약속했다. 이후 은밀히 법장과 사통私通했다. 태사 교의 집안사람들은 이런 사실을 전혀 몰랐다.

---

6 귀개자貴介者는 존귀자尊貴者와 같은 말이다. 『춘추좌전』 「노애공 26년」조에 남의 동생을 높여 부르는 귀개제貴介弟 표현이 나온다.

7 백룡어복白龍魚服은 군주나 고관이 신분을 숨기고 미복微服으로 출행하는 것을 뜻하는 말로 전한 말기 유향劉向이 쓴 『설원說苑』 「정간正諫」에 나온다. 「정간」에는 미복을 입고 출행할 경우 물고기로 변한 백룡이 어부 예저預且에게 해를 입듯이 불측의 화를 당할 우려가 있다는 취지의 일화로 소개돼 있다.

190話 전단이 화우 전술로 연나라를 격파하다
- 구화우전단파연驅火牛田單破燕

당시 즉묵에서는 성을 지키던 장수가 병사하는 바람에 군대를 지휘할 주장主將이 없었다. 즉묵의 백성들은 병법을 아는 사람을 골라 장수로 추대코자 했다. 그 일이 쉽지 않았다. 그러던 차에 전단田單이 안평에서 탈출할 때 차축을 철엽으로 감싸 무사히 수레를 몰고 나온 걸 알고 있는 사람이 그를 대장으로 천거했다. 사람들이 곧 전단을 장수로 옹립했다.

전단은 성벽을 쌓을 때 사용하는 널빤지와 삽인 판삽版鍤을 등에 지고 병사들과 함께 일하며 종족과 처첩들까지 대오隊伍에 편입시켰다. 성안 사람들 모두 전단을 두려워하며 존경했다.

사방으로 흩어져 달아났던 제나라 신하들은 태부 왕촉이 충절을 지키기 위해 자진했다는 소문을 듣고 탄식했다.

"그는 벼슬에서 물러난 사람인데도 충의지심을 품고 있었소. 우리는 지금 조정에 남아 있는 신하들인데도 군주가 시해를 당하고 나라가 망하는 걸 보고만 있었소. 이제부터라도 나라의 회복을 꾀하지 않으면 어찌 사람이라고 할 수 있겠소?"

그러고는 함께 거주성으로 가서 초나라 장수 요치를 잡아 죽인 왕손가와 합세했다. 왕손가와 제나라 신하들은 태자 법장을 찾아 옹립할 생각이었다. 사방으로 널리 태자를 수소문했다. 이로부터 1년여 뒤 태자 법장이 이들의 진심을 알고는 태사 교 앞에서 자신의 신분을 밝혔다.

"내가 사실 태자 법장이오!"

태사 교는 태자 법장의 분부를 받고 거주로 갔다. 이후 왕손가 등 신하들이 법가를 갖고 태자 법장을 모시러 왔다.

태자 교가 이 사실을 왕손가에게 알렸다. 왕손가 등이 급히 법가法駕를 갖춰 태사 교의 집으로 갔다. 태자 교가 법가를 타고 거주성으로 들어간 뒤 곧바로 즉위했다. 그가 바로 제양왕齊襄王이다. 왕손가가 이 사실을 즉묵의 전단에게 알렸다. 당시 거주와 즉묵은 서로 의지하는 기각지세掎角之勢를 이뤄 연나라 군사에 저항하고 있었다.

당시 연나라 장수 악의는 거주와 즉묵의 성을 에워싸고 공격을 가했으나 3년이 지나도록 함락시키지 못했다. 악의가 포위를 풀고 9리쯤 후퇴해 영채를 세운 뒤 이같이 명했다.

"성안의 백성들이 밖으로 나와 땔감을 구할지라도 이를 허용하고 사로잡지 마라. 오히려 그들 가운데 굶주리고 지친 자가 있으면 배불리 먹여주고, 추위에 떠는 자가 있으면 입을 옷을 갖다 주도록 하라."

악의는 제나라 백성들이 그런 은덕에 감격해 귀부해 오길 기대한 것이다. 이에 관해 더 이상 자세히 말하지는 않겠다.

당시 연나라 대부 기겁騎劫은 제법 용력勇力이 있었다. 평소에도 병법에 관해 말하기를 좋아했다. 그는 훗날 연혜왕燕惠王으로 즉위하는 태자[8]와 친하게 지냈다. 하루는 연나라의 병권을 노린 그가 태자에게 말했다.

"제나라 왕은 이미 죽었고, 아직 함락하지 못한 곳은 거주와 즉묵 2개 성읍뿐입니다. 악의는 6개월 만에 제나라 70여 개 성을 점령했습니다. 그가 어째서 2개 성읍만 함락시키지 못하고 있는 것입니까? 감히 함락을 시키려 하지 않는 것입니다. 이는 제나라 백성들이 연나라에 복종하지 않는 것을

---

8 『열국지』 원문에는 연소왕燕昭王의 태자인 연혜왕燕惠王의 이름이 악자樂資로 나온다. 『사기』에는 연혜왕의 이름이 나오지 않는다. '악자'는 당나라 때 사마정司馬貞이 쓴 『사기색은史記索隱』에 서광徐廣 등과 함께 인용된 『사기』 주석가의 이름이다. 풍몽룡이 이를 연혜왕의 이름으로 착각한 탓에 『열국지』에 연혜왕의 이름이 '악자'로 등장한 것이다. 번역문은 연혜왕의 이름으로 나온 '악자'를 삭제했다.

틈타 자신의 은위恩威를 보여줌으로써 장차 그들과 결탁해 제왕齊王이 되려는 속셈에서 나온 것입니다."

연소왕의 태자는 그 말을 부왕에게 일러바쳤다. 연소왕이 화를 내며 말했다.

"내 선왕의 원수를 창국군 악의가 아니면 아무도 갚을 수 없었다. 설령 그가 진짜 제왕이 되고자 할지라도 그가 세운 공에 비춰볼 때 이 어찌 당연한 일이 아니겠는가?"

그러고는 좌우에 명해 태자에게 태장笞杖 20대를 때리게 했다. 이어 사자로 하여금 부절을 들고 임치로 가서 악의를 제나라 왕으로 추대케 했다.

악의는 크게 감격해했다. 그러나 연소왕의 그런 분부만은 결코 받아들일 수 없다며 목숨을 걸고 맹서했다. 연소왕이 사자로부터 그 이야기를 전해듣고 말했다.

"나는 원래 악의의 본심을 알고 있었다. 그는 결코 과인을 저버리지 않을 것이다."

원래 연소왕은 신선술神仙術을 좋아했다. 신선술을 닦는 방사方士들로 하여금 수은 등의 금석金石을 이용해 불사약인 신단神丹을 만들게 했다. 단약을 장복하다가 몸 안에서 열이 나는 열병에 걸리고 말았다. 얼마 후 죽고 말았다. 태자가 뒤를 이어 즉위했다. 그가 바로 연혜왕燕惠王이다.

한편 즉묵 땅의 전단은 첩자를 계속 연나라로 보내 내정을 규첨窺覘케 했다. 기겁이 악의의 병권을 가로채려다가 연나라 태자만 매를 맞게 했다는 보고를 받고 탄식했다.

"제나라의 영토 회복은 연나라에 다음 왕이 들어선 이후에야 가능하단 말인가?"

얼마 후 연소왕이 죽고 태자가 연혜왕으로 즉위했다는 보고를 받았다. 전단이 즉시 부하들을 연나라로 들여보내 유언을 퍼뜨리게 했다.

"악의는 오래전부터 제왕이 되려고 했다. 그는 연소왕의 은혜를 많이 입은 까닭에 차마 배반하지 못하고 고의로 거주와 즉묵 2개 성읍에 대해 완공緩攻을 한 것이다. 이제 연소왕이 죽고 새 왕이 들어섰으니 그는 즉묵의 전단과 내통하며 우호를 다지고 있다. 제나라 백성들은 다른 장수가 와 즉묵의 백성을 잔살殘殺하지나 않을까 두려워하고 있다."

연혜왕은 태자로 있었을 때부터 악의를 의심해 온 까닭에 그런 유언비어가 기겁의 말과 일치하는 것을 보고는 사실로 믿었다. 곧 기겁으로 하여금 제나라로 가서 악의 대신 군사를 이끌게 하면서 악의를 소환했다. 악의는 내심 연나라로 돌아가면 죽임을 당할까 두려웠다. 그가 홀로 말했다.

"나는 원래 조나라 사람이다."

그러고는 마침내 연나라에 있는 처자식을 버리고 서쪽 조나라로 달아났다. 조혜문왕이 곧바로 그를 관진觀津 땅에 봉하고 망제군望諸君의 군호를 내렸다.

악의를 대신해 대장이 된 기겁은 악의가 이제까지 시행해 온 명령을 모두 뜯어고쳤다. 연나라 병사들이 분격해 잘 복종하지를 않았다. 기겁은 부임한 지 3일 만에 군사를 이끌고 나가 즉묵을 공격했다. 연나라 군사들이 즉묵 성을 여러 겹으로 포위했다.

즉문의 전단은 방비를 더욱 엄중히 하면서 성을 굳게 지켰다. 그는 며칠 뒤 새벽에 일어나 성안 사람들에게 이같이 말했다.

"내가 어제 저녁 꿈을 꿨소. 상제上帝가 말하기를, '제나라는 장차 흥할 것이고, 연나라는 망할 것이다.'라고 했소. 불일不日 신인神人이 나타나 우리의 군사軍師가 될 것이오. 그리되면 싸울 때마다 승리를 거둘 수 있을 것이오."

한 소졸小卒이 그 속셈을 알아채고 곧바로 다가가 낮은 목소리인 저어低語로 말했다.

"신이 가히 군사軍師가 될 수 있겠습니까?"

그러고는 질주疾走하려고 했다. 전단이 황급히 소졸을 붙잡아 끌며 말했다.

"내가 꿈속에서 본 신인이 바로 이분이다."

이어 그 소졸에게 의관을 입힌 후에 군중의 윗자리에 앉혔다. 그러고는 마치 군주를 대하듯이 북면北面하여 섬기는 모습을 보였다.

소졸이 말했다.

"사실 신은 무능한 사람입니다."

전단이 말했다.

"그대는 아무 말도 하지 마시오."

그러고는 그를 신사神師로 부르면서 백성들과 어떤 일을 하기로 약속할 때마다 반드시 그에게 품禀하고 시행했다. 하루는 전단이 성안 사람들에게 말했다.

"신사가 명하기를, '성안 사람들은 모두 식사를 하기 전에 반드시 집 뜰에 먼저 음식을 차려 놓고 조상에게 제사를 지내라. 그러면 조종의 음력陰力을 얻어 서로 도울 수 있을 것이다.'라고 했소."

성안 사람들이 그 신사의 가르침대로 했다. 하늘을 나는 새들이 백성들의 집 뜰에 내려와 제사 음식을 쪼아 먹었다. 새들은 아침과 저녁으로 2번 그리했다.

연나라 군사들은 많은 새들이 조석으로 2번씩 즉묵의 성안으로 내려앉는 것을 보고 괴이怪異하게 생각했다. 그러다가 신군神君이 하교下敎해 그리됐다는 소문을 듣고 서로 전하면서 이같이 말했다.

"제나라가 천조天助를 얻었으니 그들과 대적할 수 없다. 그리하는 것은 하늘을 거슬리는 짓이다."

그 말을 전해들은 연나라 군사들은 싸울 마음인 전심戰心을 잃었다. 전

전단이 화우 전술로 연나라를 격파하다

단이 다시 사람들을 시켜 악의의 단점을 퍼뜨리게 했다.

"창국군 악의는 너무나 인자해 제나라 군사를 사로잡아도 죽이지 않았다. 즉묵의 성안 사람들은 그를 두려워하지 않은 이유다. 만일 사로잡은 제나라 군사의 코를 모두 벤 뒤 대오 앞에 내세우면 즉묵 사람들은 고통스러워 죽으려 할 것이다."

연나라 장수 기겁이 이를 그대로 믿었다. 이후 투항해 오는 제나라 군사마저 코를 베었다. 즉묵의 성안 사람들은 연나라 군사에게 투항한 병사마저 코를 베는 의형劓刑을 당한다는 것을 알고는 크게 두려워했다. 서로 경계하는 가운데 성을 굳게 지키면서 오직 연나라 군사에게 포획되는 것만을 두려워한 이유다. 전단이 이내 성안 사람들을 불러 놓고 큰 소리로 외쳤다.

"성안 사람들의 조상 무덤이 모두 성 밖에 있다. 연나라 군사들이 그 무덤을 발굴發掘하면 이를 어찌할 것인가?"

기겁이 이 말을 전해 듣고는 병사들을 시켜 성 밖의 무덤을 모두 발굴케 했다. 이어 시체를 불태우고, 해골을 아무데나 마구 내동댕이쳤다. 즉묵 사람들이 성벽 위로 올라가 이 광경을 보고는 모두 체읍涕泣하며 연나라 병사의 살을 씹고자 했다. 이들 모두 무리지어 군문 앞으로 가 전단에게 조상들의 원수를 갚기 위해 일전一戰을 벌일 것을 청했다.

전단은 비로소 사졸士卒들을 움직일 때가 됐다고 판단했다. 우선 강장强壯한 자 5천 명을 정선한 뒤 민간인 사이에 숨겼다. 그러고는 노약자와 부녀자로 하여금 번갈아 가며 성을 지키게 했다. 며칠 후 전단이 사자로 하여금 연나라 군영으로 가서 자신의 속뜻을 전달하는 이른바 송관送款을 하도록 했다.

사자가 연나라 군영으로 가서 전단의 속뜻을 전했다.

"성안의 식량이 다 떨어졌습니다. 이 전단이 모일某日에 성을 나가 항복하는 출항出降을 하겠습니다."

기겁이 그 말을 듣고는 제장들 앞에서 물었다.

"나와 악의를 견주어 어떠한가?"

제장들이 입을 모아 대답했다.

"악의보다 몇 배나 뛰어납니다."

연나라 군사들은 즉묵이 항복할 것이라는 소식을 듣고는 모두 환호작약하며 만세를 불렀다. 전단은 다시 민간에 있는 황금을 거둬들이게 했다. 모두 합쳐 1천 일鎰이나 됐다. 곧 부자 몇 사람을 시켜 은밀히 그 황금을 갖고 연나라 장수들을 찾아가 바치게 했다. 성이 함락될 때 자신의 가족을 보전해 달라고 부탁토록 한 것이다.

연나라 장수들이 크게 기뻐했다. 이들은 부자들에게 작은 깃발을 하나씩 내주면서 연나라 군사들이 쉽게 알아볼 수 있도록 그 깃발을 집 대문에 꽂아두도록 했다. 연나라 장수들은 즉묵의 항복을 받은 것이나 다름없다고 생각했다. 전혀 싸울 준비를 하지 않은 채 멍청하게 노닥거리면서 전단이 출항하기만을 기다렸다.

전단은 사람들을 시켜 성안의 소를 모두 거둬들였다. 1천여 두頭가량 됐다. 사람들에게 소에 입힐 비단 옷을 짓도록 하면서 옷에 5색 용무늬를 그려 넣도록 했다. 이를 소에 입힌 뒤 날카로운 칼을 소의 양쪽 뿔에 묶게 했다. 또 삼과 갈대에 기름을 듬뿍 먹인 뒤 소꼬리에 매달게 했다. 마치 소꼬리에 달린 거대한 빗자루 같았다. 전단은 항복키로 한 날의 전날까지 그런 준비를 모두 끝냈다. 성안의 사람들 모두 전단이 왜 그리하는지 그 까닭을 몰랐다. 전단은 소를 잡고 술을 마련한 뒤 해가 져 황혼이 오기를 기다렸다.

날이 어두워지자 그는 민간인 사이에 숨겨뒀던 5천 명의 장졸壯卒을 불러내 포식飽食케 했다. 이어 그들로 하여금 각기 얼굴에 5색으로 귀면鬼面을 그린 뒤 날카로운 창칼을 들고 소떼를 따르게 했다. 그 사이 백성들을 시켜 성벽 양쪽의 수십 군데에 구멍을 뚫게 했다.

마침내 5천 명의 장졸이 소떼를 몰고 구멍 밖으로 나눠 나가면서 소꼬리에 매달린 삼과 갈대에 일제히 불을 질렀다. 불이 점차 소꼬리 쪽으로 타들어갔다. 꼬리가 뜨거워진 소들은 성이 나 연나라 군영 쪽으로 내달렸다. 5천 명의 장졸이 함매銜枚한 채 그 뒤를 따랐다.

당시 연나라 군사들은 내일 즉묵이 항복해 입성할 것으로 믿고 모두 발을 뻗고 편히 자는 안침安寢을 하고 있었다. 그러다가 잠결에 문득 뭔가 마구 내달리는 치취지성馳驟之聲[9]을 듣게 됐다. 꿈속에서 놀라 깨어났다. 이

9　치취馳驟는 마구 내달린다는 뜻으로 치빙馳騁 내지 질분疾奔과 같다. 『한비자』「내저설 우하」에 빨리 내달리거나 빙글빙글 돌려 달리게 한다는 뜻의 치취주선馳驟周旋 표현이 나

때 미친 듯이 달려오는 1천여 개의 불덩어리가 사방을 훤히 비추며 달려오고 있었다. 한밤중인데도 대낮처럼 밝았다.

잠에 취한 연나라 군사들이 바라보니 5색의 용무늬로 얼룩진 큰 짐승들이 불길에 휩싸인 채 돌진해 오고 있었다. 소의 두 뿔에 매달린 날카로운 칼에 들이받힌 연나라 군사 가운데 죽거나 크게 다치지 않은 자가 없었다. 연나라 군중軍中이 일시에 일대 요란擾亂에 빠졌다.

뒤이어 5천 명에 달하는 한 무리의 즉묵의 장졸들이 아무 말도 하지 않는 불언불어不言不語의 모습으로 큰 칼과 도끼를 마구 휘두르며 연나라 병사들을 쳐 죽였다. 장졸은 5천 명에 지나지 않았으나 요란의 와중에 빠진 연나라 군사의 눈에는 수만 명의 귀신들이 들이닥친 것 같았다. 더구나 연나라 군사는 즉묵 안에 신사神師가 내려와 군사를 지휘한다는 소문을 들었던 터였다. 이들은 눈앞에 나타난 귀신 머리와 얼굴의 신두귀렴神頭鬼臉을 보고는 그것이 무엇인지 도무지 짐작조차 하지 못했다.

전단은 성안 사람들을 모두 이끌고 일제히 북을 치고 함성을 지르는 고조鼓噪를 하며 적진으로 쳐들어갔다. 노약자와 부녀자는 모두 구리그릇까지 들고 나와 마구 쳐대며 기세를 올렸다. 하늘과 땅이 진동하는 진천동지震天動地의 모습이 연출됐다.

연나라 군사들 모두 이를 보고는 간담이 찢어지고 손발이 저려 감히 대적할 생각을 하지 못했다. 살기 위해 사방으로 흩어져 쥐새끼가 구멍을 찾듯 도찬逃竄했다. 먼저 달아나려다가 서로 밟고 밟히는 유답蹂踏의 상황이 벌어졌다. 죽어 나자빠지는 자는 그 수를 셀 수 없을 정도로 많은 불계기수不計其數였다.

연나라 장수 기겁은 병거를 타고 달아나다가 병거에서 떨어져 황망히

온다.

달아났다. 도중에 전단과 마주쳤다. 전단이 창을 들어 단번에 기겁을 찔러 죽였다. 연나라 군사는 크게 패해 달아났다. 주난왕 36년인 기원전 279년 때 빚어진 일이었다.

사신이 이를 시로 읊었다.

소에 불붙인 기책 고금에 없으니	火牛奇計古今無
기겁 어리석음에 편승한 것이리라	畢竟機乘騎劫愚
황금대서 구한 장수 안 바꿨으면	假使金臺不易將
두 나라 승부는 끝내 어찌 됐을까	燕齊勝負竟何如

전단은 제나라 군사의 대오를 정돈한 뒤 다시 승세에 올라타 연나라 군사의 뒤를 쫓는 추축追逐을 했다. 싸울 때마다 이기지 못한 적이 없었다. 지나는 성읍마다 연승을 거두었고, 연나라 대장이 죽었다는 소문이 퍼지자 그곳 백성들 모두 연나라에 반기를 들고 제나라에 귀의했다. 덕분에 전단의 군사는 날로 늘어났다.

전단의 군사는 마침내 연나라에 빼앗긴 제나라 땅을 모두 되찾고, 제나라 북쪽 경계선인 황하 부근까지 올라가 연나라 군사를 나라 밖으로 몰아냈다. 악의가 점령했던 제나라의 70여 성읍 모두 제나라로 복귀했다.

여러 장수들은 전단의 공이 큰 것을 보고는 그를 제나라 왕으로 삼고자 했다. 전단이 말했다.

"지금 태자 법장이 거주莒州에 있소. 내가 비록 왕족이라고는 하나 왕실로부터 거리가 소원하오. 어찌 스스로 보위에 오르는 자립自立을 할 수 있겠소?"

그러고는 태자 법장을 거주에서 임치로 맞아들였다. 거주를 지키는 데 공을 세운 왕손가가 어가를 몰고 왔다. 법장은 임치에 당도하자 먼저 고리

故里에서 횡사한 부왕 제민왕의 시신을 거둬 장사지냈다. 이어 택일하여 종묘에 고제告祭를 올리고 제양왕齊襄王으로 즉위했다.

제양왕이 전단에게 말했다.

"우리 제나라는 위기에 처했다가 다시 안정을 찾고, 패망의 위기에 몰렸다가 다시 살아났소. 모두 숙부의 공이오. 숙부가 처음으로 명성을 얻게 된 곳이 안평安平이니 이제 숙부를 안평군安平君으로 봉하고, 식읍 1만 호를 내리도록 하겠소."

이어 공을 세운 왕손가를 아경亞卿에 제수했다. 또한 약속한 대로 태사 교의 딸을 맞아들여 왕후로 삼았다. 그녀가 바로 군왕후君王后였다. 당시 태사 교는 딸이 부모 수락도 없이 법장에게 몸을 허락한 것을 알고는 화를 냈다.

"너는 중매를 통하지 않고 스스로 시집을 갔으니 내 자식이 아니다."

태사 교는 세상을 마칠 때까지 딸을 보지 않겠다고 맹서했다. 제양왕이 사람을 시켜 그의 관록官祿을 더욱 높여주겠다고 제의했으나 이를 받아들이지 않았다. 군왕후는 세시歲時가 되면 사람을 보내 문후를 올리고 폐백을 보냈다. 한 번도 결례缺禮하지 않았다. 이는 모두 훗날의 이야기다.

당시 맹상군은 여전히 위나라의 상국으로 있었다. 제민왕이 죽고 제양왕이 즉위했다는 소식을 듣고는 공자 무기에게 상국의 자리를 양보했다. 위소왕은 공자 무기를 신릉군信陵君으로 봉했다.

맹상군은 위나라를 떠나 식읍인 제나라 설읍薛邑으로 돌아와 은거했다. 그는 봉지와 명성이 제후에 비견할 만했다. 조나라 평원군 공자 조승 및 위나라 신릉군 공자 무기와 사이좋게 지냈다. 제양왕은 맹상군이 두려운 나머지 사람을 설읍에 보내 다시 상국으로 맞이하려 했다. 맹상군이 받아들이지 않았다. 제양왕은 맹상군과 통호通好하며 우호관계를 유지했다. 맹상군은 제나라와 위나라 사이를 오가며 한가롭게 지냈다.

이후 맹상군이 설읍에서 세상을 떠났다. 그에겐 아들이 없었다. 제나라의 여러 공자들이 그의 뒤를 이어 설공이 되려고 서로 다퉜다. 이내 제나라와 위나라가 설읍을 쳐 없앤 뒤 그 땅을 나눠가졌다.

한편 연혜왕은 기겁이 죽고 군사들이 대패해 돌아오자 비로소 악의가 현명한 사실을 깨달았다. 크게 후회한 그는 조나라에 있는 악의에게 사과의 서신을 보며 다시 연나라로 와줄 것을 청했다. 악의는 돌아가지 않겠다는 취지의 답신을 올렸다.

연혜왕은 조나라가 악의를 대장으로 삼아 연나라를 도모할까 걱정했다. 곧 연나라에 남아 있는 악의의 아들 악간樂閒에게 부친의 군호인 창국군昌國君을 습봉襲封케 했다. 또 악의의 종제인 악승樂乘을 장군으로 임명했다. 연혜왕이 악간과 악승을 귀중貴重히 여겼다. 악의는 연나라와 조나라가 우호관계를 맺도록 주선하며 두 나라 사이를 오갔다. 조나라와 연나라 모두 그를 객경客卿으로 대접했다.

악의는 조나라에서 세상을 떠났다. 당시 조나라에선 염파廉頗가 대장으로 있었다. 그는 용맹하고 용병도 잘 했다. 열국의 제후들 모두 그를 두려워하며 꺼리는 외탄畏憚을 했다. 진나라가 가끔 조나라 국경을 쳤으나 그때마다 염파가 막아냈다. 진나라 군사가 깊숙이 침공하지 못한 이유다. 결국 진나라도 조나라와 통호했다.

뒷일이 어찌 전개됐는지 알 길이 없으니 다음 회를 보라.

191話 인상여가 진소양왕을 두 번 굴복시키다
- 인상여량굴진왕藺相如兩屈秦王

조혜문왕에게 총애하는 내시內侍가 있었다. 이름은 무현繆賢이고, 내시들을 관장하는 환자령宦者令 벼슬을 살았다.[1] 무현은 조혜문왕의 총애를 빌미로 정사에도 간여했다. 하루는 어떤 나그네 한 사람이 무현의 집을 찾아왔다. 그 나그네가 백벽白璧을 내놓으면서 팔겠다고 말했다. 무현은 백옥

---

1 내시內侍는 원래 궁정의 내부 사무를 관리하는 군왕의 근시近侍로 선진先秦과 전한前漢 시기에는 남성의 성기능을 상실한 엄인閹人과 구분됐다. 그러나 후한後漢 이래 엄인과 같은 의미로 통용됐다. 이후 엄인奄人, 엄인閹人, 엄인俺人, 엄관奄官, 환관宦官, 환자宦者, 중관中官, 내관內官, 내신內臣, 내감內監 등이 모두 내시와 같은 의미로 통용된 이유다. 『열국지』에 소개된 환자령宦者令 무현繆賢은 『사기』 「염파인상여열전」에 등장한다. 그를 포함해 그가 관리한 내시들 모두 성기능을 상실한 '엄인'이 아니었다.

의 빛이 너무 맑고 윤기가 감도는걸 보고 500금에 그 옥을 샀다. 이어 옥공玉工을 불러 감정케 했다. 옥공이 그것을 보고 크게 놀랐다.

"이것은 바로 화씨지벽和氏之璧입니다. 옛날 초나라 영윤 소양昭陽이 연회 자리에 초왕으로부터 하사받은 이 옥을 들고 나왔다가 우연히 잃고 말았습니다. 그는 빈객으로 와 있던 장의張儀가 훔친 것으로 의심해 그를 채찍으로 때려 거의 죽게 만들었습니다. 억울한 누명을 쓴 장의는 그로 인해 진나라로 달아났습니다. 소양은 1천 금의 상금을 내걸고 화씨지벽을 찾았습니다. 그러나 도둑은 감히 소양 앞에 나타나지 못한 까닭에 결국 화씨지벽을 되찾지 못했습니다. 이제 화씨지벽이 군君의 수중에 들어오게 됐으니 실로 뜻밖입니다. 이는 가치를 따질 수 없는 보배인 무가지보無價之寶입니다. 잘 수습해 깊이 감춰두고 다른 사람에게 내보여서는 안 될 것입니다."

무현이 물었다.

"이것이 비록 좋은 옥이라 할지라도 어찌 '무가지보'라고 말할 수 있겠는가?"

옥공이 설명했다.

"이 옥은 어두운 곳에 놓아두면 절로 빛을 발합니다. 능히 먼지와 티끌인 진애塵埃가 일어나지 못하게 하고, 사람에게 해롭고 잡스러운 기운인 사매邪魅를 물리칩니다. 이 옥을 야광지벽夜光之璧이라고도 부르는 이유입니다. 이 옥을 곁에 놓아두면 겨울에 따뜻해 화로를 대신할 만합니다. 또 여름에는 서늘해 100보 이내에는 파리와 모기가 얼씬도 하지 않습니다. 이런 기이한 점이 있어 다른 옥은 이 옥에 미치지 못합니다. 이 옥을 두고 지보至寶라고 말하는 이유입니다."

무현이 시험해 보니 과연 옥공의 말과 같았다. 그는 곧 보물을 담는 함인 독櫝을 만든 뒤 그 안에 화씨지벽을 넣고 그 보독寶櫝을 장롱 깊숙한 곳인 내사內笥에 간직했다. 어떤 자가 조혜문왕에게 이 사실을 고했다.

"환자령 무현이 화씨지벽을 손에 넣었다고 합니다."

조혜문왕은 무현에게 그 옥을 궁중으로 가져와 자신에게 보여줄 것을 청했으나 무현은 애지중지한 까닭에 즉시 바치지 않았다. 화가 난 조혜문왕이 사냥을 나갔다가 돌아오는 길에 무현의 집에 들이닥쳐 안방의 장롱 깊숙한 곳에서 '보독'을 찾아낸 뒤 이를 갖고 돌아갔다. 무현은 조혜문왕이 화씨지벽을 바치지 않은 죄를 물어 자신을 죽일까 두려웠다. 이내 다른 나라로 달아나고자 했다.

무현의 집안일을 맡아 보는 사인舍人 인상여藺相如가 그의 옷소매를 잡아끌며 물었다.

"군君은 지금 어디로 가려는 것입니까?"

무현이 대답했다.

"연나라로 달아날 생각이오."

인상여가 다시 물었다.

"군은 연왕이 군을 받아들일 것을 어찌 알고 경솔히 몸을 움직이는 경신輕身을 하여 연나라에 의탁하려는 것입니까?"

무현이 대답했다.

"내가 지난날 대왕을 수행해 국경 부근에서 연왕을 만난 적이 있소. 당시 연왕이 내 손을 잡고 말하기를, '그대와 결교結交하고 싶소.'라고 했소. 이때 서로 알게 됐소. 그래서 가려는 것이오."

인상여가 말했다.

"군은 잘못 생각하고 있습니다. 무릇 조나라는 강한데 연나라는 약하고, 군은 조왕의 총애를 받아왔습니다. 연왕이 군과 결교하고 싶다고 말한 이유입니다. 군을 후대하려는 게 아니고, 군을 이용해 조왕의 환심을 사려고 그런 것입니다. 군이 지금 조왕에게 죄를 짓고 연나라로 망명한다고 합시다. 연왕은 조왕의 토벌을 두려워하는 까닭에 틀림없이 군을 속박束縛해 조왕에게 아첨할 것이오. 군은 되레 위험에 처할 것입니다."

무현이 물었다.

"그럼 어찌해야 좋겠소?"

인상여가 대답했다.

"군은 다른 대죄大罪를 지은 게 아닙니다. 단지 화씨지벽을 속히 바치지 않았을 뿐입니다. 지금이라도 항복의 표시로 윗옷을 절반쯤 벗어 한쪽 어깨를 드러내고 등에 도끼를 짊어지는 육단부부질肉袒負斧鑕[2]을 한 채 조왕 앞에 나아가 머리를 조아리며 죄를 청하십시오. 그러면 조왕이 틀림없이 사면할 것입니다."

무현은 이를 좇았다. 과연 조혜문왕이 무현을 용서하고 주살하지 않았다. 무현이 인상여의 지혜에 탄복해 상객上客으로 삼았다.

이후 조나라의 옥공이 우연히 진나라로 가게 됐다. 진소양왕이 그에게 자신이 구한 박옥璞玉을 갈게 됐다. 그 옥공이 진소양왕에게 화씨지벽을 언급하면서 지금 조나라에 있다고 말했다. 진소양왕이 물었다.

"화씨지벽이 무슨 좋은 점이라도 있는가?"

옥공은 지난날 무현에게 말한 것처럼 화씨지벽을 과장되게 칭송했다. 진소양왕이 그 말을 듣고는 화씨지벽을 사모하며 꼭 한번 보고자 했다. 당시 진나라는 진소양왕의 외숙인 위염魏冉이 승상으로 있었다.

승상 위염이 말했다.

"대왕이 그토록 화씨지벽이 보고 싶으면 어째서 유양酉陽을 비롯한 15개 성읍을 조나라에 주고 화씨지벽과 바꾸려 하지 않는 것입니까?"

진소양왕이 의아해하며 물었다.

"유양을 비롯한 15개 성읍은 과인이 아끼는 것이오. 어떻게 그런 성읍들

---

2   육단부부질肉袒負斧鑕에서 부질斧鑕은 도끼와 작두를 뜻한다. 부질斧質로 표현키도 한다. 부질鈇鑕은 통상 작두만을 가리킨다.

을 한낱 옥 하나와 바꿀 수 있겠소?"

위염이 대답했다.

"조나라가 우리 진나라를 두려워한 지 이미 오래됐습니다. 대왕이 15개 성읍과 바꾸자고 청하면 조나라는 감히 옥을 보내지 않을 수 없을 것입니다. 조나라 사자가 옥을 갖고 오면 받아 둔 채 돌려주지 않으면 그만입니다. 대왕이 15개 성읍과 바꾸자고 한 것은 명분이고, 이를 구실로 화씨지벽을 얻는 것은 실리입니다. 무엇 때문에 성읍을 잃을까 걱정하는 것입니까?"

진소양왕이 그 말을 듣고 크게 기뻐했다. 곧바로 서신을 써 조혜문왕에게 보냈다. 진나라의 객경인 호상胡傷이 사자가 됐다. 서신 내용은 대략 이러했다.

> 과인은 화씨지벽을 사모한 지 오래됐소. 그러나 한 번도 보지 못했소. 듣자니 군왕이 손에 넣었다고 하오. 과인은 감히 청할 수 없어 유양을 비롯한 15개 성읍을 대가로 할양코자 하오. 군왕이 허락해 주기 바라오.

조혜문왕은 서신을 읽고는 곧바로 염파廉頗 등의 대신들을 소집해 이 문제를 상의했다. 화씨지벽을 보내자니 물건만 빼앗기고 15개 성읍을 얻지 못할 것 같고, 보내지 않자니 진나라의 노여움을 살까 두려웠다. 혹자는 보내지 말아야 하고, 혹자는 보내야 한다고 주장하는 등 의견이 분분紛紛해 결론을 내지 못했다.

대부 이극李克[3]이 나서서 말했다.

---

3 『열국지』에 등장하는 조혜문왕 때의 대부 이극李克은 전국시대 초기 위문후魏文侯 때 활약한 위나라의 이극과 동명이인이다. 『열국지』에 나오는 조혜문왕 때의 이극은 공자의 제자인 자하子夏의 문인인 위나라의 이극과 달리 『사기』와 『전국책』에는 전혀 등장하지 않는 가공

藺相如
擒虎藺生
雖國良弼
完璧秦廷
解衣引車
度我猶遅
亮我智勇
誰乘防佛
寄虛

- 인상여

　　"지혜와 용기가 있는 선비인 지용지사智勇之士에게 명해 화씨지벽을 가
슴에 품고 진나라로 가서 성읍을 얻으면 내주고, 얻지 못하면 도로 가지고
돌아오도록 하는 게 어떻겠습니까? 그리하는 게 양쪽으로 모두 좋은 양전
兩全 방안이 될 것입니다."

　　조혜문왕이 그 말을 듣고 염파를 바라봤다. 그러나 염파는 머리를 숙인
채 말이 없었다. 환자령 무현이 말했다.

의 인물로 『열국지』의 이 대목에서만 단 한 번 등장한다. 위문후 때 활약한 역사적인 인물인
이극과 동명이인의 인물을 등장시킨 것은 풍몽룡이 『열국지』를 저술하면서 세심한 주의를
기울이지 않은 결과로 보인다.

"신에게 인상여란 사인舍人이 있습니다. 그는 용사勇士로 지모까지 갖추고 있습니다. 진나라에 보낼 사자로 그보다 나은 사람은 없을 것입니다."

조혜문왕은 즉시 무현을 시켜 인상여를 불러오게 했다. 인상여가 입궁해 조혜문왕을 배알했다. 조혜문왕이 물었다.

"진왕이 15개 성읍을 내줄 터이니 화씨지벽과 바꾸자고 청해 왔소. 선생은 그 요청을 수락해야 한다고 생각하오?"

인상여가 대답했다.

"진나라는 강하고 조나라는 약합니다. 불가불 수락해야 합니다."

조혜문왕이 다시 물었다.

"만일 진나라가 옥만 빼앗고 성읍을 내주지 않으면 어찌해야 하오?"

인상여가 대답했다.

"진나라가 15개 성읍을 옥과 바꾸자고 하니 그 값이 후하다고 할 것입니다. 그런데도 조나라가 화씨지벽을 보내지 않으면 그 잘못은 조나라에 있습니다. 조나라가 성읍을 받기도 전에 화씨지벽을 보내는 것은 조나라의 진나라에 대한 예절이 공손하다고 할 것입니다. 그런데도 진나라가 성읍을 내주지 않으면 그 잘못은 진나라에 있습니다."

조혜문왕이 다시 물었다.

"과인은 지금 화씨지벽을 갖고 진나라에 갈 사자를 찾고 있소. 화씨지벽을 보호하는 게 임무요. 선생은 능히 과인을 위해 한번 갔다 올 수 있겠소?"

인상여가 대답했다.

"대왕은 틀림없이 대신들 가운데서 마땅한 사자를 찾지 못할 것입니다. 원컨대 신이 화씨지벽을 갖고 진나라에 가겠습니다. 만일 15개 성읍을 받게 되면 응당 화씨지벽을 진나라에게 넘겨주고, 그렇지 못할 경우엔 화씨지벽을 온전히 보전하는 완벽完璧 상태로 도로 갖고 돌아오겠습니다."

조혜문왕이 크게 기뻐했다. 곧바로 대부에 임명한 뒤 화씨지벽을 건네주면서 진나라에 갔다 오게 했다. 인상여가 화씨지벽을 받들고 진나라 도성 함양으로 갔다. 진소양왕은 조나라에서 화씨지벽이 왔다는 보고를 받고 크게 기뻐했다. 곧 장대章臺 위에 나와 군신들을 소집한 뒤 조나라 사자 인상여를 불러들였다.

인상여가 화씨지벽을 보물함인 보독寶櫝에서 꺼내 비단보인 금복錦袱에 싼 뒤 공손히 받들고 진소양왕 앞으로 가 재배하고 바쳤다. 진소양왕은 직접 비단보를 풀고 화씨지벽을 봤다. 화씨지벽은 순백純白이고, 옥의 티인 하자瑕疵 하나 없었다. 옥에서 발산하는 보배로운 빛이 보는 사람의 눈을 부시게 하는 보광섬삭寶光閃爍의 모습이 연출됐다. 더구나 원석인 박옥璞玉을 연장으로 쪼아내고 다듬은 것인데도 그런 흔적인 이른바 조루지처雕鏤之處가 전혀 없었다. 실로 희세希世의 보배였다.

진소양왕이 넋을 잃고 한참 완상玩賞하면서 연신 쯧쯧嘖嘖하며 탄복했다. 이어 좌우의 군신들 가운데 맨 윗자리에 앉은 대신에게 넘겨주면서 서로 돌아가며 완상玩賞케 했다. 군신들은 돌아가며 감상을 끝내고는 죽 늘어서서 절을 하는 나배羅拜를 하며 '만세萬歲'를 외쳤다.

진소양왕이 다시 한 내시로 하여금 화씨지벽을 비단보에 싸서 후궁으로 들고 가게 했다. 후궁의 미녀들도 화씨지벽을 돌아가며 완상했다. 한참 후에 내시가 후궁에서 화씨지벽을 갖고 와 진소양왕 옆에 놓인 안상案上에 올려놓았다.

인상여는 진소양왕 곁에 서서 오랫동안 그 기색을 살폈으나 끝내 화씨지벽의 대가인 15개 성읍에 대해서는 아무 말도 없었다. 인상여가 내심 한 가지 계책을 생각해냈다. 곧 앞으로 나아가 진소양왕에게 말했다.

"아쉽게도 화씨지벽엔 작은 하자가 하나 있습니다. 청컨대 신이 대왕에게 그걸 알려드리겠습니다."

진소양왕이 이를 믿고 좌우에 명해 화씨지벽을 인상여에게 갖다 주도록 했다. 인상여는 화씨지벽을 받아든 뒤 천천히 뒤로 물러나 전각의 기둥에 기대섰다. 그리고는 문득 두 눈을 부릅떴다. 노기가 문득 치솟아 막을 길이 없었다. 그가 진소양왕에게 말했다.

"화씨지벽은 천하의 지보至寶입니다. 대왕은 이를 얻고자 서신을 보냈을 때 과군은 군신들을 소집해 상의했습니다. 군신들이 입을 모아 말하기를, '진나라가 힘만 믿고 공언空言으로 화씨지벽을 손에 넣으려 합니다. 화씨지벽만 내주고 성읍을 받지 못할까 우려되니 보내지 마십시오.'라고 했습니다. 당시 신이 나서 말하기를, '일반 백성의 사귐인 포의지교布衣之交에도 서로 속임수를 쓰지 않는데 더구나 만승지국의 군왕이겠습니까? 어찌하여 옳지 못하게 의심을 품고 남을 대하는 것입니까? 그리하는 것은 진나라 대왕에게 죄를 짓는 게 아닙니까?'라고 했습니다. 이내 과군은 5일간 재계한 후 신에게 명해 화씨지벽을 받들고 진나라 조정으로 가도록 하면서 궁궐 앞뜰까지 나와 전송했습니다. 과군은 지극한 경의敬意를 표한 셈입니다. 대왕은 신을 접견하면서 보인 예절이 심히 거만했습니다. 가만히 앉아서 받았을 뿐 아니라 그 보물을 좌우 신하들에게 함부로 돌려가며 보게 하고, 다시 후궁으로 보내 미인들이 완롱玩弄케 했습니다. 이는 천하의 보배를 더럽히고 모독하는 설독褻瀆을 심하게 한 것입니다. 신은 이를 보고 대왕에게 15개 성읍을 내줄 생각이 전혀 없다는 걸 알았습니다. 신이 핑계를 대고 화씨지벽을 되돌려 받은 이유입니다. 대왕은 틀림없이 신을 겁박할 것입니다. 그러면 신의 머리와 화씨지벽은 함께 기둥에 부딪쳐 산산조각이 나고 말 것입니다."

그러고는 머리 위 화씨지벽을 들어 올리면서 기둥을 노려봤다. 곧바로 기둥에 부딪치려는 모습이었다. 진소양왕은 화씨지벽이 깨질까 겁이 났다. 곧 인상여에게 사과했다.

"대부는 그리하지 마시오. 과인이 조나라에 어찌 신의를 잃을 수 있겠소?"

그러고는 즉시 유사有司를 불러 진나라 지도를 갖고 오게 했다. 이어 지도를 펴놓고 유양을 비롯한 15개 성읍을 일일이 지적한 뒤 조나라에 넘겨주도록 지시했다. 인상여가 내심 생각했다.

'이는 화씨지벽을 빼앗기 위한 속임수이다. 진정眞情이 아니다.'

곧 진소양왕에게 말했다.

"과군이 감히 희세의 지보를 아까워하지 않고 진나라에 보낸 것은 대왕에게 득죄得罪할까 우려했기 때문입니다. 신을 사자로 보낼 때 5일간 재계하고 군신들을 소집해 배견拜遣토록 한 게 그렇습니다. 대왕도 응당 5일간 재계하고 좌우에 노거輅車와 문물文物을 전각 앞에 진설해 위의를 갖춘 뒤 받도록 하십시오. 그러면 신이 이내 감히 화씨지벽을 바치도록 하겠습니다."

진소양왕이 말했다.

"그리하겠소."

그러고는 좌우 시신에게 명해 5일간 재계할 터이니 준비하라고 지시하면서 인상여에게 공관公館으로 가 쉬게 했다. 인상여가 화씨지벽을 품에 안고 공관으로 간 뒤 이같이 생각했다.

'나는 조왕 앞에서 진나라에 가서 15개 성읍을 받지 못할 경우 화씨지벽을 온전한 모습으로 받들어 조나라로 다시 돌아오는 이른바 완벽귀조完璧歸趙를 장담했다. 지금 진나라 왕이 비록 재계를 한다고 하나 혹여 그가 화씨지벽을 받은 뒤 15개 성읍을 주지 않으면 무슨 면목으로 돌아가 조왕을 알현할 것인가?'

곧바로 종자를 불러 거친 갈의褐衣로 갈아입고 빈인貧人을 가장한 뒤 화씨지벽을 전대에 넣어 허리에 차고 샛길을 통해 몰래 조나라로 돌아가게 했다. 종자가 조나라로 돌아와 조혜문왕에게 인상여의 말을 전했다.

"신은 진왕이 우리 조나라를 속일까 두렵습니다. 신이 보건대 진나라는 15개 성읍을 내줄 뜻이 없는 듯합니다. 종자로 하여금 화씨지벽을 갖고 먼저 귀국해 대왕께 전하도록 했습니다. 신은 진나라에서 대죄待罪하겠습니다. 죽을지라도 왕명을 욕되게 하지 않을 것입니다."

조혜문왕이 말했다.

"인상여는 과연 자신이 한 말을 저버리지 않는구나."

당시 진소양왕은 겉으로만 재계를 한다고 말하고 실제로는 반드시 그리한 게 아니었다. 5일째 되던 날 전각 위에 높이 앉은 뒤 좌우에 예물을 늘어놓고, 열국의 사자들을 참석케 했다. 열국의 사자에게 조나라가 화씨지벽을 바치는 모습을 보여주고자 한 것이다.

의식의 진행을 담당한 찬례贊禮가 인상여를 인도해 전각 위로 오르게 했다. 인상여가 종용從容한 모습으로 천천히 걸어 전각 안으로 들어간 뒤 진소양왕에게 알현의 예를 올렸다. 진소양왕은 인상여의 손에 화씨지벽이 없는 것을 보고 물었다.

"과인은 이미 5일간의 재계를 끝내고 경건한 마음으로 화씨지벽을 받으러 나왔소. 지금 사자는 화씨지벽을 갖고 오지 않았으니 이는 무슨 까닭이오?"

인상여가 대답했다.

"진나라는 진목공 이후 20여 대가 지났으나 모두 사술詐術로 일을 진행시켰습니다. 멀리는 기자杞子가 정나라를 속인 데 이어 맹명시孟明視가 진晉나라를 속였습니다. 가까이는 상앙商鞅이 위魏나라를 속인 데 이어 장의張儀가 초나라를 속였습니다. 지난 일들이 역력歷歷합니다. 진나라는 도무지 다른 나라에 신의가 없었습니다. 이제 신마저 대왕에게 속아 넘어가면 이는 과군이 내린 사명을 저버리는 게 됩니다. 신은 이미 종자를 시켜 화씨지벽을 갖고 샛길을 통해 조나라로 가도록 돌려보냈습니다. 대왕을 속인 죄는 응당 사죄死罪에 해당합니다."

진소양왕이 대로했다.

"그대가 과인에게 희세의 지보를 불경스럽게 받을 수 없다고 말해 5일간 재계를 하고 화씨지벽을 받으려고 했다. 그런데도 그대가 이를 조나라로 돌려보냈다니 이는 분명 과인을 속인 것이다."

그러고는 좌우에 명해 인상여를 결박케 했다. 인상여가 안색 하나 변하지 않고 말했다.

"청컨대 대왕은 노여움을 가라앉히십시오. 신이 한 말씀 올리겠습니다. 오늘의 형세로 볼 때 진나라는 강하고, 조나라는 약합니다. 진나라가 조나라를 저버릴지언정 조나라가 진나라를 저버리는 일은 결코 없을 것입니다. 대왕이 진정 화씨지벽을 원한다면 먼저 15개 성읍을 베어 조나라에 내주십시오. 연후에 사자 한 사람에게 명해 신과 함께 조나라로 가서 화씨지벽을 받아오게 하면 됩니다. 조나라가 15개 성읍을 받고 어찌 감히 화씨지벽을 내주지 않아 진나라에 신의를 잃었다는 비난을 받으면서 대왕에게 죄를 지을 리 있겠습니까? 신은 대왕을 속인 죄를 알고 있습니다. 그 죄는 1만 번 죽어 마땅한 죄당만사罪當萬死에 해당합니다. 신은 이미 종자로 하여금 신이 살아 돌아갈 가망이 없음을 기별했습니다. 대왕은 속히 신을 가마솥에 넣어 끓여 죽이는 정확지팽鼎鑊之烹을 행하도록 하십시오. 이 자리엔 열국 사자들이 와 있으니 제후들도 진나라가 화씨지벽을 탐해 조나라 사자를 죽인 걸 알게 될 것이오, 곡직曲直 또한 자연히 가려질 것입니다."

진소양왕과 군신들 모두 서로 얼굴만 쳐다볼 뿐 아무 말도 하지 못했다. 열국의 사자들 모두 인상여가 죽음을 당하지나 않을까 걱정했다. 좌우에서 인상여를 끌고 밖으로 나가려고 하자 진소양왕이 이들을 꾸짖어 물리쳤다. 이어 군신들에게 말했다.

"인상여를 죽여도 화씨지벽을 얻지 못할 뿐만 아니라 공연히 불의不義

의 오명을 뒤집어쓰고 진나라와 조나라의 우호관계마저 끊게 된다."

그러고는 인상여의 결박을 풀어 주게 한 뒤 예를 갖춰 조나라로 돌려보냈다.

염옹이 사서를 읽다가 이 대목에 이르러 이같이 평했다.

진나라가 무력으로 다른 나라 성읍을 공취攻取해도 열국은 어찌하지 못했다. 그런 상황에서 조나라는 옥벽 하나를 어찌하여 그토록 귀중히 여긴 것일까? 인상여는 다만 진왕에 속아 화씨지벽을 바치게 되면 장차 진나라가 조나라를 하찮게 여기고, 이후 조나라를 유지하기 어렵게 될 것을 우려한 것이다. 사실 진나라가 계속 땅과 공물을 요구하면 더 이상 항거할 수 없게 될 것이다. 인상여는 자신의 역량力量을 발휘해 조나라에도 인물이 있음을 진왕에게 알리고자 한 것이다.

인상여는 무사히 돌아오자 조혜문왕이 그의 현명한 행보를 높이 평가해 상대부로 삼았다. 이후 진나라는 조나라에 15개 성읍을 주지 않았고, 조나라도 진나라에게 화씨지벽을 보내지 않았다.

당시 진소양왕의 심중에는 조나라에 대해 이번 일을 이런 식으로 마무리한 게 석연釋然치 않았다. 다시 사자를 조나라로 보내 서하西河 밖 면지澠池 땅에서 양국 군주가 회맹하며 우호를 증진하는 방안을 약속케 한 이유다. 조혜문왕이 군신들을 불러 놓고 말했다.

"지난날 진나라는 초회왕에게 회맹을 제의한 뒤 함양으로 끌고 가 감금했소. 초나라 사람들은 지금도 그 일을 두고 상심해 하고 있소. 이제 진왕이 과인과 회맹할 것을 약속코자 하는 것은 과인을 초회왕처럼 대하려는 게 아니오?"

이 말을 듣고 염파와 인상여가 서로 상의했다.

"대왕이 만일 회맹에 가지 않으면 조나라가 약한 걸 보여주는 게 되오."

그러고는 함께 상주했다.

"신 인상여는 대왕의 거가를 보호해 회맹에 나가고, 신 염파는 태자를 보필해 나라를 지키도록 하겠습니다."

조혜문왕이 크게 기뻐했다.

"인상여는 홀로 완벽完璧을 달성해 돌아왔소. 하물며 과인의 경우야 더 말할 게 있겠소?"

평원군 조승이 나서서 말했다.

"옛날 송양공은 예복을 입고 화목을 다지는 승거지회乘車之會로 알고 나갔다가 무력을 동원한 회맹인 병거지회兵車之會를 상정한 초성왕에게 붙들려 온갖 굴욕을 당했습니다. 반면 노정공魯定公은 제경공齊景公과 협곡夾谷에서 회맹할 때 좌우 사마로 하여금 군사를 이끌고 자신의 뒤를 따르게 한 덕분에 무사할 수 있었습니다. 이제 비록 인상여가 대왕을 보호하기 위해 함께 수레를 타고 간다고 하나, 다시 정예병 5천 명을 선발해 호종扈從케 함으로써 예상치 못한 불우不虞를 대비하십시오. 나아가 회맹 장소에서 30리쯤 떨어진 곳에 대군을 주둔시켜야 비로소 만전을 기할 수 있습니다."

조혜문왕이 물었다.

"5천 명의 정예병을 이끌 장수는 누가 합당하오?"

평원군 조승이 대답했다.

"신이 알고 있는 사람 가운데 논밭의 세금인 전부田賦를 관할하는 전부리田部吏 이목李牧이 실로 장수감입니다."

조혜문왕이 물었다.

"그가 장수감이란 걸 어떻게 아오?"

평원군 조승이 대답했다.

"이목은 전부리가 되어 조세를 거두는 일을 맡게 되었습니다. 근자에 신의 집안이 기한이 지났는데도 조세를 납부하지 않았습니다. 그는 법대로 징수하기 위해 납기 안에 조세를 내지 않은 신의 조세 담당자 9명을 잡아 죽였습니다. 신이 화가 나 그를 크게 꾸짖자 그가 대답키를, '나라가 의지하는 것은 법입니다. 상국인 군君의 집이라고 해서 법을 지키지 않는 것을 그대로 놓아두면 법기法紀가 무너질 것입니다. 법기가 무너지면 나라가 미약해집니다. 그 틈을 타 제후들이 침공할 것입니다. 그리되면 조나라는 나라를 보전할 수 없게 되는데 어떻게 군의 집안만 보전할 수 있겠습니까? 존귀한 군이 법을 지키고 공사公事를 우선하면 법기가 바로 서고 나라가 강해질 것입니다. 그러면 군 또한 길이 부귀를 누릴 수 있을 터인데 이 어찌 좋은 일이 아니겠습니까?'라고 했습니다. 그는 이처럼 식견과 사려가 비상했습니다. 신은 이로써 그가 장수감이란 걸 알았습니다."

조혜문왕은 곧바로 이목을 중군대부中軍大夫에 임명하고, 정예병 5천 명을 이끌게 했다. 이목이 정예병을 이끌고 조혜문왕을 호위하며 동행했다. 평원군 조승은 대군을 이끌고 그 뒤를 따랐다.

염파가 국경까지 가서 조혜문왕을 전송한 뒤 헤어지며 말했다.

"대왕은 이제 호랑虎狼같은 진나라 땅으로 들어가게 됩니다. 앞으로 대왕에게 어떤 일이 생길지 헤아리기 어렵습니다. 이제 대왕과 약속을 하고자 합니다. 대왕이 진왕과 회맹하고 돌아오는 길과 회맹의 시일까지 계산할지라도 대략 30일이면 넉넉합니다. 만일 30일이 지나도 대왕이 돌아오지 않으면 초회왕의 고사故事를 참조해 태자를 즉위시켜 진나라가 대왕을 농락코자 하는 미련을 끊도록 할 것입니다."

조혜문왕은 이를 허락한 뒤 먼저 면지 땅에 도착했다. 이내 진소양왕 일행도 도착했다. 양국 군주는 각각 따로 마련된 관역으로 들어가 휴식을 취했다. 회맹의 날이 되자 진소양왕과 조혜문왕은 상견례相見禮를 행했다. 이

인상여가 진소양왕을 두 번 굴복시키다

내 주석이 마련되자 서로 술을 권하며 즐거움을 나누는 교환交歡을 했다. 술이 거나해지자 진소양왕이 조혜문왕에게 말했다.

"과인이 가만히 듣자니 조왕이 음악에 조예가 깊다고 하오. 과인이 귀한 거문고인 보슬寶瑟을 이곳에 갖고 왔으니 청컨대 한 곡 탄주해 주기 바라오."

조혜문왕은 창피한 생각이 들어서 얼굴을 붉혔으나 거절할 수도 없었다. 진소양왕의 시신이 '보슬'을 조혜문왕 앞에 갖다 놓았다. 조혜문왕이 마지못해 「상령湘靈」 한 곡을 탄주했다. 진소양왕이 연신 찬탄해마지 않았다. 탄주가 끝나자 진소양왕이 말했다.

"과인이 듣건대 조나라 시조 조열후趙烈侯가 음악을 좋아했다고 하던데 군왕은 실로 그런 집안 전통을 물려받은 듯하오."

그러고는 어사御史를 불러 이를 진나라 사서에 기록케 했다. 어사가 도필 刀筆을 들어 간책簡冊에 이같이 기록했다.

> 모년 모월 모일, 진왕이 면지에서 조왕과 만났다. 조왕으로 하여금
> 거문고를 탄주하는 고슬鼓瑟을 하게 했다.

인상여가 나서서 말했다.

"조왕은 진왕이 진나라 음악에 조예가 깊다는 이야기를 들어서 알고 있습니다. 신이 흙으로 만든 질장구인 분부盆缶를 바칠 터이니 치도록 하십시오. 그러면 서로 음악으로 즐기는 오락娛樂이 될 것입니다."

진소양왕이 그 말을 듣고 화를 냈다. 안색을 바꾸며 응하지 않았다. 인상여가 질장구 대신 상 위에 놓인 술 담긴 와기瓦器를 들고 와 진소양왕 앞에 내려놓은 뒤 무릎을 꿇은 채 와기를 칠 것을 청했다.

진소양왕이 응하지 않자 인상여가 말했다.

"대왕은 진나라가 강한 것만 믿는 것입니까? 지금 신과 대왕의 거리는 불과 5보도 채 안됩니다. 당장 비수로 저의 목을 찔러 그 피를 대왕의 얼굴에 뿌릴 수 있습니다."

진소양왕의 좌우 시신들이 큰 소리로 외쳤다.

"인상여, 너무 무례하다!"

그러고는 앞으로 달려들어 인상여를 붙잡으려 했다. 인상여가 눈을 부릅뜨고 질책했다. 순간 인상여의 모발과 수염이 빳빳이 일어섰다. 좌우가 모두 크게 놀라 자신도 모르게 몇 걸음씩 뒤로 물러섰다. 진소양왕은 불쾌했지만 인상여의 그런 태도를 꺼리지 않을 수 없었다. 부득이 와기를 치며 소

리를 냈다.

인상여가 그제야 비로소 일어나 조나라 어사를 불렀다. 이어 조나라 역사를 기록하는 간책에 이같이 기록케 했다.

모년 모월 모일, 조왕이 면지에서 진왕과 만났다. 진왕으로 하여금 질장구를 치는 격부擊缶를 하게 했다.

진나라 신하들 모두 불만을 품고 자리에서 일어나 조혜문왕에게 말했다.

"오늘 조왕이 진나라의 은혜로운 보살핌인 혜고惠顧를 받았으니 청컨대 조나라의 15개 성읍을 할양해 진왕을 축수祝壽토록 하십시오."

인상여도 즉시 진소양왕에게 청했다.

"예는 서로 왕래往來하는 것입니다. 조나라는 15개 성읍을 내주면 진나라도 보답치 않을 수 없을 것입니다. 청컨대 우리 조나라에게 진나라 도성함양을 내주어 조왕을 축수토록 하십시오."

진소양왕이 말했다.

"이 자리는 양국 군주가 서로 친선하는 자리이니 제군諸君은 그처럼 다언多言할 필요가 없소."

그러고는 좌우에 분부해 새로 술을 내오게 했다. 그는 조혜무왕과 술잔을 주고받으며 짐짓 환영하는 모습을 보인 뒤 저녁나절에 주연을 파했다. 진나라 객경 호상胡傷 등은 관역으로 돌아오자 진소양왕에게 조혜문왕과 인상여를 구류拘留할 것을 은밀히 권했다. 진소양왕이 말했다.

"첩자의 보고에 따르면 조나라가 불의의 사태에 대비하기 위해 엄밀한 경계를 펴고 있다고 하오. 만일 그 일이 우리 뜻대로 이뤄지지 않았다가는 천하의 웃음거리가 되고 말 것이오."

그러고는 조혜문왕을 극진히 대접하면서 의형제를 맺기까지 했다. 이어 서로 영구히 침공하지 않기로 약속했다. 그 증거로 진소양왕의 태자 안국군安國君의 아들인 이인異人을 조나라에 볼모로 보내기로 했다. 진나라 군신들이 말했다.

"조나라와 우호를 다지기로 약속한 것만으로도 족합니다. 굳이 인질을 보낼 필요야 없지 않겠습니까?"

진소양왕이 웃으며 대답했다.

"조나라는 지금 강하오. 아직은 도모할 수 없소. 우리가 인질을 보내지 않으면 조나라가 우리를 믿지 않을 것이오. 조나라로 하여금 우리를 믿게 하면 양국의 우호가 더욱 굳어질 것이오. 덕분에 나는 조나라에 대한 우려를 덜고 한나라를 도모하는 일에 전념할 수 있게 될 것이오."

진나라의 군신들 모두 진소양왕의 말에 승복했다.

당시 조혜문왕은 진나라 면지 땅을 향해 떠난 지 30일 만에 진소양왕에게 작별을 고하고 귀국한 뒤 이같이 말했다.

"과인은 인상여를 얻은 뒤 몸이 태산처럼 안정을 얻고, 나라는 주왕실의 구정九鼎처럼 중심의 무게가 잡혔소. 이번에 진나라를 제압하는데 인상여의 공이 가장 크오. 군신들 가운데 아무도 그만한 공을 세우지 못했소."

그러고는 가장 높은 벼슬인 상상上相에 제수했다. 반차班次의 서열이 염파보다 위였다. 염파가 대로했다.

"나는 공성전攻城戰과 야전野戰에서 대공을 세운 바 있다. 인상여는 한낱 구설口舌로 약간의 수고인 미로微勞를 행한 것밖에 없다. 그런데도 나보다 윗자리에 앉게 됐다. 그는 원래 환자령 무현의 집에서 사인舍人으로 있던 미천한 출신이다. 내가 어찌 그의 밑에서 일하는 걸 감수할 수 있겠는가? 오늘이라도 그를 만나면 반드시 격살擊殺해 버릴 것이다."

인상여는 이 말을 전해 듣고는 늘 칭병하며 조회에 나가지 않았다. 염파와 마주치지 않으려고 그런 것이다. 인상여의 사인들 모두 인상여가 겁을 먹고 그러는 줄 알았다. 이들이 은밀히 모여 투덜거렸다.

하루는 우연히 인상여가 저잣거리로 외출했는데, 마침 염파도 그곳으로 외출했다. 인상여는 멀리서 염파 일행이 오는 것을 보고는 황망히 어자에게 명해 옆 골목인 방항傍巷으로 수레를 몰고 들어가 피하게 했다. 염파의 수레가 지나간 뒤에야 비로소 큰길로 나왔다. 인상여의 사인들이 분개했다.

이들은 서로 약속한 뒤 인상여 앞으로 나가 말했다.

"저희가 고향과 친척을 버리고 군君의 문하에 모여든 것은 군을 당대의 호걸인 일시지장부一時之丈夫로 생각했기 때문입니다. 저희들이 서로 군을 사모하며 기꺼이 따르는 이유입니다. 지금 군은 염 장군과 동렬일 뿐만 아니라 오히려 반차가 더 높습니다. 그런데도 군은 그가 군을 경멸하는 말을 하는데도 보복하지 못할 뿐만 아니라 조정에서도 그를 피하고, 수레를 타고 가면서도 그를 피하고 있습니다. 어찌하여 그를 이토록 두려워하는 것입니까? 저희들은 군을 위해 이를 수치로 여깁니다. 청컨대 이만 고향으로 돌아가고자 합니다."

인상여가 굳이 말리며 말했다.

"내가 염 장군을 피하는 것은 까닭이 있기 때문이오. 제군들은 그 이유를 잘 알지 못할 뿐이오."

사인들이 물었다.

"저희들은 식견이 천근淺近해 그 이유를 모르겠습니다. 원컨대 그 이유를 들려주십시오."

인상여가 물었다.

"제군들은 염 장군과 진왕 가운데 누가 더 무섭소?"

사인들이 대답했다.

"염 장군이 못합니다."

인상여가 말했다.

"지금 천하에 진왕의 위엄에 대적할 자는 아무도 없소. 이 인상여는 진나라 조정에서 진왕을 꾸짖고, 그의 신하들을 모욕했소. 내가 아무리 생각이 없는 노둔駑鈍한 인물이라고 할지라도 어찌 한낱 일개 무부武夫인 염장군을 두려워할 리 있겠소. 내가 보기에 막강한 진나라가 감히 우리 조나라를 치지 못하는 것은 나와 염 장군이 있기 때문이오. 지금 두 사람이 양호兩虎처럼 서로 싸우면 형세 상 두 사람이 함께 사는 일은 불가능하오. 진나라가 그 소문을 들으면 반드시 기회를 틈타 우리 조나라를 칠 것이오. 내가 수치를 모르는 얼굴인 강안强顏을 하며 염 장군을 피하는 것은 바로 나라의 계책인 국계國計를 소중히 여기고 사사로운 원수인 사구私仇를 가볍게 여기기 때문이오."

사인들 모두 그 말을 듣고 탄복했다. 얼마 후인 미기未幾에 인상여와 염파의 빈객들이 우연히 주사酒肆에 들어갔다가 서로 자리를 다투게 됐다. 인상여의 사인이 말했다.

"우리의 주군은 나라를 위해 매사를 염 장군에게 양보했소. 우리도 주군의 뜻을 본 받아 염 장군의 빈객에게 자리를 양보합시다."

그 말을 듣고 염파의 빈객이 더욱 교만해졌다.

당시 하동河東 출신 우경虞卿이 조나라 도성 한단邯鄲에 놀러왔다가 인상여의 사인들이 인상여의 말을 자랑스럽게 하는 것을 듣게 됐다. 이내 조혜문왕을 알현하고 말했다.

"대왕이 오늘 중신으로 꼽아야 할 사람은 인상여와 염파 두 사람이 아니겠습니까?"

조혜문왕이 대답했다.

"그렇소."

우경이 말했다.

"신이 듣건대 선왕 때는 스승으로 섬길 만한 사람을 스승으로 섬기는 사람이 도처에 가득한 이른바 사사제제師師濟濟의 모습을 보였다고 합니다. 이들은 서로 공경하고 협력하는 동인협공同寅協恭의 자세로 나라를 잘 다스렸습니다. 지금 대왕이 신임하는 중신 인상여와 염파는 물과 불처럼 대립하고 있으니 사직이 복이 아닌 듯합니다. 신이 보기에 인상여는 더욱 겸양하는데 염파는 그 뜻을 모르고 더욱 교만합니다. 인상여는 염파의 기를 꺾지 않기 위해 피해 다닌다고 합니다. 그리되면 두 사람은 조정에서 함께 국사를 의논치 않게 되고, 전쟁이 나도 서로 돕지 않게 됩니다. 신은 대왕을 위해 그 점을 우려하고 있습니다. 청컨대 신은 두 사람을 주선해 대왕을 곁에서 잘 보필토록 만들 생각입니다."

조혜문왕이 말했다.

"좋은 생각이오."

우경은 먼저 염파를 찾아가 그의 공로를 칭송했다. 염파가 크게 기뻐했다. 우경이 말했다.

"공로로 말하면 장군만한 사람이 없습니다. 하지만 도량으로 말하면 인상여를 꼽고 싶습니다."

이 말에 염파가 발끈 화를 냈다.

"그는 한낱 구설로 공명을 얻은 나약한 사내인 나부懦夫에 지나지 않는데 무슨 도량이 있단 말이오?"

우경이 말했다.

"인상여는 결코 약한 선비가 아니오. 오히려 앞날을 멀리 내다볼 줄 아는 식견 있는 큰 선비요."

그러고는 인상여가 사인들에게 한 말을 낱낱이 고한 뒤 이같이 덧붙였다.

"장군이 앞으로 조나라에 몸을 맡기지 않겠다면 그만입니다. 그러나 만일 조나라의 대신으로 남고자 하면서 인상여가 매사에 겸양하는 상황에서 장군이 굳이 싸우려고만 하면 아마도 성명盛名이 귀착되는 곳은 장군이 아닐 것입니다."

염파가 크게 부끄러워했다.

"선생의 말씀이 없었다면 나는 내 허물을 듣지 못했을 것이오. 이제야 내가 그만 훨씬 못하다는 걸 깨달았소."

그러고는 먼저 우경으로 하여금 자신의 잘못을 인상여에게 고하게 했다. 이어 웃통을 벗고 등에 가시나무 가지를 지는 육단부형肉袒負荊의 모습으로 인상여의 부중 앞으로 가 사죄했다.

"비루한 이 사람은 지량志量이 천협淺狹한 까닭에 상국이 이토록 관용을 베푸는 것도 모르고 교만을 부렸소. 죽을 때까지도 속죄贖罪하지 못할 것이오."

그러고는 부중의 뜰에서 장궤長跪[4]한 채 사죄했다. 인상여가 잔걸음으로 내달리는 추출趨出의 모습으로 뜰로 나와 염파를 일으켜 세우며 말했다.

"우리 두 사람 모두 어깨를 나란히 하는 비견比肩의 자세로 군주를 모시고 있으니 사직지신社稷之臣에 해당하오. 장군이 나의 그런 뜻을 알아주니 크게 다행스런 일이오. 그런데 무엇 때문에 이처럼 번거롭게 사죄하는 것이오?"

염파가 말했다.

"나의 비루한 성품이 원래 거칠고 조급하오. 그로 인해 생각 없이 못난 짓을 했는데 군이 이처럼 용서해 주니 부끄럽기 짝이 없는 참괴무지慙愧無地의 상황이오."

---

4 장궤長跪는 현대 일본인들처럼 무릎을 꿇고 앉는 자세를 가리킨다. 고대에는 바닥에 그대로 앉은 까닭에 앉을 때 두 무릎을 땅에 대고, 둔부를 발끝에 붙이도록 했다. '장궤'의 자세를 취할 경우 허리와 몸을 쭉 펴서 장경莊敬한 모습을 드러냈다. 이는 사람들이 앉을 때 보여준 통상적인 모습이었다.

그러고는 인상여를 붙들고 울었다. 인상여 역시 그를 좇아 울었다. 염파
가 말했다.

"나는 이제부터 군과 생사를 같이 하는 교유를 맺고자 하오. 비록 누가
내 목을 찌를지라도 결코 변치 않을 것이오."

그러고는 맹서의 표시로 먼저 인상여에게 절을 했다. 인상여도 답배答拜
하며 곧 술자리를 마련하고 염파에 대해 성의를 다해 크게 대접하는 관대
款待를 행했다. 두 사람은 끝 간 데까지 술자리를 즐기고는 서로 작별했다.
목을 찌르는 문경刎頸을 행할지라도 결코 변치 않는 우정인 문경지교刎頸
之交는 바로 여기서 나온 것이다.

무명씨가 이를 시로 읊었다.

수레 끌고 피신한 도량 실로 크고   引車趨避量誠洪
웃통 벗은 장군 기개도 웅장하다   肉袒將軍志亦雄
오늘날 제집 위해 분분히 다투니   今日紛紛競門戶
그 누가 흉중에 국가계책 세울까   誰將國計置胸中

조혜문왕이 인상여와 염파를 화해시킨 우경에게 황금 100일鎰을 하사
하고 상경上卿에 제수했다.

192話 마복군이 단번에 한나라 포위를 풀다
— 마복군단해한위馬服君單解韓圍

    당시 진나라 대장 백기白起는 초나라 군사를 격파한 뒤 여세를 몰아 초나라 도성 영도郢都를 함락시키고 그곳에 진나라의 남군南郡을 설치했다. 초경양왕은 동쪽으로 패주해 가까스로 진陳 땅에서 한숨을 돌렸다. 비슷한 시기 진나라 승상 위염魏冉 역시 초나라 검중黔中 땅을 점령한 뒤 검중군黔中郡을 설치했다. 초나라는 더욱 쇠미해지고 영토도 많이 깎였다. 초경양왕이 태부太傅 황헐黃歇로 하여금 태자 웅완熊完을 데리고 진나라로 가 인질로 바치면서 강화를 맺게 했다.

    진나라 장수 백기가 다시 위나라를 공격해 도성인 대량大梁에 이르렀다. 위소왕魏昭王이 대장 포연暴鳶에게 명해 군사를 이끌고 가 영전迎戰케 했다. 포연이 대패했다. 진나라 군사가 위나라 군사 4만 명을 참수했다. 위나라가 3개 성읍을 바치며 강화를 청했다.

    진소양왕이 백기의 공을 높이 사 무안군武安君[5]에 봉했다. 얼마 후 진나라 객경 호상이 군사를 이끌고 가 다시 위나라를 쳤다. 위나라 장수 망묘芒卯를 패퇴시키고 남양南陽 땅을 빼앗았다. 진소양왕이 그곳에 남양군南陽郡을 설치했다. 이때 전공을 세운 위염에게 양후穰侯의 군호를 내렸다.

    진소양왕이 다시 호상에게 군사 20만 명을 이끌고 가 한나라를 치게 했

---

5   무안군武安君의 군호를 가진 사람은 춘추전국시대를 통틀어 모두 4명이다. 첫째, 전국시대 말기 장의張儀와 함께 대표적인 종횡가로 활약한 소진蘇秦이다. 둘째, 전국시대 말기 초나라 장수 항연項燕이다. 셋째, 진소양왕 때 장수로 활약한 백기白起이다. 넷째, 조나라 장수 이목李牧이다. 기원전 233년 조왕 천遷은 이목이 진나라 군사를 거듭 격파하자 '나의 백기이다!' 라고 칭송하며 백기의 군호인 '무안군'을 하사했다.

廉頗

罷戰不克何謀不忠交驩謝罪將
相和衷保衛社稷飜爭功夫臣之
彥名將之風 醉墨賁介書

—
염
파

다. 호상이 한나라 알여閼與 땅을 포위했다. 한희왕韓釐王이 급히 사자를 조나라로 보내 구원을 청했다.

조혜문왕이 군신들을 소집해 상의하며 한나라를 구원할 것인지 여부를 물었다. 인상여와 염파 및 악승惡乘이 입을 모아 말했다.

"알여 땅은 길이 험하고 좁아 구원하기가 불편합니다."

평원군 조승이 나서서 말했다.

"한나라와 위나라는 입술과 이처럼 서로 덮어주는 진치상폐脣齒相蔽의 관계입니다. 구원하지 않아서 한나라가 망하면 진나라 군사는 곧 창칼을 돌려 우리 조나라를 칠 것입니다."

대부 조사趙奢가 묵연嘿然히 입을 다문 채 아무 말도 하지 않았다. 조혜문왕이 홀로 대답하지 않는 이유를 묻자 조사가 대답했다.

"알여 땅은 지형이 좁고 길이 험한 까닭에 비유컨대 쥐 두 마리가 구멍 속에서 서로 싸우는 것이나 다름없습니다. 용맹을 떨치는 쪽이 이길 것입니다."

조혜문왕은 조사에게 명해 군사 5만 명을 이끌고 가 한나라를 구원케 했다. 조사는 군사를 이끌고 조나라 도성 한단의 동문을 나와 30리쯤 가다가 보루를 쌓고 영채를 세우게 했다. 병사들이 일을 마치자 다시 명을 내렸다.

"누구든 군사 문제를 언급하는 자는 참할 것이다."

그러고는 영채의 모든 문을 닫게 한 뒤 편히 드러누웠다. 군중軍中이 적연寂然했다.

당시 한나라 알여 땅을 포위하고 있던 진나라 군사는 북을 울리고 소리를 지르는 고조鼓噪를 하며 무력시위를 벌였다. '고조'하는 소리가 우레와 같아 알여 성안의 옥와屋瓦를 진동시켰다. 이때 조나라의 군리軍吏 하나가 달려와 진나라 군사의 동정에 관해 여차여차如此如此[6] 보고했다. 조사는 군사 문제를 언급했다는 이유로 목을 벤 뒤 시체를 군중에 돌렸다. 그는 28일 동안 그곳에 머물며 진군하지 않았다. 날마다 보루를 높이 쌓고 해자를 깊이 파 스스로 튼튼히 방비하는 데 골몰했다.

진나라 장수 호상은 조나라가 구원병을 파견했다는 소식을 들은 후에도 조나라 구원병이 오지 않자 첩자를 보내 상황을 탐지케 했다. 첩자가 돌아와 보고했다.

"조나라는 구원병을 보냈고 대장은 조사입니다. 한단에서 30리 되는 곳에 보루를 쌓고 영채를 세운 채 전진하지 않고 있습니다."

---

6 여차여차如此如此의 『열국지』 원문은 여차임반如此恁般이다. 여기의 임반恁般은 원나라 및 명나라 때 사용된 속어로 현대 중국어의 저양這樣 내지 나양那樣과 같은 의미이다. 우리말의 '여차여차하다'와 같다.

■ 마복군이 단번에 한나라 포위를 풀다

호상이 그 말을 믿지 못해 다시 측근을 조나라 군영으로 보내 조사에게 이같이 전하게 했다.

"우리 진나라 군사가 단모旦暮에 알여성을 함락시킬 것이오. 장군이 싸울 줄 알면 속히 진격해야 할 것이오!"

조사가 말했다.

"과군이 이웃 나라의 고급告急을 접하고는 나에게 명해 그들을 도와주도록 했소. 그러나 내가 어찌 감히 진나라 군사와 싸울 수 있겠소?"

그리고는 술과 음식을 마련해 호상의 사자를 융숭히 대접한 뒤 조나라 군영의 보루 등을 두루 살피게 했다. 사자가 돌아가 호상에게 보고했다. 호상이 크게 기뻐하며 말했다.

"조나라 군사가 도성에서 30리 떨어진 곳에 군영을 세우고 전진할 생각도 하지 않은 채 보루를 높이 쌓고 지키기에 급급하니 이는 싸우고자 하는 심정인 전정戰情이 없는 것이다. 이제 알여 땅은 반드시 우리 소유가 될 것이다."

그러고는 조나라 군사의 기습에 관한 대비는 전혀 하지 않은 채 오로지 한나라 공격에만 몰두했다. 조사는 진나라 사자를 돌려보낸 지 3일 뒤 마침내 기습공격을 가할 때가 왔다고 판단하고 출동명령을 내렸다. 활을 잘 쏘고 싸움에 익숙한 기병騎兵 1만 명을 뽑아 선봉으로 삼은 뒤 대군은 그 뒤를 따르게 했다.

전군에 명해 입에 나무 막대기를 물고 무거운 갑옷을 둘둘 말아 등에 지는 함매권갑銜枚卷甲을 한 채 밤낮을 가리지 않고 행군하는 주야겸행晝夜兼行을 하도록 했다. 이내 한나라 국경에 당도한 이유다. 조나라 군사는 알여성에서 15리 떨어진 곳에 다시 군영을 세웠다.

진나라 장수 호상은 진나라 군사와 싸우지 않겠다고 한 조사가 군사를 이끌고 알여성 가까이 전진해 왔다는 보고를 받고 대로했다. 군사의 절반을 떼어 알여성을 포위케 하고 본영에 있던 나머지 군사를 모두 동원해 조나라 군사를 맞아 싸우러 갔다.

당시 조나라 군영엔 허력許歷이라는 소교小校가 있었다. 그는 말을 하지 않는 대신 간할 말이 있다는 뜻의 '청간請諫' 2자를 쓴 간찰簡札 1통을 갖고 와 군막 앞에서 꿇어 엎드렸다. 특이하게 생각한 조사가 전번에 내린 금령을 거둔 뒤 그를 불러들여 물었다.

"너는 무엇을 말하려 하는 것인가?"

허력이 말했다.

"진나라 군사는 우리 군사가 불의不意에 들이닥치리라곤 생각지도 못했을 것입니다. 저들은 노기를 품고 사납게 달려들 것입니다. 원수는 반드시 진영을 두텁게 쌓음으로써 마구 치고 들어오는 저들의 충돌沖突에 미리 대비해야 합니다. 그리하지 않으면 필패하고 맙니다."

조사가 말했다.

"그리하겠다."

그러고는 진영을 두텁게 펼쳐 적의 공격에 대비토록 명했다. 허력이 또 말했다.

"『병법』에 이르기를, '지리地利를 얻는 자가 승리한다.'[7]고 했습니다. 알여 땅의 형세는 북쪽 산이 가장 높습니다. 진나라 장수는 그곳을 근거지로 삼아야 하는 것을 모르고 있습니다. 이는 요충지를 원수에게 물려준 것이니 속히 점거토록 하십시오."

조사가 말했다.

"그리하겠다."

그러고는 즉시 허력에게 명해 군사 1만 명을 이끌고 가 북쪽 산의 고갯마루인 영상嶺上을 점거한 뒤 그곳에 영채를 세우게 했다. 허력 북쪽 산의 영상에 올라가 보니 진나라 군사의 움직임이 훤히 내려다보였다.

진나라 장수 호상은 그제야 군사들에 명해 속히 북쪽 산을 빼앗도록 했다. 그러나 산세가 매우 험하고 기구崎嶇한 산이라 쉽게 나아가지 못했다. 담대膽大한 병사 몇 사람이 앞장서 올라갔으나 도중에 조나라 군사가 굴리거나 내던지는 바위와 돌 등의 비석飛石을 맞고 죽거나 부상당했다.

---

7 『열국지』 원문은 '득지리자승得地利者勝'으로 되어 있다. 지금은 전해지지 않는 고대의 병서에 나오는 구절로 보인다. 현존 『손자병법』 「구변九變」에는 지형의 9가지 상황변화에 따른 대응에 통달해 있으면 가히 용병의 이치를 안다고 할 수 있다는 뜻의 '통어구변지지리자通於九變之地利者, 지용병의知用兵矣.' 구절이 나온다. 또 『오자병법』 「요적料敵」에는 지리를 얻지 못하는 자는 가히 칠 만하다는 뜻의 '미득지리未得地利, 가격可擊' 구절이 나온다. 『열국지』 원문은 「요적」의 이 구절을 바꿔서 해석한 것에 해당한다.

호상이 그 모습을 보고 소리를 지르며 대로했다. 곧 장병들에게 사방으로 흩어져 산 위로 올라가는 길을 찾게 했다. 이때 문득 북소리가 우레처럼 울리면서 조사가 이끄는 조나라 군사가 쇄도했다. 호상은 황망히 군사를 나눠 조사의 군사를 막게 했다.

조사가 활 잘 쏘는 사수射手 1만 명을 좌우로 5천 명씩 2대로 나눴다. 조사의 명이 떨어지자 일제히 진나라 군사를 향해 화살을 난사했다. 뒤이어 산 위에 있던 허력이 군사 1만 명을 휘몰아 산 밑으로 쏟아져 내려왔다. 조나라 군사들의 함성은 천지를 뒤흔들었다. 진나라 군사가 앞뒤로 협공을 받고 어쩔 줄을 몰랐다.

조나라 군사들이 마치 하늘이 무너지고 땅이 갈라지는 천붕지열天崩地裂의 형세로 진나라 군사를 쳐 죽였다. 진나라 군사들은 재빨리 달아나 몸을 숨기는 타섬躱閃할 곳조차 찾지 못했다. 대패해 사방으로 달아난 이유다. 호상은 타고 있던 말이 쓰러지는 바람에 땅바닥에 굴러 떨어졌다. 조나라 군사들에게 사로잡히기 직전 병위兵尉 사리斯離가 군사를 이끌고 달려와 그를 사지에서 구해냈다.

조사가 군사를 이끌고 진나라 군사를 50리가량 추격했다. 진나라 군사는 영채를 세울 엄두도 내지 못한 채 서쪽을 향해 정신없이 달아났다. 마침내 알여성의 포위가 풀렸다. 한희왕이 직접 조나라 군사를 위로하며 주연을 베풀며 조혜문왕에게 칭사稱謝의 서신을 보냈다.

조혜문왕은 조사가 개선하자 마복군馬服君의 군호를 내리고 그 지위를 인상여 및 염파와 나란히 하게 했다. 조사가 조혜문왕에게 허력을 천거해 장군 바로 밑의 무관인 국위國尉로 삼게 했다.

당시 조사에게 조괄趙括이란 아들이 있었다. 그는 어려서부터 병법에 관해 논하기를 좋아했다. 집안에 전해 내려오는 병서인 『육도六韜』와 『삼략三略』 등을 모두 읽은 뒤 부친 조사와 병법을 토론했다. 하늘과 땅을 가리키는 지천획지指天畵地의 기고만장한 자세에 마치 눈에 사람이 보이지 않는 목중무인目中無人의 모습을 보였다. 부친 조사도 그를 어찌할 수 없었다. 이를 보고 조괄의 모친이 기뻐했다.

"이런 아들이 있으니 장군 집안에 또 훌륭한 장군이 나올 모양이오."

조사가 이맛살을 찌푸리며 불쾌한 표정으로 말했다.

"그 애는 장군이 돼서는 안 되오. 우리 조나라는 그 애를 등용하지 않아야 종묘사직이 복을 누릴 수 있소."

조괄의 모친이 말했다.

"우리 아들은 장군의 책을 다 읽은 덕분에 병법에서 자신을 당할 자가 천하에 아무도 없다고 생각하고 있소. 그런데 장군은 그 애가 장군이 돼서는 안 된다고 하니 이는 대체 무슨 까닭이오?"

조사가 말했다.

"그 애는 스스로 천하에 자신을 당할 자가 없다고 생각하고 있소. 바로 이 때문에 장군이 돼서는 안 되는 것이오. 무릇 전쟁은 사지死地요. 늘 전전긍긍戰戰兢兢하며 여러 사람의 의견을 두루 들어야만 하오. 그리하고도 생각지 못한 점이 있을까 두려워해야 하는데 그 애는 말을 너무 쉽게 하오. 그 애가 병권을 잡으면 틀림없이 자신의 계책만 고집할 것이오. 충성스럽고 훌륭한 계책인 충모선책忠謀善策이 받아들여질 여지가 없소. 필패하게 되는 이유요."

조괄의 모친이 아들에게 남편 조사의 말을 알렸다. 조괄이 말했다.

"부친도 연로해 겁이 많아진 까닭에 그런 말을 하는 것입니다."

이로부터 2년 뒤 조사는 병이 위독해지자 아들 조괄에게 말했다.

"병사兵事는 흉하고, 전쟁戰爭은 위험한 것이다. 고인古人들이 늘 경계한 이유다. 너의 아비는 여러 해 동안 장군으로 있었지만 오늘 겨우 패전의 치욕을 겪지 않고 편히 눈을 감을 수 있게 됐다. 그러나 너는 장재將才가 아니니 망령되게 장군의 자리에 앉아 스스로 가문을 파괴하는 일을 해서는 안 된다.”

또 아내에게도 일렀다.

“다른 날 조왕이 그 애를 장군으로 삼고자 하면 당신은 나의 유언을 이야기하고 벼슬을 사양토록 하시오. 군사를 잃고 나라에 치욕을 안기는 상사욕국喪師辱國은 결코 하찮은 세사細事가 아니오.”

조사는 말을 마친 후 눈을 감았다. 조혜문왕이 조사의 생전 공로를 생각해 아들 조괄로 하여금 마복군 조사의 관작을 잇게 했다.

뒷일이 어찌 전개됐는지 아직 알 수 없으니 다음 회를 보라.

193話 죽었던 범수가 계책을 써 진나라로 달아나다
─ 사범수계도진국死范雎計逃秦國

위나라 도성 대량大梁 출신 범수范雎[1]는 자가 숙叔이다. 뛰어난 변론인 담천설지談天說地의 재능을 지녔고, 늘 흉중에 나라를 안정시키는 안방정국安邦定國의 뜻을 품고 있었다. 원래 그는 위왕을 섬기고 싶었으나 워낙 가난해 스스로 조정 대신과 줄을 댈 통로가 없었다. 중대부中大夫 수가須賈의 문하에 투신해 빈객이 된 이유다. 수가는 범수를 자신의 사인舍人으로

---

1 범수范雎의 이름이 문헌마다 다르다. 크게 '범수'와 '범저范雎'로 나눌 수 있다. 청대의 고증학자 전대흔錢大昕의 『통감주변정通鑑注辨正』과 왕선신王先愼의 『한비자집해韓非子集解』는 '범저'로 표기해 놓았다. 그러나 『사기』와 『자치통감』 및 『전국책』에는 '범수'로 나온다. 『열국지』도 시종 '범수'로 표기했다.

삼았다.

당시는 제민왕이 한창 무도한 짓을 하며 교만을 떨던 때였다. 연나라 장수 악의가 4국을 규합해 함께 제나라를 쳤다. 당시 위나라도 군사를 보내 연나라를 도왔다. 제나라 장수 전단이 연나라 군사를 물리치고 제나라를 되찾으며 태자 법장을 제양왕齊襄王으로 옹립했다.

상황이 역전되자 위안희왕魏安釐王은 제나라가 혹여 보복하지나 않을까 두려워했다. 이내 상국 위제魏齊와 대책을 상의한 뒤 수가를 친선 사절로 보내 수호修好키로 했다. 수가가 언변이 좋은 범수로 하여금 자신을 수행케 했다. 수가가 알현하자 제양왕이 물었다.

"지난날에 우리 선왕은 위나라 군사와 합세해 송나라를 치기도 했소. 당시 두 나라는 뜻이 서로 부합하는 성기상투聲氣相投의 모습을 보였소. 그런데 연나라가 우리 제나라를 잔멸殘滅시킬 때 위나라는 연나라 편에 가담했소. 과인은 선왕이 위나라 등에 당한 원한을 생각할 때마다 이를 갈고 마음을 썩이는 절치부심切齒腐心을 하오. 그런 판에 다시 허언虛言으로 과인을 유혹하려 하는 것이오? 위나라가 반복무상反覆無常한 모습을 보이고 있는데 과인이 어찌 위나라를 믿을 수 있겠소?"

수가가 능히 대답을 하지 못했다. 곁에 있던 범수가 수가를 대신해 말했다.

"대왕의 말씀은 옳지 못합니다. 지난날 우리 선과군先寡君 위소왕魏昭王이 제나라와 함께 송나라를 친 것은 제나라의 요청에 의한 것입니다. 당시 제나라는 송나라를 쳐서 없애면 송나라 땅을 3분한 뒤 군사를 출동시킨 제나라와 위나라 및 초나라가 각각 그 하나를 차지하기로 약속했습니다. 그러나 제나라는 그 약속을 어기고 송나라 땅을 독차지했을 뿐만 아니라 오히려 우리 위나라와 초나라를 침학侵虐했습니다. 제나라야말로 폐읍에 실신失信한 것입니다. 이후 열국의 제후들은 제나라의 교만하고 포학하며 만족을 모르는 태도에 두려움을 느껴 연나라 편이 됐습니다. 연나라를 비롯한 5국 연합군이 제서濟西 땅에서 제나라 군사와 싸웠는데, 대왕은 어찌하여 유독 위나라만 책망하는 것입니까? 더구나 위나라 군사는 제나라에게 그리 심한 짓은 하지 않았습니다. 연나라 군사가 임치를 공격할 때도 우리 위나라 군사는 그 공격에 가담치 않았으니 제나라에 대한 예의를 지킨 셈입니다. 지금 대왕의 영무英武는 세상을 덮을 만큼 큽니다. 또한 선왕인 제민왕齊湣王의 원수를 갚아 치욕을 씻고, 제나라의 과거 영광을 되찾고자 하는 의지가 강합니다. 과군은 새로 즉위한 대왕이 틀림없이 제환공 및 제위왕과 같은 위업을 일으켜 위로는 제민왕의 허물을 덮고 아래로는 아름다운 덕을 무궁히 드리울 것으로 믿고 있습니다. 하신下臣 수가를 상국에 보내 대왕과 수호토록 한 이유입니다. 그런데도 대왕은 남을 책망하기만 하고, 스스로 반성할 줄 모르니 장차 제민왕의 전철前轍을 밟는 복철覆轍을 범하지나 않을까 두렵습니다."

제양왕이 이 말을 듣고 악연愕然히 놀라 곧바로 일어나 사과했다.

"이는 과인의 잘못이었소."

그러고는 다시 수가에게 물었다.

"이 분은 누구시오?"

수가가 대답했다.

"신의 사인舍人 범수입니다."

제양왕이 한참 범수를 눈여겨보다가 수가와 범수로 하여금 공관에 나가 쉬게 한 뒤 후하게 대접하게 했다. 이어 은밀히 사람을 시켜 범수에게 이같이 제안했다.

"과군이 선생의 대재大才를 사모하고 있소. 선생이 제나라에 머물길 바라는 이유요. 응당 객경으로 대우할 것이오. 선생이 마다하지 않고 받아주길 간절히 바라는 만망萬望을 하고 있소."

범수가 사양했다.

"나는 위나라 사자와 함께 왔으니 다시 돌아가야만 하오. 신의를 잃는 불신무의不信無義의 인물을 어찌 사람이라고 말할 수 있겠소?"

제양왕이 그 말을 전해 듣고는 더욱 범수를 애중愛重하게 여기게 됐다. 다시 사자를 시켜 황금 10근을 비롯해 소고기와 술인 우주牛酒를 하사했다. 범수가 사양하며 받지 않았다. 사자가 재삼 제양왕의 명임을 강조하면서 받아들이지 않으면 돌아가지 않겠다고 버텼다. 범수는 부득이 '우주'만 받고 황금은 되돌려주었다. 사자가 탄식하며 황금을 갖고 돌아갔다.

수가의 수행원 가운데 한 사람이 이를 수가에게 고해바쳤다. 수가가 범수를 불러 물었다.

"제왕의 사자가 무슨 이유로 그대를 찾아왔는가?"

범수가 대답했다.

"제왕이 사자를 보내 저에게 황금 10근과 '우주'를 하사했으나 제가 고사했습니다. 사자가 재삼 강권한 까닭에 다만 '우주'만 받았습니다."

수가가 물었다.

"제왕이 그대에게 그런 것을 보낸 것은 무슨 까닭인가?"

범수가 대답했다.

"저는 그 까닭을 알지 못합니다. 대략 제가 대부를 모시고 왔기에 대부를 존경하는 취지에서 그런 물건이 저에게까지 하사된 듯합니다."

수가가 말했다.

"제왕의 선물은 사자인 나에겐 오지 않고, 오직 그대에게만 갔다. 필시 그대가 제나라와 무슨 내통을 한 듯하다."

범수가 말했다.

"제왕이 먼저 저에게 사람을 보내 객경으로 대우할 터이니 제나라에 남아달라고 권했습니다만 신이 준절峻截히 거절했습니다. 저는 신의를 지키기로 스스로 맹서하는 자시自矢를 한 사람인데 어찌 감히 사사롭게 제나라와 내통할 수 있겠습니까?"

하지만 수가는 범수를 더욱 의심했다. 사명을 마친 수가는 범수와 함께 위나라로 돌아왔다. 그는 범수에 관한 일을 상국 위제에게 고했다.

"제왕이 저의 사인인 범수에게 객경 벼슬을 줄 터이니 제나라에 남아달라고 권했습니다. 또 그에게 황금과 '우주'까지 보냈습니다. 우리 위나라의 은밀한 일인 음사陰事를 밀고했기에 그런 물건을 하사한 게 아닌지 의심이 듭니다."

위제가 대로했다. 곧 빈객을 모은 뒤 범수를 잡아오게 했다. 즉석에서 신문訊問코자 한 것이다. 범수가 오자 곧바로 계단 아래 무릎을 꿇린 뒤 신문을 시작했다. 위제가 거친 목소리인 여성厲聲으로 물었다.

"네가 위나라의 '음사'를 제나라에 밀고했는가?"

범수가 대답했다.

"어찌 감히 그런 짓을 하겠습니까?"

위제가 말했다.

"그리하지 않았다면 제왕이 왜 너에게 제나라에 머물기를 요청했겠는가?"

범수가 말했다.

"제왕이 저에게 제나라에 남아 달라고 말한 것은 사실이나 제가 거절했습니다."

위제가 말했다.

"그렇다면 제왕이 네게 보낸 황금과 '우주'는 왜 받았는가?"

범수가 말했다.

"제왕의 사자가 재삼 받을 것을 강권하기에 제왕의 성의를 끝까지 떨칠 수 없어 '우주'만 받았습니다. 황금 10근은 받지 않았습니다."

위제가 포효咆哮하는 목소리로 대갈大喝했다.

"이 매국적賣國賊아! 무슨 말이 더 필요한가? '우주'만 받았을지라도 제왕이 아무 까닭 없이 네게 주었겠는가?"

그러고는 옥졸을 불러 포승으로 범수를 묶은 뒤 곤장 100대를 치게 했다. 위제는 범수를 문초해 제나라와 내통했다는 자백을 받아내고자 했다. 범수가 말했다.

"저는 실로 제나라와 내통한 일이 없습니다. 무엇을 자백하란 말입니까?"

위제가 더욱 화를 냈다.

"나를 위해 이 자를 곤장으로 쳐 죽이는 태살笞殺을 하도록 하라. 저런 화종禍種을 남겨둬선 안 된다."

옥졸들이 곤장과 채찍인 편태鞭笞로 범수를 마구 쳤다. 어금니와 이빨인 아치牙齒가 부러지고 깨진 머리통에서 흘러나온 피가 얼굴을 뒤덮었다. 고통을 이기지 못해 울부짖으면서도 억울함을 호소했다. 위제의 빈객들 모두 상국 위제의 성노盛怒에 기가 질려 감히 말리지 못했다.

위제는 좌우에 명해 큰 술잔에 술을 따라 빈객들에게 돌리는 거굉행주巨觥行酒를 하도록 하면서 옥졸들로 하여금 더욱 힘을 내 범수를 내리치게 했다. 매질은 오전 8시 경인 진시辰時에서 시작해 오후 2시경인 미시未時까지 계속됐다. 범수의 몸은 한 군데도 성한 곳이 없었다. 피뿐만 아니라 살점까지 떨어져 땅바닥에 흩어졌다. 그러다가 우직咕喇하는 소리와 함께 갈비뼈가 부러지는 소리가 났다. 범수가 외마디 소리를 지르고 기절한 뒤 죽은 듯 움직이지 않았다.

이를 탄식한 시가 있다.

신의 있고 충량한 선비 가련하다   可憐信義忠良士

억울하게 도랑에 나뒹굴며 죽다	翻作溝渠枉死人
상관에겐 자세히 보고를 해야지	傳語上官須仔細
무고한 평민 곤장 쳐선 안 되지	莫將屈棒打平民

잠연潛淵 거사도 시를 지어 탄식했다.

장의가 어찌 전에 화씨지벽 훔치고	張儀何曾盜楚璧
범수가 어찌 전에 위나라 팔았을까	范叔何曾賣齊國
의심과 분노 성하면 막기 어려우니	疑心盛氣總難平
자고로 많은 영웅 원통한 일 당했지	多少英雄受冤屈

옥졸이 상국 위제에게 말했다.

"범수가 기절氣絶했습니다."

위제가 직접 뜰로 내려가 살펴보았다. 갈비뼈가 끊어지고 이빨이 부러지고 한 곳도 성한 데가 없었다. 그는 피로 물든 땅바닥에 쓰러져 움직이지 않는 범수를 손가락으로 가리키면서 욕을 했다.

"매국적, 잘도 죽었다! 후대인에게 경계로 삼는 본보기인 간양看樣이 될 만하다."

그러고는 옥졸에게 명해 갈대로 엮은 거적으로 말아 측간厠間 밑에 놓아두게 했다. 이어 빈객들로 하여금 그 위에 오줌을 누도록 했다. 죽어서까지 깨끗한 귀신이 되지 못하도록 한 것이다.

저녁 무렵이 되자 아직 수명이 다할 때가 아니었는지 죽었던 범수가 다시 소생했다. 거적 속에서 눈을 뜨고 이리저리 살펴봤다. 옥졸 하나가 측간 곁에서 지키고 있었다. 범수가 한 차례 신음소리를 냈다. 옥절이 그 소리를 듣고는 황망히 다가와 거적을 들춰봤다. 범수가 말했다.

"내가 몸이 크게 상해 이 지경이 됐소. 잠시 깨어나기는 했으나 다시 살아날 수는 없을 것이오. 그대가 나로 하여금 내 집에서 죽게 해주면 내 가족이 나를 염습해 묻을 것이오. 집에 황금이 몇 냥 있소. 그대가 내 집으로만 데려다 주면 그 황금으로 사례토록 하겠소."

옥졸이 이득을 얻는 일에 솔깃한 나머지 이같이 대답했다.

"그럼 죽은 척하고 있으시오. 내가 안으로 들어가 상국에게 품해 보겠소."

위제는 빈객들과 함께 크게 취해 있었다. 옥졸이 품했다.

"측간에 버려둔 시체에서 비린 악취가 심하게 납니다. 다른 곳으로 발출發出하는 게 합당합니다."

빈객들도 입을 모아 말했다.

"범수가 비록 죄를 지었지만 상국의 처벌도 그만하면 족한 듯하오."

위제가 옥졸에게 분부했다.

"교외에 내다버리도록 하라. 그러면 솔개나 독수리인 야연野鳶이 그 살점을 쪼아 먹을 것이다."

말을 마친 후 이내 술자리도 파했다. 위제도 내택內宅으로 들어갔다. 옥졸은 날이 어두워지고 사람들의 통행이 끊기자 몰래 범수를 업고 그의 집으로 갔다. 범수의 처자식은 그의 참혹한 몰골을 보고 크게 놀랐다. 이들의 통고痛苦는 꼭 말할 필요도 없을 것이다. 범수가 아내를 시켜 간직해 둔 황금을 가져다가 옥졸에게 내주게 했다. 이어 자신을 감쌌던 거적을 옥졸에게 내주며 교외의 들판에 내다버리게 했다. 들판에서 솔개 밥이 된 것처럼 사람들의 눈을 속이고자 한 것이다.

옥졸이 떠나자 범수의 처자식이 피투성이가 된 그의 몸을 깨끗한 헝겊으로 닦아내고, 천으로 상처를 감쌌다. 이어 주식酒食을 먹였다. 범수가 아내에게 말했다.

"위제는 나에게 큰 원한을 품고 있소. 그는 내가 죽은 줄 알고 있으나 혹여 과연 죽었는지 의심을 품을 지도 모르오. 내가 측간에서 나올 수 있었던 것은 그가 취해 있었기 때문이다. 내일 아침 술에서 깨어난 뒤 내 시체를 찾다가 없어진 것을 알면 반드시 내 집을 수색할 것이오. 그러면 나는 살아남지 못하게 되오. 내게 정안평鄭安平이라는 의형제가 있소. 서문 부근의 누항陋巷에 살고 있소. 당신은 오늘 야음을 틈타 나를 그에게 보내주고, 그 일을 절대 누설해선 안 되오. 1달여 뒤면 내 상처도 아물 것이오. 그땐 나도 살기 위해 어디론가 달아나야만 하오. 나를 정안평에게 보낸 뒤 내가 죽은 것처럼 곡소리를 내며 장례준비를 하시오. 그래야 위제의 의심을 사지 않을 것이오."

범수 아내가 이를 좇았다. 그녀는 스스로 노복奴僕을 시켜 정안평에게 보내 그 일을 알렸다. 정안평이 노복을 따라 범수의 집으로 와서는 범수를 들쳐 업고 자기 집으로 돌아갔다. 이튿날 상국 위제는 과연 범수가 죽지 않고 살아나지나 않았을까 의심했다. 다시 옥졸을 불러 시체를 내다버린 곳으로 가 그대로 있는지 여부를 알아보게 했다. 옥졸이 돌아와 보고했다.

"인적이 없는 교외 들판에 내다버렸는데 오늘 가보니 거적만 남아 있었습니다. 들개나 멧돼지가 물어 간 듯합니다."

위제는 그래도 미심쩍어서 다시 사람을 범수의 집으로 보내 엿보게 했다. 그 사람이 돌아와 보고했다.

"범수의 아내와 자식들은 그가 죽은 것을 알고 상복을 입은 채 곡을 하고 있습니다."

상국 위제가 그제야 의심을 풀고 탄연坦然한 상태로 돌아왔다. 당시 범수는 정안평의 집에 숨어 있으면서 약을 발라가며 휴식했다. 상처가 아물며 기력도 회복됐다. 정안평이 범수를 이끌고 구자산具茨山으로 들어가 숨었다. 범수는 이름을 장록張祿으로 바꿨다. 산중의 사람들은 아무도 그가 범수인 줄 몰랐다.

이후 반년이 지난 뒤 진나라에서 진소양왕의 알자謁者인 왕계王稽가 왕명을 받고 위나라에 사자로 왔다. 왕계는 사명을 수행하는 동안 공관에 머물렀다. 이 사실을 알아낸 정안평이 역졸驛卒로 가장한 뒤 공관으로 들어가 왕계의 시중을 들었다. 왕계는 응대應對가 민첩한 정안평을 좋게 보았다. 이내 사사로이 물었다.

"그대 나라에 현명하면서도 아직 벼슬을 하지 못한 채 초야에 묻혀 있는 인재가 있소?"

정안평이 대답했다.

"현인賢人이라면 말하기가 쉽지 않습니다. 일찍이 범수라는 사람이 있었는데 뛰어난 지모를 지녔으나 상국이 곤장으로 심하게 쳐 그만 죽고 말았습니다."

그가 말을 채 마치기도 전에 왕계가 탄식했다.

"아깝다, 그런 사람이 진나라에 와 대재大才를 펼쳐보지도 못하게 됐구나!"

정안평이 말했다.

"지금 신이 사는 마을에 장록 선생이란 사람이 있습니다. 재지才智가 범수만 못하지 않습니다. 군君은 그를 만나볼 생각이 없습니까?"

왕계가 말했다.

"그런 사람이 있다면 내가 어찌 만나보지 않겠소?"

정안평이 말했다.

"그 사람의 원수가 위나라에 있습니다. 그는 감히 낮에 밖으로 나다니지 못합니다. 그 원수만 없었다면 이미 오래전에 벼슬하며 오늘까지 기다리지 않았을 것입니다."

왕계가 대답했다.

"그 사람이 밤에 내게 와도 무방하오. 나는 깊은 밤일지라도 응당 기다리겠소."

그날 밤 정안평이 범수를 역졸로 가장시켜 공관으로 데리고 온 뒤 왕계를 배알케 했다. 왕계가 천하대세에 대해 대략 자문을 구하자 범수가 마치 눈앞에 있는 것처럼 상세히 진술했다. 왕계가 크게 기뻐했다.

"나는 선생이 비상한 인재라는 것을 알았소. 능히 나와 함께 서쪽 진나라로 갈 수 있겠소?"

범수가 대답했다.

"위나라에는 이 장록의 원수가 있습니다. 이곳에서는 편히 살 수 없습니다. 사자가 저를 진나라로 데려가 준다면 이는 실로 제가 바라는 바입니다."

왕계가 손가락을 꼽아 보고 말했다.

"나의 사명을 끝내려면 앞으로 5일이 더 필요할 듯하오. 선생은 그때까지 기다렸다가 위나라 도성 밖에 있는 삼정강三亭岡의 인적 없는 곳에서 나를 기다리시오. 그러면 내가 선생을 수레에 싣고 진나라로 가겠소."

왕계가 사명을 5일 내에 모두 끝냈다. 곧 위안희왕께 가서 하직인사를 고하고 귀국길에 올랐다. 위나라의 군신들이 교외까지 나와 전송했다. 왕계가 위나라 군신들과 작별한 뒤 수레에 올라 삼정강으로 내달렸다. 삼정강에 이르자 숲속에서 두 사람이 달려 나왔다. 범수와 정안평이었다.

왕계는 범수를 보자 천하의 보배나 얻은 듯이 기뻐했다. 곧 자신의 수레에 태우고 함양을 향해 떠났다. 가는 도중 음식을 먹을 때나 객사에 들어갈 때나 꼭 범수와 함께 먹고 쉬었다. 그 사이 천하대세를 이야기하면서 의기가 투합했다. 서로 몹시 아끼고 존중하는 사이가 된 이유다.

이들은 며칠 만에 진나라 국경 안으로 들어왔다. 호관湖關을 향해 달리고 있을 때 저 멀리 앞쪽에서 먼지가 일어나며 일군一群의 거기車騎가 달려왔다. 범수가 왕계에게 물었다.

"저기 오는 사람은 누굽니까?"

왕계는 앞에 달려오는 자가 누구인지 금방 알아보고 대답했다.

"저것은 승상 양후穰侯요. 동쪽의 군읍郡邑을 순시하기 위해 길을 나선 것이오."

양후의 이름은 위염魏冉이다. 진혜문왕의 첩인 선태후宣太后에게 아버지는 다르고 어머니는 같은 이부동모異父同母의 동생이 있었다. 그가 바로 위염이다. 진소양왕의 생모인 선태후는 진소양왕이 어린 나이에 즉위한 까닭에 수렴청정인 임조결정臨朝決政을 했다. 초나라 왕실 출신으로 성이 미씨芈氏인 선태후는 이부동모의 동생 위염을 승상에 임명하고 지금의 하남성 등현인 양穰 땅을 식읍으로 하는 양후穰侯에 봉했다. 이어 동부동모同父同

母의 동생 미융羋戎을 화양군華陽君에 봉한 뒤 양후와 함께 국정을 담당케 했다.

진소양왕은 장성한 후 선태후의 외척세력을 두려워한 나머지 첫째 동생인 공자 불市을 경양군涇陽君, 둘째 동생인 공자 회悝를 고릉군高陵君[2]에 봉했다. 진나라에선 양후 위염과 화양군 미융, 경양군 공자 불, 고릉군 공자 회 등을 통칭해 4귀四貴라고 불렀다. 승상 위염을 제외한 3귀의 권세는 모두 합쳐도 위염에 미치지 못했다.

당시 진나라에서는 해마다 승상이 왕을 대신해 군읍을 두루 돌아다니며 관원을 순찰하고, 성지城池를 살피며 유사시에 징발할 거마車馬를 사열하고, 백성을 위무했다. 이는 오래 전부터 내려오는 진나라의 법규였다.

승상인 양후 위염은 전래의 법규에 따라 그날 동쪽을 순시하는 중이었다. 앞에서 행렬을 이끄는 위의威儀만 봐도 곧바로 승상의 행차란 걸 알 수 있었다. 범수가 왕계에게 청했다.

"내가 듣건대 승상 양후는 진나라 권력을 홀로 휘두르면서 현능賢能한 사람을 질투하고, 제후들의 빈객을 싫어한다고 합니다. 그런 양후에게 욕을 당할까 두렵습니다. 잠시 수레의 상자 속에 숨어 피하도록 하겠습니다."

얼마 후 양후가 왕계 앞에 이르렀다. 왕계가 수레에서 내려 영알迎謁했다. 양후도 수레에서 내려 상견하며 위로했다.

"알군謁君이 국사로 노고가 많소."

두 사람이 각자 수레 앞에 서서 날씨 등을 이야기하며 인사치례를 하는 한온寒溫을 말했다. 승상 위염이 물었다.

"요즘 관동關東에 무슨 변고라도 있습니까?"

---

2 『열국지』 원문은 경양군涇陽君을 공자 회悝, 고릉군高陵君을 공자 불市로 기록해 놓았다. 착각이 있었던 듯하다. 번역문에서는 경양군을 공자 불, 고릉군을 공자 회로 바꿔 놓았다. 불市은 불芾과 같다.

왕계가 몸을 굽히는 국궁鞠躬을 하며 대답했다.

"아무 일도 없었습니다."

승상 위염이 수레 안을 유심히 살피면서 물었다.

"알군은 혹여 제후들의 빈객을 데리고 오는 것은 아니오? 그 자들은 남의 나라로 돌아다니면서 오로지 구설로 그럴 듯하게 유세를 하나, 실제로는 전혀 쓸모없는 자들이오."

왕계가 대답했다.

"제가 감히 그럴 리 있겠습니까?"

양후가 자리를 떠나자 범수가 수레의 상자 안에서 나온 뒤 수레에서 내려 달아나려고 했다. 왕계가 말했다.

"승상이 이미 떠났으니 나와 함께 수레를 타고 가도 될 것이오."

범수가 말했다.

"내가 몰래 양후의 얼굴을 보니 그의 눈에 흰자위가 많고 무엇을 볼 때 곁눈질로 봤습니다. 그런 사마의 성품은 의심이 많고 결단력이 더딥니다. 그가 방금 수레 안을 들여다봤을 때 의심을 품고도 즉시 수색하지 않은 게 그렇습니다. 이제는 틀림없이 수레를 수색하지 않은 걸 후회할 것이고, 후회하면 반드시 다시 돌아와 수색할 것입니다. 우선 그를 피해야 안전할 것입니다."

그러고는 다른 수레에 타고 있던 정안평을 불러내 함께 앞쪽을 향해 달아났다. 왕계가 수레를 타고 그 뒤를 따라갔다. 왕계가 10리쯤 갔을 때 말방울 소리가 들렸다. 과연 동쪽에서 20여 명의 기병騎兵이 나는 듯이 달려와 왕계의 수레를 따라잡았다. 그들이 말했다.

"우리는 대부가 혹여 유세객이라도 데리고 오지나 않았는지 살펴보라는 승상의 명을 받고 왔습니다. 잠시 수레를 수색코자 하니 이상하게 생각지 마십시오."

이내 수레 위로 올라와 샅샅이 뒤졌다. 수레 안에 낯선 사람은 없었다. 수색을 마친 뒤 왔던 길로 되돌아갔다. 왕계가 탄복했다.

"장록 선생은 실로 지혜로운 선비이다. 나는 도저히 미칠 수 없다."

곧 어자에게 명해 수레를 빨리 몰도록 재촉했다. 5-6리쯤 가서 먼저 내달려온 범수와 정안평을 만났다. 이내 이들을 태우고 함양으로 들어갔다.

염옹은 범수가 위나라를 무사히 벗어난 것을 두고 시를 지었다.

<table>
<tr><td>앞날 내다보는 게 귀신같으니</td><td>料事前知妙若神</td></tr>
<tr><td>당대에 그 지모 따를 자 없다</td><td>一時智術少儔倫</td></tr>
<tr><td>신릉군 공연히 3천 식객 길러</td><td>信陵空養三千客</td></tr>
<tr><td>현명한 그를 진나라로 보냈다</td><td>卻放高賢遁入秦</td></tr>
</table>

왕계가 진소양왕을 알현하고 사명 완수를 복명했다. 이어 이같이 고했다.

"위나라 출신 장록 선생은 지모가 출중할뿐더러 천하의 기재奇才입니다. 신과 더불어 진나라의 형세를 이야기했는데 그의 말을 듣고 보니 진나라는 계란을 쌓아 올린 것 같은 누란지위累卵之危에 처해 있습니다. 그는 진나라를 안정시킬 계책을 갖고 있습니다. 대왕을 면대하지 않으면 말하지 않을 것입니다. 신이 그를 수레에 태워 함께 왔습니다."

진소양왕이 말했다.

"제후들의 빈객들 중엔 대언大言을 일삼는 자들이 많소. 그도 그런 자가 아닌지 모르겠소. 잠시 객사客舍에 머물게 하시오."

그러고는 낮은 등급의 객사인 하사下舍에 머물며 부를 때까지 기다리게 했다. 이후 1년이 지나도록 부르지 않았다. 하루는 범수는 외출해 저잣거리를 거닐었다. 마침 승상 양후가 군사를 이끌고 어디론지 출전키 위해 그 거리를 지나갔다. 범수가 곁에 있는 사람에게 물었다.

"승상이 군사를 이끌고 출정出征하니 어느 나라를 치려는 것입니까?"

한 노인이 대답했다.

"제나라의 강읍綱邑과 수읍壽邑을 치러가는 것이오."

범수가 다시 물었다.

"제나라 군사가 국경을 침공해 그런 것입니까?"

노인이 대답했다.

"그런 일은 없소."

범수가 말했다.

"진나라와 제나라는 동서로 멀리 떨어져 있고, 그 사이엔 한나라와 위나라가 있습니다. 제나라가 침공하지도 않았는데 진나라가 무엇 때문에 무슨 일로 멀리 강을 건너 제나라를 치러 가는 것입니까?"

노인이 범수를 구석으로 끌고 가서 말했다.

"제나라를 치는 건 진왕의 뜻이 아니오. 승상의 식읍들 가운데 도산陶山이란 곳이 있소. 도산은 제나라 강읍 및 수읍과 가깝소. 승상은 무안군武安君 백기를 장수로 삼아 강수를 치게 한 뒤 그 땅을 자신의 식읍으로 삼으려는 것입니다."

범수는 그 말을 듣고 객사로 돌아온 뒤 이내 진소양왕에게 상서上書했다. 그 내용은 대략 이러했다.

타국 출신으로 나그네 같은 신하인 기려지신羈旅地臣 장록은 죽을죄를 무릅쓰고 진왕 전하께 주문奏聞합니다. 신이 듣건대 '명주明主는 나라를 다스리면서 공이 있는 자에겐 상을 주고, 능력 있는 자에겐 벼슬을 주고, 노고가 큰 자에겐 녹을 후하게 하고, 재능이 있는 자에겐 작위를 높여준다고 했습니다. 무능한 자가 감히 자신의 능력에 넘치는 자리에 앉지 못하고, 유능한 자가 버림을 받는 일이 없는 이유입니다. 신은 지금 하사下舍에 머물며 대왕의 부름을 기다린 지 이미 1년이 지났습니다. 만일 신을 쓸 생각이 있으면 잠시 시간을 내어 신의 말을 들어 보는 게 어떻겠습니까? 신을 쓸 생각이 없다면 무엇 때문에 객사에 머물게 하는 것입니까? 천하대세에 관해 말씀을 올리는 것은 신의 소관이나 들을 것인지 여부는 대왕에게 달려 있습니다. 신의 말을 대왕이 부당하게 여기면 그때 가서 신을 작두 밑에 엎드려 주살하는 부질지주伏斧鑕之誅를 가할지라도 늦지 않을 것입니다. 신을 가볍게 여긴 나머지 신을 천거한 대왕의 신하마저 가볍게 여겨서는 안 될 것입니다.

진소양왕은 이미 오래 전에 범수를 잊고 있었으나 그의 글을 읽고 문득 생각이 났다. 즉시 사람을 시켜 역참 전용 수레인 전거傳車를 이용해 모셔 오게 했다. 번다한 이목을 피하기 위해 이궁離宮에서 만나고자 했다.

진소양왕이 이르기 전에 범수가 먼저 이궁에 도착했다. 그는 진소양왕의 거기車騎가 오는 것을 보았지만 짐짓 모른 체하고 궁내의 좁고 긴 통로인 영항永巷으로 바삐 걸음을 옮겼다. 환자宦者가 뒤따라 달려와 말했다.

"대왕이 오고 있소."

범수가 어깃장을 놓은 말인 유언謬言을 했다.

"진나라엔 오직 선태후와 양후만 있을 뿐인데 어찌하여 왕이 있다고 말하는 것이오?"

그러면서 환자의 말에 따르지 않고 계속 앞으로 가려고 했다. 환자가 범수를 영항 밖으로 끌어내리려고 했다. 서로 옥신각신하는 사이 진소양왕의 거기가 당도했다. 진소양왕이 환자에게 물었다.

"무슨 일로 내가 부른 빈객과 다투는 것인가?"

환자가 범수의 말을 그대로 전했으나 진소양왕은 조금도 화를 내지 않았다. 진소양왕이 마침내 이궁의 내궁으로 범수를 맞아들인 뒤 상객上客의 예로 대했다. 범수가 겸양하는 모습을 보였다. 진소양왕이 좌우 시신을 물리친 뒤 장록 앞에 장궤長跪를 한 자세로 청했다.

"선생은 무엇으로 과인을 가르칠 생각이오?"

범수가 건성으로 대답했다.

"예, 예."

잠시 후 진소양왕이 다시 장궤를 한 자세로 가르침을 청했다. 장록 역시 같은 대답을 했다.

"예, 예."

두 사람의 이런 문답이 3번이나 계속됐다. 진소양왕이 말했다.

"선생이 끝내 과인을 가르치려 하지 않으니 불행한 일이오. 과인이 선생의 말을 족히 알아듣지 못할까 봐 그러는 것이오?"

범수가 그제야 대답했다.

"어찌 감히 그럴 리가 있겠습니까? 옛날에 태공망 여상呂尙은 위수渭水가에서 낚시질을 하다가 주문왕을 만났습니다. 주문왕은 여상의 말 한두 마디를 듣고는 곧바로 상보尙父라고 부르며 군사軍師로 삼았습니다. 그의 아들 주무왕이 여상의 지모를 이용해 마침내 은나라를 멸하고 천하를 차지한 이유입니다. 이에 앞서 기자箕子와 비간比干은 귀척貴戚의 신분으로 은나라 주紂에게 누차 극간極諫을 했으나 주는 간언을 듣지 않은 채 기자는 노비로 삼고, 비간은 가슴을 쪼개 죽였습니다. 은나라가 멸망한 이유입니다. 이는 다른 게 아닙니다. 신하를 믿는지 여부에 따른 차이일 뿐입니다. 여상은 주문왕과 소원한 사이였습니다. 그러나 주문왕은 그를 믿은 덕분에 주나라를 세울 수 있었고, 여상 또한 제나라의 제후에 책봉돼 나라를 후대에 오래도록 전할 수 있었습니다. 정반대로 기자와 비간은 은나라 주와 가까운 사이였습니다. 그러나 은나라 주에게 믿음을 얻지 못한 까닭에 죽거나 치욕을 당하고, 나라도 구하지 못했습니다. 지금 신은 한낱 타국 출신의 나그네 같은 신하인 기려지신羈旅之臣에 불과합니다. 대왕과 지극히 소원한 사이에 있으면서 이제 나라의 흥망과 관련한 대계大計를 말하려고 합니다. 간혹 골육지간骨肉之間에 관한 이야기도 있을 것입니다. 신이 그에 관해 깊이 말하지 않으면 진나라를 구할 수 없고, 그렇다고 깊이 말하면 신은 기자와 비간의 재앙이 뒤따를 것입니다. 대왕이 3번이나 하문하는데도 감히 대답을 하지 못한 이유입니다. 대왕이 신을 믿는지 여부에 대해 아직 확신이 서지 않습니다.”

진소양왕이 다시 장궤의 자세로 청했다.

“선생은 어찌 그리 말을 하는 것이오? 과인은 선생의 대재大才를 사모한 까닭에 좌우를 모두 물리치고 오로지 선생의 가르침을 받으려 하고 있소. 과인은 선생을 전적으로 믿고 있으니 하고 싶은 말이 있으면 위로는 태후로부터 아래로는 대신에 이르기까지 조금도 감추지 말고 모두 말해 주시오.”

진소양왕은 이궁에 이르렀을 때 환자로부터 범수가 ‘진나라엔 오직 선태후와 양후만 있을 뿐인데 어찌하여 왕이 있다고 말하는 것이오?’라고 말한 걸 전해들은 바 있었다. 그는 이 말에 대한 의혹을 풀지 못한 까닭에 다시 한 번 성실한 모습인 실락實落의 자세로 가르침을 청한 것이다.

범수는 진소양왕을 처음 만났을 때 만일 기회를 잡지 못하면 훗날 자신의 계책을 말할 기회가 없을까 우려했다. 한편으로는 진소양왕 좌우에 엿듣는 자가 많아 이들이 소문을 낼 경우 불측不測의 화가 뒤따를까 걱정했다. 내심 나라 밖의 이야기만 대략 언급함으로써 향후 진나라 내부에 관한 본격적인 논의를 위한 단초인 이른바 불쏘시개의 인화지매引火之媒만 제공코자 했다.

이내 이같이 말했다.

"대왕이 신에게 모든 걸 말하라고 분부하니 이는 신의 바라는 바입니다."

범수는 입을 열기 전에 공손히 하배下拜했다. 진소양왕도 답배했다. 이후 두 사람이 자리를 마주하고 앉았다. 범수가 말했다.

"진나라의 험준한 지세는 천하에 당할 나라가 없고, 갑병甲兵의 막강한 무력 또한 천하에 대적할 나라가 없습니다. 그런데도 진나라는 천하를 겸병할 계모를 내지 못하고, 패왕伯王의 공업도 이루지 못하고 있습니다. 이 어찌 진나라 대신들의 계책에 실수가 있는 게 아니겠습니까?"

진소양왕이 다가앉으며 말했다.

"청컨대 그 실수가 어떤 것인지 말해 주시오."

범수가 말했다.

"신이 듣건대 승상 양후는 위나라와 한나라를 건너 뛰어 제나라를 친다고 합니다. 그 계책은 잘못된 것입니다. 제나라는 진나라에서 멀리 떨어져 있고 사이에 한나라와 위나라가 있습니다. 대왕이 적게 출사出師하면 제나라에 손상을 끼치기에 부족하고, 많게 출사하며 진나라에 손해가 됩니다. 지난날 위나라가 조나라를 지나 중산中山을 쳐 함락시켰지만 얼마 후 조나라가 그 땅을 차지하고 말았습니다. 무슨 이유겠습니까? 중산은 지리적으로 조나라와 가깝고, 위나라와 멀기 때문입니다. 이제 대왕이 제나라 정벌에 나섰다가 이기지 못하면 진나라에 치욕이 됩니다. 설령 이긴다 할지라도 결국 한나라와 위나라에 도움을 줄 뿐이니 진나라에게 무슨 이익이 되겠습니까? 지금 대왕을 위한 계책으로는 먼 나라와 친교를 맺고 가까운 나라를 공격하는 언교근공遠交近攻 계책보다 나은 게 없습니다. '원교'는 적들의 우호관계를 이간시키고, '근교'는 진나라 땅을 넓히는 계책입니다. 가까운 나라에서 시작해 점차 먼 나라로 나아가면 마치 누에가 뽕잎을 먹는 잠식蠶食과 마찬가지로 천하도 어렵지 않게 병탄할 수 있습니다."

진소양왕이 물었다.

"원교근공의 방법은 구체적으로 어떤 것이오?"

범수가 대답했다.

"'원교' 계책으로 제나라와 초나라보다 좋은 대상이 없고, '근공' 계책으로 한나라와 위나라보다 좋은 대상은 없습니다. 진나라가 한나라와 위나라를 손에 넣으면 제나라와 초나라가 어찌 독존獨存할 수 있겠습니까?"

진소양왕이 손뼉을 치며 '옳소'를 연발하는 고장칭선鼓掌稱善을 했다. 그날로 즉시 범수를 객경으로 삼고, 장경張卿이라고 불렀다. 이어 그의 계책을 좇아 곧바로 동쪽의 한나라와 위나라를 칠 준비를 하게 했다. 이어 양후 위염과 대장 백기의 제나라 공벌을 위한 출병을 중지시켰다.

위염과 백기는 각각 승상과 대장에 제수되는 일상일장一相一將의 위치에서 진나라 정사를 좌지우지하다가 범수가 문득 진소양왕의 총애를 입는 걸 보고는 크게 불쾌해했다. 오직 진소양왕만 범수를 깊이 신뢰하며 총애했다. 날이 갈수록 그를 융숭하게 대우했다. 한밤중에도 궁중으로 범수를 불러 국사를 상의했다. 진언한 계책 모두 빠짐없이 시행됐다.

범수는 진소양왕의 자신에 대한 신임이 확고해진 걸 알고는 기회를 틈타 좌우 측근을 모두 물리치도록 청한 뒤 말했다.

"신은 대왕이 신의 건의를 넘치게 들어주는 과청過聽과 함께 국사를 논의하는 공사共事의 은총을 입고 있습니다. 뼈를 가루로 만들고 몸을 부수는 분골쇄신粉骨碎身을 할지라도 신에 대한 신임을 갚을 길이 없습니다. 신에게는 진나라를 안정시킬 계책이 많이 있습니다. 그러나 아직 이를 감히 대왕에게 진언해 실천에 옮기도록 하지 못하고 있습니다."

진소양왕이 장궤하며 청했다.

"과인은 선생에게 이 나라를 맡겼소. 선생에게 진나라를 안정시킬 계책이 있다면서 지금 가르쳐주지 않고, 과인으로 하여금 언제까지 기다리게 할 참이오?"

범수가 대답했다.

"신이 전에 산동山東에 있을 때 제나라엔 맹상군만 있을 뿐 제왕齊王이 있다는 이야기는 듣지 못했습니다. 지금 진나라에 있으면서도 태후와 승상 양후를 비롯해 화양군과 고릉군 및 경양군만 있을 뿐 진왕秦王이 있다는 이야기는 듣지 못하고 있습니다. 무릇 일국을 제어하는 사람을 왕이라고 합니다. 살리고 죽이거나 주고 빼앗는 생살여탈生殺予奪의 권력을 갖고 있기에 다른 사람은 감히 그 권력을 멋대로 흉내 낼 수 없습니다. 그런데 지금 태후는 국모라는 존귀한 신분을 구실로 40여 년 동안 대왕을 제쳐두고 국사를 임의로 처결해 왔습니다. 양후 위염은 홀로 진나라 승상 자리를 독차지해 왔습니다. 화양군은 그런 그를 돕고 있습니다. 경양군과 고릉군도 각각 자신의 문호門戶를 세우고 생살生殺을 자유自由로 하고 있습니다. 신이 듣건대 이들 사가私家의 부富가 오히려 왕가보다 보다도 10배나 많다고 합니다. 그런데도 대왕은 두 손을 가슴 위까지 들고 공경을 표하는 공수拱手나 하며 왕이라는 공명空名만 누리고 있으니 이 또한 위태롭지 않습니까? 옛날 제나라의 권신 최저崔杼는 제나라를 멋대로 다스리다가 끝내 제장공을 시해했습니다. 조나라의 권신 이태李兌는 조나라를 멋대로 다스리다가 끝내 조무령왕을 굶어죽게 만들었습니다. 지금 승상 양후는 안으로 태후의 비호에 의지하고 밖으로 대왕의 위엄을 도적질해 외람된 위세를 부리고 있습니다. 양후가 군사를 일으키면 열국 제후들이 두려워하고, 그가 군사를 해산시키면 열국 제후들이 그의 은덕에 감사해하는 형편입니다. 그는 널리 첩자를 풀어 정보를 수집하고 있습니다. 대왕의 좌우에도 침투해 있습니다. 신이 보기에 대왕이 조정에서 독립獨立된 게 비단 어제오늘의 일이 아닙니다. 신이 두려워하는 것은 대왕의 천추만세千秋萬歲 이후 진나라를 소유한 자가 대왕의 자손이 아닌 딴 사람일 수 있다는 점입니다."

진소양왕은 이 말을 듣자 자신도 모르게 모골이 송연해졌다. 곧 범수에게 재배하며 사례謝禮했다.

"선생의 가르침은 과인의 폐부肺腑를 찌르는 지언至言이오. 과인은 그 말을 일찍 듣지 못한 게 한이오."

이튿날 진소양왕은 양후 위염으로부터 승상의 인수를 거둬들인 뒤 함양을 떠나 식읍으로 내려가도록 했다. 위염이 식읍으로 내려가면서 유사有司로 하여금 우거牛車를 마련해 가재家財를 싣게 했다. 가재를 옮기는 우거가 1천여 승乘이나 됐다. 기이한 진보珍寶가 헤아릴 수 없을 만큼 많았다. 진나라 왕실의 내고內庫에도 없는 희귀한 것들이었다. 이튿날 진소양왕은 화양군과 고릉군 및 경양군도 관문 밖으로 축출했다. 이어 선태후도 심궁深宮에 안치한 뒤 정사에 간여치 못하게 됐다.

진소양왕은 마침내 범수를 승상으로 임명한 뒤 응應 땅에 봉하고 응후應侯로 불렀다. 진나라 사람들은 장록이 승상이 된 줄 알았을 뿐 그가 바로 범수라는 사실을 알지 못했다. 오직 정안평 한 사람만 이를 알고 있었다. 범수가 이를 누설하지 말도록 당부한 까닭에 정안평 역시 감히 이를 말하지 않았다. 때는 진소양왕 49년이자 주난왕 49년인 기원전 266년이었다.

194話 가짜 장록이 위나라 사자에게 모욕을 주다
- 가장록정욕위사假張祿廷辱魏使

당시 위나라에서는 위소왕의 뒤를 이은 위안희왕이 재위 11년을 맞이하고 있었다. 위안희왕은 진소양왕이 승상이 된 범수의 계책을 써 위나라를 치려고 한다는 보고를 받고는 곧바로 군신들을 소집해 대책을 상의했다. 신릉군 공자 무기가 말했다.

"진나라는 여러 해 동안 우리 위나라를 침공치 않았습니다. 이제 무고無故히 군사를 일으켜 우리나라를 치려고 하는 것은 분명 우리가 대적할 힘이 없을 것으로 업신여긴 탓입니다. 응당 군사를 엄히 단속하고 방비를 튼튼히 해 저들의 침공에 대비해야 할 것입니다."

상국 위제가 말했다.

"그렇지 않습니다. 진나라는 강하고, 우리 위나라는 약합니다. 진나라 군사와 싸울지라도 좋은 결과를 기대할 수 없습니다. 듣건대 진나라 승상 장록은 위나라 출신이라고 합니다. 그에게 어찌 조상이 묻힌 나라에 대한 애정인 향화지정香火之情이 없겠습니까? 지금이라도 사자를 진나라로 보내 장록에게 많은 폐백을 주고, 그를 통해 진왕을 배알토록 하십시오. 인질을 보내는 조건으로 강화를 청하면 될 것입니다. 그래야 가히 만전萬全을 기할 수 있습니다."

위안희왕은 재위 11년이 되었으나 전쟁에 익숙지 않았다.[3] 이내 상국 위

---

3 이 구절의 『열국지』 원문은 '안희왕초즉위安釐王初即位, 미경전벌未經戰伐'로 되어 있다. 안희왕이 즉위한 지 얼마 안 돼 전쟁을 치른 적이 없다는 뜻이다. 그러나 범수가 승상의 자리에 오르는 기원전 266년은 위안희왕 11년에 해당한다. 『사기』 「표」에 따르면 위안희왕 5년인 기

제의 계책을 쓰기로 했다. 중대부 수가로 하여금 진나라에 사자로 갔다 오게 했다. 함양에 당도한 수가는 우선 관역으로 들어가서 여장을 풀었다. 당시 범수는 위나라 사자 수가가 관역에 들었다는 보고를 받고 기뻐했다.

"수가가 이곳에 왔으니 오늘이 바로 원수를 갚을 날이다."

그러고는 승상의를 벗고 몹시 가난해 넋을 잃은 한산낙백寒酸落魄한 노복으로 변장한 뒤 승상부의 문을 몰래 빠져나가는 잠출潛出을 했다. 관역으로 가서는 천천히 안으로 들어가 수가에게 문안 인사를 올렸다. 수가가 범수를 보고는 크게 놀랐다.

"범숙范叔은 그간 무양無恙했는가? 나는 그대가 상국 위제의 곤장을 맞고 죽은 줄 알았네. 어떻게 목숨을 건져 이곳에 와 있는 것인가?"

범수가 대답했다.

"그때 옥졸은 내가 죽은 줄로 잘못 알고 교외에 내다버렸는데 이튿날 겨우 소생했습니다. 마침 봇짐장수인 고객賈客이 그곳을 지나가다가 내 신음소리를 듣고 불쌍히 생각해 구해 줬습니다. 구차하게나마 살기 위해서는 감히 집으로 돌아갈 수는 없었습니다. 그래서 이곳저곳으로 떠돌다가 진나라까지 오게 됐습니다. 뜻밖에도 여기서 대부의 얼굴을 다시 뵙게 됐습니다."

수가가 물었다.

"범숙은 유세하기 위해 진나라에 온 것이오?"

범수가 대답했다.

"지난날 위나라에 죄를 짓고 진나라로 망명해 와 목숨을 부지하고 있는 것만도 천행입니다. 어찌 감히 입을 놀려 천하대사를 입에 올릴 수 있겠습니까?"

원전 272년에 위나라가 연나라를 공격했고, 위안희왕 9년인 기원전 268년에 진나라가 위나라의 회성懷城을 함락시킨 바 있다. 번역문은 '위안희왕은 재위 11년이 되었으나 전쟁에 익숙지 않았다'고 바꿔 놓았다.

수가가 다시 물었다.

"범숙은 진나라에서 무엇으로 생계를 꾸려가고 있소?"

범수가 대답했다.

"남의 집 고용살이로 호구糊하고 있습니다."

수가는 자신도 모르게 애련哀憐한 생각이 들었다. 범수와 함께 자리에 앉은 뒤 주식酒食을 권했다. 마침 겨울이었다. 다 해진 옷을 입은 범수가 전율戰慄하는 모습을 보였다. 수가가 탄식했다.

"범숙이 줄곧 이처럼 빈한貧寒하게 살아온 것인가?[4]"

곧 거칠고 두텁게 짠 비단인 깁으로 만든 도포인 제포綈袍 한 벌을 내주며 입게 했다. 범수가 말했다.

"대부의 옷을 어찌 감히 입을 수 있겠습니까?"

수가가 말했다.

"진즉 서로 알고 지낸 사이데 너무 겸사謙辭하지 말라."

범수가 '제포'로 갈아입은 뒤 재삼 사례하며 물었다.

"대부는 무슨 일로 진나라에 온 것입니까?"

수가가 대답했다.

"지금 진나라 승상 장군張君이 정권을 잡고 있다는 걸 범숙도 들어서 알고 있을 것이네. 내가 장 승상과 한 번 만나보고자 하는데 연줄을 대줄 사람이 없어 안타깝네. 그대는 진나라에 오래 있었으니 장 승상에게 나를 인도해줄 사람을 알면 내게 말해 주게."

범수가 말했다.

"저의 주인옹主人翁이 장 승상과 친하게 지내고 있습니다. 종종 주인옹

---

4 이 대목의 『열국지』 원문은 범숙일한여차재范叔一寒如此哉이다. 『사기』 「범수채택열전」의 구절을 그대로 인용한 것이다. 여기서 가난이 계속 이어져 형편이 나아지지 않았다는 의미의 일한여차一寒如此 성어가 나왔다.

을 좇아 상부相府에 간 적이 있습니다. 두 사람의 이야기 도중 주인옹의 말문이 막히면 제가 가끔 곁에서 한마디씩 거들어 줬습니다. 승상은 나의 구변을 기특하게 여겨 가끔 주식酒食을 하사했습니다. 덕분에 저도 승상과 친해졌습니다. 장 승상을 알현할 생각이면 제가 동행토록 하겠습니다."

수가가 말했다.

"그렇다면 번거롭지만 약속 날짜를 정하세."

범수가 말했다.

"승상은 공무에 바쁘기는 하나 오늘은 마침 한가한 날이라 바로 가는 게 좋을 듯합니다."

수가가 말했다.

"나는 이번에 4필의 말이 이끄는 대거大車를 타고 왔네. 말도 발에 병이 났고, 수레의 바퀴 축도 상해 즉행即行할 수는 없네."

범수가 말했다.

"저의 주인옹에게 수레가 있는데, 빌려 탈 수 있을 것입니다."

범수가 상부로 돌아가 4필의 말이 이끄는 대거를 몰고 다시 관역으로 온 뒤 수가에게 말했다.

"수레가 준비됐으니 제가 대부를 위해 수레를 몰겠습니다."

수가가 크게 기뻐하며 수레에 올랐다. 범수가 말고삐를 잡고 수레를 몰았다. 저잣거리 사람들은 승상이 직접 수레를 모는 걸 보고는 모두 두 손을 맞잡고 길옆에 서서 수레가 지나기를 기다렸다. 어떤 사람은 골목으로 들어가 수레를 피하기도 했다. 수가는 그것을 보고 자신에게 경의를 표하기 위해 그러는 줄 알았다. 범수 때문에 그러는 줄은 전혀 몰랐다.

수레가 상부에 도착하자 범수가 수가에게 말했다.

"대부는 여기서 잠깐 기다려 주십시오. 제가 들어가 대부가 온 사실을 승상에게 알리겠습니다. 승상의 허락이 떨어지면 곧바로 들어가 알현토록 하십시오."

그러고는 곧바로 상부 안으로 들어가 버렸다. 수가는 수레에서 내려 대문 밖에 서 있었다. 기다린 지 한참 만에 상부 안에서 북을 치는 소리가 나면서 크게 외치는 소리가 대문 밖까지 들려왔다.

"승상이 중당中堂에 오르셨다!"

승상부의 속리와 사인들이 중당 앞을 끊임없이 오갈 뿐 범수의 동정動靜인 이른바 소식消息은 보이지 않았다. 기다리다 못한 수가가 문리門吏에게 말했다.

"아까 나의 옛 친구 범숙이 승상에게 나의 예방을 알리러 간다며 안으로 들어갔는데 지금까지 나오지 않고 있소. 나를 위해 그를 좀 불러내 줄 수 없겠소?"

문리가 물었다.

"그대가 말하는 범숙은 언제 상부로 들어갔습니까?"

수가가 대답했다.

"방금 전인 적간適間에 나를 위해 수레를 몰고 온 사람이 바로 범숙이오."

문리가 말했다.

"그 수레를 몰고 온 분은 바로 승상인 장군張君입니다. 승상은 사적인 일로 관역에 가서 옛 친구를 만난다면서 아침나절 미복을 하고 나갔습니다. 그대는 왜 승상을 범숙이라고 부르는 것입니까?"

수가는 그 말을 듣고는 마치 꿈속에서 벽력霹靂 소리를 들은 듯 경악했다. 가슴이 마구 뛰었다. 홀로 탄식했다.

'내가 범수에게 속았다. 이제 죽을 때가 되었나 보다.'

그야말로 못생긴 며느리 시부모 만나지 않은 적이 없다는 뜻의 '추식부소불득견공파醜媳婦少不得見公婆' 속담이 딱 맞아떨어지는 격이었다. 수가는 도포를 벗고, 띠를 풀고, 관을 벗고, 신발을 벗어 맨발이 되었다. 승상부 대문 앞에 꿇어앉은 뒤 문리를 시켜 승상에게 자신의 말을 전해 달라고 부탁했다.

"위나라 죄인 수가가 대문 밖에서 죽여주기를 대령하고 있습니다."

한참 후 수가를 들여보내라는 명이 문리에게 전달됐다. 수가가 더욱 황송惶悚해했다. 머리를 숙이고 무릎으로 기어서 대문 옆의 쪽문인 이문公婆을 통해 안으로 들어갔다. 중당 앞 계단 밑에 이르러 머리를 조아리며 연신 이같이 중얼거렸다.

"사죄死罪, 사죄."

범수가 위풍늠름威風凜凜하게 중당의 당상에 앉아 있었다. 수가에게 말했다.

"너는 네 죄를 아는가?"

수가가 부복한 채 대답했다.

"저의 죄를 알고 있습니다."

범수가 물었다.

"네가 지은 죄가 얼마나 되는가?"

수가가 대답했다.

"저의 머리털을 다 뽑아 헤아릴지라도 오히려 부족한 탁발난수擢髮難數입니다."

범수가 말했다.

"너의 죄는 크게 3가지이다. 첫째, 나의 부모 산소는 위나라에 있기에 제나라에서 벼슬할 뜻이 전혀 없었는데도 너는 위제 앞에서 망령된 말로 마치 내가 제나라와 내통한 것처럼 무함해 그의 분노를 촉발시켰다. 이것이 첫 번째 죄이다. 둘째, 분노한 위제가 곤장으로 나를 치게 해 이빨과 갈비뼈가 부러졌건만 너는 곁에서 보기만 하고 한 번도 말리지 않았다. 이것이 두 번째 죄이다. 셋째, 내가 매에 못 이겨 기절하자 위제는 나를 측간에 버리게 하고 빈객들로 하여금 오줌을 누게 했는데 그 빈객들을 이끌고 와 오줌을 누게 한 자가 바로 너다. 『맹자』「이루 하」에서 공자는 너무 지나친 일은 하지 않았다는 뜻의 '중니불위이심자仲尼不爲已甚者'를 언급했다. 너는 어찌하여 그처럼 잔인한 짓을 했는가? 이것이 세 번째 죄이다. 네가 한 짓을 생각하면 너의 목을 베고 피를 뿌려 원한을 갚는 게 마땅하다. 다만 네가 조금 전에 나를 안쓰럽게 여겨 제포絺袍를 내주며 옛 친구의 마음을 보여주었기에 살려주기로 한다. 너는 응당 살려준 은혜에 감사할 줄 알아야 할 것이다."

수가가 연신 머리를 조아리며 끊임없이 칭사稱謝했다. 그제야 범수가 손을 내저어 물러가게 했다. 수가가 엉금엉금 기는 포복匍匐의 자세로 승상부 대문 밖으로 나갔다. 진나라 사람들은 그제야 승상 장록이 원래 위나라 사람 범수이고, 장록이라는 이름으로 진나라에 온 것을 알게 됐다.

이튿날 범수는 궁으로 들어가 진소양왕을 알현했다.

"위나라가 진나라를 두려워해 사자를 보내 강화를 간청해 왔습니다. 대왕이 군사를 출동시키지 않고도 위나라를 굴복시켰으니 이는 대왕의 위복威福입니다."

진소양왕이 크게 기뻐했다. 범수가 다시 말했다.

"신은 대왕을 속인 죄가 있습니다. 대왕이 신을 불쌍히 여겨 용서해주어야 모든 걸 사실대로 고하겠습니다."

진소양왕이 말했다.

"경이 과인을 속인 일이 무엇이오? 과인은 경에게 죄를 주지 않을 것이오."

범수가 말했다.

"신은 장록이 아니고 위나라 사람 범수입니다. 어렸을 때 부모를 잃고 가난하게 산 까닭에 위나라 중대부 수가의 사인으로 있었습니다. 신은 수가가 제나라에 사자로 갔을 때 수행한 일이 있었습니다. 당시 제왕이 신을 기특하게 여겨 사사로이 황금을 주었습니다. 신이 굳이 사양하고 받지 않았습니다. 수가는 위나라 상국 위제에게 신이 제나라와 내통했다고 말해 죽도록 맞게 만들었습니다. 천행으로 살아나자 이름을 장록으로 바꾸고 진나라로 망명했습니다. 이후 대왕이 신을 발탁해주는 은덕을 입어 승상의 자리에 오르게 됐습니다. 이제 수가가 위나라 사자로 오면서 신의 진짜 이름이 탄로 났습니다. 신은 이제 장록이란 이름을 버리고 범수로 돌아가겠습니다. 엎드려 바라건대 대왕은 신을 불쌍히 여겨 대왕을 속인 죄를 용서해 주십시오."

진소양왕이 말했다.

"과인은 경이 그토록 원통한 일을 당한 걸 몰랐소. 이제 수가가 이곳에 왔으니 당장 그의 목을 베어 경의 분憤을 통쾌히 풀도록 하시오."

범수가 말했다.

"수가는 이번에 公事로 왔습니다. 자고로 두 나라가 싸울지라도 사자만은 죽이지 않았습니다. 하물며 강화를 청하기 위해 온 경우이겠습니까? 신이 어찌 감히 사사로운 원한으로 나라의 공사를 그르칠 수 있겠습니까? 또 신을 잔인하게 죽이려고 한 자는 위나라 상국 위제입니다. 모든 책임이 수가에게 있는 건 아닙니다."

진소양왕이 말했다.

"경은 공사公事를 먼저 생각하고 사사私事를 뒤로 돌리는 선공후사先公後私를 행하니 실로 대충大忠이오. 위제에 대한 경의 원한은 과인이 응당 갚아줄 생각이오. 이번에 사자로 온 수가는 경이 알아서 처리하도록 하시오."

범수가 사은謝恩하고 물러났다. 진소양왕이 위나라의 강화 요청을 수락했다. 사명을 완수한 수가가 다시 승상부로 가서 범수에게 하직 인사를 올렸다. 범수가 말했다.

"옛 친구인 고인故人이 여기까지 찾아왔는데 한 끼 식사를 대접하는 예절인 일반지경一飯之敬도 없는 건 불가하다."

범수가 사인을 시켜 수가로 하여금 승상부 안에 머물도록 조치하고, 큰 연회석을 차리도록 했다. 수가는 은밀히 하늘에 감사하며 이같이 말했다.

"참괴慙愧하고, 참괴하다! 실로 승상이 넓은 아량을 베풀어 이처럼 친절하게 대해주니 내게는 분에 넘치는 일이다."

범수는 중당에서 안으로 들어가고, 수가는 문간방으로 들어가 홀로 앉아 있었다. 병사들이 지키고 있어 감히 움직일 수도 없었다. 아침 8시경인 진시辰時에서 한낮인 오시午時가 될 때까지 범수가 부르기만 기다렸다. 점차 배가 고파오기 시작했다. 수가가 내심 생각했다.

'내가 전번에 관역에서 음식을 대접한 것에 대한 답례로 잔치를 차리는 모양이다. 옛 친구에 대한 대접을 굳이 이처럼 과하게 할 필요가 있는 것일까?'

잠시 후 당상에 음식 차림이 모두 끝났다. 승상부 관원이 명단 하나를 꺼내 각국 사신 및 승상부의 저명한 빈객을 두루 불러냈다. 수가가 내심 또 이같이 생각했다.

'나를 대접하기 위해 각국 사자들과 빈객까지 청한 모양이다. 하지만 나는 그들이 어느 나라 누구인지 모르지 않는가? 잠시 후 앉을 차례가 정해지면 좌석에 앉아 잘 짐작斟酌해 봐야겠다. 내가 참람하고 망령된 참망僭妄한 행동을 할 수는 없는 일이다.'

수가가 문간방에서 주저躊躇하는 사이 각국 사자와 빈객이 분분히 계단을 거쳐 당상으로 올라갔다. 좌석을 관리하는 자가 딱따기를 두드리는 식으로 행사일정을 알리는 전판傳板을 들고 나와 외쳤다

"빈객이 모두 모였습니다."

그제야 범수가 중당으로 나와 빈객들과 인사를 나눴다. 인사가 끝나자

假魏
張廷
使辱
魏拜

가짜 장록이 위나라 사자에게 모욕을 주다

범수를 비롯한 각국의 사자와 빈객이 각자 자기 자리에 앉아 서로 술잔을 주고받았다. 중당의 양쪽 회랑인 양무兩廡에서 악공들이 음악을 연주하기 시작했다. 범수는 끝내 수가를 잔치자리로 불러들이지 않았다.

범수로부터 그런 냉대를 받은 수가는 더욱 배가 고프고 목이 말랐다. 심신이 고통스럽고 서글플 뿐만 아니라 수치스럽고 괴로웠다. 그의 흉중은 답답하면서도 분노하는 번만煩懣의 심경으로 인해 어떻게 말로 형용할 수조차 없었다. 술이 몇 순배 돌자 범수가 비로소 입을 열었다.

"옛 친구인 고인故人이 한 사람 이곳에 와 있는데 마침 잊어버리고 있었소."

빈객들이 모두 몸을 일으키며 물었다.

"승상이 알고 있는 귀빈이라면 우리도 예법에 맞게 곁에서 시중을 들거나 기다리는 사후伺候를 하도록 하겠습니다."

범수가 말했다.

"비록 전부터 아는 고인이기는 하나 감히 제공諸公과 함께 할 처지의 사람은 아니오."

그러고는 시종에게 명해 작은 멍석 하나를 중당 계단 밑에 펴게 했다. 이어 위나라 사자를 불러 그 자리에 앉히게 했다. 또 얼굴에 자자刺字를 한 죄수 2명을 불러 수가를 양쪽에서 끼고 앉게 했다. 멍석 위에는 주식酒食을 차리지 않고, 다만 볶은 콩을 수북하게 담은 사발 하나만 가져다 놓게 했다. 2명의 죄수가 두 손으로 그 콩을 가득 떠서 수가의 입에 쑤셔 넣으며 머리를 숙이고 말처럼 그 콩을 먹게 했다.

빈객들이 그 광경을 보고 민망한 생각이 들어 범수에게 물었다.

"승상은 저 사람에게 얼마나 깊은 원한을 품고 있는 것입니까?"

범수는 빈객들에게 자신이 당했던 억울하고 원통한 일을 한바탕 자세히 이야기했다. 빈객들이 말했다.

"그런 일을 당했다면 승상의 발노發怒 또한 이상한 일이 아닙니다."

수가는 그런 모욕을 당하면서도 감히 항거하지 못했다. 너무나 시장했던 탓에 볶은 콩을 다 받아먹었다. 다 먹고 나서 오히려 허기를 면하게 해준 범수에게 사례했다. 범수가 두 눈을 부릅뜨고 꾸짖었다.

"진왕이 비록 위나라의 강화 요청을 수락했으나 위제에 대한 나의 원수는 갚지 않을 수 없다. 너의 개미목숨인 의명蟻命을 살려줄 터이니 돌아가서 위왕에게 속히 위제의 목을 끊어 보내라는 나의 말을 전하라. 또 나의 가족도 진나라로 호송토록 하라. 그래야만 두 나라의 통호通好가 유지될 것이다. 내 말대로 하지 않을 경우 내가 직접 대군을 이끌고 가 위나라 도성인 대량大梁을 도륙할 것이다. 그땐 후회해도 늦을 것이다."

수가가 너무 놀라 혼이 몸에 붙어 있지 않았다. 연신 '예, 예'하며 범수 앞에서 물러나왔다.

위나라가 상국 위제의 머리를 베어 바칠지 알 길이 없으니 다음 회를 보라.

제98회

195話 평원군을 볼모로 위제를 보내게 하다
— 질평원진왕색위제質平原秦王索魏齊

위나라 사자 수가須賈는 범수의 불호령을 듣고 황급히 대량으로 돌아왔다. 즉시 위안희왕에게 범수의 말을 전했다. 범수의 가족을 진나라로 보내는 것은 대수롭지 않은 일이었다. 하지만 상국 위제의 머리를 베어 보내는 것은 나라의 체면에 관한 일이었다. 나아가 당사자에게 이를 요구하는 계치啓齒를 하기도 어려운 일이었다.[1] 위안희왕은 주저만 하고 결정을 내리지 못

---

1 『열국지』 원문은 난어계치難於啓齒이다. 여기의 계치啓齒는 이빨을 연다는 의미로 크게 3가지 뜻이 있다. 첫째, 웃는다는 뜻이다. 『장자』 「서무귀」에 '오군미상계치吾君未嘗啓齒' 구절이 나온다. 둘째, 발언한다는 뜻이다. 당나라 유종원柳宗元의 「걸교문乞巧文」에 '귀자계치貴者啓齒' 표현이 나온다. 셋째, 남에게 요청한다는 뜻이다. 『열국지』 원문의 '난어계치'가 대표적이다.

했다.

상국 위제는 그 소식을 듣자 상국의 인수를 풀어놓은 채 연야連夜로 달아났다. 전부터 잘 아는 조나라 평원군 조승에게 가서 몸을 의탁했다. 위제가 망명하자 위안희왕은 잘 꾸민 수레에 범수의 가족을 태운 뒤 황금 100일과 채색 비단인 채백采帛 1천 단端을 실어 함께 진나라로 보내면서 사자로 하여금 함양까지 호송케 했다. 함양에 온 위나라 사자가 범수에게 해명했다.

"위제가 소문을 듣고 먼저 도주해 조나라 평원군 부중에 몸을 의탁하고 있습니다. 지금 그는 위나라 국사에 간여하지 못합니다."

범수가 이를 진소양왕에게 고했다. 진소양왕이 말했다.

"우리 진나라는 조나라와 줄곧 우호관계를 맺어왔소. 과인은 면지澠池 회맹 때 형제의 맹약까지 맺었소. 게다가 과인은 왕손 이인異人을 볼모로 보냈소. 두 나라의 우호를 두터이 하고자 한 것이오. 그러나 우리 진나라 군사가 한나라 알여閼與 땅을 포위했을 때 조나라는 장수 이목李牧을 보내 한나라를 구원케 했고, 그는 우리 진나라 군사를 대파했소. 과인은 아직 그 죄를 묻지 못했소. 이런 상황에서 지금 또 함부로 승상의 원수인 위제를 받아들였소. 승상의 원수는 곧 과인의 원수요. 과인은 이번에 조나라 토벌을 결심했소. 첫째, 알여 땅 패배의 원한을 갚고자 하는 것이오. 둘째, 승상의 원수인 위제를 찾아내 포획코자 하는 것이오."

진소양왕은 직접 군사 20만 명을 이끌면서 왕전王翦을 대장으로 삼고 조나라 토벌에 나섰다. 진나라 군사가 단숨에 조나라의 3개 성읍을 함락시켰다. 당시 조나라에서는 조혜문왕이 죽고, 태자 단丹이 보위에 올랐다. 그가 바로 조효성왕趙孝成王이다. 나이가 너무나 어려 생모인 혜문태후惠文太后가 섭정했다. 혜문태후는 진나라 군사가 깊숙이 쳐들어왔다는 소식을 듣고 크게 두려워했다.

당시 인상여는 노환이 심해 고로告老한 상태였다. 혜문태후는 인상여의 후임으로 우경虞卿을 상국으로 삼고, 염파에게 명해 군사를 이끌고 가 적군을 막게 했다. 양국 군사가 서로 대치한 채 승부를 내지 못했다. 상국 우경이 혜문태후에게 청했다.

"사태가 몹시 급합니다. 신이 장안군長安君을 받들고 제나라로 가서 인질로 주고 구원을 청하도록 하겠습니다."

혜문태후가 허락했다. 원래 혜문태후는 제민왕의 딸이었다. 조효성왕이 즉위하는 기원전 265년, 제나라에서도 제양왕이 죽고 태자 건建이 즉위했다. 그 또한 나이가 어려 생모인 군왕후君王后 태사씨太史氏가 태후가 되어 국사를 돌봤다. 조나라 혜문태후와 제나라 군왕후 태사씨는 시누이와 올케인 고수姑嫂 사이로 서로 친분이 두터웠다. 외가인 제나라에 볼모로 가는 장안군은 혜문태후가 가장 사랑하는 막내아들이었다. 그런 아들을 제나라에 볼모로 보냈으니 군왕후의 마음이 어찌 움직이지 않을 수 있었겠는가? 곧 전단田單을 대장으로 임명한 뒤 군사 10만 명을 이끌고 가 조나라를 구원케 했다.

당시 진나라 대장 왕전은 이 이야기를 듣고 진소양왕에게 말했다.

"조나라엔 양장良將도 많고, 평원군 같은 현자도 있어 쉽게 공격할 수 없습니다. 게다가 제나라 군사가 도우러 온다고 하니 차라리 군사를 온전히 하여 돌아가느니만 못합니다."

진소양왕이 대답했다.

"위제도 잡지 못하면 무슨 면목으로 응후應侯를 볼 수 있겠소?"

그러고는 평원군 조승에게 사자를 보냈다. 사자가 평원군에게 진소양왕의 말을 전했다.

"이번에 우리가 조나라를 치는 것은 단지 위제를 잡기 위한 것이오. 만일 위제를 바치면 즉시 퇴병退兵할 것이오."

평원군이 대답했다.

"위제는 신의 집에 없습니다. 사람들이 함부로 지껄이는 말을 믿어서는 안 됩니다."

그러나 진소양왕은 3번이나 평원군에게 사자를 보내 위제를 요구했다. 평원군은 끝까지 잡아떼며 위제를 내놓지 않았다. 진소양왕은 심중이 꽉 막힌 듯 민민悶悶하여 우울했다. 조나라와 제나라 연합군과 싸울 경우 승패를 예측키 어려웠다. 그렇다고 그냥 돌아가면 영영 위제를 잡을 길이 없게 된다. 진소양왕은 여러 고민 끝에 한 가지 계책을 생각해 냈다. 곧 조효성왕에게 서신을 보냈다. 그 내용은 대략 이러했다.

과인과 군君은 형제나 다름없습니다. 과인은 항간의 헛소문인 도로지언道路之言을 듣고 위제가 평원군 부중에 있는 줄 알았습니다. 군사를 일으켜 위제를 색출키 위해 조나라로 온 이유입니다. 그렇지 않다면 어찌 감히 조나라 국경 안으로 경솔히 들어왔겠습니까? 삼가 진나라 군사가 탈취한 3곳의 성읍을 조나라에 반환하고 곧바로 철군하겠습니다. 과인은 두 나라가 이전의 우호를 되살려 서로 끝없이 오가기를 바랍니다.

조효성왕도 사자를 진나라 군영에 보내 답서를 전했다. 답서에서 3개 성읍의 반환에 대해 사례했다. 제나라 대장 전단 역시 진나라 군사가 철군했다는 소식을 듣고 도중에 제나라로 돌아갔다.

진소양왕은 회군해 함곡관에 이르자 다시 사자를 시켜 평원군에게 서신을 보냈다. 그 내용은 대략 이러했다.

과인은 군君의 고의高義를 전해 들었소. 군과 더불어 모든 관작을 내려놓은 채 청사淸士처럼 사귀는 포의지교布衣之交를 맺고 싶소.
군이 다행히 진나라에 들르면 과인은 10일 동안 군과 함께 술을 마
시며 즐기는 십일지음十日之飮을 할 생각이오.

평원군이 이 서신을 들고 궁중으로 들어가 조효성왕에게 보였다. 조효성
왕이 군신들을 소집해 상의했다. 상국 우경이 말했다.

"진나라는 호랑虎狼의 나라입니다. 지난날 제나라 맹상군도 진나라에
갔다가 거의 돌아오지 못할 뻔했습니다. 하물며 저들은 지금 위제가 조나
라에 있는 것으로 의심하고 있습니다. 그런 마당에 평원군이 가서는 안 됩
니다."

염파가 말했다.

"지난날 인상여는 화씨지벽을 갖고 홀로 진나라에 갔으나 결국 온전히
간직한 채 돌아왔습니다. 진나라가 무슨 속임수를 쓰겠다는 것도 아닌데
평원군이 가지 않으면 진나라는 도리어 우리를 의심할 것입니다."

조효성왕이 말했다.

"과인도 이번 초청이 진왕의 미의美意에서 나온 것이라고 생각하오. 그
의 미의를 어겨서는 안 될 것이오."

그러고는 이내 평원군으로 하여금 진나라 사자를 따라 함께 서쪽 진나
라로 가게 했다. 진소양왕은 함곡관에 머물며 평원군을 기다리다가 그가
당도하자 평생의 지기知己를 만난 것처럼 좋아했다. 날마다 연회를 베풀어
평원군을 환대했다. 며칠 동안 평원군이 그럭저럭 머물러 지내는 반환盤桓
을 하는 사이 서로의 즐거움이 최고조에 이르렀을 때 진소양왕이 문득 잔
을 들어 평원군에게 건네며 말했다.

"과인은 군에게 청이 하나 있소. 만약 들어주겠다면 이 잔을 다 비우시
오."

평원군이 대답했다.

"대왕의 명을 제가 어찌 감히 좇지 않을 수 있겠습니까?"

평원군이 술잔을 끌어당겨 단숨에 마셨다. 진소양왕이 말했다.

"옛날에 주문왕은 여상呂尙을 얻어 왕사王師[2]로 삼고, 또 제환공은 관중을 얻어 중보仲父라고 불렀소. 오늘날 범군范君은 과인의 여상이고, 중보요. 그런데 범군의 원수 위제가 군의 문하에 숨어 있소. 군은 곧바로 사람을 보내 그의 목을 끊어 오도록 하시오. 그래야 범군의 원한이 풀릴 것이고, 과인 또한 군의 선물로 알고 받도록 하겠소."

평원군이 대답했다.

"존귀할 때 벗을 사귀는 것은 비천할 때를 대비한 것이고, 부유할 때 벗을 사귀는 것은 빈궁할 때를 대비한 것이라는 뜻의 '귀이위우자貴而爲友者, 위천시야爲賤時也. 부위위우자富而爲友者, 위빈시야爲貧時也' 구절을 들은 적이 있습니다. 위제는 신의 오랜 친구입니다. 위제가 신의 집에 있을지라도 차마 내보내지 못할 터인데 하물며 신의 집에 있지도 않은 경우이겠습니까?"

진소양왕이 안색을 바꾸며 말했다.

"군이 위제를 내놓지 않으면 과인도 함곡관 밖으로 나가는 출관出關을 허용치 않을 것이오."

평원군이 말했다.

"신의 '출관' 여부는 대왕의 처분에 달려있습니다. 하지만 대왕이 술을 같이하자고 초청해 놓고 위력威力으로 겁박劫迫하면 천하가 그 곡직曲直을 판단할 것입니다."

---

2 왕사王師가 『열국지』 원문에는 태공太公으로 되어 있다. '태공'은 주문왕의 조부인 고공단보古公亶父를 가리킨다. 당초 주문왕은 위수 가에서 만난 여상을 왕사王師로 삼았다. 저자 풍몽룡의 착오이다. 번역문은 '태공'을 '왕사'로 바꿔 놓았다.

진소양왕은 평원군이 위제를 내놓지 않을 것을 알았다. 일단 평원군을 데리고 함양으로 온 뒤 관사에 억류했다. 이어 서신을 써서 조나라 조효성왕에게 보냈다. 그 내용은 대략 이러했다.

군왕의 숙부[3] 평원군은 지금 우리 진나라에 와 있고, 범군范君의 원수 위제는 평원군의 집에 있소. 위제의 목을 보내주면 그날로 평원군을 돌려보내겠소. 그리하지 않을 경우 과인이 직접 군사를 이끌고 가 위제를 사로잡도록 하겠소. 평원군 역시 '출관'하지 못할 것이오. 군왕의 양해를 바라오.

조효성왕이 서신을 읽고 크게 두려워했다.

"과인이 어찌 타국의 망명한 신하인 망신亡臣으로 인해 조나라의 보배인 평원군을 잃을 수 있겠는가?"

그러고는 곧바로 군사를 보내 평원군의 집을 포위한 뒤 위제를 색출해 잡아오는 색취索取를 하도록 했다. 평원군의 빈객들 가운데 많은 사람이 위제와 친교를 맺고 있었다. 이들은 야음을 틈타는 승야乘夜를 통해 위제를 달아나게 했다. 다급해진 위제가 조나라 상국 우경의 부중으로 가 도움을 청했다. 우경이 말했다.

"조왕은 진나라를 승냥이와 범인 시호豺虎보다 더 무서워하고 있소. 조왕에게 살려달라고 말로 호소해 봐야 아무 소용이 없소. 그보다는 차라리 위나라 대량으로 돌아가 신릉군에게 몸을 숨겨달라고 하는 게 나을 것이오. 신릉군은 현사賢士를 널리 초청하고 받아들이기에 천하의 망명객 모두 그의 문하로 몰려들고 있소. 신릉군은 평원군과도 절친한 사이이니 그대를

---

3 '군왕의 숙부' 구절의 『열국지』원문은 '군왕의 아우'를 뜻하는 왕자제王子弟로 되어 있다. 평원군 조승은 조효성왕에게 숙부에 해당한다. 번역문은 '아우'를 '숙부'로 바꿔 놓았다.

비호해 줄 것이오. 다만 그대는 죄인의 몸이니 홀로 가지는 못할 것이오. 내가 응당 그대를 위나라까지 데려다 주겠소."

그러고는 상국의 인수를 풀어놓은 뒤 조효성왕에게 자신을 상국으로 발탁해준 것에 대해 사례하는 서신을 썼다. 문객으로 하여금 이를 조효성왕에게 전하게 한 뒤 위제와 함께 변복을 하고 조나라를 빠져 나왔다. 며칠 뒤 위나라 도성 대량의 교외에 당도한 우경이 위제를 위로했다.

"신릉군은 강개慷慨한 장부요. 내가 먼저 가서 그대의 급한 사정을 말하면 틀림없이 곧바로 그대를 받아들일 것이오. 그대를 오래 기다리게 하지는 않을 것이오."

우경이 걸어서 신릉군의 집 대문 앞에 이르렀다. 이어 자신의 명자名刺을 문지기에게 내주었다. 문지기가 손님 영접을 하는 주객主客에게 전하자 주객이 안으로 들어가 조나라 상국 우경이 온 사실을 고했다. 마침 신릉군은 목욕을 하고 있었다. 그는 명자를 보고 크게 놀랐다.

"이분은 조나라 상국이다. 어찌 무고無故히 이곳에 왔겠는가?"

그러고는 주객으로 하여금 지금 목욕 중이니 잠시 중당으로 들어와 앉아 있도록 전하게 했다. 주객이 우경을 모시고 자리에 앉은 후 조나라의 상국 신분으로 문득 위나라에 오게 된 연유를 물었다. 우경은 마음이 급했으나 어쩔 수 없이 주객에게 위제가 진나라에 죄를 짓게 된 시말과 위제를 돕기 위해 상국의 인수를 내던진 일 등을 대략 설명해줬다. 주객이 신릉군에게 가서 우경의 말을 전했다.

신릉군도 내심 진나라를 두려워하고 있었다. 내심 위제를 받아들이고 싶지 않았다. 그렇다고 1천 리 먼 길을 와서 간청하는 우경의 청을 대놓고 거절하기도 어려웠다. 이러지도 저러지도 못하는 사재양난事在兩難에 처한 신릉군은 마냥 유예猶豫하며 결단하지 못했다.

우경은 신릉군이 난색을 표하며 바로 나와 보지 않는 것에 격노해 신릉군 집을 나왔다. 신릉군이 빈객들에게 물었다.

"우경은 위인이 어떠하오?"

후생侯生이 곁에 있다가 크게 웃으며 대답했다.

"공자는 어째서 그토록 일에 어두운 것이오? 우경은 3촌설三寸舌로 조나라 상국의 인수를 얻어 만호후萬戶侯에 봉해진 인물이오. 위제가 곤경에 처해 몸을 맡기자 자신의 작록을 아까워하지 않고 인수를 내던진 채 그와 동행했소. 천하에 이런 사람이 몇 명이나 있겠소? 그런데도 공자는 여태 우경의 현명함을 판단하지 못한 것이오?"

신릉군은 부끄러운 나머지 황급히 머리를 묶고 관을 쓴 뒤 어자에게 명해 수레를 교외 쪽으로 질구疾驅해 우경을 뒤좇게 했다. 당시 위제는 교외에서 오랫동안 우경을 기다렸지만 아무 소식이 없자 이같이 생각했다.

'우경은 신릉군이 강개장부慷慨丈夫여서 나의 사정을 듣자마자 반드시 마중을 나올 것이라고 했으나 지금 오랜 시간이 지나도록 오지 않는 것을 보니 일이 틀어진 게 틀림없다.'

잠시 후 우경이 돌아와 눈물을 머금고 말했다.

"신릉군은 장부가 아니오. 진나라가 두려워 나를 만나주려 하지도 않았소. 나는 이제 대부와 함께 지름길을 통해 초나라로 갈 작정이오."

위제가 말했다.

"나는 한때의 불찰로 범숙范叔에게 죄를 지어 먼저 평원군에게 폐를 끼쳤고, 다시 우 상국에게도 폐를 끼치게 됐소. 또다시 그대로 하여금 산 넘고 물 건너는 발섭跋涉의 노고를 하여 아는 사람도 없는 초나라로 가서 남은 목숨인 잔천殘喘을 구걸하도록 해야 하니 내 어찌 더 살아갈 수 있겠소?"

그러고는 문득 허리에서 칼을 뽑아 자신의 목을 찔렀다. 우경이 급히 위제의 손에서 칼을 빼앗았으나 목구멍이 이미 끊어져 있었다.

우경이 위제의 시체를 끌어안고 비상悲傷하고 있을 때 저편에서 신릉군이 탄 수레가 당도했다. 우경은 신릉군의 수레를 보고는 만나지 않으려고 곧바로 일어나 몸을 피했다. 신릉군이 위제의 주검을 보자 어루만지며 통곡했다.

"이 무기無忌의 잘못이오."

당시 조효성왕은 평원군의 집에서 위제를 체포하지 못하고, 상국 우경마저 자취를 감췄다는 보고를 받고 두 사람이 함께 조나라를 떠난 게 분명하다고 생각했다. 한나라가 아니면 위나라로 떠났을 것으로 보았다. 이내 사방으로 날랜 기병을 풀어 위제를 추포追捕케 했다.

이때 조효성왕의 명을 받고 위나라로 간 조나라 사자는 위나라 도성인 대량 가까이 가서야 위제가 자진한 사실을 알았다. 이를 즉각 조효성왕에게 보고하면서 위안희왕에게 위제의 머리를 내달라고 청했다. 그의 머리를 진나라로 보내 평원군을 귀국시킬 요량이었다.

당시 신릉군은 위제의 시신을 염습해 후하게 장사지내려던 참이어서 차마 내주지 못했다. 조나라 사자가 신릉군에게 말했다.

"군과 평원군은 일체一體가 아닙니까? 평원군이 위제를 아낀 마음도 군과 일심一心일 것입니다. 위제가 살아 있다면 어찌 감히 이런 청을 할 리 있겠습니까? 애석하게도 위제는 이미 죽어 아무 것도 모르는 해골이 되어 있습니다. 해골이 아까워 평원군을 진나라의 포로로 만들면 군의 마음이 어찌 편할 리 있겠습니까?"

신릉군이 부득이 위제의 머리를 자른 뒤 비단에 싸서 작은 상자에 담았다. 이어 이를 조나라 사자에게 내준 뒤 목 없는 위제의 시신을 대량성 밖 교외에 장사지냈다.

염옹이 시를 지어 위제의 행보를 탄식했다.

수가 말만 듣고 범수를 욕보였으니	無端辱士聽須賈
한 목숨 죽어 사죄하는 게 마땅했다	只合損生謝范雎
잔명 이으려고 남에게도 누 끼치니	殘喘累人還自累
함양에 수급 늦게 보낸 게 한스럽다	咸陽函首恨教遲

당시 우경은 조나라 상국의 인수를 내던지고 나온 뒤 야박한 세정世情에 감개感慨했다. 이후 다시는 벼슬을 하지 않았다. 백운산白雲山 속에 은거하는 와중에 책을 쓰고 시사時事를 풍자하며 스스로 즐겼다. 그가 남긴 저서가 바로 『우씨춘추虞氏春秋』이다.

염옹이 시를 지어 탄복했다.

생활이 궁해 책을 쓴 건 아니니	不是窮愁肯著書
고상한 인품 천추에 기억되리라	千秋高尚記虞兮
가련하다, 유용한 글 짓는 솜씨	可憐有用文章手
상국자리 버리고 위제 따라가다	相印輕拋徇魏齊

조효성왕은 사자를 시켜 위제의 수급을 들고 성야星夜로 함양으로 내달려 진소양왕에게 바치게 했다. 진소양왕이 위제의 수급을 범수에게 내줬다. 범수가 사람을 시켜 가죽을 벗겨낸 뒤 옻칠을 해 소변용 요강인 익기溺器을 만들게 했다. 그는 소변을 볼 때마다 말했다.

"너는 빈객들을 시켜 내 몸에 오줌을 누게 했다. 이제 나는 너로 하여금 구천九泉의 아래에 있으면서 늘 내 오줌을 머금고 있게 할 것이다."

한편 위제의 수급을 받은 진소양왕은 예를 갖춰 평원군을 조나라로 돌려보냈다. 조효성왕은 우경을 대신해 평원군을 상국으로 삼았다.

범수가 진소양왕에게 말했다.

평원군을 볼모로 위제를 보내게 하다

"신은 미천한 포의의 몸으로 있다가 다행히도 대왕의 지우知遇를 받아 승상의 자리에 올랐습니다. 대왕은 신을 위해 신이 늘 절치부심한 원수까지 갚아줬습니다. 신의 친구 정안평이 아니었으면 신은 위나라에서 목숨을 부지하지 못했을 것이고, 위나라에 사자로 온 왕계가 없었던들 신은 진나라에 오지 못했을 것입니다. 원컨대 대왕은 신의 관작과 녹봉인 작질爵秩을 깎아서라도 두 사람의 벼슬을 높이는 데 써 주십시오. 은덕을 베푼 사람에게 보답코자 하는 마음인 보덕지심報德之心을 모두 발휘할 수 있으면 신은 죽어도 한이 없을 것입니다."

진소양왕이 말했다.

"승상이 말해 주지 않았으면 과인은 거의 그 두 사람을 잊을 뻔했소."

그러고는 곧 왕계를 하동河東 태수, 정안평을 편장군偏將軍으로 승진시
켰다. 이어 범수의 원교근공 계책을 좇아 가까이 있는 한나라와 위나라를
치고, 멀리 있는 제나라 및 초나라와 더욱 우호를 두터이 하고자 했다. 범수
가 또 진소양왕에게 말했다.

"신이 듣건대 제나라 태후 군왕후君王后는 현명하고도 지혜가 있다고 합
니다. 응당 제나라에 사자를 보내 한번 시험해 보도록 하십시오."

진소양왕이 사자를 시켜 제나라 군왕후에게 이음매 없이 여러 고리들이
하나로 연결된 옥련환玉連環을 바치게 했다. 사자가 군왕후에게 진소양왕

의 말을 전했다.

"제나라 사람들 가운데 온련환의 고리를 풀 수 있는 사람이 있으면 과인이 그 아랫자리에 서서 섬기도록 하겠소."

군왕후가 좌우에 명해 쇠망치를 가져오게 한 뒤 즉시 옥련환의 고리를 끊어냈다. 그러고는 진나라 사자에게 말했다.

"사자는 돌아가 진왕에게 이 노부老婦가 옥련환의 고리를 풀었다고 전해주시오."

진나라 사자가 돌아가 진소양왕에게 그대로 보고했다. 곁에 있던 범수가 진소양왕에게 말했다.

"제나라 섭정인 군왕후는 들은 것처럼 호걸을 닮은 여인인 여중지걸女中之傑입니다. 제나라를 침범해선 안 됩니다."

진소양왕이 범수의 건의를 좇아 제나라와 우호동맹을 맺었다. 덕분에 제나라는 한동안 안식安息을 누릴 수 있었다.

당시 초나라 태자 웅완熊完은 진나라에 볼모로 가 있은 지도 벌써 16년이나 됐다. 마침 진나라 사자가 화친을 위해 초나라로 가서 우호의 맹약을 맺었다. 초나라 사자 주영朱英이 보빙사報聘使가 되어 진나라 사자와 함께 함양으로 가 답례했다. 주영이 웅완을 좇아 진나라에 와 있는 태부太傅 황헐黃歇에게 초경양왕의 병세가 크게 위중해 일어날 수 없다는 말을 했다. 황헐이 태자 웅완에게 그 말을 전하며 이같이 말했다.

"초왕의 병이 위독한데 태자는 아직 진나라에 억류돼 있습니다. 초왕이 불휘不諱[4]할 때 태자가 탑전榻前에 없으면 여러 공자들 가운데 한 사람이

---

4 불휘不諱는 크게 3가지 뜻이 있다. 첫째, 은휘隱諱하지 않는다는 의미이다. 『논형論衡』 「효력效力」에 극언불휘極言不諱 표현이 나온다. 둘째, 존장尊長의 이름을 거리끼지 않는다는 의미이다. 『예기』 「곡례曲禮 상」에 '시서불휘詩書不諱, 임문불휘臨文不諱, 묘중불휘廟中不諱' 구절이 나온다. 셋째, 죽음의 완사婉辭이다. 『한서』 「병길전丙吉傳」에 군즉유불휘君卽有不諱 표현이 나온다. 여기서는 3번째 의미로 사용됐다.

뒤를 이을 것입니다. 그리되면 초나라는 태자의 나라가 되지 않을 것입니다. 청컨대 신이 응후를 찾아가서 태자가 귀국할 수 있도록 주선코자 합니다."

태자 웅완이 말했다.

"그리해 주시오"

황헐이 마침내 승상부로 가서 범수에게 말했다.

"상군相君은 초왕의 병세가 위중하다는 걸 알고 있습니까?"

범수가 대답했다.

"이번에 온 초나라 사자가 그런 말을 했소."

황헐이 말했다.

"초나라 태자가 진나라에 오랫동안 인질로 와 있다 보니 장상將相과 사귀지 않은 사람이 없습니다. 혹여 초왕이 죽고 태자가 즉위하면 틀림없이 진나라를 극진히 섬길 것입니다. 상군이 이 기회에 태자가 초나라로 돌아갈 수 있도록 힘써 주면 태자는 상군의 은덕에 크게 감사해할 것입니다. 태자를 억류하고 돌려보내지 않으면 초나라는 다른 공자를 새 군주로 세울 것입니다. 그러면 태자는 한낱 함양에서 포의布衣의 인물로 생을 마치게 됩니다. 더구나 초나라는 이 일을 경계삼아 다시는 인질을 진나라로 보내 섬기는 일을 하지 않을 것입니다. 신이 생각건대 일개 포의를 끝까지 붙들어 두어 만승의 나라인 초나라와 우호관계를 끊는 것은 비계非計입니다."

범수가 수긍首肯하며 말했다.

"그대 말이 옳소."

그러고는 즉시 진소양왕에게 황헐의 말을 전했다. 진소양왕이 말했다.

"먼저 황헐을 돌려보내 병세를 살피는 문질問疾을 하도록 하는 게 어떻겠소? 초왕의 병이 과연 위독하면 그때 태자를 돌려보내는 게 좋을 듯하오."

황헐은 범수로부터 진소양왕의 말을 전해 듣고는 이내 태자 웅완과 상의했다.

"진왕이 태자를 억류하고 보내지 않는 것은 지난날 초회왕에게 그랬듯이 초나라의 다급한 사정을 이용해 땅의 할양을 요구하려는 속셈입니다. 요행히 초나라가 그 요구를 받아들이고 태자를 영접하러 오면 그때는 또 다른 요구를 하면서 초나라를 곤경에 빠뜨릴 것입니다. 만일 초나라가 진나라의 그런 속셈을 눈치 채고 태자를 영접하러 오지 않으면 태자는 진나라의 포로가 되어 삶을 마치게 됩니다."

태자 웅완이 장궤長跪하며 청했다.

"태부는 장차 어떤 계책을 쓸 생각이오?"

태부 황헐이 대답했다.

"신의 우견愚見으로는 그 어떤 계책도 태자가 미복微服을 한 채 달아나느니만 못합니다. 지금 보빙사로 온 초나라 사자 주영은 곧 일을 마치고 돌아가게 됩니다. 초나라로 달아나려면 이 기회를 놓쳐서는 안 됩니다. 신은 이곳에 남아 목숨을 걸고 뒷일을 떠맡겠습니다."

태자 웅완이 기뻐했다.

"일이 성사되면 응당 태부와 함께 초나라를 공유하겠소."

황헐이 은밀히 주영을 찾아가 통모通謀했다. 주영이 허락했다. 태자 웅완이 미복 차림으로 어자를 가장했다. 초나라 사자 주영이 탄 수레의 고삐를 잡고 마침내 함곡관을 빠져 나갔다. 진나라에서는 아무도 이를 알지 못했다. 황헐만 함양에 남아 객사를 지켰다. 진소양왕이 황헐에게 초나라로 돌아가 초경양왕의 병세를 살피고 돌아올 것을 명하자 황헐이 말했다.

"태자가 마침 병이 나 신이 아니면 간병할 사람이 없습니다. 태자의 병이 좀 나아지면 즉시 분부대로 즉시 돌아가 초왕의 병세를 살펴보고 오겠습니다."

그러고는 반달 가량 시간을 끌었다. 태자가 함곡관에서 멀리 벗어났다고 판단될 즈음 진소양왕을 알현하고 머리를 조아리며 사죄했다.

"외신 황헐은 과군이 하루아침인 일단一旦에 불휘不諱하면 태자가 즉위할 수 없고, 그리되면 신이 섬길 군주가 없을까 두려워했습니다. 신이 임의로 먼저 태자를 초나라로 보낸 이유입니다. 태자는 이미 관문을 빠져나가 멀리 갔을 것입니다. 이 황헐이 대왕을 속인 죄를 지었으니 엎드려 부질斧鑕을 받고자 합니다."

진소양왕이 대로했다.

"초나라 사람은 속임수를 잘 쓴다고 하더니 과연 이와 같구나!"

그러고는 좌우에 명해 황헐을 가둔 뒤 죽이게 했다. 승상 범수가 간했다.

"황헐을 죽일지라도 초나라 태자가 돌아오게 할 수 없고, 양국의 우호관계만 끊게 됩니다. 차라리 황헐의 충성을 가상히 평가하며 초나라로 돌려보내느니만 못합니다. 초왕이 죽으면 태자가 틀림없이 자신을 구해준 황헐을 영윤令尹으로 삼을 것입니다. 그리되면 보위에 오른 태자와 영윤이 된 황헐 모두 자신들을 죽이지 않은 진나라의 은덕에 감격해 틀림없이 진나라를 성심껏 섬길 것입니다."

진소양왕이 이를 그럴 듯하게 여겼다. 곧바로 황헐에게 후한 상을 내리고, 초나라로 돌아가게 했다.

사신이 이를 시로 읊었다.

미복으로 고삐잡고 내달린 덕분이니　　　　更衣執轡去如飛
자칫 함양에서 포의로 지낼 뻔했다　　　　險作咸陽一布衣
춘신군 황헐의 선견지명 아니었으면　　　　不是春申有先見
초회왕의 눈물 또 다시 흘렸으리라　　　　懷王餘涕又重揮

황헐이 초나라에 돌아간 지 3달 만에 초경양왕은 훙薨하고 태자 웅완이 즉위했다. 그가 바로 초고열왕楚考烈王이다. 초고열왕은 즉위 즉시 태부 황헐을 영윤으로 삼았다. 이어 황헐을 회수 이북인 회북淮北의 12개 현縣에 봉하고 춘신군春申君의 군호를 내렸다.

춘신군 황헐이 초고열왕에게 말했다.

"회북은 제나라와 접경한 지역입니다. 그곳은 군郡을 설치하는 게 산하의 성읍을 지키는 데 편리합니다. 청컨대 신에게는 도성에서 멀리 떨어진 강동江東 땅을 내려주십시오."

초고열왕이 이를 좇아 황헐에게 옛날 오나라의 옛 땅인 강동 땅을 바꿔 하사했다. 황헐은 옛 오왕 합려가 쌓았던 성을 중수해 자신의 근거지로 삼았다. 이어 성 안에 운하를 사종오횡四縱五橫으로 뚫어 태호太湖와 통하게 했다. 또 오자서가 명명했던 파초문破楚門을 창문閶門으로 개칭했다.

당시 제나라 맹상군은 이미 죽고 없었으나 조나라엔 평원군, 위나라엔 신릉군이 있었다. 두 사람은 경쟁하듯 선비들을 양성하며 위세를 떨쳤다. 춘신군 황헐 역시 이들을 사모한 까닭에 많은 빈객을 초치했다. 춘신군의 문하에도 늘 식객이 수천 명에 달했다.

조나라의 평원군 조승은 이 소문을 듣고 사자를 춘신군의 집으로 보냈다. 춘신군은 평원군의 사자를 객사 가운데 가장 좋은 상사上舍에 머물게 했다. 그 사자는 평원군의 부유함을 과시하기 위해 큰 거북의 등껍질인 대모玳瑁로 만든 동곳을 머리에 꽂고, 주옥珠玉으로 장식한 도검을 허리에 찼다. 그가 춘신군의 식객 3천여 명을 보니 상객은 모두 명주明珠가 박혀 있는 신발을 신고 있었다. 평원군의 사자가 크게 부끄러워했다.

춘신군은 빈객들의 계책을 채택해 맹자와 공자의 고국인 추鄒나라와 노魯나라의 땅을 겸병하고, 현사賢士로 소문난 순자荀子를 난릉령蘭陵令으로 삼았다. 초나라의 모든 정법政法을 대폭 수정하고, 병사들을 훈련시켰다. 초나라가 다시 강성해진 이유다.

196話 백기가 장평에서 항복한 적병을 갱살하다
– 패장평백기갱조졸敗長平白起坑趙卒

이야기가 둘로 나뉜다. 당시 진나라에서는 진소양왕이 범수의 계책인 원교근공遠交近攻 계책을 좇아 멀리 떨어져 있는 제나라 및 초나라와 우호관계를 맺은 뒤 대장 왕흘王齕[5]로 하여금 가까운 나라인 한나라를 치게 했다.

진나라 군사는 위수渭水를 통해 군량을 운반했고, 동쪽에 이르러서는 황하와 낙수洛水를 통해 군량을 운반했다. 이어 단숨에 야왕野王의 성을 함락시켰다. 한나라는 서쪽의 상당上黨에서 동쪽의 도성으로 통하는 모든 길이 끊기고 말았다. 상당 태수 풍정馮亭이 관원과 백성인 이민吏民을 모아놓고 상의하며 이같이 말했다.

"진나라 군사가 야왕 땅을 점거하면 상당은 도성으로 가는 길이 막혀 한나라 영토가 될 수 없소. 꼼짝없이 진나라 군사에게 항복할 수밖에 없는데, 그리하기보다는 차라리 조나라에 항복하는 게 나을 것이오. 조나라가 상당 땅을 차지하면 진나라는 틀림없이 격노해 당장 군사를 옮겨 조나라를 칠 것이오. 그러면 조나라는 우리 한나라와 손을 잡게 될 것이오. 같은 처지에 놓인 한나라와 조나라가 합세해 저항하면 능히 진나라 군사를 제어할 수 있소."

그러고는 사자를 조나라로 보내 항서降書와 상당의 지도를 조효성왕에

---

5 진나라 장수 왕흘王齕이 같은 『사기』「진본기」에는 '왕흘'로 나오지만 「진시황본기」에는 왕의王齮로 기록돼 있다. 같은 사람이 달리 표기된 것은 고대에 흘齕과 의齮가 혼용된 결과로 보인다.

게 바치게 했다. 그때가 바로 조효성왕 4년이자 주난왕 53년인 기원전 262
년이었다.

당시 조효성왕은 잠을 자다가 꿈을 꿨다. 꿈속에서 그는 좌우 양쪽의 색
깔이 다른 옷감을 등솔기에서 함께 꿰맨 편독의偏裻衣를 입고 있었다. 용이
하늘에서 내려와 곧 용의 등을 타고 하늘로 날아올랐는데 하늘에 이르기
전에 추락하고 말았다. 좌우를 둘러보니 좌우에 금산金山과 옥산玉山이 있
었다. 두 산에서 발하는 광채가 눈을 부시게 했다. 마침 꿈에서 깨어난 조
효성왕은 대부 조우趙禹를 불러 꿈 이야기를 했다. 조우가 대답했다.

"편독의는 하나로 합치는 징조이고, 용을 타고 하늘로 올라가는 것은 상
승할 징조이고, 땅에 떨어진 것은 땅을 얻을 징조이고, 황금과 옥이 산을
이룬 것은 많은 재물을 얻을 징조입니다. 대왕은 곧 땅을 넓히고 재화를 늘
릴 경사를 맞이할 것입니다. 실로 몽조夢兆가 대길大吉입니다."

조효성왕이 크게 기뻐했다. 조효성왕은 시초蓍草로 점을 치는 서사筮史
감敢을 시켜 점을 치게 했다. 서사 감이 점을 친 뒤 말했다.

"편독의의 편偏은 치우친다는 말이니 이지러질 잔殘과 통합니다. 용을
타고 하늘로 올라가다가 추락한 것은 일이 도중에 변화가 많고 유명무실有
名無實해질 조짐입니다. 황금과 옥이 산이 되었으니 이는 볼 수는 있으나
쓸 수는 없다는 뜻입니다. 몽조가 불길합니다. 대왕은 매사에 조심하고 삼
가도록 하십시오."

조효성왕은 이미 대부 조우의 말에 혹한 나머지 서사 감의 충고를 귀담
아 듣지 않았다. 조효성왕이 그 꿈을 꾼 지 3일 뒤 상당태수 풍정의 사자가
와서 항서와 상당의 지도를 바쳤다. 항서의 내용은 대략 이러했다.

진나라 군사가 한나라를 급하게 공격하고 있어 상당 땅은 장차
진나라 수중에 들어가게 됐습니다. 상당의 이민吏民 모두 진나라에

붙기를 원치 않고 조나라에 귀부하기를 바라고 있습니다. 신은 이민의 이런 뜻을 어길 수 없어 삼가 신이 관할하고 있는 상당의 17개 성읍을 대왕에게 재배하며 바치고자 합니다. 오직 대왕이 접수해 주기만 바랄 뿐입니다.

조효성왕이 그 항서를 보고 크게 기뻐했다.

"대부 조우가 땅을 넓히고 재화를 늘릴 경사를 맞이할 것이라고 말하더니 과연 오늘 그 징험徵驗이 이뤄졌다."

곁에서 평양군平陽君 조표趙豹가 간했다.

"까닭 없이 생기는 이익은 불행의 근본이라는 뜻의 '무고지리無故之利, 위지화앙謂之禍殃' 구절을 들은 적이 있습니다. 대왕은 그 땅을 받지 마십시오."

조효성왕이 말했다.

"한나라 사람들이 진나라를 두려워하고 우리 조나라를 좋아하기에 귀부하려는 것인데 어찌하여 까닭 없다고 말하는 것이오?"

평양군 조표가 대답했다.

"진나라 군사는 한나라 땅을 잠식해 들어가 마침내 야왕 땅을 함락시키고, 상당으로 통하는 길을 끊어 고립시켜 놓은 까닭에 상당을 손아귀에 틀어쥔 물건인 장악중물掌握中物로 여기며 가만히 앉아 차지할 생각을 하고 있습니다. 그런 판에 일단一旦 상당이 조나라 소유가 되면 진나라가 어찌이를 달게 받아들이는 감심甘心이 될 수 있겠습니까? 농사는 진나라가 힘써 짓고, 수확은 우리 조나라가 독차지하는 격입니다. 신이 까닭 없는 이익인 '무고지리無故之利'를 언급한 이유입니다. 풍정이 상당 땅을 진나라에게 바치지 않고 조나라에게 바친 것은 전화戰禍를 조나라에 떠넘기고 한나라의 위기를 면하려는 속셈에서 나온 것입니다. 대왕은 어찌하여 이를 불찰不

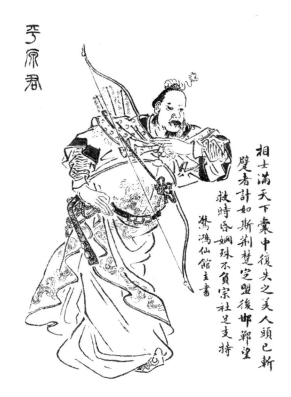

相士滿天下囊中復失之美人頭已斬
璧者計如斯荊楚定盟後邯鄲望
救時岳娴珠不負宗社足支持
澹鴻仙館主書

察하는 것입니까?"

하지만 조효성왕은 그 말에 찬동하지 않았다. 조효성왕은 평원군 조승을 불러 결정케 했다. 조승이 대답했다.

"백만 대군을 출동시켜 남의 나라를 칠지라도 해를 넘기거나 여러 해가 지나도록 1곳의 성읍도 빼앗기가 어렵습니다. 이제 칼 1자루와 군사 1명, 1말의 군량인 촌병두량寸兵斗糧도 허비하지 않은 채 17개의 성읍을 얻는 것은 막대한 이익입니다. 대왕은 이 기회를 놓치지 마십시오."

조효성왕이 크게 기뻐했다.

"그대의 말이 바로 과인의 뜻과 꼭 같소."

起坑白敢
平趙起平
越

　그러고는 평원군 조승으로 하여금 군사 5만 명을 이끌고 상당으로 가 그 땅을 접수하게 했다. 이어 풍정을 3만 호의 식읍에 봉하고 화릉군華陵君의 군호를 내린 뒤 여전히 상당을 지키게 했다. 또 17개 성읍의 현령에게도 각각 3천 호의 식읍을 내리고, 대대로 세습케 했다.

　하지만 풍정은 굳게 문을 닫은 채 울면서 평원군을 만나려 하지 않았다. 평원군이 일을 마무리 짓기 위해 누차 사람을 보내 만나자고 청했다. 풍정이 말했다.

　"나에게는 3가지 불의不義가 있어 사자를 만나볼 수 없소. 첫째, 주군을 위해 변경을 지키는 자로서 죽을 각오로 그 땅을 고수하지 못했소. 첫 번째 불의요. 둘째, 주군의 명에 의하지 않고 멋대로 조나라에 땅을 바쳤소. 두 번째 불의요. 셋째, 주군의 땅을 팔아 부귀를 얻었소. 세 번째 불의요."

평원군이 그 말을 듣고 탄식했다.

"그는 충신이다!"

평원군은 풍정의 집 문 앞에서 3일 동안 떠나지 않은 채 그가 나오기만 기다렸다. 풍정은 평원군의 정성에 감동한 나머지 대문을 열고 나와 평원군을 맞이했다. 서로 인사를 나누면서도 눈에서 눈물이 그치지 않았다. 이어 할양해 준 땅에 다른 태수를 임명해 달라고 청했다. 평원군이 거듭 위로했다.

"군君의 심사心事를 나도 이미 잘 알고 있소. 하지만 그대가 태수로 있지 않으면 이곳 이민吏民의 여망을 위로할 길이 없소."

풍정이 이전처럼 태수의 직을 수행하면서도 3만 호의 식읍과 화릉군의 군호만은 끝까지 사양하며 받지 않았다. 평원군이 작별을 고하려고 하자 풍정이 말했다.

"상당 땅을 바친 것은 우리의 힘으로는 진나라를 막아낼 수 없었기 때문이오. 바라건대 공자는 조왕에게 이런 사정을 잘 알려주시오. 서둘러 병사를 대거 동원하고 명장名將을 파견해 진나라의 계책을 막아주기 바라오."

평원군이 조효성왕에게 회보回報했다. 조효성왕이 크게 기뻐하며 연회를 베풀었다. 상당 땅을 얻게 된 것을 자축한 것이다. 군사 파견에 대해서는 천천히 논의하자며 결정을 짓지 않았다.

당시 진나라 대장 왕흘은 군사를 동원해 상당을 포위했다. 풍정은 2달 동안 성을 굳게 지켰지만 조나라 구원병이 오지 않자 이민을 이끌고 조나라로 달아났다.

그제야 조효성왕은 염파를 상장上將으로 삼은 뒤 군사 20만 명을 내주며 상당을 지키게 했다. 염파가 군사를 이끌고 지금의 산서성 장자현 남쪽의 장평관長平關에 이르렀을 때 풍정을 만나 상당이 이미 함락된 사실을 알게 됐다. 진나라 군사는 날마다 조나라 쪽으로 다가오고 있었다.

염파가 군사를 이끌고 지금의 산서성 고평현 경내에 있는 금문산金門産 아래로 나아가 영채를 세우고 보루를 쌓았다. 동서로 각각 수십 곳의 군영을 마치 별처럼 늘어세웠다. 또 별도로 풍정에게 군사 1만 명을 내주면서 지금의 산서성 고평현 남쪽의 광랑성光狼城을 지키게 했다. 이어 군사 2만 명을 나눠 도위都尉 개부蓋負와 개동蓋同으로 하여금 동쪽과 서쪽의 두 장성郭城을 지키게 했다.

이밖에도 비장裨將 조가趙茄를 멀리까지 보내 진나라 군사의 동정을 염탐케 했다. 조가는 군사 5천 명을 이끌고 적정을 염탐키 위해 장평관 밖으로 20리쯤 나가다가 마침 초병을 이끌고 오는 진나라 장수 사마경司馬梗과 마주쳤다. 조가는 사마경의 군사가 많지 않은 것을 보고 곧바로 싸움을 걸었다.

조가와 사마경이 교봉交鋒하고 있을 때 진나라 장수 장당張唐이 제2의 초병을 이끌고 들이닥쳤다. 조가가 이를 보고 마음이 황망해져 손발이 떨렸다. 사마경이 기회를 놓치지 않고 한칼에 조가를 쳐 죽이고 장수를 잃은 조나라 군사를 난살亂殺했다.

염파는 조가가 이끌고 간 전초前哨 부대가 전멸 당했다는 보고를 받고 각 보루에 명을 내렸다.

"굳게 지키기만 할 뿐 진나라 군사와 교전하지 마라."

이어 병사들에게 명해 땅을 깊이 판 뒤 물을 가득 채우도록 했다. 병사들은 그 의도를 알지 못했다. 얼마 후 진나라 대장 왕흘이 대군을 이끌고 와 금문산에서 10리쯤 떨어진 곳에 영채를 세웠다. 이어 군사를 둘로 나눠 동장성東郭城과 서장성西郭城을 치게 했다. 조나라 도위 개부와 개동 모두 염파의 명을 어기고 각각 동장성과 서장성에서 밖으로 나와 진나라 군사와 싸우다가 패사하고 말았다.

진나라 대장 왕흘이 승세에 올라타 다시 광랑성을 쳤다. 진나라 장수 사마경이 용기를 분발하는 분용奮勇해 맨 먼저 성벽 위로 올라갔다. 진나라 병사들이 그 뒤를 따라 성벽 위로 기어 올라갔다. 광랑성을 지키고 있던 풍정이 이내 다시 패해 염파가 있는 금문산 밑의 조나라 본영으로 달아났다.

염파가 전군에 영을 내렸다.

"출전出戰하는 자는 비록 이길지라도 참할 것이다."

진나라 대장 왕흘이 성루를 맹렬히 공격했으나 뚫고 들어가지 못했다. 이내 염파의 성루로부터 5리쯤 떨어진 곳에 영채를 세우고 여러 차례 싸움을 걸었다. 조나라 군사는 전혀 출전하지 않았다.

왕흘이 말했다.

"염파는 경험이 많은 노장老將이라 행군行軍을 신중하게 하니 움직이게 할 수 없구나!"

편장偏將 왕릉王陵이 한 가지 계책을 바쳤다.

"금문산 아래로 시냇물이 흐르고 있는데 그 이름이 양곡楊谷입니다. 지금 조나라와 우리 진나라 군사는 모두 그 물을 길어다 먹고 있습니다. 조나라 성루는 그 시냇물의 남쪽에 있고, 우리 진나라 영채는 그 시냇물의 서쪽에 자리 잡고 있습니다. 그 시냇물은 서쪽에서 동남쪽으로 흐릅니다. 이 물줄기를 끊어 동남쪽으로 흐르지 못하게 하면 조나라 군사는 물을 길을 도리가 없습니다. 불과 수일 안에 조나라 군사가 틀림없이 혼란에 빠질 것입니다. 그때를 틈타 치면 이기지 못할 리가 없습니다."

왕흘이 그 계책을 높이 평가했다. 곧바로 병사들에게 명해 양곡에 둑을 쌓아 물이 동남쪽으로 흐르지 못하게 했다. 오늘날 양곡을 절수絶水라고 부르게 된 배경이 바로 여기에 있다. 그러나 염파가 미리 군사를 시켜 땅을 깊이 판 뒤 물을 가득 채운 까닭에 조나라 군사가 부족함이 없이 물을 쓰게 된 것을 누가 알았겠는가?

조나라 군사와 진나라 군사는 4달 동안 서로 대치만 했다. 왕흘이 누차 싸움을 걸었지만 한 번도 싸워보지 못했다. 이내 사자를 진소양왕에게 보내 이 사실을 알렸다. 진소양왕이 승상 범수와 이를 상의했다. 범수가 말했다.

"염파는 세사世事를 경험하는 경사更事[6]가 오래됐기에 진나라 군사가 강하다는 걸 알고 있습니다. 경솔히 싸우는 경전輕戰을 하지 않는 이유입니다. 더구나 그는 우리 진나라의 보급로가 길어 오래 버틸 수 없는 것까지 알고 있습니다. 우리를 지치게 만든 뒤 그 틈을 이용해 기습을 가하려는 속셈입니다. 그를 제거하지 않으면 끝내 조나라로 쳐들어갈 수 없습니다."

진소양왕이 말했다.

"경은 무슨 계책을 갖고 있소? 어찌해야 염파를 제거할 수 있겠소?"

범수가 좌우를 물리치게 한 뒤 말했다.

"염파를 제거하려면 반간계反間計를 쓰는 수밖에 없습니다. 여차여차如此如此 해야 하는데 1천 금金을 쓰지 않으면 안 됩니다."

진소양왕은 크게 기뻐하며 곧바로 범수에게 황금을 내줬다. 범수가 심복에게 황금을 내주며 당부했다.

"그대는 샛길을 따라 조나라 도성 한단으로 들어가 조왕의 좌우를 그 황금으로 회뢰賄賂한 뒤 그들로 하여금 이런 유언流言을 퍼뜨리게 해라."

'우리 조나라엔 마복군馬服君 조사趙奢가 가장 훌륭했다. 그는 죽었지만 그 아들 조괄趙括은 그 아비보다 더 뛰어난 장수라는 소문이 자자하다. 조

---

6 경사更事는 크게 3가지 뜻이 있다. 첫째, 재생再生하는 일을 말한다. 둘째, 교대로 출현하는 상사常事를 가리킨다. 셋째, 세상의 온갖 일에 대한 경험을 말한다. 여기서는 세 번째 의미로 사용됐다. 경경은 개변改變, 경력經歷 등의 의미로 사용될 때는 '경'으로 읽으나, 재再의 의미로 사용될 때는 '갱'으로 읽는다.

괄이 장수가 되면 아무도 그를 감당할 수 없을 것이다. 염파는 이젠 늙어 겁이 많아졌다. 누차 진나라 군사와 싸웠지만 패하기만 했다. 조나라 군사 가운데 죽거나 달아나는 실망失亡을 한 병사가 3~4만 명에 달한다고 한다. 지금 진나라 군사의 핍공逼攻으로 인해 불일不日 항복할 것이라는 말이 떠돌고 있다.'

당시 조효성왕은 이미 조가가 정탐을 나갔다가 전사하고 잇달아 동장성과 서장성 및 광랑성 등 3개 성을 빼앗겼다는 보고를 받고 있었다. 이내 사자를 장평長平의 염파에게 보내 출전을 독촉했다. 하지만 염파는 이미 계책이 서 있기에 성루를 굳게 지키는 견벽堅壁의 전술을 쓰며 출전하지 않았다. 조효성왕은 염파가 늙어 겁이 많아진 게 아닐까 의심을 하던 차에 좌우 측근들로부터 반간계의 유언을 전해 듣고는 그 말을 사실로 믿게 됐다. 이내 조괄을 궁중으로 불러들여 물었다.

"경은 과인을 위해 능히 진나라 군사를 격퇴할 수 있겠소?"

조괄이 대답했다.

"진나라가 무안군 백기를 대장으로 삼았으면 이들을 격퇴하기 위한 주획籌畫을 하는 데 시일이 걸리겠지만 왕흘 따위는 족히 입에 올릴 것도 없습니다."

조효성왕이 물었다.

"어째서 그렇소?"

조괄이 대답했다.

"무안군 백기는 여러 차례 대장이 되었는데 지난번에는 이궐伊闕 땅에서 한나라와 위나라 연합군을 24만 명이나 참수했습니다. 그는 다시 위나라를 공격해 크고 작은 61개 성읍을 점령했습니다. 또 남쪽으로 초나라를 공격해 언鄢 땅과 도성 영도郢都를 함락시켰고, 다시 무군巫郡과 검중군黔中郡을 탈취했습니다. 또다시 위나라를 쳐 위나라 장수 망묘芒卯를 패주케 만들고, 위나라 군사 13만 명을 참수했습니다. 또 한나라를 침공해 5개 성읍을 빼앗고 병사 5만 명을 참수했습니다. 그는 우리 조나라 장수 가언賈偃을 참수하고 조나라 군사 2만 명을 황하로 몰아넣어 익사시켰습니다. 백기는 이처럼 싸우면 틀림없이 이기고 공격하면 틀림없이 점령하는 '전필승戰必勝, 공필취攻必取'의 공을 세운 까닭에 위명威名을 널리 떨치게 됐습니다. 다른 나라 군사들은 그의 이름만 들어도 몸을 떱니다. 만일 신이 그와 대루對壘하면 승부가 거반居半일 것입니다. 주획을 하는 데 시일이 걸리는 이유입니다. 하지만 왕흘은 이번에 처음으로 대장이 된 자입니다. 그는 염파가 겁을 먹고 있는 기회를 이용해 감히 조나라 깊숙이 쳐들어왔지만 만일 신과 만나면 마치 낙엽이 추풍을 만난 꼴이 되고 말 것입니다. 신이 나서서 쓸어버릴 것도 없습니다."

조효성왕은 크게 기뻐하며 즉시 마복군 조괄을 상장上將으로 삼고, 황금과 오색 비단인 채백彩帛을 하사했다. 이어 부절符節을 들고 속히 장평관으로 가 염파 대신 조나라 군사를 지휘토록 하면서 정예군 20만 명을 더 거느리고 가게 했다. 조괄은 정예군을 사열한 뒤 황금과 채백을 수레에 가득 싣고 집으로 돌아갔다. 모친 앞에 이를 자랑하자 모친이 말했다.

"너의 부친이 임종 때 너는 조나라 장수가 돼서는 안 된다고 유언으로 경계했다. 너는 왜 오늘 사양하지 않은 것이냐?"

조괄이 대답했다.

"사양하지 않으려고 한 게 아니라 조정에 이 괄括만한 사람이 없는 걸 어찌하겠습니까?"

조괄의 모친이 이내 상서上書하여 간했다. 그 내용은 대략 이러했다.

조괄은 한낱 부친 소장의 병서만 읽었을 뿐입니다. 임기응변의 통변通變을 모르니 장재將才가 아닙니다. 원컨대 대왕은 그를 장수로 쓰지 마십시오.

조효성왕은 조괄의 모친을 직접 불러 그 까닭을 물었다. 조괄의 모친이
대답했다.

"조괄의 아비 조사는 장수로 있을 때 군왕으로부터 상사賞賜를 모두 군
리軍吏에게 나눠줬습니다. 또 출동명령을 받으면 그날 곧바로 군중에서 숙
식하며 집안일에 관해선 한 번도 묻지 않고 사졸과 고락을 함께했습니다.
매사에 반드시 여러 사람에게 널리 자문을 구하고, 감히 자신의 의견만 고
집한 적이 없었습니다. 그런데 조괄은 하루아침에 장수가 되자마자 동쪽을
향하고 앉아 군리들로부터 조례를 받고, 군리들은 감히 그를 쳐다보지 못
했다고 합니다. 또 그는 대왕으로부터 하사받은 황금과 채백을 모두 집으
로 갖고 돌아왔습니다. 장수가 된 자가 어찌 그럴 수 있는 것입니까? 그의
부친은 임종 때 첩에게 경계하여 말하기를, '괄이 장수가 되면 조나라 군사
는 반드시 패할 것이다.'라고 했습니다. 첩은 삼가 그 말을 기억하고 있습니
다. 원컨대 대왕은 양장良將을 따로 선발토록 하십시오. 결코 그를 써서는
안 됩니다."

조효성왕이 말했다.

"과인은 이미 결심했소. 그대는 더 이상 말하지 마시오."

조괄의 모친이 다시 말했다.

"대왕이 첩의 말을 듣지 않으니 어쩔 도리가 없습니다. 청컨대 조괄이 패
전할지라도 첩의 집안이 그 죄에 연좌되지 않도록 해주십시오."

조효성왕이 이를 허락했다. 마침내 조괄이 정예군 20만을 이끌고 한단
을 떠나 장평을 향해 진발進發했다.

당시 범수의 심복은 조나라 도성 한단에 머물며 조괄이 조효성왕에게
말한 것까지 모두 정탐했다. 그는 조괄이 대장에 임명돼 택일하여 군사를

출진시키는 것을 보고서야 급히 함양으로 돌아와 이를 보고했다. 진소양왕이 곧바로 범수와 상의하며 말했다.

"무안군이 아니면 이번 전쟁을 승리로 이끌 수 없을 듯하오."

그러고는 무안군 백기를 상장, 왕흘을 부장으로 삼은 뒤 군중에 명을 내려 이 일을 비밀로 하게 했다.

"무안군을 상장으로 삼은 이야기를 누설하는 자는 즉시 참할 것이다."

한편 조괄은 장평관에 당도하자 염파에게 조효성왕이 내린 부절을 내보였다. 염파가 조괄에게 군적軍籍 등을 모두 인계한 뒤 휘하 군사 100여 명만 이끌고 한단으로 돌아갔다.

조괄은 염파가 시행한 모든 명령과 규칙 등의 약속約束을 변경하는 경개更改 조치를 취했다. 여러 곳에 나눠 세운 영채를 한 곳으로 모아 대영大營을 만들었다. 당시 군중에 있던 풍정이 굳이 간했으나 듣지 않았다. 그는 또 염파가 임명한 장수들을 갈아 치우고 그 자리에 자신이 데려온 장수들을 들어앉혔다. 이어 장병들에게 엄중한 유시諭示를 내렸다. 진나라 군사가 공격해 오면 각 부대는 분발해 앞 다퉈 나가 싸우고, 싸워 이기면 곧바로 추격해 무찔러 결코 1명이라도 살려 보내선 안 된다는 내용이었다.

이미 진나라 군영에 부임한 무안군 백기는 조괄이 염파의 군령을 모두 뜯어 고쳤다는 보고를 받고는 우선 군사 3천 명을 조나라 군영으로 보내 싸움을 걸게 했다. 조괄이 곧바로 군사 1만 명을 내보내 영전迎戰케 했다. 진나라 군사가 크게 패해 황급히 돌아왔다.

백기가 보루 위에 올라 이를 바라보며 부장 왕흘에게 말했다.

"내가 조나라 군사를 이길 방도를 알아냈소!"

조괄은 진나라 군사의 1진陣을 패퇴시킨 뒤 손발이 절로 춤을 추는 수무족도手舞足蹈의 기쁨을 금치 못했다. 곧바로 사람을 진나라 군영으로 보내 전서戰書를 전했다. 백기가 왕흘을 시켜 가부의 대답을 내리는 비답批答

을 하도록 했다.

"내일 결전決戰코자 한다."

그러고는 군사를 10리가량 뒤로 물렀다. 이어 병사들로 하여금 왕흘이 조나라 군영 앞에 세웠던 영채를 이전에 주둔했던 곳으로 다시 옮기게 했다. 조괄이 크게 기뻐했다.

"진나라 군사는 나를 무서워하고 있다."

그러고는 소를 대거 도살해 군사들을 배불리 먹였다. 이어 이같이 전령傳令했다.

"내일 진나라 군사와 대전大戰을 벌일 것이다. 반드시 적장 왕흘을 사로잡아 열국 제후들의 웃음거리로 만들고야 말겠다."

당시 백기는 영채를 모두 옮겨 세운 뒤 제장들을 소집했다. 먼저 장수 왕분王賁과 왕릉王陵에게 명해 각각 군사 1만 명을 이끌고 최전방으로 나가 진세를 펼친 뒤 조나라 군사가 진격해 오면 번갈아 가며 교전케 했다. 이들의 임무는 오직 짐짓 패하는 모습을 보여 적들을 진나라 군영까지 유인하는 것이었다. 이를 제1의 전공으로 간주할 것을 약속했다.

이어 장수 사마근司馬靳[7]와 사마경司馬梗에게 명해 각각 군사 1만5천 명씩 이끌고 샛길을 통해 조나라 군사의 뒤로 돌아가 군량미를 운반하는 양도糧道를 끊게 했다. 또 장수 호상胡傷에게 명해 군사 2만 명을 이끌고 조나라 군영 왼쪽에 대기하고 있다가 조나라 군사가 추격해 오면 즉시 뛰쳐나가 적군을 두 동강 내도록 했다. 이밖에도 장수 몽오蒙驁와 왕전王翦에게는 각각 경기병輕騎兵 5천 기騎를 이끌고 상황을 보아가며 접응케 했다.

---

7 사마근司馬靳의 『열국지』 원문은 사마조司馬錯이다. 사마조는 진혜문왕과 진소양왕 때 활약한 진나라의 명장이다. 그러나 『사기』 「태사공자서」에 따르면 장평대전 때 무안군 백기와 함께 활약한 인물은 사마조의 손자인 사마근司馬靳이다. 「태사공자서」는 '사마근과 무안군 백기가 장평대전에서 조나라 군사를 대파한 뒤 투항한 자들을 모두 생매장하고 철군했다.'고 기록해 놓았다. 번역문은 이를 좇아 '사마조'를 '사마근'으로 바꿔 놓았다.

백기와 왕흘은 진나라 군사의 본영을 굳게 지켰다. 실로 천지에 모든 그물을 펼쳐 놓는 계책을 구사해 용과 범이 서로 다투는 격으로 싸우는 장수를 기다렸다가 사로잡는다는 뜻의 '안배지망천라계安排地網天羅計, 대착용쟁호투인待捉龍爭虎鬪人'의 격언에 부합하는 경우였다.

당시 조괄은 전군에 명을 내려 북을 4번 울리는 새벽 2시경인 4고四鼓 때 식사를 하고, 새벽 4시경인 5고五鼓 때 출전준비를 마치는 결속結束을 하고, 먼동이 트는 새벽 6시경인 평명平明 때 진세를 이뤄 전진토록 했다. 조나라 군사가 한 5리쯤 갔을 때 진나라 군사와 조우했다. 양측이 원진을 이룬 뒤 싸울 채비를 갖췄다. 조괄이 선봉 부표傅豹에게 말을 타고 나가 싸우는 출마出馬를 명했다. 부표가 말을 달려가자 진나라 장수 왕분王賁이 맞아 싸웠다. 두 장수가 30여 합을 싸우다가 왕분이 문득 말고삐를 돌려 달아나기 시작했다. 부표가 왕분을 급히 추격했다.

조괄이 이를 바라보다가 왕용王容으로 하여금 군사를 이끌고 가 부표를 돕게 했다. 그러나 진나라 장수 왕릉王陵이 나타나 앞을 가로막았다. 왕릉도 몇 합 싸우다가 말고삐를 돌려 달아났다. 조괄은 조나라 군사가 연거푸 이기는 걸 보자 이내 직접 대군을 휘몰아 달아나는 진나라 군사를 추격했다. 풍정이 다시 간했다.

"진나라 사람들은 속임수를 많이 씁니다. 그들의 패주를 그대로 믿어서는 안 됩니다. 원수는 추격하지 마십시오."

하지만 조괄은 이를 듣지 않고 10여 리나 황급히 추격하는 추분追奔을 했다. 조나라 군사가 마침내 진나라 군사의 보루가 있는 곳에 이르렀다. 왕분과 왕릉이 보루 양쪽으로 갈라져 달아났다. 보루 안의 진나라 군사는 굳게 지키기만 할 뿐 영격迎擊하지 않았다.

조괄이 전군에 명을 내려 진나라 군사의 보루를 치게 했다. 조나라 군사는 며칠 동안 계속 연타連打했지만 진나라 군사의 견수堅守 때문에 뚫고 들어가지 못했다. 조괄이 전령을 보내 후군後軍도 영채를 전방으로 옮겨 보루 공격에 가담케 했다.

이때 조나라 장수 소석蘇射이 말을 타고 나는 듯이 달려와 고했다.

"우리 후영後營은 진나라 장수 호상이 군사를 이끌고 와 타격하며 앞을 막고 있는 탓에 앞으로 나오지 못하고 있습니다."

조괄이 대로했다.

"호상이 어찌 이토록 무례한 것인가? 내가 직접 가 볼 것이다."

그러고는 초병을 내보내 진나라 군사의 동정을 정탐토록 했다. 초병이 돌아와 보고했다.

"서쪽 길은 병사와 거마가 끊어지지 않고 이어지는 군마부절軍馬不絶이고, 동쪽 길은 오가는 사람이 전혀 없는 무인지경無人之境입니다."

조괄이 군사를 이끌고 동쪽 길을 따라 후영 쪽으로 갔다. 그러나 불과 2-3리도 가기 전에 진나라 장수 몽오가 이끄는 군사가 길 건너편 언덕으로부터 문득 마구 뛰쳐나오는 쇄출殺出을 했다. 몽오가 큰 소리로 외치는 대규大叫를 했다.

"조괄아! 너는 이미 우리 무안군의 계책에 빠졌다. 아직도 투항하지 않은 것인가?"

조괄이 대로해 창을 높이 들어 싸우려고 하자 편장 왕용이 나서서 말했다.

"원수는 수고할 것 없습니다. 소장이 공을 세우겠습니다."

왕용이 즉시 몽오에게 달려가 교봉했다. 그때 다시 진나라 장수 왕전이 군사를 이끌고 달려왔다. 조나라 군사는 몽오와 왕전의 군사를 상대해 싸웠으나 이기지 못하고 대거 사상자만 냈다. 조괄은 이기기 어렵다고 판단해 곧바로 징을 울려 군사를 거두었다. 이어 수초가 무성한 곳을 택해 영채를 세웠다.

풍정이 또 간했다.

"군대는 예기銳氣를 활용합니다. 지금 우리가 비록 불리하지만 힘써 싸우면 능히 이곳을 탈출해 본영으로 돌아갈 수 있습니다. 거기서 다시 군사를 정비하면 능히 적에게 대항할 수 있습니다. 만일 이곳에 영채를 세우면 복배腹背로 공격을 받아 다시는 빠져나갈 수 없게 됩니다."

조괄은 이번에도 듣지 않았다. 그는 오히려 전군을 그곳으로 불러들여 영채를 세우고 길게 보루를 축조한 뒤 굳게 지키기만 했다. 이어 급히 사자를 한단으로 보내 조효왕에게 원군을 청하는 한편 후대로 하여금 군량을 운반해 오게 했다.

그러나 진나라 장수 사마 경은 군사를 이끌고 와 양도를 이미 끊은 것을 누가 알았겠는가? 이와 동시에 백기가 앞을 막고, 호상과 몽오 등이 뒤를 차단한 까닭에 꼼짝할 수 없게 됐다. 진나라 장수들이 매일 조나라 군사 영채 앞에 와서 조속한 투항을 요구하는 무안군의 장령將令을 큰 소리로 외쳤다. 조괄은 그제야 무안군 백기가 진나라 군중에 있다는 사실을 알고는 심담心膽이 찢어질 정도로 크게 놀랐다.

당시 진소양왕은 무안군 백기가 올린 승전보인 첩보捷報를 받고 조나라 장수 조괄이 곤경에 빠져 있다는 걸 알았다. 직접 수레를 타고 하내河內 땅으로 갔다. 민가의 백성으로서 15세 이상 되는 장정을 모두 징집해 종군케 했다. 이들 모두 여러 길로 나눠 달려가 조나라 군사의 군량과 말먹이 풀인 양초糧草를 마구 약탈했다. 이어 조나라 원군이 오는 길을 곳곳에서 끊거나 장애물로 막았다.

조괄이 이끄는 조나라 대군은 진나라 군사에게 46일 동안 포위당했다. 조나라 군중에 양식이 떨어진 지도 오래됐다. 굶주린 병사들이 서로를 죽여 잡아먹는 상살식相殺食 참상이 빚어졌다. 그러나 조괄은 이를 금지시키지 못했다.

마침내 조괄이 최후수단을 썼다. 전군을 4개 부대로 나눈 뒤 4명의 장수가 각각 1대隊씩 이끌게 했다. 부표는 1대를 이끌고 동쪽, 소석은 1대를 이끌고 서쪽, 풍정은 1대를 이끌고 남쪽, 왕용은 1대를 이끌고 북쪽을 향하게 했다. 조괄은 이들 4개 부대로 하여금 일제히 북을 치며 동시에 사방으로 돌격해 탈출로를 빼앗게 했다. 어느 1대가 한쪽 길이라도 뚫으면 나머지 3대를 이끌고 그곳으로 탈출코자 한 것이다.

그러나 무안군 백기가 조괄의 전법을 짐작하고 진나라 사수들로 하여금 미리 조나라 보루를 에워싸고 매복케 한 것을 누가 알았겠는가? 조나라 군사가 보루에서 쏟아져 나오는 순간 진나라 사수들이 장령과 병사를 가리지 않고 일제히 활을 쏘게 돼 있었다. 실제로 조나라의 4대 부대는 하루에도 3-4차례 돌격을 시도했으나 번번이 빗발치듯 쏟아지는 화살을 맞고 보루 안으로 되돌아가곤 했다.

다시 1달이 지났다. 조괄은 곤경에서 벗어나지 못하자 울분을 이기지 못했다. 이내 가장 정예한 병사 5천 명을 뽑은 뒤 두꺼운 갑옷을 입고 준마를 타게 했다. 이어 창을 높이 들고 앞장 서 돌격했다. 그 뒤를 이어 부표 왕용이 5천 명의 정예군을 이끌고 달려 나가며 돌파를 시도했다.

진나라 장수 왕전과 몽오가 함께 달려 나와 조괄 앞을 가로막았다. 조괄이 두 장수를 상대로 여러 합 역전力戰했다. 그러나 포위망을 뚫을 수 없었다. 조괄이 말머리를 돌려 보루로 달아나다가 말이 발을 헛디디는 바람에 땅바닥에 굴러 떨어지고 말았다. 순간 빗발치듯 떨어지는 화살을 맞고 그 자리서 죽고 말았다.

대장을 잃은 조나라 군사가 커다란 혼란에 빠졌다. 부표와 왕용 모두 전사했다. 소석이 풍정을 이끌고 달아났다. 풍정이 소사에게 말했다.

"나는 3번이나 조괄에게 간했으나 그는 내 말을 듣지 않았다. 지금 이 지경에 빠진 것이 어찌 하늘의 뜻이 아니겠소? 내가 달아난들 어디로 가겠소?"

그러고는 칼로 자신의 목을 찌르고 자진했다. 소석은 조나라로 돌아갈 면목이 없어 곧바로 북쪽 호지胡地로 갔다.

당시 백기는 좌우에 명해 조나라 군사들에게 투항을 권하는 초항기招降旗를 높이 들어 올리게 했다. 궁지에 몰린 조나라 군사들은 그 기를 보자 모두 무기를 버리고 갑옷을 벗어 던진 채 땅바닥에 꿇어 엎드리며 투항했다. 백기를 보자 절을 하며 '만세'를 외쳤다.

백기가 사람을 시켜 조괄의 목을 끊어 장대에 매달아 게양한 뒤 영채에 남아 있는 병사들에게도 투항을 권유케 했다. 조나라 영채에는 아직도 20여만 명의 병사가 남아 있었다. 이들 모두 대장 조괄이 죽었다는 말을 듣고는 감히 나서서 싸우려 하지 않았다. 이들 역시 모두 투항코자 했다. 이들이 버린 갑주와 무기가 산더미처럼 쌓였다. 영채에 남아 있던 치중輜重 모두 진나라 군사의 소유가 됐다.

백기가 왕흘과 상의하며 말했다.

"전에 우리 진나라가 야왕을 함락시키고 상당을 장악했지만 그곳 이민吏民은 진나라에 붙는 걸 좋아하지 않고 조나라에 붙는 걸 원한다고 했소. 그런 터에 앞뒤로 투항한 조나라 군사를 합치면 모두 40여만 명이나 되오. 혹여 하루아침에 변이라도 일어나면 우리가 어찌 그들을 막아낼 수 있겠소?"

그러고는 곧 조나라 군사 40여만 명을 10개 영營에 나눠 수용했다. 10명의 장수로 하여금 각각 1개 영씩 통제케 했다. 이어 이들을 감시하기 위해 진나라 군사 20만 명을 10개 영에 나눠 배치했다. 이어 10개 영에 우주牛酒를 나눠 주면서 이같이 선언케 했다.

"내일 무안군이 조나라 군사를 분류하고 선발할 것이다. 전투를 잘하는 상등 정예병은 기계器械를 주고 진나라로 데리고 가 계속 군사로 쓸 것이다. 전투를 감당할 수 없는 노약자와 힘이 떨어진 자는 모두 조나라로 돌려보낼 것이다."

조나라 군사들 모두 그 말을 듣고 크게 기뻐했다. 그날 밤 무안군 백기가 각 영을 통솔하는 10명의 장수를 불러들인 뒤 은밀히 명을 내렸다.

"오늘 밤 초경初更이 되면 진나라 군사는 모두 백포白布로 머리를 싸매도록 하시오. 그리하지 않은 자는 모두 조나라 군사이니 남김없이 죽이도록 하시오."

진나라 병사들이 명을 받들고 일제히 발작發作했다. 투항한 조나라 군사는 아무런 준비도 없었을 뿐만 아니라 몸에 무기를 하나도 지니고 있지 않아 속수束手로 당하고 말았다. 다행이 영문을 빠져나온 자들도 군사를 이끌고 순라巡邏를 도는 진나라 장수 몽오와 왕전에게 붙잡혀 참수됐다. 결국 하루저녁에 조나라 포로 40여만 명이 모두 목숨을 잃었다. 혈류血流가 졸졸淙淙 소리를 내며 흘러내렸고, 양곡楊谷의 계곡물이 붉게 물들었다. 오늘날 사람들이 양곡의 냇물을 단수丹水로 부르는 이유다.

백기는 조나라 군사의 머리뼈인 두로頭顱를 수습해 진나라 보루 사이에 쌓고 두로산頭顱山으로 명명했다. 이어 두로산 위에 누대를 세우고 우뚝 솟은 누대의 이름을 백기대白起臺로 불렀다. 백기대 아래가 바로 양곡이다.

당나라 때 당현종이 순행 중에 이곳에 들른 적이 있다. 처연히 장탄식하며 고승 삼장三藏에게 명해 조나라 군사 40여만 명의 원혼을 천도하는 수륙재水陸齋를 7일 동안 밤낮 없이 올리게 했다. 양곡을 두고 원통한 고혼을 돌아본다는 뜻의 생원곡省冤谷이라고 부르기도 하는 이유다. 이는 모두 후대의 일이다.

사신이 시를 지어 탄식했다.

100척의 누대가 모두 머리뼈이니　　　　　　　高臺百尺盡頭顱,

어찌 1만 개의 마른 뼈에 그치랴	何止區區萬骨枯
무정한 시석, 승리 위해 그랬으니	矢石無情緣鬪勝
가련한 병사들 무슨 죄가 있을까	可憐降卒有何辜

　장평대전을 통계通計하면 그 싸움을 전후로 참수된 조나라 군사는 모두 45만 명이다. 백기가 부임하기에 앞서 왕흘에게 투항했다가 주살을 당한 조나라 장졸을 포함한 숫자이다. 당시 백기는 나이 어린 조나라 병사 240명은 죽이지 않고 한단으로 돌려보냈다. 진나라의 위력威力을 널리 선양하기 위해 그런 것이다.

　조나라의 존망이 어찌될지 알 길이 없으니 다음 회를 보라.

제99회

197話 무안군 백기가 두우에서 원통히 죽다
— 무안군함원사두우武安君含冤死杜郵

　　당초 조효성왕은 진나라 군사의 제1진陣을 패퇴시켰다는 조괄의 첩보捷報를 접하고 크게 기뻐했다. 그러다가 조나라 군사가 장평에서 곤경에 처해 있다는 전령의 보고를 받고는 군신들과 함께 원군을 보내는 방안을 상의했다. 이때 문득 조괄이 죽고, 조나라 군사 40여만 명이 투항하고, 하룻밤 사이 이들 모두 산 채로 땅에 묻히는 갱살坑殺을 당하고, 간신히 나이 어린 병사 240명만 살아서 돌아왔다는 급보가 잇달아 당도했다. 조효성왕이 대경실색했다. 군신들 가운데 몸을 떨며 두려워하는 송구悚懼를 하지 않는 자가 없었다.
　　온 나라가 울음바다로 변했다. 자식은 죽은 부친, 부친은 죽은 자식, 형은 죽은 동생, 동생은 죽은 형, 조부는 죽은 손자, 아내는 죽은 남편을 곡했다. 거리마다 시정市井마다 큰 소리로 울며 애통해하는 호통지성號痛之聲이 그치지 않았다.

하지만 조괄의 모친은 울지 않았다.

"조괄이 장수로 임명됐을 때부터 노첩老妾은 그를 산 사람으로 간주하지 않았다."

조효성왕은 조괄의 노모가 전에 했던 말이 생각나 주살하지 않고, 오히려 곡식과 비단인 속백粟帛을 많이 하사하며 위로했다. 이어 염파에게 사람을 보내 자신의 불찰을 사과했다. 조나라가 온통 놀라고 두려워 허둥지둥하는 경황驚惶에 처해 있을 때 변경의 관원이 또 조정에 보고했다.

"진왕秦王이 상당을 공격하자 상당의 17개 성읍 모두 투항했습니다. 지금 무안군은 대군을 이끌고 전진하면서 한단의 포위를 호언한다고 합니다."

조효성왕이 군신들에게 물었다.

"누가 능히 진나라 군사를 막겠소?"

아무도 대답하지 못했다. 조정에서 부중으로 돌아온 평원군 조승이 빈객들에게 진나라 군사를 저지할 계책을 물었다. 빈객들 역시 아무 대답도 하지 못했다. 마침 종횡가 소대蘇代가 평원군 집에 손님으로 와 있었다. 소대가 말했다.

"이 소대가 함양에 가면 반드시 진나라 군사로 하여금 조나라를 공격치 못하게 막도록 하겠습니다."

평원군이 조효성왕에게 소대의 말을 전했다. 조효성왕이 많은 황금과 비단인 금폐金幣를 소대에게 내주며 노자로 쓰게 했다. 함양으로 간 소대가 승상인 응후 범수를 찾아갔다. 범수가 소대에게 읍하며 윗자리를 내주고 물었다.

"선생이 무슨 일로 우리 진나라에 온 것이오?"

소대가 대답했다.

"상군相君을 돕기 위해 왔소."

범수가 청했다.

"그렇다면 어떤 가르침을 내릴 생각이오?"

소대가 반문했다.

"무안군이 이미 마복군의 아들 조괄을 죽인 걸 알고 있소?"

범수가 대답했다.

"알고 있소."

소대가 물었다.

"무안군이 지금 조나라 도성 한단을 포위하려고 한다는 것도 알고 있소?"

범수가 대답했다.

"알고 있소."

소대가 말했다.

"무안군의 용병은 귀신같소. 그는 장수가 된 이래 70개 성읍을 탈취했고, 적군 1백만 명을 참수했소. 은나라 건국공신 이윤伊尹이나 주나라 건국공신 여상呂尙의 전공도 그보다 나을 게 없소. 이제 그가 한단을 포위 공격하면 조나라가 틀림없이 패망하고 말 것이오. 조나라가 패망하면 진나라는 이내 제업帝業을 이룩할 것이오. 그리되면 무안군은 탕왕을 도운 은나라 이윤과 주무왕을 도운 주나라의 여상처럼 천명에 응해 제왕을 곁에서 도우며 제업을 이룬 좌명佐命의 원훈이 되오. 상군은 지금 신하로서 가장 존귀한 자리에 앉아 있으나 무안군이 그런 공을 세우면 그 아래에 거하지 않을 수 없소."

범수가 그 말을 듣고는 크게 놀라 바짝 다가앉으며 물었다.

"이를 어찌하면 좋겠소?"

소대가 대답했다.

"상군은 한나라와 조나라로 하여금 땅을 베어 진나라에 바치고 강화를 서두르게 하십시오. 진나라가 두 나라로부터 땅을 할양받으면 이는 상군의 공이 됩니다. 또 진왕에게 건의해 무안군의 병권을 거두게 하십시오. 그러면 상군의 지위는 태산처럼 안정될 것입니다."

범수가 그 말을 듣고 크게 기뻐했다. 이튿날 진소양왕에게 말했다.

"진나라 군사가 밖에 나가 있은 지 너무 오래 됐습니다. 병사들이 크게 지쳐 있을 터이니 휴식을 취하게 해야 합니다. 사자를 한나라와 조나라로 보내 땅을 베어 바치고 강화를 서두르도록 설득하느니만 못합니다."

진소양왕이 대답했다.

"승상이 알아서 처리하는 자재自裁를 해 주시오."

범수는 소대에게 많은 금폐金幣를 소대에게 내주며 한나라와 조나라를 설득케 했다. 위안희왕魏安釐王과 한환혜왕韓桓惠王 모두 진나라를 두려워한 까닭에 이를 받아들였다.

한나라는 지금의 하남성 원양현 서북쪽에 있는 원옹성垣雍城 하나만을 바치고, 조나라는 6개 성읍을 바치면서 각각 사자를 보내 강화코자 했다. 진소양왕은 내심 1개 성읍만 바치는 할양이 너무 적다고 생각했다. 한나라 사자가 말했다.

"이번에 진나라가 차지한 상당 땅의 17개 성읍이 원래는 한나라 땅이었습니다."

진소양왕이 웃으며 이를 받아들였다. 이어 백기에게 반사班師의 명을 내렸다.

당시 백기는 연전연승의 여세를 몰아 한단을 포위하려던 참이었다. 이때 문득 '반사'의 명을 받고는 그것이 응후 범수의 계략에서 나온 것임을 눈치챘다. 범수에게 큰 원한을 품었다. 두 사람 사이에 틈이 벌어지기 시작한 배경이다. 당시 백기는 장병들 앞에서 이같이 선언했다.

"장평 싸움 이후 한단의 백성들은 하루에도 10번이나 놀라 잠에서 깨어날 만큼 두려움에 떨었다고 한다. 우리가 승전의 여세를 몰아 조나라를 쳤으면 불과 1달 안에 조나라를 멸망시켰을 것이다. 그러나 애석하게도 승상이 그런 시세時勢를 모르고 반사를 주장하는 바람에 절호의 기회를 놓치고 말았다."

진소양왕이 그 말을 전해듣고 크게 후회했다.

"백기가 이미 한단을 함락시킬 수 있다는 걸 알았다면 왜 과인에게 빨리 상주上奏하지 않은 것인가?"

그러고는 다시 백기를 대장으로 삼아 조나라를 치려고 했다. 그러나 마침 백기는 병이 나 대장 자리를 맡을 수 없었다. 진소양왕이 왕릉을 대장으로 삼은 뒤 군사 10만 명을 이끌고 가 다시 조나라를 치게 했다. 왕릉이 조나라로 진격해 한단을 포위했다. 조효성왕이 다시 염파를 대장으로 기용해 적을 막게 했다.

당시 염파는 굳게 성을 지키며 가재家財를 털어 결사대인 사사死士를 모집했다. 이어 이들 사사들로 하여금 때때로 한밤중에 밧줄을 타고 성을 넘어가 진나라 군영을 기습케 했다. 왕릉의 군사가 여러 차례 패했다.

이때 백기의 병이 낫자 진소양왕은 왕릉을 대신해 백기를 대장으로 삼고자 했다. 백기가 말했다.

"지금은 한단을 쉽게 공략할 수 없습니다. 지난번은 조나라 군사가 대패한 직후여서 백성들이 공포에 떨며 불안에 떨었습니다. 우리는 그때를 올라타야 했습니다. 당시 저들은 방어를 해도 견고하지 못하고, 공격을 해도 무력할 수밖에 없었습니다. 우리가 그 기회에 공격을 했으면 능히 함락시킬 수 있었습니다. 그러나 지금은 그로부터 2년여의 세월이 흘렀습니다. 그 사이 조나라는 방비태세를 갖췄습니다. 더구나 조나라 장수 염파는 노장老將

杜寬君咳
郵六舍安

무안군 백기가 두우에서 원통히 죽다

으로 조괄과 비교할 바가 아닙니다. 더구나 열국 모두 우리 진나라가 조나라와 강화한 걸 알고 있습니다. 이제 다시 조나라를 치면 열국 모두 우리 진나라를 믿을 수 없는 나라로 여길 것입니다. 불안을 느낀 열국이 다시 합종해 조나라를 구원하면 진나라의 승리를 장담할 수 없습니다."

그러나 진소양왕은 그 말을 듣고도 백기에게 출전을 강요했다. 백기가 굳이 사양했다. 진소양왕이 승상 범수를 보내 출전을 권유케 했다. 백기는 자신의 전공을 방해한 범수에게 화를 내며 다시 병이 들었다는 핑계를 댔다. 진소양왕이 범수에게 물었다.

"무안군이 정말로 다시 병에 걸린 것이오?"

범수가 대답했다.

"정말로 병에 걸렸는지 여부를 알 길이 없으나 대장이 되지 않겠다는 뜻만은 확고합니다."

진소양왕이 화를 냈다.

"백기는 우리 진나라에 자신을 제외하고는 별다른 장수가 없는 것으로 생각해 저리 행동하고 있으나 어찌 그만이 필수必須 대장이 될 수 있단 말이오? 지난번 장평에서 대승을 거둘 때 당초 용병을 한 장수는 왕흘이었소. 왕흘이 어찌 백기만 못하겠소?"

그러고는 왕흘을 대장으로 삼은 뒤 군사 10만 명을 더 내주면서 속히 조나라로 가 왕릉을 대신해 진나라 군사를 지휘하게 했다. 왕릉은 돌아오자마자 모든 관직을 삭탈 당했다.

왕흘은 왕릉에 이어 계속 한단을 포위 공격했으나 5달이 지나도록 함락시키지 못했다. 백기가 이 소문을 듣고 빈객들에게 말했다.

"내가 한단을 함락시키기가 어렵다고 말했는데 군왕은 내 말을 듣지 않았소. 지금 결국 어찌 되었소?"

빈객들 가운데 승상 응후와 가까운 자가 이를 고해 바쳤다. 범수가 진소양왕을 만나 이 이야기를 전하자 진소양왕이 반드시 백기를 대장으로 삼고자 했다. 백기가 마침내 거짓으로 병이 위독하다는 핑계를 대고 거절했다. 대로한 진소양왕이 무안군의 군호를 삭탈하고, 장수의 직위에서 파면해 사졸의 신분으로 강등시켰다. 이어 지금의 감숙성 영대 서남쪽의 음밀陰密 땅으로 추방하면서 즉시 함양성에서 나가되 잠시도 지체하지 말 것을 엄명했다.

백기가 탄식했다.

"옛날 월나라 범리范蠡는 일찍이 교활한 토끼를 잡고 나면 사냥개를 삶아 먹는다는 뜻의 '교토사狡兎死, 주구팽走狗烹'을 언급한 바 있다. 나는 진나라를 위해 다른 나라의 70여 개 성읍을 함락시키는 사냥개 역할을 했으니 팽烹을 당하는 게 당연하다."

함양성에서 쫓겨난 백기가 지금의 섬서성 함양시 경내에 있는 두우杜郵 땅에 이르러 잠시 쉬었다. 자신의 행장인 행리行李를 실은 수레가 오기를 기다린 것이다. 이때 승상 범수가 진소양왕에게 말했다.

"백기는 앙앙불복怏怏不服한 마음으로 함양를 떠나며 원언怨言을 늘어놓고 갔다고 합니다. 몸이 아프다고 한 것은 진실이 아닙니다. 그가 다른 나라로 가서 진나라에 해를 끼칠까 두렵습니다."

진소양왕이 사자를 시켜 날카로운 칼을 백기에게 전하며 자재自裁를 명했다. 사자가 두우에 이르러 왕명을 전했다. 백기가 칼을 받아 쥐고 탄식했다.

"내가 하늘에 무슨 죄를 지었기에 이 지경에 이르게 됐는가!"

한참 후 다시 말했다.

"나는 죽어 마땅하다. 장평 싸움에서 투항한 조나라 군사를 속여 하룻밤 사이에 이들 40여만 명을 모두 죽여 구덩이에 묻었다. 이 죄가 실로 얼마나 큰 것인가? 오늘 나의 죽음은 실로 당연한 것이다."

그러고는 스스로 목을 찌르는 자문自刎을 하고 죽었다. 때는 진소양왕 50년이자 주난왕 58년인 기원전 257년 11월이었다.

진나라 사람들은 백기가 죄도 없이 죽은 것으로 생각해 동정하지 않은 자가 없었다. 곳곳에 사당을 짓고 그를 추모했다. 훗날 당나라 말기에 하늘에서 벼락이 쳐 소 한 마리가 죽었다. 소의 배에 '백기白起'라는 2자가 쓰여 있었다. 어떤 논객이 이같이 평했다.

무안군 백기가 사람을 많이 죽인 까닭에 수백 년이 경과한 오늘에 와서도 짐승의 몸을 받아 벼락을 맞고 죽은 것이다. 살업殺業이 이토록 중하니 장수된 자가 어찌 경계하지 않을 수 있겠는가?

진소양왕은 백기를 자진케 만든 뒤 다시 범수를 도와준 일이 있는 정안 평을 부장으로 임명해 군사 5만 명을 내주며 왕흘을 돕게 했다. 그는 한단을 반드시 공격해 점령하는 공하攻下를 이룰 방침이었다.

조효성왕은 진나라에서 부장 정안평이 군사를 이끌고 온다는 보고를 받고 크게 놀랐다. 열국에 사자를 파견해 구원병을 청하고자 했다. 평원군 조승이 말했다

"위나라는 우리 조나라와 인척간이고 평소에도 우호를 유지해온 까닭에 틀림없이 구원병을 보낼 것입니다. 하지만 초나라는 나라도 크고 먼 곳에 있는 까닭에 합종책으로 설득하지 않으면 안 될 것입니다. 신이 직접 가보도록 하겠습니다."

조효성왕이 허락하자 평원군은 식객 가운데 문무를 겸비한 인재 20명을 뽑았다. 3천 명의 식객을 살펴보니 문文에 능한 자는 무武를 갖추지 못했고, 무에 능한 자는 문을 갖추지 못했다. 평원군은 열심히 고른 결과 간신히 19명을 선발했다. 20명을 선발할 예정이던 평원군이 탄식했다.

"내가 수십 년 동안 양사養士한 결과가 겨우 이 정도이니, 실로 훌륭한 인재를 얻기가 이토록 어려운 것인가!"

이때 말석에 앉아 있던 빈객 한 사람이 나서서 말했다.

"신과 같은 사람은 그 숫자에 들어갈 수 있는지 모르겠습니까?"

평원군이 이름을 묻자 그가 대답했다.

"신의 성은 모毛, 이름은 수遂라고 합니다. 원래 대량 출신으로 군의 문객으로 와 있은 지 3년이 됐습니다."

평원군이 웃으며 말했다.

"무릇 현사賢士는 마치 주머니 안에 들어 있는 송곳과 같아 날카로운 송곳 끝이 밖으로 삐져나오게 마련이오.[1] 지금 선생은 나의 문하에서 3년이나 있었지만 나는 아직 성함을 들어본 적이 없소. 선생은 문무 가운데 한

呂不韋 —여불위

大賈面目假父
衣冠招禮賢士成
一家言
爭名於朝
爭利於市
令之徂
僧如其智

가지도 제대로 잘하는 게 없는 듯하오."

모수가 말했다.

"신은 오늘에야 겨우 저를 주머니 속에 넣어달라고 청할 기회를 얻었습니다. 좀 더 일찍 주머니 속에 넣었다면 송곳 전체가 밖으로 뚫고 나오는 영탈穎脫이 이뤄졌을 것입니다. 어찌 송곳 끝에 그치겠습니까?"

1 여기서 주머니 속의 송곳이라는 뜻의 낭중지추囊中之錐, 추처낭중錐處囊中, 추낭錐囊 등의 성어가 나왔다. 재능이나 지혜가 뛰어난 사람은 범인들 사이에 있을지라도 금방 두각을 나타낸다는 의미이다. 송곳 끝만 보이는 게 아니라 송곳 자체가 주머니 밖으로 뚫고나온다는 취지에서 영탈穎脫로 표현키도 한다.

평원군이 그 말을 기특히 여겨 그를 20명 안에 포함시킨 뒤 곧바로 조효성왕에게 하직 인사를 드리고 초나라의 새 도성인 지금의 하남성 회양인 진성陳城을 향해 출발했다. 출발에 앞서 미리 춘신군 황헐에게 통지했다. 황헐은 평소 평원군과 친교가 있는 까닭에 이를 초고열왕에게 알렸다.

초나라 도성에 도착한 평원군은 이내 조정으로 들어가 초고열왕과 상견례를 올렸다. 두 사람은 정전正殿 위에 앉았고, 모수를 비롯한 문객은 계단 아래 늘어서 있었다. 평원군이 조용히 합종책에 입각한 원군 지원 방안을 이야기하자 초고열왕이 말했다.

"합종책을 시작한 나라는 조나라였소. 나중에 장의의 유세로 인해 합종의 맹약을 굳게 지키지 못했소. 앞서 선왕인 초회왕도 합종을 주도하는 종약장縱約長이 되어 진나라 토벌에 나섰지만 이기지 못했소. 이후 제민왕도 종약장이 되었지만 제후들이 등을 돌렸소. 지금은 열국 모두 '종縱'자 이야기만 들어도 꺼리는 형편이오. 이는 마치 모래를 뭉치는 것과 같아 쉽게 이야기할 수 없소."

평원군이 말했다.

"소진이 합종책을 제창한 후 산동의 6국 모두 형제가 되기로 원수洹水에서 맹서했습니다. 이 소식을 들은 진나라 군사는 감히 15년 동안 함곡관 밖으로 나오지 못했습니다. 이후 제나라와 위나라가 일명 서수犀首로 불린 종횡가 공손연公孫衍에게 속아 조나라를 치려고 했고, 초회왕도 장의에게 속아 제나라를 치려고 한 까닭에 합종책이 점차 와해되고 말았습니다. 만일 제나라와 위나라 및 초나라 3국이 원수의 맹약을 굳게 지키며 진나라에 속지 않았으면 진나라가 무엇을 어찌할 수 있었겠습니까? 제민왕은 명색만 합종의 추진자였지 실제로는 다른 나라를 병탄하려 했습니다. 열국의 제후들이 등을 돌린 이유입니다. 어찌 합종책이 좋지 못해 그리된 것이겠습니까?"

초고열왕이 말했다.

"오늘날의 형세를 보면 진나라만 강하고 다른 나라는 모두 약하오. 열국 모두 자신을 보위하기에도 바쁜 형편인데 어찌 다른 나라를 도울 겨를이 있겠소?"

평원군이 말했다.

"진나라가 비록 강하기는 하나 그 힘을 나누면 6국을 따로 제압하기에는 부족不足합니다. 반대로 6국은 비록 약하지만 그 힘을 모으면 진나라를 제압하기에는 유여有餘합니다. 각자 자기 나라만 지키고 서로 돕지 않으면 6국 모두 하나의 강국과 하나의 약국이 맞닥뜨리는 일강일약一强一弱의 상황을 맞게 됩니다. 그 승부는 이미 결정이 난 것입니다. 진나라 군사가 6국에 대해 점차 이런 식으로 진격해 들어갈까 걱정입니다."

초고열왕이 말했다.

"진나라는 한 번 출병해 한나라 상당의 17개 성읍을 함락시키고 조나라 병사 40여만 명을 갱살坑殺했소. 한나라와 조나라가 합세했는데도 무안군 백기 1인을 대적하지 못했소. 지금 또 진나라가 조나라 도성 한단을 포위 공격하고 있소. 멀리 궁벽한 남쪽에 있는 우리 초나라가 제때 도와줄 수 있겠소?"

평원군이 말했다.

"과군은 지난번에 장수 자격이 없는 조괄을 보낸 까닭에 장평 싸움에서 패하고 말았습니다. 지금 진나라 장수 왕릉과 왕흘이 군사 20여만 명을 이끌고 한단성 아래 진을 친 지 1년이 넘었지만 우리 조나라를 털끝인 분호分毫도 해치지 못하고 있습니다. 만일 열국의 구원병이 한곳에 모이면 진나라의 예봉을 크게 꺾을 수 있습니다. 그리하면 열국 모두 여러 해 동안 평안을 누릴 수 있을 것입니다."

초고열왕이 말했다.

"진나라는 요즘 우리 초나라와 새로 우호관계를 맺었소. 과인이 합종책을 좇아 조나라를 구하면 진나라는 틀림없이 우리 초나라에 화를 낼 것이오. 이는 우리 초나라가 조나라를 대신해 원망을 받는 게 되오"

평원군이 말했다.

"진나라가 초나라와 우호관계를 맺은 것은 3진三晉에 전념하려는 속셈입니다. 3진이 망하면 초나라가 어찌 독립獨立할 수 있겠습니까?"

초고열왕은 진나라가 두려운 나머지 머뭇거리며 의심하는 지의遲疑의 모습을 보이며 결단하지 못했다. 모수가 계단 아래에 서 있다가 해시계를 돌아보니 시간이 이미 정오 무렵이 됐다. 이내 칼을 잡고 계단 위로 올라가 평원군에게 말했다.

"합종책의 이해득실은 단 두 마디 말이면 끝납니다. 지금 주군은 해 뜰 무렵 입조入朝해 정오가 되도록 결정을 짓지 못하고 있으니 이는 어찌된 일입니까?"

초고열왕이 화를 내며 물었다.

"저 사람은 누구요?"

평원군이 대답했다.

"이 사람은 신의 빈객 모수입니다."

초고열왕이 말했다.

"과인이 그대의 주군과 대사를 의논하고 있는데 빈객이 어찌 다언多言을 하는 것인가?"

그러고는 꾸짖어 물러가게 했다. 모수가 몇 걸음 더 올라가 패검佩劍을 잡고 말했다.

"합종책은 천하 대사인 까닭에 천하인天下人 모두 논의할 수 있습니다. 저의 주군이 앞에 있는데 어찌하여 신을 꾸짖는 것입니까?"

초고열왕은 얼굴을 약간 펴고 물었다.

"빈객은 무슨 할 말이라도 있소?"

모수가 대답했다.

"초나라는 땅이 5천여 리나 되고, 초무왕과 초문왕 때부터 지금까지 천하를 웅시雄視해 왔습니다. 그러다가 문득 어느 날 진나라가 떨쳐 일어나 초나라 군사를 여러 번 패퇴시켰고, 초회왕까지 감금해 죽게 만들었습니다. 이어 백기라는 어린 놈小豎子은 여러 차례 싸움을 걸어와 언鄢과 영郢 땅까지 함락시켰습니다. 초나라는 결국 핍박에 못 이겨 진성陳城으로 천도했습니다. 이는 백세百世까지 이어질 원한인 까닭에 삼척동자三尺童子도 이를 수치로 여길 것입니다. 그런데도 유독 대왕만 홀로 그리 생각하지 않는 것입니까? 오늘 논의하는 합종책은 초나라를 위한 것이지 조나라를 위한 게 아닙니다."

초고열왕이 말했다.

"그렇소, 그렇소."

모수가 물었다.

"그럼 대왕의 뜻은 결정된 것입니까?"

초고열왕이 대답했다.

"과인의 뜻은 이미 결정됐소."

모수가 좌우 시종에게 명해 삽혈歃血을 위한 쟁반을 갖고 오게 했다. 이어 초고열왕 앞에 무릎을 꿇고 말했다.

"대왕이 종약장이니 먼저 삽혈토록 하십시오. 그 다음은 우리 주군이 삽혈하고, 마지막으로 신이 삽혈토록 하겠습니다."

이에 합종 맹약이 성사됐다. 삽혈이 끝나자 모수가 왼손으로 삽혈의 쟁반을 들고, 오른손으로 함께 온 빈객 19명을 돌아보며 말했다.

"그대들도 응당 당하에서 삽혈해야 할 것이오. 그대들은 다른 사람 덕분에 일을 성취하는 인인성사因人成事의 당사자들이오."

초고열왕은 합종책의 '종약장'이 될 것을 허락한 까닭에 곧바로 춘신군에게 명해 군사 8만 명을 이끌고 가 조나라를 구원케 했다.

"춘신군 황헐은 군사 8만 명을 이끌고 가서 조나라를 구원하오."

평원군이 귀국길에 올라 감탄했다.

"모 선생의 삼촌설三寸舌은 백만 대군보다 강하오. 나는 여러 사람을 두루 살펴왔지만 이번에 모 선생에게 실수를 했소. 이제부터 나는 감히 천하 선비들을 한눈에 알아본다고 말하지 않을 것이오!"

이후 모수를 상객으로 삼았다. 이를 읊은 시가 있다.

노가 아무리 커도 사람이 움직이고	櫓樯空大隨人轉
저울추 아무리 작아도 천근을 달다	秤錘雖小壓千斤
날카로운 송곳 주머니에 넣지 않고	利錐不與囊中處
문무 어지럽게 떠드는 19인을 뽑다	文武紛紛十九人

당시 위안희왕은 대장 진비晉鄙에게 군사 10만 명을 내주며 조나라를 구하게 했다. 진소양왕은 열국의 군사가 조나라를 구하러 온다는 보고를 받고 직접 한단으로 가 병사들을 독려했다. 이어 위안희왕에게 사자를 보내 이같이 위협했다.

"우리 진나라는 머지않아 한단을 함락시킬 것이오. 감히 조나라를 구하러 오는 제후가 있으면 반드시 군사를 옮겨 그 나라부터 격파할 것이오."

위안희왕이 크게 두려워했다. 곧바로 사자를 시켜 진비를 추급追及한 뒤 함부로 진격하지 않도록 당부케 했다. 진비는 왕명을 좇아 지금의 하북성 임장현 서남쪽의 업하鄴下에 군사를 주둔시켰다. 조나라 춘신군 황헐도 무관武關에 군사를 주둔시킨 채 사태를 관망하며 전진하지 않았다. 이 이야기는 여기서 잠시 접어두기로 하자.

198話 여불위가 교계로 이인을 귀국시키다
– 여불위교계귀이인呂不韋巧計歸異人

진소양왕의 손자인 왕손 이인異人은 진나라와 조나라가 면지澠池에서 회맹한 뒤 조나라에 인질로 보내졌다. 그는 안국군安國君의 둘째 아들이다. 안국군은 이름이 주柱, 자가 자혜子傒로 진소양왕의 태자였다. 그에게는 아들이 20여 명 있었지만 모두 후궁 소생이고 적자는 없었다. 그가 총애하는 부인은 초나라 출신의 화양부인華陽夫人이었으나 아들이 없었다. 이인의 생모 하희夏姬는 안국군의 총애를 받지 못했다.[2] 이인이 인질로 선택돼 조나라로 보내진 이유다. 그가 인질로 간 후 오랫동안 안부 서신을 보내는 사람도 없었다.

조효성왕은 진나라 장수 왕전王翦이 조나라를 칠 때 대로한 나머지 인질로 와 있는 이인을 죽여 화풀이를 하려고 했다. 평원군이 간했다.

"이인은 진왕의 총애도 받지 못하는데 그런 사람을 죽여서 무슨 이익이 있습니까? 진나라 사람에게 훗날 우호를 끊을 구실만 제공할 뿐입니다."

그러나 조효성왕은 분노를 삭이지 못해 이인을 총대叢臺에 안치安置한 뒤 대부 공손건公孫乾으로 하여금 출입을 감시케 했다. 또한 그에게 제공하던 식량 등의 늠록廩祿을 삭감했다. 출입할 때 타고 다닐 수레도 없고, 용돈으로 재화도 없었다. 종일 울울鬱鬱하게 지낸 이유다.

---

2 이 대목이 『열국지』 원문에는 하희夏姬가 총애를 받지 못한데다 일찍 죽었다는 뜻의 '무총無寵, 우조사又早死'로 되어 있다. 그러나 『사기』「여불위열전」에는 하희가 손자인 진왕 정政의 즉위로 태후가 되었다가 7년 뒤인 기원전 240년에 죽은 것으로 나온다. 번역문은 「여불위열전」의 기록을 좇아 '우조사又早死' 구절을 빼고 번역해 놓았다.

지금의 하남성 우주시인 양적陽翟에 부자父子 모두 장사를 하는 여불위呂不韋란 사람이 있었다. 평소 열국을 돌아다니며 물건을 싸게 사서 비싸게 팔아 집 안에 천금의 재산을 쌓아뒀다. 하루는 여불위가 거리에 나갔다가 돌아오는 도중에 우연히 왕손 이인을 보게 됐다. 태어나면서부터 얼굴은 분을 바른 듯했고, 입술은 붉은 흙을 바른 듯했다. 비록 쓸쓸해 보이긴 했으나 귀인의 기상인 귀개지기貴介之氣를 잃지 않았다. 여불위가 내심 이인의 기이한 모습에 탄복하며 옆에 있는 사람에게 물었다.

"저분은 누구시오?"

옆 사람이 대답했다.

"저 사람은 진왕의 태자인 안국군의 아들이오. 지금 조나라에 볼모로 와 있소. 근래 진나라 군사가 자주 국경을 침공하자 우리 대왕이 몇 번이나 죽이려고 했소. 비록 죽음을 면하기는 했으나 총대에 구류拘留돼 있소. 일 상용품도 부족해 궁인窮人이나 다름없소."

여불위가 홀로 말했다.

"이 사람은 마치 기이한 재화는 가히 손에 넣어 간직할 만한 기화가거奇貨可居의 대상이다."

그러고는 집으로 돌아와 부친에게 물었다.

"농사를 지으면 몇 배의 이익을 남길 수 있습니까?"

부친이 대답했다.

"10배는 될 것이다."

여불위가 물었다.

"구슬이나 옥돌을 팔면 몇 배의 이익을 남길 수 있습니까?"

부친이 대답했다.

"100배는 될 것이다."

여불위가 또 물었다.

"만일 어떤 사람을 왕으로 세워서 그 나라 강산을 장악하면 몇 배의 이익을 남길 수 있습니까?"

부친이 웃으며 대답했다.

"만일 그리할 수만 있다면 그 이익은 천만 배는 될 것이다. 도저히 계산할 수조차 없다."

여불위가 곧 총대를 감시하는 공손건에게 1백 금을 주고 교분을 맺었다. 공손건과 점점 친숙하게 지내면서 이인과도 자연스럽게 만났다. 그는 아무것도 모르는 것처럼 가장하고 이인의 내력來歷을 물었다. 공손건이 사실대로 이야기했다.

하루는 공손건이 주연을 마련한 뒤 여불위를 초대하자 여불위가 말했다.

"다른 손님을 부르지 않았으면 진나라 왕손이 이곳에 있는데 어찌하여 불러서 동좌同坐하지 않는 것이오?"

공손건이 이를 좇았다. 곧 이인을 데려와 여불위와 서로 인사를 나누게 한 뒤 함께 술을 마셨다. 술이 반쯤 오르자 공손건이 일어나 측간으로 갔다. 이틈을 타 여불위가 목소리를 낮춰 이인에게 물었다.

"이젠 진왕도 늙었습니다. 태자 안국군은 화양부인을 총애하나 화양부인은 소생이 없습니다. 왕손의 형제 20여 명 가운데 아직 안국군의 총애를 독차지하는 아들이 없습니다. 이런 상황에서 왕손은 왜 진나라로 귀국해 화양부인을 섬기며 그 아들이 되려고 하지 않는 것입니까? 그리되면 훗날 보위에 오를 희망이 있습니다."

이인이 눈물을 글썽이며 대답했다.

"내가 어찌 그런 희망을 품을 수 있겠소? '고국'이란 말만 들어도 가슴을 칼로 베는 듯하오. 그런데도 이곳을 빠져나갈 길이 없으니 그게 한스러울 뿐이오."

여불위가 말했다.

"저의 집이 비록 가난하기는 하나 왕손을 위해 1천 금을 갖고 서쪽 진나라로 가서 태자와 화양부인을 설득해 다시 돌아갈 수 있도록 주선하겠습니다. 어떻습니까?"

이인이 말했다.

"만일 그대의 말대로 돼 부귀를 얻게 되면 그대와 함께 부귀를 누리도록 하겠소."

두 사람의 대화가 끝날 무렵 공손건이 돌아오며 여불위에게 물었다.

"여군呂君은 무슨 이야기를 한 것이오?"

여불위가 대답했다.

"내가 왕손에게 진나라에서 매매되는 옥돌의 값을 물었더니 왕손이 모르겠다고 하는구려."

공손건이 더 이상 의심하지 않고 다시 술을 권했다. 세 사람이 술을 마시며 한껏 즐기다가 헤어졌다. 이후 여불위와 이인이 수시로 만났다. 여불위가 이인에게 은밀히 500금을 전해주었다. 이를 활용해 감시하는 좌우 사람들을 매수하고, 빈객들과 교분을 쌓도록 한 것이다. 공손건의 위아래 사람들 모두 이인이 건네는 금백金帛을 받고 한 가족처럼 지내며 의심하거나 미워하는 의기疑忌를 더 이상 하지 않았다.

여불위가 다시 500금을 들여 진기한 보물과 노리개를 산 뒤 공손건과 작별하고 함양으로 갔다. 이내 화양부인에게 진나라로 시집을 온 언니가 있는 걸 알아내고는 그 집안의 좌우 시종을 매수해 다리를 놓게 했다. 이내 화양부인 언니의 집을 찾아가 이같이 전하게 했다.

"조나라에 있는 왕손 이인은 늘 태자와 화양부인을 사념思念하고 있습니다. 저를 시켜 효순孝順의 예물을 전하게 한 이유입니다. 여기에 있는 약간의 예물 역시 왕손이 큰 이모님을 공손히 받드는 봉후奉候의 취지로 전하는 것입니다."

그러고는 황금과 주옥이 든 상자를 바쳤다. 화양부인의 언니가 이를 받고는 크게 기뻐하며 외당外堂으로 나와 주렴을 드리운 뒤 빈객인 여불위를 맞으며 물었다.

"이런 물건을 내게도 보내니 왕손의 뜻이 아름답기는 하나 공연히 손님에게 폐를 끼치며 멀리까지 행차케 했소. 지금 왕손은 조나라에서 아직도 고향 생각을 하고 있소?"

여불위가 대답했다.

"저는 왕손의 공관 맞은편에 살고 있습니다. 무슨 일이 있으면 바로 저에게 말을 하기에 저는 왕손의 심사心事를 속속들이 알고 있습니다. 그는 밤낮으로 태자와 화양부인을 그리워하고 있습니다. 어려서부터 화양부인을 적모嫡母로 생각해왔다고 저에게 말했습니다.[3] 또 조속히 귀국해 화양부인을 봉양하며 효도를 다하고 싶다고 말했습니다."

화양부인의 언니가 물었다.

"근래 왕손의 안부는 어떠하오?"

여불위가 대답했다.

"진나라 군사가 누차 조나라를 치자 조왕은 그때마다 왕손을 죽이려고 했습니다. 다행히 조나라 신민臣民 모두 살려둬야 한다고 상주해 목숨을 부지하고 있습니다. 그러기에 더욱 귀국코자 하는 마음이 더욱 간절합니다."

화양부인의 언니가 물었다.

"조나라의 신민은 무슨 까닭에 왕손 이인을 보호하려는 것이오?"

여불위가 대답했다.

---

3 이 대목이 『열국지』 원문에는 어려서부터 생모를 여의고 화양부인을 자신의 적모처럼 생각해 왔다는 뜻의 '자유실모自幼失母, 부인편시타적모夫人便是他嫡母'로 돼 있다. 앞서 지적한 것처럼 이인의 생모 하희夏姬가 진시황의 즉위 후에도 생존한 까닭에 '실모失母' 구절을 빼고 번역했다.

"왕손의 현명하고 효성스런 성품은 세상에 짝할 사람이 없습니다. 매번 진왕과 태자, 화양부인의 생신인 수탄일壽誕日과 설날인 원단元旦, 매달 초하루와 보름인 삭망일朔望日이 되면 반드시 목욕재계한 뒤 향을 사르고 서쪽을 향해 절을 하며 만수무강을 빕니다. 조나라 사람 가운데 이를 모르는 사람은 아무도 없습니다. 또 학문을 좋아하며 선비를 존중하고, 열국의 빈객과 널리 교제하고 있습니다. 이 또한 천하에 널리 알려져 천하인 모두 그의 현효賢孝를 칭송하고 있습니다. 조나라의 신민이 왕손을 보호하려는 이유입니다."

여불위가 말을 마치고 난 뒤 다시 500금에 해당하는 황금과 보옥 및 진기한 노리개를 바치며 말했다.

"왕손은 지금 귀국해 화양부인을 모실 수 없기에 보잘 것 없는 예물인 박례薄禮라도 바치며 효성을 표시코자 했습니다. 바라건대 왕실의 친척인 부인이 이 예물을 전달해 주시기 바랍니다."

화양부인의 언니는 문하門下의 식객을 시켜 여불위에게 주식酒食을 극진히 대접하도록 한 뒤 곧 입궁해 화양부인에게 여불위의 말을 전했다. 화양부인은 진기한 노리개를 보고는 '왕손 이인이 진정 나를 그리워하고 있구나.'라고 생각했다. 심중心中이 크게 환희했다. 화양부인의 언니가 집으로 돌아와 여불위에게 다녀온 경과를 말했다.

여불위가 모르는 척하고 물었다.

"화양부인은 아들이 몇 명입니까?"

화양부인의 언니가 대답했다.

"하나도 없소."

여불위가 말했다.

"저는 미색으로 다른 사람을 섬기는 사람은 미모가 쇠하면 사랑을 잃는다는 뜻의 '이색사인자以色事人者, 색쇠이애이色衰而愛弛' 구절을 들은 바 있습니다. 지금 화양부인은 태자를 섬기며 총애를 받고 있으나 아들이 없습니다. 이런 때 태자의 여러 아들 가운데 현효賢孝한 자를 골라 양자로 세워야 합니다. 그러면 세상을 떠나는 백세지후百歲地後에도 그 아들이 보위를 이을 것이니 영원히 위세를 잃지 않을 것입니다. 그리하지 않다가 이후 미색이 쇠해 태자의 사랑마저 잃게 되면 그때 후회해도 아무 소용이 없습니다. 지금 이인은 현효한데다가 스스로 화양부인에게 귀의하고 있습니다. 그는 자신이 보위에 오를 수 없는 중남中男[4]인 것을 알고 있습니다. 화양부인이 그를 선택해 적자로 삼으면 세세世世로 진나라에서 총애를 받아 복을 누릴 수 있지 않겠습니까?"

화양부인의 언니가 이 말을 화양부인에게 전했다. 화양부인이 말했다.

"그 문객의 말이 옳소."

어느 날 밤 화양부인이 태자 안국군과 함께 술을 마시며 즐기다가 문득 눈물을 흘리며 울었다. 태자 안국군이 이상히 여기며 연유를 물었다. 화양부인이 대답했다.

"첩은 구궁이 되어 은총을 받고 있으나 불행히도 아들이 없습니다. 군君의 여러 아들 가운데 이인이 가장 현명하다고 합니다. 제후들의 빈객 모두 그와 왕래하며 말을 그치지 않는 불용구不容口로 그를 칭송하고 있습니다. 이인을 데려와 후사로 삼을 수 있다면 첩이 노후를 의탁할 수 있을 것입니다."

태자 안국군이 이를 허락했다. 화양부인이 말했다.

"군君이 오늘은 허락했지만 내일 다른 후궁의 말을 듣고 오늘 일을 잊을

---

4 중남中男은 크게 3가지 뜻이 있다. 첫째, 여러 아들 가운데 장남長男과 소남少男의 중간에 있는 차자次子를 가리킨다. 둘째, 미성년자를 가리킨다. 『신당서新唐書』「식화지食貨志」는 18-23세의 사내를 가리킨다고 했다. 셋째, 청년남자를 가리킨다. 청나라 말기 유악劉鶚이 쓴 『노잔유기老殘游記』에 나오는 '소녀중남少女中男' 표현이 대표적이다. 여기서는 첫 번째 의미로 사용된 것이다.

것입니다."

태자 안국군이 말했다.

"부인이 믿지 못하면 내가 부신符信을 만들어 맹서하겠소."

그러고는 곧바로 옥에다가 왕손 이인을 적자로 삼는다는 뜻의 '적사이인適嗣異人' 4자를 새긴 부신인 옥부玉符를 만든 뒤 반은 화양부인에게 주고 반은 자신이 간직했다. 이를 증거물인 신표信標로 삼겠다는 취지였다. 화양부인이 물었다.

"이인이 지금 조나라에 볼모로 가 있는데 어찌해야 데려올 수 있는 것입니까?"

태자가 대답했다.

"내 틈을 보아 부왕父王에게 청하겠소."

당시 진소양왕은 조나라에 대해 크게 화를 내고 있었다. 태자 안국군이 이인을 귀국시키고자 했으나 들은 척도 하지 않았다. 여불위는 왕후王后의 아우 양천군陽泉君이 진소양왕의 총임을 받고 있는 걸 알아냈다. 다시 그 집의 가신들에게 회뢰賄賂해 양천군을 만났다. 여불위가 말했다.

"군君은 극형을 당할 죄를 지었는데 이를 알고 있습니까?"

양천군이 크게 놀라며 반문했다.

"내가 무슨 죄를 지었다는 것이오?"

여불위가 의젓이 설명했다.

"지금 군의 문하門下 가운데 고위직에 올라 후록厚祿을 받지 않은 자가 없고, 마구간에는 준마가 가득 차 있고, 후정後庭에는 미녀가 넘쳐납니다. 그러나 태자 문하에는 부귀하거나 득세한 자가 없습니다. 지금 진왕은 춘추가 많습니다. 어느 날 하루아침에 산릉붕山陵崩이 빚어지면 태자가 보위를 이을 것이고, 태자 문하의 사람들이 틀림없이 군을 심하게 원망할 것입니다. 군의 위망危亡은 가히 잠시 기다려도 좋을 만큼 빠를 것입니다."

양천군이 물었다.

"지금 당장 써야 할 계책으론 어떤 게 있소?"

여불위가 대답했다.

"비인鄙人의 계책을 쓰면 군은 나이를 100세까지 연장시키고, 군의 권세를 태산보다 더 튼튼하게 안정시킬 수 있습니다. 들어보겠습니까?"

양천군이 장궤長跪하며 청하자 여불위가 대답했다.

"진왕은 지금 춘추가 많고, 태자는 적자가 없습니다. 왕손 이인의 현효賢孝는 제후들 사이에 널리 소문이 나 있습니다. 그는 일야日夜로 고개를 길게 뺀 채 귀국할 날만 생각하는 인령사귀引領思歸의 모습을 보이고 있습니다. 왕후가 진왕에게 이인을 귀국시켜 적손嫡孫으로 삼는 방안을 진언케 만드십시오. 그러면 왕손 이인은 나라가 없다가 생기게 되고, 화양부인은 아들이 없다가 갖게 됩니다. 태자와 왕손 모두 왕후의 은덕에 감사하며 대를 이어 무궁히 혜택을 베풀 것입니다. 군의 작위 또한 길이 보전될 것입니다."

양천군이 절을 올리며 말했다.

"삼가 가르침을 받들겠소."

양천군은 그날 바로 왕후에게 이 말을 전했고, 왕후 역시 곧바로 진소양왕에게 전했다. 진소양왕이 말했다,

"조나라에서 강화를 청해 오면 그때 귀국시키도록 하겠소."

태자 안국군이 여불위를 불러 물었다.

"나는 이인을 데려와 후사로 삼고 싶지만 부왕이 아직 허락하지 않고 있소. 선생에게는 어떤 묘책이 있소?"

여불위가 고수叩首하며 대답했다.

"태자가 과연 왕손을 후사로 삼고자 하면 소인이 1천 금의 재산을 아끼지 않고 조나라의 권력자들에게 뇌물을 써 왕손을 구해내겠습니다."

태자 안국군과 화양부인이 크게 기뻐하며 왕손 이인이 빈객을 사귀는 경비조로 황금 300일鎰을 여불위에게 건네주었다. 왕후도 황금 200일을 여불위에게 주었다. 화양부인은 또 왕손 이인을 위해 만든 의복 한 상자를 내주고 여불위에게 따로 황금 100일을 내렸다. 이어 여불위를 미리 왕손 이인의 태부太傅로 임명하면서 왕손 이인에게 이같이 말을 전하게 했다.

"조만간에 상견할 수 있을 터이니 너무 우려憂慮하지 마라!"

여불위가 작별인사를 한 뒤 한단으로 돌아와 먼저 부친을 만나 그간의 경과를 자세히 이야기했다. 부친이 크게 기뻐했다.

이튿날 예물을 갖춰 공손건을 알현한 뒤 왕손 이인을 만났다. 이인이 진소양왕의 왕후와 태자 안국군 및 화양부인의 말을 세세히 상술詳述했다.

왕손 이인이 크게 기뻐하며 여불위에게 말했다.

"의복은 내게 두고 황금은 번거롭지만 선생이 갖고 가서 용처用處가 있을 때 임의로 써주시오. 나를 귀국케 해주면 은덕에 대한 고마운 마음인 감은感恩이 결코 얕지 않을 것이오."

당초 여불위는 전에 조희趙姬라는 한단 출신 미녀를 첩으로 얻은 적이 있었다. 그녀는 가무에 뛰어났다. 여불위는 그녀가 임신한 지 2달이 된 것을 알고 속으로 한 가지 계책을 생각해 냈다.

'왕손 이인이 귀국하면 틀림없이 보위를 이을 것이다. 조희를 이인에게 바친 뒤 조희가 아들을 낳으면 그 아이는 나의 혈육이다. 그 아이가 보위를 계승해 왕이 되면 영씨嬴氏의 천하는 바로 여씨呂氏의 천하로 바뀌는 셈이다. 나의 전 재산을 쏟아 부을지라도 결코 밑지지 않는 장사이다.'

여불위가 이내 이인과 공손건을 자신의 집으로 초청해 주연을 베풀었다. 상 위에 진수백미珍羞百味가 가득했다. 생황을 반주로 한 노래가 연주됐다. 주흥이 반쯤 무르익는 반감半酣이 됐을 때 여불위가 입을 열었다.

"비인卑人이 요즘 새로 소희小姬를 들였습니다. 자못 가무에 뛰어납니다. 이곳에 불러 한 잔씩 권하게 할 터이니 당돌唐突하다고 나무라지 마시기 바랍니다."

이내 푸른 옷을 입은 어린 여종인 아환丫鬟을 시켜 조희를 불러오게 했다. 조희가 나오자 여불위가 말했다.

"두 분 귀인을 비견拜見토록 하라."

조희가 연꽃 같은 걸음으로 사뿐히 걸어와 양탄자인 구유氍毹 위에서 머리를 조아렸다. 왕손 이인과 공손건 모두 황망慌忙히 읍하며 답례했다. 여불위가 조희에게 금으로 된 잔인 금치金巵에 술을 가득 부어 올리며 축수祝壽케 했다. 금치가 왕손 이인에게 왔을 때 왕손 이인이 고개를 들어 바라봤다. 과연 외모와 풍모가 완미完美에 가까운 표치標致의 모습이었다.

과연 어떤 모습이었는지 짐작케 해주는 사詞가 있다.

구름 같은 귀밑머리 매미 날개처럼 나부끼고	雲鬢輕挑蟬翠
아미 같은 눈썹은 고운 봄 산처럼 은은하다	蛾眉淡掃春山
붉은 입술 한 점의 앵두와 같고	朱唇點一顆櫻桃
하얀 치아 두 줄기 백옥과 같다	皓齒排兩行白玉
보조개에 피는 미소	微開笑靨
포사가 주유왕 유혹하는 듯	似褒姒欲媚幽王
사뿐히 걷는 작은 발	緩動金蓮⁵
서시가 오왕 부차 홀리는 듯	擬西施堪迷吳主
온갖 교태 눈으로 다 볼 수 없으니	萬種嬌容看不盡
온통 요염한 모습 그림으로도 그릴 수 없다	一團妖冶畫難工

조희가 축수를 올린 뒤 긴 소매를 휘날리며 춤을 췄다. 양탄자 위에서 고운 손을 크고 작게 휘저으며 춤을 추는 몸은 마치 구름 사이에서 노는 유룡遊龍을 닮았고, 펄럭이는 소매는 창공에 걸린 흰 무지개인 소예素蜺와 같았다. 빙글빙글 몸을 돌릴 때는 가벼운 깃털이 바람을 따라 도는 듯했다. 경쾌한 몸놀림이 고운 안개와 함께 뒤섞이며 황홀한 분위기를 연출했다. 공손건과 왕손 이인은 눈이 어지럽고 정신이 혼미해져 정신이 나가고 혼이 쓸려

---

5 금련金蓮은 금으로 만든 연꽃을 말하나 여기서는 미인의 작은 발을 가리킨다. 남북조시대 당시 남조의 역사를 기록한 『남사南史』「폐제동혼후기廢帝東昏侯紀」에 따르면 동혼후東昏侯 진숙보陳叔寶는 총애하는 반비潘妃를 위해 금으로 만든 연꽃을 땅 위에 깔도록 했다. 당대의 시인인 그는 이를 보고 걸음마다 금련이 만들어졌다는 뜻의 '차보보생금련此步步生金蓮也'라고 읊었다. 이후 금련金蓮, 금련보金蓮步, 보보금련步步金蓮, 보련步鏈 모두 미인의 작은 발을 상징하는 말로 통용됐다. 『금병매』에 나오는 반금련潘金蓮은 바로 반비의 이 일화를 참고로 해 만들어낸 인물이다.

나가는 신요혼탕神搖魂蕩의 모습을 보였다. 두 사람은 연신 입에서 찬사를 그치지 않았다.

조희의 춤이 끝나자 여불위가 조희에게 명해 큰 술잔에 술을 가득 부어 올리게 했다. 두 사람 모두 단숨에 들이켰다. 조희는 권주가 끝난 뒤 다시 안으로 들어갔다. 주객이 서로 술을 권하며 만취할 때까지 즐겼다. 공손건은 자신도 모르는 사이 크게 취해 바로 그 자리에 쓰러졌다. 왕손 이인은 조희의 고운 모습이 눈에 아른거려 이내 술김에 체면 불구하고 여불위에게 청했다.

"나는 고신孤身으로 조나라에 볼모로 온 까닭에 객관은 늘 적요寂寥하오. 바라건대 공이 이번에 새로 들여앉힌 조희를 얻어 나의 처로 삼을 수만 있다면 족히 평생의 소원을 이룰 수 있을 듯하오. 조희의 몸값이 얼마인지 모르겠으나 응당 그 값을 치르도록 하겠소."

여불위가 짐짓 화난 척 했다.

"저는 호의로 주연을 베풀고 조희까지 불러내 술을 권하도록 하며 경의를 표했습니다. 그런데 왕손은 저의 사랑하는 여인까지 빼앗으려는 것입니까? 이는 무슨 도리입니까!"

왕손 이인이 황공하여 불안해하며 몸 둘 바를 모르는 국척무지跼蹐無地의 모습으로 급히 무릎을 꿇고 사과했다.

"내가 고독한 객지생활로 인해 망령되게도 선생에게 사랑하는 사람을 넘겨주는 할애割愛를 요청했으니 실로 취후광언醉後狂言이었소. 허물치 않으면 다행이겠소."

여불위가 황망히 왕손 이인을 부축해 일으키며 말했다.

"저는 왕손을 위해 귀국의 계책을 바치고 1천 금의 재산을 탕진하면서도 전혀 아깝게 생각지 않았습니다. 지금 어찌 여인 하나를 아끼겠습니까? 다만 조희가 아직 나이가 어린 탓에 부끄러움을 많이 타 말을 듣지나 않을까 염려됩니다. 조희가 수락하면 곧바로 보내 드려 곁에서 침상의 이부자리를 펴고 앉은 자리의 먼지를 떠는 포상불석鋪床拂席의 일을 맡도록 하겠습니다."

왕손 이인이 재배하며 감사했다. 이어 공손건이 술에서 깨어나길 기다렸다가 함께 수레를 타고 총대로 돌아갔다.

그날 밤 여불위가 조희에게 말했다.

"진나라 왕손이 너를 십분 사랑해 아내로 맞이하려고 한다. 너의 뜻은 어떠한가?"

조희가 대답했다.

"첩은 이미 몸을 바쳐 군君을 섬기고 있습니다. 게다가 아기까지 갖고 있습니다. 어찌하여 저를 내치며 다른 사람을 섬기라는 것입니까?"

여불위가 은밀히 말했다.

"네가 종신토록 나를 섬겨 봤자 한낱 장사꾼의 여인밖엔 안 된다. 왕손 이인은 앞으로 진왕이 될 사람이다. 네가 그의 총애를 얻으면 틀림없이 왕후가 될 것이고, 천행으로 복중腹中의 아이가 아들이면 그 아이가 바로 태자가 될 것이다. 그러면 너와 나는 앞으로 진왕의 친부모가 돼 영원히 부귀를 누리게 된다. 부부의 정을 생각해서라도 부디 내 계책을 좇아다오. 이 일은 결코 누설해선 안 된다."

조희가 말했다.

"군이 도모하는 일이 원대한데 첩이 어찌 감히 명을 좇지 않을 수 있겠습니까! 단 부부의 은애恩愛를 어찌 차마 할절割絶할 수 있겠습니까?"

그러고는 흐느껴 울었다. 여불위가 조희를 위무하며 말했다.

"네가 만일 이 정을 잊지 못한다면 훗날 진나라의 천하를 얻은 뒤 다시 부부가 되어 영원히 헤어지지 않도록 하자. 이 어찌 아름다운 일이 아니냐?"

두 사람은 마침내 하늘에 맹서하고 그날 밤 잠자리를 함께했다. 은정恩情이 평소보다 배나 됐다. 더 이상 자세히 기술할 필요는 없을 것이다.

이튿날 여불위가 공손건의 거처로 가서 간밤에 태만히 불경스런 모습을 보인 간만簡慢의 잘못을 사과했다. 공손건이 말했다.

"내가 지금 왕손과 함께 댁으로 가서 간밤에 베푼 고정高情에 배사拜謝하려던 참이었는데 어떻게 수고스럽게도 왕가枉駕한 것입니까?"

잠시 후 왕손 이인도 도착해 서로 지난밤에 관한 인사를 나눴다. 여불위가 왕손 이인에게 말했다.

"왕손이 제 소첩의 누추함을 마다하지 않고 건즐巾櫛을 시중들도록 하겠다고 하니 저와 소첩이 의논한 끝에 삼가 존명尊命을 좇기로 했습니다. 오늘이 마침 길일이라 바로 왕손의 거처로 보내드려 잘 모시도록 하겠습니다."

왕손 이인이 말했다.

"선생의 고의高義는 분골쇄신을 해도 갚기 어려울 것입니다."

공손건이 말했다.

"이미 그런 좋은 혼인거리가 있으면 내가 응당 중매를 서도록 하겠소."

그러고는 좌우에 명해 혼인잔치인 희연喜筵을 준비토록 했다. 여불위도 자기 집으로 돌아갔다. 저녁이 되자 조희를 온거溫車에 태워 이인에게 보냈다. 그날 밤 왕손 이인이 조희와 혼례를 올렸다.

염옹이 이를 시로 읊었다.

새 기쁨과 옛 사랑이 하루에 바뀌니	新歡舊愛一朝移
궁한 왕손이 화촉 밝혀 소원 이루다	花燭窮途得意時
모두 왕손이 나라 차지한 줄 알지만	盡道王孫能奪國
여씨 아들이 차지한 줄 뉘라서 알랴	誰知暗贈呂家兒

왕손 이인은 조희를 얻은 뒤 마치 물고기가 물을 만난 듯 기뻐하며 몹시 사랑하고 아껴주는 애권愛眷을 했다. 결혼한 지 1달여 뒤 조희가 왕손 이인에게 말했다.

"첩이 왕손을 모신 뒤 천행으로 회태懷胎했습니다."

왕손 이인은 조희가 이미 임신한 사실을 모른 까닭에 자신의 자식을 밴 줄만 알고 더욱 환희했다. 조희는 이미 임신한 지 2달이 지난 몸으로 이인에게 출가했다. 이인과 함께 산 지 8달이면 임신기간인 10달을 채운 까닭에 이내 밖으로 나와야만 했다. 그러나 복중의 아이는 아무런 움직임도 나타내지 않았다. 조희가 잉태한 아기는 장차 천하를 통일할 제왕의 몸이었기에 범상한 아기와 달랐다. 조희는 임신한 지 12달을 채운 1년 만에 비로소 사내 아기를 낳았다.

아이를 낳을 때 산실 안에 붉은 빛이 가득했다. 온갖 새인 백조百鳥가 집 안으로 날아들었다. 아이를 보니 코끝인 준두準頭가 풍성했고, 눈이 옆으로 길게 째진 장목長目이었다. 또 반듯한 이마에 겹눈동자인 방액중동方額重瞳을 하고 있었다. 입속엔 이미 몇 개의 이빨이 나 있었고, 목덜미에는 용의 비늘인 용린龍鱗이 한 줄 돋아나 있었다. 첫 울음소리인 제성啼聲이 홍대洪大했다. 저잣거리인 가시街市에서도 그 소리를 들을 수 있었다. 그때가 바로 진소양왕 48년인 기원전 259년 정월 초하루였다.

왕손 이인이 크게 기뻐했다.

"내가 듣건대 천운을 타고 나는 군주는 날 때부터 반드시 특이한 징조가 있다고 했다. 이 아이는 골상이 비범할 뿐 아니라 정월 초하룻날 태어났으니 훗날 틀림없이 천하를 대상으로 정사를 펼칠 것이다."

그러고는 정월 초하룻날에 태어난 것을 기념해 이름을 정政으로 지었다.[6] 훗날 '정'은 부친인 이인의 뒤를 이어 보위에 오른 후 마침내 사상 최초로 천하를 통일했다. 그가 바로 진시황秦始皇이다.

당시 여불위는 조희가 아들을 낳았다는 소식을 듣고는 홀로 암암리에 크게 기뻐했다. 진소양왕 50년인 기원전 257년, '정'의 나이 3세가 됐다. 이 때는 진나라 장수 왕흘이 조나라 도성 한단을 포위한 채 급공을 가할 때였다.

여불위가 이인에게 말했다.

"조왕이 혹여 진나라에 대한 노여움을 왕손에게 옮기면 이를 어찌 대처할 것입니까? 속히 진나라로 달아나느니만 못합니다. 그래야 스스로 위험에서 벗어날 수 있습니다."

왕손 이인이 말했다.

"이 일은 전적으로 선생의 계책을 좇도록 하겠소."

여불위는 자신이 갖고 있는 황금을 모두 모아 600근을 마련했다. 그 절반인 300근을 한단성 남문을 지키는 수장守將과 그 수하들에게 뇌물로 나눠주며 부탁했다.

"저는 원래 양적陽翟 출신으로 일족 모두 한단으로 와 장사를 하고 있습니다. 불행히도 못된 진나라 군사가 쳐들어와 한단성을 포위한 지 이미 오래됐습니다. 전란에 휩쓸리다보니 고향 생각이 간절합니다. 고향에 가고 싶

---

6 당시 정政과 정正은 서로 통용됐다. 이 대목이 『열국지』 원문에는 조희의 성을 따 이름을 조정趙政으로 지었다는 뜻의 '용조희지성用趙姬之姓, 명왈조정名曰趙政'으로 되어 있다. 이는 『사기』「진시황본기」에 나오는 "진시황은 진소양왕 48년 정월에 한단에서 태어났다. 이름을 정政, 성을 조趙라고 했다."는 기록을 직역한 결과다. 「진시황본기」에 나오는 '조정'은 진소양왕 50년인 기원전 257년에 진나라의 침공에 화가 난 조나라가 이인을 죽이려고 하자 이인이 먼저 귀국하는 바람에 어린 3세의 진시황이 어머니 조희의 성을 좇은 결과를 기록한 것이다. 성명이 아닌 이름 자체를 '조정'으로 정했다는 의미는 아니다. 진시황은 자초子楚로 이름을 바꾼 부친 이인이 태자로 책봉되는 기원전 251년 비로소 진나라로 돌아올 수 있었다. 당시 진시황의 나이는 9세였다. 그때까지 진시황은 생모인 조희와 함께 몸을 숨기며 조나라에 살았다. 조희의 성을 따 성명을 '조정'으로 한 이유다. 『열국지』의 명왈조정名曰趙政 구절은 바로 이런 취지로 해석해야 역사적 사실에 부합한다. 번역문은 '조정'을 '정'으로 바꿔 번역해 놓았다.

은 생각에 제가 갖고 있는 장사밀천을 장군과 수하 장령에게 모두 나눠드렸습니다. 장군은 저에게 인정을 베풀어 저의 일족이 고향인 양적으로 돌아갈 수 있도록 성문 밖으로 내보내 주십시오. 그 은덕은 결코 얕지 않을 것입니다."

남문의 수장이 이를 허락했다. 여불위는 다시 공손건을 찾아가 황금 100근을 바치며 고향인 양적으로 돌아가겠다는 뜻을 밝혔다. 이어 자신이 성밖으로 나갈 수 있게 남문의 수장에게 잘 말해 달라는 부탁도 했다. 남문을 지키는 수장과 병사들 모두 여불위의 뇌물을 받은 데다 공손건의 부탁도 들은 까닭에 순조롭게 인정을 베풀었다. 조희는 어린 아들 정政을 데리고 먼저 피신했다.[7] 여불위는 그날 공손건을 집으로 초청해 술대접을 하면서 말했다.

"저는 3일 안에 출성出城할 것입니다. 작별인사라도 나눌까 하여 특별히 술자리를 마련했습니다."

여불위는 공손건이 난취爛醉할 때까지 계속 술을 권했다. 좌우 군졸들역시 대주대육大酒大肉 앞에서 마음껏 떠들며 먹은 까닭에 취포醉飽해 잠에 곯아떨어졌다.

---

7 이 대목의 『열국지』 원문은 '여불위는 먼저 왕손 이인으로 하여금 조희 모자를 비밀리에 여불위 자신의 모친 집에 맡기도록 조치했다.'는 뜻의 '불위예교이인장조씨모자不韋預教異人將趙氏母子, 밀기어모가密寄於母家.'로 되어 있다. 이인과 여불위가 한단을 빠져나갈 때 여불위의 부친을 포함해 조희와 진시황 등과 함께 진나라 군영으로 달아난 것으로 착각케 만드는 대목이다. 이는 『사기』「여불위열전」의 기록과 배치된다. 「여불위열전」에는 "자초子楚가 여불위와 공모해 금 6백 근斤으로 자초를 감시하는 관원을 매수해 탈출한 뒤 진나라 군영으로 도망친 덕분에 무사히 귀국할 수 있었다. 조나라가 조희와 아들 정을 죽이고자 했으나 조희는 조나라 부호의 딸인지라 쉽게 몸을 숨길 수 있었다. 진소양왕 56년인 기원전 251년, 진소양왕이 죽고 태자인 안국군이 진효문왕秦孝文王으로 즉위하자 조나라가 조희와 아들 정을 받들어 진나라로 돌려보냈다."고 기록해 놓았다. 『열국지』 원문도 조희와 어린 진시황이 이인과 함께 달아났다고 묘사하지는 않았다. 그럼에도 대다수 번역본은 이들이 이인과 여불위가 달아날 때 함께 도주한 것으로 번역해 놓았다. 명백한 오역이다. 번역문은 「여불위열전」의 기록을 좇아 '조희는 어린 아들 정政을 데리고 먼저 피신했다.'고 번역해 놓았다.

야반에 왕손 이인이 미복을 입고 여불위의 종복들 사이에 끼어든 뒤 여불위 부자의 행렬을 좇아 남문으로 갔다. 남문의 수장은 여불위 일행이 진짜인지 가짜인지 구별하지 못하고 은밀히 성문을 열어 이들을 성 밖으로 내보냈다.

당시 진나라 장수 왕흘의 대영은 한단성 서문 밖에 있었다. 여불위는 본래 고향으로 간다고 말했기에 남문으로 길을 잡을 수밖에 없었다. 왕손 이인과 여불위 부자는 종복들과 한 무리를 이뤄 밤새도록 내달리며 도중에 크게 방향을 바꿔 마침내 서문에 있는 진나라 군영에 이르렀다. 날이 밝을 무렵 이들 모두 진나라 순찰병에게 사로잡혔다.

여불위가 왕손 이인을 가리키며 말했다.

"이분은 진나라 왕손이다. 조나라에 인질로 잡혀 있다가 오늘 한단을 탈출해 본국으로 가려고 한다. 속히 길을 안내하도록 하라."

진나라 순찰병이 곧바로 이들 3인을 태운 뒤 황흘의 대영으로 안내했다. 왕흘은 이들의 내력을 분명히 확인한 뒤 군막 안으로 들어오게 해 인사를 나눴다. 이어 이인에게 좋은 의관을 주어 갈아입게 한 뒤 연회를 베풀어 환대했다. 왕흘이 말했다.

"대왕이 친히 독전키 위해 이곳에 와 계십니다. 행궁이 불과 10리도 안 되는 곳에 있습니다."

그러고는 수레와 말을 준비해 이인 일행을 행궁으로 호송했다. 진소양왕이 손자인 이인을 보고 기쁨을 감추지 못했다.

"태자가 밤낮 너를 생각하더니 오늘 하늘이 손자를 호구虎口에서 탈출케 했구나. 속히 함양으로 돌아가 부모의 마음을 위로해주도록 해라."

왕손 이인이 조부인 진소양왕과 하직한 뒤 여불위 부자와 함께 수레에 올라 마침내 함양을 향해 내달렸다.

왕손 이인과 안국군의 상봉이 어찌될지 알 길이 없으니 다음 회를 보라.

제100회

199話　노중련이 진나라의 제업을 인정치 않다
－노중련불긍제진魯仲連不肯帝秦

　　여불위는 왕손 이인과 함께 진소양왕에게 하직을 고한 뒤 먼저 함양으로 갔다. 우선 사람을 시켜 이 사실을 태자 안국군에게 알렸다. 안국군이 화양부인에게 말했다.

　　"내 아들이 함양으로 돌아왔다고 하오."

　　그리고는 화양부인과 함께 동궁東宮의 중당에 앉아 이인이 오기를 기다렸다. 여불위가 왕손 이인에게 말했다.

　　"화양부인은 초나라 출신입니다. 전하가 이미 화양부인의 아들이 됐으니 반드시 초나라 옷을 입고 들어가 알현토록 하십시오. 그래야 평소 얼마나 화양부인을 그리워했던지 보여줄 수 있습니다."

왕손 이인이 이를 좇아 옷을 갈아입은 뒤 동궁으로 들어갔다. 먼저 태자 안국군에게 절을 하고 이어 화양부인에게 절을 한 뒤 흐느껴 울며 말했다.

"불초 소자는 오랫동안 부모님 얼굴을 뵙지 못하고 모시지도 못했습니다. 소자의 불효한 죄를 용서해 주십시오."

화양부인은 이인이 머리에 초나라 사람들이 사용하는 남관南冠을 쓰고, 발에 표범 가죽으로 만든 표석豹舄을 신고, 몸에 단포短袍를 입고, 허리에 혁대革帶를 두른 것을 보고 물었다.

"내 아들은 그간 조나라 한단에 가 있었는데 어떻게 초나라 장속裝束을 흉내 냈느냐?"

이인이 머리를 조아리며 품했다.

"불초 소자는 밤낮으로 자모慈母를 생각했습니다. 자모를 그리워하는 마음인 회념懷念을 표시코자 특별히 초나라 복장을 만들어 입었습니다."

화양부인이 크게 기뻐하며 안국군에게 말했다.

"첩은 초나라 사람입니다. 이제 왕손은 당연히 제 아들입니다."

안국군이 말했다.

"아들의 이름을 이제 자초子楚로 바꾸도록 합시다."

이인이 부친 안국군에게 배사拜謝했다. 안국군이 자초에게 물었다.

"어떻게 진나라로 돌아올 수 있었느냐?"

자초는 조효성왕이 몇 번이나 자신을 죽이려고 했던 일과 자신의 귀국을 위해 여불위가 가재를 모두 털어 뇌물로 쓴 일 등을 세세히 고했다. 안국군이 곧바로 여불위를 불러 위로했다.

"선생이 아니었으면 나는 현효賢孝한 아들을 잃을 뻔했소. 우선 선생에게 동궁에 딸린 봉전俸田 200경頃, 체택第宅 1소所, 황금 50일을 내리겠소. 우선 함양에서 생활할 수 있는 자금으로 사용토록 하시오. 나중에 부왕이 회국回國하면 선생에게 관질官秩을 높여주도록 주청하겠소."

여불위가 사은하고 물러났다. 자초는 화양부인 궁중에서 기거했다.

한편 대취해 곯아떨어졌던 공손건은 이튿날 날이 밝아서야 술에서 깨어났다. 좌우 수하들이 와서 고했다.

"진나라 왕손 일가가 어디로 갔는지 알 수 없습니다."

공손건이 크게 놀라 곧바로 사람을 여불위 집으로 보내 알아보게 했다. 그가 돌아와 고했다.

"여불위 역시 집에 없습니다."

공손건이 대경大驚했다.

"여불위가 고향으로 돌아가기 위해 3일 안으로 움직이겠다고 했다. 어째서 야반에 떠난 것인가?"

그러고는 즉시 남문으로 가서 수장에게 여불위를 언제 성 밖으로 내보냈는지 힐문했다. 수장이 대답했다.

"여불위 가속家屬이 출성한지 이미 오래됐습니다. 나는 대부의 명을 봉행했을 뿐입니다."

공손건이 물었다.

"왕손 이인도 있었는가?"

수장이 대답했다.

"단지 여불위 부자와 일족을 비롯해 종복들 몇 명만 있었을 뿐 이인은 그 안에 없었습니다."

공손건이 절망에 빠져 두 발을 구르는 질족跌足을 하며 탄식했다.

"그 종복들 사이에 틀림없이 이인이 끼여 있었을 것이다. 내가 교활한 장사꾼의 계교에 속았다!"

그러고는 조효성왕에게 상표上表했다.

신 건은 감압監押을 소홀히 하는 바람에 진나라 인질 이인을 도주케 만들었습니다. 신의 죄는 변명할 길이 없습니다.

표문을 올린 뒤 마침내 칼로 자신의 목을 찌르고 자진했다.
염옹이 시를 지어 탄식했다.

감시는 조석으로 만전을 기해야 하니	監守晨昏要萬全
오로지 주식을 탐하고 뇌물만 받았다	只貪酒食與金錢
취한 뒤 깨어나니 왕손은 떠나버렸고	醉鄕回後王孫去
자진은 했으나 구천서도 후회하리라	一劍須知悔九泉

진소양왕은 손자인 자초가 조나라에서 탈출해 진나라로 돌아온 뒤 한 단성에 대한 공격을 더욱 강화했다. 다급해진 조효성왕이 다시 위나라에 사자를 보내 업하鄴下 땅에 머물며 사태를 관망하고 있는 위나라 군사의 조속한 출전을 요청했다. 당시 빈객으로 장수가 된 위나라 객장군客將軍 신원연新垣衍이 위안희왕에게 헌책獻策했다.

"진나라가 조나라를 급하게 공격하는 데는 나름 이유가 있습니다. 전에 진왕은 제민왕에게 함께 제호帝號를 사용할 것을 제의했으나 제민왕이 응하지 않자 제호를 쓰지 못했습니다. 이제 제민왕은 죽고 제나라는 날로 쇠약해 가는 상황에서 진나라만 홀로 강대국이 됐습니다. 진왕은 자신이 칭제하지 못한 것에 대해 내심 크게 불쾌하게 여기고 있습니다. 오늘날 진왕이 군사를 동원해 쉬지 않고 남의 나라를 침공하는 것도 내심 칭제코자 하는 욕망 때문입니다. 실로 조나라로 하여금 사자를 진왕에게 보내 칭제를 건의케 하면 진왕은 틀림없이 기뻐하며 파병罷兵할 것입니다. 이는 진왕에게 허명虛名을 안겨주는 대가로 전화戰禍를 피하는 실리를 얻는 길이기도 합니다."

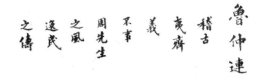

魯仲連
稽古喜齊
義不事
周先生
之風
逸民
之傳

노중련

위안희왕은 내심 조나라 구원을 꺼리고 있었던 까닭에 이를 합당한 것으로 여겼다. 즉시 신원연으로 하여금 조나라 사자와 함께 조나라 도성으로 가서 그 계책을 조효성왕에게 진언케 했다. 조효성왕이 군신들과 함께 이를 상의했다. 중의衆議가 분분해 결론을 내지 못했다. 평원군 조승도 1촌寸 평방 크기의 방촌方寸인 마음이 혼란스러운 나머지 전혀 결단하지 못했다.

당시 제나라 출신의 노중련魯仲連이란 선비가 있었다. 12세 때 당대의 변사辯士인 전파田巴와 논쟁을 벌여 굴복시킨 일이 있었다. 제나라 사람들은 어린 노중련의 재주가 하루에 1천 리를 달리는 망아지와 같다는 취지에서 천리구千里駒로 불렸다. 논쟁에서 패배한 전파는 이같이 평했다.

"그는 날아다니는 토끼인 비토飛兎이다. 어찌 '천리구'에 그치겠는가?"

노중련은 장성한 후에도 벼슬살이를 좋아하지 않고, 오로지 열국을 주유하며 남을 위해 어려움을 보살피고 분쟁을 해결해 주는 것으로 낙을 삼았다. 마침 그때 조나라 도성 한단에 왔다가 진나라 군사의 포위로 그곳을 떠나지 못한 채 머물게 됐다. 위나라 사자 신원연이 조나라로 와 조효성왕에게 진소양왕의 칭제를 건의토록 설득하고 있다는 소문을 듣고 발연勃然히 불쾌해했다. 곧 평원군을 찾아가 말했다.

"길을 가는 사람인 노인路人이 말하길, 군君이 진왕의 칭제를 거론했다고 하는데 그런 일이 있었습니까?"

평원군이 대답했다.

"나는 화살에 몸을 상한 새처럼 정신이 오락가락하는데 어찌 감히 그런 일을 입에 담을 수 있겠소? 그 말은 위왕의 사자 신원연이 우리 조나라에 와서 한 말이오."

노중련이 말했다.

"군은 천하의 현공자賢公子입니다. 그런데도 한낱 위나라의 객장군客將軍에게 그런 중대한 일을 내맡기려는 것입니까? 지금 그 객장군 신원연은 어디에 있습니까? 내가 군을 위해 그를 질책해 돌려보내도록 하겠습니다."

평원군이 신원연에게 노중련을 한번 만나보도록 권했다. 신원연도 노중련의 명성을 익히 들어 알고 있었다. 논쟁을 벌였다가는 그 문제가 혼란에 빠져들까 우려해 사절했다. 그러나 평원군이 강청하다시피 하자 마침내 노중련을 자신이 머물고 있는 공관에서 맞이했다. 노중련이 공관으로 와서 신원연과 상견례를 나눴다.

신원연이 눈을 들어 노중련을 보니 정신이 맑고 골격이 상쾌한 신청골상神淸骨爽의 모습이었다. 그 표표飄飄한 자세가 신선의 풍도風度였다. 신원

연이 자신도 모르게 일어나 숙연한 자세로 경의를 표했다. 그가 먼저 입을
열었다.

"내가 선생의 옥모玉貌를 보니 결코 평원군에게 무엇을 구할 분 같지 않
소. 어째서 오랫동안 이 포위된 성안에 머물며 떠나지 않는 것이오?"

노중련이 대답했다.

"나는 평원군에게 청할 게 없소. 다만 나름 장군에게 청할 일이 있소."

신원연이 물었다.

"선생이 내게 청할 일이 무엇이오?"

노중련이 대답했다.

"진나라가 칭제하지 못하도록 조나라를 도와달라는 것입니다."

신원연이 물었다.

"선생은 어떤 식으로 도와야 한다고 봅니까?"

노중련이 대답했다.

"나는 장차 위나라와 연나라로 하여금 조나라를 돕도록 만들겠소. 제나라와 초나라는 본래 조나라를 돕고 있었소."

신원연이 웃으며 말했다.

"연나라는 잘 모르겠으나 위나라 일이라면 내가 위나라 대량 출신이오. 선생이 어떻게 나로 하여금 조나라를 돕도록 만들겠다는 것이오?"

노중련이 말했다.

"위나라는 진나라가 칭제했을 때의 폐해를 아직 모르고 있소. 그 폐해를 알면 위나라는 반드시 조나라를 도울 것이오."

신원연이 말했다.

"진나라가 칭제했을 때 그 폐해가 과연 어떤 것이오?"

노중련이 말했했다.

"진나라는 예의를 버린 채 전공戰功만 으뜸으로 여기는 나라요. 힘만 믿고 거짓을 일삼으며 애꿎은 생령生靈을 도륙해 왔소. 오늘날 진나라가 열국과 마찬가지로 칭왕稱王할 때도 이와 같은데 칭제稱帝케 되면 그 행동은 더욱 잔학해질 것이오. 나 노중련은 차라리 동해를 밟고 들어가 죽을지언정 저들의 백성은 되지 않을 생각이오.¹ 위나라는 어찌하여 저들의 발 아래로 들어가는 걸 감수하려는 것이오?"

1　'나 노중련은 차라리 동해를 밟고 들어가 죽을지언정' 구절의 『열국지』 원문은 '련녕도동해이사連寧蹈東海而死;이다. 이는 『사기』 「노중련추양열전魯仲連鄒陽列傳」을 그대로 인용한 것이다. 이 구절에서 죽음을 택할지라도 굴욕을 받지 않겠다는 취지의 굳은 절개를 뜻하는 노련도해魯連蹈海 성어가 나왔다. 『전국책』 「조책」에는 '련유부동해이사의連有赴東海而死矣'로 표현돼 있다.

신원연이 말했다.

"위나라가 어찌 진나라 폭압을 달가워하겠소? 그러나 비유컨대 종복 10인이 주인 1인에게 복종한다고 해서 어찌 그 지력智力이 주인만 못해 그러겠소? 주인이 두렵기에 그리하는 것일 뿐이오."

노중련이 말했다.

"위나라는 스스로를 진나라의 종복으로 여기는 것입니까? 그렇다면 내가 진왕으로 하여금 위왕을 푹 삶아 식해食醢로 만들게 하겠소."

신원연이 불연怫然히 말했다.

"선생이 어떻게 진왕으로 하여금 위왕을 식해로 만들게 할 수 있단 말이오?"

노중련이 말했다.

"옛날 은나라 제후인 귀후鬼侯와 악후鄂侯 및 훗날의 주문왕은 은나라 마지막 왕인 주紂 밑에서 삼공三公의 벼슬을 지냈소. 당시 귀후는 자신의 아름다운 딸을 주에게 바쳤소. 귀후의 딸은 음탕한 걸 좋아하지 않았소. 주가 대로한 나머지 그 여인을 죽인 뒤 귀후마저 죽여 그 살로 식해를 만들었소. 악후가 이를 간하자 역시 삶아서 식해를 만들고 말았소. 주문왕이 이 소문을 듣고 탄식하자 유리羑里에 감금해 버렸소. 그도 죽임을 당할 뻔했으나 수하들이 미녀를 바친 덕분에 간신히 살아났소. 당시 삼공의 지력이 은나라 주만 못해 그런 형벌을 당했겠소? 천자가 제후를 대하는 태도가 원래 그런 것이오. 진나라가 방자하게 칭제하면 반드시 위나라를 책망하며 입조를 강요할 것이오. 은나라 주가 무고히 위후와 악후를 주살한 것처럼 횡포를 부리면 그 누가 이를 금할 수 있겠소?"

신원연이 잠시 생각에 잠기면서 대답하지 못했다. 노중련이 다시 말했다.

"비단 그것만도 아니오. 진나라가 방자하게 칭제하면 반드시 제후들의 대신들조차 모조리 바꿔버릴 것이오. 미운 자는 내쫓고 좋아하는 자들을 심어 넣을 것이오. 또 진왕의 딸들 가운데 질투가 많고 참소를 잘하는 여인을 골라 제후의 아내로 보낼 것이오. 그리되면 위왕인들 어떻게 안연晏然히 살 수 있겠소? 장군 또한 어떻게 작록을 유지할 수 있을 수 있겠소?"

신원연이 궐연蹶然히 벌떡 일어나 재배하고 말했다.

"선생은 실로 천하사天下士요. 나는 곧 위나라로 돌아가서 과군에게 선생의 말을 복명토록 하겠소. 다시는 진나라의 칭제 문제를 재론치 않도록 만들겠소."

당시 진소양왕은 위나라 사자가 진나라의 칭제를 권유키 위해 조나라로 왔다는 소식을 듣고 크게 기뻐했다. 이내 한단에 대한 공격을 늦추고 좋은 소식이 오기를 기다렸다. 그러던 차에 합의가 이뤄지지 않아 위나라 사자가 이미 떠났다는 소식을 듣고 탄식했다.

"한단성 안에 필시 경시하지 못할 사람이 있는 듯하다."

그러고는 이내 군사를 이끌고 분수汾水 가로 후퇴해 주둔했다. 또 왕흘에게도 만반의 사태에 대비토록 경계시켰다.

200話 신릉군이 부절을 훔쳐 조나라를 구하다
─ 신릉군절부구조信陵君竊符救趙

당시 조나라 평원군은 신원연이 돌아가자 업하 땅에 주둔하며 사태를 관망하던 위나라 장수 진비晉鄙에게 다시 사자를 보내 속히 구원에 나서줄 것을 청했다. 하지만 진비는 위안희왕으로부터 아무런 명이 없다며 요청을 거절했다. 평원군이 위나라 신릉군 공자 무기에게 서신을 보냈다. 그 내용은 대략 이러했다.

> 이 조승이 자진하여 그대의 누이와 혼인한 것은 그대가 고의高義 를 발휘해 남을 곤경에서 구해줄 것으로 생각했기 때문이오. 이제 한단은 조만간 진나라 군사에 항복할 수밖에 없는 절박한 상황이오. 그런데도 위나라 구원군은 업하 땅에 머물며 앞으로 나오지 않고 있 소. 이 어찌 평생 서로 의지하고자 한 취지일 수 있겠소? 군의 누이 는 한단성이 함락될까 우려하며 밤낮으로 슬피 울고 있소. 설령 나 를 생각지 않는다 할지라도 누이조차 생각지 않는 것이오?

신릉군 무기가 서신을 읽은 뒤 누차 궁에 들어가서 위안희왕에게 속히 진비에게 명해 조나라를 구하게 하라고 청했다. 위안희왕이 말했다.

"조나라는 진왕으로 하여금 칭제토록 건의하면 되는데 그리하지 않고 남의 나라 힘을 빌려 진나라 군사를 물리치려고 하는 것인가?"

그러고는 끝내 허락지 않았다. 신릉군이 빈객들과 변설에 능한 사람들을 동원해 백반百般으로 위안희왕을 설득케 했다. 그러나 위안희왕은 아예 들으려고도 하지 않았다. 신릉군이 문객에게 말했다.

"나는 평원군과 맺은 의리를 생각할 때 도저히 그를 저버릴 수 없소. 차라리 나 혼자라도 조나라로 가서 함께 싸우다 죽을 작정이오."

그러고는 병거 100승을 준비케 한 뒤 자신을 따르는 빈객들과 함께 한단으로 가 직접 진나라 군사와 싸우려고 했다. 어려움에 처한 평원군을 돕기 위해 싸우다 죽으려고 한 것이다. 빈객들 가운데 1천여 명이 종군을 원했다. 신릉군이 이들을 이끌고 대량성의 이문夷門을 빠져나가면서 그간 사귀어 온 이문의 문지기인 후생侯生에게 작별을 고했다. 후생이 말했다.

"공자는 하고자 하는 일을 힘써 행하십시오. 신은 늙어서 종군할 수 없습니다. 괴이하게 여기지 마십시오. 결코 괴이하게 여기지 마십시오."

신릉군은 무슨 좋은 계책이라도 얻어들을 수 있을까 기대하며 여러 번 눈길을 보냈다. 하지만 후생은 작별인사 외에는 다른 말을 하지 않았다. 신릉군이 앙앙불락한 마음으로 10리쯤 가다가 내심 생각했다.

'내가 후생을 대할 때마다 모든 예를 다하는 진례盡禮를 했다. 내가 진나라 군사와 싸우러 가는 것은 바로 사지死地로 가는 것과 다름없다. 그런데 후생은 나를 위한 계책을 한마디 말과 반 구절인 일언반사一言半辭조차 말하지 않았다. 게다가 떠나는 나를 막지도 않았다. 실로 괴이한 일이다.'

그러고는 빈객들의 행군을 멈추게 한 뒤 홀로 수레를 돌려 후생을 만나러 가고자 했다. 빈객들이 말했다.

"그는 다 죽어가는 반사半死의 늙은이로 만나봐야 아무 소용도 없다는 건 분명한 일입니다. 공자는 어찌하여 그를 다시 만나보려는 것입니까?"

신릉군이 듣지 않았다. 당시 후생은 이문 밖에 서 있다가 신릉군이 수레를 돌려 돌아오는 걸 보고 웃으며 말했다.

"나는 공자가 반드시 돌아올 것을 알고 있었습니다."

신릉군이 물었다.

신릉군

枕曹東門古求賢公負名常待遇寬
竊符盜太終横秉許奪卹重渾疑社稷矩魯
宮子玉事我欲尙羡生 夢蘭書

"그걸 어찌 알았소?"

후생이 대답했다.

"공자는 저를 후하게 대접해 왔습니다. 오늘 공자가 불측지지不測之地로 떠나는데도 제대로 전송도 하지 않았습니다. 공자는 반드시 저를 원망했을 것입니다. 반드시 도중에 돌아오리라는 걸 안 이유입니다."

신릉군이 재배하며 청했다.

"당초 저 무기는 선생에게 버림을 받은 줄로 의심했소. 그래서 그 까닭을 묻고자 다시 돌아온 것이오."

후생이 대답했다.

"공자는 수십 년 동안 빈객을 양성했지만 기계奇計를 낸 빈객이 있다는 이야기를 들어본 적이 없습니다. 그런 터에 막강한 진나라의 예봉을 범하려고 하니 이는 마치 굶주린 호랑이에게 고기를 내던지는 투육뇌호投肉餒虎[2]와 같습니다. 그리한들 무슨 이익이 있겠습니까?"

신릉군이 물었다.

"이 무기도 그게 무익하다는 걸 알고 있소. 다만 평원군과 두텁게 사귀고 있는 터에 의리상 나만 홀로 살 수는 없는 일이오. 선생은 어떤 계책을 갖고 있소?"

후생이 대답했다.

"군은 저의 처소로 들어와 앉으십시오. 이 노신老臣이 천천히 계책을 생각해 보겠습니다."

그러고는 신릉군을 따라온 사람들을 모두 내보낸 뒤 사사롭게 물었다.

"듣자니 후궁 여희如姬가 위왕의 총애를 받고 있다는데 정말입니까?"

신릉군이 대답했다.

"그렇소."

후생이 다시 물었다.

"제가 듣자니 여희의 부친이 전에 어떤 사람에게 살해됐을 때 여희가 위왕에게 원수를 갚아달라고 부탁했다고 합니다. 당시 위왕은 3년 동안 그 원수를 찾아내지 못했지만 공자가 단번에 빈객을 시켜 그 원수의 머리를 베어 여희에게 바쳤다고 하는데 그런 일이 있었습니까?"

신릉군이 대답했다.

---

2 투육뇌호投肉餒虎가 『열국지』 원문에는 이육투아호以肉投餓虎로 나온다. 뇌餒와 아餓는 같은 뜻이다. 『전국책』 「연책」에는 굶주린 호랑이가 다니는 길에 고깃덩이를 놓아둔다는 뜻의 '위육당아호지혜委肉當餓虎之蹊'로 나온다. 흔히 사자성어로는 청나라 가경제 때 출간된 장기將棋 이론서인 『심무잔편心武殘編』에 나오는 '투육뇌호'가 널리 쓰인다.

"과연 그런 일이 있소."

후생이 말했다.

"여희는 공자의 은공에 감격해 공자를 위해 목숨까지 바치려고 한 지가 하루 이틀이 아닙니다. 지금 진비의 병부兵符³가 대왕의 침전에 있습니다. 여희만이 그 병부를 훔쳐낼 수 있습니다. 공자가 입을 열어 여희에게 청하면 여희는 반드시 들어줄 것입니다. 공자는 그 병부를 갖고 업하鄴下 땅으로 가서 진비가 이끌고 있는 군사를 빼앗은 뒤 그 군사를 이끌고 가 조나라를 구하고 진나라 군사를 물리치십시오. 그리하면 춘추오패春秋五覇에 버금하는 공을 이룰 수 있습니다."

신릉군은 그 말을 듣고서야 비로소 꿈속에서 깨어난 것 같았다. 재배하며 칭사稱謝한 뒤 사람을 보내 1천여 명의 빈객들 모두 자신이 갈 때까지 교외에 머물게 했다. 이어 홀로 수레를 몰아 부중으로 돌아온 뒤 평소 잘 알고 지내는 내시 안은顔恩에게 병부를 훔치는 일을 은밀히 여희에게 부탁케 했다. 여희가 안은에게 말했다.

"공자의 명이라면 비록 끓는 물과 불 속에 뛰어들라고 할지라도 어찌 마다할 수 있겠소?"

그날 밤 위안희왕이 술에 취해 깊은 잠에 빠졌다. 여희가 병부를 훔쳐 내시 안은에게 넘겨줬다. 안은이 곧바로 신릉군에게 전했다. 병부를 손에 넣은 신릉군이 후생의 집에 가서 작별을 고했다. 후생이 말했다.

"병서에는 장수가 일단 나라 밖으로 출병하면 군명을 따르지 않는다는

---

3   병부兵符는 군대를 동원할 때 쓰던 신표信標를 말한다. 옥玉, 석石, 목木, 동銅 등으로 만들었다. 호랑이 모양으로 만든 까닭에 호부虎符라고도 한다. 호부를 반으로 쪼개 절반은 군주, 절반은 군사를 지휘하는 장수가 지녔다. 군주가 긴급히 군사를 동원코자 할 경우 군주가 사자를 시켜 절반의 호부를 장수에게 보내면 장수가 완벽히 맞춰지는지 여부를 확인한 뒤 군사를 출동시켰다.

뜻의 '장재외將在外, 군명유소불수君命有所不受[4]'라는 구절이 나옵니다. 공자가 비록 병부를 갖고 가 진비의 병부와 맞춰볼지라도 진비가 믿지 않거나 위왕에게 사람을 보내 사실 여부를 확인하면 이번 일은 틀어지고 맙니다. 공자는 나의 젊은 친구 주해朱亥를 데려가십시오. 그는 천하의 역사力士입니다. 진비가 공자의 명을 들으면 가장 좋지만 만일 듣지 않으면 주해를 시켜 격살토록 하십시오."

신릉군이 자신도 모르는 사이 눈물을 흘렸다. 후생이 물었다.

"공자는 그 일을 두려워하는 것입니까?"

신릉군이 말했다.

"진비는 노장인데다 아무 죄가 없소. 말을 듣지 않을 때 격살해야 하니 그게 슬퍼 오는 것이오. 두려워 우는 건 아니오."

이내 후생과 함께 주해의 집으로 오게 된 취지를 말했다. 주해가 웃으며 말했다.

"저는 저잣거리에서 백정 노릇을 하고 있는 소인입니다. 공자의 보살핌을 늘 받아 오면서도 보답을 하지 못했습니다. 이는 작은 보답의 예절은 소용이 없다고 생각했기 때문입니다.[5] 지금 공자가 위급한 상황에 처했으니 실로 보답할 때가 되었습니다."

후생이 신릉군에게 고했다.

"신臣 또한 의리상 응당 공자를 따라가야 하나 이미 너무 늙어 먼 데까지 갈 수 없습니다. 혼백으로라도 공자를 전송토록 하겠습니다."

---

4 제갈량이 쓴 것으로 알려진 『장원將苑』에는 '장지출將之出, 군명유소불수君命有所不受'로 돼 있다. 『손자병법』 「구변」에도 '군명유소불수君命有所不受' 구절이 나온다.

5 이 구절의 『열국지』 원문은 소례무소용小禮無所用이다. 큰 공은 보상 받을 길이 없고, 큰 은혜는 보답 받을 길이 없다는 뜻의 '대공불상大功不賞, 대은불보大恩不報' 격언과 취지를 같이한다. '소례무소용'은 신릉군이 베푼 은혜가 대은大恩에 해당하기에 작은 보답의 예절은 아무 의미가 없다는 취지에서 나온 것이다.

그러고는 신릉군의 수레 앞에서 칼로 목을 찌르고 죽었다. 신릉군이 십분 슬퍼하며 애도하는 비도悲悼를 했다. 많은 장례비를 후생의 집에 보내 빈렴殯殮케 했다. 신릉군은 긴급한 일을 앞두고 감히 유체留滯할 수 없어 주해와 함께 수레에 올라 북쪽을 향해 내달렸다.

염선이 시를 지어 탄식했다.

적을 겁낸 위왕은 실로 용기 없고	魏王畏敵誠非勇
친구 위해 죽으려 한 자도 우습다	公子損生亦可嗤
3천 식객 중 1명도 쓸모가 없으니	食客三千無一用
후생만 여희에 기대 기책 펼치다	侯生奇計仗如姬

위안희왕은 3일이 지난 뒤에야 비로소 자신의 침실에서 병부가 없어진 걸 알았다. 크게 놀라 여희에게 엄밀하게 따지는 반문盤問을 했다. 여희가 모르는 일이라고 잡아뗐다. 위안희왕이 병부를 찾기 위해 궁 안을 샅샅이 뒤지게 했다. 그래도 병부를 찾지 못했다. 마지막으로 내시 안은을 시켜 궁녀와 내시들 가운데 내침內寢을 한 자를 일일이 추국推鞫케 했다. 안은도 시침을 떼고 궁녀와 내시를 추국한다는 구실로 종일 수선만 피웠다. 위안희왕은 문득 이런 생각이 들었다.

'신릉군이 누차 내게 진비의 군사를 전진케 해 조나라를 구해야 한다고 고간苦諫했다. 더구나 그의 문하에는 계명구도鷄鳴狗盜에 능한 빈객이 매우 많다. 틀림없이 그의 소행일 것이다.'

곧바로 신릉군의 부중으로 사람을 보냈다. 얼마 후 그 자가 돌아와 고했다.

"신릉군은 4~5일 전에 빈객 1천여 명과 병거 100승을 이끌고 출성했다고 합니다. 들리는 소문에는 조나라를 구하러 갔다고 합니다."

위안희왕이 대로했다. 곧 장군 위경衛慶을 시켜 군사 3천 명을 이끌고 성야星夜로 신릉군 일행을 뒤쫓게 했다.

당시 조나라 한단성 안에서는 백성과 병사들 모두 구원군이 속히 오기만을 고대했다. 그러나 어느 나라의 구원군도 오지 않았다. 조나라 백성들은 더 이상 싸울 힘도 없었다. 분분히 성 밖으로 나가 항복하는 출항出降 문제를 논의했다.

조효성왕은 이런 움직임을 크게 우려했다. 이때 평원군 문하의 객사 가운데 가장 등급이 낮은 전사傳舍를 관리하는 서리의 아들 이동李同이 평원군에게 말했다.

"백성들은 날마다 성벽 위로 올라가 성을 지키기에 여념이 없는데 군은 편히 부귀를 누리고 있으니 누가 군을 위해 진력盡力코자 하겠습니까? 군은 실로 부인을 비롯한 가족 모두 대오隊伍에 편제해 성을 지키게 하십시오. 또 집안의 재백財帛을 염출해 장병들에게 나눠주십시오. 장병들 모두 위난 속에서 그 은덕에 감격해하며 반드시 온 힘을 다해 진나라 군사에 대항할 것입니다."

평원군이 이를 좇았다. 이내 사사死士 3천 명을 뽑은 뒤 이동으로 하여금 이들을 이끌고 한밤중에 성을 넘어가 진나라 군영을 습격케 했다. 이들이 진나라 군사 1천여 명을 죽였다. 진나라 장수 왕흘이 크게 놀라 30리 밖으로 물러나 영채를 세웠다. 덕분에 성안의 민심이 약간 진정됐다. 그러나 중상을 입은 이동은 수일 후 숨을 거뒀다. 평원군이 통곡하며 후하게 장사 지내도록 했다.

당시 위나라 공자 신릉군은 업하 땅에 당도하자마자 곧바로 장수 진비를 찾아가 말했다.

"대왕은 장군이 오랫동안 군사를 이끌고 밖에서 야영하는 폭로暴露의 노고를 생각해 특별이 이 무기를 보내 임무교대를 하도록 했소."

그러고는 주해로 하여금 병부를 진비에게 내주게 했다. 진비가 병부를 받아들고 주저하며 이같이 생각했다.

'전날 대왕이 나에게 10만 대군을 맡긴 것은 나를 믿었기 때문이 아닌 가? 내가 비록 고루固陋하지만 아직 전투에서 패해 손상을 입는 패뉵敗衄 의 죄를 범하지도 않았다. 더구나 대왕은 내게 척촌尺寸의 서간도 보내지 않은 채 신릉군만 와서 불쑥 병부를 내밀며 군사를 지휘하겠다고 하니 이 를 어찌 가볍게 믿을 수 있겠는가?'

진비가 신릉군에게 말했다

"청컨대 공자는 며칠 동안만 기다려 주십시오. 내가 군적軍籍을 정리해 교부하는 게 어떻겠습니까?"

신릉군이 말했다.

"지금 한단성의 형세가 매위 위중하오. 밤낮을 가리지 않고 달려가 도와 줘야 하는데 어찌 시각時刻을 지체할 수 있겠소?"

진비가 말했다.

"내가 공자를 속이지 않고 솔직히 말하겠습니다. 싸움터의 대장을 교체 하는 것은 군기軍機에 관한 대사입니다. 이 일을 대왕에게 주청해 사실인지 여부를 확인한 뒤 군사를 인계토록 하겠습니다."

말이 미처 끝나기도 전에 주해가 거친 목소리로 꾸짖고 나섰다.

"원수가 왕명을 받들지 않으니 이는 오히려 모반에 해당하오."

진비가 물었다.

"너는 누구인가?"

그 순간 주해가 번개같이 소매 속에서 철추鐵錘를 꺼내 진비의 머리를 내리쳤다. 철추의 무게는 40근이었다. 진비는 머리통이 깨져 곧바로 숨이 끊어졌다. 신릉군이 제장들을 향해 병부를 들어 보이며 말했다.

"위왕의 명이 있었다. 나로 하여금 진비를 대신해 군사를 이끌고 가 조나라를 구하라는 명이다. 진비는 왕명을 받들지 않기에 주살됐다. 삼군三軍은 안심하고 나의 명을 따르도록 하라. 망동妄動해서는 안 된다."

영중營中이 숙연해졌다.

얼마 후 위안희왕의 명을 받고 신릉군을 뒤쫓아 온 위나라 장수 위경이 업하 땅에 이르렀다. 그러나 그때는 이미 신릉군이 위나라 군사를 장악한 뒤였다. 위경은 조나라를 구원코자 하는 신릉군의 의지가 견결堅決한 것을 알고는 이내 신릉군에게 작별인사를 고했다. 신릉군이 위경에게 말했다.

"군君이 이왕 이곳까지 왔으니 내가 진나라 군사를 격파하는 걸 본 뒤 위왕에게 환보還報하는 게 가할 듯하오."

위경이 은밀히 심복을 도성으로 보내 위안희왕에게 이를 보고토록 한 뒤 군중에 머물렀다. 신릉군이 삼군을 호궤한 뒤 다시 영을 내렸다.

"군중의 장병 가운데 부자父子가 함께 출병했으면 아비는 돌아가고, 형제兄弟가 함께 출병했으면 형은 돌아가도록 하라. 또 형제가 없는 독자獨子는 돌아가 부모를 봉양토록 하고, 질병이 있는 병자病者는 여기에 남아 의약醫藥 치료를 받도록 하라."

각자 사정을 말하고 돌아가겠다고 말한 자가 군사 10만 명 가운데 10분의 2쯤 됐다. 정예병 8만 명을 거느리게 된 신릉군은 다시 각부대의 대오를 정비하고, 군법을 엄히 밝혔다. 이어 1천여 명의 빈객과 함께 선두에 서서 8만 명의 정예군을 이끌고 진나라 군영을 향해 진격했다.

진나라 장수 왕흘은 불의不意에 위나라 군사의 기습을 받고는 창졸倉卒간에 이들을 맞아 싸우느라 허둥댔다. 위나라 군사도 스스로 용기를 북돋우는 가용賈勇[6]을 하며 전진했다. 보고를 접한 평원군이 곧바로 성문을 열

---

6   가용賈勇은 용기를 북돋운다는 의미로 우리말의 '용기백배'와 같다. 『춘추좌전』「노성공 2년」조에 용기를 필요로 하는 자는 나의 남은 용기를 사도록 하라는 의미의 '욕용자가여여용欲勇者賈余餘勇' 표현이 나온다. 여기의 가賈는 살 매買의 뜻으로 사용된 것이다. 「노환공

고 나와 진나라 군사를 협공했다.

위나라 및 조나라 연합군과 진나라 군사 사이에 일대 혼전이 벌어졌다. 왕흘은 그 싸움에서 군사의 절반을 잃고, 진소양왕의 대영이 있는 분수汾水 가로 달아났다. 진소양왕은 전세가 불리해진 것을 알고는 곧 한단성의 포위를 풀고 철군케 했다.

이때 정안평은 진나라 군사 2만 명을 이끌고 한단성 동문 밖의 별영別營에 있다가 철군 명령을 받았다. 그러나 이미 위나라 군사가 귀로를 차단한 까닭에 진나라로 돌아가지 못했다. 정안평이 탄식했다.

"나는 원래 위나라 사람이다!"

그러고는 위나라 군사에 투항했다.

무관武關에 머물며 사태를 관망하던 춘신군 황헐도 진나라 군사가 한단성의 포위를 풀었다는 소식을 듣고는 이내 초나라로 돌아갔다. 한환혜왕은 이 기회를 이용해 진나라에 빼앗겼던 상당 땅을 되찾았다. 그때가 바로 진소양왕 50년이자 주난왕 58년인 기원전 257년이다.

조효성왕이 직접 성 밖으로 나와 위나라 군사에게 우주牛酒를 대접하며 위로했다. 신릉군을 향해 재배하며 감사했다.

"우리 조나라가 망했다가 다시 살아난 것은 모두 공자가 힘써 준 덕분이오. 자고로 현인賢人이 많이 출현했지만 공자 같은 분은 없었소."

평원군 조승도 쇠뇌와 화살인 노시弩矢를 등에 멘 채 신릉군의 앞길을 여는 선두부대인 전구前驅 역할을 했다. 신릉군이 자신이 세운 공을 자랑스러워하는 덕색德色을 얼굴에 나타내는 자공지색自功之色을 드러냈다. 주해가 나서서 말했다.

「10년」조에 '장차 이것이 해악을 사고야 말 것이다.'의 뜻인 기이가해야其以賈害也 구절이 나오는 게 그 증거다. 이에 대해 두예는 '가'를 팔 매賣의 뜻으로 보고 "용기를 필요로 하는 자에게 나의 남은 용기를 팔겠다!"의 의미로 풀이했다. 이같이 해석해도 뜻이 통한다.

趙救竊窺君陵信

"공자는 남이 자신에게 덕을 베풀었을 때는 이를 잊어서는 안 되는 '인유덕어기人有德於己, 불가망不可忘', 자신이 남에게 덕을 베풀었을 때는 이를 잊지 않으면 안 되는 '기유덕어인己有德於人, 불가불망不可不忘'의 원칙을 지켜야 합니다. 더구나 공자는 왕명을 빙자해 장군 진비를 죽이고, 그 군사를 빼앗아 조나라를 구했습니다. 이는 조나라에 대해선 공을 세운 게 되지만 위나라에 대해선 죄가 없다고 할 수 없습니다. 그런데도 공자는 스스로 전공을 세웠다고 자랑하려는 것입니까?"

신릉군이 부끄러워하며 사과했다.

"이 무기가 삼가 가르침을 받아들이겠소."

신릉군이 한단성으로 들어오자 조효성왕이 몸소 궁실을 소제하고 맞아들이며 주인으로서의 예절을 몹시 공손하게 행했다. 전각의 계단을 오를 때 신릉군에게 읍을 한 뒤 주빈主賓이 대등한 신분일 때 하듯이 자신은 동쪽 계단으로 오르면서 신릉군으로 하여금 자신과 보조를 맞춰 서쪽 계단으로 오르게 했다. 신릉군이 주인과 대등한 입장의 손님이 될 수 없다고 겸양하고 종종걸음을 치며 홀로 걷는 모습으로 우우연踽踽然히 동쪽 계단을 밟고 올라갔다. 조효성왕이 신릉군에게 술잔을 바치며 장수를 축원하는 축수祝壽를 한 뒤 조나라를 살린 공을 찬양했다. 신릉군이 몸을 구부리는 국척踘踖의 모습으로 겸양하며 말했다.

"신은 위나라에 죄만 지었을 뿐 조나라에는 아무 공도 세우지 못했습니다."

연회가 끝난 뒤 신릉군이 공관으로 돌아가자 조효성왕이 평원군에게 말했다.

"과인은 본래 신릉군에게 5개 성읍을 주려고 했으나 신릉군이 지극히 겸양하는 모습을 보여 과인이 자괴自愧한 나머지 그 말을 입 밖으로 꺼내지 못했소. 호鄗 땅을 신릉군에게 목욕을 하고 머리를 감는 등의 일상경비를 뒷받침하는 탕목읍湯沐邑으로 내주려고 하오. 번거롭겠지만 과인의 간절한 뜻을 그에게 전해 주도록 하시오."

평원군이 공관으로 신릉군을 찾아가 조효성왕의 뜻을 전했다. 신릉군이 재삼재사 사양하다가 마침내 받아들였다. 신릉군은 위안희왕에게 죄를 지은 까닭에 감히 귀국하지 못했다. 이내 위나라 장수 위경에게 병부를 내주면서 위나라 군사를 이끌고 회군케 한 뒤 조나라에 머물렀다. 위나라에 남아 있던 빈객들이 위나라를 버리고 조나라로 몰려와 다시 신릉군에게 몸을 의탁했다.

조효성왕은 위나라 객장군 신원연을 설복시킨 노중련에게도 큰 고을을 하사코자 했다. 노중련이 굳이 사양하고 받지 않았다. 조효성왕이 다시 1천 금을 내렸으나 이 또한 사양하며 말했다.

"부귀를 얻기 위해 남에게 몸을 굽히기 보다는 차라리 빈천하게 살며 자유自由를 얻고자 합니다."

그러고는 신릉군과 평원군이 함께 만류했는데도 불구하고 이내 어디론지 표연히 떠나가 버렸다. 실로 고사高士의 모습이었다.

사신이 시를 지어 그를 칭송했다.

탁월하고 탁월하니 노중련은	卓哉魯連
그 품성 고매하여 1천 년 가다	品高千載
진나라의 칭제를 인정치 않고	不帝强秦
차라리 동해 밟고 죽으려 했지	寧蹈東海
고난 제거하고 영화 사양하니	排難辭榮
천하 소요하며 자유롭게 살다	逍遙自在
어찌 소진과 장의에 비교할까	視彼儀秦
그 인품이 10배나 차이가 나지	相去十倍

당시 조나라에는 도박판에 몸을 숨기고 사는 처사處士 모공毛公과 주막인 매장賣漿에 몸을 숨기고 사는 설공薛工이 있었다. 신릉군은 위나라에 있을 때부터 두 사람의 현명賢名을 익히 들은 까닭에 주해를 시켜 방문할 뜻을 전하게 했다. 모공과 설공이 이내 몸을 숨긴 채 나타나지 않았다.

하루는 신릉군이 두 사람의 종적踪迹을 뒤쫓다가 모공이 설공의 집에 있다는 사실을 알게 됐다. 곧 거마를 이용치 않고 주해 한 사람만 대동한 채 미복 차림으로 걸음을 옮겼다. 술을 사려는 사람으로 가장하고 곧바로 그들이 있는 곳으로 가 만났다. 마침 두 사람은 술동이를 놓아두는 흙으로 된 탁자인 노로爐를 사이에 두고 마주 앉아 술을 마시고 있었다. 신릉군이 곧바로 다가가 통성명通姓名을 한 뒤 줄곧 두 사람을 흠모해 왔다고 말했다. 두 사람 모두 신릉군이 문득 들이닥쳐 미처 피할 사이가 없었던 까닭에 인사를 나누게 됐다.

이날 신릉군은 두 사람 및 주해와 더불어 술을 마시며 한껏 즐기다가 헤어졌다. 이후 신릉군은 수시로 모공 및 설공과 어울려 놀았다. 평원군이 그 소문을 듣고 신릉군의 누이인 부인에게 말했다.

"전에 나는 부인의 동생인 영제令弟 신릉군은 천하의 호걸로 공자들 가운데 짝할 사람이 없다는 이야기를 들었소. 그런데 지금은 노름꾼인 박도博徒 및 술장사인 매장자賣漿者와 어울리며 즐기고 있소. 같은 무리가 아닌 자와 교류하다가 명예에 손상을 입지나 않을까 우려되오."

평원군의 부인이 친정 동생인 신릉군을 만난 자리에서 남편인 평원군의 말을 전했다. 신릉군이 말했다.

"나는 전에 평원군이 현자인 줄 알고 위왕까지 속이며 군사를 이끌고 와 조나라를 구했습니다. 이제 보니 평원군은 빈객과 어울리며 호방하게 거동하는 호거豪擧만 알았지 현사를 찾지 않고 있습니다. 나는 위나라에 있을 때부터 조나라에 모공과 설공이란 은사隱士가 있다는 소문을 익히 들었습니다. 거리가 멀어 함께 놀지 못하는 게 늘 한이 됐습니다. 지금 그들을 위해 말고삐를 잡고 있으면서도 혹여 나의 부족한 점으로 인해 싫어하지나 않을까 늘 염려하고 있습니다. 평원군은 이를 수치스럽게 생각하고 있으니 어찌 선비를 좋아하는 사람이라고 하겠습니까? 평원군은 현자가 아닙니다. 이제 조나라에 더 머물 수가 없습니다."

그러고는 빈객들에게 여장을 꾸리게 한 뒤 다른 나라로 떠나려 했다. 평원군이 이 소식을 듣고 크게 놀라 부인에게 말했다.

"내가 영제令弟에게 감히 실례를 저지른 적이 없는데 어찌하여 문득 나를 버리고 떠나려는 것이오? 부인은 그 이유를 아시오?"

"내 동생은 당신이 현명치 못하다고 여기기에 머물려 하지 않는 것입니다."

평원군이 얼굴을 가리며 탄식했다.

"우리 조나라에 2명의 현인이 있다는 걸 신릉군은 알고 있었는데 나만 몰랐소. 실로 나는 신릉군에게 한참 못 미치는 사람이오. 그의 모습에 나를 비춰보면 나는 사람의 부류인 인류人類라고 할 수도 없소."

그러고는 곧바로 신릉군의 공관으로 간 뒤 관을 벗고 머리를 조아리며 실언을 사과했다. 신릉군이 평원군의 사과를 받은 연후에 비로소 떠날 준비를 멈추고 그대로 조나라에 머물렀다. 이 소문이 퍼지자 지금까지 평원군 문하에 있던 대다수 빈객들이 평원군을 버리고, 신릉군의 문하로 가 몸을 의탁했다. 천하 사방에서 조나라로 온 빈객들도 신릉군에게 귀의했다. 평원군에 관한 이야기가 더 이상 들려오지 않았다.

염옹이 이를 시로 읊었다.

술장사 도박꾼이라고 어찌 꺼리랴	賣漿縱博豈嫌貧
호화로운 신릉군 기꺼이 몸 굽혔지	公子豪華肯辱身
가소롭다, 평원군 원대한 식견 없어	可笑平原無遠識
부귀만 믿고 현인을 위압코자 했지	卻將富貴壓賢人

당시 위안희왕은 신릉군 무기를 잡으러 간 장수 위경의 밀보密報를 받았다. 그 내용은 대략 이러했다.

공자 무기가 과연 병부를 훔친 뒤 진비를 격살하고 군사를 동원해 조나라 구원에 나섰습니다. 동시에 신을 군중에 억류해 귀국치 못하게 하고 있습니다.

위안희왕이 대로한 나머지 신릉군의 가속家屬을 모두 잡아들이고 국내에 있는 그의 빈객들을 모두 주살하려고 했다. 여희가 무릎을 꿇고 말했다.

"그건 공자의 죄가 아니고 천첩의 죄입니다. 천첩의 죄는 응당 만사萬死에 해당합니다."

위안희왕이 포효咆哮하며 대로했다.

"병부를 훔친 자가 바로 너란 말인가?"

여희가 대답했다.

"지난날 첩의 아비가 어떤 자에게 살해됐을 때 대왕은 일국의 주인인데도 첩의 원수를 갚아 주지 못했습니다. 그러나 신릉군은 기어코 그 자를 찾아내 원수를 갚아 줬습니다. 첩은 그 심은深恩에 감격했고, 보답할 기회가 없는 걸 늘 한탄했습니다. 그러던 차에 신릉군은 조나라 평원군에게 출가한 누님을 생각하며 밤낮으로 애읍哀泣했습니다. 첩은 그 애통한 모습을 볼 수 없어 멋대로 병부를 훔쳐 신릉군으로 하여금 진비의 군사를 동원해 그 뜻을 이루도록 했습니다. 첩이 듣건대 한 집안 사람이 남과 싸우면 산발한 채 관끈을 매는 피발관영被髮冠纓의 모습으로 달려 나가 구해준다고 했습니다. 우리 위나라와 조나라는 한 집안 사람입니다. 대왕은 지난날 조나라가 위나라를 구해준 의리를 잊고 있지만 공자는 한 집안 사람의 위급한 사정을 도우러 간 것입니다. 다행히 공자가 진나라 군사를 물리치고 조나라를 온전하게 해주면 대왕의 위명威名이 원근에 널리 떨칠 것이고, 대왕의 의성義聲이 사해를 들끓게 할 것입니다. 그리되면 첩은 만 갈래로 죽은들 무슨 여한이 있겠습니까? 만일 신릉군의 가속을 가두고 빈객들을 주살한 뒤 신릉군이 패하면 그 죄를 감복甘服할 것입니다. 그러나 혹여 승리하고 돌아올 때는 장차 어찌 대처하려는 것입니까?"

위안희왕은 그 말을 듣고는 한동안 생각에 잠겼다. 그 사이 노기가 어느 정도 가라앉았다. 그가 여희에게 물었다.

"네가 병부를 훔쳤을지라도 반드시 이를 신릉군에게 전한 자가 있을 것이다."

여희가 대답했다.

"전한 자는 내시 안은입니다."

위안희왕이 좌우에 명해 내시 안은을 결박해 데려오도록 한 뒤 물었다.

"네 어찌 감히 신릉군에게 병부를 전한 것인가?"

안은이 대답했다.

"노비奴婢는 병부가 어떤 것인지 알지도 못했습니다."

여희가 안은을 흘겨보며 말했다.

"내가 전에 너를 시켜 금옥 등으로 만든 꽃 모양의 머리장식인 화승花勝을 신릉군 부인에게 전해주라고 하지 않았느냐? 그 화승을 넣은 상자 안에 있던 게 바로 병부였다."

안은은 그제야 진상을 깨달은 듯 통곡했다.

"부인의 분부를 이 노비가 어찌 감히 어길 수 있겠습니까? 그때는 그저 화승을 전하러 갔을 뿐입니다. 그 상자는 여러 겹으로 잠겨 있어 이 노비는 그 안에 무엇이 들어있는지 알 수 없었습니다. 이 노비는 오늘 원통하게 죽게 됐습니다."

여희도 울며 말했다.

"첩이 모든 죄를 감당할 터이니 다른 사람을 연루시키지 말아주십시오."

위안희왕이 고함을 지르며 좌우에 명해 안은을 옥에 가두고, 여희를 냉궁에 감금토록 했다. 동시에 사람을 보내 신릉군의 전투 소식을 알아보게 했다. 승부 여하에 따라 죄의 경중을 정해 재결하는 정탈定奪을 할 생각이었다.

이로부터 2달여 뒤 장수 위경이 군사를 이끌고 돌아와 병부를 바치며 상주했다.

"신릉군이 진나라 군사를 크게 무찔렀습니다. 그는 자신의 죄가 중한 걸 알고 환국하지 못한 채 한단성에 머물고 있습니다. 신이 떠날 때 대왕에게 거듭 배례를 올리며 훗날 죄를 받겠다고 말했습니다."

위안희왕이 전투 상황을 묻자 위경이 한바탕 자세히 보고했다. 군신들이 일제히 위안희왕에게 죽 늘어서서 절을 하는 나배羅拜를 하며 소리쳤다.

"만세萬歲!"

위안희왕이 크게 기뻐하며 좌우를 시켜 여희를 냉궁에서 불러오게 하고, 안은을 감옥에서 석방토록 하며 그들의 죄를 모두 용서했다. 여희가 위안희왕에게 말했다.

"우리 위나라가 조나라를 구하자 진나라는 대왕의 위엄을 두려워하고, 조왕은 대왕의 은덕에 감사하고 있습니다. 모두 신릉군의 공입니다. 그는 실로 나라의 장성長城이고, 집안의 보배입니다. 어찌 타국에 버려둘 수 있겠습니까? 곧 사자를 보내 본국으로 불러들이십시오. 이는 친척과 더욱 친하게 지내는 친친親親의 정을 온전히 하고, 현자를 현자로 존중하는 현현賢賢의 대의를 드러내는 것입니다."

위안희왕이 말했다.

"그의 죄를 사면해주는 것만으로도 충분하오. 무슨 공을 운운하는 것이오?"

그러고는 이같이 분부했다.

"신릉군 명의의 봉읍과 녹봉을 옛날처럼 그의 본부本府에 보내 그의 가권家眷이 먹고 살게 하라. 그러나 그의 귀국은 허락지 않는다."

이후 위나라와 조나라 모두 태평한 세월을 보내게 됐다.

당시 진소양왕은 전쟁에 패하자 곧바로 귀국했다. 태자 안국군은 왕손

자초를 이끌고 교외까지 마중을 나갔다. 두 사람이 여불위의 현명함을 고하자 진소양왕이 그를 객경에 임명하고 식읍 1천 호를 하사했다. 또 정안평이 위나라에 항복했다는 이야기를 듣고는 대로해 그의 일족을 족멸族滅했다.

정안평은 지난날 범수와 함께 망명한 인물로 범수가 천거했다. 진나라 국법에 따르면 천거받은 자가 잘못을 저지르면 천거한 자도 똑같은 죄를 받게 돼 있었다. 정안평이 적에게 투항한 죄로 일족이 족멸을 당한 까닭에 천거한 당사자인 승상 범수도 연좌돼 벌을 받아야 했다. 범수가 궁궐 뜰에서 맨 땅에 돗자리를 깔고 꿇어 앉아 죄를 청하는 석고대죄席藁待罪를 한 이유다.

범수의 목숨이 어찌 될지 알 길이 없으니 다음 회를 보라.

201話 진왕이 주나라를 멸하고 구정을 옮기다
– 진왕멸주천구정秦王滅周遷九鼎

진나라 승상 범수는 자신이 천거한 정안평이 군사를 이끌고 위나라에 항복한 까닭에 이에 연좌돼 처벌을 받을 수밖에 없었다. 궁궐 뜰에서 석고대죄한 이유다. 그러나 진소양왕은 범수에게 벌을 내리지 않고 이같이 말했다.

"정안평을 임명한 것은 본래 과인의 뜻이었소. 승상과 무관한 일이오."

그러고는 재삼 범수를 위무하며 복직復職케 했다. 군신들 사이에 이를 놓고 의론이 분분했다. 신소양왕은 범수가 불안해할 것을 염려해 다시 영을 내렸다.

"정안평이 죄를 지어 일족을 족멸했다. 더 이상 거론하지 마라. 이를 재언재언言하는 자는 참할 것이다."

이후 사람들이 그 일을 입에 담지 못했다. 진소양왕은 범수에게 식물食物을 하사하며 이전보다 더 두터운 은혜를 베풀었다. 범수는 황송한 나머지 주周나라를 멸하고 칭제稱帝할 것을 권했다. 진소양왕의 심기에 영합한 것이다. 진소양왕은 이내 장당張唐을 대장으로 삼은 뒤 한나라를 치게 했다. 먼저 지금의 하남성 등봉현의 양성陽城을 빼앗아 주나라의 도읍인 낙양으로 연결되는 경수涇水와 위수渭水 및 낙수洛水 등의 삼천三川으로 들어가는 길을 열고자 한 것이다.

당시 초고열왕은 위나라 신릉군이 진나라 군사를 대파했다는 소식을 들은 상황에서 춘신군 황헐이 아무 공도 세우지 못한 채 반사班師하자 탄식했다.

"평원군이 말한 합종책은 망언이 아니었다. 과인은 신릉군과 같은 사람을 장수로 임명하지 못한 게 한이다. 그런 장수가 있다면 과인이 어찌 진나라를 두려워하겠는가?"

춘신군이 참색慚色을 띠며 계책을 올렸다.

"지난번 합종 논의 때 모두 대왕을 '종약장'으로 추대했습니다. 지금 진나라는 패배한 직후라 기세가 많이 꺾여 있을 것입니다. 이때 대왕이 사자를 열국에 보내 약속을 정하고 합세해 진나라를 치도록 하십시오. 이어 주나라 천자를 설득해 맹주로 받드십시오. 천자를 끼고 진나라를 성토해 주벌하는 성주聲誅를 하면 지난날 춘추오패의 공도 가히 언급할 바가 못 됩니다."

초고열왕이 크게 기뻐하며 곧바로 사자를 시켜 주난왕周赧王에게 진나라 토벌 계책을 고하게 했다. 주난왕은 이미 진소양왕이 주나라를 치기 위해 한나라 삼천 땅을 손에 넣으려 한다는 보고를 받은 바 있다. 바로 이때 초고열왕이 사자를 보내 진나라 토벌 계책을 고한 것이다. 초나라의 계책은

『병법』에서 선수를 쳐 적을 제압한다는 취지로 언급한 선발제인先發制人[1]에 해당한다. 그러니 어찌 따르지 않을 수 있겠는가?

주난왕이 허락하자 초고열왕이 마침내 3진을 비롯해 연나라와 제나라 등 5국과 합종할 것을 약속하고 거병 일자를 정했다. 당시 주난왕은 비록 천자의 자리에 있기는 했으나 힘이 미약해 한낱 공명空名만 유지하고 있을 뿐 실제 호령號令을 내릴 처지가 안 되었다.

당시 주나라는 한나라와 조나라에 의해 이미 둘로 나뉘어 있었다. 지금의 하남성 낙양에 있는 왕성王城은 서주西周, 지금의 하남성 공의현 서쪽에 있는 공鞏 땅의 성주成周 일대는 동주東周로 불렸다. 서주는 서주공西周公, 동주는 동주공東周公이 다스렸다. 주난왕은 성주에서 서주의 왕성으로 옮겨와 서주공에 의지하며 보위를 유지한 까닭에 공수拱手만 하고 있었다.

이때에 이르러 주난왕이 진나라 토벌을 위해 서주공에게 명해 장정을 모으게 했다. 그러나 겨우 5-6천 명을 모으는 데 그쳤다. 게다가 병력을 유지하기 위한 거마비용을 댈 길이 없었다. 서주공을 시켜 나라 안의 부호들에게 돈을 빌려 충당하고 차용증서를 써주게 했다. 진나라를 쳐서 이기고 돌아오면 노획물로 이자까지 포함해 상환한다는 조건이었다.

서주공은 그렇게 모은 군사를 이끌고 이궐伊闕에 주둔하며 제후들의 군사가 이르기를 기다렸다. 당시 한나라는 진나라 군사의 침공을 받아 스스로를 돌보기에도 바빴고, 조나라는 한단의 포위에서 벗어난 지 얼마 안 돼 진나라에 대한 공포가 아직 가시지 않아 주저했다. 제나라는 진나라와 우

---

1 선발제인先發制人은 『한서漢書』 「항적전項籍傳」에서 먼저 움직여야 적을 제압할 수 있고, 나중에 움직이면 오히려 적에게 제압을 당한다는 취지로 언급한 '선발제인先發制人, 후발제어인後發制於人' 구절에서 인용한 것이다. 상황에 따라서는 '후발제인'이 '선발제인'보다 효과적일 수 있다. 『순자』 「의병議兵」에서 "적의 움직임을 예의 주시하면서 적보다 나중에 움직이되 먼저 목적지에 이르면 승리할 수 있다."고 언급한 구절이 그렇다. 이는 열세에 놓인 쪽이 한발 물러났다가 힘을 결집해 반격함으로써 엎어치기에 성공하는 계책을 의미한다.

호를 맺은 까닭에 함께 참여하려고 하지 않았다. 오직 연나라 장수 악간樂間과 초나라 장수 경양景陽만 자국의 군사를 이끌고 와 영채를 세운 채 사태를 관망했다.

진소양왕은 열국의 인심人心이 서로 일치되지 않아 진격을 못하고 있다는 보고를 받고는 한나라 양성 땅의 공격에 나선 장당에게 증원군을 보냈다. 또 장수 영규嬴樛에게 명해 군사 10만 명을 이끌고 가 함곡관 밖에서 무력시위를 벌이는 요병耀兵을 하도록 했다.

연나라와 초나라 군사들은 3달이 지나도록 다른 나라 군사가 오지 않자 군심軍心이 해태懈怠해졌다. 결국 각각 본국으로 돌아가 버렸다. 서주공도 어쩔 도리가 없어 왕성으로 돌아갔다. 주난왕은 한바탕 출병했다가 경비만 허비하고 아무런 소득도 얻지 못했다. 돈을 댄 부호들이 각각 차용증서를 들고 와 상환을 요구했다. 날마다 궁궐 밖에서 떠드는 소리가 내침內寢까지 들렸다. 주난왕은 참괴慙愧한 나머지 아무 대응도 못하고 궁궐의 고대高臺로 몸을 피했다. 후대인이 그 고대를 두고 빚을 피한 누대라는 의미의 피채대避債臺로 부른 이유다.

당시 진소양왕은 연나라와 초나라 군사가 해산했다는 보고를 받고 크게 기뻐했다. 곧바로 영규와 장당에게 명해 병력을 합쳐 양성을 탈취한 뒤 그곳을 통해 서주 공격에 나서도록 했다. 진나라 군사가 서주에 육박하자 주난왕은 군사와 군량이 모두 부족해 왕성을 방어할 길이 없자 이내 삼진三晉으로 달아나려고 했다. 서주공이 나서서 간했다.

"옛날에 태사太史 담儋이 예언키를, '주나라와 진나라가 500년 뒤 하나로 합치고, 새로운 패왕이 나타날 것이다.'라고 했습니다. 지금이 바로 그때인 듯합니다. 진나라는 지금 천하를 손에 넣을 기세입니다. 조만간 3진도 진나라 소유가 될 것입니다. 군왕이 두 번에 걸쳐 치욕을 당하지 않으려면 스스로 땅을 바치고 진나라에 귀의하는 게 좋을 것입니다. 그러면 은나라 후

예의 봉국인 송宋나라와 하나라 후예의 봉국인 기杞나라처럼 조상의 제사를 지낼 만한 작은 봉토는 잃지 않을 것입니다.”

주난왕은 달리 어찌할 도리가 없었다. 이내 군신들을 비롯해 왕자와 조카들을 이끌고 주문왕과 주무왕의 사당에 가서 대성통곡했다. 3일 뒤 주난왕이 주나라의 지도를 받들고 진나라 군영으로 가 바쳤다. 이어 자신을 묶어 함양으로 보낼 것을 청했다.

진나라 장수 영규가 지도를 받아 보니 모두 36개 성읍에 3만 호였다. 서주의 땅은 모두 진나라 소유가 됐다. 남은 것은 동주의 땅뿐이었다. 영규가 장당을 시켜 주난왕과 그의 자손 및 군신들을 진나라로 호송하고 승첩을 올리게 했다. 그 자신은 직접 군사를 이끌고 낙양성으로 들어가 경계를 확정했다.

주난왕은 함양성에 이르러 진소양왕을 알현하면서 돈수頓首하며 사죄謝罪했다. 진소양왕은 주난왕을 가엾게 여겨 지금의 하남성 여주시인 양성梁城을 봉토로 내리고 작위를 주공周公으로 강등한 뒤 봉토를 진나라의 부용국에 속하게 했다. 또 원래의 서주공은 주난왕의 가신으로 삼고, 아직 항복하지 않은 동주공의 작위를 공公에서 군君으로 깎아내려 동주군東周君으로 부르게 했다. 주난왕은 주나라와 진나라 사이를 왕래하는 사이 노고를 이기지 못해 양성으로 간 지 채 1달도 안 돼 병사했다. 곧바로 봉토로 내린 양성을 거뒀다.

이어 진소양왕은 영규에게 명해 낙양의 장정을 징발해 주나라의 종묘를 허물고, 그 안에 보관해 둔 제기祭器를 진나라로 옮기게 했다. 이어 천자의 상징인 구정九鼎도 함양으로 옮기려고 했다. 당시 주나라 백성들이 내심 주나라를 잊지 않으려 했다는 걸 알 수 있다.

구정을 옮기기 하루 전날 그곳에 사는 백성들 모두 구정에서 나는 곡성을 들었다. 구정을 실은 배가 사수泗水의 중간쯤 갔을 때 구정 가운데 1정이 절로 날아올라 강물 속으로 들어가 버렸다. 영규가 급히 사람을 강물 속으로 들여보내 솥을 찾게 했다. 솥은 보이지 않고 창룡蒼龍 한 마리가 비늘 갈기인 인렵鱗鬣을 화가 난 듯 곤추세우고 있는 걸 보았다. 경각頃刻에 파도가 크게 일어났다. 사공들이 크게 두려워해 창룡 가까이 다가가지 못했다.

그날 밤 영규는 주무왕이 태묘에 앉아 있는 꿈을 꿨다. 꿈속에서 주무왕이 영규를 불러 꾸짖었다.

"너는 어찌하여 나의 중기重器를 옮기고, 종묘를 허무는 것인가?"

그러고는 좌우에 명해 영규의 등에 채찍을 300대나 때리게 했다. 영규가 깜짝 놀라 꿈에서 깨어났다. 그의 등에 종기가 나 있었다. 아픈 몸을 이끌고 진나라로 귀환해 나머지 8정을 진소양왕에게 바치며 그리된 상황을 자세히 설명했다. 진소양왕이 곧바로 확인해 보니 주나라를 상징하는 예주豫州의 솥이 빠져 있었다. 진소양왕이 탄식했다.

"예주 땅은 이미 진나라에 편입됐는데 그 솥만 과인에게 귀의하지 않은 것인가?"

그러고는 많은 병사들을 풀어 잃어버린 솥을 찾으려고 했다. 영규가 간했다.

"그 솥은 신물神物이라 혼령이 있어 다시 찾을 수 없습니다."

진소양왕은 솥을 찾는 일을 그만뒀다. 영규는 이내 등창으로 죽고 말았다. 진소양왕은 주나라에서 옮겨 온 나머지 8정과 제기를 진나라 태묘 안에 진열陳列한 뒤 옹주雍州에서 상제에게 제사를 올렸다. 이어 열국에 사자를 보내 이 사실을 두루 알리면서 조공을 와 하례를 올릴 것을 주문했다. 명에 복종하지 않는 나라는 곧바로 군사를 이끌고 가 토벌하겠다고 선언했다.

한환혜왕이 가장 먼저 입조해 머리를 조아리고 칭신稱臣했다. 제나라를 비롯해 초나라와 연나라 및 조나라도 상국을 보내 축하했다. 단지 위나라만 사자를 보내지 않았다. 진소양왕이 하동 태수 왕계王稽에게 명해 군사를 이끌고 가 위나라를 치게 했다. 당시 왕계는 평소 위나라와 내통하며 사사로이 돈을 받아먹고 있었기에 이 사실을 알려줬다. 위안희왕이 크게 겁을 먹고 곧바로 사자를 진나라로 보내 사죄했다. 또 태자 증增을 볼모로 진나라에 보내며 나라를 모두 들어 진나라의 명을 좇겠다고 약속했다. 이때부터 산동의 6국은 사실 진나라에 빈복賓服[2]한 거나 다름없었다. 그때가 바로 진소양왕 52년인 기원전 255년이었다.

당시 진소양왕은 하동태수 왕계가 일찍부터 위나라와 내통한 사실을 알아낸 뒤 곧바로 소환해 주살했다. 왕계를 천거한 승상 범수가 더욱 불안해했다.

하루는 진소양왕이 조회에 나와 탄식했다. 승상 범수가 나서서 말했다.

"군주가 근심하면 신하는 치욕을 느끼고, 군주가 치욕을 당하면 신하는 목숨을 던진다는 뜻의 '주우즉신욕主憂則臣辱, 주욕즉신사主辱則臣死' 구절을 들은 적이 있습니다. 지금 대왕이 임조臨朝하여 탄식하는 것은 신들이 직무를 제대로 수행하지 못해 대왕의 근심을 나눠 갖지 못한 탓입니다. 신은 감히 죄를 청합니다."

진소양왕이 말했다.

"무릇 모든 사물은 평소 갖춰두고 있어야지 갑자기 찾아낼 수는 없는 일이오. 지금 무안군은 주살을 당했고, 정안평은 배반했소, 밖으로 강적이 즐비한 상황에서 안으로는 양장良將이 없소. 과인이 근심하는 이유요."

범수가 부끄럽기도 하고 두렵기도 해 감히 대답하지 못하고 조정에 물러나왔다.

당시 연나라 출신 유세객 채택蔡澤이 있었다. 박학博學과 선변善辯을 믿

---

2 빈복賓服은 추종하며 주인에게 복종한다는 뜻이다. 『관자』 「소광小匡」에 막불빈복莫不賓服 표현이 나온다. 여기의 빈賓은 고대에 시종侍從을 뜻하는 빈儐과 통한다.

고 고사高士를 자처했다. 지붕 없는 수레를 타고 제후들을 찾아다니며 유세했지만 아무도 알아주지 않았다. 위나라 도성 대량에 이르러 당거唐擧[3]라는 관상가를 만나 물었다.

"선생은 지난날 조나라 상국 이태李兌의 관상을 보고 예언키를, '100일 안에 조나라의 국정을 손에 넣는다.'고 했다는데 그게 사실입니까?"

당거가 대답했다.

"그렇소."

채택이 다시 물었다.

"나 같은 사람은 선생이 보기에 어떻소?"

당거가 채택을 숙시熟視한 뒤 웃으며 말했다.

"선생은 코가 전갈全蠍과 같고, 어깨가 목 위로 솟았소. 게다가 얼굴이 길쭉하고 미간에 주름이 많은 퇴안축미魋顏蹙眉와 두 무릎이 안짱다리인 양슬연곡兩膝攣曲의 모습이오. 성인의 관상을 알아볼 수 없다는 취지의 성인불상聖人不相이라는 말이 있는데, 대략 선생의 관상이 그런 듯하오."

채택은 당거가 농담으로 한 걸 알고 이같이 말했다.

"부귀는 원래 내가 갖고 있는 것이오. 내가 모르는 건 수명이오."

당거가 말했다.

"선생의 수명은 앞으로 43년간 남아 있소."

채택이 웃으며 말했다.

"내가 맛있는 밥과 기름진 고기를 먹는 반량설비飯粱齧肥를 하고, 수레에 올라 나는 듯이 말을 몰고, 허리에 황금으로 만든 인장을 자주 빛 인끈

---

3 당거唐擧는 『사기』 「범수채택열전」은 물론 『순자』 「비상非相」에도 나온다. 「비상」에 나오는 "지금 위나라에 당거라는 사람이 있는데, 사람의 형상안색形狀顏色을 보고 길흉요상吉凶妖祥을 알아내 세인들이 칭송한다고 한다. 그러나 이는 옛 사람에게 없었고, 학자들도 이야기하지 않은 일이다."라는 구절이 그것이다. 당거의 이름이 「비상」에는 당거唐莒로 돼 있다.

으로 둘러매고, 군주 앞에서 읍양揖讓하는 일은 43년이면 충분하오. 더 이상 무엇을 구하겠소?"

그러고는 다시 한나라와 조나라로 가서 유세했으나 역시 뜻을 얻지 못했다. 이후 위나라로 돌아오다가 솥과 시루인 부증釜甑까지 털려 밥도 해먹지 못했다. 나무 밑에 앉아 쉬다가 우연히 또 당거를 만났다. 당거가 희롱조로 물었다.

"선생은 아직도 부귀를 얻지 못했소?"

채택이 대답했다.

"아직도 찾는 중이오."

당거가 말했다.

"선생은 금金이 수水를 낳은 금생수金生水의 골상을 갖고 있소. 서쪽으로 가야만 운이 열리게 되오. 지금 진나라 승상 범수는 정안평과 왕계를 천거했다가 그들 모두 죄를 짓는 바람에 매우 부끄럽고 두려운 참구慚懼의 처지에 놓여 있소. 틀림없이 자신의 자리를 인계할 사람을 급히 찾고 있을 것이오. 선생은 어째서 그곳으로 가지 않고 여기서 궁상을 떨고 있는 것이오?"

채택이 말했다.

"길이 너무 멀어 가기 어려우니 어찌하면 좋겠소?"

당거가 자신의 주머니에서 제법 많은 돈을 꺼내 채택에게 줬다. 채택이 마침내 그 돈을 노자로 삼아 서쪽 함양으로 들어갔다. 이어 여관 주인에게 말했다.

"밥을 지을 때 반드시 좋은 기장인 백량白粱과 맛있는 고기인 감비甘肥를 쓰시오. 내가 머지않아 진나라 승상이 되면 그때 후하게 사례하는 후수厚酬를 하겠소."

여관 주인이 물었다.

"손님은 누구기에 승상이 되길 바라는 것이오?"

채택이 대답했다.

"나는 채택이라는 사람이오. 천하의 웅변雄辯이고, 지혜가 있는 선비요. 특별히 진왕을 만나보러 왔소. 진왕이 나를 한 번만 보면 틀림없이 내 유세에 기뻐한 나머지 응후를 내쫓고 대신 나를 승상의 자리에 앉힐 것이오. 내가 승상의 인수를 허리 아래로 늘어뜨리게 될 것이오."

여관 주인은 미치광이 이야기가 우스워 사람들에게 두루 이야기했다. 범수의 문객이 그 이야기를 듣고 범수에게 전했다. 범수가 말했다.

"나는 황제黃帝를 비롯한 오제五帝와 하나라와 은나라 및 주나라의 삼대三代의 일과 제자백가의 학설에 관해 들어보지 못한 게 없소. 수많은 유세가의 변설 역시 내 앞에서 모두 무릎을 꿇었소. 그가 어떻게 진왕 앞에서 유세해 내가 차고 있는 승상의 인수를 빼앗아갈 수 있단 말이오?"

그러고는 사람을 여관으로 보내 채택을 불러오게 했다. 여관 주인이 채택에게 말했다.

"손님에게 재앙이 닥쳤소! 응후를 대신해 승상이 된다고 호언한 탓이오. 지금 승상부에서 손님을 부르고 있으니 선생이 그곳으로 가면 틀림없이 대욕大辱을 당할 것이오."

채택이 웃으며 말했다.

"내가 응후를 만나면 틀림없이 승상의 인수를 내게 양보할 것이오. 굳이 진왕을 만날 필요도 없게 됐소."

여관 주인이 말했다.

"손님은 제정신이 아닌 듯하오. 제발 나까지 연루시키지 마시오."

채택은 베옷을 입고 짚신을 신은 포의섭갹布衣躡屫의 차림으로 승상 범수를 만나러 갔다. 범수가 거만하게 앉는 거좌踞坐의 모습으로 그를 맞았다. 채택이 길게 읍만 하고 절을 하지 않았다. 범수가 앉으란 말도 하지 않은

■ 진왕이 주나라를 멸하고 구정을 옮기다

채 거친 목소리인 여성厲聲으로 꾸짖었다.

"밖에서 나를 대신해 승상이 된다고 선언宣言한 자가 바로 너냐?"

채택이 단정히 서서 대답했다.

"바로 그렇습니다."

범수가 말했다.

"너에게 무슨 사설辭說이 있기에 나의 작위를 빼앗는다는 것인가?"

채택이 말했다.

"아, 승상은 세상 물정을 보는 게 왜 이토록 늦은 것입니까? 무릇 사계의 순서를 보아도 성공자成功者는 물러나고, 장래자將來者는 다가오는 법입니다. 승상은 이제 물러날 때가 됐습니다."

범수가 말했다.

"내가 스스로 물러서지 않는데 누가 나를 물러나게 한단 말인가?"

채택이 대답했다.

"무릇 몸이 건강하고 손발이 편리便利하고 지혜가 총명할 때 천하에 도덕을 펼치면 세인들이 어찌 경모敬慕하며 현명한 호걸인 현호賢豪로 여기지 않겠습니까?"

범수가 응답했다.

"그건 그렇지."

채택이 또 말했다.

"이미 천하에 득지得志한 뒤 안락하게 장수를 누리다 하늘이 내린 수명인 천년天年을 마치고, 높은 관직과 녹봉인 잠영세록簪纓世祿을 자손에게 전하며 대대로 끊어지지 않게 하고, 천지와 더불어 영원히 운명을 같이하면 이 어찌 세인들이 말하는 길상吉祥과 선사善事가 아니겠습니까?"

범수가 응답했다.

"그건 그렇지."

채택이 또 말했다.

"옛날 진나라 상앙과 초나라 오기 및 월나라 대부 문종은 대공을 세웠으나 몸은 비참하게 죽었습니다. 승상도 혹여 이들처럼 되고자 하는 것입니까?"

범수가 내심 암상暗想했다.

'이 사람이 진퇴의 이해관계에 관한 논의를 펴면서 점차 자신이 말하고자 하는 내용의 핵심에 가까워지고 있다. 내가 그들처럼 되고 싶지 않다고 말하면 바로 이 사람의 유세 술책에 떨어지게 된다.'

그러고는 거짓으로 응답했다.

"저들처럼 되고 싶지 않을 이유가 무엇인가? 무릇 상앙은 진효공을 섬기면서 오로지 나라만을 위해 일하며 일신을 돌보지 않는 진공무사盡公無私를 행했고, 법을 정해 나라를 다스렸고, 나중에는 대장이 되어 1천 리의 영토를 개척했다. 오기는 초도왕을 섬기면서 귀척貴戚을 쫓아내고 전사를 양성했다. 오나라와 월나라를 평정하고, 북으로 3진을 몰아낸 게 그렇다. 대부 문종은 월왕 구천을 약국을 강국으로 전환시키는 전약위강轉弱爲强을 이룸으로써 마침내 막강한 오나라를 병탄해 구천의 원한을 갚아 주었다. 이들 모두 비록 제명에 죽지는 못했으나 대장부로서『논어』「위령공」에 나오듯이 자신의 몸을 희생해 인仁을 이루는 살신성인殺身成仁을 행했다. 이들은 죽는 것을 마치 고향에 돌아가는 것처럼 여긴 덕분에 당시에 공을 세웠고, 후세에 그 이름을 전하게 된 것이다. 어찌 저들처럼 되고 싶지 않을 이유가 있는가?"

승상 범수는 비록 입으론 어깃장을 놓는 취경嘴硬을 하기는 했으나 내심 자리에 앉아 있기가 불안해 기립해 그의 말을 들었다. 채택이 대답했다.

"군주가 사물의 이치를 꿰고 신하가 현명한 주성신현主聖臣賢은 나라의 복이고, 아비가 자애롭고 자식이 효성스런 부자자효父慈子孝는 집안의 복이오. 효자로서 누가 자애로운 아비를 원치 않고, 신하로서 명군을 원치 않겠습니까? 그러나 은나라 비간比干은 충간을 아끼지 않았지만 은나라는 망했고, 진晉나라 태자 신생은 효도를 다했지만 진나라는 혼란에 빠졌습니다. 이들이 죽음을 무릅쓰고 충효를 다했는데도 군주와 부친을 구하지 못한 것은 무슨 까닭입니까? 군주가 밝지 못하고, 아비가 자애롭지 못했기 때문입니다. 상앙과 오기 및 대부 문종 역시 불행한 죽음을 맞은 사람들입니다. 이들이 어찌 죽음을 자초해 후대의 명성을 구했겠습니까? 무릇 비간은 가슴이 쪼개져 죽임을 당했지만 미자微子는 은나라를 떠났고, 소홀召忽은 주군을 좇아 자진했지만 관중은 자신의 뜻을 펴기 위해 살아남았습니다.

미자와 관중의 명성이 어찌 비간과 소홀의 명성보다 못하겠습니까? 대장부의 처세處世는 자신의 몸과 명성을 모두 온전하게 하는 신명구전身名俱全을 상등, 명성을 후대에 전하기는 했으나 목숨을 잃는 명전신사名傳身死를 중등, 명성을 더럽히고 몸만 살아남는 명욕신전名辱身全을 하등으로 칩니다."

이 말을 듣자 범수는 가슴이 상쾌爽快해지는 느낌이 들어 자신도 모르는 사이 자리에서 벗어나 당堂 아래로 발걸음을 옮기며 칭송했다.

"좋은 이야기요."

채택이 말을 계속했다.

"승상은 상앙과 오기 및 대부 문종처럼 '살신성인'을 마다할 이유가 없다고 했으나 굉요閎夭가 주문왕을 섬기고, 주공周公 단旦이 주성왕을 보필하며 '신명구전'한 것과 비교하면 어느 쪽이 낫습니까?"

범수가 대답했다.

"상군 등의 '살신성인'은 '신명구전'만 못하오."

채택이 다시 말했다.

"지금 진왕秦王이 충량忠良을 신임하고 옛 신하를 돈후惇厚하게 대하는 태도는 옛날 진효공 및 초도왕과 비교하면 어느 쪽이 낫습니까?"

범수가 침음沈吟하다가 말했다.

"어느 쪽이 나은지 잘 모르겠소."

채택이 말했다.

"승상은 스스로 생각하기에 나라를 위해 공을 세우고 실책을 저지르지 않은 점에서 상앙과 오기 및 문종과 비교하면 어느 쪽이 낫습니까?"

범수가 말했다.

"내가 그들만 못하오."

채택이 계속 말했다.

"지금 진왕이 공신들을 신임하는 태도는 진효공과 초도왕 및 월왕 구천만 못하고, 승상의 공적 또한 상앙과 오기 및 대부 문종만 못합니다. 그런데도 승상의 녹위祿位는 과성過盛하고 사가私家의 부富 또한 이들 3인보다 2배나 많습니다. 그런데도 관계에서 과감히 물러나는 급류용퇴急流勇退⁴를 통해 몸을 보전할 계책을 세우지 않는 것입니까? 저들 3인 모두 참화를 면치 못했는데 하물며 승상의 경우이겠습니까? 무릇 비취와 고니, 무소, 코끼리 등 취혹서상翠鵠犀象은 살아가는 모습이 죽음에서 멀리 떨어져 있는 듯 보이지만 결국 비명에 죽는 것은 미끼에 혹했기 때문입니다. 소진蘇秦과 지백智伯은 자신을 보호하는 데 부족함이 없는 지혜를 지녔지만 결국 비명에 죽은 것 또한 이익을 탐하는 데 혹한 마음을 그치지 않았기 때문입니다. 승상은 필부의 몸으로 진왕의 지우知遇를 받아 승상의 자리에 올랐으니 부귀가 이미 극에 달했습니다. 더구나 지난날의 원수도 갚았고, 진왕의 은덕 또한 나름 보답을 했습니다. 그런데도 지금까지 계속 권세와 이익에 연연하며 앞으로 나아가기만 할 뿐 물러날 줄 모르니 소진과 지백의 참화를 면치 못할까 두렵습니다. 해가 중천에 이르면 반드시 서쪽으로 기울고, 달이 꽉 차면 반드시 이지러진다는 뜻의 '일중필이日中必移, 월만즉휴月滿必虧' 속담도 있습니다. 승상은 어찌하여 이런 시기에 승상의 인수를 내놓은 뒤 현자를 골라 천거하지 않는 것입니까? 천거된 사람이 현명하면 천거한 사람은 더욱 존중을 받게 됩니다. 승상은 영화를 사양한 명분과 무거운 책임을 벗는 실리를 얻게 됩니다. 이후 아름다운 산수를 찾아 즐기면서 신선이 된 왕자 교喬와 적송자赤松子⁵의 수명을 누리고, 후세까지 길이 응후의 작위를 잇게

---

4 급류용퇴急流勇退는 급류에서 용감하게 물러난다는 뜻으로 사도仕途가 순조로울 때 의연毅然히 관장官場에서 몸을 빼는 것을 말한다. 명철보신明哲保身과 같은 취지이다. 북송 때 대문호 소동파蘇東坡의 시 「증선상정걸贈善相程杰」에 나오는 '급류용퇴기무인急流勇退豈無人' 구절에서 따온 것이다.

5 왕자 교喬는 주영왕周靈王의 아들로 이름은 진晉, 자는 자교子喬이다. 생황을 잘 불고 백학

하십시오. 이같이 사는 것과 권세에 의지해 예측할 수 없는 참화에 빠지는 것 가운데 어느 게 낫습니까?"

범수가 대답했다.

"선생은 스스로 웅변에 뛰어나고 지혜롭다고 하더니 과연 그렇소. 내가 어찌 감히 그 명을 받지 않을 리 있겠소?"

그러고는 채택을 윗자리로 안내해 상객으로 예우했다. 이어 객관에 머물게 한 뒤 주식酒食을 보내 관대款待했다. 이튿날 조정으로 들어가 진소양왕에게 말했다.

"새 빈객이 산동山東에서 왔습니다. 성명은 채택입니다. 그는 왕업과 패업을 이룰 만한 재주인 왕패지재王覇之才가 있고, 시변時變에도 통달해 있습니다. 장차 진나라의 정사를 족히 맡길 만합니다. 지금까지 신은 많은 사람을 만났지만 채택과 짝을 이룰 만한 사람을 보지 못했습니다. 신도 이 사람의 1만분의 1도 미치지 못합니다. 신은 감히 현인을 감춰둘 수 없기에 삼가 대왕에게 천거하는 것입니다."

진소양왕이 곧 채택을 편전便殿으로 불러들여 접견하며 산동 6국의 겸병 계책에 관해 물었다. 채택이 차분하게 조목조목 답변했다. 진소양왕이 그를 바로 객경에 임명했다. 범수가 병을 핑계로 승상의 인수를 내놓고 귀향을 청했다. 진소양왕이 불허했다. 범수가 마침내 병이 위독하다는 핑계를 대고 자리에 누워 일어나지 않았다. 결국 진소양왕이 채택을 승상으로 임명해 범수를 대신하게 하고 강성군剛成君의 군호를 내렸다. 범수가 식읍인 응應 땅으로 내려가 여생을 마쳤다.

白鶴을 타고 노닐다가 신선이 된 인물이다. 『열국지』 제67회 앞 대목에 그에 관한 이야기가 간략히 언급돼 있다. 적송자赤松子는 염제炎帝의 딸과 결혼해 신선이 되었다고 하는 신화 속의 인물이다.

202話 염파가 연나라를 격파하고 두 장수를 죽이다
– 염파패연살이장廉頗敗燕殺二將

이야기가 둘로 나뉜다. 당초 연소왕燕昭王은 복국復國한 후 재위 33년 만에 연혜왕戀惠王, 연혜왕은 재위 7년 만에 연무성왕燕武成王, 연무성왕은 재위 14년 만에 연효왕燕孝王, 연효왕은 재위 3년 만에 연왕 희喜에게 보위를 전했다. 연왕 희는 즉위 후 아들 단丹을 태자로 삼았다.

연왕 희 4년이자 진소양왕 58년인 기원전 251년, 조나라 평원군 조승이 죽자 조효성왕은 염파를 상국으로 삼고 신평군信平君의 군호를 내렸다. 연왕 희는 연나라가 조나라와 접경하고 있었던 까닭에 상국 율복栗腹을 사자로 보내 평원군을 조문케 한 뒤 500금을 조효성왕에게 주식酒食 비용인 주자酒資로 전하며 의형제를 맺고자 했다.

율복은 내심 조효성왕이 자신에게 후한 선물을 줄 것으로 기대했으나 통상적인 예우를 받게 되자 즐겁지 못한 불역不懌의 심경으로 귀국한 뒤 연왕 희에게 이같이 보고했다.

"조나라는 장평 싸움에서 대패한 후 장정들이 모두 죽고 고아들은 아직 어립니다. 또 평원군이 죽자 염파가 상국이 됐지만 그는 너무 연로합니다. 출기불의出其不意로 군사를 나눠 엄습하면 가히 조나라를 멸할 수 있습니다."

연왕 희가 그 말에 혹했다. 곧 창국군昌國君 악간樂閒을 불러 물었다. 악간이 대답했다.

"조나라는 동쪽으로 연나라, 서쪽으로 진나라, 남쪽으로 한나라와 위나라, 북쪽으로 호맥胡貊과 접경해 있습니다. 백성들이 이처럼 사방에 펼쳐진

평야에서 평소 군사 훈련을 받은 까닭에 가벼이 공벌에 나설 수 없습니다."

연왕 희가 물었다.

"우리가 3배의 군사로 저들의 군사 하나를 치면 어떻겠소?"

악간이 대답했다.

"불가합니다."

연왕 희가 또 물었다.

"그럼 5배의 군사로 하나를 치면 어떻겠소?"

악간이 아무 대답도 하지 않았다. 연왕 희가 화를 냈다.

"그대의 부친 악의의 분묘가 조나라에 있기에 치지 않으려는 것이오?"

악간이 말했다.

"대왕이 믿지 못하면 신이 한 번 시험해보겠습니다."

군신들이 연왕 희에게 아첨키 위해 모두 이같이 말했다.

"천하에 5배의 군사로 하나의 군사를 이기지 못한단 말이오?"

대부 장거將渠가 홀로 간절히 간했다.

"대왕은 군사의 중과衆寡 이전에 먼저 군사행동의 곡직曲直부터 거론하십시오. 이미 조나라와 교환交歡키 위해 500금을 보내 조왕의 장수를 축원했습니다. 지금 사자의 보고만 받고 곧바로 조나라를 치려고 하니 이는 신의도 없고 의롭지도 못한 일입니다. 신의를 잃은 군사는 틀림없이 아무런 공도 세울 수 없습니다."

하지만 연왕 희는 그리 생각지 않았다. 곧 율복을 대장으로 삼고 악승樂乘으로 하여금 보좌케 하면서 율복에게 군사 10만 명을 이끌고 가 조나라 호鄗 땅을 치게 했다. 이어 경진慶秦을 부장副將으로 삼고 악간樂閒으로 하여금 보좌케 하면서 군사 10만 명을 이끌고 가 대代 땅을 치게 했다. 연왕 희 자신은 직접 중군이 되어 군사 10만 명을 이끌고 가 뒤에서 접응키로 했다.

연왕 희가 바야흐로 수레에 오르려 하자 장거가 연왕 희의 허리띠를 잡은 채 눈물을 흘리며 말했다.

"조나라 정벌에 대왕은 직접 가지 마십시오. 공연히 좌우를 놀라게 할까 두렵습니다."

연왕 희가 화를 내며 장거를 발로 걷어찼다. 장거가 연왕 희의 발을 잡고 읍간泣諫했다.

"신이 대왕을 만류하는 것은 충심입니다. 대왕이 신의 말을 듣지 않으면 우리 연나라에 화가 닥칠 것입니다."

연왕 희가 더욱 화를 냈다. 좌우에 명해 장거를 옥에 가두도록 한 뒤 개선하는 날 주살하겠다고 공언했다. 삼군이 길을 나눠 진격했다. 정기旌旗가 들판을 뒤덮고 살기殺氣가 하늘을 찔렀다. 연왕 희는 조나라 땅을 밟고 점령할 때마다 연나라 영토가 크게 확장되기를 바랐다.

조효성왕은 연나라 군사가 쳐들어온다는 보고를 받고 군신들과 함께 상의했다. 상국 염파가 말했다.

"연나라는 우리가 지난번 장평 싸움에서 크게 패해 지금 병사들을 보충할 수 없을 것으로 생각하고 있습니다. 부고에 있는 식량과 돈을 백성들에게 나눠주고 15세 이상 되는 자들로 하여금 무기를 잡고 조전助戰케 하면 우리 군사의 사기는 크게 진작되고 연나라 군사의 사기는 절로 꺾일 것입니다. 대장 율복은 공로만 탐할 뿐 장수로서의 재략才略이 없는 자이고, 부장 경진은 무명의 풋내기이고, 악간과 악승은 창국군 악의를 좇아 연나라와 조나라를 많이 왕래한 까닭에 있는 힘을 다하지 않을 것입니다. 연나라 군사가 곧바로 적들을 격파할 것입니다."

그러고는 안문雁門을 지키는 장수 이목李牧을 장수의 재목으로 천거했다. 조효성왕이 염파를 대장으로 삼은 뒤 군사 5만 명을 이끌고 가 호 땅에서 율복을 맞아 싸우게 했다. 또 이목을 부장으로 삼은 뒤 군사 5만 명을 이끌고 가 대 땅에서 경진을 맞아 싸우게 했다.

염파는 군사를 이끌고 지금의 하북성 임성현인 방자성房子城에 당도해 율복이 호 땅에 있는 걸 알고 젊은 장정은 모두 인근의 철산鐵山에 숨긴 뒤 노약자들만 진영 앞에 늘어세웠다. 율복이 첩자를 보내 조나라 군사를 탐지하고는 크게 기뻐했다.

"나는 원래 조나라 군사가 전투를 감당할 수 없다는 걸 알고 있었다."

이내 군사를 이끌고 호성鄗城에 급공을 가했다. 호성의 조나라 백성들은 구원병이 이미 가까이 당도했다는 걸 알고 15일 동안 성을 굳게 지키며 굴복하지 않았다. 염파는 대군을 이끌고 도착한 뒤 먼저 피폐한 병사인 피졸疲卒 수천 명을 내세워 도전했다. 율복은 호성에 대한 공격을 악승에게 맡긴 뒤 직접 출진出陣했다. 단 1합습 만에 조나라 군사가 견디지 못하고 크게 패해 달아나기 시작했다. 율복은 군사를 휘몰아 급히 추격했다. 6-7리쯤 쫓아갔을 때 매복해 있던 조나라 복병들이 쏟아져 나왔다. 선봉에 선 대장 1명이 병거를 급히 몰고 나오면서 큰 소리로 외쳤다.

"염파가 여기 있다. 연나라 장수는 일찌감치 포박을 받으라!"

율복이 대로해 칼을 휘두르며 조나라 군사와 싸웠다. 염파는 수단手段이 고강高强했다. 그가 이끄는 병사들 또한 엄선된 정예병이라 일당백一當百의 용력을 발휘했다. 몇 합도 겨루지 않아 연나라 군사는 대패했다. 염파가 율복을 사로잡았다.

악승은 대장 율복이 조나라 군사에게 사로잡혔다는 소식을 듣자 곧바로 호성에 대한 포위를 풀고 달아나려 했다. 염파가 사람을 보내 부르자 악승이 결국 투항했다. 조나라 부장 이목 역시 대 땅에서 대승을 거뒀다. 그는 연나라 부장 경진의 목을 벤 뒤 사자를 보내 승첩을 고했다. 연나라 장수 악간은 패잔병을 이끌고 지금의 산서성 회인현 경내에 있는 청량산淸涼山으로 들어갔다. 염파가 악승을 청량산으로 보내 악간을 초청했다. 결국 악

염파가 연나라를 격파하고 두 장수를 죽이다

간도 투항했다.

　연왕 희는 양로로 나뉘어 쳐들어갔던 군사가 모두 패했다는 보고를 받고는 밤낮을 가리지 않고 달아나 지금의 북경 방산구 부근인 중도中都로 회군했다. 염파가 장구長驅하여 곧바로 연나라 경계로 쳐들어간 뒤 긴 포위망을 구축하며 연나라를 궁지로 몰아갔다. 연왕 희가 사자를 보내 강화를 청했다. 투항한 악간이 염파에게 말했다.

　"원래 조나라 정벌을 주장한 자는 율복입니다. 연나라 대부 장거는 선견지명이 있어 조나라를 쳐서는 안 된다고 끝까지 간하다가 연왕의 노여움을 사 옥에 갇혀 있습니다. 강화를 허락코자 하면 먼저 연왕에게 장거를 상국에 임명해 사자로 보내야 비로소 가하다고 하십시오."

염파가 이를 좇았다. 연왕 희가 달리 어쩔 도리가 없어 옥중에 있는 장거를 불러내 상국의 인수를 줬다. 장거가 사양했다.

"신은 불행히도 내뱉은 말이 적중하는 언중言中을 하게 됐습니다. 어찌 패배를 행운으로 삼아 이익을 꾀할 수 있겠습니까?"

연왕 희가 말했다.

"과인은 경의 말을 듣지 않아 패배의 치욕을 자초했소. 지금 조나라에 강화를 청하고자 하는데 경이 아니면 불가하오."

장거가 마지못해 상국의 인수를 받은 뒤 연왕 희에게 말했다.

"악승과 악간은 비록 조나라에 투항했지만 창국군 악의는 연나라에서 대공을 세웠습니다. 대왕은 저들의 처자식을 조나라로 보내 연나라의 은덕을 잊지 못하게 만드십시오. 그리하면 강화가 조속히 이뤄질 것입니다."

연왕 희가 이를 좇았다. 장거가 조나라 군영으로 가서 연왕 희를 대신해 사죄하고, 자신이 데리고 온 악간과 악승의 가속을 보내 줬다. 염파가 강화를 허락하고 율복을 참수한 뒤 그 수급을 경진의 시신과 함께 연나라로 돌려보냈다. 이어 그날로 바로 반사班師했다. 조효성왕은 악승에게 무양군武襄君의 군호를 내리고 악간은 이전처럼 창국군을 칭하게 했다. 또 이목을 대 땅 군수로 삼았다.

당시 극신劇辛은 연나라를 위해 지금의 천진시 계현인 계주薊州를 지키고 있었다. 그는 원래 조나라 출신으로 지난날 연소왕이 황금대를 쌓고 천하의 인재를 구할 때 악의와 함께 연소왕을 섬긴 사람이다. 연왕 희가 이를 알고는 극신으로 하여금 악승과 악간에게 서신을 보내 불러오도록 했다. 악승과 악간은 극신의 서신을 받았지만 연왕 희가 충언을 받아들이지 않는 것을 알기에 끝까지 조나라에 남았다.

장거는 비록 연나라 상국으로 있었지만 연왕 희의 뜻에 의한 게 아닌 까닭에 반년이 안 돼 병을 핑계로 상국의 인수를 내놓았다. 연왕 희는 극신을 불러 장거를 대신하게 했다. 연나라에 대한 이야기는 일단 여기서 접어두기로 하자.

한편 연나라가 조나라를 치다가 패했을 당시 재위한 지 56년에 달하는 진소양왕은秦昭襄王은 나이가 75세나 됐다.⁶ 이해 가을, 진소양왕이 노환으로 훙거薨去했다. 태자 안국군이 보위를 이었다. 그가 바로 진효문왕秦孝文王이다. 화양부인⁷을 왕후, 왕손 자초를 태자로 삼았다.

한환혜황이 진소양왕의 부음을 듣고는 가장 먼저 상복을 입고 진나라로 가 조문하며 장례를 돌보았다. 신하의 예를 다한 것이다. 다른 나라는 장상將相의 대신을 보내 장례에 참석케 했다. 진효문왕이 1년 만에 죽었다.⁸ 국인들 모두 여불위가 태자 자초를 속히 보위에 올려놓기 위해 진효문왕의 좌우를 매수해 술에다 독약을 타 먹인 것으로 의심했다. 그러나 여불위의 권세가 두려워 아무도 감히 그 말을 입 밖에 내지 못했다.

여불위가 군신들과 함께 태자 자초를 옹립했다. 그가 바로 진장양왕秦莊襄王이다. 진장양왕은 화양부인을 태후로 올리고, 조희를 왕후로 삼았다. 또 아들 정政을 태자에 봉했다.⁹ 승상 채택은 진장양왕이 여불위의 은덕에

6 이 대목의 『열국지』 원문은 70세를 바라본다는 뜻의 '년근칠십年近七十'으로 돼 있다. 그러나 기원전 325년에 태어난 진소양왕은 기원전 251년에 사망할 당시 이미 75세에 달해 있었다. 번역문은 '75세'로 바꿔 놓았다.

7 화양부인의 『열국지』 원문은 조녀趙女로 돼 있다. '조녀'는 자초의 부인 '조희'를 가리킨다. 화양부인은 초나라 출신인 까닭에 원문의 '조녀'는 '초녀楚女'의 명백한 잘못이다. 번역문은 '조녀'를 '화양부인'으로 바꿔 놓았다.

8 이 대목의 『열국지』 원문은 진효문왕이 장례를 마치고 3일째 되는 날 군신들을 위한 위로연을 크게 연 뒤 취침하러 궁궐로 들어갔다가 그날 밤 죽었다는 뜻의 '효문왕제상지3일孝文王除喪之三日, 대연군신大宴群臣, 석산회궁이사席散回宮而死'로 되어 있다. 이는 『사기』 「여불위열전」에서 안국군이 즉위한 지 1년 만에 죽었다는 취지로 언급한 '진왕립1년훙秦王立一年薨' 구절과 배치된다. 번역문은 「여불위열전」의 기록을 좇아 '진효문왕이 즉위 후 1년 만에 죽었다.'로 바꿔 놓았다.

9 이 대목이 『열국지』 원문에는 아들 조정趙政을 태자에 봉한 뒤 '조趙' 자를 떼고 단명單名

깊이 감사한 나머지 승상으로 삼고 싶어 한다는 걸 알고는 이내 병을 핑계로 상국의 인수를 내놓았다. 여불위가 마침내 진나라 승상이 됐다. 진장양왕이 승상 여불위를 문신후文信侯에 봉하고, 하남의 낙양 일대 10만 호를 식읍으로 내렸다. 문신후 여불위는 평소 제나라 맹상군과 위나라 신릉군, 조나라 평원군, 초나라 춘신군의 명성을 흠모했다. 자신이 그들에 미치지 못하는 걸 부끄럽게 여겨 이내 객관을 설치한 뒤 빈객을 불러 모았다. 그의 문하에 몰려든 빈객이 3천 명이나 됐다.

당시 동주군東周君은 진나라에서 진소양왕과 진효문왕이 잇달아 죽어 나라가 어수선하다는 소식을 듣고는 빈객을 열국으로 보내 합종책을 설득케 했다. 진나라를 토벌하고 주나라 왕실을 다시 세우고자 한 것이다. 승상 여불위가 진장양왕에게 말했다.

"서주西周는 이미 멸망했고 동주東周만 간신히 명맥을 유지하고 있습니다. 지금 저들이 주문왕과 주무왕의 자손이라고 떠벌이며 천하의 제후들을 고동鼓動하고 있습니다. 저들을 절멸시켜 인망人望을 근절하느니만 못합니다."

진장양왕이 즉시 여불위를 대장으로 삼은 뒤 군사 10만 명을 이끌고 가 동주를 치게 했다. 여불위가 동주군을 사로잡아 귀환하면서 동주의 공성鞏城 등 7개 성읍을 모두 진나라 영토로 거둬들였다.

이로써 주나라는 주무왕이 기유년己酉年에 천명을 받아 새 왕조를 세운 후 동주군이 임자년壬子年에 생포됨으로써 패망하고 말았다. 총 38대 873년 동안 제사가 유지돼 오다가 진나라에 의해 끊긴 셈이다. 이를 증험하는

인 정政으로만 부르게 했다는 뜻의 '조정위태자趙政爲太子, 거조자단명정去趙字單名政'으로 돼 있다. 앞서 언급한 것처럼 『사기』「진시황본기」와 「여불위열전」의 기록에 따르면 '조정'은 어린 진시황이 부친 자초가 태자로 즉위하는 기원전 251년까지 모친과 함께 조나라에 몸을 숨기며 산 데 따른 것으로 성과 이름을 통칭한 것이다. 이름 자체를 '조정'으로 했다는 의미는 아닌 것이다. 번역문은 '거조자단명정去趙字單名政' 구절을 생략한 채 번역해 놓았다.

노래로 된 도가의 비결秘訣인 가결歌訣이 있다.

무왕, 성왕, 강왕, 소왕, 목왕, 공왕 나온 후	周武成康昭穆共
의왕, 효왕, 이왕, 여왕, 선왕, 유왕 때 끝나	懿孝夷厲宣幽終
이상이 주나라 전성기 때 12명의 군주였다	以上盛周十二主
서주는 252년 동안 면면히 이어진 셈이다	二百五十二年逢
동천 후 평왕, 환왕, 장왕, 희왕, 혜왕 나와	東遷平桓莊釐惠
양왕, 경왕, 광왕, 정왕, 간왕, 영왕이 잇고	襄頃匡定簡靈繼
다시 경왕, 도왕, 경왕, 원왕, 정왕, 애왕	景悼敬元貞定哀
사왕, 고왕, 위열왕, 안왕, 열왕이 뒤따르다	思考威烈安烈序
현왕, 신정왕, 난왕의 대에 이르러 멸망하니	顯子愼靚赧王亡
동주는 26명의 군주가 서주와 짝을 이뤘다	東周▨六湊成雙
주나라는 제곡의 아들 후직 기의 자손이니	系出嚳子后稷棄
바로 태왕과 왕계, 문왕 창이 시원이 됐다	太王王季文王昌
앞뒤로 모두 합치면 38명의 군주 이어지니	首尾三十有八主
모두 874년에 걸쳐 천하를 다스린 것이지	八百七十年零四
존속한 햇수도 길고 왕들의 숫자도 많으니	卜年卜世數過之
신령하고 장구한 종사가 고금에 전례 없다	宗社靈長古無二

진장양왕은 주나라를 멸망시킨 뒤 여세를 몰아 장수 몽오蒙驁로 하여금 한나라를 치게 했다. 몽오가 한나라 성고成皐와 형양滎陽을 함락시킨 뒤 삼천군三川郡을 설치했다. 이후 진나라 영토의 경계가 위나라 도성 대량에 직핍直逼케 됐다. 진장양왕이 말했다.

"과인은 지난날 조나라에 인질로 잡혀 있을 때 조왕은 몇 번이나 나를 죽이려고 했다. 이 원수를 갚지 않을 수 없다."

그러고는 다시 몽오로 하여금 조나라를 치게 했다. 유차榆次 등 37개 성읍을 함락시킨 뒤 태원군太原郡을 설치했다. 이어 마침내 상당上黨을 평정하고 내친 김에 지금의 산서성 택주현에 있는 고도高都를 쳤으나 함락시키지 못했다. 진장양왕이 다시 장수 왕흘에게 군사 5만 명을 내주며 고도 전투를 돕게 했다. 위나라 군사가 진나라 군사에게 잇달아 패했다. 여희如姬가 위안희왕에게 말했다.

"진나라가 우리 위나라를 급하게 치는 것은 우리를 업신여긴 탓입니다. 우리나라에 신릉군이 없기 때문에 그리된 것입니다. 신릉군의 현명賢名은 천하에 널리 알려져 있습니다. 그에게 의지해 제후들의 힘을 빌릴 수 있을 것입니다. 대왕은 사자로 하여금 겸손하고 간곡한 내용의 서찰과 후한 예물을 갖고 조나라로 가 신릉군을 불러들이십시오. 그를 시켜 합종책으로 열국의 힘을 합쳐 진나라를 막아내게 하면 몽오와 같은 자가 100여 명 있을지라도 어찌 감히 위나라를 똑바로 쳐다볼 수 있겠습니까?"

위안희왕은 형세가 위급해지자 부득이 여희의 계책을 좇았다. 내시 안은을 사자로 삼아 조나라로 보냈다. 상국의 인수를 비롯해 황금과 채백彩帛을 들고 가 신릉군을 맞아오게 한 것이다. 신릉군에게 보내는 서찰의 내용은 대략 이러했다.

공자는 지난날 조나라의 위급을 참지 못했는데, 지금 우리 위나라의 위급은 참고 있는 것이오? 위나라가 지금 매우 위급하오. 과인과 온 백성은 공자가 돌아오길 목을 뺀 채 기다리고 있소. 공자의 귀국을 막은 과인의 허물을 나무라지 않으면 다행으로 여기겠소.

신릉군은 비록 조나라에 있었지만 빈객들이 끊임없이 오가며 소식을 전해준 덕에 위나라에서 자신을 맞이하기 위해 사자가 온다는 사실을 알고 있었다. 신릉군이 한탄했다.

"위왕은 나를 조나라에 버려둔 지 지금까지 10년이나 됐다. 국내 형세가 위급해지자 나를 다시 부르려고 한다. 이는 진정으로 나를 생각해 내린 명령이 아니다."

그러고는 대문 앞에 이런 글을 내걸었다.

감히 위왕을 위해 사자와 내통하는 자는 사형에 처할 것이다.

이 글을 보고 빈객들 모두 서로 경계하며 귀국을 권하지 못했다. 위나라 사자 안은은 보름이 지나도록 신릉군을 만나지 못했다. 위안희왕이 다시 사자를 안은에게 보내 최촉催促했다. 안은이 신릉군을 만나지 못하는 상황에서 안은을 최촉하는 사자들의 왕래만 분주히 이어졌다. 안은이 신릉군 문하에 있는 빈객들을 찾아가 통사정을 했으나 문객들은 모두 사양하며 감히 나서지 못했다.

안은은 신릉군이 외출할 때 길에서 만나려고 했지만 신릉군은 이를 피하려고 출문出門조차 하지 않았다. 그로서는 더 이상 어찌해볼 도리가 없었다.

필경 신릉군이 위나라로 돌아가지 않을지 알 길이 없으니 다음 회를 보라.

203話 신릉군이 화음도에서 몽오를 패퇴시키다
– 화음도신릉패몽오 華陰道信陵敗蒙驁

    위안희왕의 명을 받고 조나라로 온 내시 안은은 신릉군을 만나기 위해 백방으로 애썼으나 빈객들이 전혀 나서지 않아 어찌할 도리가 없었다. 이때 마침 도박판에 몸을 숨기고 사는 처사處士 모공毛公과 주막인 매장賣漿에 몸을 숨기고 사는 설공薛公이 신릉군을 만나러 가게 됐다. 안은은 이들이 신릉군의 상객上客이란 걸 알고 자신의 사정을 읍소했다. 두 사람이 말했다.

    "신릉군의 저택에서는 외부인의 수레를 경계하니 우리 두 사람이 모든 노력을 기울여 권해 보겠소."

    안은이 말했다.

    "전적으로 맡기고, 맡기겠습니다."

모공과 설공이 신릉군에게 말했다.

"공자의 거가車駕가 고국인 종방宗邦으로 돌아간다는 이야기가 있기에 특별히 봉송奉送하러 왔습니다."

신릉군이 말했다.

"그럴 리가 있겠소?"

모공과 설공이 물었다.

"진나라 군사가 위나라를 급하게 포위 공격하고 있다고 하는데 공자는 그 소문을 듣지 못했습니까?"

신릉군이 대답했다.

"들었소. 그러나 나는 위나라를 떠난 지 벌써 10년이 지나 조나라 사람이 다 됐소. 감히 위나라 일에 관해 기다리며 들어주는 여문與聞을 할 수 없소."

무공과 설공이 한 목소리로 말했다.

"공자는 무슨 말을 그리하시오. 공자가 조나라에서 존중을 받고 제후들에게까지 명성이 알려진 것은 위나라가 있기 때문이오. 또 공자가 훌륭한 선비를 부양할 수 있고, 천하의 빈객이 공자의 문하에 모여드는 것도 위나라 힘을 빌리고 있기 때문이오. 지금 진나라의 위나라에 대한 공격이 날마다 급박한데 공자는 구원에 나서지 않고 있소. 만일 진나라 군사가 위나라 도성 대량을 함락시키고, 선왕의 종묘를 평지로 만들면 어찌할 것이오? 설령 공자가 자신의 집안은 방치한다 해도 종묘에 제사를 올리는 혈식血食까지 생각지 않을 수 있는 것이오? 이후 무슨 면목으로 조나라에서 기식寄食할 것이오?"

두 사람이 말을 마치기도 전에 신릉군이 삼가며 불안해하는 모습으로 축연蹴然히 자리에서 일어나 식은땀을 흘리며 사죄했다.

"선생의 질책은 실로 옳소. 이 무기는 천하의 죄인이 될 뻔했소."

그러고는 그날로 빈객들에게 명해 짐을 꾸리게 했다. 이어 조정으로 들어가 조효성왕에게 작별 인사를 했다. 조효성왕이 차마 보낼 수 없어 그의 팔을 붙들고 울며 말했다.

"과인은 평원군을 잃은 후 오직 공자만을 장성長城처럼 의지해 왔소. 이렇게 하루아침에 과인을 버리고 떠나면 과인은 이제 누구와 함께 사직을 지켜야 하오?"

신릉군이 대답했다.

"신은 선왕의 종묘가 진나라 군사에 의해 파괴되는 걸 차마 두고 볼 수 없어 부득불 귀국하는 것입니다. 만일 대왕의 홍복洪福에 힘입어 위나라 종묘사직이 파괴되지 않으면 장차 다시 만날 날이 있을 것입니다."

조효성왕이 말했다.

"지난날 공자가 위나라 군사를 동원해 우리 조나라를 구해 주었소. 이번에 공자가 위나라 국난國難을 구하기 위해 가는데 과인이 어찌 모든 군사를 동원해 그 뒤를 따르지 않겠소?"

그러고는 신릉군에게 상장군上將軍의 인수를 내렸다. 이어 장수 방난龐煖을 부장으로 삼은 뒤 군사 10만 명을 이끌고 가 신릉군을 돕게 했다. 신릉군은 조나라의 상장군이 되자 먼저 안은으로 하여금 속히 귀국해 위안희왕에게 이를 보고토록 했다. 이어 빈객들을 열국에 파견해 구원을 청하는 서신을 전하게 했다.

원래 연나라와 한나라 및 초나라는 신릉군의 인품을 존중했다. 이들 3국은 신릉군이 군사를 이끌고 출정한다는 소식을 듣고 모두 기뻐했다. 곧 자국 군대의 대장에게 명해 군사를 이끌고 가 신릉군의 절제節制를 받게 했다. 연나라는 대장 장거將渠, 한나라는 대장 공손영公孫嬰, 초나라는 대장 경양景陽을 보냈다. 제나라는 발병發兵하려 하지 않았다.

위안희왕은 급박한 상황에 처해 있다가 안은의 귀국보고를 들었다.

"신릉군이 연나라와 조나라 및 초나라 군사를 이끌고 위나라를 구하러 올 것입니다."

위안희왕이 이 말을 듣고는 마치 목마를 때 마실 걸 얻는 갈시득장渴時得漿, 불났을 때 물을 얻는 화중득수火中得水의 경우처럼 크게 기뻐하며 말을 잇지 못했다. 그는 곧 장수 위경衛慶에 명해 도성 안의 군사를 모두 일으켜 신릉군의 군사와 접응케 했다.

당시 진나라 장수 몽오는 지금의 하남성 겹현인 위나라 겹주郟州, 왕흘은 지금의 하남성 신정현 북쪽인 화주華主 땅을 포위하고 있었다. 신릉군이 열국 장수들에게 말했다.

"진나라는 내가 장수가 됐다는 소식을 듣고 틀림없이 급공을 가해 올 것이오. 겹주와 화주는 동서로 500리나 떨어져 있소. 나는 일부 군사를 겹주로 보내 몽오의 군사를 막게 하면서 직접 기병奇兵을 이끌고 가 화주의 왕흘을 치겠소. 왕흘의 군사가 패하면 몽오의 군사는 홀로 버틸 수 없을 것이오."

장수들이 입을 모아 말했다.

"그럴 것입니다."

신릉군이 위나라 장수 위경에게 명해 위나라와 초나라 군사를 합쳐 보루를 길게 쌓고 몽오를 막게 했다. 이어 신릉군의 깃발을 거짓으로 꽂아 대군이 주둔하고 있는 것처럼 가장하고 굳게 지키기만 할 뿐 싸우지 말도록 했다. 그러고는 직접 조나라 군사 10만 명을 비롯해 연나라와 한나라 군사를 이끌고 밤낮없이 화주 땅으로 내달렸다. 제장들과 함께 대책을 상의하며 말했다.

"소화산少華山은 동쪽으로 태화산太華山과 이어져 있고, 서쪽으로 위수渭水에 맞닿아 있소. 지금 진나라가 배로 군량을 운반하고 있는데 그 배들이 모두 위수에 정박해 있소. 소화산에는 가시나무가 많아 군사를 매복키에 적당하오. 일부 군사를 보내 군량을 겁탈하는 겁량劫糧을 하면 왕흘이 틀림없이 모든 군사를 이끌고 구원에 나설 것이오. 우리는 소화산에 매복하고 있다가 저들을 요격邀擊하면 되오. 이기지 못할 리가 없소."

그러고는 곧바로 조나라 장수 방난에게 명해 군사를 이끌고 위수로 가 군량을 실은 배를 겁탈케 했다. 또 한나라 장수 공손영과 연나라 장수 장거에게는 각각 일지군을 이끌고 가 방난의 군사를 성원하며 접응케 했다. 소화산의 좌우에 매복하고 있다가 형편을 보아 방난과 함께 진나라 군사를 치도록 한 것이다.

신릉군은 직접 정예병 3만 명을 이끌고 가 소화산 밑에 매복했다. 조나라 장수 방난이 군사를 이끌고 출발하자 길가에 숨어 있던 진나라 첩자가 곧바로 대장 왕흘에게 보고했다.

"신릉군이 대장이 되어 위수 하구로 군사를 보냈습니다."

왕흘이 크게 놀랐다.

"신릉군은 용병에 뛰어나다. 지금 화주를 구원하러 와서 우리와 싸우지 않고 위수의 군량미를 겁탈하러 간 것은 우리 군사의 근본을 끊으려는 짓이다. 내가 직접 구하러 가야겠다."

그러고는 마침내 이같이 전령傳令했다.

"군사의 절반은 이곳에 남아 화주성을 계속 공격하고, 나머지 군사는 모두 나를 따라 위수의 군량을 구하러 갈 것이다."

왕흘의 군사가 소화산 가까이 당도했을 때 소화산 속에서 대군이 문득 번개 치듯 뛰쳐나오는 섬출閃出을 했다. 그 군사들 위로는 '연국상국燕相國 장거將渠'라고 쓴 깃발이 펄럭였다. 왕흘이 곧바로 진세陣勢를 펼칠 것을 명한 뒤 장수 장거와 교봉했다. 불과 수합을 싸웠을 때 또 다른 대군이 도래했다. 이들은 '한대장韓大將 공손영公孫嬰'이라고 깃발을 들고 있었다. 왕흘이 급히 군사를 나눠 연나라 및 한나라 군사와 싸웠다. 그때 한 군사가 급

華陰道信陵歎殺驚

신릉군이 화음도에서 몽오를 패퇴시키다

히 달려와 보고했다.

"위수의 군량선을 조나라 장수 방난에게 빼앗겼습니다!"

왕흘이 말했다.

"일이 이 지경이 된 바에야 오직 적을 마구 무찌르는 시살廝殺을 하는 수밖에 없다. 연나라와 한나라 군사만 무찌르면 다시 계교計較를 낼 수 있을 것이다."

3국의 군사가 한데 엉켜 오시午時에서 유시酉時까지 어우러져 싸웠다. 후퇴의 징소리가 나지 않았다. 산속에 매복하고 있던 신릉군이 내심 진나라 군사가 지쳤을 것으로 짐작한 시점에 복병을 이끌고 쇄출殺出하며 크게 외쳤다.

"신릉군이 직접 군사를 이끌고 여기 왔다. 진나라 장수는 속히 항복해 나의 도부刀斧를 더럽히지 마라."

왕흘이 비록 전투에 이골이 난 장수인 관전지장慣戰之將이라고는 하나 머리가 3개이고 팔이 6개 삼두육비三頭六臂가 아닌 바에야 어쩌해 볼 도리가 있겠는가? 게다가 진나라 군사는 평소 신릉군의 위명威名을 익히 듣고 있었다. 심담心膽이 찢어질 정도로 크게 놀라 목숨이 아까운 나머지 각각 정신없이 달아났다. 왕흘은 군사 5만여 명을 잃었을 뿐만 아니라 군량선까지 모두 빼앗기고 말았다. 간신히 패배한 장졸을 이끌고 남쪽으로 도주해 지금의 섬서성 화음현 동쪽의 임동관臨潼關에서 멈췄다. 신릉군이 승리한 군사를 이전처럼 3개 부대로 나눈 뒤 겹주를 구하러 달려갔다.

당시 겹주를 공격하던 진나라 장수 몽오는 신릉군이 군사를 이끌고 화주로 갔다는 보고를 받고 노약자들만으로 군영을 세운 뒤 짐짓 '대장大將 몽蒙'이라고 쓴 깃발을 꽂고 위나라 및 초나라 군사와 대치도록 했다. 자신은 정예병을 이끌고 은밀히 화주를 향해 내달렸다. 화주로 가 왕흘과 함께 신릉군을 협공할 작정이었다.

하지만 신릉군이 이미 화주에서 왕흘을 격파한 걸 누가 알았겠는가? 몽오는 공교롭게도 지금의 섬서성 화음華陰 경계에서 겹주성을 구원하러 오는 신릉군과 마주쳤다. 신릉군이 시석을 무릅쓰고 선봉에서 적을 쳤다. 왼쪽에는 한나라 대장 공손영, 오른쪽엔 연나라 장수 장거가 합세해 싸웠다. 양측 군사가 크게 어우러져 싸웠다. 결국 몽오는 1만여 명의 군사를 잃고 급히 징을 울려 남은 군사를 거뒀다. 이어 안전한 곳에 영채를 세우고 군마를 정돈하면서 다시 결사의 전투를 준비했다.

이때 위나라 장수 위경과 초나라 장수 경양은 진나라 장수 몽오가 군중에 없다는 걸 알아내고는 노약자로 구성된 진나라 진영을 격파하고 포위를 풀었다. 그러고는 곧바로 진나라 군사를 뒤쫓아 가 습격을 가하기 위해 화음을 향해 내달렸다. 이들은 몽오가 진영을 펼치고 싸우려는 것을 보고는 양쪽에서 협공을 가했다. 몽오가 아무리 용감할지라도 어떻게 5로路로 쳐들어오는 군마를 당할 수 있겠는가? 결국 그는 앞뒤로 적의 협공을 받고 또다시 대패해 황급히 서쪽으로 도주했다. 신릉군이 열국의 군사를 이끌고 진나라 경계인 함곡관 아래까지 추격했다.

위나라를 비롯해 조나라와 한나라 등 3진과 연나라 및 초나라의 5국 연합군은 각각 나라별로 5개의 대영大營을 세운 뒤 함곡관 앞에서 무력을 시위했다. 이들은 1달 남짓 무력시위를 계속했다. 진나라는 함곡관 관문을 굳게 닫아걸고 밖으로 나오지 않았다. 그제야 신릉군이 군사를 거둬 귀국했다. 각국 군사도 모두 흩어져 본국으로 돌아갔다.

사신은 이를 신릉군의 공으로 논했지만 사실은 모두 모공과 설공의 공이었다. 이를 읊은 시가 있다.

병마가 성에 오니 누가 포위 풀까	兵馬臨城孰解圍
합종책은 신릉군에게만 의지했지	合縱全仗信陵歸
그의 귀국을 설득한 건 누구일까	當時勸駕誰人力
거리에 이름을 숨긴 두 포의였다	卻是埋名兩布衣

위안희왕은 신릉군이 진나라 군사를 격파하고 개선한다는 보고를 받고는 기쁨을 참지 못해 친히 도성 밖 30리까지 나가 신릉군을 영접했다. 위안희왕과 신릉군 두 형제는 10년을 헤어져 있다가 다시 만났다. 희비가 교차해 어찌할 줄 몰랐다. 두 사람이 수레를 나란히 하고 궁으로 들어갔다. 그날 위안희왕이 논공행상을 했다.

신릉군을 최고의 재상인 상상上相으로 삼고 5개의 성읍을 봉토로 더해

주었다. 이어 나라 안의 모든 대소사는 신릉군의 결재를 받도록 했다. 또 지난번에 신릉군을 위해 대장 진비를 격살한 주해의 죄를 사면한 뒤 편장偏將으로 기용했다.

이후 신릉군의 위엄과 명성이 천하에 진동했다. 열국 사자들이 많은 예물을 갖고 와 신릉군에게 바치며 병법을 배우고자 했다. 신릉군은 평소 빈객들이 서면으로 진언한 글을 모두 모아 그림을 곁들인 7권의 책으로 펴냈다. 제목을 『위공자병법魏公子兵法』[1]이라고 붙였다.

당시 진나라 장군 몽오와 왕흘은 패잔병들을 이끌고 한 곳에 모여 부대를 합친 뒤 진장양왕을 알현하러 왔다.

"위공자 무기가 거느린 5국 연합군은 군사도 많고 장수도 광범위해 신들이 이길 수 없었습니다. 장병들을 대거 잃고 패했으니 신들의 죄는 만사萬死에 해당합니다."

진장양왕이 말했다.

"경들은 여러 차례 전공을 세워 강토를 크게 개척했소. 오늘의 패배는 중과부적衆寡不敵으로 인한 것이니 경들의 죄는 아니오."

강성군 채택이 나서서 말했다.

"여러 나라가 합종책을 좇은 것은 공자 무기가 있었기 때문입니다. 청컨대 대왕은 수호修好를 구실로 사자를 위나라로 보내 신릉군을 초청하십시오. 신릉군이 우리 관문으로 들어설 때 잡아 죽이면 후환을 영구히 제거할 수 있습니다. 이 어찌 좋은 일이 아니겠습니까?"

진장양왕은 이를 좇아 사자를 위나라로 보냈다. 진나라 사자는 위나라에 가 수호한 뒤 겸해 신릉군을 진나라로 초청했다. 종횡가인 풍환馮驩이 신릉군에게 말했다.

---

[1] 『위공자병법魏公子兵法』은 현존하지 않는다. 이 명칭은 『사기』「위공자열전」의 기록에서 나온 것이다. 『한서』「예문지藝文志」에는 『위공자魏公子』 21편이 존재했다고 기록돼 있다.

"지난날 맹상군과 평원군 모두 진나라에 억류됐다가 다행히 풀려났습니다. 공자는 그 전철을 밟아서는 안 됩니다."

신릉군도 가기를 원치 않았다. 위나라가 주해를 대신 사자로 삼아 진나라로 보냈다. 주해가 옥벽玉璧 1쌍을 갖고 가 진장양왕에게 바치며 사례射禮했다. 진장양왕은 신릉군이 오지 않자 계획이 틀어진 걸 알고 크게 격분했다. 몽오가 밀주密奏했다.

"위나라 사자 주해는 지난날 철추로 장수 진비를 격살한 위나라의 용사입니다. 의당 그를 이곳에 머물게 한 뒤 등용토록 하십시오."

진장양왕이 주해에게 관직을 내리려고 했으나 주해가 굳게 사양하며 받지 않았다. 진장양왕이 더욱 분노한 나머지 좌우에 명해 그를 호랑이 우리에 넣게 했다. 우리 속에 줄무늬가 혼란한 큰 호랑이인 반란대호斑斕大虎가 거닐고 있었다. 반란대호는 사람이 들어온 걸 보고 앞으로 달려와 덮치려고 했다. 주해가 한마디로 대갈大喝했다.

"축생畜生이 어찌 이리 무례한가!"

등잔불처럼 두 눈을 부릅뜬 채 눈자위가 찢어 올라가자 충혈 된 눈에서 피가 흘러내려 호랑이를 적셨다. 호랑이가 웅크린 채 몸을 떨며 오랫동안 감히 움직이지 못했다. 좌우 호위병이 다시 주해를 우리 밖으로 끌어냈다. 진장양왕이 탄식했다.

"용사 오획烏獲과 임비任鄙도 이보다 더 뛰어나진 못했을 것이오. 저런 자를 위나라로 돌려보내면 신릉군에게 날개를 붙여 주는 게 된다."

그러고는 더욱 심하게 압박하며 투항을 권했다. 주해가 끝까지 응낙하지 않았다. 진장양왕이 그를 역사驛舍에 구금한 뒤 음식공급을 끊게 했다. 주해가 중얼거렸다.

"나는 신릉군의 지우知遇를 입었다. 응당 죽음으로 그 은혜에 보답할 것이다!"

그러고는 머리를 역사의 기둥에 찧었다. 기둥만 부러지고 그의 머리는 깨지지 않았다. 그는 자기 손으로 자기 목을 눌러 자진했다. 그는 참된 의사義士였다!

진장양왕은 주해가 죽자 다시 군신들과 대책을 상의하며 물었다.

"주해는 죽었지만 신릉군은 여전히 위나라 정사를 좌우하고 있소. 과인은 저들 군신 사이를 이간코자 하오. 경들에게 좋은 계책이 없소?"

강성군 채택이 나서서 말했다.

"지난날 신릉군이 위왕의 병부를 훔쳐 조나라를 구한 것은 사실 위왕에게 죄를 지은 것입니다. 위왕이 10년 동안 조나라에 버려두고 부르지 않은 이유입니다. 전번에 우리 진나라 군사가 위나라를 급박하게 포위하자 부득이해서 신릉군을 다시 부른 것입니다. 이후 4국의 군사를 끌어들여 큰 전공을 세웠지만 신릉군에게는 진주지혐震主之嫌[2]이 있습니다. 위왕이 어찌 그를 의심하며 꺼리지 않겠습니까? 신릉군은 진비를 격살한 까닭에 진비의 종친과 빈객들은 그를 깊이 증오할 것입니다. 대왕이 황금 1만 근을 낼 수 있다면 세작細作들로 하여금 위나라로 들어가 진비의 무리에게 황금 1만 근을 뿌리면서 '제후들은 신릉군의 위세를 두려워한 나머지 그를 위왕으로 모시려 한다. 조만간 신릉군이 위나라 보위를 찬탈할 것이다.'라는 유언을 유포케 하십시오. 그러면 위왕은 틀림없이 신릉군을 멀리하며 그에게 내린 권력을 빼앗을 것입니다. 신릉군이 정사를 좌우하지 못하면 열국 제후들과 맺은 합종책도 자연 해체될 것입니다. 그 틈을 타 용병하면 더 이상 어려운

---

2 진주지혐震主之嫌은 대공을 세운 신하가 군주의 자리를 위협하는 위세인 이른바 진주지위震主之威의 혐의嫌疑를 말한다. '진주지위'의 혐의를 받은 신하는 거의 예외 없이 토사구팽의 대상이 됐다. 대표적인 사례가 바로 전한의 건국공신인 한신韓信이다. 그의 전기를 다룬 『사기』 「회음후열전」이 '진주지위' 출전이 된 이유다. 군주에 대한 유세 문제를 다룬 『한비자』 「세난說難」은 '진주지위'를 드러내는 신하를 두고 역린逆鱗을 범한 것처럼 위험하다고 지적한 바 있다.

일은 없을 것입니다."

진장양왕이 말했다.

"경의 계책이 매우 좋소. 위나라는 우리 군사를 패배시켰고, 저들의 태자 증增은 아직 우리나라에 인질로 잡혀 있소. 과인은 그를 잡아 죽여 원한을 풀고자 하오. 경들의 생각은 어떻소?"

채택이 대답했다.

"태자 증을 죽이면 위나라는 다시 태자를 세울 터인데 위나라에 무슨 손해가 되겠습니까? 차라리 그의 지위를 빌려 반간계反間計를 구사하느니만 못합니다."

진장양왕이 크게 깨닫고 태자 증을 더욱 극진히 대접했다. 한편으로는 세작에게 명해 위나라로 가 황금 1만 금을 살포하며 유언을 퍼뜨리게 했다. 이어 왕실의 빈객을 태자 증의 처소로 보내 친교를 맺게 했다. 하루는 빈객이 태자 증에게 은밀히 고했다.

"신릉군은 10년 동안 외국에 있었던 까닭에 제후들과 긴밀한 교분을 맺었습니다. 제후들의 장상將相 중에 신릉군을 존경하면서도 두려워하지 않는 자가 없습니다. 지금 그는 위나라의 대장이지만 합종책을 추종하는 열국 제후들의 군사까지 거느리고 있습니다. 천하인은 신릉군만 알지 위왕이 있다는 걸 모릅니다. 진나라도 신릉군을 두려워하는 까닭에 그를 위왕으로 옹립한 뒤 우호를 맺으려 하고 있습니다. 그가 위왕이 되면 태자를 추종하는 위나라 백성들의 희망을 끊기 위해 틀림없이 진나라를 시켜 태자를 죽이려 할 것입니다. 설령 그리하지 않을지라도 태자는 결국 위나라에 돌아가지 못하고 진나라에서 늙어 죽는 수밖에 없습니다. 이제 어찌할 것입니까?"

위나라 태자 증이 울며 대책을 알려달라고 청했다. 그 빈객이 대답했다.

"우리 진나라는 위나라와 통화通和를 하려는 참입니다. 태자는 왜 위왕에게 서신 1통을 보내 속히 귀국시켜 달라고 간청하지 않는 것입니까?"

태자 증이 대답했다.

"간청할지라도 진나라가 나를 기꺼이 놓아주겠소?"

빈객이 말했다.

"지금 진왕이 신릉군을 위나라 군주로 옹립코자 하는 것은 본의가 아니라 그를 두려워하기 때문입니다. 만일 태자가 즉위 후 진나라를 섬기겠다고 하면 이는 실로 진나라의 소원을 들어주는 게 됩니다. 어찌 간청을 할지라도 진나라가 귀국을 허락지 않을까 걱정하는 것입니까?"

태자 증이 곧 밀서 1통을 썼다. 열국이 신릉군에게 귀의하고 있고, 진나라도 위나라 군주로 세우려 한다는 사실 등을 자세히 적었다. 마지막에 귀국코자 하는 자신의 심경을 덧붙였다. 태자 증이 빈객에게 밀서를 내주며 위안희왕에게 은밀히 전해 줄 것을 당부했다.

이와 때를 같이해 진장양왕도 서신 2통을 써 위나라로 가는 사자에게 건넸다. 1통은 위안희왕에게 거짓말로 주해가 병사해 그의 시신을 돌려보낸다는 내용이었고, 다른 1통은 신릉군을 하례賀禮하는 내용이었다. 신릉군에게는 따로 금폐金幣 등의 예물을 곁들여 보냈다.

당시 위안희왕은 진비 일당이 뇌물을 받고 퍼뜨린 유언을 듣고 신릉군을 의심하던 중이었다. 마침 이때 진나라 사자가 국서를 갖고 와 위나라와 전쟁을 중지하고 우호를 맺고자 하는 뜻을 밝혔다. 위안희왕이 의중을 떠보니 신릉군을 경모하기 때문이라고 했다. 위안희왕은 이미 태자 증이 보낸 밀서를 받아본 뒤였다. 위안희왕의 의혹이 더욱 커졌다. 진나라 사자는 또 고의로 위안희왕이 들을 수 있도록 서찰과 예물을 신릉군의 부중으로 가져가야 한다는 말을 흘렸다.

당시 신릉군은 진나라가 강화를 위해 사자를 보냈다는 소식을 듣고는 부중의 빈객에게 말했다.

"진나라가 군사와 관련된 사안인 병융지사兵戎之事가 아닌데도 무슨 이유로 위나라에 사자를 보낸 것이오? 무슨 계략이 숨어 있는 게 틀림없소."

말이 끝나기도 전에 문지기가 들어와 진나라 사자가 문밖에 와 있는 사실을 고했다.

"지금 진왕의 사자가 하례를 올리는 서찰도 갖고 왔다고 합니다."

신릉군이 말했다.

"신하가 된 사람은 외국과 사적으로 왕래하는 사교私交를 할 수 없는 법이다. 진왕이 보낸 예물과 서찰을 이 무기는 감히 받을 수 없다고 전해라."

진나라 사자가 진장양왕의 뜻을 여러 번 전했으나 신릉군이 재삼 물리쳤다. 이때 위안희왕의 사자가 와 진장양왕이 보낸 서신을 보자고 했다. 신릉군이 말했다.

"위왕이 이미 나에게 진왕의 서찰이 왔다는 사실을 알고 있는데 만일 내가 받지 않으면 틀림없이 나를 믿지 못할 것이다."

그러고는 마침내 수레에 진장양왕의 서찰과 예물을 싣고 가서 봉함을 뜯지 않은 채 위안희왕에게 올리며 말했다.

"신이 재삼 사양하다가 갖고 왔기에 감히 계봉啓封하지 못했습니다. 이제 대왕이 친히 열람토록 서찰을 올리니 직접 처결해 주십시오."

위안희왕이 말했다.

"서찰에 틀림없이 무슨 내용이 쓰여 있을 것이다. 계봉하지 않으면 알 수 없을 것이다."

서찰을 뜯어보니 그 내용은 대략 이러했다.

공자의 위엄과 명성은 이제 천하에 널리 퍼져 있어 열국의 제후들 가운데 공자에게 경심傾心하지 않는 사람은 없소. 조만간 즉위해 남면南面하며 제후들의 영수領袖가 돼야 하지 않겠소? 다만 위왕이 언제 양위할지 몰라 목을 빼고 바라보고 있소. 보잘것없는 예물인 부전

지부不腆之賦는 미리 축하의 마음으로 올리는 것이니 너무 탓하지
말기 바라오.

위안희왕이 다 읽고 신릉군에게도 보여줬다. 신릉군이 말했다.

"진나라는 원래 속임수를 잘 씁니다. 이 서신도 우리 군신 사이를 이간
키 위한 속임수입니다. 당초 신이 이 서신을 받지 않은 것도 여기에 무슨 말
이 쓰여 있는지 모르는 상황에서 자칫 저들의 계략에 빠질까 우려됐기 때
문입니다."

위안희왕이 말했다.

"공자에게 그런 마음이 없다면 과인의 면전에서 바로 답장의 서신을 쓰
는 게 좋을 것이오."

그러고는 좌우에 명해 지필紙筆을 대령케 한 뒤 신릉군으로 하여금 회
서回書를 쓰게 했다. 회서의 내용은 대략 이러했다.

이 무기는 과군의 세상에 둘도 없는 은혜인 불세지은不世之恩을
입은 까닭에 머리가 썩어 문드러질지라도 그 은혜를 다 갚을 수 없는
미수막수麋首莫酬의 상황입니다. '남면' 운운은 신하를 가르치는 도
리가 아닙니다. 대왕이 욕되게도 하사한 예물인 욕황辱貺은 죽음을
무릅쓰고 사양코자 합니다.

신릉군이 진나라 사자에게 회서를 주고, 예물로 보내온 금폐도 모두 다
시 갖고 돌아가게 했다. 위안희왕도 진나라에 답례를 위한 사자를 보내 이
같이 말을 전하게 했다.

"지금 과군이 연로한 까닭에 태자 증을 귀국시켜 주기 바랍니다."

진장양왕이 이미 계획한 바대로 이를 허락하고 태자 증을 돌려보냈다.

태자 증이 귀국한 뒤 위안희왕에게 신릉군에게 모든 걸 맡기는 전임專任을 해서는 안 된다고 말했다. 신릉군은 마음에 아무런 부끄러움이 없었으나 위안희왕이 의심을 끝내 풀지 않은 채 심중에 사소한 장애물인 이른바 개체芥蔕³를 갖고 있는 걸 알고는 병을 핑계 대고 조정에 나가지 않았다. 상국의 인수와 병부를 모두 돌려줬다. 이후 신릉군은 빈객들과 밤새도록 술을 마시며 여색을 가까이했다. 그는 밤낮을 가리지 않고 즐기면서도 그 즐거움이 모자랄까 우려했다. 위안희왕도 신릉군을 불러들이지 않았다.

사신이 이를 두고 시를 지었다.

그의 의협심은 고금을 뛰어넘고	俠氣凌今古
위엄과 명성은 귀신을 움직이다	威名動鬼神
몸 바쳐 조나라 위나라 구하고	一身全趙魏
싸움마다 이겨 진나라를 내치다	百戰卻嬴秦
나라 안정시킨 견고한 기초이나	鎭國同堅礎
헐뜯는 말들이 개처럼 짖어대다	危詞似吠犷
천하영웅이 쓸모없이 버려진 뒤	英雄無用處
주색으로 남은 봄을 흘려버렸다	酒色了殘春

---

3 개체芥蔕는 사소한 장애물을 가리킨다. 개체芥蒂로도 쓴다. 마음속에 싸인 불만 등을 지칭키도 한다. 청나라 초기 포송령蒲松齡이 쓴 『요재지이聊齋志異』에 나오는 '파존개체頗存芥蔕' 표현이 그렇다.

204話 방난이 호로하에서 극신을 참수하다
- 호로하방난참극신胡盧河龐煖斬劇辛

한편 진장양왕은 즉위한 지 3년 만에 병을 얻었다. 승상 여불위는 매일 내궁으로 들어가 진장양왕을 문병했다. 하루는 밀서 1통을 내시를 통해 왕후 조희에게 전하며 옛날의 맹서를 상기시켰다. 왕후 조희는 마침내 옛정을 끊지 못하고 여불위를 불러 사통私通했다. 여불위가 직접 약을 구해다가 진장양왕에게 바쳤다. 진장양왕은 여불위가 바치는 약을 먹은 지 불과 1달 만에 훙거薨去했다.

여불위가 태자 정政을 옹립했다. 그가 훗날 사상 최초로 천하를 통일한 진시황으로 당시 보위에 오른 진왕 정의 나이는 불과 13세에 지나지 않았다. 진장양왕의 왕후 조희는 태후, 진왕 정의 동모제同母弟인 왕자 성교成嶠⁴는 장안군長安君이 되었다. 국사가 여불위 손에 의해 결정됐다. 진왕 정은 여불위를 존중해 작은 아버지를 뜻하는 중부仲父⁵로 불렀다.

---

4 진시황의 동생 성교成嶠의 이름이 『사기』 「춘신군열전」에는 성교成蟜, 『전국책』 「진책」에는 성교成橋로 나온다. 훗날 진시황에게 반기를 들었다가 패해 조나라로 망명했다.

5 이 대목의 『열국지』 원문은 여불위를 주나라의 건국공신인 강태공姜太公에 비유해 상보尙父로 부르게 했다는 뜻의 '비어태공比於太公, 호위상보號爲尙父'로 돼 있다. 그러나 『사기』 「여불위열전」에는 여불위를 존중해 승상으로 삼고 중부仲父로 불렸다는 취지의 '존여불위위상국尊呂不韋爲相國, 호위중부號稱仲父'로 나온다. 여불위의 호칭인 '중부'는 춘추시대 중엽 제환공이 관중管仲을 얻은 뒤 그를 높여 중보仲父로 부른 것과 구별해야 한다. 이는 관중의 자가 중仲인 것을 감안한 호칭이다. 강태공을 상보尙父로 부른 것 역시 강태공 여상呂尙의 자가 상尙인 점에 주목한 결과다. '중보'와 '상보'의 보父는 남자의 미칭美稱인 보甫와 같은 뜻이다. 여불위를 존중해 작은 아버지를 뜻하는 중부仲父로 부른 것과 근본적인 차이가 있다. 번역문은 이 대목을 「여불위열전」처럼 '진왕 정이 여불위를 존중해 작은 아버지를 뜻하는 중부仲父로 불렸다.'고 바꿔 놓았다. 여불위의 '중부' 청호는 당시 진왕 정이 그를 집안의 작은 아버지인 진장양왕의 친동생처럼 대우한다는 취지를 담고 있다. 신하를 극도로 높

얼마 후 여불위의 부친이 죽자 사방의 제후와 빈객이 조문을 하러 몰려왔다. 함양이 이들 조문객으로 인해 저잣거리처럼 북적댔고, 도로가 이들이 타고 온 거마로 가득 찼다. 진장양왕의 장례 때보다도 더욱 성대했다. 그야말로 권력은 중외中外를 움직이고 위엄은 제후를 진동시키는 '권경중외權傾中外, 위진제후威振諸侯'의 모습이었다.

진왕 정 원년인 기원전 246년, 여불위는 위나라 신릉군이 물러나 숨어 지내는 퇴폐退廢의 상황에 처해 있는 걸 알고는 다시 용병 문제를 상의하기 시작했다. 여불위가 대장 몽오蒙驁와 장당張唐에게 명해 조나라를 치게 했다. 이들이 대군을 이끌고 가 지금의 산서성 태원시인 조나라 진양晉陽 땅을 함락시켰다.

진왕 정 3년인 기원전 244년, 여불위가 다시 몽오와 왕흘王齕에게 명해 한나라를 치게 했다. 한나라가 대장 공손영公孫嬰을 보내 이들을 막게 했다. 왕흘이 말했다.

"나는 지난날 조나라에 한 번, 위나라에 2번 패했다. 그런데도 왕이 나를 사면하고 주살하지 않았다. 이번엔 응당 죽기를 각오하고 싸워 보답할 것이다."

그러고는 휘하 군사 1천 명을 이끌고 적진으로 돌진해 역전力戰하다 전사했다. 그 사이 한나라 군진이 크게 소란스러워졌다. 몽오가 그 틈을 타 한나라 군사를 격파하고 한나라 장수 공손영을 죽였다. 이 싸움에서 진나라 군사는 12곳의 한나라 성읍을 탈취하고 돌아갔다.

신릉군이 벼슬에서 물러난 뒤 조나라와 위나라의 우호관계도 끊어졌다. 조효성왕은 노장 염파를 시켜 위나라를 치게 했다. 염파는 지금의 하남성 내 황현인 위나라 번양繁陽을 포위했으나 성을 함락시키지 못했다. 이때 조효

여 부른 극존칭에 해당한다.

성왕이 죽고 태자 언언이 보위를 이었다. 그가 바로 조도양왕趙悼襄王이다.

이때 염파는 위나라 번양 땅을 함락시킨 뒤 승세에 올라타 위나라 깊숙이 쳐들어가던 중이었다. 조나라 대부 곽개郭開는 아첨에 능했다. 염파는 그를 크게 미워한 나머지 군주가 참석한 연회가 열릴 때마다 늘 곽개를 꾸짖었다. 곽개가 염파에 대한 원한을 품고 조도양왕에게 말했다.

"염파는 이미 늙어 맡은 일을 제대로 수행치 못합니다. 이번에 위나라 정벌에 나선 지 오래됐으나 아직 아무런 전공도 세우지 못하고 있습니다."

조도양왕이 무양군武襄君 악승樂乘을 보내 염파를 대신하게 했다. 염파가 대로했다.

"나는 조혜문왕을 섬기며 대장의 자리를 맡은 이래 40여 년 동안 대장의 자리를 잃은 적이 없다. 악승이 어떤 자이기에 나를 대신한다는 것인가?"

염파가 마침내 군사를 동원해 악승을 쳤다. 악승이 겁을 먹고 도망쳐 돌아갔다. 군명君命을 어긴 염파는 위나라로 망명했다. 위안희왕이 그를 객장客將으로 예우했으나 의심을 풀지 못해 등용하지는 않았다. 이후 염파는 위나라 도성 대량에 거주하게 됐다.

진왕 정 4년인 기원전 243년 10월, 메뚜기 떼가 동쪽에서 날아와 하늘을 가렸다. 진나라 백성들이 곡식을 거두지 못했다. 질병이 크게 나돌았다. 여불위가 빈객들과 상의한 뒤 1천 섬의 곡식을 바칠 때마다 작위를 한 등급씩 올려 하사하겠다고 선언했다. 후대에 기황이 들었을 때 백성들이 곡식을 바치는 제도가 이때 생겼다.

이해에 위나라 신릉군이 마침내 주색으로 몸이 상해 이내 병사했다. 가까이 지내던 종횡가 풍환馮驩이 곡읍哭泣하다가 슬픔이 지나쳐 이내 병사했다. 문하에 있던 빈객들 가운데 스스로 목을 찌르고 따라 죽은 자가 100여 명이나 됐다. 평소 선비들의 마음을 깊이 얻었음을 알 수 있다. 얼마 후[6]

위안희왕도 세상을 떠났다. 태자 증이 보위를 이었다. 그가 바로 위경민왕魏景湣王이다.

한편 당시 진나라는 위안희왕이 죽고 위경민왕이 새로 들어선데 이어 신릉군이 이미 죽었다는 소식을 듣고는 지난번 패배를 보복키 위해 대장 몽오를 시켜 위나라를 치게 했다. 몽오가 지금의 하남성 연진현인 산조酸棗를 비롯해 20여 개 성읍을 함락시킨 뒤 동군東郡을 설치했다. 얼마 후 지금의 하남성 기현인 조가朝歌 땅을 함락시킨데 이어 다시 복양濮陽까지 손에 넣었다. 위衛나라 제후에서 부용국의 군주를 자처하며 군君을 칭한 위원군衛元君은 위안희왕의 사위였다. 그는 진나라 군사에게 쫓겨 동쪽 야왕野王 땅으로 달아난 뒤 깊은 산속에 숨어 버렸다. 위경민왕이 탄식했다.

"신릉군이 아직 살아 있으면 진나라 군사가 종횡縱橫으로 날뛰는 이런 지경에 이르지는 않았을 것이다."

그러고는 곧 사자를 조나라로 보내 통호코자 했다. 조도양왕도 진나라의 침벌侵伐이 그치지 않을 것으로 생각해 열국에 사자를 보내 신릉군과 평원군이 행한 합종의 계책을 다시 모색코자 했다. 이때 문득 변경 관원의 보고가 올라왔다.

"연나라 대장 극신이 군사 10만 명을 이끌고 북계北界를 내범來犯했습니다."

극신은 원래 조나라 사람으로 앞서 조나라에 있었을 때 방난과 친교를 맺었다. 이후 방난은 조나라에서 벼슬을 하게 됐고, 극신은 천하의 인재를 널리 구한 연소왕을 섬기게 됐다. 연소왕은 극신에게 지금의 북경 일대인 계薊 땅을 지키게 했다.

---

6 이 구절이 『열국지』 원문에는 명년明年으로 나온다. 그러나 『사기』 「표」와 『자치통감』에 따르면 위안희왕은 신릉군이 죽는 기원전 243년에 죽은 것으로 되어 있다. 번역문은 이를 좇아 '명년'을 '얼마 후'로 번역해 놓았다.

이후 연왕 희는 도성에서 조나라 장수 염파에게 포위돼 곤경에 처한 뒤 조나라의 주문을 좇아 상국에 임명한 장거將渠 덕분에 간신히 조나라와 강화를 맺고 위기를 면했다. 그는 이를 크게 수치스럽게 생각했다. 장거 역시 연나라 상국이 돼 강화했지만 이 또한 조나라의 명에 따른 것으로 군신 간에는 깊은 믿음이 없었다. 장거가 상국이 된 지 1년 남짓 만에 병을 핑계로 상국의 인수를 내놓은 이유다.

연왕 희는 곧 계 땅을 지키고 있던 극신을 불러 올려 상국으로 삼은 뒤 조나라에 보복할 일을 함께 의논했다. 인내심을 갖고 염파를 꺼리면서 감히 군사를 일으키지 못했다. 근래 염파가 위나라로 달아나고, 방난이 대장이 됐다는 소식이 들리자 극신은 방난을 경시하며 연왕 희의 뜻에 영합하는 말을 했다. 그가 상주했다.

"방난은 용재庸才로 염파와 비교조차 할 수 없습니다. 진나라 군사가 조나라의 진양을 함락시킨 지금 조나라 군사는 피폐疲敝해 있을 것입니다. 이 틈을 타 치면 율복이 당한 치욕을 씻을 수 있습니다."

연왕 희가 크게 기뻐했다.

"과인도 지금 그런 생각을 하고 있었소. 상국이 과인을 위해 이번 싸움에 나서줄 수 있겠소?"

극신이 대답했다.

"신은 지리地利가 어디에 있는지 잘 알고 있습니다. 맡겨만 주면 틀림없이 방난을 사로잡아 대왕 앞에 바치겠습니다."

연왕 희가 기뻐하며 극신을 대장으로 삼은 뒤 군사 10만 명을 내주면서 조나라 공벌에 나서게 했다. 조도양왕이 보고를 받고 곧바로 방난을 불러 상의했다. 방난이 말했다.

"극신은 자신이 경험이 많은 숙장宿將이라는 것만 믿고 틀림없이 우리를 얕잡아볼 것입니다. 지금 대代 땅의 군수로 가 있는 이목에게 사람을 보내 즉시 군사를 이끌고 남쪽으로 내려간 뒤 다시 경도慶都의 길을 따라 전진해 적의 후방을 끊게 하십시오. 신은 군사를 이끌고 전방에서 적을 맞아 싸우겠습니다. 극신은 앞뒤로 협공을 당해 이내 포획되고 말 것입니다."

조도양왕이 이를 좇았다.

당시 극신은 역수易水를 건너 지금의 하북성 정주시 부근인 중산中山 길로 들어선 뒤 인근에 있는 항산恒山의 경계를 뚫고 조나라로 쳐들어갔다. 연나라 군사의 사기가 매우 날카로웠다. 방난은 조나라 군사를 이끌고 항산 부근의 동원東垣 땅에 주둔했다. 이어 해자를 깊이 파고 보루를 높이 세운 뒤 연나라 군사가 다가오기를 기다렸다. 동원 땅 가까이 당도한 연나라 대장 극신이 말했다.

"우리 군사는 적의 경계 안으로 깊이 들어왔는데, 저들이 성벽을 굳게 지키며 싸움에 나서지 않으면 성공成功을 기약할 날이 없게 된다."

그러고는 막하의 장수들에게 물었다.

"누가 감히 도전에 나서겠소?"

날래고 용맹한 장수인 효장驍將 율원栗元이 나섰다. 그는 율복의 아들로 부친의 원수를 갚기 위해 흔연히 나선 것이다. 극신이 말했다.

"그대를 방조幇助할 장수가 한 사람이 있으면 좋겠소."

말장末將 무양정武陽靖이 함께 갈 것을 청했다. 극신이 두 사람에게 사기가 날카로운 예졸銳卒 1만 명을 내준 뒤 조나라 군영으로 쳐들어가게 했다.

방난은 장수 악승과 악간을 좌우 양익兩翼으로 내세워 잠시 대기하게 한 뒤 직접 군사를 이끌고 나가 영전迎戰했다. 서로 어우러져 20여 합을 겨뤘을 때 문득 포성이 일어나며 양익으로 있던 악승과 악간이 일제히 내달아 연나라 군사를 쳤다. 이들은 강궁과 쇠뇌를 이용해 연나라 군사를 향해 화살을 난사했다. 연나라 말장 무양정이 유시流矢에 맞아 죽었다. 율원도 더 견디지 못하고 병거를 돌려 달아났다.

방난이 악승과 악간을 이끌고 그 뒤를 추격하며 적병을 엄살掩殺했다. 연나라의 예졸 1만 명 가운데 3천여 명이 죽었다. 극신은 대로한 나머지 급히 대군을 최촉催促해 친히 접응에 나섰다. 그러나 방난은 이미 군사를 거둬 영루로 돌아간 뒤였다. 극신은 적의 보루를 쳤으나 뚫고 들어가지 못했다. 이내 사자를 시켜 방난에게 서신을 보냈다. 내일 군영 앞에서 각각 단독으로 병거를 타고 상견하자는 내용이었다. 방난이 곧바로 허락했다. 양측이 내일의 전투를 위해 만반의 준비를 갖췄다.

이튿날 양측이 진세를 펼친 뒤 군사들에게 분부했다.

"몰래 쏘는 화살인 냉전冷箭을 쏘지 마라."

방난이 먼저 홀로 병거를 타고 진영 앞으로 나서서 극신을 만나고자 했다. 극신 역시 홀로 병거를 타고 나왔다. 방난이 수레 위에서 먼저 허리를 굽혀 인사했다.

"장군이 치발齒髮이 무양無恙하니 반갑소."

극신이 말했다.

"그대와 석별惜別하고 조나라를 떠난 지 어느덧 40여 년이 흘렀소. 나도 늙었지만 그대 역시 늙은 얼굴인 창안蒼顔[7]이 완연하오. 인생이 마치 흰 망아지가 달려가는 것을 문틈으로 보는 백구과극白駒過隙[8]과 같다고 하더니 실로 그런듯하오."

방난이 말했다.

---

7 창안蒼顔은 나이가 들어 푸른색이 도는 얼굴을 말한다. 북송의 문인 구양수歐陽脩의 대표작인 『취옹정기醉翁亭記』에 나오는 '창안백발蒼顔白髮' 구절에서 인용한 용어이다.

8 백구과극白駒過隙은 『장자』 「지북유知北遊」에 나오는 말이다. 「지북유」에 사람이 하늘과 땅 사이에 사는 것은 마치 흰 망아지가 달려가는 것을 문틈으로 보는 것처럼 순식간이라는 뜻의 '인생천지간人生天地間, 약백구지과극若白駒之過隙' 구절이 나온다. 장량張良의 전기를 기록한 『사기』 「유후세가」에도 '백구과극' 표현이 나온다. 극구광음隙駒光陰으로 표현키도 한다.

"장군은 지난날 연소왕이 황금대를 설치해 천하의 인재를 모을 때 조나라를 버리고 연나라로 갔소. 그때는 호걸들이 마치 구름이 용을 따르고 바람이 범을 따르는 '운종룡雲從龍, 풍종호風從虎'의 모습으로 한곳에 몰려드는 경부景附[9]를 했소. 그러나 지금은 황금대도 잡초에 묻혀 있고, 무종산無終山에 있는 연소왕의 무덤도 굵은 묘목墓木에 둘러싸여 있소. 지난날에 연나라를 돕던 소대蘇代와 추연鄒衍도 잇달아 거세去世했고, 창국군昌國君 악의도 우리 조나라로 돌아와 삶을 마쳤소. 이만하면 이제 연나라의 기운氣運을 알 수 있소! 지금 노장군은 나이가 70세가 넘었는데도 쇠망해 가는 왕조의 조정에 홀로 서서 병권을 탐하고 있으니, 지금 흉기를 들고 위태로운 일을 하면 어쩌겠다는 것이오?"

극신이 대답했다.

"나는 그간 연왕을 3대나 섬겨 두터운 은혜를 입었소. 분골粉骨할지라도 그 은혜를 갚지 못할 것이오. 내 여생을 바쳐 오로지 연나라를 위해 율복의 치욕을 갚으려는 것이오."

방난이 말했다.

"율복은 무고無故히 우리 조나라 호鄗 땅을 치다가 스스로 패배를 자초한 것이오. 연나라가 먼저 우리 조나라를 침공한 것이지 조나라가 먼저 연나라를 친 게 아니오."

두 사람이 진영 앞에서 반복해 언쟁을 벌였다. 도중에 방난이 문득 큰소리로 말했다.

"극신의 목을 끊어 오는 자에게 300금의 상을 내리겠다."

---

9   경부景附는 그림자가 몸을 좇는 것처럼 밀접하게 의탁하는 것을 말한다. 경景은 그림자 영影과 통한다. 『한서』 「서전叙傳 상上」에 회오리바람처럼 날아가 의탁한다는 취지의 표비경부瓢飛景附 표현이 나온다. 흔히 성세聲勢가 크고 반응이 신속한 것을 두고 구름처럼 모이고 그림자처럼 따른다는 의미의 운집경부雲集景附로 표현한다.

방난이 호로하에서 극신을 참수하다

극신이 말했다.

"족하足下가 나를 업신여기는 게 어찌 이토록 심한 것인가? 내가 어찌 그대의 목부터 취하지 못하겠는가?"

방난이 말했다.

"서로 군명君命을 받은 몸이니 각자 진력盡力할 따름이다!"

극신이 대로한 나머지 군령을 하달할 때 사용하는 깃발인 영기슈旗[10]를 흔들게 하자 연나라 장수 율원이 군사를 이끌고 쏟아져 나왔다. 이를 보자

10 일부 판본에는 영기슈旗가 명을 하달하는 데 사용하는 화살인 영전슈箭으로 되어 있다.

조나라 장수 악승과 악간도 병거를 몰고 나와 이들과 접전했다. 시간이 지나면서 연나라 군사가 점차 편의便宜를 잃게 되자 극신이 대군을 휘몰아 공격에 나섰다. 방난도 대군을 이끌고 나와 싸웠다. 양측 사이 한바탕 혼전이 빚어졌다. 연나라 군사가 조나라 군사에 비해 손절損折이 더 컸다. 날이 어두워지자 각자 징을 울려 군사를 거뒀다.

극신은 회영回營한 뒤 답답하고 불쾌한 심경이었다. 회군하자니 연왕 희 앞에서 큰소리를 친 일이 생각났다. 그렇다고 회군을 하지 않자니 승산이 희박했다. 계속 주저하고 있을 때 문득 군영을 지키는 병사의 보고가 올라왔다.

"조나라 군영에서 사람을 시켜 서신을 보내왔습니다. 지금 원문轅門 밖에 있습니다. 함부로 안으로 들이지는 않았습니다."

극신이 서신을 받아오게 했다. 서신은 여러 겹으로 단단히 봉해져 있었다. 뜯어보니 그 내용은 대략 이러했다.

> 대주代州를 지키는 이목李牧이 군사를 이끌고 독항督亢을 기습해 장군의 배후를 끊었소. 장군은 속히 귀국해야 하오. 그리하지 않으면 때가 늦을 것이오. 나는 석일昔日의 교정交情 때문에 감히 알려주지 않을 수 없게 됐소.

극신이 말했다.

"이는 방난이 우리의 군심軍心을 동요시키려는 짓일 뿐이다. 설령 이목의 군사가 이를지라도 내가 무엇을 두려워하겠는가?"

그러고는 사자에게 내일 다시 결전을 벌이자는 내용의 답서를 건넸다. 조나라 사자가 돌아간 뒤 율원이 나서서 물었다.

"방난의 말을 믿지 않을 수 없습니다. 만일 이목이 우리의 뒤를 끊으면 우리는 앞뒤로 적을 맞게 됩니다. 그리되면 어찌 대처할 것입니까?"

극신이 웃으며 대답했다.

"나도 그것을 염려하고 있소. 방금 내가 그리 말한 것은 군심을 안정시키고자 한 것이오. 그대는 지금 은밀히 나의 명을 전하고 거짓으로 빈 군영을 세운 뒤 밤을 새워 속히 철군토록 하시오. 나는 직접 뒤를 끊으며 적의 추격을 막아내도록 하겠소."

율원이 극신의 계책을 받고 먼저 그곳을 떠났다. 그러나 방난이 이미 연나라 군사가 영채를 그대로 둔 채 달아난 것을 탐지하고 악승 및 악간과 함께 3로三路로 나눠 추격해 올 줄이야 누가 알았겠는가? 극신은 뒤쫓아 오는 조나라 군사를 상대로 일면 싸우면서 일면 달아났다. 가까스로 지금의 하북성 망도현 경내에 있는 용천하龍泉河에 이르렀을 때 첩자가 달려와 보고했다.

"앞쪽에 조나라 정기가 길을 가득 메우고 있습니다. 들은 바에 따르면 대주 태수 이목이 이끌고 온 군마라고 합니다."

극신이 크게 놀랐다.

"방난이 과연 나를 속이지 않았구나."

감히 북쪽으로 가지 못하고 군사를 이끌고 동쪽으로 나아갔다. 지금의 하북성 부성阜城을 탈취한 뒤 요양遼陽으로 빠져나갈 요량이었다. 그러나 방난이 빠른 속도로 추급追及했다. 결국 지금의 하북성 영진현에 있는 호로하胡盧河에 이르렀을 때 두 나라 군사 사이에 큰 싸움이 벌어졌다. 극신의 연나라 군사가 대패했다. 극신이 탄식했다.

"내 무슨 면목으로 조나라 군사의 포로가 될 수 있겠는가?"

그러고는 자문自刎해 죽었다. 그때가 연왕 희 13년이자 진왕 정 5년인 기원전 242년이었다.

염옹이 시를 지어 탄식했다.

황금대 응했을 땐 기개 높아	金臺應聘氣昂昂
연소왕 도와 강토 회복했지	共翼昭王復舊疆
창국군 공명 지금 어디 있나	昌國功名今在否
백발 장수 전장서 마감했지	獨將白首送沙場

부친의 원수를 갚겠다던 율원도 악간에게 사로잡혀 참수됐다. 이 싸움에서 죽은 연나라 군사는 3만여 명에 달했다. 나머지 병사들 모두 흩어져 달아나거나 조나라 군사에게 항복했다. 조나라 군사의 대승이었다.

조나라 대장 방난은 대주에서 군마를 이끌고 온 이목과 합세해 연나라로 쳐들어갔다. 이내 연나라의 무수武遂와 방성方城 땅을 탈취했다. 사태가 위급해지자 연왕 희가 몸소 장거의 집 문 앞으로 가 부디 사자가 돼 강화협상에 나서달라고 애원했다.

장거는 연나라 사자가 돼 조나라 군중으로 가 죄를 순순히 인정하는 복죄伏罪를 하며 강화를 구걸했다. 방난이 장거의 안면과 정분을 생각해 이를 수락한 뒤 개선해 돌아갔다. 이목은 대주를 지키기 위해 그곳으로 돌아갔다.

조도양왕이 도성 밖까지 영접을 나와 위로하며 말했다.

"장군의 무용武勇이 이와 같으니 염파와 인상여가 아직 조나라에 있는 것과 같소."

방난이 대답했다.

"연나라는 이미 굴복했습니다. 이 기회에 의당 합종책을 구사해 진나라를 도모해야 합니다. 그래야 비로소 보국保國에 대한 우려를 없앨 수 있습니다."

합종의 계책이 어찌될지 알 길이 없으니 다음 회를 보라.

제103회

205話 이원이 권력을 다투며 황헐을 제거하다
– 이국구쟁권제황헐李國舅爭權除黃歇

　　조나라 장수 방난은 연나라를 패퇴시킨 위세에 올라타 열국과 합종해 진나라를 도모코자 하는 계책을 세웠다. 당시 진나라와 우호관계를 맺고 있던 제나라를 제외한 3진과 초나라 등 4국은 이에 적극 호응해 정예군인 예사銳師를 보냈다. 많이 보낸 나라는 4–5만 명, 적게 보낸 나라는 2–3만 명을 출동시켰다.

　　이들 5국 연합군 모두 초나라 춘신군 황헐을 총사령관인 상장上將으로 합의 추대했다. 황헐이 열국의 제장들을 모아 놓고 말했다.

　　"지금까지 진나라를 치기 위해 열국의 군사가 누차 출동했소. 그러나 그때마다 함곡관이 문제가 됐소. 진나라 군사의 함곡관 수비가 매우 엄한 탓에 모두 뜻을 이루지 못했소. 여기 모인 연합군 역시 평소 함곡관을 쳐다보며 공격하는 게 어렵다는 걸 알기에 위축된 마음을 지니고 있소. 만일 방향을 바꿔 포판蒲阪 쪽으로 길을 잡아 화주華州를 경유해 서진하여 위남渭南을 습격하고, 인하여 동관潼關을 엿보면 그야말로 병법에서 말하는 출기불의出其不意의 계책이 될 것이오."

제장들이 모두 말했다.

"그렇소."

춘신군이 마침내 군사를 5로五路로 나눠 일제히 지금의 산서성 영제현 서쪽에 있는 포관蒲關을 빠져나간 뒤 여산驪山을 바라보며 진군해 곧바로 위남을 급습했다. 그러나 쉽게 함락시키지 못해 포위 공격을 계속했다.

한편 진나라 승상 여불위는 다섯 나라 연합군이 쳐들어온다는 보고를 받고 몽오蒙驁, 왕전王翦, 환의桓齮, 이신李信과 내사內史로 있는 등騰에게 각각 군사 5만 명씩 내준 뒤 각각 5로로 나누어 5국 군사를 저지케 했다. 여불위 자신은 스스로 대장이 되어 이들을 총지휘했다.

진나라 군사는 동관에서 약 50리가량 떨어진 곳에 이르러 각 군별로 5곳에 나눠 주둔했다. 마치 별들이 각각 제 자리를 차지하고 늘어선 듯했다. 왕전이 여불위에게 말했다.

"5국 연합군이 모두 정예병들로 이뤄졌다고 하는데도 위남성 하나를 함락시키지 못하고 있습니다. 이들의 무능을 가히 짐작할 수 있습니다. 3진은 우리 진나라와 지리적으로 가까워 그간 여러 번 싸운 탓에 경험이 많습니다. 하지만 초나라는 남쪽에 멀리 떨어져 있는 까닭에 홀로 멀리서 왔습니다. 게다가 진나라와 초나라는 장의 사후 30여 년 동안 서로 공벌攻伐하지 않았습니다. 실로 우리의 5개 군영 가운데 정예한 병사들만 선발해 그들로 하여금 초나라를 치게 하면 초나라 군사는 틀림없이 버텨내지 못할 것입니다. 초나라 군사만 격파하면 나머지 4국 군사는 소문만 듣고도 절로 궤멸될 것입니다."

여불위가 그 계책을 그럴 듯하게 여겼다. 곧 5개 군영이 있는 곳에 보루를 설치하고 깃발을 평상시처럼 세워 놓게 했다. 이어 은밀히 정예병 1만 명씩 차출해 총 5만 명으로 구성된 부대를 따로 편성했다.

이들 정예병 부대는 다음날 새벽 4고鼓에 일제히 일어나 초나라 영채를 습격키로 했다. 이날 진나라 장수 이신李信은 군량과 마초인 양초糧草를 예정 시간보다 늦게 운반해 온 아장牙將 감회甘回의 죄를 물어 참하려고 했다. 제장들이 너무 가혹하다며 사면해 줄 것을 청했다. 결국 이신은 감회를 죽이지는 않았으나 채찍으로 등을 100여 차례 때렸다.

감회가 원한을 품고 그날 저녁 초나라 진영으로 달아나 춘신군 황헐에게 왕전의 계책을 일러바쳤다. 춘신군이 감화의 말을 듣고 크게 놀랐다. 곧 4국 영채로 사람을 보내 이를 알리려다가 미처 알리기도 전에 진나라 군사가 쳐들어올까 두려웠다. 이내 좌우에 명해 급히 영채를 뽑고 뒤로 물러날 것을 명했다. 한밤중에 50여 리를 내달린 뒤에야 비로소 천천히 행군해 본국으로 돌아갔다.

진나라 군사가 이튿날 새벽 초나라 군영에 이르렀을 때는 이미 영채를 뽑고 돌아간 뒤였다. 왕전이 말했다.

"초나라 군사가 먼저 달아난 것을 보니 틀림없이 나의 계책을 누설한 자가 있다. 비록 나의 계책은 이뤄지지 않았지만 여기까지 와서 빈손으로 돌아갈 수는 없다."

그러고는 군사를 휘몰아 조나라 군영을 급습했다. 조나라 군사는 견고하게 쌓은 벽루壁壘에 의지해 완강히 버텼다. 진나라 군사가 벽루를 뚫고 들어가지 못했다. 조나라 대장 방난이 칼에 기댄 채 군문 앞에서 함부로 움직이는 자는 즉시 참하겠다고 선언했다.

진나라 군사는 밤새 공격했다. 날이 새자 연나라와 한나라 및 위나라 3

국의 군사가 합세해 조나라 영채를 구하러 달려 왔다. 진나라 장수 왕전과 몽오 등은 그제야 군사를 거둬 본영으로 돌아갔다.

당시 조나라 대장 방난은 3국의 군사가 모두 왔는데도 유독 초나라 군사만 오지 않은 것을 괴이하게 생각했다. 곧 전령을 초나라 군영으로 보내 사정을 알아보게 했다. 전령이 돌아와 초나라 군사가 이미 철군한 사실을 알리자 방난이 탄식했다.

"열국의 합종은 오늘로 끝난 셈이다!"

열국의 장수들 모두 반사班師를 청했다. 한나라와 위나라 군사가 먼저 본국으로 돌아갔다. 방난은 산동 6국 가운데 제나라만 유독 진나라에 붙은 것에 화를 냈다. 이내 연나라 군사와 합세해 제나라의 요안饒安 땅 1개 성읍을 빼앗은 뒤 돌아갔다.

당시 춘신군 황헐이 진나라 군사와 싸우지도 않은 채 도성인 진성陳城[1]으로 회군한 일을 두고 나머지 4국 모두 사자를 보내 그 이유를 따졌다.

"초나라는 이번 출병에서 '종약장'이 됐습니다. 어찌하여 우리에게 고하지도 않고 먼저 회군한 것인지, 감히 그 이유를 묻고자 합니다."

초고열왕이 춘신군 황헐을 책양責讓했다. 춘신군이 부끄럽고 두려운 나머지 아무 말도 하지 못했다. 당시 위나라 출신 주영朱英이 춘신군의 문하에서 빈객으로 있었다. 그는 초나라가 진나라를 두려워하고 있는 걸 알고 춘신군에게 말했다.

"사람들 모두 초나라는 원래 강국이었는데 지금의 군주에 이르러 쇠약해졌다고 말합니다. 그러나 오직 저는 그리 생각지 않습니다. 선왕 때는 진나라와 초나라가 매우 멀리 떨어져 있었습니다. 서쪽으로는 파巴와 촉蜀에

---

1 진성陳城이 『열국지』 원문에는 영성郢城으로 나온다. 초나라는 초경양왕 때 진나라 장수 백기에 의해 '영성'이 함락된 까닭에 도성을 '진성'으로 옮겼다. 저자인 풍몽룡의 착오이다. 번역문은 '영성'을 '진성'으로 바꿔 놓았다.

의해 격절隔絶돼 있었습니다. 또 북쪽으로는 동주東周와 서주西周인 양주兩周에 의해 격절돼 있었습니다.² 한나라와 위나라는 호시탐탐 진나라의 배후를 노렸습니다. 초나라가 30년 동안 진나라의 위협을 받지 않은 이유입니다. 이는 초나라가 강성했기 때문이 아니라 땅의 형세가 그러했기 때문입니다. 지금 동주와 서주는 이미 진나라에 병탄됐고, 진나라는 위나라에 원한을 품고 있습니다. 조만간 위나라가 패망하면 진陳과 허許 땅이 남진의 통로가 될 것입니다. 진나라와 초나라의 전쟁은 이로부터 시작되고, 대왕의 승상에 대한 질책도 그치지 않을 것입니다. 이런 터에 영윤은 왜 초왕에게 동쪽 수춘壽春으로 천도하는 방안을 권하지 않는 것입니까? 그곳은 진나라와 멀리 떨어져 있고, 장강과 회수가 깊은 해자 역할을 하는 까닭에 다소 안정을 취할 수 있습니다."

춘신군 황헐이 그의 계책을 그럴 듯하게 여겨 초고열왕에게 고했다. 초고열왕이 길일을 받아 도성을 수춘으로 옮겼다. 초나라는 당초 지금의 호북성 형주 서쪽의 영郢 땅에 도읍했다. 이어 호북성 의성현 동남쪽의 약鄀 땅으로 옮겼고, 다시 지금의 하남성 회양현인 진성陳城으로 옮겼다. 지금 또 수춘으로 옮겼으니 모두 4번 천도한 셈이다.

사신이 이를 시로 읊었다.

주나라는 동천해 왕기가 사라졌고 　　周爲東遷王氣歇
초나라는 자주 옮겨 패업을 잃다 　　楚因屢徙霸圖空
자고로 적을 피하다 적을 부르니 　　從來避敵爲延敵
천도한 주나라 고공을 닮지 마라 　　莫把遷岐托古公³

---

2 이 구절이 『열국지』 원문에는 '남격양주南隔兩周'로 돼 있다. 당시 동주와 서주는 초나라의 북쪽에 있었다. 저자인 풍몽룡의 착오이다. 번역문은 남南을 북北으로 바꿔 번역해 놓았다.

3 고공古公은 빈豳 땅에 살다가 기산岐山 아래로 옮겨와 주나라 건국의 기틀을 닦은 주문왕

당시 초고열왕은 보위에 있은 지 오래됐으나 아들을 두지 못했다. 춘신군 황헐이 아들을 낳을 만한 여인을 두루 찾아 바쳤으나 끝내 자식을 얻지 못했다. 이때 조나라 출신 이원李園이 춘신군 문하에서 사인舍人으로 있었다. 그에게 미색의 누이동생 이언李嫣이 있었다. 이원은 초고열왕에게 이언을 바치고 싶었으나 나중에 자식이 생기지 않으면 총애를 잃을까 주저했다. 내심 이같이 생각했다.

'누이를 먼저 춘신군에게 바치고 나서 태기가 있으면 다시 초왕에게 바치자. 다행히 아들을 낳으면 보위에 오를 것이고, 그러면 초왕은 나의 생질甥姪이 된다.'

또 이같이 생각했다.

'나 스스로 누이를 바치면 귀한 대접을 받지 못할 것이다. 반드시 작은 계책인 소계小計를 구사해 춘신군이 직접 찾아오도록 만들어야 한다.'

그러고는 5일의 휴가를 얻어 집으로 돌아갔다가 고의로 기한을 넘기고 10일째 되는 날 비로소 돌아왔다. 춘신군이 이상하게 생각해 묻자 이원이 대답했다.

"저에게 언嫣이라는 누이가 하나 있는데 자색姿色이 자못 뛰어납니다. 제왕齊王이 그 소문을 듣고 사자를 보내 후궁으로 달라고 했습니다. 저는 그 사자와 며칠 동안 술을 마시느라 귀환 기한을 지키지 못했습니다."

춘신군이 속으로 생각했다.

'그녀의 소문이 제나라까지 났으면 틀림없이 미색이 뛰어날 것이다.'

그러고는 마침내 이같이 물었다.

"제나라의 제의를 받아들였소?"

이원이 대답했다.

의 조부인 고공단보古公亶父를 가리킨다. 기산 아래의 평원을 주원周原이라고 한데서 '주周'라는 국명이 나왔다.

黃除李爭男爭歌 權圉

"지금 의논 중이라 아직 혼약을 정하지는 않았습니다."

춘신군이 말했다.

"내게 한 번 보여줄 수 없겠소?"

이원이 대답했다.

"제가 군君의 문하에 있으니 누이동생은 군의 비첩이나 다름없습니다. 제가 어찌 명을 따르지 않을 수 있겠습니까?"

그러고는 집으로 돌아가 누이 이언을 성대히 꾸민 뒤 춘신군의 부중으로 데려갔다. 춘신군이 이언을 보고 크게 기뻐했다. 그날 밤 이원에게 백벽白璧 2쌍과 황금 300일鎰을 주고 이언으로 하여금 시침侍寢을 들게 했다. 3

달도 되지 않아 회잉懷孕했다. 이원이 누이 이언에게 말했다.

"남의 첩으로 있는 것과 본부인이 되는 것 가운데 어느 쪽이 더 귀하냐?"

이언이 웃으며 대답했다.

"첩을 어찌 본부인에 비교할 수 있겠습니까?"

이원이 다시 물었다.

"그렇다면 본부인과 왕후 가운데 어느 쪽이 더 귀하냐?"

이언이 또 웃으며 대답했다.

"왕후가 가장 귀하지요."

이원이 말했다.

"네가 춘신군의 부중에 있으면 총애를 받는 총첩寵妾에 불과하다. 지금 초왕에겐 아들이 없고 너는 다행히 태기가 있다. 네가 초왕에게 가서 훗날 아들을 낳으면 그 아이는 보위에 오를 것이고 너는 태후가 될 수 있다. 어찌 첩보다 못할 리 있겠는가?"

그러고는 몇 가지 사항을 일러준 뒤 침석枕席에서 춘신군에게 여차여차하게 말하면 틀림없이 들어줄 것이라고 이야기했다. 이언이 그 말을 잘 기억해 두었다가 그날 밤 시침을 드는 자리에서 춘신군에게 진언했다.

"지금 초왕이 군君을 총애하는 걸 보니 비록 친형제라도 그리 하지는 못할 것입니다. 지금 군은 초왕의 바로 아랫자리서 20여 년 동안 부귀를 누려왔습니다. 초왕에게 아들이 없으니 초왕의 천추백세千秋百歲 후에는 형제들이 즉위할 것입니다. 새로 즉위한 초왕과 군은 아무 은원 관계가 없어 틀림없이 자신이 총애하는 사람을 등용할 것입니다. 군이 어찌 길이 총애를 받을 수 있겠습니까?"

춘신군이 그 말을 듣고는 침사沈思하며 아무 말로 하지 못했다. 이언이 또 말했다.

"첩의 걱정은 이것에 그치는 게 아닙니다. 군은 오래도록 부귀를 누리며 실권을 행사한 까닭에 초왕의 형제들에게 많은 실례를 저질렀을 것입니다. 그 형제 가운데 한 사람이 즉위하면 예기치 못한 참화가 몸에 미칠 것입니다. 이 어찌 강동江東의 봉읍을 지키지 못하는 것에 그치겠습니까?"

춘신군이 악연愕然히 말했다.

"경卿의 말이 옳소. 나는 거기까지 생각지 못했소. 장차 어찌하면 좋겠소?"

이언이 말했다.

"첩에게 한 가지 계책이 있습니다. 그 계책대로 하면 참화를 면할 수 있을 뿐만 아니라 다복多福을 누릴 수 있습니다. 하지만 첩은 부끄러워 감히 그 계책을 말씀드리지 못하겠습니다. 설령 말씀드릴지라도 들어주지 않을까 두렵습니다. 첩이 감히 말씀드리지 못하는 이유입니다."

춘신군이 말했다.

"경이 나를 위해 세운 계책인데 내가 어찌 따르지 않을 리 있겠는가?"

이언이 말했다.

"첩은 지금 태기가 있는 걸 자각自覺하고 있습니다. 다행히 다른 사람은 알지 못합니다. 첩이 군을 모신 지 아직 얼마 안 되니 군의 막중한 신분으로 첩을 초왕에게 바치면 초왕이 틀림없이 첩을 총애할 것입니다. 만일 천우天佑로 아들을 낳으면 그 아이가 틀림없이 적자로서 보위를 계승할 것입니다. 바로 군의 아들이 초왕이 되는 것입니다. 초나라를 모두 얻는 일과 불측不測의 죄를 뒤집어쓰는 것 가운데 어느 쪽이 더 낫습니까?"

춘신군이 마치 꿈에서 깨어난 듯, 술에서 깨어난 듯 기뻐했다.

"천하에 남자보다 더 지혜로운 여인이 있다고 하더니 바로 경을 두고 말인 듯하오."

이튿날 춘신군이 이원을 불러 자신의 뜻을 이야기하고 비밀리에 이언을 데리고 나가 다른 집에 거주케 했다. 이어 입궁해 초고열왕에게 말했다.

"신이 소문을 들으니 이원의 누이동생 이언이 미색이라고 합니다. 관상가들 모두 그 여인이 아들을 낳을 것이고, 또 장차 귀하게 될 것이라고 말합니다. 지금 제왕이 사람을 보내 맞이하려고 한다고 하니 먼저 서두르지 않을 수 없습니다."

초고열왕이 곧바로 내시에게 명해 이언을 입궁시키게 했다. 이언은 교태가 뛰어난 까닭에 초고열왕으로부터 커다란 총애를 받았다. 해산일이 되어 이언이 아들 쌍둥이를 낳았다. 첫째는 한扞, 둘째는 유猶로 이름을 지었다.

초고열왕의 기쁨은 말로 표현할 수 없었다. 곧 이언을 왕후, 첫째 한을 태자로 삼았다. 이원은 국구國舅가 되어 초왕의 총애를 받으며 권력을 휘둘렀다. 그의 지위와 권력이 춘신군과 어깨를 겨뤘다. 그는 원래 속임수에 능했다. 겉으론 춘신군을 더욱 근면히 받드는 듯했으나 속으론 시기했다.

초고열왕 25년인 기원전 238년, 초고열왕이 병상에 누워 일어나지 못했다. 이원은 내심 이언의 임신 사실은 춘신군만 알고 있었고, 훗날 태자가 즉위하면 서로 얼굴을 마주대하기가 불편할 것으로 생각했다. 춘신군을 죽여 입을 막고자 한 이유다. 곧 사람을 시켜 각지에서 용력이 뛰어난 자를 모아 문하의 식객으로 둔 뒤 의식衣食을 후하게 제공하면서 장래를 함께 하기로 맹서했다.

춘신군의 빈객 주영이 그 소문을 듣고는 이원을 의심하며 말했다.

"이원이 사사死士를 여러 명 기르는 것은 틀림없이 춘신군 때문일 것이다."

그러고는 춘신군을 만나 말했다.

"천하에는 뜬금없는 재앙인 무망지화無妄之禍와 뜬금없는 복인 무망지복無妄之福, 또 뜬금없는 사람인 무망지인無妄之人이 있습니다. 군은 그 뜻을 아십니까?"

춘신군이 반문했다.

"'무망지복'이 무엇이오?"

주영이 대답했다.

"군이 초나라 재상으로 있은 지 20여 년이 됐습니다. 겉은 영윤이나 실은 초왕이나 다름없습니다. 초왕은 지금 병으로 오랫동안 누워 있어 쉽게 일어나지 못할 것입니다. 하루아침에 문득 궁거宮車가 안가晏駕하면 어린 태자가 뒤를 이어 즉위케 됩니다. 군은 그 곁에서 이윤伊尹이나 주공周公처럼 보필할 것이나 초왕이 성장하면 정권을 돌려줘야 합니다. 만일 천명과 민심이 따르면 군은 남면南面해 즉위할 수도 있습니다. 이게 바로 '무망지복'입니다."

춘신군이 다시 물었다.

"'무망지화'는 무엇이오?"

주영이 대답했다.

"지금 이원은 왕의 처남[4]입니다. 군은 그 위에 있습니다. 그는 겉으론 유순柔順한 모습을 보이고 있으나 속으론 달가워하지 않고 있습니다. 함께 도둑질을 하다가 훔친 물건을 놓고 서로 시기하는 이른바 동도상투同盜相妒의 시기가 반드시 닥칠 것입니다. 소문을 들으니 그가 은밀히 사사死士를 모은지 이미 오래됐다고 합니다. 그들을 어디에 쓰겠습니까? 초왕이 일단 홍거薨去하면 필시 먼저 궁궐로 들어가 권력을 잡은 뒤 군을 죽여 입을 영구히 틀어막는 멸구滅口를 하려고 들 것입니다. 이게 바로 '무망지화'입니다."

---

4 '왕의 처남'의 『열국지』 원문은 왕지구王之舅이다. 구舅는 크게 4가지 뜻이 있다. 첫째, 제왕이 이성異姓의 제후를 칭할 때 사용한다. 대국은 백구伯舅, 소국은 숙구叔舅로 불렸다. 제후가 이성의 대부를 칭할 때도 구舅로 표현했다. 둘째, 모친의 형제로 외숙에 해당한다. 셋째, 처의 형제인 처남을 가리킨다. 넷째, 남편의 부친인 시아버지를 뜻한다. 여기서는 셋째 의미로 사용된 것이다.

춘신군이 또 물었다.

"'무망지인'은 무엇이오?"

주영이 대답했다.

"이원은 누이동생이 왕후로 있기에 궁중의 성식聲息을 조석으로 들으며 상통相通하고 있습니다. 군은 성 밖에 살고 있는 까닭에 위급할 때의 대응이 이원보다 늦을 수 있습니다. 만일 제가 궁궐의 출입을 관장하는 낭중령郎中令에 임명돼 궁 안에 거처하며 여러 낭관郎官을 거느릴 수 있으면 위급한 상황이 빚어져 이원이 먼저 입궐하면 군을 위해 그를 죽일 수 있습니다. 이게 바로 '무망지인'입니다."

춘신군 황헐이 수염을 위로 꼬아 올리는 흔염掀髯을 하며 대소大笑했다.

"이원은 원래 나약한 사람이오. 또 평소 부지런히 나를 섬겨왔소. 어찌 그런 일이 있을 수 있겠소? 족하足下는 과도한 걱정인 과려過慮를 하지 마시오."

주영이 말했다.

"군이 오늘 제 말을 따르지 않으면 후회해도 늦을 것입니다."

춘신군이 대답했다.

"족하는 그만 물러가시오. 내가 잘 살펴보겠소. 족하의 도움이 필요할 때가 오면 다시 부르도록 하겠소."

주영은 3일이 지나도록 아무 소식이 없자 자신의 말을 따를 생각이 없는 걸 알고 탄식했다.

"내가 이곳을 떠나지 않으면 화가 미칠 것이다. 나는 이제 제나라로 달아나 치이자피鴟夷子皮로 이름을 바꾸고 산 월나라 범리의 행적을 좇을 것이다."

그러고는 작별인사도 하지 않고 표연히 떠나갔다. 그는 동쪽 옛 오나라 땅으로 들어가 오호五湖 사이에 은둔했다.

염옹이 이를 시로 읊었다.

홍안의 미인이 임신해 입궁하니	紅顏帶子入王宮
나라 훔칠 간계 용납될 수 없지	盜國奸謀理不容
하늘이 그에게 무망지화 내리니	天啓春申無妄禍
주영이 어찌 낭중령 될 리 있나	朱英焉得令郎中

주영이 떠난 지 17일 만에 초고열왕이 훙거했다. 이원은 미리 궁궐의 시위侍衛들과 약속했다.

"궐 안에서 변이 일어나면 응당 나에게 먼저 보고토록 하라."

이원은 초고열왕이 훙거했다는 소식을 듣고 먼저 입궁한 뒤 발상發喪하지 못하도록 은밀히 분부했다. 이어 자신이 길러온 사사들에게 은밀히 명해 극문棘門[5] 안에 매복토록 했다. 해가 질 무렵에야 춘신군 황헐에게 국상 소식을 알렸다. 춘신군이 크게 놀라 빈객들과 의논치도 않은 채 곧바로 수레를 타고 왕궁으로 향했다. 그가 극문 안으로 들어설 때 양쪽에 매복해 있던 사사들이 돌출突出하며 외쳤다.

"왕후의 밀지密旨를 받들었다. 춘신군을 모반죄로 주살하라!"

춘신군은 그제야 변이 일어난 줄 알고 황급히 수레를 돌리려고 했다. 그러나 그의 수하手下들은 이미 피살되거나 흩어진 뒤였다. 사사들은 춘신군 황헐의 목을 베어 궁성 밖으로 내던졌다. 이어 궐문을 굳게 닫아건 뒤 발상했다.

---

5 극문棘門은 제왕이 외출할 때 숙소에 끝이 갈라진 창인 극戟을 꽂아 문으로 삼은 데서 나온 말이다. 극棘은 극戟과 통한다. 궁문 앞에도 통상 창을 꽂아 놓은 까닭에 극문棘門은 궁문의 별칭으로 사용됐다. 『주례』「천관」에 따르면 병거兵車로 만든 문을 원문轅門, 휘장을 둘러쳐 만든 문을 정문旌門, 창을 꽂아 만든 문을 '극문'이라고 했다.

이원은 곧바로 태자 한悍[6]을 옹립했다. 그가 바로 초유왕楚幽王이다. 당시 그의 나이는 겨우 6세였다. 이원은 스스로 영윤이 되어 초나라 정사를 독전獨專했다. 누이동생 이언을 태후로 삼았다. 또 영을 내려 춘신군 황헐의 일족을 진멸盡滅하고 식읍을 모두 몰수케 했다. 춘신군의 문하에 있던 빈객들 모두 각기 흩어져 달아났다. 공자公子들은 소원하게 지내며 나랏일에 관여치 않으려고 했다. 이원이 어린 왕과 젊은 태후를 끼고 다스리자 국정이 날로 문란해졌다. 초나라는 이후 무슨 일을 할 수 없는 이른바 불가위不可爲의 상황이 되었다.

---

6 태자 한悍이 『열국지』 원문에는 한捍으로 되어 있다. 그러나 『사기』 「초세가」와 『자치통감』에는 한悍으로 나온다. 번역문은 「초세가」와 『자치통감』의 기록을 좇아 한悍으로 바꿔 놓았다.

206話 번오기가 격문을 보내 진왕 정을 성토하다
– 번오기전격토진왕樊於期傳檄討秦王

이야기가 둘로 나뉜다. 당시 진나라 승상 여불위는 제나라를 제외한 산동山東의 5국이 합종해 진나라를 공격한 일에 분노해 복수코자 했다. 그가 말했다.

"본래 그 모의를 주도한 자는 바로 조나라 장수 방난이다."

그러고는 장수 몽오와 장당에게 명해 군사 5만 명을 이끌고 가 조나라를 치게 했다. 3일 뒤 다시 진왕 정의 동생인 장안군 성교成嶠와 장수 번오기樊於期에게 명해 군사 5만 명을 내주며 앞의 군사를 뒤따르게 했다. 빈객들이 여불위에게 물었다.

"장안군이 연소年少해 대장 직을 수행하지 못할까 두렵습니다."

여불위가 미소를 지으며 말했다.

"그대들이 알 바가 아니다."

몽오가 이끄는 진나라 전군前軍은 함곡관을 출관出關해 상당上黨으로 길을 잡아 곧바로 경도慶都를 치면서 지금의 하북성 당현 부근의 도산都山에 영채를 세웠다. 장안군이 이끄는 진나라 후군後軍은 지금의 산서성 둔류屯留에 영채를 세우고 몽오의 군사를 성원聲援했다.

조나라는 상국 방난龐煖을 대장, 호첩扈輒을 부장으로 삼은 뒤 군사 10만 명을 내주며 적을 막게 했다. 방난이 말했다.

"경도의 북쪽에서는 요산堯山이 가장 높다. 요산에 오르면 진나라 군사가 영채를 세운 도산 전체를 바라볼 수 있다. 응당 그곳을 점거해야 한다."

그러고는 부장 호첩을 시켜 군사 2만 명을 이끌고 먼저 요산으로 가도록 했다. 호첩이 가서 보니 이미 진나라 군사 1만 명이 진을 치고 있었다. 곧바로 접전을 벌여 진나라 군사를 무찔러 쫓아낸 뒤 요산 꼭대기에 영채를 세웠다.

진나라 장수 몽오가 장당에게 명해 군사 2만 명을 이끌고 가서 다시 요산을 빼앗게 했다. 조나라 대장 방난도 대군을 이끌고 요산에 당도했다. 양측 군사가 요산 아래서 진세를 펼친 뒤 한바탕 접전을 벌였다.

조나라 부장 호첩이 요산 위에서 홍기紅旗를 사용해 진나라 장수 장당이 동쪽으로 가면 동쪽, 서쪽으로 가면 서쪽을 가리켰다. 조나라 군사는 홍기가 가리키는 곳을 보고 그들의 앞길을 가로막고 포위했다. 방난이 명을 내렸다.

"장당을 잡아오는 자에겐 100리의 땅을 내리겠다."

조나라 군사가 목숨을 걸고 싸웠다. 진나라 장수 장당은 평생의 용력을 발휘해 싸웠으나 조나라 군사의 포위망을 뚫지 못했다. 몽오의 군사가 접응한 이후에 비로소 도산의 대체로 돌아올 수 있었다. 그 사이 진나라 군사에 의해 포위를 당하고 있던 경도 성안의 조나라 군사들은 구원병이 왔다는 사실을 알고는 더욱 힘을 내 성을 방어했다. 진나라 장수 몽오와 장당은 결국 경도성을 함락시키지 못했다. 몽오가 장당을 둔류 땅으로 보내 후군의 지원을 최촉했다.

둔류에 진을 친 장안군 성교는 당시 나이가 겨우 17세였다. 그는 군무軍務를 잘 몰라 번오기를 불러 대책을 상의했다. 번오기는 평소 여불위가 자신의 첩 조희를 진장양왕 자초子楚에게 바치고 마침내 나라를 훔친 일을 증오했다. 그는 장안군의 좌우를 물리치게 한 뒤 이를 한바탕 상세히 서술敍述했다. 그는 이같이 말했다.

"금왕今王은 선왕의 골혈骨血이 아닙니다. 오직 군君만이 적자嫡子입니다. 여불위가 오늘 군에게 병권을 맡긴 것은 결코 호의에서 나온 게 아닙니

太子後雖將軍獻頭黃鄉借
著面頭西本將軍有頭將軍
有劍易水玉關朝夜、桐陸館主

다. 그는 자신이 한 짓이 탄로 나면 군과 금왕이 서로 양립하지 못하는 걸 알고 겉으론 은총을 베푸는 것처럼 하면서 속으론 군을 도성 밖으로 내친 것입니다. 지금 그는 궁금宮禁을 드나들며 태후와 공공연히 음행을 계속하고 있습니다. 궁궐이 이들 부처夫妻와 부자父子의 소굴로 변했는데, 이들이 미워하는 사람은 오직 군밖에 없습니다. 만일 몽오가 아무런 공도 세우지 못하고 패하면 그 죄를 군에게 물을 것입니다. 가벼우면 왕실 족보에서 이름이 지워지는 삭적削籍, 무거우면 주살誅殺을 당할 것입니다. 그러면 영씨嬴氏의 진나라는 여씨呂氏의 나라가 되고 말 것입니다. 모든 국인國人이 반드시 그리될 걸 알고 있습니다. 굳이 대책을 세우지 않을 수 없습니다."

장안군 성교가 말했다.

"족하足下의 설명이 없었다면 나는 아무것도 모를 뻔했소. 지금 어떤 대책을 세워야 하오?"

번오기가 대답했다.

"지금 몽오는 조나라 군사로 인해 곤경에 처해 있는 까닭에 쉽사리 귀국할 수 없습니다. 대군은 지금 막강한 무력의 중병重兵을 이끌고 있습니다. 만일 격문을 띄워 저 음란한 역적의 죄를 성토하고 궁궐에서 벌어지는 속임수를 밝히면 신민臣民 가운데 그 누가 적통 후사인 적사適嗣를 받들어 사직의 주인으로 모시려 하지 않겠습니까?"

장안군 성교가 분연히 칼을 잡고는 안색을 바꾸는 작색作色을 하며 말했다.

"대장부가 죽으면 죽었지 어찌 장사꾼인 고인賈人의 자식에게 무릎을 꿇을 수 있겠는가? 장군은 나를 위해 모든 일을 잘 도모해 주시오."

번오기는 곧 몽오가 보낸 장당에게 거짓으로 말했다.

"장안군이 거느린 대군을 오늘 바로 그쪽으로 이동시켜 몽 장군의 뜻에 부응토록 하겠소. 그쪽도 마음을 써 준비토록 하시오."

장당이 돌아가자 번오기가 즉각 격문을 썼다. 그 내용은 대략 이러했다.

장안군 성교는 중외中外의 신민에게 알리고자 한다. 나라를 전하는 대의는 적통嫡統을 가장 존중한다. 종통을 뒤엎는 악행을 가장 심한 음모로 간주하는 이유다. 문신후 여불위는 본래 양적 땅의 상인 출신으로 감히 함양의 주기主器를 엿보고 있다. 금왕 정政은 선왕의 후사가 아니고 실은 여불위의 자식이다. 당초 회신懷娠한 첩을 이용해 교묘히 선왕을 유혹하고 이어 간악하게 자식을 낳아 마침내 진나라 혈윤血胤을 더럽혔다. 또 황금으로 기책奇策을 삼아 선왕을 귀국시키고 스스로 최고의 공신이 됐다. 이후 두 선왕이 천수를 누리지 못한 것도 까닭이 있으니 어찌 참을 수 있겠는가? 여불위는 3대에 걸쳐 대권大權을 장악하고 있으니 누가 능히 그 자를 막아낼 것인가? 지금 조정에 있는 자가 어찌 진왕眞王이겠는가? 저들은 벌써 영씨嬴氏의 나라를 여씨呂氏의 나라로 바꿔 놓았다. 여불위는 금왕의 중부仲父가 되어 존귀한 자리에 있다가 마지막에는 신하의 몸으로 보위까지 찬탈하고야 말 것이다. 사직이 위태로워지자 신인神人이 함께 분노하고 있다. 나는 선왕의 유일한 적자라는 자리를 지키기 위해서라도 천주天誅를 끝까지 대행할 것이다. 갑주甲冑를 입고 간과干戈를 든 군사들은 대의의 함성을 높이 지르며 광채를 드러내는 생색生色을 하고, 왕실의 자손과 신민은 선왕의 덕을 생각해 함께 내달리도록 하라. 격문이 도착하는 날 모두 칼을 날카롭게 갈아 싸울 준비를 하고, 우리의 군마와 병거가 임할 때는 저잣거리에서 경거망동하는 일이 없도록 하라.

마침내 번오기가 격문을 사방으로 전포傳布하자 진나라 백성들은 여불위가 첩을 바쳤다는 등의 소문이 진실인 양 믿었다. 그러나 문신후 여불위의 위세가 두려워 모두 관망하는 모습을 보였다. 이때 혜성이 동쪽에 이어 다시 북쪽과 서쪽에도 나타났다. 점을 치는 자들이 국내에 변란이 일어날 것이라고 하자 민심이 크게 동요했다.

당시 번오기는 둔류에 속해 있는 여러 현縣의 장정들을 뽑아 자신의 군대에 편입시켰다. 여세를 몰아 지금의 산서성 장자長子와 호관壺關을 함락시켰다. 병세兵勢가 더욱 성해졌다. 장당은 장안군이 반역을 일으켰다는 사실을 알고는 곧바로 밤을 새워 함양으로 달려가 진왕 정에게 고변告變했다.

격문을 본 진왕 정이 대로했다. 곧바로 중부仲父인 문신후 여불위를 불러 상의했다. 여불위가 말했다.

"장안군 성교는 나이가 어려 이 일을 잘 모릅니다. 이는 틀림없이 번오기가 꾸민 짓입니다. 번오기는 용기만 있고 꾀는 없는 자입니다. 군사를 출동시키면 곧바로 사로잡을 수 있습니다. 과려過慮치 마십시오."

이내 왕전王翦이 대장, 환의桓齮와 왕분王賁이 좌우 선봉장이 돼 군사 10만 명을 이끌고 장안군 토벌에 나섰다.

당초 진나라 장수 몽오는 이런 사실도 모르고 조나라 대장 방난과 대치한 채 장안군 성교가 구원군을 이끌고 오기만 기다렸다. 그러나 구원군은 결국 오지 않았다. 한참 의아하게 생각하고 있을 때 장안군의 격문을 접하게 됐다. 몽오가 크게 놀랐다.

"나는 장안군과 함께 조나라를 치러 출정했다가 아무런 공도 세우지 못하고 있다. 더구나 장안군이 조반造反했으니 나에게도 어찌 죄가 없겠는가? 창끝을 돌려 역적을 평정하지 못하면 무엇으로 해명할 수 있겠는가?"

그리고는 좌우에 명해 군사를 거둔 뒤 3대隊로 나눠 회군했다. 자신은 맨 뒤에 남아 적의 공격을 차단하며 천천히 물러났다. 조나라 대장 방난은 진나라 군사가 이동 중이라는 보고를 접하고는 정예병 3만 명을 뽑은 뒤 부장 호첩에게 명해 샛길로 가 태항산太行山 숲속 깊은 곳에 군사를 매복시키도록 했다. 이어 호첩에게 이같이 말했다.

"몽오는 노장老將인 까닭에 틀림없이 우리가 추격하지 못하도록 뒤를 끊으며 뒤따라갈 것이오. 진나라 군사가 모두 지나간 뒤 그 뒤를 공격하면 온전한 승리를 거둘 수 있소."

몽오는 전군前軍이 아무 장애도 없이 지나는 것을 보고는 마음 놓고 앞으로 나아갔다. 그때 포성이 들리며 조나라 부장 호첩이 이끄는 복병 3만 명이 몰려나왔다. 몽오가 곧바로 호첩과 교전했다. 이들이 한창 싸우고 있

樊於期
傳檄
討秦王

■ 번오기가 격문을 보내 진왕 정政을 성토하다

을 때 방난이 군사를 이끌고 다가왔다. 진나라 군사 가운데 앞서 통과한 병
사들은 이미 투지鬪志를 잃은 까닭에 진나라 진영이 크게 무너졌다. 몽오는
중상을 입고도 전력을 다해 적병 수십 명을 죽이고, 활을 쏘아 방난의 옆구
리를 맞혔다.

　조나라 군사가 진나라 군사를 여러 겹으로 포위한 뒤 화살을 난사했다.
몽오는 몸에 고슴도치처럼 화살을 맞고 쓰러져 죽었다. 애석하게도 진나라
명장 몽오는 오늘 태항산 아래서 목숨을 잃었다. 방난은 대승을 거둔 뒤 군
사를 거둬 조나라로 돌아갔다. 그러나 그 역시 화살을 맞은 상처가 낫지 않
아 얼마 후 숨을 거뒀다. 이 일은 여기서 잠시 접어두고 거론치 않기로 하자.

당시 진나라 장수 장당과 왕전은 장안군 성교를 토벌키 위해 둔류에 주둔했다. 장안군이 크게 놀라 두려움에 떨었다. 번오기가 말했다.

"왕자는 이제 호랑이 등에 올라탄 기호지세騎虎之勢의 형세에 있습니다. 도중에서 내리면 호랑이에게 잡아먹히게 되는 까닭에 다시는 내려올 수 없습니다. 우리는 둔류성 외에도 장자성과 호관성을 장악하고 있어 이들 3곳의 성에 있는 군사를 합치면 15만 명이 됩니다. 성을 등진 채 일전을 벌이면 승부를 알 수 없습니다. 무엇을 두려워하는 것입니까?"

그러고는 둔류성 밑에 진을 치고 기다렸다. 왕전이 맞은편에 진을 친 뒤 번오기를 향해 소리쳤다.

"진나라가 너를 저버리지 않았는데 어찌하여 어린 장안군을 유혹해 조역造逆을 한 것인가?"

번오기가 병거 위에서 허리를 굽혀 예를 표하는 흠신欠身을 한 뒤 대답했다.

"지금 진왕 정은 여불위의 자식이란 걸 그 누가 모르고 있단 말이오? 우리는 대대로 국은國恩을 입은 사람들이오. 영씨의 혈식血食을 여씨가 빼앗아가는 것을 어찌 두고 볼 수 있겠소? 장안군은 선왕의 혈윤血胤인 까닭에 받들고자 하는 것이오. 장군이 선왕의 후사를 생각한다면 함께 의거義擧해 함양으로 내달려 음탕한 역적을 죽이고, 위왕僞王 정을 폐하고, 장안군을 부립扶立하고, 장군도 봉후封侯의 자리를 잃지 않고 부귀를 누리도록 하시오. 이 어찌 아름다운 일이 아니겠소?"

왕전이 말했다.

"태후는 회임懷妊한 지 10달 만에 금왕을 낳았다. 선군의 소생이라는 건 의심할 여지가 없다. 너는 함부로 비방을 늘어놓으며 승여乘輿[7]를 오멸汚蔑

---

7 승여乘輿는 군왕이 타는 가마를 가리킨다. 『진서晉書』「왕침전王忱傳」에 승여직진乘輿直進 표현이 나오는 게 그렇다. 이밖에도 군왕의 기물器物 또는 통상적인 거마車馬 내지 병거兵車

하고 있으니 이는 멸문지화滅門之禍에 해당한다. 게다가 교묘한 거짓말로 군심을 동요해 미혹케 만드는 요혹搖惑을 하고 있으니 잡히는 날에는 시체를 1만 조각으로 잘게 찢는 쇄시만단碎屍萬段에 처해질 것이다."

번오기가 대로해 눈을 부릅뜨며 고함을 질렀다. 큰 칼을 휘두르며 곧바로 돌진해 왔다. 진나라 군사가 그의 웅맹雄猛으로 인해 초목이 바람에 휩쓸려 엎어지듯이 피미披靡[8]하지 않는 자가 없었다. 진나라 군사 속으로 내달아갔다. 진나라 군사는 번오기의 기세에 기가 질려 좌우로 비켜났다. 번오기는 좌충우돌左衝右突하며 마치 무인지경無人之境을 드나들 듯 했다.

왕전이 군사를 지휘해 몇 차례 그를 포위했으나 그때마다 번오기는 가로막는 장수를 베고 포위를 뚫고 나왔다. 왕전의 군사들 중에 많은 사상자가났다. 날이 어두워지자 양측 모두 군사를 거뒀다.

왕전은 지금의 산서성 장자현에 있는 산개산傘蓋山에 군사를 주둔시킨 뒤 이같이 사상思想했다.

'번오기가 저토록 효용驍勇하니 급히 잡기는 어렵다. 반드시 계책을 이용해 격파해야 할 것이다.'

그러고는 휘하 장수를 군막 안으로 불러들여 물었다.

"장안군과 잘 알고 지낸 사람이 있소?"

둔류 출신 말장末將 양단화楊端和가 대답했다.

"소장이 전에 장안군 문하에서 빈객으로 지낸 적이 있습니다."

왕전이 말했다.

"내가 서신 1통을 써서 줄 터이니 그걸 장안군에게 전해주면서 속히 귀

의 의미로도 사용되기도 한다. 여기서는 군왕을 상징하는 말로 사용된 것이다.
8 피미披靡는 바람이 불 때 초목이 바람에 휩쓸려 엎어지는 것을 말한다. 여기의 피披는 나눠거나 쪼개진다는 뜻이다. 미靡는 몸체가 아래를 향해 숙이는 것을 가리킨다. 한무제 때 활약한 사마상여司馬相如의 「상림부上林賦」에 응풍피미應風披靡 표현이 나온다.

순해 죽음을 자초하지 말라고 권하시오."

양단화가 물었다.

"소장이 어떻게 성안으로 들어갈 수 있겠습니까?"

왕전이 대답했다.

"양측이 교봉交鋒하다 군사를 거둬들일 때를 기다렸다가 적군을 가장하고 그 속에 휩쓸려서 들어가면 되오. 우리가 성을 급박하게 공격할 때 장안군을 만나보도록 하시오. 틀림없이 마음이 바뀔 것이오."

양단화가 이 계책을 좇았다. 왕전이 즉석에서 서신을 써 봉한 뒤 양단화에게 넘겨주며 일을 잘 처리토록 당부했다. 이어 장수 환의를 불러 1군軍를 이끌고 가 장자성을 치고, 또 장수 왕분을 불러 1군을 이끌고 가 호관성을 치게 했다. 왕전 자신은 직접 둔류성을 공격했다. 세 성을 동시에 공격하자 장안군의 군사들은 자신들을 지키기에 급급했다. 다른 성을 구원할 엄두를 내지 못했다.

번오기가 장안군 성교에게 말했다.

"지금 저들이 군사를 셋으로 나눴을 때를 틈타 승부를 걸어야 합니다. 만일 장자성과 호관성이 함락되면 저들의 세력이 커져 대적키가 더욱 어렵게 됩니다."

장안군 성교는 나이도 어린데다 겁도 많아 눈물을 흘리며 말했다.

"이 일은 장군이 주도해 모의한 것이니 장군의 결정에 따르겠소. 부디 나를 잘못되게 하지는 마시오."

번오기가 정예병 1만 명을 선발한 뒤 성문을 열고 싸움에 나섰다. 왕전은 짐짓 한 번 패한 뒤 10리 밖으로 물러나 둔류 인근의 복룡산伏龍山에 주둔했다. 번오기가 승리를 거두고 성안으로 들어갈 때 양단화도 그 속에 섞여 들어갔다. 양단화는 둔류 출신인 까닭에 친척 집을 찾아가 편히 쉬었다.

장안군 성교가 번오기에게 물었다.

"왕전의 군마가 물러가지 않으면 어쩔 셈이오?"

번오기가 대답했다.

"오늘 교봉으로 저들의 예기가 이미 꺾였습니다. 내일 모든 군사를 이끌고 출정해 왕전을 생금生擒토록 하겠습니다. 이어 함양으로 쳐들어가 왕자를 옹립함으로써 마침내 저의 뜻을 이루도록 하겠습니다."

앞으로 승부가 어떻게 될지 알 길이 없으니 다음 회를 보라.

207話 감라가 어린 나이에 고관이 되다
– 감라동년취고위甘羅童年取高位

당시 진나라 장수 왕전은 10리 밖에 있는 복룡산으로 후퇴한 뒤 병사들을 시켜 해자를 깊이 파고, 성루를 높이 쌓게 했다. 이어 험한 요충지를 나눠 지키되 군영 밖으로 나가서 싸우는 걸 일절 금했다. 동시에 환의와 왕분을 돕기 위해 군사 2만 명을 출동시키면서 속히 장자성과 호관성을 함락시킬 것을 재촉했다.

번오기는 연일 모든 예졸銳卒을 이끌고 와 싸움을 걸었다. 아무런 반응이 없었다. 번오기는 왕전을 겁쟁이로 생각한 나머지 군사를 나눠 장자성과 호관성을 구원할 대책을 상의코자 했다. 이때 문득 초마哨馬가 달려와 보고했다.

"장자성과 호관성이 이미 함락됐습니다."

번오기가 크게 놀랐다. 곧 영채를 성 밖에 세워 장안군 성교를 안심시켰다. 진나라 장수 환의와 왕분은 장자성과 호관성을 함락시킨 뒤 왕전이 복룡산으로 영채를 옮겼다는 이야기를 듣고는 곧바로 군사를 이끌고 그곳으로 가 보고했다.

"장자성과 호관성을 함락시키고 군사를 나눠 굳게 지키도록 조치했습니다. 다른 일도 타당하게 조치하는 정타停妥를 해놓았습니다."

왕전이 크게 기뻐했다.

"둔류가 고립됐으니 번오기를 사로잡기만 하면 이번 전투도 잘 마무리될 수 있을 것이오."

말이 끝나기도 전에 군영의 초병이 와서 고했다.

"장군 신승辛勝이 왕명을 받고 군영 밖에 와 있습니다."

왕전이 신승을 군막 안으로 맞아들인 뒤 온 뜻을 물었다.

신승이 대답했다.

"첫째, 군사들의 노고를 위로하기 위해 호궤犒饋하고 포상하라는 명이 있었소. 둘째, 대왕이 번오기에 대해 격노하고 있는 까닭에 반드시 생포해 데려오라는 명이 있었소. 대왕이 직접 참해 분을 풀 생각이오."

왕전이 신승에게 청했다.

"장군이 잘 오셨소. 마침 할 일이 있소."

그러고는 신승이 갖고 온 음식과 상품을 삼군의 장병에게 하사한 뒤 명을 내렸다. 환의와 왕분으로 하여금 각각 1군을 이끌고 가 좌우에 매복케 하고, 신승에게는 군사 5천 명을 이끌고 가 싸움을 걸게 했다. 자신은 대군을 이끌고 둔류성을 칠 준비를 했다.

당시 장안군 성교는 장장성과 호관성이 적의 손에 함락됐다는 소식을 듣고는 급히 사람을 보내 번오기를 성안으로 불러들인 뒤 대책을 상의했다.

번오기가 말했다.

"조만간 결전을 벌일 생각입니다. 만일 싸워서 이기지 못하면 왕자를 모시고 북쪽 연나라나 조나라로 몸을 피할 것입니다. 이후 제후들과 연합해 위주僞主를 주살하고 사직을 안정시키도록 하겠습니다."

장안군 성교가 말했다.

"장군은 매사에 조심해 일을 처리토록 하시오."

번오기가 성 밖으로 나와 본영으로 돌아오자 초마가 보고했다.

"진왕이 함양에서 새로 파견한 장수 신승이 싸움을 걸고 있습니다."

번오기가 말했다.

"무명無名의 소졸이다. 내가 그 자부터 없애 버리겠다."

그러고는 이내 영문을 열고 나가 신승과 싸웠다. 신승이 몇 합을 겨루다 말머리를 돌려 달아나기 시작했다. 번오기가 자신의 용력만 믿고 그 뒤를 쫓아갔다. 약 5리쯤 갔을 때 매복하고 있던 환의와 왕분의 복병이 문득 좌우로부터 쏟아져 나왔다. 대패한 번오기가 급히 군사를 거뒀다. 그러나 왕전의 군사가 이미 성 아래에 가득 차 있었다. 번오기가 신위神威를 발휘해 한 가닥 혈로血路를 뚫고 둔류성 성문 쪽으로 갔다. 성안의 군사들이 급히 성문을 열고 그를 구원해 성안으로 들어가 버렸다.

왕전이 모든 군사를 모아 둔류성을 맹렬히 공격했다. 번오기는 밤낮없이 쉬지 않고 성을 돌며 군사들을 독려했다. 성안에 잠입해 친척집에 숨어 있던 양단화는 성안에서 사태가 위급해지는 것을 보고는 밤에 몰래 장안군 성교를 만나러 갔다. 양만화가 말했다.

"기밀機密 사안이 있어 뵙고자 합니다."

장안군 성교는 자신의 문하에서 빈객으로 있던 양단화를 알아보고는 기뻐하며 안으로 불러들였다. 양단화가 좌우를 물리치도록 청한 뒤 은밀히 고했다.

"진나라의 강성함은 군도 잘 알 것입니다. 산동 6국이 힘을 합쳐도 진나라를 이길 수 없었습니다. 지금 군이 고성孤城에 의지해 항거하고 있으나 더 이상 더 이상 행운을 바랄 수는 없습니다."

장안군 성교가 대답했다.

"번오기는 금왕이 선왕의 자식이 아니라며 나를 이 지경까지 끌고 왔소. 이번 일은 본래 내 뜻이 아니었소."

양단화가 말했다.

"번오기는 필부지용匹夫之勇만 믿고 성패成敗를 생각지도 않은 채 군을 미끼로 삼아 요행을 바란 자입니다. 지금 각 군현郡縣에 격문을 보냈지만 호응하는 자가 하나도 없습니다. 더구나 왕전 장군의 포위 공격이 매우 급박한데 성이 함락되면 군은 어떻게 생명을 보전할 것입니까?"

장안군 성교가 말했다.

"연나라나 조나라로 달아난 뒤 열국 제후와 합종의 맹약을 맺고자 하오. 족하足下는 이를 어떻게 생각하오?"

양단화가 말했다.

"합종책은 지난날 조숙후趙肅侯를 위시해 제민왕齊湣王과 위나라 신릉군信陵君 및 초나라 춘신군春申君 등이 시도한 적이 있지만 힘을 합치려는 순간 깨지고 말았습니다. 성사될 수 없다는 건 분명합니다. 산동의 6국 가운데 어느 나라가 진나라를 겁내지 않겠습니까? 군이 머무는 나라는 진나라가 사자를 보내 꾸짖기만 해도 틀림없이 곧바로 군을 묶어 진나라에 바칠 것입니다. 사정이 이런데도 군이 살아날 희망이 있겠습니까?"

장안군 성교가 말했다.

"족하가 나를 위해 계책을 세우면 어찌 하는 게 좋겠소?"

양단화가 말했다.

"왕전 장군도 군이 번오기의 유혹에 넘어간 걸 알고 1통의 밀서를 써 군에게 전하라고 했습니다."

양단화가 밀서를 바치자 장안군 성교가 뜯어보았다. 그 내용은 대략 이러했다.

> 군君은 친하기로 말하면 진왕의 개제介弟이고, 고귀하기로 말하
> 면 제후에 버금합니다. 그런데도 어찌하여 황당무계한 말을 믿고 불
> 측한 일을 저지르며 상멸喪滅을 자취自取하는 것입니까? 이 어찌 애
> 석한 일이 아니겠습니까? 이번 환난의 수괴는 번오기입니다. 대군이
> 그의 머리를 베어 진나라 군영에 바치고 스스로 투항해 죄를 인정하
> 면 제가 응당 사면을 주청하겠습니다. 대왕은 틀림없이 군을 용서할
> 것입니다. 만일 주저하다가 결단할 기회를 놓치면 후회해도 소용없을
> 것입니다.

장안군 성교가 밀서를 다 읽고 난 뒤 유루流淚하며 말했다.

"번오기는 충직한 사람인데 내가 어찌 그를 죽일 수 있겠소?"

양단화가 탄식했다.

"군의 인자한 모습은 하찮은 정에 흔들리는 부인지인婦人之仁일 뿐입니다. 저의 계책에 따르지 않으면 저는 이곳을 떠나겠습니다."

장안군 성교가 청했다.

"족하는 잠시라도 이곳에 머물며 나의 벗이 돼주오. 멀리 떠나지 마시오. 족하가 말한 것은 조용히 다시 생각해보기로 합시다."

양단화가 부탁했다.

"원컨대 군은 제가 한 말을 누설하지 말아 주십시오."

이튿날 번오기가 병거를 몰고 성교를 찾아와 말했다.

"진나라 군사들의 공세가 극성해 성안 백성들 모두 두려움에 떨고 있습

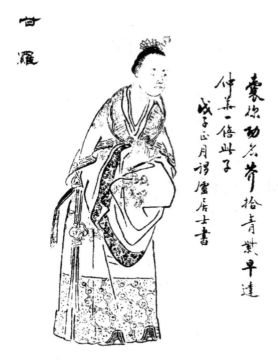

니다. 조만간 성이 함락될 것 같으니 원컨대 성을 나가 연나라나 조나라로 몸을 피한 뒤 후일을 도모토록 하십시오."

장안군 성교가 물었다.

"나의 종족宗族은 모두 함양에 있소. 지금 다른 나라로 가면 그 나라가 나를 받아주기나 하겠소?"

번오기가 대답했다.

"모든 나라가 진나라의 횡포로 고통을 받고 있는데 어찌하여 그들이 받아들이지 않을까 걱정하는 것입니까?"

두 사람이 이런 식으로 이야기를 주고받을 때 문득 밖에서 보고가 올라왔다.

"진나라 군사가 남문에서 싸움을 걸고 있습니다."

번오기가 다시 여러 번 재촉하며 말했다.

"왕자가 지금 떠나지 않으면 앞으로는 나갈 길이 없게 됩니다!"

하지만 장안군 성교는 유예猶豫하며 결단하지 못했다. 번오기가 할 수 없이 황급히 손에 칼을 쥐는 작도綽刀[1]를 하고 병거에 올라 남문 밖으로 내달려가 진나라 군사와 교봉했다. 이때 양단화가 장안군 성교를 찾아와 속히 성 위로 올라가 관전觀戰할 것을 권했다. 장안군 성교가 성 위로 올라가 내려다보니 번오기가 오랫동안 격전을 벌이고 있었다. 진나라 군사가 까맣게 몰려오고 있었다. 번오기가 더 이상 막아서며 버티는 저당抵當을 하지 못한 채 성 아래까지 밀려와 고함을 질렀다.

"성문을 열어라!"

장안군 성교 옆에서 칼을 짚고 서 있던 양단화가 거친 소리로 외쳤다.

"장안군은 이미 온 성을 들어 항복했다. 번 장군은 좋을 대로 행동하라. 감히 성문을 여는 자는 곧바로 참할 것이다."

그러고는 바로 소매 속에서 깃발 하나를 꺼냈다. 깃발에는 '항降' 자가 쓰여 있었다. 좌우에 있던 양단화의 친척들 모두 '항' 자 깃발을 높이 세웠다. 장안군 성교는 스스로 할 수 있는 게 없어 눈물만 흘릴 뿐이었다.

번오기가 탄식했다.

"저 어린 유자孺子는 족히 보필할만한 대상이 아니다!"

이때 진나라 군사가 번오기를 여러 겹으로 포위했다. 이들은 진왕 정이 생포해 오라고 명한 까닭에 몰래 쏘는 화살인 냉전冷箭을 날리지 못했다.

1 　작도綽刀는 황급히 물건을 낚아채듯이 손에 칼을 쥔다는 뜻이다. 여기의 작綽은 숟가락 등으로 물건을 뜨는 초抄와 통한다. 중국어 발음 역시 chāo로 같다. 흔히 활을 버리고 칼을 손에 쥔다는 의미의 기궁작도棄弓綽刀 성어가 널리 사용된다.

그 사이 번오기는 한 가닥 혈로를 뚫고 북쪽 연나라를 향해 달아났다. 왕전이 뒤를 쫓았으나 결국 잡지 못했다.

양단화는 장안군 성교로 하여금 성문을 열고 진나라 군사를 받아들이게 했다. 왕전이 장안군 성교를 공관公館에 감금한 뒤 신승을 함양으로 보내 승첩을 알렸다. 겸하여 장안군을 어떻게 처리할 것인지 여부에 관한 발락發落 문제를 물었다. 이 소식을 들은 태후 조희가 머리를 풀고 장안군을 대신해 죄를 청하며 목숨만은 살려달라고 빌었다. 또 여불위를 통해서도 애원했다. 진왕 정이 화를 냈다.

"반적反賊을 주살하지 않으면 장차 골육이 모두 모반할 것이오!"

그러고는 사자를 왕전에게 보내 즉각 장안군의 목을 둔류 현지에서 베어 효수梟首할 것을 명했다. 또 장안군 성교를 추종한 장병을 모두 참수하고, 성 안의 백성 역시 지금의 감숙성 임도臨洮[2]로 이주시키게 했다. 이어 번오기에 막대한 현상금을 내건 방문을 내걸게 했다.

"번오기를 생포해 바치는 자에게는 상으로 5개의 성읍을 내리겠다."

사자가 둔류로 가서 진왕 정의 명을 선포했다. 장안군 성교는 사면을 받지 못하게 됐다는 소문을 듣고는 이내 관사에서 자진했다. 왕전은 그의 목을 끊어 성문 위에 내걸었다. 이어 장안군 성교를 따르던 장병 수만 명이 참수됐다. 성안의 백성들 모두 임도로 옮겨갔다. 둔류성은 텅 빈 성이 됐다. 이는 진왕 정 7년인 기원전 240년에 빚어진 일이다.

염옹이 이를 두고 시를 지었다.

씨가 다른 종자는 솎아내는 게 옳으나 　　　　　　　　　非種侵苗理合鋤

2 　임도臨洮의 '도'를 거의 모든 번역본이 '조'로 표기하고 있으나 현대 중국어 발음이 líntáo인 점을 감안할 때 '도'로 읽는 게 옳다. 도하洮河는 황하 상류 우안右岸의 커다란 지류이다. 청해성青海省 황하 남쪽 몽골족 자치구의 서쪽 산록에서 발원한다.

만전 기하려면 상대 세력도 살펴야지	萬全須看勢何如
둔류성의 성교 끝내 구하지 못했으니	屯留困守終無濟
죄상 적은 격문 1통만 헛되이 전했지	罪狀空傳一紙書

당시 진왕 정은 이미 장성해 키가 8척5촌이나 됐다. 영위英偉한 모습이 비상非常했다. 자질이 총명했고, 지기志氣 또한 초매超邁했다. 매사에 나름 자신의 주장이 있어 태후와 여불위가 국사를 임의로 처리하는 걸 허락지 않았다. 장안군의 반란을 평정한 뒤 다시 몽오의 복수를 위해 군신들을 소집해 조나라 정벌 문제를 논의케 했다. 강성군剛成君 채택蔡澤이 나서서 말했다.

"원래 조나라는 연나라와 대대로 원수지간입니다. 연나라가 조나라에 붙은 것은 본심이 아닙니다. 신이 연나라에 사자로 가서 연왕으로 하여금 진나라에 인질을 보내고 칭신稱臣토록 하겠습니다. 그러면 조나라의 세력은 자연 고립될 것입니다. 연후에 연나라와 합세해서 조나라를 치면 우리는 장하漳河와 황하黃河 사이의 드넓은 하간河間 일대를 손에 넣을 수 있습니다. 이는 막대한 이익이 될 것입니다."

진왕 정도 그리 생각했다. 곧 채택을 연나라에 사자로 보냈다. 채택이 연왕 희에게 말했다.

"연나라와 조나라 모두 만승지군萬乘之君의 나라입니다. 귀국은 조나라와 한 번 싸워 장수 율복, 2번 싸워 장수 극신이 죽었습니다. 대왕은 2번이나 패한 원한도 잊은 채 조나라와 함께 일을 도모해 서쪽의 강한 진나라에 맞서고 있습니다. 이기면 그 이익이 모두 조나라, 지면 그 화가 모두 연나라에 귀속될 것입니다. 연나라를 위한 계책으로는 매우 잘못된 것입니다."

연왕 희가 탄식했다.

"과인도 조나라에 대해 달가운 마음인 감심甘心이 없소. 하지만 힘이 모자라 대적할 수 없는 역부적력力不敵이니 어찌하겠소?"

채택이 말했다.

"지금 우리 진왕은 5국의 합종책에 당한 원한을 갚고자 합니다. 제가 가만히 생각해보니 연나라가 조나라와 대대로 원수지간이었음에도 연합군에 가담케 된 것은 당시 상황에서 부득이했던 듯합니다. 대왕이 태자를 진나라에 인질로 보내 진나라로 하여금 저의 말을 믿게 하고, 또 진나라 대신 1인을 초청해 연나라 상국으로 삼으면 두 나라 교분은 아교인 교칠膠漆보다 확고해질 것입니다. 연후에 두 나라의 힘을 합치면 조나라에 대한 설치雪恥는 어렵지 않을 것입니다."

연왕 희가 이를 좇았다. 마침내 태자 단을 진나라에 인질로 보낸 뒤 진나라 대신 1인을 초빙해 상국에 임명코자 했다. 진나라에선 여불위가 장당張唐을 보낼 심산으로 태사를 시켜 점을 치게 했다. 대길大吉로 나왔다. 장당이 병을 핑계로 가지 않으려고 했다. 여불위는 수레를 타고 친히 그의 집으로 가 부탁했으나 장당이 사양했다.

"나는 누차 조나라를 친 일이 있는 까닭에 조나라는 나를 깊이 미워하고 있습니다. 진나라에서 연나라로 가려면 반드시 조나라를 지나야 합니다. 나는 갈 수 없습니다."

여불위는 재삼 강요했으나 장당은 굳게 고집하는 견집堅執을 하며 좇지 않았다. 여불위가 부중으로 돌아와 홀로 당상에 앉아 고민했다. 그의 빈객 가운데 감라甘羅라는 소년이 있었다. 진혜문왕 때 대장 위장魏章을 도와 한중漢中 땅을 개척하는 데 대공을 세운 감무甘茂의 손자로 나이는 겨우 12세였다. 그는 여불위가 불열不悅해하는 모습을 보고는 가까이 다가가서 물었다.

"군君의 심중心中에 무슨 일이라도 있습니까?"

여불위가 말했다.

"유자孺子가 뭘 안다고 내게 와서 그런 걸 묻는 것인가?"

감라가 말했다.

"군의 문하에서 빈객으로 있는 선비라면 능히 군의 우환憂患을 나눌 수 있어야 합니다. 그런데도 말 못할 일을 감추고 있으면서 제게 그 이야기를 들려주지 않고 있습니다. 이런 상황에서는 충성을 바치려고 해도 어찌할 수가 없습니다."

여불위가 말했다.

"내 전번에 강성군 채택을 연나라에 사자로 보내자 연나라가 태자 단을 인질로 보내며 상국으로 삼을 만한 대신을 초청했다. 지금 장당을 보내려고 점을 치자 대길로 나왔다. 그런데도 그는 고집을 부리며 가지 않으려고 한다. 내가 불쾌해하는 이유다."

감라가 말했다.

"그런 사소한 일을 어찌하여 일찍 말해주지 않는 것입니까? 제가 가서 설득해 보내겠습니다."

여불위가 화를 내며 꾸짖었다.

"썩 물러가라, 물러가! 내가 직접 청해도 꿈쩍하지 않았는데 소자小子가 어찌 보낼 수 있단 말인가?"

감라가 말했다.

"옛날에 항탁項橐[3]은 불과 7세에 공자孔子의 스승 노릇을 했습니다. 저는 지금 12세이니 항탁보다 5세나 많은 셈입니다. 저를 써서 아무 성과도 얻지 못하면 그때 저를 꾸짖어도 늦지 않을 것입니다. 어찌하여 천하의 선비인 천하사天下士를 가벼이 생각하는 경량輕量을 하며 문득 안색부터 바꾸는

---

3 항탁項橐은 노나라의 신동으로 알려진 전설적인 인물이다. 공자가 스승으로 모셔 후대에 성 공聖公으로 불렸다. 항탁에 관한 최초의 기록은 『전국책』「진책秦策」이다. 항탁項託으로도 쓴다.

것입니까?"

여불위는 그 말을 기특하게 여겨 곧바로 안색을 바꾸는 개용改容을 하고 사과했다.

"유자孺子가 능히 장당을 연나라로 보내 일이 성사되면 경卿의 벼슬을 내린 뒤 취임을 적극 권하는 상굴相屈⁴을 하도록 하겠다."

감라가 기뻐하며 여불위의 부중을 나와 장당의 집으로 가 만났다. 장당은 그가 여불위의 문객이라는 걸 알았으나 나이가 어린 것을 알고는 얕잡아보고 물었다.

"유자가 무슨 일로 왕림한 것이오?"

감라가 대답했다.

"특별히 군君을 조문하러 왔습니다."

장당이 물었다.

"무슨 일로 나를 조문하려는 것이오?"

감라가 반문했다.

"군이 세운 공은 무안군 백기와 비교해 어떠합니까?"

장당이 대답했다.

"무안군은 남쪽으로 막강한 초나라를 꺾었고, 북쪽으로 연나라와 조나라에 위력을 과시하며 전승을 거두고 공격해 빼앗은 땅이 부지기수다. 그의 공에 비하면 나는 10분의 1에도 미치지 못한다."

감라가 다시 물었다.

"그러면 지난날 응후 범수가 승상에 임명됐을 때와 지금의 문신후 여불위를 비교하면 어느 쪽이 더 큰 권력을 갖고 있습니까?"

장당이 대답했다.

---

4 상굴相屈은 원래 서로 굽히며 상대에게 권하는 것을 의미한다. 여기서는 해당 자리로 나아가 임직任職토록 권하는 것을 가리킨다.

"응후의 권력이 문신후만 못하다."

감라가 거듭 물었다.

"군은 문신후의 권력이 응후보다 크다는 걸 분명히 알고 있습니까?"

장당이 대답했다.

"내가 어찌 그걸 모를 리 있겠는가?"

감라가 말했다.

"지난날 응후는 무안군을 시켜 조나라를 치게 했으나 무안군이 가지 않으려고 했습니다. 응후가 분노해 마침내 무안군을 함양에서 쫓아내자, 무안군은 두우杜郵에서 죽었습니다. 지금 문신후가 연나라 상국으로 부임하도록 청했는데 군은 가지 않으려고 합니다. 무안군도 응후에게 용납되지 않았는데 문신후가 군을 용납하겠습니까? 군의 사기死期가 머지않은 듯합니다."

장당이 송연悚然히 두려운 기색을 나타냈다.

"유자가 나를 가르쳐 주었소!"

그러고는 곧바로 여불위를 찾아가 죄를 청한 뒤 그날로 행장을 꾸려 연나라로 떠나려고 했다. 감라가 여불위에게 말했다.

"장당이 제 말을 듣고 어쩔 수 없이 연나라로 가기는 하지만 내심 조나라를 두려워하지 않을 수 없을 것입니다. 바라건대 저에게 수레 5승만 빌려 주십시오. 제가 장당을 위해 미리 조왕을 찾아가 이번 일을 알리도록 하겠습니다."

여불위가 그의 재능을 아는 까닭에 이내 진왕 정에게 이같이 고했다.

"감무의 손자에 감라는비록 나이는 어리나 매우 지혜롭고 변론에 뛰어납니다. 지금 장당이 병을 핑계로 연나라 상국에 취임하지 않으려다가 그의 말 한마디에 곧바로 수락했습니다. 지금 그가 조왕에게 먼저 보고하겠다고 하니 그를 사자로 파견토록 하십시오."

진왕 정이 감라를 입조케 했다. 키는 비록 5척에 불과했지만 미목眉目이 그림처럼 수미秀美했다. 진왕 정도 기뻐하며 물었다.

"유자는 조왕을 만나 어떻게 말할 것인가?"

감라가 대답했다.

"조왕의 희구喜懼를 살펴 대처할 것입니다. 언사言辭는 파도가 일어나는 것처럼 바람에 따라 변하는 까닭에 미리 단정할 수 없습니다."

진왕 정이 그에게 좋은 수레 10승과 노복 100명을 주어 조나라로 가게 했다.

당시 조도양왕은 연나라와 진나라가 우호를 맺었다는 소식을 듣고는 두 나라가 합세해 공격하지나 않을까 우려하던 참이었다. 이때 문득 진나라 사자가 온다는 말을 듣고 형언할 수 없을 정도로 기뻐했다. 직접 도성 교외 20리까지 나가 감라를 영접했다. 그는 감나의 나이가 어린 것을 보고는 내심 기이하게 생각해 물었다.

"지난날 진나라가 삼천三川으로 통하는 길을 열 때도 감씨甘氏가 앞장을 섰는데 그는 선생과 어떤 관계입니까?"

감라가 대답했다.

"신의 조부입니다."

조도양왕이 물었다.

"선생은 지금 연세가 몇입니까?"

감라가 대답했다.

"12세입니다."

조도양왕이 다시 물었다.

"진나라 조정엔 사자로 보낼 연장자年長者가 부족한 것이오? 어째서 연유자年幼者인 선생이 오게 된 것이오?"

감라가 대답했다.

"우리 진왕은 임무에 따라 이를 감당할 만한 사람을 임용합니다. 연장자에겐 대사를 맡기고, 연유자에겐 소사小事를 맡깁니다. 신은 나이가 가장 어린 까닭에 사자로 오게 됐습니다."

조도양왕은 감라의 언사가 밝고 장대壯大한 뇌락磊落의 모습을 보이자 내심 기이하게 생각하며 물었다.

"선생은 폐읍에 왕림해 어떤 가르침을 내리려는 것입니까?"

감라가 반문했다.

"대왕은 연나라 태자 단이 진나라에 볼모로 와 있는 얘길 들었습니까?"

조도양왕이 대답했다.

"들었소."

감라가 물었다.

"그럼 대왕은 우리 진나라 장당이 연나라 상국으로 간다는 말도 들었습니까?"

조도양왕이 대답했다.

"그 또한 들었소."

감라가 말했다.

"무릇 연나라가 태자 단을 진나라에 인질로 보낸 것은 연나라가 진나라를 속이지 않겠다는 취지이고, 진나라 장당이 연나라 상국으로 가는 것은 진나라가 연나라를 속이지 않겠다는 취지입니다. 두 나라가 서로 속이지 않고 협력하면 조나라가 위태로워집니다."

조도양왕이 물었다.

"진나라가 연나라와 친교를 맺는 까닭이 무엇이오?"

감라가 대답했다.

"우리 진나라가 연나라와 친교를 맺은 것은 연나라 상국에 진나라 사람을 임명해 조나라를 공격케 한 뒤 땅을 하간까지 넓히려는 의도입니다. 대왕은 진나라에 5개 성읍을 할양해 진나라에게 하간까지 땅을 넓혀주느니만 못합니다. 그러면 신이 과군에게 주청해 장당의 행차를 막겠습니다. 또 연나라와 우호를 끊고 조나라와 우호를 맺도록 하겠습니다. 무릇 강한 조나라가 약한 연나라를 공격할 때 진나라가 구원에 나서지 않으면 그곳에서 얻는 땅이 어찌 5개 성읍의 규모에 그치겠습니까?"

조도양왕이 크게 기뻐하며 감라에게 황금 100일鎰과 백벽 2쌍, 5개 성읍의 지도를 내줬다. 감라가 귀국해 경과를 보고하자 진왕 정이 크게 기뻐했다.

"유자 덕분에 하간 일대의 땅을 넓히게 됐다. 유자의 지혜는 몸보다도 훨씬 크다!"

이내 장당의 파견을 중지시켰다. 장당도 깊이 감사하는 마음을 갖게 됐다.

조나라는 진나라가 장당을 연나라로 보내지 않았다는 소문을 듣고는 진나라가 연나라를 돕지 않을 것을 알았다. 조도양왕이 곧 방난과 이목에게 군사를 합쳐 연나라를 치게 했다. 지금의 하북성 적성시 일대인 상곡上谷의 30개 성읍을 빼앗은 뒤 19개 성읍을 취하고 나머지 11개 성읍을 진나라에 내줬다.

진왕 정이 감라를 상경上卿에 임명한 뒤 지난날 감무에게 하사했다가 거둬들인 전택田宅을 감라에게 그대로 돌려줬다. 오늘날 속인들은 감라가 12세에 승상이 됐다고 말한다. 바로 상경에 임명된 것을 언급한 것이다. 이를 증명할 만한 시가 있다.

한마디 말로 하간까지 땅을 넓히고	片言納地廣河間
상곡의 영토도 연나라에서 빼앗다	上谷封疆又割燕
이렇듯 큰 공이 동자에게서 나오니	許大功勞出童子
천생 지혜가 어찌 나이에 달렸을까	天生智慧豈因年

그 밖에도 옛 사람이 시를 지어 감라를 논했다.

감라는 일찍 강태공은 늦게 출세하니	甘羅早達子牙遲
늦거나 빠른 출세 각각 때가 있는 법	遲早窮通各有時
청컨대 봄꽃과 가을 국화를 비교하라	請看春花與秋菊
때가 되면 피어날 뿐 시절 탓을 않지	時來自發不愆期

당시 진나라에 볼모로 와 있던 연나라 태자 단은 진나라가 연나라를 배신하고 조나라와 우호를 맺었다는 소식을 듣고 마치 바늘양탄자인 침전針氈에 앉은 듯해 은밀히 달아나 귀국코자 했다. 하지만 함곡관을 출관出關하지 못할까 두려웠다. 이내 감라와 친구가 되어 그의 꾀를 이용해 돌아가고자 했다.

하루는 감라가 자주색 옷을 입은 관원이 하늘의 신표인 천부天符를 갖고 내려오는 꿈을 꿨다. 꿈속에서 관원이 말했다.

"나는 상제上帝의 명을 받아 그대를 천상으로 데리고 돌아가려고 왔소."

감라는 그날 저녁 아무 병도 없이 문득 세상을 떠났다. 재주가 뛰어나면 오래 살지 못한다는 뜻의 고재불수高才不壽 속담이 있듯이 애석한 일이다. 연나라 태자 단은 감라의 죽음으로 인해 꼼짝없이 진나라 함양에 머물러 있게 됐다.

208話 노애가 거짓 거세로 궁을 어지럽히다
― 노애위부란진궁嫪毒僞腐亂秦宮

　이야기가 둘로 나뉜다. 당시 여불위는 양물陽物이 좋아서 태후 조희의 총애를 받고 있었다. 그는 궁위宮闈를 멋대로 출입하며 전혀 기탄忌憚하는 바가 없었다. 진왕 정이 장성하며 영명英明이 과인過人하자 비로소 두려운 마음을 갖게 됐다. 그러나 태후는 음심淫心이 더욱 거세게 타오르며 불시에 여불위를 감천궁甘泉宮으로 불러들이곤 했다.

　여불위는 일이 발각되는 날 자신에게 화가 미칠까 겁이 났다. 자신을 대신할 사람을 태후에게 천거해 태후의 뜻을 만족시키고자 했다. 그러나 그런 사람을 찾기가 어려웠다. 이때 저잣거리의 사람인 시인市人 노대嫪大가 양물이 커 시정의 음탕한 여인들이 다퉈 섬긴다는 소문을 듣게 됐다. 진나라 말로 행실이 음란한 사람을 '애毒'라고 불렀다. 사람들이 노대를 노애嫪毒로 칭한 이유다.

　하루는 우연히 노애가 음행의 죄로 걸려들자 여불위가 몰래 사면한 뒤 승상부의 사인舍人으로 삼았다. 진나라에는 농사 일이 끝나면 3일 동안 마음껏 가무와 연희 등의 창악倡樂을 즐기며 1년간의 노고를 위로하는 풍속이 있었다. 사람들은 온갖 종류의 연희인 백희百戱를 마음대로 펼쳤다. 특히 다른 사람이 할 수 없는 장기가 한 가지라도 있으면 이날만은 사람들에게 자신의 기예를 마음껏 드러내 보이는 시령施逞을 할 수 있었다.

　이날 여불위는 오동나무로 수레바퀴를 만든 뒤 노애에게 명해 양물을 그 가운데에 끼우고 수레바퀴를 빙빙 돌리게 했다. 노애의 양물은 전혀 상처를 입지 않았다. 저잣거리 사람들 모두 대소大笑했다. 태후가 그 소문을 듣고 여불위에게 은밀히 물으며 흔모欣慕의 뜻을 드러냈다. 여불위가 말했다.

"태후는 그 사람을 한 번 보고 싶습니까? 신이 틈을 보아 데리고 오겠습니다."

태후가 웃기만 하고 대답치 않는 소이부답笑而不答[5]을 했다. 그러다가 한참 뒤 입을 열었다.

"군君의 희언戲言을 하는 것이오? 외부 사람을 어떻게 내궁으로 들인단 말이오?"

여불위가 말했다.

"신에게 한 가지 계책이 있습니다. 다른 사람을 시켜 노애의 과거 죄를 고발케 하고 음낭陰囊을 제거하는 부형腐刑을 선고하면 형을 집행하는 자에게 많은 뇌물을 주어 거짓으로 부형을 집행케 하십시오. 이후 그를 환관으로 가장해 궁중에 머물게 하면 오래도록 곁에 둘 수 있습니다."

태후가 크게 기뻐했다.

"그 계책이 실로 묘하오."

그러고는 여불위에게 100금을 내줬다. 여불위가 비밀리에 노애를 불러 이 사실을 알렸다. 노애는 성품이 음탕한 까닭에 실로 기이한 인연을 만났다며 흔쾌히 그 제의를 받아들였다. 여불위가 과연 사람을 시켜 노애의 과거 음행을 고발케 한 뒤 바로 부형에 처하라는 판결을 내렸다. 이어 형을 집행하는 관원에게 100금을 나눠 주며 당나귀의 양물과 피를 이용해 부형을

---

5 소이부답笑而不答은 당현종 때 활약한 이백李白이 '문여하사서벽산問余何事棲碧山, 소이부답심자한笑而不答心自閑, 도화유수요연거桃花流水杳然去, 별유천지비인간別有天地非人間'이라고 읊은 「산중문답山中問答」 칠언절구 가운데 2번째 구절에서 인용한 것이다. 현재 3번째 구절의 요연杳然이 거의 예외없이 묘연杳然 내지 묘연渺然으로 돼 있다. 원래 요窅의 중국어 음은 yǎo로 묘杳와 같다. 필사筆寫 과정에서 요窅가 같은 발음의 묘杳로 바뀐 뒤 다시 묘渺로 와전됐을 공산이 크다.

집행한 것처럼 가장케 한 뒤 노애의 수염과 눈썹을 모두 뽑아버렸다. 형을 집행하는 관원이 당나귀 양물을 사람들에게 보여주며 노애의 양물이라고 선전했다. 소문을 듣고 달려온 사람들 가운데 그 기이한 모습에 크게 놀라는 해이駭異를 하지 않는 자가 없었다. 노애는 거짓으로 부형을 받은 뒤 환관으로 위장해 마침내 내시들 틈에 끼어 내궁으로 들어갔다.

태후는 노애를 궁중에 머물게 한 뒤 한밤중에 은밀히 불러 자신의 잠자리 시중을 들게 했다. 시험 삼아 한 첫 번째 잠자리에서 태후의 음욕을 크게 만족시켰다. 태후는 노애가 여불위보다 10배는 낫다고 생각했다. 이튿날 태후가 여불위에게 많은 상을 내리고 그의 공로에 보답했다. 여불위는 태후의 굴레에서 벗어난 것을 매우 다행으로 생각했다.

이후 밤만 되면 태후는 노애와 마치 부부처럼 지냈다. 얼마 후 태후가 회임했다. 태후는 아이를 낳은 생산生産 때 일이 탄로 날까 두려웠다. 곧 몸이 아프다는 핑계를 댄 뒤 노애를 시켜 점쟁이를 황금으로 매수해 이런 거짓 말을 퍼뜨리게 했다.

"궁중에 재앙의 원인인 빌미祟가 있어 궁궐에서 서쪽 2백 리 밖으로 피신해 몸조리를 해야 병을 고칠 수 있다!"

진왕 정은 여불위가 꾸민 것으로 의심했으나 태후가 멀리 가는 것을 계기로 두 사람의 왕래를 끊을 요량으로 이같이 말했다.

"옹주雍州는 함양에서 서쪽으로 200여 리 떨어져 있고, 옹주에는 옛 궁궐도 남아 있습니다. 태후는 그곳에 거처하도록 하십시오."

태후가 옹주성으로 행차하자 노애가 어자가 되어 수레를 몰았다. 옹주의 옛 궁궐은 태후가 거주하면서 대정궁大鄭宮으로 불리게 됐다. 노애는 태후와 더욱 거리낌 없이 지내며 2년 사이에 2명의 아들을 잇달아 낳은 뒤 밀실을 지어놓고 그곳에서 길렀다. 태후는 훗날 진왕 정이 죽으면 그 자식들을 후사로 삼을 것을 노애와 밀약했다. 외부인 중에도 이 사실을 아는 자가 제법 있었으나 아무도 감히 입 밖에 내지 못했다.

태후는 사자를 함양의 진왕 정에게 보내 노애가 자신을 모시는 데 큰 공을 세웠다고 상주하며 봉지의 하사를 청했다. 진왕 정은 태후의 명을 받들어 노애를 장신후長信後에 봉하고, 지금의 섬서성 상락시인 산양山陽 땅을 봉지로 내렸다. 장신후 노애는 문득 귀한 몸이 되자 방자하게 행동했다. 태후는 날마다 노애에게 이루 헤아릴 수 없는 많은 상을 내렸다. 궁실을 비롯해 좋은 수레와 준마 등을 하사했을 뿐만 아니라 사냥과 놀이도 마음대로 하게 했다. 궁궐의 일도 대소사를 막론하고 모두 노애의 결정을 따르게 했다.

노애는 집안에 가동家僮 수천 명을 길렀다. 노애에게 벼슬을 구하며 사인舍人 노릇을 하려는 자가 1천 명이나 됐다. 노애는 조정의 권세가에게 뇌물을 써 파당을 만들었다. 권력을 좇는 자들이 다퉈 귀부했다. 마침내 장신후 노애의 성세聲勢가 문신후 여불위를 능가하는 지경에 이르게 됐다.

진왕 정 9년인 기원전 238년 봄, 큰 혜성이 나타나 길게 하늘에 걸쳤다. 태사太史가 점을 쳤다.

"나라에 병변兵變이 일어날 조짐입니다."

진나라의 역대 제사를 살펴보면 진양공秦襄公이 부치鄜畤에 사당을 세워 백제白帝에게 제사를 올렸고, 이후 진덕공秦德公이 옹雍 땅으로 천도한 뒤 그곳 교외에 천단天壇을 세워 하늘에 제사를 올렸다. 또 진목공秦穆公 역시 보부인사寶夫人祠를 세워 해마다 제사를 지냈다. 이게 상규常規가 돼 진나라가 도읍을 함양으로 옮긴 뒤에도 폐해지지 않았다.

진왕 정 역시 예로부터 전해져 내려오는 상규를 지켜 해마다 하늘에 제사지내는 교사郊祀 때가 되면 직접 옹 땅으로 가 태후를 알현했고, 제례를 거행하기 위해 직접 기년궁祈年宮에 머물렀다. 그러던 차에 진왕 정 9년에 불길한 혜성이 나타난 것이다.

진왕 정이 옹 땅으로 가기 전에 대장 왕전을 시켜 함양에서 3일 동안 무력시위인 요병耀兵을 한 뒤 중부仲父인 여불위와 함께 수국守國에 만전을 기하게 했다. 또 장수 환의에게는 군사 3만 명을 주어 기산岐山에 주둔케 한 뒤 비로소 어가를 타고 옹 땅을 향했다.

당시 진왕 정은 나이가 26세가 되었지만 아직 성년식인 관례冠禮를 올리지 않은 미관未冠의 상태였다. 태후가 옹주성에 온 아들 진왕 정으로 하여금 도읍을 옹 땅으로 옮긴 진덕공의 사당에서 관례를 올리고 허리에 칼을 차게 했다. 이어 수행한 백관들에게는 5일 동안 마음껏 먹고 마시며 즐기는 연회인 대포大酺를 베풀어 주었다. 태후도 진왕 정과 함께 대정궁에서 커다란 연회를 열었다.

당시 노애는 타고난 복보다 지나치게 많은 복을 누리다가 마침내 사달을 내고 말았다. 그는 자신의 측근 대신들과 도박을 하며 술을 마시다가 4일째 되던 날 중대부中大夫 안설顔泄에게 연거푸 돈을 잃었다. 만취한 상태에서 판을 쓸고 새로 하자고 억지를 부리자 중대부 안설도 취한 김에 이를 거절했다. 화가 난 노애가 달려들어 안설을 틀어쥔 채 따귀를 갈겼다. 안설도 양보하지 않고 노애가 쓰고 있던 관의 끈을 잡아당겨 끊었다. 노애가 격노해 눈을 부라리며 크게 꾸짖었다.

"나는 금왕의 의붓아비인 가부假父이다. 너같이 비천한 집안의 자식인 구인자僕人子가 어찌 감히 나에게 대드는 것이냐?"

안설은 겁이 나 밖으로 달아났다. 그때 마침 대정궁에서 술을 마신 뒤 궁궐을 나오는 진왕 정과 마주쳤다. 안설이 땅바닥에 엎드려 머리를 조아리며 자신을 죽여 달라고 읍소했다. 진왕 정은 마음에 짚이는 곳이 있어 아무 말도 하지 않은 채 좌우를 시켜 그를 기년궁으로 데려오게 한 뒤 연유를 물었다. 안설은 노애가 자신의 뺨을 때리고 진왕의 '가부'를 자처한 일 등을 자세히 고하며 이같이 말했다.

"노애는 사실 환관이 아닙니다. 거짓으로 거세하고 태후를 모시면서 지금 2명의 아들을 낳아 밀실에게 기르고 있습니다. 오래지 않아 진나라를 찬탈할 것입니다."

진왕 정이 이 말을 듣고 대로했다. 은밀히 환의에게 병부兵符를 보내 군사를 옹 땅으로 이끌고 오게 했다.

당시 군주의 자문역할을 하는 내사內史 사肆와 왕실의 제사음식과 화살 제조 등을 담당한 좌익佐弋 갈鞨은 평소 태후와 노애로부터 많은 금전을 받아먹은 까닭에 목숨을 걸고 노애를 위해 일했다. 이들은 사태가 심각한 것을 알고 황급히 노애에게 달려가 이를 알렸다. 노애는 이미 술이 깬 상태라 이 이야기를 듣고 대경했다. 곧바로 대정궁으로 달려가 태후에게 이를 알리며 말했다.

"지금 상황에서 가장 좋은 계책은 환의의 군사가 당도하기 전에 궁궐의 기병騎兵과 위병衛兵을 비롯해 빈객과 사인을 모두 동원해 기년궁을 공격하는 것입니다. 요행히 공파攻破하면 우리 부부는 살아남을 수 있습니다."

태후가 물었다.

"궁궐의 기병이 어찌 내 명을 따르려 하겠소?"

노애가 대답했다.

"청컨대 태후의 인장을 빌려주면 이를 어보御寶처럼 사용해 선언키를, '기년궁에 도적이 든 까닭에 대왕이 이곳 궁궐의 기병을 불러 어가를 호위토록 명했다.'고 할 것입니다. 그러면 명을 좇지 않는 자가 없을 것입니다."

태후는 이때 생각이 혼란스러워 이같이 말했다.

"그대가 잘 알아서 처리토록 하시오."

그러고는 자신의 인장을 노애에게 내줬다. 노애가 진왕의 어서御書를 위조해 태후의 인장을 찍은 뒤 이를 이용해 대정궁의 기병과 위병을 모두 동원했다. 장신후 노애 부중의 빈객과 사인을 동원한 것은 굳이 말할 필요도 없을 것이다.

이튿날 오시午時가 돼서야 변란의 모든 준비를 마쳤다. 노애가 내사 사肆와 좌익 갈竭과 함께 반란군을 이끌고 기년궁을 포위했다. 진왕 정이 누대 위로 올라가 군사들이 궁궐을 침범한 이유를 물었다. 군사들이 대답했다.

"장신후가 기년궁에 도적이 들었다고 하여 특별히 대왕을 보호하러 왔습니다."

진왕 정이 말했다.

"장신후가 바로 도적이다. 궁궐 안에 무슨 도적이 있겠는가?"

대정궁의 기병과 위병들이 그 말을 듣자 절반은 흩어져버렸고, 나머지 담대膽大한 자들은 창끝을 돌려 노애 부중의 빈객 및 사인과 전투를 벌였다. 진왕 정이 하령했다.

"노애를 생포해오는 자에겐 1백만 금, 그를 죽여 머리를 바치는 자에겐 50만 금의 상을 내릴 것이다. 역적들의 머리를 하나씩 베어 바치는 자에겐 벼슬을 한 등급씩 올려주겠다. 가마를 메는 여례輿隸를 비롯한 모든 하천下賤에게도 똑같은 상을 내릴 것이다."

그러자 내시를 비롯해 마부들까지 나서서 죽기를 각오하고 싸웠다. 나중엔 백성들도 노애가 조반造反했다는 소식을 듣고는 농구와 몽둥이를 들고 나와 싸움을 도왔다. 노애의 빈객과 사인 수백 명이 참수됐다. 노애는 싸움에 지자 동문을 쳐서 열고 탈주했다. 그러나 대군을 이끌고 오는 환의의 군사를 만나 속수무책으로 포박捕縛 당했다. 내사 어와 좌익 갈 등이 모두 사로잡혔다.

진왕 정이 이들을 모두 옥리에게 넘겨 사실관계를 심문케 했다. 이어 직접 대정궁을 수색해 밀실에서 노애가 낳은 두 아들을 찾아냈다. 진왕이 좌우에 명해 두 아이를 자루에 넣어 박살撲殺케 했다. 태후는 가슴이 찢어지는 듯했으나 감히 구하러 나올 수 없어 폐문閉門한 채 눈물만 흘릴 뿐이었다.

진왕 정은 모친인 태후도 만나지 않은 채 기년궁으로 돌아갔다. 이어 혜성을 보고 영험한 점을 친 태사에게 10만 금을 하사했다.

잠시 후 옥리가 들어와 심문결과를 보고했다.

"노애가 거짓으로 부형腐刑을 받고 입궁한 것은 모두 문신후 여불위의 계략입니다. 노애와 죽음을 함께 하기로 한 자들은 내사 사와 좌익 갈을 비롯해 모두 20여 명입니다."

진왕 정이 좌우에 명해 노애를 동문 밖으로 끌고 나가 거열형車裂刑에 처한 뒤 삼족三族을 모두 죽이는 이멸夷滅을 행하게 했다. 내사 어와 좌익 갈 등은 모두 목이 잘려 성문 밖에 내걸렸다. 노애의 빈객과 사인 가운데 반란에 가담한 자들은 모두 주살됐고, 가담하지 않은 자들은 멀리 지금의 사천성 일대인 촉蜀 땅으로 쫓겨났다. 쫓겨난 가구가 4천여 호에 달했다.

태후는 인장을 내줘 역모를 도운 까닭에 국모로 인정할 수 없어 녹봉을 깎고, 역양궁棫陽宮으로 거처를 옮기게 했다. 그곳은 진나라 이궁離宮 가운데 가장 작은 곳이다. 군사 300명을 배치해 지키도록 하면서 출입하는 자를 엄중히 검문케 했다. 감금당한 여인인 수부囚婦의 신세가 됐다. 이 어찌 부끄러운 일이 아닌가?

진왕 정은 노애의 난을 평정하고 함양으로 돌아왔다. 중부仲父인 문신후 여불위는 자신이 지은 죄가 두려워 거짓으로 병을 핑계대고 조정에 나오지 않았다. 진왕 정이 여불위를 주살할 요량으로 군신들에게 의견을 물었다. 대다수 군신들은 여불위와 교결交結한 까닭에 이구동성으로 말했다.

"여불위는 선왕을 옹립해 사직에 큰 공을 세웠습니다. 더구나 노애와 얼굴을 맞대고 심문하는 면질面質도 하지 않은 까닭에 그의 말이 사실인지 여부도 알 수 없습니다. 연좌시켜서는 안 됩니다."

진왕 정이 여불위를 사면했으나 승상의 자리서 파면하고 인수를 거둬들였다. 환의는 노애의 난을 평정하는 데 큰 공을 세운 덕에 봉토가 더해지고 벼슬이 올라갔다.

이해 여름 4월, 여름인데도 큰 추위가 닥쳐 서리와 눈이 내리는 바람에 많은 백성이 동사凍死했다. 백성들이 비난했다.

"진왕이 태후에게 거주지를 옮기며 귀양을 가게 하는 천적遷謫을 행한 것은 자식이 어미를 인정하지 않는 것이다. 이런 천재지변이 일어난 이유다."

대부 진충陳忠이 간했다.

"천하에 어미 없는 자식은 없습니다. 태후를 함양으로 모셔와 효도를 다

하십시오. 그래야 천재지변을 진정시킬 수 있습니다."

진왕 정이 이 말을 듣고 격노한 나머지 그의 옷을 벗기고, 가시덤불인 질려蒺藜 위에 올려놓은 뒤 몽둥이로 때려죽이는 추살捶殺을 하게 했다. 이어 그의 시체를 궁궐 밖에 전시傳尸한 뒤 이런 방문을 옆에 붙였다.

태후의 일로 간하는 자는 모두 이같이 될 것이다.

그러나 진나라 신하들은 서로 이어가며 진간進諫을 그치지 않았다.

진왕 정을 감오感悟케 만들 수 있는지 여부를 알 길이 없으니 다음 회를 보라.

209話 모초가 옷을 벗고 진왕 정에게 간하다
─ 모초해의간진왕茅焦解衣諫秦王

진나라에서는 대부 진충의 사후에도 진왕 정에게 간하는 신하들이 속출했다. 그럴 때마다 진왕 정은 그들을 모두 죽여 궁궐 밖에 시체를 전시하게 했다. 진충을 포함해 전후로 주살된 사람이 모두 27명이나 됐다. 시체가 궁궐 밖에 무더기로 쌓였다.

당시 제왕齊王 건建과 조도양왕이 진나라에 입조해 함양궁에서 주연을 함께 하며 즐겁게 놀았다. 두 사람은 잔치를 마치고 궐 밖으로 나오다가 27명의 시체를 보고 그 까닭을 묻고는 탄식을 금치 못하며 진왕 정의 불효를 비난했다.

마침 지금의 하북성 창주滄州 출신 모초茅焦가 함양에 유람하다가 여점

旅店에 투숙하고 있었다. 여점에 머무는 자들과 이 문제를 논의했다. 모초가 분연憤然히 말했다.

"자식이 어미를 가두는 것은 천지가 반복反覆할 일이다."

그러고는 여점 주인에게 탕수湯水를 준비해 달라고 부탁했다.

"내가 목욕을 하고 내일 아침 궁궐로 들어가 진왕에게 간할 생각이오."

함께 묵는 손님들이 웃으며 말했다.

"죽임을 당한 27명 모두 진왕이 신임하던 신하들이었소. 이들은 간언이 받아들여지지 않은 것은 물론 발꿈치를 뒤로 돌릴 수도 없을 정도로 극히 짧은 순간에 죽는 사불선종死不旋踵[1]을 당했소. 하물며 그대처럼 일개 포의布衣의 경우야 더 말해 무엇 하겠소?"

모초가 대답했다.

"간언을 올리는 사람이 27명으로 끝나면 진왕은 마침내 간언을 듣지 않는 사람으로 남게 될 것이오. 그러나 간하는 자가 27명만으로 끝나지 않으면 진왕이 간언을 듣지 않는 사람으로 남게 될지 여부를 알 길이 없는 일이오."

함께 묵는 손님들 모두 그의 어리석음을 비웃었다. 이튿날 새벽 4시 경인 5고鼓 때, 모초가 여점 주인에게 밥을 달라고 하여 배불리 먹었다. 여점 주인이 옷을 잡고 만류했는데도 불구하고 이를 뿌리치고 나갔다. 함께 묵는 손님들은 그가 반드시 죽을 것으로 여기고 모초의 봇짐 물건을 나눠 가졌다.

---

1 사불선종死不旋踵 성어는 『전국책』「중산책中山策」에 나온다. 크게 2가지 뜻이다. 첫째, 죽을지언정 발꿈치를 뒤로 돌리는 선종旋踵을 하지 않고 계속 전진해 죽음으로 나아가는 것을 말한다. 둘째, 발꿈치를 뒤로 돌릴 수도 없을 정도로 극히 짧은 순간에 죽는 것을 의미한다. 여기서는 2가지 해석이 모두 가능하나 문맥상 2번째 의미로 해석하는 게 합당하다. 번역문은 2번째 의미로 풀이해 놓았다. 일부 번역서가 '진왕이 저들의 목을 베어 그 뒤를 따르는 사람이 없도록 했다.'고 번역한 것은 완전 오역이다.

모초는 궐문 밑에 이르러 시체 더미 위에 엎드려 큰 소리로 외쳤다.

"제나라에서 온 빈객 신 모초는 대왕에게 간언을 올리고자 합니다."

보고를 접한 진왕 정이 내시를 시켜 물었다.

"빈객이 간하고자 하는 건 무엇이오? 태후에 관련된 일은 거론할 수 없소."

모초가 대답했다.

"바로 그 때문에 왔소."

내시가 돌아가 보고하는 환보還報를 했다.

"빈객은 태후의 일로 간언을 올리려 왔다고 합니다."

진왕 정이 말했다.

"궐문 밑에 쌓여 있는 시체를 가리키며 그 배경을 일러주도록 하라."

내시가 다시 나와 모초에게 진왕 정의 말을 전했다.

"빈객은 겹겹이 쌓여 있는 시체가 보이지 않소? 어찌하여 이토록 죽음을 두려워하지 않는 것이오?"

모초가 대답했다.

"신이 듣건대 하늘에 있는 28수宿의 별이 지상에 내려오면 정인正人이 된다고 합니다. 지금까지 죽은 사람이 27명이니 한 사람이 모자랍니다. 신이 이곳으로 온 것은 그 숫자를 채우기 위한 것입니다. 옛날 성현 가운데 그 누가 죽지 않고 살아남았습니까? 신이 어찌 두려워할 리 있겠습니까?"

내시가 환보하자 진왕 정이 대로했다.

"광부狂夫가 고의로 나의 금령禁令을 범하고 있다!"

그러고는 좌우를 돌아보며 말했다.

"궁궐 뜰에다 솥을 걸고 물을 끓이도록 하라. 산 채로 삶아 죽일 것이다. 그 자가 어떻게 온전한 시체의 모습으로 궐문 아래의 27구의 시체를 위해 28수의 숫자를 채우려는지 두고 볼 것이다."

진왕 정이 칼을 잡고 앉은 채로 용미龍眉를 추켜세우고, 입에 거품을 물었다. 노기가 발발勃勃해 막을 길이 없었다. 그가 연이어 외쳤다.

"광부를 속히 불러와 팽살烹殺토록 하라!"

내시가 달려가 모초를 불러왔다. 모초가 일부러 느릿느릿한 우우踽踽의 모습을 한 채 작은 걸음인 세보細步로 걸었다. 내시가 빨리 걸을 것을 재촉하자 모초가 말했다.

"나는 대왕을 알현하는 즉시 죽어야 할 몸이다. 내가 잠시 발걸음을 늦추는 게 무슨 해가 된단 말인가?"

내시는 모초를 가련하게 생각해 겨드랑이를 끼고 함께 걸었다. 모초가 계단 아래에 이르러 진왕 정에게 재배하고 머리를 조아리며 말했다.

"신이 듣건대, '살아 있는 자는 죽음을 피할 수 없고, 나라를 가진 자는 멸망을 피할 수 없고, 멸망을 피하기만 하는 자는 나라를 보존할 수 없고, 죽음을 피하기만 하는 자는 생명을 지킬 수 없다.'고 했습니다. 무릇 사생존망死生存亡의 계책은 명주明主라면 반드시 마음속으로 연구해야 할 것입니다. 대왕이 그 계책에 관해 들어봤는지 모르겠습니다."

진왕 정이 안색을 약간 누그러뜨리고 물었다.

"너에게 무슨 계책이 있는지 말해 보아라."

모초가 대답했다.

"무릇 충신은 아첨하며 무조건 순종하는 아순지언阿順之言을 진언하지 않고, 명주는 결코 사납고 막된 언행인 광패지행狂悖之行을 행하지 않습니다. 군주에게 '광패지행'이 있는데도 간하지 않으면 이는 신하가 군주를 버리는 게 됩니다. 또 신하가 간하는데도 군주가 듣지 않으면 이는 군주가 신하를 버리는 게 됩니다. 대왕은 하늘을 거스르는 '광패지행'을 저지르고도 스스로 알지 못하고, 신하들이 귀에 거슬리는 충언을 하면 듣지 않으려고 합니다. 신은 진나라가 이로 인해 위태롭게 될까 두렵습니다."

진왕 정이 한참 동안 송연悚然한 모습을 보이다가 안색을 더욱 누그러뜨리며 말했다.

"선생이 말하고자 하는 게 무엇이오? 과인이 듣고자 하오!"

모초가 반문했다.

"대왕은 오늘날 천하를 도모할 생각입니까?"

진왕 정이 대답했다.

"그렇소!"

모초가 말했다.

"오늘날 천하가 진나라를 존경하는 것은 오직 그 위력威力 때문만은 아닙니다. 대왕을 천하의 웅주雄主로 여기고, 충신열사忠臣烈士가 진나라 조정에 모여 있기 때문이기도 합니다. 근래 대왕은 의붓아비인 가부假父를 거열형에 처해 불인不仁한 마음을 드러냈고, 두 동생을 자루에 넣고 때려죽여 우애를 끊는 불우不友의 오명을 자초했고, 모후를 역양궁에 유폐해 불효不孝의 행보를 보였고, 간언을 올리는 선비를 주살한 뒤 궐문 아래서 전시傳尸해 폭군인 걸주桀紂의 다스림을 행했습니다. 무릇 천하를 도모코자 하면서 이런 식으로 행동하면 어찌 천하를 복종시킬 수 있겠습니까? 옛날 순임금은 표독한 계모인 은모嚚母를 섬기면서 효성을 다한 덕분에 서민 신분에서 일약 천하를 다스리는 제왕이 됐습니다. 그러나 폭군인 하나라 걸桀은 관용龍逢·봉關, 은나라 주紂는 비간比干을 죽이는 바람에 천하가 반기를 들었습니다. 신은 이제 반드시 죽게 된다는 사실을 알고 있습니다. 다만 신이 죽은 뒤 다시는 저를 포함해 28인의 뒤를 이어 간언을 올릴 사람이 없을까 두려울 뿐입니다. 그리되면 대왕을 원망하고 비방하는 신민들의 원방怨謗이 날로 들끓고, 충성스런 모사는 입을 다무는 결설結舌을 하고, 나라 안팎의 민심이 이반하고, 제후들이 반기를 들 터이니 실로 애석한 일입니다! 진나라의 제업帝業이 바야흐로 완성되려는 시점에 끝내 실패하고 만 것은

대왕으로 인한 것입니다. 신의 말은 끝났습니다. 이제 저를 팽살에 처하십
시오!"

그러고는 벌떡 일어나 옷을 벗은 뒤 물이 끓는 가마솥인 탕확湯鑊 쪽으
로 걸어갔다. 진왕 정이 황급히 궁궐 뜰로 내려와 왼손으로 모초를 잡아 세
우고, 오른손으로 좌우를 지휘하며 말했다.

"속히 탕확을 치우도록 하라!"

모초가 말했다.

"대왕은 간언을 거절하는 방문을 내걸어 놓고 신을 팽살하지 않으면 장
차 신의를 세울 수 없습니다."

진왕 정이 다시 좌우에 명해 속히 방문을 떼어내게 했다. 이어 내시를 시켜 모초에게 옷을 입힌 후 당상의 상좌로 이끌고 가 사례했다.

"전에 간언을 올린 자들은 과인의 죄만 질책했지 국가 존망의 계책은 자세히 설명하지 않았소. 하늘이 선생을 과인에게 보내 꽉 막힌 생각을 열어주었소. 과인이 어찌 감히 선생의 가르침을 공경히 듣고 따르는 경청敬聽을 하지 않을 리 있겠소?"

모초가 일어나 재배하고 말했다.

"대왕이 신의 말을 들어준다고 했으니 속히 수레를 준비해 태후를 맞이하도록 하십시오. 또 궐문 아래 시신은 모두 충신의 골혈骨血이니 잘 수장收葬해 주시기 바랍니다."

진왕 정이 곧바로 궁실과 빈관 등을 관장하는 관원인 사리司里를 불러 27인의 시신을 잘 거둬 좋은 관곽에 안치한 뒤 지금의 섬서성 서안시 인근의 용수산龍首山에 장사지내도록 했다. 이어 그 무덤에 표석을 세워 '회충묘會忠墓'로 명명했다.

진왕 정은 이날 곧바로 친히 어가에 올라 모후인 태후를 맞이하러 갔다. 모초로 하여금 어가를 몰게 하고 옹주를 향해 진발進發했다.

훗날 남병南屛 선생이 사서를 읽다가 이 대목에 이르러 시를 지었다.

27명의 시신 겹겹이 쌓였는데	二十七人屍累累
모초가 옷 벗고 탕확으로 가다	解衣趨鑊有茅焦
목숨 죽지 않고 끝내 살아남아	命中不死終須活
충신 이름 남겨 만고사표 되다	落得忠名萬古標

진왕 정은 어가가 역양궁에 이르자 먼저 사자를 태후에게 보내 소식을 전했다. 이어 무릎으로 기어가는 슬행膝行을 하여 태후를 알현하고 머리를

조아리며 대곡大哭했다. 태후도 진왕 정을 보고 끊임없이 눈물을 흘렸다. 진왕 정이 모초를 불러들여 태후를 알현케 한 뒤 그를 가리키며 말했다.

"이 사람이 나의 영고숙頴考叔입니다."

그날 밤 진왕 정은 역양궁에서 잤다. 이튿날 진왕 정은 태후가 탄 수레를 앞서 가게 하고, 그 뒤를 따랐다. 1천 승의 수레와 1만 명의 기병이 구름처럼 모여 호위하는 족옹簇擁을 했다. 길가로 나와 구경하는 백성들 가운데 진왕 정의 효성을 칭송하지 않는 자가 없었다.

함양성으로 돌아온 뒤 감천궁에서 연회를 베풀고 태후와 함께 모자가 즐겁게 술을 마셨다. 태후가 모초를 위해 따로 잔치를 베풀고 사례했다.

"우리 모자를 다시 만나게 해준 것은 모두 모군茅君의 노력 덕분이었소."

진왕 정이 모초를 태부太傅에 임명하고 상경上卿 작위를 내렸다. 이어 여불위가 또 태후와 상통할까 두려운 나머지 도성 밖으로 쫓아내고 하남河南의 봉지로 내려가 살게 했다. 이때 열국은 여불위가 하남의 봉지로 내려갔다는 소식을 듣고 각각 사자를 보내 문안問安한 뒤 다퉈 상국으로 모셔가려고 했다. 열국 사자들의 행렬이 끝없이 이어지는 낙역부절絡繹不絶의 상황이 빚어졌다. 진왕 정은 여불위가 다른 나라의 상국이 돼 진나라에 해를 끼칠까 우려했다. 곧 서신 1통을 보냈다. 그 내용은 대략 이러했다.

그대는 우리 진나라에 무슨 공을 세웠다고 10만 호의 봉토를 받은 것이오? 또 그대는 우리 진나라와 무슨 친척관계에 있다고 중부仲父로 불리는 것이오? 진나라는 그간 그대에게 두터운 은덕을 베풀었소. 노애의 반역이 그대로부터 시작됐는데도 과인은 그대를 차마 죽이지 못하고 하남의 봉지로 보냈소. 그런데도 그대는 잘못은 뉘우치기는커녕 제후들의 사자와 교통交通하고 있소. 이는 과인이 그대에게 베푼 관용을 거스르는 것이오. 이제 그대는 가속과 함께 촉군

蜀郡으로 이주해 비성郫城에서 여생을 마치도록 하시오.

여불위가 서신을 다 읽은 뒤 화를 냈다.

"나는 집안 재산을 기울여 선왕을 옹립했다. 누가 나보다 더 큰 공을 세웠단 말인가? 또 태후가 나를 먼저 섬기다 잉태했으니 진왕은 나의 핏줄이다. 혈통으로 누가 나보다 진왕과 가깝겠는가? 그런데도 진왕이 나를 저버리는 게 이토록 심하단 말인가?"

잠시 후 이같이 탄식했다.

"나는 상인의 자식으로서 남의 나라를 훔치려 음모를 꾸몄고, 남의 아내를 간음했고, 남의 군주를 독살했고, 남의 혈손을 끊어 그 제사를 지낼 사람이 없게 만들었다. 황천皇天이 어찌 나를 용서할 것인가? 내가 오늘 죽는 것도 오히려 늦은 셈이다!"

여불위가 마침내 술에다 짐새의 깃털을 넣어 담근 독주인 짐주鴆酒를 마시고 죽었다.

평소 여불위 문하에서 은혜를 입은 빈객들은 합심해서 진왕 정이 가져가지 못하도록 그의 시신을 몰래 수레에 싣고 낙양의 북망산北邙山으로 가서 먼저 죽은 그의 본처와 합장했다. 지금도 북망산으로 오르는 길 서쪽에 큰 무덤이 있다. 민간에서는 이를 여모총呂母塚이라고 한다. 빈객들이 여불위의 무덤이라는 사실을 숨긴 까닭에 그리 부르는 듯하다.

당시 진왕 정은 여불위가 죽었다는 소식을 듣고 그의 시신을 찾았으나 찾을 수가 없었다. 이내 여불위 문하에 있던 빈객을 모두 추방토록 했다. 이어 나라 안을 모두 뒤져 타국 출신 유세객들이 함양에 체류하지 못하게 했다. 타국 출신으로 벼슬을 살고 있는 이른바 기려지신羈旅之臣은 관직을 삭탈한 뒤 3일 내에 나라 밖으로 내쫓게 했다. 그런 자를 숨겨 두는 자도 똑같은 죄로 문책케 했다.

그때 진나라에 초나라 영토인 지금의 하남성 상채上蔡 출신 이사李斯가 머물고 있었다. 그는 원래 순자荀子의 제자로 학문이 깊었다. 진나라로 유세하러 왔다가 여불위를 섬기며 그의 사인舍人이 됐다. 여불위가 그의 재능을 진왕 정에게 천거해 객경에 임명되도록 했다. 그 역시 빈객을 축출키 위해 선포한 명령인 이른바 축객령逐客令으로 인해 벼슬을 내놓고 함양성 밖으로 쫓겨나게 됐다. 이사는 쫓겨 가는 와중에 상소문의 일종인 표장表章을 쓰고 내용을 기밀로 한 뒤 역졸에게 부탁해 진왕 정에게 전달케 했다. 후대에 이른바「간축객서諫逐客書」로 알려진 표장의 내용은 대략 이러했다.

태산은 작은 한줌의 흙도 거부하지 않기에 능히 그 높이를 이뤘고, 황하와 바다는 작은 시냇물도 가리지 않았기에 능히 그 깊이를 이뤘고, 왕자王者는 서민을 버리지 않았기에 능히 그 덕을 이뤘다는 뜻의 '태산불양토양太山不讓土壤, 고능성기고故能成其高. 하해불택세류河海不擇細流, 고능취기심故能就其深. 왕자불각서중王者不卻衆庶, 고능성기덕故能成其德'이라는 격언을 신은 들은 적이 있습니다. 옛날 진목공은 서융西戎에서 유여繇余를 취했고, 동쪽 완宛 땅에서 백리해百里奚를 얻었고, 송나라에서 건숙蹇叔을 맞아들였고, 진晉나라에서 비표丕豹와 공손지公孫枝를 구했습니다. 진효공은 상앙商鞅을 등용해 국법을 정했고, 진혜왕은 장의를 등용해 6국의 합종책을 무산시켰고, 진소양왕은 범수를 등용해 열국을 겸병할 계책을 세웠습니다. 이들 4명의 군주 모두 빈객에 기대어 그 공을 이뤘습니다. 빈객이 어찌 진나라에 부담이 되겠습니까? 대왕이 빈객을 축출하면 빈객들은 진나라를 떠나 적국으로 갈 것입니다. 이후 진나라를 위해 충성을 바칠 사람을 구하고자 해도 찾을 길이 없을 것입니다.

진왕 정은 이사의 표장을 보고 대오大悟했다. 곧바로 '축객령'을 취소하고 사자에게 명해 수레를 타고 급히 달려가 이사를 뒤쫓게 했다. 사자가 여산驪山 아래서 이사를 만나 다시 함양으로 데리고 왔다. 진왕 정이 그의 관직을 회복시키고 처음과 똑같이 임용했다. 이사가 말했다.

　"옛날 진목공이 패업을 일으킬 때는 천하의 제후국이 아직 많았고, 주왕실의 덕도 아직 쇠하지 않았습니다. 다른 나라를 겸병할 수 없었던 이유입니다. 그러나 진효공 이래로 주왕실이 비미卑微해지면서 제후국은 서로 다른 나라를 병탄하게 됐고, 이제 진나라 이외에 겨우 6국만 남게 됐습니다. 진나라가 제후들을 복속시킨 것은 1대代의 일이 아닙니다. 무릇 진나라의 강성함과 대왕의 현명함에 기대 여러 제후국을 소탕掃蕩하면 이는 마치 부뚜막 위의 먼지를 털어내는 것처럼 쉬운 일인 여불조진如拂竈塵에 비유할 수 있습니다. 이런 때를 당해 대공을 도모하는 데 급급汲汲하지 않고, 오히려 제후들이 다시 강해져 서로 합종하기를 기다린다면 나중에 후회해도 아무 소용이 없을 것입니다."

　진왕 정이 물었다.

　"과인은 앞으로 6국을 겸병코자 하오. 앞으로 어떤 계획을 써야 하오?"

　이사가 대답했다.

　"한나라는 진나라에서 가깝고 국력도 약하니 먼저 한나라부터 취해 다른 제후국을 두렵게 만드십시오."

　진왕 정이 이를 좇았다. 곧 내사內史 등騰을 대장으로 삼은 뒤 군사 10만 명을 이끌고 가 한나라를 치게 했다. 당시 한환혜왕韓桓惠王은 이미 죽고, 그 아들 태자 안安이 보위에 앉아 있었다. 이 무렵 한나라엔 공자 한비韓非가 활약하고 있었다. 그는 형명刑名과 법률에 뛰어났다. 한나라가 점차 영토가 깎이고 쇠약해지는 삭약削弱의 모습을 보이자 한왕 안에게 누차 글을 올렸다. 한왕 안이 그의 계책을 받아들이지 않았다.

이때에 이르러 진나라 장수 내사 등이 군사 10만 명을 이끌고 쳐들어오자 한왕 안이 두려움에 떨었다. 한비는 스스로 재능이 있다고 자부한 까닭에 진나라로 가서 벼슬을 하고 싶었다. 곧 한왕 안에게 저들의 공격을 중지시킬 수 있다며 진나라에 사자로 보내 줄 것을 청했다. 한왕 안이 이를 좇았다.

한비가 서쪽 진나라로 가 진왕 정을 알현했다.

"한왕이 땅을 바치고 진나라의 동쪽 번국藩國이 되고자 합니다."

진왕 정이 크게 기뻐했다. 한비가 유세했다.

"신에게 천하의 합종책을 깨뜨리고 진나라가 천하를 겸병할 계책이 있습니다. 대왕이 신의 계책을 썼는데도 조나라가 투항하지 않고, 한나라가 멸망하지 않고, 초나라와 위나라가 신하를 칭하지 않고, 제나라와 연나라가 귀의하지 않으면 신의 머리를 베어 온 나라에 돌림으로써 신하로서 불충한 자들에게 경계를 삼게 하십시오."

그러고는 자신이 지은 「세난說難」과 「고분孤憤」, 「오두五蠹」, 「설림說林」 등 50여만 언름에 달하는 글을 올렸다. 진왕 정이 이 글을 읽어본 뒤 크게 칭찬하며 객경에 임명해 국사를 함께 논의코자 했다. 그러자 동문수학한 이사가 그의 재능을 시기해 진왕 정에게 참소했다.

"제후들의 공자는 각각 자신의 친척과 가깝습니다. 어찌 다른 나라를 위해 자신의 재능을 쓸 리 있겠습니까? 이번에 우리 진나라가 한나라를 치자 한왕이 다급한 나머지 한비를 사자로 보낸 것입니다. 그가 지난날 소진처럼 반간계反間計를 쓰지나 않을지 어찌 알겠습니까? 그를 임용해서는 안 됩니다."

진왕 정이 물었다.

"그렇다면 추방해야 하오?"

이사가 대답했다.

"지난날 위나라 신릉군 공자 무기와 조나라 평원군 공자 승 모두 우리 진나라에 머문 적이 있습니다. 당시 진나라는 그들을 등용치 않은 채 그냥 돌려보냈고, 그들은 결국 진나라의 우환이 됐습니다. 한비는 재능이 뛰어난 까닭에 차라리 그를 죽여 한나라의 날개를 꺾느니만 못합니다."

진왕 정이 이를 좇아 한비를 지금의 섬서성 순화현인 운양雲陽 땅에 가둔 뒤 장차 죽이고자 했다. 한비가 말했다.

"내가 무슨 죄를 지었다는 것이오?"

옥리가 대답했다.

"한 둥지에 두 수컷이 있을 수 없다는 뜻의 '일서불량웅一棲不兩雄'이라는 속담이 있소. 요즘 세상에서는 재주 있는 사람은 곧바로 등용되지 않으면 주살당하기 마련이오. 굳이 죄를 따질 이유가 있겠소?

한비가 비분강개하며 시를 지었다.

「세난」이 말하듯 유세란 어려운 일이니	說果難
「고분」이 말하듯 속의 울분 어찌 그칠까	憤何已
「오두」가 말하듯 5적을 제거치 못했으니	五蠹未除
「세림」이 말하듯 많은 이야기서 뭘 취할까	說林何取
촛불 기름은 그 향내 때문에 불태워지고	膏以香消
사향노루는 배꼽 사향 때문에 목숨 잃다	麝以臍死

그날 밤, 한비가 옥중에서 관영冠纓을 잘라 스스로 목을 매고 죽었다.[2]

2 이 대목은 한비자가 이사의 무함으로 옥사하게 됐다는 『사기』 「노자한비열전」의 기록을 좇은 것이다. 그러나 남북조시대 남조 송나라 때의 역사가 배인裵駰은 『사기집해史記集解』에서 『전국책』 「진책」을 인용하며 한비자는 종횡가 요가姚賈와 논쟁을 벌이다 패해 죽임을 당했을 가능성이 크다고 지적했다. 『전국책』 「진책」에 따르면 한비자는 진시황 앞에서 요가와 진나라의 외교정책을 놓고 일대 설전을 벌였다. 초기에는 한비자가 요가를 파면시키는 데 성

한왕 안은 공자 비가 진나라에서 죽었다는 소식을 듣고 더욱 겁이 났다. 곧 사자를 진나라로 보내 나라를 들어 부용국附庸國으로 내부內附하면서 칭 신稱臣할 뜻을 밝혔다. 진왕 정이 내사 등에게 조서詔書를 보내 파병罷兵을 명했다.

공했으나 이내 요가의 설득에 넘어간 진시황에 의해 오히려 처형을 당하고 말았다. 지난 2003년 가이즈카 시게키貝塚茂樹는 일본의 강담사講談社 학술문고본으로 펴낸 『한비韓 非』에서 「진책」을 인용해 한비자가 자진한 게 아니라 진시황의 명에 의해 죽임을 당했다고 주장했다. 『전국책』이 『사기』의 1차 사료라는 점에서 볼 때 한비자는 요가와의 논쟁에서 패 해 죽임을 당했을 공산이 크다.

210話 이목이 굳게 지키며 환의를 물리치다
– 이목견벽각환의李牧堅壁卻桓齮

하루는 진왕 정이 이사와 함께 국사를 논의하다가 한비의 재능을 칭찬하며 그의 죽음을 애석해했다. 이사가 말했다.

"신이 인재 1인을 천거하겠습니다. 그의 이름은 울료尉繚[3]입니다. 위나라 대량 출신입니다. 병법에 조예가 매우 깊습니다. 재주가 공자 비보다도 열 배나 뛰어납니다."

진왕 정이 물었다.

지금 그 사람이 어디 있소?"

이사가 대답했다.

"지금 함양에 있습니다. 하지만 자부심이 대단해 신하의 예禮로는 굴복시킬 수 없습니다."

진왕 정이 빈객을 대하는 예로 불렀다. 울료가 진왕 정을 알현하면서 길게 읍만 할 뿐 절은 하지 않았다. 진왕 정이 답례하고 울료를 상좌에 앉힌 뒤 '선생'으로 존대했다. 울료가 말했다.

"무릇 지금 열국은 강한 진나라 입장에서 보면 군현郡縣이나 다름없습

---

3 병법서 『울료자尉繚子』의 저자 울료尉繚의 이름을 놓고 '울료'와 '위료'가 대립하고 있다. 중국의 『사해辭海』는 위尉를 wèi와 yù로 표시한 뒤 yù 부분에 울료尉繚를 예시해 놓았다. 『사해』는 '울료'의 명칭이 나오게 된 배경과 관련해 "원래 성은 전해지지 않는다. 이름은 료繚이다. 위나라 대량 출신으로 진나라로 들어가 유세했다. 진나라 최고의 군정장관인 국위國尉에 임명된 까닭에 '울료'로 불리게 됐다."고 설명했다. 당초 벼슬이름을 좇아 '위료'로 불리다가 이후 성씨로 굳어지면서 '울료'로 불리게 됐을 가능성을 보여준다. 『한서』 「예문지」와 『사기』 「진시황본기」가 전국시대 중엽에 활약한 울료자와 진시황 때 활약한 울료자를 따로 언급해 놓은 까닭에 학계에서는 '울료자'가 실존인물인지 여부를 놓고 이론이 분분하다.

니다. 분산시켜 놓으면 병탄키가 쉬우나 합치도록 놓아두면 공격키가 어렵습니다. 무릇 지난날 3진三晉이 합세하자 지백이 망했고, 5국이 합세하자 제민왕이 달아났습니다. 대왕도 이를 깊이 고려치 않을 수 없습니다."

진왕 정이 물었다.

"저들을 분산시킨 뒤 다시 합치지 못하게 하려면 어떤 계책을 써야 하오?"

울료가 대답했다.

"지금 천하 열국의 실정을 보면 국가 대계大計가 모두 힘 있는 신하인 호신豪臣에 의해 결정되고 있습니다. 그 호신들이 어찌 충성과 지혜를 다 발휘하겠습니까? 대부분 재물 획득을 낙으로 삼고 있을 뿐입니다. 대왕은 부고에 있는 재물을 아끼지 말고 열국의 호신에게 뿌리십시오. 30만 금을 채 쓰기도 전에 제후들을 모두 쓸어버릴 수 있습니다."

진왕 정이 크게 기뻐하며 곧바로 상객上客으로 대우하며 대등한 예절인 항례抗禮를 나눴다. 의복과 음식 모두 진왕 정과 똑같이 했다. 수시로 울료가 머무는 공관을 찾아가 무릎을 꿇고 가르침을 청했다. 하지만 진왕 정이 떠난 뒤 울료가 홀로 중얼거렸다.

'내 진왕의 관상을 보니 코끝인 준두準頭가 풍부하고, 눈매가 길쭉하고, 가슴은 송골매 같고, 목소리는 승냥이와 같다. 속으로 호랑虎狼의 마음을 품고 있어 성격이 잔인하고 인정이 각박하다. 사람이 필요할 때는 쉽게 자신을 굽히지만 필요가 없을 때는 쉽게 사람을 버린다. 지금은 천하가 아직 통일되지 않아서 나 같은 포의布衣에게도 몸을 굽히지만, 만일 득지得志하면 천하가 모두 어육魚肉이 되고 말 것이다.'

그러고는 어느 날 밤 진왕 정에게 하직 인사도 하지 않은 채 공관을 떠났다. 공관의 관원이 황급히 진왕 정에게 이를 고했다. 진왕 정은 문득 수족을 잃은 사람처럼 당황해하며 가벼운 수레인 초거軺車를 사방으로 보내 그를 찾아왔다. 모든 걸 함께 하기로 맹서한 뒤 그를 태위太尉에 임명해 병사兵事를 주관케 했다. 또한 그의 재자들을 모두 대부로 삼았다.

진왕 정은 궁궐의 내탕금內帑金을 모두 꺼내 빈객과 사자에게 나눠준 뒤 국정을 좌우하는 총신寵臣과 호신豪臣 등에게 뇌물을 뿌려 그 나라 국정을 탐지케 했다. 이어 울료에게 열국 겸병의 순서인 차제次第를 물었다. 울료가 대답했다.

"한나라가 약하니 공격키가 쉽습니다. 가장 먼저 쳐야 합니다. 다음 대상으로는 조나라와 위나라만한 나라가 없습니다. 3진을 멸망시킨 뒤 곧바로 대대적으로 거병擧兵해 초나라를 쳐야 합니다. 초나라까지 멸망시키면 연나라와 제나라가 어디로 가겠습니까?"

진왕 정이 말했다.

"한나라는 이미 속국을 칭하고 있고, 조왕은 지난날 이곳 함양궁에 와 과인에게 술잔을 올린 적이 있소. 저들을 먼저 칠 명분이 아직 없소. 어찌해야 하오?"

울료가 대답했다.

"조나라는 영토가 크고 군사들도 강합니다. 또 한나라와 위나라의 도움까지 받고 있어 일거에 멸망시킬 수가 없습니다. 그러나 한나라는 이미 우리 진나라에 투항해 속국을 칭하고 있는 까닭에 조나라는 지금까지 받던 도움의 절반을 잃은 셈입니다. 만일 조나라를 칠 명분이 없는 걸 걱정하면 먼저 위나라부터 치십시오. 조왕의 총신 중에 곽개郭開라는 자가 있는데 탐욕이 끝도 없습니다. 신이 제자인 왕오王敖로 하여금 위왕을 설득해 곽개에게 뇌물을 주고 조왕에게 구원을 청하도록 만들겠습니다. 조왕은 곽개의 건의를 좇아 틀림없이 위나라에 구원군을 보낼 것입니다. 이를 계기로 조나라의 죄를 묻겠다는 구실을 내걸고 군사를 옮겨 조나라를 치면 됩니다."

진왕 정이 말했다.

"좋은 계책이오."

그러고는 곧 대장 환의에게 명해 군사 10만 명을 이끌고 함곡관을 출관出關한 뒤 위나라 토벌의 소문을 내게 했다. 또 울료의 제자 왕오를 위나라로 보냈다. 이때 왕오에게 황금 5만 근을 내주며 필요에 따라 임의로 사용케 했다. 왕오가 위경민왕魏景湣王에게 유세했다.

"3진이 강한 진나라와 맞설 수 있었던 것은 순치脣齒처럼 서로 보호해줬기 때문입니다. 그런데 지금 한나라는 땅을 진나라에 바치고 속국을 칭하고 있습니다. 또 조왕은 직접 진나라 함양까지 가서 진왕에게 술을 바치고 함께 즐겼습니다. 한나라와 조나라가 손을 잡고 진나라를 섬긴 까닭에 이번에 진나라가 군사를 일으켜 위나라를 치게 된 것입니다. 위나라는 지금위급하게 됐습니다. 대왕은 왜 업성鄴城을 떼어 조나라에 뇌물로 바치며 구원군을 청하지 않는 것입니까? 조나라는 발병發兵해 업성을 지키면 곧 위나라를 대신해 진나라 군사와 싸우는 게 됩니다."

위경민왕이 말했다.

"선생은 과연 조왕의 마음을 얻을 수 있다고 봅니까?"

왕오가 거짓말로 둘러댔다.

"조나라 정사를 좌우하는 곽개는 평소 신과 친하게 지내왔습니다. 그를 통하면 능히 조왕의 마음을 움직일 수 있습니다."

위경민왕이 마침내 왕오에게 업군鄴郡 내 3개 성읍의 지도와 국서를 내주며 속히 조나라로 가 구원을 청하게 했다. 왕오가 곧바로 조나라로 간 뒤 곽개에게 황금 3천근을 뇌물로 바치고 친교를 맺은 뒤 위왕이 3개 성읍을 떼어주려 한다는 말을 전했다. 곽개가 황금을 받고 조도양왕에게 말했다.

"지금 진나라가 위나라를 치는 것은 위나라를 병탄하려는 속셈입니다. 위나라가 망하면 그 여파가 우리 조나라에 미치게 됩니다. 지금 위나라가 업군 내 3개 성읍을 바치며 도움을 청해 왔습니다. 대왕은 의당 위나라를 도와야 할 것입니다."

조도양왕이 곧 장수 호첩扈輒에게 군사 5만 명을 이끌고 가 위나라 업군 내 3개 성읍을 접수케 했다. 진왕 정이 마침내 대장 환의桓齮에게 명해 업성을 치게 했다. 조나라 장수 호첩이 군사를 이끌고 출성해 공격을 막았다. 양측이 지금의 하북성 임장현 일대의 동고산東峸山에서 일대 접전을 벌였다. 결국 조나라 장수 호첩이 대패하고 말았다. 진나라 장수 환의가 조나라 군사를 추격해 마침내 업성을 함락시킨데 이어 승세에 올라타 조나라의 9개 성읍을 연파連破했다.

황급히 달아나던 조나라 장수 호첩은 지금의 하북성 호성 서남쪽 의안宜安에 이르러 군사를 주둔시킨 뒤 사람을 조도양왕에게 보내 위급상황을 알렸다. 조도양왕이 군신들과 함께 대책을 상의했다. 군신들이 입을 모아 말했다.

"지난날 오직 염파만이 진나라 군사를 막아낼 수 있었습니다. 또 방씨龐氏와 악씨樂氏 가문에도 훌륭한 장수가 많았습니다. 그러나 지금 방난은 이미 죽었고, 악씨 가문에도 사람이 없습니다. 오직 염파만 살아 있습니다. 어찌하여 그를 부르지 않는 것입니까?"

곽개는 염파와 원수처럼 지내온 까닭에 그가 다시 등용될까 두려웠다. 이내 은밀히 조도양왕에게 말했다.

"염 장군은 나이가 70세에 가까워 근력이 쇠해졌을 것입니다. 게다가 이전에 악승과 사이가 좋지 않아 위나라로 갔습니다. 만일 지금 염 장군을 불러 놓고 대장에 임용하지 않으면 더욱 깊은 원한을 품게 됩니다. 사람을 시켜 먼저 염 장군의 근력을 염탐한 뒤 아직 쇠해지지 않았으면 그때 불러도 늦지 않을 것입니다."

조양왕이 곽개의 말에 미혹돼 내시 당구唐玖를 시켜 당예猊로 만든 좋은 갑옷 1벌과 준마 4필을 갖고 가 염파의 안부를 묻고 그의 기력을 탐지케 했다. 그날 밤 곽개가 은밀히 당구를 자기 집으로 부른 뒤 술자리를 겸한 전별인사를 하면서 축수祝壽용으로 황금 20일鎰을 내놓았다. 당구가 의아한 표정으로 자신은 아무 공도 세운 게 없다는 이유를 들어 겸손해하며 감히 받지 않았다.

곽개가 말했다.

"내가 번거로운 일을 한 가지 부탁하려고 하오. 이 황금을 받아주면 감히 계치啓齒하겠소."

당구가 황금을 품속에 넣고 물었다.

"곽 대부가 저에게 부탁하려는 게 무엇이오?"

곽개가 말했다.

"염 장군과 나는 평소 앙숙이었소. 족하足下가 염 장군의 근력이 쇠한 것을 보면 더 이상 말할 필요도 없소. 만일 아직도 건장하면 족하가 돌아와 염 장군이 연로해 전투를 감당하지 못할 것이라고 몇 마디만 해주시오. 그럼 조왕은 반드시 그를 다시는 부르지 않을 것이오. 그리하면 족하는 내게 큰 은혜를 베푸는 게 되오."

당구가 이를 수락했다. 마침내 위나라 대량으로 가 염파를 만나보고 조도양왕의 말을 전했다. 염파가 물었다.

"진나라 군사가 지금 조나라를 침범했소?"

당구가 반문했다.

"장군은 그걸 어떻게 아시오?"

염파가 대답했다.

"내가 위나라에 있은 지 여러 해가 되었지만 조왕은 1자字 서신도 보낸 적이 없소. 그런데 지금 문득 좋은 갑옷과 준마를 하사한 걸 보고 틀림없이 나를 필요로 하는 일이 생긴 것으로 판단했소. 그래서 나름 짐작케 된 것이오."

당구가 물었다.

"장군은 조왕이 원망스럽지 않습니까?"

염파가 대답했다.

"나는 일야日夜로 조나라를 위해 일하고 싶다는 생각뿐이오. 내가 어찌 감히 조왕을 원망하겠소."

염파는 당구를 붙잡아두고 함께 식사를 하면서 고의로 그의 면전에서 강장强壯한 정신精神을 드러냈다. 한 끼 식사를 하면서 쌀 1말로 지은 밥과 고기 10근을 먹어치웠다. 마치 늑대가 먹이를 씹고 호랑이가 고기를 삼키는 낭찬호인狼餐虎咽의 모습으로 배부르게 식사를 하고 난 뒤 조도양왕이 하사한 갑옷을 입고 한 걸음에 훌쩍 말 등에 올라 나는 듯이 내달렸다. 말 위에서 긴 창을 여러 번 춤추듯 휘두른 뒤 말에서 뛰어내려 당구에게 말했다.

"나의 지금 모습을 젊을 때와 비교해서 어떠하오? 수고스럽더라도 조왕에게 잘 말씀 올려주시오. 나는 조나라를 위해 여생을 바치고 싶소."

당구는 염파의 정신과 근력이 강장한 것을 분명히 봤다. 그러나 이미 곽개의 뇌물을 받아먹은 까닭에 어쩔 수가 없었다. 한단으로 돌아와 조도양왕에게 경과를 보고했다.

"염 장군은 비록 연로하기는 했으나 아직도 고기를 잘 씹는 등 식사를 건강하게 하고 있습니다. 다만 속병이 있는지 신과 함께 있는 잠깐 사이에 3번이나 측간으로 가 대소변을 보는 유시遺矢[4]를 했습니다."

조도양왕이 탄식했다.

"전투 때 어찌 측간을 드나들 수 있단 말인가? 염 장군은 과연 늙었소."

그러고는 마침내 염파를 부르지 않았다. 조도양왕은 더 많은 군사를 의

---

4 유시遺矢는 대소변을 본다는 뜻의 아어雅語이다. 시矢는 시屎와 통한다. 『사기』 「염파인상여열전」에 '유시' 표현이 나온다.

안 땅으로 보내 그곳에 있는 호첩을 돕게 했다. 그때는 조도양왕 9년이자 진왕 정 11년인 기원전 236년이었다.

이후 초나라가 소문을 듣고 사람을 보내 염파를 초청하자 염파가 마침내 다시 초나라로 망명해 장수가 됐다. 그러나 초나라 군사가 조나라 군사만 못하자 우울하게 지내다가 뜻을 얻지 못하고 죽었다. 슬픈 일이다!

훗날 사신이 시를 지어 탄식했다.

노성한 명장은 곧 염파를 뜻하는데	老成名將說廉頗
측간 자주 간다는 참언에 걸려들다	遺矢讒言奈若何
오나라 패망케 한 태재 백비를 보라	請看吳亡宰嚭死
조나라 곽개는 왜 황금만 모았을까	郭開何事取金多

당시 울료의 제자 왕오는 아직 조나라에 있었다. 그가 곽개에게 물었다.

"대부는 조나라의 패망을 걱정하지 않는 것이오? 어째서 조왕에게 염파를 부르도록 권하지 않는 것이오?"

곽개가 대답했다.

"조나라의 존망은 국사國事인 까닭에 내가 어찌할 수 있는 게 아니오. 그러나 염파는 나의 생사가 걸린 나의 원수요. 그런 자를 어떻게 조왕으로 하여금 다시 불러들이게 할 수 있겠소?"

왕오는 곽개에게 조나라를 위하는 마음이 전혀 없다는 걸 알고 다시 속셈을 떠보기 위해 물었다.

"만일 조나라가 패망하면 대부는 어디로 갈 작정이오?"

곽개가 대답했다.

"나는 앞으로 제나라와 초나라 가운데 한 나라로 가서 몸을 맡길 생각이오."

왕오가 말했다.

"진나라는 이제 천하를 통일할 만한 세력을 갖추고 있소. 앞으로 제나라와 초나라도 조나라나 위나라의 신세와 같을 것이오. 대부를 위해 계책을 말하면 차라리 진나라에 몸을 맡기느니만 못하오. 진왕은 도량이 넓은 까닭에 몸을 굽혀 현자를 받들고 있소. 그 어떤 사람이든 포용하지 않는 경우가 없소."

곽개가 물었다.

"그대는 위나라 출신인데 어떻게 진왕을 그리 잘 아시오?"

왕오가 말했다.

"나의 스승 울료는 진나라의 태위 자리에 있소. 나 또한 진나라에서 대부로 있소. 진왕은 곽 대부가 조나라의 실권을 쥐고 있는 걸 알고 나에게 명해 곽 대부와 친교를 맺도록 했소. 내가 건넨 황금도 사실 진왕이 내린 것이오. 만일 조나라가 패망하면 반드시 진나라로 오시오. 진나라는 곽 대부를 상경에 임명할 것이오. 곽 대부는 이미 망해버린 조나라의 아름다운 전택田宅을 마음대로 차지할 수 있을 것이오."

곽개가 말했다.

"족하가 천거하고 진왕이 명을 내리면 내가 어찌 감히 그 명을 받들지 않겠소?"

왕오가 곽개에게 다시 황금 7천 근을 내주며 말했다.

"진왕이 이 황금을 내게 내주며 조나라 장상과 교결토록 했소. 지금 황금을 모두 조나라의 실세인 곽 대부에게 드리겠소. 나중에 무슨 일이 생길 때 서로 도움을 주고받았으면 하오."

곽개가 크게 기뻐했다.

"내가 진왕의 두터운 선물을 받았으니 마음으로 보답하지 않으면 인류人類가 아니오."

왕오는 곽개에게 작별인사를 하고 진나라로 돌아왔다. 갖고 간 황금 5만 근 가운데 1만 근만 쓰고 나머지 4만 근은 진왕에게 반납했다.

"신이 황금 1만 근 하나로 곽개의 마음을 완전히 사로잡았고, 곽개 하나로 조나라를 완전히 끝낼 수 있게 만들었습니다."

진왕 정은 조도양왕이 염파를 부르지 않은 걸 알고는 곧바로 대장 환의에게 명해 속히 조나라로 진병進兵토록 재촉했다. 조도양왕은 진나라 군사의 공격이 더욱 거세지자 과도히 근심하고 두려워하다가 마침내 병이 나 죽었다.

원래 조도양왕에겐 적자인 가嘉가 있었다. 당시 조나라에 가무에 뛰어난 여자 배우인 여창女娼이 있었다. 조도양왕이 그녀를 좋아해 궁중에 머물게 하고 아들 천遷을 낳았다. 여창에 대한 총애가 그녀 소생의 아들 천에게까지 미쳐 마침내 적자인 가를 폐위하고 서자인 천을 태자로 세웠다. 이어 곽개를 태자 천의 태부로 삼았다.

태자가 된 천은 평소 학문을 좋아하지 않았다. 곽개가 태자 천에게 공부보다는 성색聲色을 비롯해 명견이나 명마를 기르는 오락잡기로 이끌었다. 두 사람은 서로 마음이 맞아 즐겁게 세월을 보냈다. 조도양왕이 훙거하자 곽개가 태자 천을 옹립한 뒤 공자 가에게 300호의 봉지를 내리고 그곳에 살게 했다. 이어 스스로 상국이 돼 국사를 멋대로 처리했다.

당시 진나라 장수 환의는 조나라의 국상을 틈타 의안에서 조나라 군사를 기습해 호첩을 참수하고, 군사 10여만 명을 죽인 뒤 한단을 압박했다. 조왕 천은 태자 때부터 대代 땅의 이목이 능력이 뛰어나다는 소문을 들은 바 있었다. 곧 사람을 보내 급보를 알리고 대장의 인수를 주어 불러오게 했다. 이목이 대 땅에서 병거 1500승, 기병 1만3천 명, 정예병 5만여 명을 선발했다. 병거 300승과 기병 3천 명, 정예병 1만 명을 현지에 남겨 두어 대 땅을 지키게 한 뒤 나머지 병사를 모두 이끌고 와 한단성 밖에 주둔했다. 단신으로 입성해 조왕 천을 알현했다. 조왕 천이 진나라를 물리칠 계책을 묻자 이목이 대답했다.

"지금 진나라 군사는 잇달아 승리한 누승累勝의 위세를 타고 있습니다. 예봉이 심히 날카로워 저들을 물리치기가 쉽지 않습니다. 청컨대 신으로 하여금 법률에 구애되지 않고 편의에 따라 작전을 펼칠 수 잇게 허락해 주십시오. 그러면 대왕의 명을 제대로 수행할 수 있을 듯합니다."

조왕 천이 이를 허락하며 다시 물었다.

"대 땅의 군사들로 전투를 감당할 수 있겠소?"

이목이 대답했다.

"전투를 하기에는 미족未足하고, 지키기에는 유여有餘합니다."

조왕 천이 말했다.

"지금 경내境內에는 아직 10만 명의 군사가 남아 있소. 장수 조총趙蔥과 안취顔聚에게 각각 군사 5만 명씩 거느리면서 장군의 지휘를 받도록 하겠소."

이목이 명을 받들고 성 밖으로 나간 뒤 지금의 하북성 고성 서남쪽의 비루肥壘 땅에 영채를 늘어세우고 방벽과 보루를 설치했다. 그는 벽루壁壘를 견고히 지키면서 싸움에는 응하지 않았다. 대신 날마다 소를 잡아 군사들을 배불리 먹이고, 부대를 나눠 활쏘기 시합인 교사較射를 하도록 했다. 날마다 배불리 먹으며 상을 받자 군영 밖으로 나가 싸우겠다고 자원하는 병사들이 늘어났다. 이목은 허락지 않았다. 이를 보고 진나라 대장 환의가 말했다.

"지난날 염파가 방벽을 튼튼하게 쌓고 왕흘에게 대항하더니 지금 이목도 그 방법을 쓰고 있다."

그러고는 이내 군사의 절반을 나눠 지금의 하북성 청하현인 감천甘泉을 급습했다. 조나라 장수 조총이 이를 보고는 사람을 대장인 이목에게 보내

이목이 굳게 지키며 환의를 물리치다

구원을 청하자 이목이 말했다.

"저들이 다른 곳을 공격할 때 우리가 구원에 나서면 저들의 유인에 걸려들게 된다. 이는 병가에서 꺼리는 것이다. 차라리 저들의 본영을 급습하느니만 못하다. 저들은 지금 감천을 공격하고 있기에 틀림없이 본영의 방비가 허술할 것이다. 또 우리가 오랫동안 지키기만 하는 것을 보고는 전투준비인 전비戰備를 제대로 하지 않았을 것이다. 저들의 본영을 격파하면 환의의 기세도 꺾일 것이다."

그러고는 마침내 군사를 3로路로 나눠 진나라 본영을 급습했다. 불의의 습격을 받은 진나라 본영은 크게 궤패潰敗했다. 유명한 아장牙將 10여 명이 피살됐고, 죽은 병사는 그 수를 헤아릴 수 없을 정도로 많았다. 패잔병들이 황급히 감천으로 달아나 환의에게 이 소식을 알렸다. 조나라 군사를 유인하려다가 오히려 역습을 당한 환의가 크게 화를 내며 모든 군사를 이끌고 달려갔다.

조나라 대장 이목은 새의 양 날개처럼 군진을 펼친 뒤 적들이 오기를 기다렸다. 접전이 벌어지자 대 땅의 군사들이 선봉에 서서 분용奮勇할 때 왼쪽과 오른쪽 날개에 포진한 조나라 군사들이 한꺼번에 달려들어 공격을 퍼부었다. 진나라 대장 환의가 이를 저당抵當치 못했다. 대패한 뒤 함양으로 달아났다. 조왕 천이 진나라 군사를 물리친 이목을 크게 칭송했다.

"이목은 과연 우리 조나라의 백기白起이다!"

그러고는 진나라 명장 백기와 마찬가지로 무안군武安君의 군호를 내리고, 1만 호의 식읍을 하사했다. 진왕 정은 환의가 조나라에 대패한 것에 대로한 나머지 서인庶人으로 폐했다. 이어 대장 왕전과 양단화에게 군사를 내주고 각각 길을 나눠 조나라를 치게 했다.

승부가 어떻게 날지 알 길이 없으니 다음 회를 보라.

211話   왕오가 반간계로 이목을 죽게 만들다
— 왕오반간살이목王敖反間殺李牧

조왕 천遷 5년이자 진왕 정 16년인 기원전 231년, 조나라 대代 땅에 큰 지진이 일어났다. 평지가 130보步나 갈라졌다. 또 한단 땅에 큰 가뭄이 들었다. 민간에 이런 동요가 나돌았다.

진나라 사람은 웃고	秦人笑
조나라 사람은 울지	趙人號
이걸 믿지 못한다면	以爲不信
땅에서 털이 나리라	視地生毛

이듬해에 과연 땅에서 백모白毛가 나 길이가 1척 이상 자랐다. 곽개가 이를 조왕 천에게 알리지 않았다. 이때 진왕 정이 대장 왕전과 양단화에게 명해 길을 나눠 조나라를 치게 했다. 왕전은 태원太原, 양단화는 항산恒山의 길로 진격했다. 또 내사 등騰에게 군사 10만 명을 주어 상당에 주둔하면서 두 사람을 성원케 했다.

당시 진나라에 볼모로 와 있는 연나라 태자 단은 진나라 군사가 다시 조나라 정벌에 나서는 것을 보고 조만간 병화兵禍가 연나라에도 미칠 것으로 짐작했다. 은밀히 연왕 희에게 서신을 보내 수비에 만전을 기하는 한편 병을 사칭詐稱해 자신의 귀국을 청하도록 했다. 연왕 희가 이를 좇아 진나라에 사자를 보냈다. 진왕 정이 말했다.

"연왕이 죽지 않았으니 태자를 귀국시킬 수 없다. 태자를 귀국시키고자 하면 까마귀 머리가 희어지고 말머리에서 뿔이 나는 '오두백烏頭白, 마생각馬生角'[1]의 상황이 빚어져야 비로소 가능할 것이다."

태자 단이 하늘을 우러러 크게 울부짖자 원기怨氣가 하늘까지 솟구쳐 까마귀 머리가 모두 흰색으로 변했다. 그럼에도 진왕 정은 그를 돌려보내려고 하지 않았다. 태자 단이 마침내 옷을 바꿔 입고 얼굴에 상처를 내는 역복훼면易服毁面으로 고용살이인 용복傭僕을 가장해 함곡관을 탈출했다. 밤새도록 길을 재촉해 연나라로 돌아갔다. 지금도 진정부眞定府 정주定州 남쪽에 계대雞臺라는 누대가 있다. 그곳이 바로 태자 단이 진나라를 탈출할 때 새벽 닭 울음소리를 듣고 출발한 곳이라고 한다. 진왕 정은 한나라와

---

1 '오두백烏頭白, 마생각馬生角'은 절대로 일어날 수 없는 일을 비유할 때 사용하는 성어이다. 오백마각烏白馬角 또는 오두마각烏頭馬角 등으로 표현키도 한다. 『사기』「자객열전」에는 하늘에서 곡식이 비처럼 떨어지고, 말의 머리에 뿔이 생긴다는 뜻의 '천우속天雨粟, 마생각馬生角'으로 나온다. 사마정司馬貞은 『사기색은』에서 "태자 단이 귀국을 청하자 진왕 정이 '오두백, 마생각'의 상황이 빚어져야 비로소 귀국을 허락하겠다."는 내용의 『연단자燕丹子』를 인용해 놓았다.

조나라 정벌에 전념한 까닭에 연나라 태자 단의 죄를 물을 겨를이 없었다.

당시 조나라 대장 무안군武安君 이목은 대군을 이끌고 지금의 산서성 태곡현 경내에 있는 회천산灰泉山에 주둔하며 몇 리에 걸쳐 군영을 늘여 세웠다. 진나라의 양로兩路 군사도 감히 이목의 군영을 공격하지 못했다. 이 소식을 듣고 진왕 정이 다시 울료의 제자인 왕오王敖를 대장 왕전에게 보냈다. 왕오가 왕전에게 말했다.

"이목은 북변北邊의 명장이라 쉽게 이길 수 없소. 장군은 잠시 이목에게 강화를 청하면서 어떤 약정을 하지는 마시오. 사자가 오가는 사이 내가 계책을 강구토록 하겠소."

왕전이 이를 좇았다. 조나라 군영에 사자를 보내 강화를 청하자 이목도 사자를 보내 승낙의 취지를 전했다. 그 사이 왕오는 조나라 도성 한단으로 가 곽개와 내통했다.

"이목이 사사롭게 진나라와 강화를 하려고 하오. 조나라가 패망하면 이목을 대代 땅의 왕으로 봉한다는 이야기도 있소. 만일 대부가 이 말을 조왕에게 고하고 그의 대장 직을 박탈하면 나는 이 일을 진왕에게 고하겠소. 진왕이 대부의 공로를 매우 크게 생각할 것이오."

곽개는 이미 다른 마음인 외심外心을 갖고 있었기에 조왕 천에게 왕오의 말을 은밀히 고했다. 조왕 천은 좌우 측근을 시켜 이목의 언행을 살피게 했다. 과연 이목은 왕전과 서신을 주고받은 사실이 있었다. 조왕 천은 이를 사실로 믿고 곽개와 대책을 논의했다. 곽개가 말했다.

"지금 조총趙蔥과 안취顏聚 두 장수가 지금 군영에 있습니다. 대왕은 사자에게 병부兵符를 들려 보내 군영에서 바로 조총을 대장으로 삼고, 이목을 소환하십시오. 이목에게는 상국으로 삼으려고 한다고 말하면 틀림없이 의심치 않을 것입니다."

조왕 천이 이를 좇았다. 곧 사마상司馬尙에게 명해 병부를 갖고 회천산으로 가 이목에게 왕명을 전하게 했다. 이목이 대답했다.

"지금 양군이 대치하고 있는 중이오. 국가안위國家安危가 장수 한 사람에 달려 있소. 군명君命이 있을지라도 나는 감히 따를 수 없소."

사마 상이 사적으로 은밀히 말했다.

"장군이 모반할 뜻을 품고 있다고 곽개가 참소하자 조왕이 그 말을 듣고 장군을 소환하려는 것이오. 상국에 임명하겠다는 것은 장군을 속이려는 말이오."

이목이 분연忿然히 말했다.

"곽개가 지난날엔 염파를 참소하더니 이젠 나를 참소하고 있소. 내가 지금 군사를 이끌고 입조入朝해 주상 곁에 있는 악인부터 제거한 뒤 진나라와 싸울 작정이오."

사마상이 말했다.

"장군이 군사를 이끌고 궁궐을 침범하면 아는 사람은 충성으로 여기겠지만 모르는 사람은 모반으로 생각할 것이오. 참소하는 자에게 좋은 구실을 제공해줄 뿐이오. 장군의 재능이라면 어느 곳에 갈지라도 공명을 세울 수 있소. 굳이 조나라만 고집할 필요가 있겠소?"

이목이 탄식했다.

"나는 일찍부터 악의와 염파가 조나라 장수로 일생을 마치지 못한 것을 늘 한스럽게 생각했소. 오늘 그 일이 불의不意에 나에게도 미치게 됐소."

그러고는 또 말했다.

"조총은 대장 직을 감당할 수 없소. 나는 대장의 인수를 물려줄 수 없소."

그러고는 대장 인수를 군막 안에 걸어둔 채 한밤중에 미복微服을 한 채 위나라로 가려고 했다. 대장이 된 조총은 자신을 천거해준 곽개의 은혜에 감사하면서, 이목이 대장의 인수를 넘겨주지 않고 달아난 것에 크게 화를 냈다. 역사들에게 명해 급히 그를 체포케 했다. 역사가 여점旅店에서 이목을 발견했다. 이목이 술에 취한 틈을 타 포박하고 목을 벤 뒤 수급을 조총에게 바쳤다. 가련하게도 일시一時의 명장 이목이 곽개의 참소로 인해 해를 입고 말았다. 이 어찌 원통한 일이 아닌가?

사신이 이를 시로 읊었다.

진나라 꺾고 대 땅 지켜 저명해지니	卻秦守代著威名
큰 집이 오직 기둥 하나에 의지하다	大廈全憑一木撐
곽개는 왜 외국과 결탁해 욕심내다	何事郭開貪外市
일조에 장성 같은 명장을 죽였을까	致令一旦壞長城

사마상도 조왕 천에게 감히 복명復命할 면목이 없어 몰래 처자식을 데리고 바닷가로 달아났다. 조총은 마침내 대장의 인수를 찾고, 안취는 부장이 됐다. 대 땅의 군사들은 평소 이목의 명을 충실히 따랐다. 이들은 이목이 무고히 희생된 것을 알고는 하룻밤 사이에 산과 계곡을 넘어 사방으로 도산逃散했다. 조총도 이들을 막을 수 없었다.

당시 진나라 군사들은 조나라 대장 이목이 죽었다는 소식을 듣고는 모두 군중에서 술을 주고받는 작주酌酒를 하며 서로 축하했다. 왕전과 양단화는 각각 군마軍馬를 이끌고 약속한 기한 내에 함께 양로兩路로 진격키로 했다. 조나라 대장 조총은 안취와 대책을 의논하며 각각 군사를 나눠 태원과 항산 두 곳을 모두 구원코자 했다.

안취가 말했다.

"지금 대장이 바뀐 탓에 군심軍心이 불안합니다. 군사를 합쳐야만 족히 지킬 수 있습니다. 군사를 나누면 병력이 약해지게 됩니다."

말이 다 끝나기도 전에 초마가 달려와 보고했다.

王教反間殺李牧

"왕전이 낭맹狼孟을 심히 급하게 공격하고 있습니다. 단석旦夕에 함락될 듯합니다."

조총이 말했다.

"낭맹이 함락되면 저들은 승승장구하여 정형井陘으로 내달려 병력을 합친 뒤 항산을 공격할 것입니다. 그리되면 한단까지 위험해집니다. 구원하러 가지 않을 수 없습니다."

이내 안취의 말을 듣지 않은 채 전군에 명해 영채를 모두 뽑도록 했다. 진나라 대장 왕전은 조나라 군사의 동정을 명확히 파악하고 있었다. 미리 큰 골짜기에 군사를 매복시킨 뒤 높은 언덕에 보초를 세워 사방을 감시케 했다. 이들은 조총의 군사가 반쯤 지나가기를 기다렸다가 포성을 신호로 일제히 쇄출殺出했다. 조총의 군사가 둘로 쪼개지는 바람에 수미首尾가 서로를 돌아볼 수 없게 됐다. 왕전이 군사를 이끌고 마치 강물이 쏟아지고 협곡이 무너지는 경강도협傾江倒峽의 기세로 공격해왔다.

조나라 대장 조총은 적을 맞아 싸우다가 대패해 왕전에게 피살됐다. 조나라 부장 안취가 간신히 패잔병을 수습해 한단으로 달아났다. 진나라 군사는 마침내 낭맹을 함락시킨 뒤 정형으로 진격해 지금의 하남성 동쪽에 있는 하읍下邑까지 탈취했다. 양단화는 항산의 남은 땅을 모두 손에 넣은 뒤 계속 전진해 한단성을 포위했다. 진왕 정은 양로로 진격한 군사 모두 승리를 거뒀다는 소식을 듣고는 곧바로 내사 등騰에게 명해 군사를 한나라로 이동시켜 한나라 땅을 모두 접수케 했다.

한왕 안安이 크게 두려운 나머지 한나라 땅을 모두 바치고 진나라 신하로 입조하겠다고 했다. 진왕 정이 한나라 땅을 모두 접수한 뒤 영천군潁川郡을 설치했다. 그때가 한왕 안 9년이자 진왕 정 17년인 기원전 230년이었다.

원래 한나라는 한무자韓武子가 진晉나라에서 봉읍을 받은 이래 3세世 뒤인 한헌자韓獻子 한궐韓厥에 이르러 비로소 진나라 정권을 잡았다. 이어 한궐에서 다시 3세 뒤인 한강자韓康子 한호韓虎에 이르러 지씨智氏를 멸망시켰다. 한호에서 다시 2세 뒤인 한경후韓景侯 한건韓虔에 이르러 처음으로 제후가 됐다. 한건에서 다시 6세 뒤인 한선혜왕韓宣惠王에 이르러 처음으로 칭왕稱王했다. 다시 4세 뒤인 한왕 안安에 이르러 진나라 영토로 편입됐다. 한강자 한호 6년에서 한선혜왕 9년까지 80년 동안은 제후의 나라로 있었고, 한선혜왕 10년에서 한왕 안 9년 멸망할 때까지 94년 동안은 왕이 다스리는 나라로 있었던 셈이다. 한나라 패망 후 산동의 6국은 5국만 남게 됐다.

사신이 시 형식의 사찬史贊을 남겼다.

한만이 한원韓原에 봉해진 뒤	萬封韓原
현명한 후예 한궐이 태어났다	賢裔惟厥
조씨 고아를 온전히 지켜주어	計全趙孤
그 음덕과 공로 헛되지 않다	陰功不泄
비로소 6경 반열에 올라서니	始偶六卿
끝내 진晉나라 셋으로 나누다	終分三穴
6국과 맺은 합종책 안 지키다	縱約不守
진나라 조정에 머리를 숙였다	稽首秦闕
한비가 진나라로 사행 했으나	韓非雖使
한나라 멸망을 구하지 못했다	無救亡滅

당시 진나라 군사는 조나라 도읍 한단성을 완전히 포위하고 있었다. 조나라 장수 안취는 모든 군사를 동원해 강력 저항하며 성을 방어했다. 조왕 천은 크게 두려워한 나머지 이웃 나라에 사자를 보내 구원을 청하고자 했다. 상국 곽개가 나서서 말했다.

"한왕은 이미 진나라 조정의 신하가 됐고, 연나라와 위나라는 자국을 지킬 겨를도 없는데 어찌 우리 조나라를 구해줄 리 있겠습니까? 신의 우견愚見으로는 진나라의 병력이 막강하니 차라리 진나라에 조나라를 바치고 귀의해 제후의 지위를 잃지 않느니만 못합니다."

조왕 천은 이를 좇으려고 하자 태자 자리에서 쫓겨났던 공자 가嘉가 꿇어 엎드려 통곡했다.

"선왕이 종묘사직을 대왕께 전했는데 어찌하여 버리려는 것입니까? 신이 장수 안취와 함께 죽음을 무릅쓰고 온 힘을 다해 적과 싸우겠습니다. 만에 하나 성이 함락되면 그땐 대 땅 수백 리가 남아 있으니 나라를 유지할 수 있습니다. 어찌 손을 묶는 속수束手의 모습으로 포로죄수인 부수俘囚가 되려는 것입니까?"

곽개가 말했다.

"한단성이 함락되면 대왕은 바로 포로가 될 터인데 어떻게 대 땅까지 갈 겨를이 있겠소?"

공자 가가 손에 칼을 뽑아 들고 곽개를 가리키며 말했다.

"나라를 뒤엎는 복국覆國을 꾀하며 참소를 일삼는 참신讒臣이 감히 다 언多言인가? 내가 너를 반드시 참하겠다."

조왕 천이 나서서 이들의 싸움을 말린 뒤 물러가도록 했다. 그는 내궁으로 돌아왔으나 마땅한 계책이 없어 오직 음주만 즐길 뿐이었다. 곽개는 진나라 군사에게 성을 바치고 싶었으나 공자 가가 왕족과 빈객을 이끌고 안취를 도와 물샐 틈 없이 방어한 까닭에 적과 통신通信할 수 없었다. 당시 조나라는 해마다 흉년이 들었다. 성 밖은 백성들이 모두 사방으로 흩어져 하나도 남지 않았다.

진나라 군사들은 들판에서 아무 것도 약탈할 게 없었다. 오직 성안에만 곡식이 가득 쌓여 있었다. 조나라 군사와 백성은 부족하지 않게 배를 채울 수 있었다. 아무리 급하게 공격해도 함락시킬 수 없는 일이었다.

진나라 대장 왕전이 장수 양단화와 상의했다. 잠시 군사를 50리 밖으로 후퇴시킨 뒤 군량을 운반해 오기로 했다. 한단성 사람들은 진나라 군사가 물러가자 방어를 조금 늦추고 하루에 한 번씩 성문을 열어 사람들을 출입시켰다. 곽개가 이 틈을 타 밀서를 휴대한 심복으로 진나라 군영으로 내보냈다. 서신의 내용은 대략 이러했다.

저는 오랫동안 한단성을 바칠 궁리를 했으나 일이 쉽게 풀리지 않아 어찌할 도리가 없었습니다. 그러나 조왕이 이미 십분十分 위구危懼하고 있어 진왕의 대가大駕가 이곳으로 친림하면 제가 응당 조왕으로 하여금 함벽여츤銜璧輿櫬²의 예를 행하도록 권하겠습니다.

왕전이 서신을 다 읽은 뒤 사람을 진왕 정에게 보내 이를 보고했다. 진왕 정이 친히 정예병 3만 명을 이끌고 함양성을 떠나 한단성을 향했다. 대장 이신은 어가를 뒤따르는 호가扈駕를 하며 태원 쪽으로 길을 잡아 한단으로 들어갔다. 진왕 정은 다시 전군에 명해 성을 포위한 뒤 밤낮으로 공격을 퍼붓게 했다. 조나라 군사들이 성 위에서 바라보니 바람에 나부끼는 대패大旆에 '진왕秦王'이라는 두 글자가 선명히 보였다. 이를 조왕 천에게 나는 듯이 보고하는 비보飛報를 하자 조앙 천이 더욱 두려워했다.

상국 곽개가 말했다.

"진왕이 친히 군사를 이끌고 온 것은 한단을 함락시키지 않고는 돌아가지 않겠다는 취지입니다. 공자 가와 안취의 무리는 믿을 수 없습니다. 원컨대 대왕은 내심 친히 결단하는 자단自斷을 하십시오."

조왕 천이 물었다.

"과인은 항복코자 하나 저들이 나를 죽이면 어찌하오?"

상국 곽개가 대답했다.

"진왕은 한왕도 해치지 않았는데 어찌 대왕을 해칠 리 있겠습니까? 화씨지벽和氏之璧과 한단의 지도를 내다 바치면 진왕은 틀림없이 기뻐할 것

---

2   함벽여츤銜璧輿櫬은 항복을 하는 자가 죽은 목숨임을 상징키 위해 구슬을 입안에 머금고 관재棺材를 수레에 싣고 가는 항복의식을 말한다. 『춘추좌전』「노소공 4년」조에는 이밖에도 웃통을 벗어 등을 드러낸 채 관재를 수레에 싣고 가는 단배여츤袒背輿櫬과 두 팔을 뒤로 묶고 입에는 구슬을 머금는 면박함벽面縛含璧의 항복의식이 언급돼 있다. 승리자에게 음식을 제공한다는 취지로 웃통을 벗는 육단肉袒을 한 채 양을 끌고 나오는 육단견양肉袒牽羊, 육단을 한 채 두 손을 뒤로 묶고 승리자 앞으로 나가는 육단면박肉袒面縛, 육단을 한 채 양을 끌고 나오는 육단견양肉袒牽羊, 관冠을 벗고 육단을 하는 해관육단解冠肉袒, 육단한 채 무릎으로 걸어가는 육단슬행肉袒膝行 모두 목숨을 상대에게 맡긴다는 취지에서 나온 항복의식이다.

입니다."

조왕 천이 말했다.

"경의 계책을 좇을 터이니 바로 항서降書를 쓰도록 하시오."

상국 곽개가 항서를 쓴 뒤 또 말했다.

"항서는 쓰기는 했으나 공자 가가 알면 틀림없이 막아설 것입니다. 소문을 들으니 진왕의 군영이 서문 밖에 있다고 합니다. 대왕은 성을 순시한다는 구실로 수레를 타고 그곳으로 간 뒤 성문을 열고 나가 항복의 예물을 올리십시오. 어찌 받아들이지 않을까 걱정할 필요가 있겠습니까?"

조왕 천이 줄곧 정신이 혼미해진 까닭에 오직 곽개의 말만 들었다. 이처럼 위급한 상황에서도 스스로 상황을 주도하지 못한 채 곽개의 말에만 의지한 것이다.

당시 안취는 북문에서 군사를 점검하다가 조왕 천이 벌써 서문을 열고 진나라에 항복의 예물을 올렸다는 소식을 듣고 대경大驚했다. 공자 가도 나는 듯이 말을 타고 달려오는 비기飛騎를 하여 당도한 뒤 말했다.

"성 위에 조왕의 명에 따라 항복의 깃발이 내걸렸소. 진나라 군사가 곧 들이닥칠 것이오."

안취가 말했다.

"제가 죽기를 각오하고 이 북문을 지키겠습니다. 공자는 속히 종족宗族을 모아 속히 그곳으로 오십시오. 일단 함께 대 땅으로 몸을 피한 뒤 다시 나라의 회복恢復 방안을 꾀해야 할 것입니다."

공자 가는 이를 좇아 즉시 종족 수백 명을 이끌고 와 장수 안취와 함께 북문을 열고 나간 뒤 밤새도록 대 땅을 향해 내달렸다. 안취가 공자 가에게 권해 대왕代王의 자리에 오른 뒤 백성을 다스리게 했다. 대왕 가는 이전의 태수 이목의 공을 표창하고 그의 관작을 회복시켰다. 또 친히 이목에게 제사를 올리며 대 땅의 민심을 수습했다. 또 사자를 동쪽 연나라로 보내 상곡

上谷 일대에 양국 군사를 함께 주둔시킨 뒤 진나라의 침략에 대비했다. 덕분에 대나라는 어느 정도 안정을 찾게 됐다.

당시 진왕 정은 조왕 천의 항복을 비준한 뒤 직접 군사를 이끌고 한단성에 입성해 조왕의 궁전에 거처했다. 조왕 천이 신하의 예로 알현했다. 진왕 정은 조왕의 보좌에 앉아 절을 받았다. 대다수 조나라 신하들이 눈물을 흘렸다. 이튿날 진왕 정이 화씨지벽을 어루만지며 신하들에게 말했다.

"이것이 바로 선왕인 진소양왕이 15개 성읍과 바꾸려다가 끝내 얻지 못한 보옥이오."

그러고는 조나라의 옛 땅에 거록군鉅鹿郡을 설치하고, 태수를 파견토록 했다. 또 조왕 천을 지금의 호북성 방현 부근인 방릉房陵에 안치케 하고, 곽개를 상경에 임명했다. 조왕 천은 그제야 곽개가 매국賣國의 죄를 범한 걸 알고 탄식했다.

"만약 이목이 살아 있었던들 진나라 군사가 어찌 우리 한단의 곡식을 먹을 수 있었겠는가?"

방릉의 안치소는 사면이 석실石室로 돼 방옥房屋처럼 꾸민 곳이었다. 조왕 천이 석실 가운데 앉아 있다가 물이 콸콸 흐르는 '종종淙淙'의 소리를 듣고는 좌우에 물었다. 좌우가 대답했다.

"원래 조나라엔 4개의 커다란 강수江水가 있습니다. 장강長江인 강수江水를 비롯해 한수漢水, 저수沮水, 장수漳水가 그것입니다. 지금 들리는 '종종'의 소리는 저수의 물소리입니다. 저수는 방산房山에서 발원해 한수까지 갑니다.[3]"

조왕 천이 탄식했다.

---

3 이 구절의 『열국지』 원문은 '출방산달어한강出房山達於漢江'이다. 방산에서 발원해 한수에 합류하는 강은 저수沮水가 아니라 남하南河이다. 저수는 호북성 취룡산聚龍山에서 발원해 곧바로 장강에 유입된다. 저자인 풍몽룡의 착오이다.

"물은 원래 무심한 것이나 스스로 한수와 강수까지 가고 있다. 그러나 과인은 이곳에 감금돼 1천 리 밖의 고향을 생각하고 있다. 어찌 능히 고향에 갈 수 있을 것인가?"

그러고는 산수山水에 관한 노래를 지어서 불렀다.

방산 궁궐로 삼고, 저수 식수로 삼았는데	房山爲宮兮, 沮水爲漿
금슬 소리 안 들리고, 콸콸 소리만 들리다	
	不聞調琴奏瑟兮, 惟聞流水之湯湯
물은 무정한데, 한수와 강수로 흘러들다	
	水之無情兮, 猶能自致於漢江
만승의 군주건만, 이젠 꿈에서만 고향 보다	
	嗟餘萬乘之主兮, 徒夢懷乎故鄉
누가 날 여길 데려왔나, 횡행한 참언 탓이지	
	夫誰使餘及此兮? 乃讒言之孔張
양신 세상 떠나고, 종묘사직 무너졌다	良臣淹沒兮, 社稷淪亡
총명치 못했으니, 어찌 감히 진왕 원망할까	餘聽不聰兮, 敢怨秦王

조왕 천은 한밤에 무료하면 늘 노래를 불러 좌우 측근을 슬프게 했다. 결국 병이 나 앓다가 얼어나지 못했다. 대왕代王 가嘉는 조왕 천이 죽었다는 소식을 듣고 어둑하고 잘못을 저지른 왕이라는 뜻의 '유류왕幽謬王' 시호를 내렸다.

이를 뒷받침하는 시가 있다.

부차의 패망은 간신 백비 탓이고	吳主喪邦緣佞嚭
조왕 천 사망은 탐신 곽개 탓이지	趙王遷死爲貪開

간신과 탐신을 멀리할 수 있다면　　　　若敎貪佞能疏遠
만세토록 금성탕지 안 무너지리라　　　　萬歲金湯永不隤

　당시 진왕 정은 군사를 거둬 함양으로 돌아온 뒤 잠시 군사들에게 휴식을 취하며 병사들을 육성했다. 곽개는 모아둔 황금이 너무 많아 진나라로 모두 가져갈 수 없었다. 한단에 있는 자신의 집에 굴을 파고 황금을 숨겼다. 진나라에서 어느 정도 정착하게 되자 진왕 정에게 휴가를 청한 뒤 한단에 있는 가재家財를 옮기고자 했다. 진왕 정이 웃으며 허락했다.
　곽개가 땅을 파고 황금을 꺼낸 뒤 여러 대의 수레에 나눠 실었다. 그러나 진나라로 옮기는 도중 도적의 칼을 맞고 죽었다. 도적들은 곽개의 황금을 모두 빼앗아 달아났다. 혹자는 이목의 빈객이 저지른 짓이라고 했다. 실로 곽개는 어리석은 자이다!

212話 전광이 목을 찌르며 형가를 천거하다
— 전광문경천형가田光刎頸薦荊軻

연나라 태자 단은 연나라로 달아난 뒤 진왕 정을 크게 미워했다. 복수를 하기 위해 가재를 기울여 빈객을 모았다. 마침내 용사 하부夏扶와 송의宋意를 직접 찾아가 자기 사람으로 만들었다. 이들을 극진히 대우했다.

당시 연나라에 진무양秦舞陽이라는 사람이 있었다. 13세인 그는 백주에 사람들이 몰려 있는 저잣거리인 도시都市에서 자신의 원수를 죽였다. 저잣거리 사람들은 그가 무서워 가까이 가지도 못했다. 태자 단이 그의 죄를 사면하고 자신의 문하에 거둬 부양했다.

이때 진나라 장수 번오기도 죄를 짓고 연나라로 도피해 깊은 산속에 숨어살고 있었다. 그는 태자 단이 뜻있는 빈객을 좋아한다는 소문을 듣고 산에서 나와 태자 단에게 귀의했다. 태자 단이 번오기를 상객으로 대우했다. 특별히 역수易水 동쪽에 성 하나를 새로 쌓은 뒤 번오기를 거주케 했다. 그가 거주하는 집을 번관樊館이라고 불렀다. 태자 단의 태부인 국무鞠武가 간했다.

"진나라는 범이나 승냥이인 호랑虎狼과 같은 나라로 바야흐로 제후의 나라를 잠식蠶食하고 있습니다. 설령 아무런 혐의嫌疑가 없는 무극無隙의 사람일지라도 트집을 잡을 터인데 진나라의 원수인 그를 받아들였으니 결국 저들의 표적이 될 것입니다. 이는 용의 역린逆鱗을 건드린 격으로 틀림없이 화를 입을 것입니다. 바라건대 속히 그를 흉노 땅으로 내보내 구설의 여지를 미리 막는 멸구滅口를 하십시오. 이어 서쪽으로 3진과 맹약을 맺고, 남쪽으로 제나라 및 초나라와 연합하고, 북쪽으로 흉노와 우후를 맺은 뒤

太子丹

太子監園願心實丹
難壯士一去兮為酸
過易水蕭怒寡懷太
太子監園願心實丹帝狼坐視馴之犬
難壯士一去兮為酸壯士不還回首長安栽
過易水蕭怒寡懷太子倪仰關干逞盧居士

━ 연나라 태자
단

서서히 진나라를 도모토록 하십시오."

태자 단이 말했다.

"태부의 계책은 많은 세월과 시간이 요구되는 광일미구曠日彌久의 계책
이오. 지금 나의 마음은 불이 붙은 듯 타들어가는 분자焚炙의 상황이오. 잠
시라도 안식安息할 수가 없소. 더구나 번 장군은 형편이 곤궁해 내게 귀의
한 사람이오. 내가 애련哀憐히 생각해 교분을 맺은 이유요. 진나라가 아무
리 강하다 할지라도 어찌 멀리 황량한 사막인 황막荒漠에 내버릴 수 있겠
소? 나는 죽을지라도 그리할 수는 없소. 원컨대 태부는 나를 위해 다른 계
책을 세워주시오."

태부 국무가 대답했다.

"무릇 약한 연나라가 강한 진나라에 맞서 싸우는 것은 마치 깃털을 화로에 던져 넣는 이모투로以毛投爐와 같아 타지 않는 경우가 없고, 계란을 들어 돌을 치는 이란투석以卵投石과 같아 깨지지 않는 경우가 없습니다. 신은 지혜도 얕고 식견도 짧아 능히 태자를 위한 계책을 마련할 수 없습니다. 다만 신이 알고 있는 전광田光 선생은 지혜도 깊고 용력도 뛰어날 뿐만 아니라 기이한 재능을 지닌 이인異人을 많이 알고 있습니다. 태자가 반드시 진나라를 도모코자 하면 전광 선생이 아니고는 안 됩니다."

태자 단이 말했다.

"나는 아직 전광 선생과 교분이 없소. 원컨대 태부를 통해 그를 만나보고 싶소."

태부 국무가 대답했다.

"삼가 그리하겠습니다."

태부 국무가 곧바로 수레에 올라 전광의 집으로 가 태자 단의 의중을 알렸다.

"태자가 선생을 경모敬慕한 나머지 이곳에 와서 중대사를 결정코자 합니다. 원컨대 선생은 이를 물리치지 마시기 바랍니다."

전광이 대답했다.

"태자는 귀인이오. 어찌 감히 몸을 굽혀 이런 곳으로 오게 할 수 있겠소? 태자가 이 전광을 비루하게 여기지 않고 함께 일을 도모코자 하면 내가 응당 찾아가 알현토록 하겠소. 감히 안일한 모습을 보일 수는 없는 일이오."

태부 국무가 말했다.

"선생이 몸을 굽혀 찾아가는 왕가枉駕를 마다하지 않겠다고 하니 태자에겐 실로 다행입니다."

그러고는 마침내 전광과 함께 수레에 올라 태자 단이 머무는 동궁으로 갔다. 태자 단이 궁문 밖까지 나와 맞이했다. 말고삐를 잡고 전광을 수레에서 내리게 한 뒤 앞에서 길을 인도했다. 재배하며 경의를 표하고 자리에 꿇어 앉아 전광이 앉을 방석의 먼지를 털었다.

전광은 너무 늙어서 꼽추처럼 허리를 굽히고 걷는 누행僂行을 하여 상좌에 앉았다. 곁에서 보고 있던 사람들이 몰래 비웃었다. 태자 단이 좌우를 물리친 뒤 장궤長跪하며 청했다.

"오늘의 형세를 보면 우리 연나라와 진나라는 양립할 수 없습니다. 나는 선생이 지용智勇을 족비足備하고 있다는 이야기를 들었습니다. 능히 기책奇策을 내어 금방 멸망할 연나라를 구해 주십시오."

전광이 대답했다.

"천리마도 한창 때는 하루에 천리를 달리지만 노쇠하면 둔한 말인 노마駑馬가 오히려 천리마를 앞선다는 뜻의 '기기성장지시騏驥盛壯之時, 일일이치천리一日而馳千里. 급기쇠로及其衰老, 노마선지駑馬先之'라는 말을 들은 적이 있습니다. 지금 태부 국무는 신이 한창 때의 모습만 알고 신이 이미 노쇠했다는 걸 모르고 있습니다."

태자 단이 말했다.

"선생이 교유하는 사람들 가운데 지용이 선생의 젊은 시절과 같아 선생을 대신할 만한 사람이 있습니까?"

전광 선생이 머리를 흔들며 대답했다.

"그건 대난大難, 대난의 일입니다. 태자의 빈객 가운데 쓸 만한 사람이 얼마나 됩니까? 신이 한번 관상을 봐드리겠습니다."

태자 단이 하부와 송의, 진무양을 모두 불러 전광과 인사를 나누게 했다. 전광이 일일이 관상을 보면서 성명을 물었다. 이어 그들을 내보낸 뒤 태자 단에게 말했다.

"신이 태자의 빈객들을 몰래 살펴보니 쓸 만한 사람이 없습니다. 하부는 혈기血氣만 용맹한 혈용血勇에 해당하는 까닭에 분노하면 얼굴이 붉어집니다. 송의는 맥기脈氣만 용맹한 맥용脈勇에 해당하는 까닭에 분노하면 얼굴이 푸르러집니다. 진무양은 골기骨氣만 용맹한 골용骨勇에 해당하는 까닭에 분노하면 얼굴이 희어집니다. 무릇 분노가 얼굴에 나타나면 다른 사람들이 금세 알아채게 됩니다. 어찌 대사를 이룰 수 있겠습니까? 신이 알고 있는 사람 가운데 형가荊軻란 사람이 있습니다. 그는 신기神氣가 용맹한 신용神勇에 해당하는 까닭에 희로의 감정이 얼굴에 나타나지 않습니다. 이 사람이 그들보단 나을 듯합니다."

　태자 단이 물었다

　"형가는 이름이 무엇이고, 어디 출신입니까?"

　전광이 대답했다.

　"형경荊卿은 이름이 가軻이고, 성이 본래 경씨慶氏입니다. 옛날 제나라 대부 경봉慶封의 후손입니다. 당시 경봉은 오나라로 도주해 주방朱方 땅에 살았습니다. 이후 초장왕이 경봉을 토벌해 죽이자 일족이 위衛나라로 달아나 위나라 사람이 됐습니다. 그는 검술로 위원군衛元君에게 유세했으나 위원군이 그를 등용치 않았습니다. 이후 진나라가 위魏나라의 동쪽 땅 복양濮陽을 빼앗아 동군東郡을 설치하자 다시 우리 연나라로 몸을 피한 뒤 성을 경씨에서 형씨荊氏로 바꿨습니다. 사람들이 그를 높여 '형경'으로 부르는 이유입니다. 형가는 평소 술을 좋아하고, 연나라 출신 고점리高漸離는 축筑이란 악기에 능합니다. 형가는 고점리를 좋아해 날마다 연나라 저잣거리에서 함께 술을 마십니다. 술이 거나해지면 고점리가 축을 치고, 형가가 그에 맞춰 노래를 부릅니다. 노래가 끝나면 문득 눈물을 흘리며 천하에 자신을 알아주는 사람이 없다며 탄식하곤 합니다. 그는 생각이 깊고 침착한데다 계모와 책략인 모략謀略에 뛰어납니다. 신은 그에 비하면 1만분의 1에도 미치지 못합니다."

태자 단이 말했다.

"나는 아직 형가와 교분이 없습니다. 선생을 통해 그를 만나고자 합니다."

전광이 대답했다.

"형가는 크게 가난하기 때문에 신이 늘 그의 술값을 대주었습니다. 신이 말하면 아마 그도 들을 것입니다."

태자 단이 전광을 문밖까지 전송하고 자신의 수레에 모신 뒤 내시에게 수레를 몰게 했다. 전광이 수레에 오르자 태자가 당부했다.

"내가 한 말은 국가대사이니 다른 사람에게 발설해서는 안 됩니다."

전광 선생이 웃으며 대답했다.

"노신老臣은 감히 그리할 수 없습니다."

전광은 수레를 타고 형가가 술을 마시는 주막으로 갔다. 당시 형가는 고점리와 함께 술을 마시며 반쯤 취해 있었다. 고점리가 바야흐로 축의 소리를 고르는 중이었다. 전광은 축을 치는 소리를 듣고는 수레에서 내려 곧바로 주막으로 들어가 형가를 불렀다. 고점리가 축을 들고 자리를 피했다. 형가와 전광이 서로 인사를 나눴다. 전광이 형가를 자신의 집으로 데려간 뒤 이같이 말했다.

"형경은 늘 천하에 자신을 알아주는 사람이 없다고 탄식했소. 나 역시 그리 생각하오. 나도 젊었을 때는 정신과 기력인 정력精力이 쓸 만해 자신을 알아주는 사람인 지기자知己者를 위해 일했으나 이제는 정력이 쇠해 지기자를 위해 전력을 다하는 구치驅馳를 할 수 없소. 형경은 바야흐로 혈기가 장성壯盛하니 흉중의 기재奇才를 한번 시험해 보는 게 어떻겠소?"

형가가 대답했다.

"어찌 그런 바람이 없겠습니까? 아직 '지기자'를 만나지 못했을 뿐입니

전광이 목을 찌르며 형가를 천거하다

다."

전광이 말했다.

"지금 태자 단이 몸을 굽혀 빈객을 귀하게 모시는 절절중객折節重客을 한다는 사실을 연나라 사람이면 모르는 사람이 없소. 이번에 그는 내가 노쇠한 사실을 모른 채 연나라와 진나라 사이의 국가대사를 상의코자 했소. 나는 형경과 친교가 두텁고 재능도 잘 알고 있어 나 대신 형경을 천거했소. 지금 태자궁으로 가주기 바라오."

형가가 대답했다.

"선생의 명을 이 형가가 어찌 감히 따르지 않겠습니까?"

전광이 형가의 뜻을 격려하기 위해 칼을 어루만지며 탄식했다.

"덕이 뛰어난 사람은 행동할 때 남으로 하여금 의심치 않게 만든다는 뜻의 '장자위행長者爲行, 불사인의不使人疑' 구절을 들은 적이 있소. 오늘 태자가 나를 불러 국가대사를 나에게 알려주고 절대로 발설하지 말라고 했소. 이는 나를 의심하는 것이오. 내가 그대로 하여금 큰일을 이루도록 도와주려는 입장에서 어찌 남의 의심을 살 수 있겠소? 나는 죽음으로써 이를 밝게 드러내고자 하오. 족하는 속히 가서 태자에게 이를 알려주시오."

그러고는 마침내 칼을 뽑아 자문自刎하고 죽었다. 형가가 슬피 울고 있을 때 태자 단이 보낸 사자가 달려와 주위를 살피며 물었다.

"형 선생은 태자궁으로 올 것입니까?"

형가는 태자 단의 정성을 알고 바로 전광이 타고 온 수레에 올라 태자궁으로 향했다. 태자 단이 형가를 대하면서 전광 선생을 대할 때와 전혀 다르지 않은 무이無二의 모습을 보였다. 태자 단이 인사를 나눈 뒤 형가에게 물었다.

"전 선생은 어째서 함께 오지 않은 것입니까?"

형가가 대답했다.

"전 선생은 태자의 은밀히 부탁을 듣고 불언不言코자 하는 자신의 마음을 드러내기 위해 칼 위에 엎어져 자진했습니다."

태자 단이 가슴을 치며 통곡했다.

"전 선생은 나 때문에 죽은 것이오. 이 어찌 원통한 일이 아니겠소?"

그러고는 오래도록 슬피 울다가 눈물을 거둔 뒤 형가를 상좌에 모시고 몸을 공손히 옆으로 피한 채 돈수頓首했다. 형가도 황망히 자리에서 내려와 답례했다. 태자 단이 말했다.

"전 선생이 나를 불초하다 여기지 않고 형경을 만나게 해주었소. 이는 하늘이 내린 행운이오. 형경은 이 사람을 버리지 말아 주시오."

형가가 물었다.

"태자가 진나라를 우려하는 이유는 무엇입니까?"

태자 단이 대답했다.

"진나라는 비유하면 호랑과 같은 나라요. 천하를 대상으로 썹어서 삼키고자 하는 탄서呑噬의 욕심이 끝이 없소. 천하의 모든 땅을 차지한 뒤 해내의 모든 왕을 신하로 삼지 않고는 그 욕심을 그치지 않을 것이오. 지금 한왕은 이미 자국의 모든 땅을 바쳐 진나라의 군현郡縣으로 만들었소. 진나라 대장 왕전은 대군을 이끌고 가 조나라를 격파한 뒤 조왕을 포로로 잡았소. 조나라가 망했으니 다음은 틀림없이 연나라 차례가 될 것이오. 내가 누워도 잠자리가 불안한 와불안석臥不安度과 밥상 앞에서 식욕이 없어 젓가락을 놓는 임식폐저臨食廢箸를 하는 이유요."

형가가 또 물었다.

"태자의 계책은 장차 거병擧兵하여 진나라와 무력을 다툴 생각입니까, 아니면 다른 계책이 있는 것입니까?"

태자 단이 대답했다.

"우리 연나라는 소약小弱한 까닭에 여러 번 싸움에 패하고 곤경에 빠졌소. 지금 조나라 공자 가는 대왕代王을 자칭하며 우리 연나라와 연합군을 결성해 진나라에 대항하려 하고 있소. 나는 온 나라의 군사를 다 동원해도 진나라 장수 하나를 당해내지 못할까 두렵소. 비록 대왕 공자 가가 귀의해 오기는 했으나 아직 그 나라의 성한 병세兵勢를 본 적이 없소. 위나라와 제나라는 평소 진나라에 붙어살고, 초나라는 거리가 멀어 도움을 받을 수 없소. 제후들은 진나라의 막강한 무력을 두려워하며 합종에 참여하지 않으려 하고 있소. 그러나 내게 우계愚計가 하나 있기는 하오. 천하의 용사를 얻어 거짓으로 진나라에 사자로 보낸 뒤 막대한 이익으로 유혹하면 진왕이 욕심을 내며 사자를 가까이 할 것이오. 그 틈을 노려 진왕을 겁박劫迫해 저들이 빼앗은 땅을 돌려주도록 하는 것이오. 이는 옛날 노나라의 조말曹沫이 제환공에게 써먹은 적이 있소. 그게 아주 좋은 방안이 될 것이오. 진왕이 듣지 않을 경우 곧바로 척살刺殺하면 그만이오. 진나라는 장수들이 중병重兵을 거느리고 있어 서로 남의 밑으로 들어가려고 하지 않소. 진왕이 죽어 나라가 혼란스러워지면 진나라의 상하 관원들이 서로 시기하며 의심하는 시의猜疑를 하게 될 것이오. 그 틈을 타 초나라 및 위나라와 연합하고 패망한 한나라와 조나라의 후예를 옹립해 독립시킨 뒤 함께 힘을 합쳐 진나라를 격파하면 되오. 그러면 건곤乾坤을 재조再造하는 때가 되는 것이오. 형경이 이 점을 유의留意해 주기 바라오."

형가는 오랫동안 침사沈思하다가 대답했다.

"이는 국가대사입니다. 신은 우둔해 사자의 임무를 감당하지 못할까 두렵습니다."

태자 단이 앞으로 나아가 다시 돈수하며 청했다.

"형경이 고의高義를 지니고 있는 까닭에 나는 형경에게 내 운명을 맡기도록 하겠소. 부디 사양하지 마시오."

형가는 재삼 겸양하다가 마침내 수락했다. 태자 단이 형가를 상경에 임명하고, 번오기가 거처하는 번관樊館의 오른쪽에 다시 성을 쌓고 형관荊館으로 명명한 뒤 형가를 모셨다. 태자 단은 날마다 형관을 찾아가 문안하며 태뢰太牢를 올렸다. 또 수시로 좋은 거기車騎와 미녀美女를 바치며 마음껏 즐기게 했다. 그러면서도 태자 단은 자신의 정성이 부족하지나 않을까 염려했다.

하루는 형가가 태자 단과 함께 동궁에서 놀다가 문득 연못 쪽을 바라보았다. 마침 큰 거북이 연못가로 기어 나왔다. 형가가 기왓장 조각을 주워 거북에게 던졌다. 태자 단이 황금으로 만든 구슬인 금환金丸을 갖고 와 기와 대신 던지게 했다.

또 하루는 형가가 태자 단과 함께 말을 타며 놀았다. 태자에게는 하루에 천리를 가는 천리마가 있었다. 형가가 우연히 말의 간이 맛있다고 하자 잠깐 사이 포인庖人이 말의 간을 올렸다. 태자의 천리마를 잡아서 꺼낸 간이었다.

하루는 태자 단이 진나라 장수 번오기가 진왕에게 죄를 짓고 연나라에 와 있다는 이야기를 했다. 형가가 번오기를 만나고 싶어 하자 태자 단이 화양대華陽臺에 주연을 베풀며 두 사람을 초청해 서로 인사를 나누게 했다. 태자 단이 총애하는 미인을 불러내 술잔을 올리고, 거문고를 탄주케 했다. 두 빈객의 마음을 기쁘게 하려는 것이었다. 형가가 거문고를 타는 미인의 두 손이 옥처럼 예쁜 것을 보고 탄복했다.

"아름답구나, 그 손이여!"

주연이 끝나자 태자 단이 내시를 시켜 무슨 물건을 담은 쟁반을 형가에게 보냈다. 형가가 덮개를 들춰보니 바로 그 미인의 절단된 손이었다. 형가의 마음을 기쁘게 만들기 위해 아끼는 게 아무것도 없었다. 형가가 감탄했다.

"태자가 나를 대우하는 게 이토록 지극하니 내가 응당 죽음으로 보답할 것이다."

형가가 어떤 식으로 보은報恩했는지 알 길이 없으니 다음 회를 보라.

제107회

213話 형가가 진나라 조정을 발칵 뒤집다
– 헌지도형가료진정獻地圖荊軻鬧秦庭

　　형가는 평소 다른 사람과 검술을 논할 때 남의 검술을 인정한 경우가 드물었다. 다만 지금의 산서성 진중시인 유차楡次 출신 갑섭蓋聶[1]의 검술만은 인정하며 자신도 그에게 미치지 못한다고 생각했다. 갑섭과 깊은 우정을 나눈 이유다.

　　당시 형가는 연나라 태자 단의 두터운 대접을 받고 서쪽 진나라로 가 진왕 정을 협박할 생각이었다. 곧 사람을 갑섭에게 보내 연나라로 와 달라고

―――――――――――――――――――――

1　갑섭蓋聶의 갑蓋은 그 음이 3개이다. 덮는다는 의미일 때는 '개', 이엉을 뜻할 때는 '합', 고을 이름이나 성씨로 사용될 때는 '갑'으로 읽는다. 『사기색은』은 '갑섭'의 '갑' 음을 고랍반古臘反이라고 했다. 대다수 번역서가 '개섭'으로 번역해 놓았으나 이는 잘못이다.

청했다. 그와 대책을 상의할 심산이었다. 그러나 갑섭은 종적이 일정치 않아 일거에 연나라로 오는 게 불가능했다.

태자 단은 형가가 호걸인 것을 알고 조석으로 문안만 할 뿐 앞일을 전혀 재촉치 않았다. 이때 변경에서 보고가 올라왔다.

"진왕이 대장 왕전을 보내 북쪽 땅을 노략질하더니 이제는 우리 연나라 남쪽 경계까지 이르게 됐습니다. 대왕代王으로 있는 공자 가가 사자를 보내 서로 약속을 정한 뒤 함께 군사를 출동시켜 상곡上谷을 지키며 진나라의 진격을 저지하자고 제안했습니다."

태자 단이 크게 두려워하며 형가에게 말했다.

"진나라 군사가 조만간 역수易水를 건너올 듯하오. 족하足下가 비록 연나라를 위한 계책을 나름 마련했겠지만 혹여 시기를 놓치는 일이 없겠소?"

형가가 대답했다.

"신은 이미 숙사熟思했습니다. 이번에 진나라로 가더라도 진왕에게 믿음을 주지 못하면 가까이 다가갈 수 없습니다. 무릇 번오기 장군이 진나라에 죄를 짓고 달아나자 진왕은 그의 머리에 1천근의 황금과 1만 호의 봉읍을 상으로 내걸었습니다. 연나라의 독항督亢은 비옥한 땅인 고유지지膏腴之地로 진나라가 탐을 내던 곳입니다. 신이 번 장군의 목과 독항 땅의 지도를 바치면 진왕은 틀림없이 기뻐하며 신을 만나줄 것입니다. 신이 이 2가지를 얻으면 태자의 은혜에 보답할 수 있을 것입니다."

태자 단이 말했다.

"번 장군은 곤궁한 지경에 빠져 내게 귀의해 왔소. 내가 어찌 차마 그를 죽일 수 있겠소. 독항의 지도는 아까울 게 없소."

형가는 태자 단이 차마 번오기를 죽이지 못한다는 사실을 알고 은밀히 번오기를 찾아가 말했다.

"장군이 지난날 진나라에 당한 참화는 가히 깊다고 말할 수 있소. 부모

와 종족宗族이 모두 육몰戮殁을 당한 게 그렇소. 소문을 들으니 진나라에
서 장군의 목에 1천근의 황금과 1만 호의 봉읍을 내걸었다고 하오. 장군은
장차 어떻게 설한雪恨할 생각이오?"

번오기가 하늘을 우러러 탄식하고 눈물을 흘리며 대답했다.

"나는 진왕 정을 생각할 때마다 그 원통함이 가슴과 골수인 심수心髓에
사무치오. 그와 함께 죽는 게 소원인데 아직 기회를 잡지 못한 게 한스러울
뿐이오."

형가가 말했다.

"지금 연나라의 우환도 풀고 장군의 원수도 갚을 수 있는 계책을 담은
한마디 말이 있는데, 장군은 그 말을 들어보시겠소?"

번오기가 급히 청했다.

"그 계책이 어떤 것이오?"

형가가 잠시 주저하며 말을 하지 못하자 번오기가 물었다.

"형경은 어찌하여 말씀이 없는 것이오?"

형가가 대답했다.

"계책이 있기는 하나 차마 입 밖으로 내기가 어렵소."

번오기가 말했다.

"진나라에 당한 원수를 갚을 수 있다면 뼈가 부서지고 몸이 가루가 될
지라도 아까워 하지 않을 것이오. 그런데 뭐가 그리 말하기 어렵다는 것이
오?"

형가가 말했다.

"나의 우계愚計는 진왕 앞으로 다가가 그를 칼로 찌르는 것인데 가까이
다가가지 못할까 걱정이오. 실로 장군의 머리를 진왕에게 바치면 진왕은 틀
림없이 기뻐하고 나를 부를 것이오. 그때 왼손으로 진왕의 소매를 잡고, 오
른손으로 그의 가슴을 찌르면 장군의 원수도 갚고, 연나라도 패망의 위기

에서 벗어날 수 있을 듯하오. 장군은 이를 어떻게 생각하시오?"

번오기가 웃옷을 반쯤 벗고 맨 어깨를 드러내는 사의편단卸衣偏袒으로 찬성을 뜻하는 이른바 좌단左袒을 행했다. 이어 팔을 휘두르고 발을 구르는 분비돈족奮臂頓足을 하며 크게 외쳤다.

"나는 밤낮 이를 갈며 원통해하는 절치통심切齒腐心을 하면서도 아무 대책이 없는 걸 한탄했소. 오늘 분명한 가르침을 얻었소."

그러고는 곧바로 패검佩劍을 뽑아 자기 목을 쳤다. 목구멍만 끊어지고 목이 완전히 떨어지지 않자 형가가 다시 칼로 그의 목을 마저 잘랐다.

이를 뒷받침하는 시가 있다.

번오기 묘책 듣고 미친 듯 좋아하니	聞說奇謀喜欲狂
스스로 혼백 돼 함양으로 먼저 가다	幽魂先已赴咸陽
만일 형가가 진왕 척살에 성공했다면	荊卿若遂屠龍計
번 장군의 죽음도 헛되지 않았으리라	不枉將軍劍下亡

형가가 사람을 태자 단에게 보내 고했다.

"이미 번 장군의 목을 얻었습니다."

태자 단이 보고를 받고는 수레를 내달려 번오기 시신에 엎어져 극도로 애절히 통곡했다. 이어 번오기를 후하게 장사지내도록 명한 뒤 목함木函에 그의 목을 넣었다. 형가가 물었다.

"태자는 날카로운 비수를 이미 구해뒀습니까?"

태자 단이 대답했다.

"내가 조나라 서徐 부인의 비수를 갖고 있소. 길이가 1척8촌이고 심히 날카롭소. 내가 전에 100금을 주고 산 뒤 공인工人을 시켜 독약을 발라두도록 했소. 한번 그 비수로 짐승을 시험해 봤더니 실낱같은 상처가 생겼는

一
형가

荆
軻

데도 그 자리서 죽는 입사立死를 하지 않는 게 없었소. 비수를 간직하고 형
경을 기다린 지 오래됐소. 형경은 언제 출발할 생각인지 모르겠소?"

형가가 말했다.

"신이 잘 아는 갑섭이 아직 오지 않았습니다. 조금 더 기다렸다가 그를
부사副使로 삼을 생각입니다."

태자 단이 말했다.

"족하의 친구 갑섭은 바다 위를 떠도는 부평초浮萍草 같은 사람이라 약
속을 정할 수 없소. 나의 빈객 가운데 용사가 몇 사람 있소. 진무양이 가장
뛰어나오. 혹여 그를 부사로 데려갈 순 없겠소?"

형가는 태자 단이 십분十分 급절急切한 것을 보고 탄식했다.

"지금 비수를 품고 예측할 수 없는 막강한 진나라로 들어가면 다시 돌아올 수 없습니다. 신이 시간을 늦추고 있는 것은 친구 갑섭을 기다려 일에 만전을 기하기 위한 것입니다. 태자가 더 이상 기다릴 수 없다면 바로 떠나도록 하겠습니다."

태자 단은 바로 국서를 썼다. 거기에는 독항의 지도와 번오기의 목을 바친다는 것만 간략히 언급했다. 형가에게 지도와 번오기의 목을 담은 목함을 내준 뒤 1천 금을 주며 여비에 쓰도록 했다. 진무양이 부사로 동행케됐다.

출발하는 날, 태자 단과 그 일을 아는 친한 빈객들이 모두 흰 옷과 흰 갓인 백의소관白衣素冠을 갖추고 역수까지 나가 잔치를 베풀고 형가 일행을 전송했다. 고점리도 형가가 진나라로 들어간다는 소식을 듣고는 돼지의 넓적다리 부위인 돈견豚肩과 술 1두斗를 갖고 왔다. 형가가 고점리를 태자 단에게 소개했다. 태자 단이 고점리로 하여금 함께 자리에 앉아 형가를 송별케 했다. 술이 몇 순배 돌자 고점리가 축을 치며 장단을 맞추기 시작하자 형가가 이에 맞춰 노래를 불렀다. 변치變徵[2]의 애절한 노래했다.

---

2   변치變徵는 조調의 일종이다. 『사기』 「악서樂書」 및 「율서律書」에 따르면 춘추전국시대의 음악은 궁宮, 상商, 각角, 치徵, 우羽의 5성五聲을 기본음으로 삼았다. 전국시대에 들어와 변궁變宮과 변치變徵를 더해 7음계가 형성된 것으로 보인다. '변궁'은 화和, '변치'는 무繆로도 불린다. 이는 서양의 7음계에 매우 가깝다. 궁을 음계의 기준 음으로 삼는 것을 '궁조宮調'라고 한다. 이는 궁을 악곡의 선율 가운데 가장 핵심적인 주음主音으로 삼는다는 것을 뜻한다. 같은 이치로 치를 기준 음으로 삼은 것을 '치조徵調'이라 한다. 실제 음악에서는 몇 개의 조만을 사용했다. 수당대의 연악燕樂에서는 28개의 조만 썼다. 이들 중 전통적으로 많이 쓰인 것은 다음과 같은 속명을 지닌 9개의 조였다. 정궁正宮, 중려궁仲呂宮, 남려궁南呂宮, 선려궁仙呂宮, 황종궁黃種宮의 5궁과 대석조大石調, 쌍조雙調, 상조商調, 월조越調의 4조였다. 5궁은 서양음악의 장조, 4조는 단조에 가깝다. 이들 5궁과 4조를 합쳐 흔히 9궁九宮이라고 했다. 형가가 부른 '변치조'는 바로 '변치'를 주음으로 삼은 4조의 음계를 지닌 것으로 처량한 느낌을 주고, '우조羽調'는 '우'를 기준 음으로 삼은 5궁의 음계를 지닌 것으로 씩씩한 느낌을 준다. 형가의 노래를 들은 사람들이 '변치조'와 '우조의 대조되는 음조를 듣고 슬피 눈물을

바람이 소슬한데 역수는 차갑고	風蕭蕭兮易水寒
장사 한번 가서 돌아오지 않네	壯士一去兮不復還

　노랫소리가 매우 애통했다. 빈객 및 수행원들 모두 마치 임상臨喪한 것처럼 눈물을 흘리지 않는 자가 없었다. 형가가 얼굴을 들고 하늘을 바라보며 커다란 숨소리인 가기呵氣를 내뿜자 그 기운이 곧바로 하늘까지 뻗쳐올랐다. 이내 한 줄기 흰 무지개인 백홍白虹이 되어 태양을 꿰뚫었다. 이를 본 사람들 모두 크게 놀라며 기이하게 여겼다. 형가가 다시 비분강개한 우조羽調로 노래를 불렀다.

호랑이 굴을 찾으려 교룡의 궁으로 들어가다	探虎穴兮入蛟宮
하늘 우러러 한숨 쉬니 그 기운 백홍이 되다	仰天噓氣兮成白虹

　노랫소리가 격렬하고 웅장한 탓에 눈을 부릅뜨며 분격해하는 진목분려瞋目奮勵를 하지 않는 자가 없었다. 마치 적을 마주 대하는 것 같았다. 태자 단은 다시 술잔인 치주卮酒를 당겨 술을 부은 뒤 무릎을 꿇고 형가에게 바쳤다. 형가가 단숨에 받아 마셨다. 이어 진무양의 팔을 붙들고 함께 나는 듯이 수레 위로 뛰어오른 뒤 곧바로 채찍을 들어 말을 내리치며 앞으로 내달렸다. 형가는 끝내 뒤를 돌아보지 않았다.
　태자 단은 높은 언덕 위에 올라 멀리 바라보며 수레가 보이지 않을 때까지 그곳에 머물렀다. 수레가 사라지자 모든 것을 잃은 듯 처연凄然히 눈물을 흘리며 궁으로 돌아왔다. 남북조시대 남조 동진東晉의 처사 도정절陶靖

　흘리다가 머리털이 관을 찌르는 양상을 보이게 된 것은 바로 이 때문이다.

節^{3}이 이를 두고 읊은 「영형가詠荊軻」가 있다.

태자 단이 선비 잘 기르니, 진나라에 복수하려는 것이지

$$燕丹善養士, 志在報強嬴$$

여러 인재 불러 모았으나, 늦게야 마침내 형가를 얻었다

$$招集百夫良, 歲暮得荊卿$$

군자는 '지기자'를 위해 죽으니, 칼 들고 연경을 나섰지

$$君子死知己, 提劍出燕京$$

큰길서 백마가 울부짖는데, 비분강개한 벗들이 전송하다

$$素驥鳴廣陌, 慷慨送我行$$

사나운 머리카락 관 찌르고, 맹렬한 기상 관끈을 튕기니

$$雄發指危冠, 猛氣衝長纓$$

역수 가에서 술로 전송하니, 사방에 영웅들 늘어서 앉다

$$飮餞易水上, 四座列群英$$

왼쪽 축 치는 소리 슬퍼, 오른쪽 형가가 고성 노래하다

$$左席擊悲筑, 右席唱高聲$$

소소히 슬픈 바람 부니, 담담히 추운 파도가 일어나다

$$蕭蕭哀風逝, 淡淡寒波生$$

3　도정절陶靖節은 동진 때 활약한 도연명陶淵明을 말한다. 자는 원량元亮이고, 말기에 이름
을 잠潛으로 개명했다. '정절'은 그를 추모하는 사람들이 지어서 바친 시호인 이른바 사시私
諡이다. 시어가 간결하고 내용이 소박하며 주로 전원생활을 읊었다. 현재 전해지고 있는 그
의 시는 모두 130여 수로 대부분 5언시이다.

상조商調에 또 눈물 흘리고, 우조羽調에 장사 격동되다

商音更流涕, 羽奏壯士驚

이제 가면 돌아올 길 없으나, 훗날 명성 길이 남으리라

心知去不歸, 且有後世名

형가는 함양에 도착해 중서자中庶子 몽가蒙嘉가 진왕 정의 총애를 받고 있다는 사실을 알았다. 이내 1천 금金의 뇌물을 써 진왕을 만나게 해달라고 청했다. 몽가가 궁으로 들어가서 진왕 정에게 상주했다.

"연왕이 대왕의 위엄에 두려움을 느낀 나머지 감히 군사를 일으키지 못하고, 장수와 관원들의 반대를 무릅쓰며 나라를 모두 들어 바친 뒤 진나라의 내신이 되고자 합니다. 다른 제후들과 나란히 서서 진나라의 군현처럼 조공을 바치며 종묘제사를 받들겠다는 것입니다. 그는 두려운 나머지 직접 오지 못하고 사자를 시켜 번오기의 목과 독항의 지도를 보내왔습니다. 지금 연나라 상경 형가가 관역館驛에서 성지聖旨를 기다리고 있습니다. 대왕이 명을 내려주십시오."

진왕 정은 번오기가 주살됐다는 말에 크게 기뻐했다. 곧 조복朝服을 입은 뒤 귀빈을 영접하는 예식인 구빈지례九賓之禮[4]를 베풀기 위해 연나라 사자를 궁으로 불러 상견코자 했다. 형가는 가슴에 번오기의 머리가 든 목함을 받든 채 함양궁을 향했다. 진무양은 독항의 지도를 들고 그 뒤를 따랐다. 조정의 계단 아래로 다가가자 진무양의 얼굴이 문득 죽은 사람처럼 새

---

4 구빈지례九賓之禮는 외교관을 대접키 위한 최고 등급의 예식을 말한다. 공공, 후侯, 백伯, 자子, 남男, 고孤, 경卿, 대부大夫, 사士 등 모든 관원이 조정에 도열해 사자를 영접하고 인도하며 극진한 예를 베푸는 것을 말한다. '구빈'을 두고 『사기색은』은 『주례』에서 말하는 공후백자남公侯白子男 등의 구의九儀를 뜻한다고 했다.

하얗게 변했다. 공포에 질린 모습이 역력히 드러나자 진왕 정을 모시는 시신侍臣이 나서서 물었다.

"사자의 안색이 변하니 어쩐 일이오?"

형가가 진무양을 돌아보고 웃음을 터뜨렸다. 그러고는 다시 앞으로 나아가 머리를 조아리며 사죄했다.

"진무양은 북쪽 만이蠻夷의 비인鄙人입니다. 평생토록 천자를 알현한 적이 없습니다. 두려운 마음을 이길 수 없어 평소의 모습이 바뀐 것입니다. 원컨대 대왕은 진무양의 죄를 용서해 사자의 임무를 마치도록 해주십시오."

진왕 정이 전지傳旨를 내려 정사正使 1인만 대전 위로 오르게 했다. 진왕 정의 좌우 측근들이 진무양을 꾸짖어 계단 아래로 내려 보냈다. 진왕 정은 먼저 번오기의 머리가 든 상자부터 보고자 했다. 상자를 열어보니 과연 번오기의 머리였다. 진왕 정이 형가에게 물었다.

"어찌하여 이 역적을 일찍 주살해 그 수급을 바치지 않은 것이오?"

형가가 대답했다.

"당초 번오기는 대왕에게 큰 죄를 지어 북쪽 사막에 숨어 있었습니다. 과군이 1천 금의 상금을 걸고 그를 잡게 됐습니다. 본래 산 채로 바치려고 했으나 중도에 변고가 생길까 우려해 목만 베어 왔으니 부디 대왕은 노여움을 좀 누그러뜨려 주십시오."

형가의 어조는 조용하고, 안색도 부드러웠다. 진왕 정은 형가를 전혀 의심치 않았다. 당시 진무양은 지도가 든 상자를 든 채 계단 아래에 꿇어 앉아 있었다. 그제야 진왕 정이 형가에게 물었다.

"진무양이 들고 있는 지도를 갖고 와 과인에게 보여주시오."

형가는 진무양의 수중에 있는 지도 상자를 받아 직접 진왕 정에게 바쳤다. 진왕 정이 지도를 모두 펼치고 자세히 살피려고 하는 순간 형가가 지도 속에 감춰둔 비수가 이미 드러났다.[5] 더 이상 엄폐하여 감추는 엄장掩藏을 할 수가 없었다. 형가가 황급한 나머지 왼손으로 진왕 정의 소매를 잡고, 오른손으로 비수를 들어 진왕 정의 가슴을 찔렀다. 비수가 몸에 미치기 전에 진왕 정이 황급히 몸을 당겨 일어나는 바람에 소매만 잘려 나갔다. 당시는 한창 더운 음력 5월 초순이라 진왕 정은 얇은 비단 홑옷인 나곡단의羅縠單衣를 입고 있었다. 용포의 소매가 쉽게 잘려나간 이유다.

옥좌 곁에는 8척 길이의 병풍이 둘러쳐져 있었다. 진왕 정이 병풍을 뛰어넘자 병풍이 바닥에 쓰러졌다. 형가가 비수를 잡고 진왕 정의 뒤를 바짝 쫓았다. 진왕 정은 추격권에서 벗어나는 탈신脫身이 어렵게 되자 기둥을 빙빙 돌며 몸을 피했다.

원래 진나라 국법엔 정전 안으로 들어오는 군신들 모두 촌척의 무기도 지니지 못하게 돼 있다. 이날 무기를 들고 숙위宿衛를 서게 된 낭중郎中들은 모두 정전 아래 도열해 있었다. 이들은 진왕 정의 명이 없는 까닭에 감히 멋대로 정전 위로 뛰어 들어갈 수 없었다. 창졸간에 일어난 변고인 까닭에 군신들은 호위병을 부를 겨를도 없이 맨손으로 형가에게 달려들어 박투搏鬪했다. 형가는 용력이 뛰어난 까닭에 덤벼드는 진나라 군신들을 닥치는 대로 쳐서 쓰러뜨렸다.

당시 시의侍醫 하무저夏無且가 약낭藥囊으로 형가를 내리쳤다. 형가가 분연히 팔을 한 번 휘두르자 약낭이 찢어지며 산산조각이 났다. 형가가 비

---

5 이 대목의 『열국지』 원문은 '진왕전도秦王展圖, 방욕관간方欲觀看, 형가비수이로荊軻匕首已露'이다. 『전국책』 「연책」은 형가가 두루마리로 된 지도 속에 비수를 감췄고, 진왕 정이 두루마리 지도를 끝까지 다 펴자 지도 속에 감춰둔 비수가 드러났다는 뜻의 '발도發圖, 도궁이비수현圖窮而匕首見'으로 되어 있다. 여기서 무슨 일이 끝에 이르러 진상이 드러났다는 취지의 '도궁비현圖窮匕現' 성어가 나왔다. 『열국지』 원문도 이런 취지로 나온 것이다. 그럼에도 많은 번역본이 이를 간과한 채 '방욕관간方欲觀看' 구절을 '지도를 막 펼치려는 순간'으로 오역해 놓았다. 이는 '지도를 모두 펼치고 자세히 살피려고 하는 순간'으로 번역하는 게 옳다. '형가비수荊軻匕首' 구절 역시 '형가의 소매 속에 감춰둔 비수의 끝부분'으로 번역해서는 안 되고 '형가가 지도 속에 감춰둔 비수'로 번역하는 게 '도궁비현' 성어의 취지에 부합한다.

록 심히 용맹하긴 했으나 앞뒤에서 대책 없이 달려드는 군신들을 상대하는 동안 진왕 정은 동분서주東奔西走하며 형가의 추격을 벗어날 수 있었다.

진왕 정이 허리에 찬 보검은 그 이름이 녹로鹿盧로, 길이가 8척이었다. 황급히 칼을 뽑으려 했으나 워낙 칼이 길어 칼집에서 빠지질 않았다. 어린 내시 조고趙高가 급히 외쳤다.

"대왕은 어째서 칼집을 등 뒤로 지고 칼을 뽑지 않는 것입니까?"

진왕 정이 그때야 깨닫고 그의 말을 좇아 칼집을 등 뒤로 돌린 뒤 앞으로 약간 당기자 칼이 쉽게 뽑혀 나왔다. 진왕 정은 용력이 형가만 못하지 않았다. 형가는 가까이 가야만 찌를 수 있는 1척 남짓한 비수를 지녔으나, 진왕 정은 멀리서도 칠 수 있는 8척 장검을 손에 쥐게 됐다.

진왕 정은 장검을 손에 쥐게 되자 일시에 간담肝膽이 커진 나머지 이내 앞으로 내달으며 형가를 내리쳐 그의 왼쪽 다리를 잘랐다. 형가는 왼쪽 구리기둥 옆에 엎어져 일어서지 못했다. 결국 그는 비수를 진왕 정을 향해 대던졌다. 진왕 정이 재빨리 몸을 피하자 비수는 진왕 정의 귓전을 스쳐 오른쪽 구리 기둥에 꽂혔다. 순간 구리기둥에서 화광火光이 번쩍 일어났다.

진왕 정이 다시 칼로 형가를 공격하자 형가는 맨손으로 칼을 잡았다. 형가의 세 손가락이 모두 절단돼 바닥에 떨어졌다. 형가는 연이어 8번이나 난도질을 당하면서도 기둥에 의지해 웃으면서 오만하게 다리를 벌리고 앉는 기거箕踞[6]의 자세로 진왕 정을 꾸짖었다.

"실로 운이 좋구나, 너는! 나는 옛날 조말이 그랬던 것처럼 너를 산 채로 협박해 네가 침탈한 제후들의 땅을 돌려주려고 했다. 뜻밖에도 일을 이루

---

6 기거箕踞는 두 다리를 앞으로 쭉 내밀고 앉은 모습이다. 양 무릎을 살짝 구부린 까닭에 삼태기 모습과 닮았다. 『사기색은』은 최호崔浩의 주를 인용해 '기거'는 무릎을 꿇고 앉아 있는 모습이 곡식을 까불 때 사용하는 키인 기箕처럼 생긴데서 나온 명칭이라고 했다. 당시에는 예절에 얽매이지 않는 좌법坐法으로 통했다. 대개 오만한 자세로 상대를 경시할 때 이런 좌법을 보였다.

지 못하고, 너는 운 좋게 죽음에서 벗어났다. 이 어찌 하늘의 뜻이 아니겠는가? 그러나 네가 힘만 믿고 제후국을 병탄하면 치국治國을 누리는 이른바 향국享國이 어찌 오래갈 수 있겠는가?"

그제야 낭중 들이 다퉈 대전으로 몰려와 형가에 대해 한 곳을 집중적으로 찔러 죽이는 찬살攢殺을 행했다. 진무양은 정전 아래 엎드려 있다가 형가가 공격에 나섰다는 사실을 알고 앞으로 달려가려 했으나 낭중에게 붙들려 그 자리서 격살됐다. 이는 진왕 정 20년인 기원전 227년의 일이다.

애석하게도 형가는 연나라 태자 단으로부터 극진한 공양供養을 받고, 마침내 진나라로 들어갔으나 일을 성사시키지 못했다. 그는 자신뿐만 아니라 전광과 번오기 및 진무양의 목숨까지 해쳤고, 연왕 희와 태자 단의 앞길까지 끊고 말았다. 이 어찌 그의 검술이 정밀하지 못한 탓이 아니겠는가?

염옹이 이를 시로 읊었다.

홀로 비수 품고 함양으로 들어가	獨提匕首入秦都
용력 떨쳤으나 검술은 서툴렀다	神勇其如劍術疏
장사 귀환 못하고 계책 실패하니	壯士不還謀不就
번오기는 머리 달라 채근하리라	樊君應與覓頭顱

진왕 정은 가슴이 떨리고 어지러워 한참 동안이나 멍하니 앉아 있다가 겨우 정신을 차렸다. 주변을 살펴보니 형가는 아직도 산 사람처럼 두 눈을 부릅뜬 노기발발怒氣勃勃의 모습이었다. 진왕 정은 두려운 나머지 형가와 진무양의 시체와 번오기의 목을 모두 저잣거리로 끌어내 함께 불태우게 했다. 연나라에서 온 시종들 역시 모두 목을 베어 도성의 문 위에 나눠 효수梟首케 했다. 그러고는 마침내 어가를 타고 내궁으로 들어갔다.

내궁에 있던 후비后妃가 이 이야기를 듣고 모두 진왕 정에게 문안을 드

리러 달려왔다. 술을 올려 진왕 정의 마음을 진정시키며 하례했다. 호희胡姬라는 궁녀가 있었다. 원래 조왕의 궁녀였으나 진왕 정이 조나라를 멸망시킨 후 데려왔다. 거문고 솜씨가 뛰어나 진왕 정의 총애를 얻었고 이후 비빈의 자리를 얻었다. 진왕 정이 호희에게 거문고 연주로 자신의 우울한 마음을 위로해 달라고 했다. 호희가 거문고를 당겨 연주하며 이같이 노래했다.

비단 홑옷이여, 가히 찢기어 떨어지니 　　羅縠單衣兮可裂而絶
8척의 병풍이여, 가히 훌쩍 뛰어넘다 　　八尺屏風兮可超而越

녹로 보검이여, 가히 등 뒤서 칼 뽑다　　　鹿盧之劍兮可負而拔

가소로운 간흉이여, 몸과 나라 망쳤다　　　嗟彼凶狡兮身亡國滅

　　진왕 정이 호희의 민첩한 응대가 기특해 채색 비단 한 상자를 하사하고, 밤새도록 즐기다 호희의 방에서 잤다. 이를 인연으로 호희는 애를 낳았다. 그가 바로 호해胡亥이다. 호해는 진나라 2세 황제가 됐다. 이는 모두 훗날의 이야기다.

　　이튿날 아침, 진왕 정이 논공행상을 했다. 하무저의 공을 으뜸으로 쳐 황금 200일鎰을 하사하며 말했다.

　　"하무저는 나를 사랑해 약낭으로 형가를 내리쳤다."

　　그 다음으로 젊은 내시 조고를 불러 말했다.

　　"너는 나에게 칼집을 등에 지고 칼을 뽑도록 일러줬다."

　　그러고는 황금 100일을 하사했다. 군신들 가운데 형가와 맨손으로 박투를 벌인 자에게도 공로의 경중에 따라 모두 상을 내렸다. 대전 아래서 진무양을 격살한 낭중에게도 상을 내렸다. 몽가蒙嘉는 형가를 잘못 알현시킨 죄로 참수斬首[7]를 당하고, 몽가일족 또한 멸문지화를 입었다.

　　당시 진나라 장수 몽오蒙驁는 벌써 병사했고, 몽오의 아들 몽무蒙武는 비장裨將으로 있어 상황을 몰랐기에 사면을 받았다. 진왕 정은 분을 삭이지 못했다. 곧 더욱 크게 군사를 동원한 뒤 왕분으로 하여금 이들을 이끌고

7　참수斬首가 『열국지』 원문에는 능지처사凌遲處死로 되어 있다. 이는 칼로 피부와 근육 등을 얇게 저며 죽이는 혹형을 말한다. 모반 등의 대역大逆과 윤리강상을 해치는 부도不道 등의 중죄를 범한 자에게 시행됐다. 속칭 천도만과千刀萬剮라고 했다. 오대십국 때 '능지'의 형벌이 등장해 청나라 말기까지 지속됐다. 시체를 조각내는 조선의 능지처참陵遲處斬은 '능지처사'의 변형이다. 원래 서서히 죽이는 '능지'에는 단칼에 목을 베는 '처참'이 없다. 사서에 기록된 최초의 '능지처사' 당사자는 명나라 말기의 환관 유근劉瑾이다. 당나라 이전까지만 해도 최고 형벌은 참수斬首였다. 『풍몽룡』은 이를 자세히 몰라 '능지처사'를 언급한 것이다. 번역문은 '능지처사'를 '참수'로 바꿔 놓았다.

가 부친인 대장 왕전을 도와 연나라를 치게 했다.

연나라 태자 단 역시 분을 이기지 못해 모든 군사를 이끌고 역수 서쪽에서 진나라 군사를 맞이해 크게 싸웠다. 그러나 연나라 군사는 대패했고, 용사인 하부도 송의도 전사하고 말았다. 태자 단이 계성薊城으로 달아났다. 태부 국무는 피살됐다.

왕전은 모든 군사를 하나로 합쳐 계성을 포위한 뒤 맹공을 가했다. 결국 이해 10월 계성을 함락시켰다. 연왕 희가 태자 단에게 말했다.

"오늘 나라가 망하게 된 것은 모두 너로 인한 것이다."

태자 단이 말했다.

"그럼 한나라와 조나라가 망한 것도 제 탓입니까? 아직 성안에 정예병 2만 명이 남아 있습니다. 이들을 이끌고 요동遼東으로 가 험준한 산하에 의지하면 나라를 지킬 수 있습니다. 부왕父王은 의당 속히 떠나도록 하십시오."

연왕 희가 부득이 수레에 오른 뒤 동문을 열고 달아났다. 태자 단이 정예병을 모두 이끌고 뒤를 끊으며 연왕 희의 동행東行를 호송護送했다. 이들은 마침내 요동으로 퇴각했다.[8]

한편 진나라 대장 왕전은 계성을 함락한 뒤 곧바로 함양으로 사람을 보내 승첩을 알렸다. 왕전은 피로 누적으로 이내 병이 난 까닭에 진왕 정에게 상표해 고로告老했다. 진왕 정이 분부했다.

---

8 이 대목의 『열국지』원문은 '퇴보요동退保遼東, 도평양都平壤'이다. 직역하면 요동의 평양에 도읍을 했다는 게 되나 전국시대 말기 당시 요동에 '평양'이라는 지명이 있었는지 확실치 않다. 『사기』 「연소공세가」는 연왕 희 29년인 기원전 226년에 진나라가 연나라 도성인 계성薊城을 점령하자 연왕 희가 멀리 요동으로 달아난 뒤 태자 단의 수급을 진왕 정에게 바쳤다고 기록해 놓았다. 연왕 희가 '요동의 평양'에 도읍을 정했는지 여부에 대해 아무런 언급이 없다. 현재 시중의 일부 번역서는 원문의 '도평양'을 한반도의 평양에 도읍을 정한 것으로 번역해 놓아 독자들을 경악케 만들고 있다. 번역문은 「연소공세가」를 좇아 '도평양' 구절을 뺀 채 번역해 놓았다.

"과인은 태자 단에 대한 원한을 잊을 수 없다. 왕전이 실로 벌써 늙었단 말인가!"

그러고는 장군 이신李信을 보내 왕전 대신 군사를 이끌고 연왕 부자를 추적케 했다. 왕전은 함양으로 소환한 뒤 후한 상을 내렸다. 그는 지금의 섬서성 부평현인 빈양頻陽으로 물러나 노년을 보냈다.

당시 연왕 희는 진나라 대장 이신이 군사를 이끌고 요동으로 온다는 보고를 받고 곧바로 사자를 대代 땅으로 보내 대왕代王을 칭하고 있는 공자 가嘉에게 구원을 청했다. 공자 가가 연왕 희에게 답서를 보냈다. 그 내용은 대략 이러했다.

> 진나라가 급박하게 연나라를 공격하는 것은 태자 단에 대한 원한 때문입니다. 대왕이 태자 단을 죽여 진나라에 사죄하면 틀림없이 진왕의 노여움이 풀릴 것입니다. 연나라의 사직 또한 혈식血食을 이어 나갈 것입니다.

연왕 희는 차마 아들을 죽일 수 없어 주저했다. 태자 단은 주살을 당할까 두려워 빈객들과 함께 지금의 요녕성 흥성현에 있는 도화도桃花島로 달아나 몸을 숨겼다. 진나라 대장 이신은 지금의 요녕성 흥성현 소재의 수산首山에 군사를 주둔시키고 사자를 통해 연왕 희에게 서신을 보내 태자 단의 죄를 추궁했다.

연왕 희가 크게 겁을 먹은 나머지 거짓으로 상의할 일이 있다며 태자 단을 불러 술을 먹였다. 태자 단은 크게 취해 자리에 쓰러지자 곧바로 목을 졸라 끊은 뒤 애절하게 통곡했다. 당시는 여름 5월인데도 홀연히 큰 눈이 내려 땅 위로 3척5촌이나 쌓였다. 살을 에는 추위가 엄동嚴冬과 같았다. 사람들은 태자 단의 원한이 사무친 결과라고 말했다.

연왕 희가 태자 단의 머리를 상자에 넣어 이신의 군영으로 보내면서 서신을 통해 사죄했다. 이신이 곧바로 사자를 함양으로 보내 이를 보고하면서 이같이 덧붙였다.

"5월에 큰 눈이 내려 병사들이 추위에 떨며 병들어 있습니다. 일시 반사班師를 허락해 주시기 바랍니다."

진왕 정이 울료에게 대책을 묻자 울료가 말했다.

"지금 연나라는 멀리 요동, 조나라는 작은 대 땅에서 깃들어 살고 있습니다. 비유하면 저들은 떠도는 혼령인 유혼遊魂과 같아 오래지 않아 저절로 흩어질 것입니다. 지금 우리가 해야 할 일은 먼저 위나라를 멸한 뒤 초나라를 치는 것입니다. 그러면 연나라와 대나라는 힘들이지 않고 멸망시킬 수 있습니다."

진왕 정이 말했다.

"좋은 계책이오."

그러고는 곧 대장 이신에게 명해 군사를 거둬 귀국토록 했다. 이어 왕분을 대장으로 삼은 뒤 군사 10만 명을 내주며 함곡관을 출관出關해 위나라를 치게 했다.

당시 위나라는 위경민왕 사후 태자 가假가 보위를 이은 지 이미 3년이나 되었다. 지난날 진나라 군사가 연나라를 칠 때 위왕 가는 도성인 대량성을 중축하고, 성 안팎에 해자를 깊이 팠다. 진나라의 공격에 대비한 것이다. 그러고는 제왕齊王 건建에게 사자를 보내 설득했다.

"위나라와 제나라는 순치脣齒의 나라인 까닭에 입술이 없으면 이빨이 시리는 이른바 순망치한脣亡齒寒의 관계에 있습니다. 우리 위나라가 망하면 그 참화가 틀림없이 제나라에 미칠 것입니다. 바라건대 동심협력同心協力해 유사시 서로 구원하기로 합시다."

당시 제나라는 군왕후君王后가 세상을 떠난 뒤 군왕후의 동생인 후승后

勝이 상국이 돼 국정을 맡아보고 있었다. 후승은 오래전부터 은밀히 진나라가 보내는 황금을 많이 받아먹은 탓에 이같이 역설했다.

"진나라는 결코 우리 제나라를 저버리지 않을 것입니다. 지금 위나라와 함께 합종책을 구사하면 틀림없이 진나라의 분노를 촉발시키게 됩니다."

제왕 건이 이 말에 미혹돼 위나라 사자의 요청을 거절했다. 진나라 대장 왕분은 연전연승을 거두며 마침내 위나라 도성인 대량성을 포위했다. 이때 마침 큰 비가 내렸다. 왕분은 기름을 먹인 장막을 둘러친 수레인 유막거油幕車를 타고 나가 강물의 흐름을 살폈다. 황하黃河가 대량성 서북쪽을 흐르고 변하汴河도 지금의 하남성 형양滎陽에서 발원해 대량성 서쪽을 통과해 흐른다는 사실을 알아냈다. 곧 병사들에게 명해 대량성 서북쪽에 큰 저수를 파고 두 강의 강물을 끌어들이게 했다. 이어 저수지에 제방을 높이 쌓아 강물이 다른 곳으로 흐르지 못하게 했다.

병사들은 장맛비를 무릅쓰고 공사를 진행했다. 왕분이 친히 우산을 받쳐 쓰고 나와 공사를 재촉했다. 장마는 10일이 지나도록 그치지 않았다. 저수지에 가득 찬 물의 수세水勢가 호대浩大했다. 왕분이 마침내 병사들에게 명을 내려 제방을 터뜨리게 했다. 대량성 안팎에 거센 물살이 들이닥쳐 3일 동안 성이 물에 잠겼다. 마침내 여러 곳이 침수로 무너졌다. 진나라 군사들이 그곳을 통해 성안으로 쏟아져 들어갔다.

당시 위왕 가는 신하들과 함께 항서降書 쓸 일을 상의하다가 왕분의 포로가 됐다. 왕분이 좌우에 명해 위왕 가를 수거囚車에 실은 뒤 궁속宮屬들과 함께 함양으로 압송케 했다. 위왕 가는 도중에 병사했다. 진나라는 위나라 땅을 모두 빼앗아 삼천군三川郡을 설치했다.

훗날 진2세 황제 호해胡亥는 즉위 원년인 기원전 209년에 야왕野王 땅까지 빼앗고 위군衛君 각角을 서인으로 폐했다.[9]

고찰컨대 위魏나라는 진헌공晉獻公 때 필만畢萬이 위魏 땅을 봉지로 받은 데서 시작됐다. 필만은 망계芒季, 망계는 위무자魏武子 위주魏犨를 낳았다. 위주는 진문공晉文公을 보필해 패업을 성취시켰다. 위주로부터 다시 4대를 내려와 위환자魏桓子 위치魏侈 때 범씨范氏와 중항씨中行氏 및 지씨智氏를 멸했다. 위치는 위문후魏文侯 위사魏斯를 낳았다. 위문후 위사는 한씨韓氏 및 조씨趙氏와 함께 진晉나라를 3분해 위나라를 세웠다. 이후 다시 7대를 내려와 위왕 가假 때에 이르러 마침내 멸망했다. 모두 200년을 지속한 셈이다.

사신이 이를 두고 사찬史贊을 지었다.

필공 후손이 위나라 세우니	畢公之苗
국명을 성씨로 삼은 것이지	因國爲姓
이후 후손들 모두 번창해서	胤裔繁昌
대대로 충정한 인물 나왔지	世戴忠正
위문후 때 제후로 행세했고	文始建侯
위무후 때 더욱 강성해졌다	武益强盛
위혜왕은 워낙 싸움 좋아해	惠王好戰

9 이 대목의 『열국지』 원문은 야왕野王 땅을 빼앗은 뒤 위군衛君 각角을 서인으로 폐했다는 뜻의 '병수야왕지幷收野王地, 폐위군각위서인廢衛君角爲庶人'이다. 그러나 이는 『사기』의 기록과 배치된다. 『사기』 「위강숙세가」에 따르면 위원군衛元君 14년인 기원전 241년에 진나라가 위나라를 치고 동부 일대를 점유하고는 그곳에다 동군東郡을 두었다. 이어 위원군을 야왕 땅으로 이주시킨 뒤 복양濮陽 땅을 동군에 편입시켰다. 위원군 25년인 기원전 230년에 위원군이 죽자 아들 각角이 즉위했다. 위군衛君 각 5년인 기원전 225년에 위나라가 패망했다. 위군 각 9년인 기원전 221년에 진나라가 천하를 통일하고 진시황제가 즉위했다. 위군 각 21년이자 진나라 2세 황제 호해胡亥 원년인 기원전 209년에 진나라 2세 황제가 위군 각을 내쫓아 서인으로 삼았다. 위衛나라는 비록 부용국附庸國이기는 했으나 진시황의 천하통일 이후에도 살아남은 유일한 나라였다. 풍몽룡은 이를 정확히 파악치 못한 듯하다. 번역문은 '훗날 진2세 황제 호해는 즉위 원년인 기원전 209년에 야왕 땅까지 빼앗고 위군 각을 서인으로 폐했다.'고 바꿔 놓았다.

아무도 대량 침범치 못했지	大梁不競
신릉군은 선비 부양하면서	信陵養士
정신과 기상을 제법 떨쳤지	神氣稍振
위경민왕 때 쇠미해진 후에	景湣式微
2대 전하다 이내 패망했지	再傳而隕

그때가 진왕 정 22년인 기원전 225년이었다. 이해에 진왕 정은 다시 울료의 계책을 좇아 초나라 정벌에 나서면서 이신에게 물었다.

"장군이 판단컨대 초나라 정벌에 군사를 얼마나 동원해야 족하겠소?"

이신이 대답했다.

"20만 명 정도면 충분합니다."

진왕 정이 다시 노장 왕전을 불러 묻자 왕전이 대답했다.

"이신이 군사 20만 명으로 초나라를 정벌할 수 있다고 했으나 그 병력으로는 필패입니다. 신의 우견으로는 군사 60만 명이 아니면 불가합니다."

진왕 정이 내심 생각했다.

'노인은 본래 겁이 많다. 장용壯勇한 이 장군만 못하다.'

진왕은 마침내 왕전의 계책을 쓰지 않았다. 이신을 대장, 몽무를 부장으로 삼은 뒤 군사 20만 명을 이끌고 가 초나라를 치게 했다. 이신은 지금의 하남성 평여平興, 몽무가 지금의 안휘성 臨泉市인 침구寢邱를 쳤다. 실로 이신은 나이도 젊고 효용驍勇했다. 북을 한 번 울려 평여성을 함락시키고, 군사를 서쪽으로 돌려 풍우처럼 지금의 하남성 남양시 북쪽인 신성申城으로 쳐들어갔다. 이어 사자를 부장 몽무에게 보내 지금의 하남성 평정산 인근의 성보城父 땅에 모여 군사를 합친 뒤 지금의 호북성 황강현인 주성邾城을 공략키로 약속했다.

214話 왕전이 병법을 논해 이신을 대신하다
- 논병법왕전대이신論兵法王翦代李信

이야기가 둘로 나뉜다. 당시 초나라에서는 이원이 춘신군 황헐을 죽인 뒤 초유왕楚幽王 한悍을 세웠다. 초유왕 한은 춘신군 황헐과 이원의 누이 이언이 관계해 낳은 아들이다. 그는 보위에 있은 지 10년 만에 죽었고, 아들이 없었다. 당시는 이미 이원도 죽은 뒤였다. 군신들이 초유왕의 동생인 유猶를 옹립했다.[10] 그가 바로 초애왕楚哀王이다.

초애왕이 즉위한 지 2달 만에 서형인 부추負芻가 초애왕을 습격해 죽인 뒤 스스로 보위에 올랐다. 초왕 부추가 즉위한 지 3년째가 되는 기원전 226년, 대장 이신이 이끄는 진나라 군사가 초나라를 침공했다. 초왕 부추가 곧 바로 항연項燕을 대장으로 삼은 뒤 군사 20여만 명을 내주며 수륙으로 병진해 진나라 군사를 막게 했다.

항연은 진나라 대장 이신이 신성申城에서 출병한다는 것을 탐지한 뒤 지금의 호북성 의창시 경내에 있는 서릉西陵에서 적을 영격코자 했다. 그는 부장 굴정屈定에게 명해 지금의 호북성 무한시에 있는 노대산魯臺山의 7개소에 군사를 매복시키도록 했다. 당시 진나라 대장 이신은 자신의 용맹만 믿고 전진하다가 항연의 군사와 조우해 접전을 벌이게 됐다. 싸움이 한창 무르익는 시기인 전감지제戰酣之際 때 문득 노대산 7개소에 매복하고 있던

---

10 이 대목의 『열국지』 원문은 군신들이 종친인 공자 유猶를 옹립했다는 뜻의 '종인공자유宗人公子猶'로 되어 있다. 『사기』 「표」에는 초유왕이 죽자 그의 동생 학郝이 초애왕으로 즉위한 것으로 나온다. 중국학계에서는 초유왕의 뒤를 이어 동모제同母弟인 웅유熊猶가 즉위한 것으로 본다. 번역문은 중국학계의 학설을 좇아 '종인'을 '기제其弟'로 바꿔 해석해 놓았다.

왕전이 병법을 논해 이신을 대신하다

儒學代將王翦兵論

초나라 군사들이 뛰쳐나왔다.

　진나라 대장 이신은 맞서 싸울 수 없어 크게 패해 달아났다. 항연은 사
흘 밤낮을 쉬지 않고 그 뒤를 추격했다. 이 싸움에서 진나라 도위都衛 7명
이 죽고, 수도 헤아릴 수 없을 정도로 많은 병사들이 전사했다. 이신은 패잔
병을 이끌고 지금의 하남성 신양현 경내의 명액冥阨으로 퇴각해 지켰다. 항
연이 급히 달려와 맹공을 퍼붓자 이신이 명액성마저 버리고 다시 달아났다.
항연은 끝까지 그 뒤를 쫓아가 마침내 평여 땅을 모두 수복했다.

　당시 진나라 부장 몽무는 약속한 바대로 대장 이신의 군사와 합류하기
위해 성보로 가던 중 이신의 군사가 패했다는 소식을 듣게 됐다. 그 역시 조

나라 경계로 후퇴한 뒤 진왕 정에게 급히 사자를 보내 위급을 알렸다. 진왕 정이 대로한 나머지 곧바로 이신의 모든 관작을 삭탈하고 봉읍을 삭지削地한 뒤 직접 어가에 올라 빈양頻陽으로 왕전을 만나러 갔다. 왕전을 만난 자리에서 말했다.

"지난날 장군은 이신이 20만 명의 군사로 초나라를 치면 틀림없이 패할 것이라고 했는데 지금 과연 우리 군사를 욕되게 만들었소. 장군이 비록 병환 중에 있으나 과인을 위해 억지로라도 일어나 한 번 군사를 이끌고 출병하면 어떻겠소?"

왕전이 재배하며 사양했다.

"노신은 병이 들어 정신이 패란悖亂하고 심력心力이 모두 쇠해져 있습니다. 대왕은 다른 현장賢將을 선발해 이를 맡기십시오."

진왕 정이 말했다.

"이번 싸움은 장군이 아니면 이길 수 없소. 장군은 이를 물리치지 말아주시오."

왕전이 말했다.

"대왕이 부득이 신을 쓰고자 하면 60만 대군이 아니면 안 됩니다."

진왕 정이 대답했다.

"과인은 듣건대, '옛날 대국大國은 3군三軍, 차국次國은 2군, 소국小國은 1군을 두었으나 군사를 모두 출동시키지 않은 덕분에 군사가 결핍된 적이 없었다.'고 했소. 또 춘추오패가 제후들을 무력으로 제압할 때도 병거 1천 승乘으로 충분했다고 하오. 병거 1승에 75명씩 배치한다고 할지라도 10만 명에 미치지 못하오. 지금 장군은 반드시 60만 명이 필요하다고 하니 이는 고금에 없던 일이오."

왕전이 설명했다.

"옛날엔 싸울 날짜를 약정해 진을 치고, 진영을 뒤로 둔 채 싸웠습니다.

또 행군하거나 정벌할 때에도 상법常法이 있었습니다. 무기를 사용할지라도 중상을 입히지 않도록 했고, 죄를 성토한 후 땅을 겸병하지도 않았습니다. 비록 간과干戈를 들고 전투를 벌일지라도 예양禮讓의 성의를 보였습니다. 옛 제왕들이 용병할 때 많은 군사를 동원하지 않은 이유입니다. 춘추오패의 으뜸인 제환공은 내정內政과 군사를 일치시킨 가운데 작전에 투입하는 군사인 승병勝兵도 3만 명에 불과했고, 그것도 번갈하가며 투입했습니다. 그러나 지금은 열국 모두 전 군사를 동원해 전쟁을 치르고 있습니다. 강국이 약국을 능멸하는 이강능약以强凌弱과 많은 군사로 적은 군사를 짓밟는 이중폭과以衆暴寡, 조우하면 곧바로 사살하는 봉인즉살逢人則殺, 적지를 만나면 곧바로 공격해 빼앗는 우지즉공遇地則攻의 상황입니다. 적의 수급首級을 보고할 때면 한 번에 수만 명을 헤아리고, 적의 성을 포위할 때도 몇 년씩 지속하고 있습니다. 농부도 창칼을 들고 싸움터에 나서게 됐고, 어린 아이까지 모두 병적에 올라 있는 형편입니다. 지금 천하대세가 이런 까닭에 비록 군사를 적게 동원하려고 해도 그리할 수 없게 됐습니다. 게다가 초나라는 동남쪽의 모든 땅을 차지하고 있어 단 한 번 호령을 할지라도 군사 1백만 명을 동원할 수 있습니다. 신은 60만 명을 이야기했지만 이 숫자로도 초나라를 당해내지 못할까 두려울 뿐입니다. 그러니 어찌 이보다 더 숫자를 깎을 수 있겠습니까?"

진왕 정이 탄식했다.

"장군이 전장에서 늙지 않았다면 이처럼 투철하게 상황을 파악할 수 없었을 것이오. 과인은 장군의 말을 듣겠소."

그러고는 마침내 어가 뒤를 따르는 수레에 왕전을 태워 조정으로 돌아온 뒤 그날 바로 대장에 임명하고 60만 대군을 내주었다. 몽무를 부장으로 삼아 왕전을 돕게 했다.

왕전이 출정하는 날 진왕 정이 친히 파상灞上[1]까지 나가 송별연을 베풀었다. 왕전이 술잔을 잡고 진왕 정의 장수를 비는 축수祝壽를 하며 말했다.

"대왕은 이 잔을 다 비우십시오. 신이 한 가지 요청드릴 게 있습니다."

진왕 정이 단숨에 잔을 비우고 물었다. [11]

"장군은 무슨 말을 하려는 것이오?"

왕전은 소매 속에서 죽간 하나를 꺼냈다. 거기에는 함양의 좋은 전택田宅이 여러 곳 적혀 있었다. 왕전이 청했다.

"여기에 적힌 곳을 신의 집에 일괄 하사하는 비급批給을 해주십시오."

진왕 정이 대답했다.

"장군이 성공해 돌아오면 과인은 장군과 부귀를 함께할 것이오. 어찌하여 가난해질까 걱정하는 것이오?"

왕전이 말했다.

"신은 이제 늙었습니다. 대왕이 신을 제후로 봉해 위로해줄지라도 이는 비유하면 바람 속의 촛불인 풍중지촉風中之燭과 같으니 어찌 빛이 오래갈수 있겠습니까? 신이 살아서 눈으로 볼 수 있을 때 아름다운 전택을 많이 받아 자손에게 물려주느니만 못합니다. 자손 대대로 대왕의 은덕을 물려받고자 하는 것입니다."

진왕 정이 크게 웃으며 왕전의 청을 허락했다. 왕전은 함곡관에 이르러 진왕에게 사자를 보내 좋은 원지園池 몇 곳을 더 달라고 했다.

부장 몽무가 말했다.

"노장군의 요구가 너무 많은 게 아닙니까?"

왕전이 은밀히 몽무에게 말했다.

---

11 파상灞上은 위수渭水의 지류인 파수灞水의 강가를 뜻하는 말로 『열국지』 원문에는 제방위를 뜻하는 파상壩上으로 되어 있다. 파壩는 파灞의 오자이다. 『사기』 「진시황본기」와 「항우본기」 등에는 파상霸上으로 나온다. 여기의 '파'는 통상 패자를 뜻할 때는 '패'로 읽으나 '파수'를 지칭할 때는 '파'로 읽는다. 번역문에서는 파상壩上을 파상灞上으로 바꿔 놓았다.

"전왕은 성미가 사납고 의심이 많소. 지금 정예병 60만 대군을 내게 내줬소. 이는 온 나라의 군사를 다 내준 셈이오. 내가 자손을 위해 좋은 전택을 달라고 한 것은 바로 진왕의 마음을 안심시키려는 속셈일 뿐이오."

몽무가 말했다.

"노장군의 고견高見은 제가 도저히 미칠 수 없습니다."

왕전의 초나라 정벌이 어찌 될지 알 길이 없으니 다음 회를 보라.

제108회

215話 산동 6국을 겸병해 천하를 통일하다
- 겸육국혼일여도兼六國混一輿圖

　　진나라 대장 왕전이 군사 60만 명을 이끌고 초나라 정벌에 나설 당시 초
나라 대장 항연은 동강東岡을 지키며 왕전의 진격을 막았다. 그는 진나라
군사가 중다衆多한 모습을 보고는 급히 초왕 부추에게 사자를 보내 군사와
장수의 지원을 청했다. 초왕 부추가 다시 20만 군사를 일으킨 뒤 장수 경기
景騏에게 명해 군사를 이끌고 가 항연을 돕게 했다.

　　당시 진나라 대장 왕전은 지금의 하남성 여남현 경내에 있는 천중산天中
山에 군사를 주둔시키고 10여 리에 걸쳐 군영을 늘어세운 뒤 방어벽을 견
고하게 쌓고 굳게 지켰다. 항연이 날마다 군사를 보내 싸움을 걸었지만 진
나라 군사들은 전혀 응하지 않았다.

항연이 말했다.

"왕전은 늙은 장수라 싸움을 겁내는 게 당연한 일이다."

이때 왕전은 군사들로 하여금 휴식을 취하고 세목洗沐을 즐기도록 하면서 소를 잡아 배불리 먹였다. 장수와 군리軍吏들은 왕전이 베푸는 은혜에 감동해 전심전력을 다해 싸울 것을 누차 청했지만 왕전은 그때마다 맛있는 술만 보내면서 접전을 허락지 않았다. 이런 식으로 몇 달을 보내자 진나라 군사들은 할 일이 없어 날마다 투석投石 놀이와 초거超距 놀이에 열중했다.

범리范蠡가 쓴 『병법』에 따르면 '투석'은 무게가 12근 나가는 돌을 나무로 만든 발사 틀에 얹어 멀리 쏘는 놀이를 말한다. 발사된 돌이 300보 이상 나가면 승자가 되고, 미치지 못하면 패자가 된다. 힘이 센 사람은 맨손으로도 돌을 날렸다. 그런 사람은 더 많은 점수를 따게 된다. '초거'는 7–8척 되는 높이에 나무를 가로로 걸쳐놓고 그것을 뛰어넘으며 내기를 하는 놀이다. 왕전은 매일 각 군영의 군리를 시켜 승부의 결과를 몰래 기록케 해 병사들의 강약을 파악했다.

그러면서도 밖으로는 더욱 조심하며 방어에 치중했다. 군사들 가운데 초나라 경계로 들어가 땔감을 취하는 것을 금하고, 혹여 초나라 사람을 사로잡더라도 주식酒食을 넉넉히 대접한 뒤 그대로 방환放還했다. 이런 식으로 1년 남짓한 세월이 지났다. 그 사이 초나라 대장 항연은 끝내 단 한 번도 싸움을 하지 못했다. 항연은 내심 왕전이 겉으로만 초나라를 정벌한다고 해놓고 사실은 스스로를 지키는 데 급급하다고 생각했다. 마침내 전투 준비를 소홀히 하게 된 이유다.

하루는 왕전이 문득 장병에게 크게 향응을 베풀면서 이같이 말했다.

"오늘 제군들과 함께 초나라를 격파할 것이다!"

그러자 장병들 모두 손바닥을 비비며 주먹을 문지르는 마권찰장磨拳擦

掌을 하며 다퉈 선봉에 서려고 하였다. 왕전은 날쌔고 힘센 군사 약 2만 명을 선발해 '장사壯士'의 호칭을 붙여준 뒤 별도로 한 부대를 편성해 돌격대로 삼았다. 이어 군사를 여러 갈래로 나눠 공격토록 하면서 이같이 분부했다.

"초나라 군사가 패퇴하면 각자 자신의 부대별로 진격해 적지를 공략토록 하라."

초나라 대장 항연은 창졸간에 진나라 군사가 들이닥치자 서둘러 성을 나와 싸움에 임했다. 그러나 진나라의 '장사'들로 구성된 돌격대 2만 명은 오랫동안 힘을 비축해 온 덕에 몸이 근질거리는 것을 이기지 못해 큰 소리를 내지르며 적진을 함몰시켰다. 1인이 적군 100명을 상대하는 일당백一當百의 기세였다. 초나라 군사가 대패했다. 초나라 부장 굴정屈定도 전사하고 말았다.

항연과 경기는 패잔병을 이끌고 동쪽으로 달아났다. 왕전이 승세에 올라타 그 뒤를 바짝 추격했다. 양군이 지금의 호북성 황강현 경내에 있는 영안성永安城에서 맞붙었다. 진나라 군사가 다시 초나라 군사를 대파하고 마침내 서릉西陵까지 함락시키자 지금의 호북성 형주와 양양 일대인 형양荊襄 땅이 커다란 혼란에 휩싸였다.

왕전은 부장 몽무에게 군사의 절반을 나눠주고 지금의 호북성 악저鄂渚에 주둔케 한 뒤 호남湖南의 각 군郡으로 격문을 보내 진왕 정의 위엄과 덕망을 널리 선전했다. 왕전 자신은 대군을 이끌고 회남淮南을 경유해 지금의 안휘성 수현에 있는 초나라 도성 수춘壽春을 두드렸다. 동시에 사자를 함양으로 보내 진왕 정에게 승첩을 고했다.

왕전은 초나라 대장 항연이 회수 위쪽으로 군사를 모으러 갔다가 아직 돌아오지 못한 사이 급공急攻을 가해 마침내 수춘성을 함락시켰다. 초나라 장수 경기는 성루에서 칼로 목을 찔러 자문自刎하고, 초왕 부추는 포로가 됐다.

진왕 정은 어가를 타고 지금의 호북성 악주 경내에 있는 번구樊口로 나아가 초나라 포로를 헌상 받았다. 곧 자신의 군주를 시해한 초왕 부추의 죄를 물어 서인으로 폐했다. 또 왕전에게 명해 악저에서 진나라 군사를 모두 합쳐 형양 땅을 수습케 했다. 동정호와 상강인 호상湖湘 일대의 군현들은 형주와 양양이 모두 항복했다는 소식을 듣고는 바람에 쏠리는 풀잎처럼 진나라 군사가 공격하기도 전에 스스로 허물어지고 말았다.

당시 항연은 회수 위쪽으로 군사를 모으러 가서 마침내 2만5천 명 가량의 병사를 확보한 뒤 병사들을 이끌고 지금의 강소성 서주인 서성徐城에 이르렀다. 마침 그곳으로 피난을 온 초왕 부추의 친동생인 창평군昌平君을 만났다. 창평군이 말했다.

"이미 수춘성은 함락됐고, 대왕은 진나라 군사에게 포로로 잡혀가 생사조차 알지 못하오."

항연이 말했다.

"옛 오나라와 월나라 땅이 장강 저편에 있습니다. 땅이 사방으로 1천 리나 됩니다. 그곳에 다시 나라를 세울 수 있습니다."

그러고는 무리를 이끌고 장강을 건넌 뒤 창평군을 옹립했다. 이어 지금의 강소성 상주인 난릉蘭陵을 근거로 삼고 군사를 잘 수습해 성을 굳게 지켰다.

진나라 대장 왕전은 초나라 회북과 회남 땅을 모두 평정한 뒤 악저에서 진왕 정을 알현했다. 진왕 정이 왕전의 공을 크게 칭찬한 뒤 말했다.

"항연이 다시 강남에서 초왕을 옹립했다고 하오. 어찌하면 좋겠소?"

왕전이 대답했다.

"초나라는 장강과 회수에 의지하고 있었으나 지금은 회수 전역이 우리의 소유가 됐습니다. 저들이 강남에서 남은 숨인 잔천殘喘을 근근이 몰아쉬고 있으나 우리의 대군이 이르면 바로 사로잡을 수 있습니다. 어찌 족히 염려할 대상이 되겠습니까?"

진왕 정이 말했다.

"왕 장군은 연로한데도 불구하고 실로 그 뜻이 그 얼마나 장하오!"

이튿날 진왕 정이 어가에 올라 함양으로 돌아가면서 왕전으로 하여금 계속 그곳에 머물며 강남을 평정케 했다. 왕전은 몽무에게 지금의 호북성 무한시 경내에 있는 앵무주鸚鵡洲로 가서 배를 만들게 했다. 해를 넘겨 배가 예정된 수효대로 완성되자 장강을 따라 하류로 내려갔다. 강을 지키던 초나라 군사들도 진나라 군사의 기세를 막을 수 없었다.

진나라 군사들은 마침내 육지로 올라가 지금의 안휘성 황산黃山에 군사 10만 명을 주둔시키고 장강 어귀의 출입을 끊었다. 나머지 대군은 바로 지금의 강소성 진강 어구인 주방朱方으로부터 진격해 들어가 난릉을 포위한 뒤 사방에 군영을 늘어세웠다. 이들의 군성軍聲이 하늘을 진동시켰다. 지금의 강소성 무석시 소재의 부초산夫椒山, 강소성 강음 소재의 군산君山, 강소성 의흥시 소재의 형남산荊南山諸 일대가 진나라 군사로 가득 찼다. 이들은 옛 월나라 땅에서 오는 초나라 구원병의 진입을 차단했다.

초나라 대장 항연은 군사를 모두 이끌고 난릉성 밖으로 나와 전투에 임했다. 처음엔 진나라 군사가 약간 후퇴하는 듯했다. 왕전이 곧 2만 명의 선봉대를 각각 1만 명 씩 2개의 부대로 나눈 뒤 각각 단도短刀를 들고 고함을 지르며 초나라 진영으로 돌진케 했다. 그 와중에 몽무가 초나라 비장 1명의 목을 베고 또 1명을 생포했다. 진나라 군사가 용기십배勇氣十倍해 쳐들어가자 항연이 크게 패해 다시 난릉성 안으로 도망쳐 들어간 뒤 성문을 굳게 닫아걸고 방어에 전념했다.

왕전이 구름사다리인 운제雲梯를 이용해 난릉성을 쳤다. 이에 맞서 항연이 불화살인 화전火箭을 퍼부어 운제를 불태웠다. 몽무가 말했다.

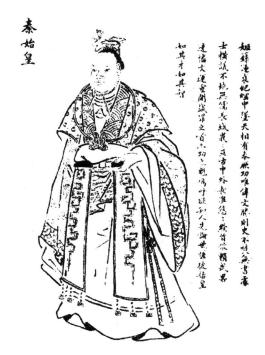

泰始皇

姬辟遠衰妃嬪中鑒天相有秦然功唯傳之朕則史不替乎爲儔
士橫議不坑無傳長城載立古中外氣惟德之致首然頹兮弔
建播大建天闢城罪之百大劫之趾鳴呼祝秋人未塚世淮徒始皇
如其才如其行

　"초나라 대장 항연은 가마솥에 든 물고기인 부중지어釜中之魚입니다. 우리가 난릉성과 같은 높이로 보루를 쌓은 뒤 사방에서 급히 공격을 가하면 저들은 숫자가 적고 우리는 많은 까닭에 수비가 주밀周密하지 못할 것입니다. 그러면 1달도 채 안 돼 성을 함락시킬 수 있습니다."

　왕전이 몽무의 계책에 따라 더욱 급하게 난릉성을 공격했다. 창평군이 친히 성을 돌며 군사들을 독려하다 유시流矢에 맞았다. 병사들이 급히 행궁으로 옮겼으나 한밤중에 숨을 거두고 말았다. 항연이 울며 말했다.

　"내가 이 세상에서 구차하게 사는 투생偸生을 한 것은 웅성熊姓의 미씨 羋氏인 초나라 왕실의 핏줄이 아직 끊어지지 않았기 때문이다. 그러나 오늘 창평군마저 세상을 떠났으니 무슨 희망이 있겠는가?"

그러고는 하늘을 우러러 3번 통곡한 뒤 스스로 칼을 뽑아 목을 찌르는 자문自刎을 해 죽었다. 항연이 죽자 난릉성은 대란大亂이 났다. 이 틈을 타 진나라 군사들이 성벽을 넘어가 성문을 열었다. 왕전은 군사를 정비해 입성한 뒤 백성들을 다독이며 안정시켰다.

이어 왕전은 마침내 대군을 이끌고 남하해 지금의 강소성 무석에 소재한 석산錫山에 이르렀다. 진나라 군사들이 밥을 하기 위해 솥을 걸려고 땅을 파다가 옛날 비석을 발견했다. 비석 위에는 주석朱錫이 나면 무기를 만들어 천하가 다투고, 나지 않으면 안녕을 추구해 천하가 맑게 된다는 뜻의 '유석병有錫兵, 천하쟁天下爭. 무석녕無錫寧, 천하청天下淸'의 12개 글자가 새겨져 있었다.

왕전이 그곳 토박이인 토인土人을 불러 석산에 관해 물었다. 토인이 대답했다.

"이 석산은 혜산惠山 동쪽 봉우리입니다. 옛날 주평왕周平王이 낙양으로 천도한 뒤 아연과 주석이 나기 시작한 까닭에 '석산'의 이름을 얻게 됐습니다. 40년 동안 계속 파내도 고갈되지 않았는데 근래 주석이 점점 줄어들고 있습니다. 이 비석은 누가 만들었는지 모르겠습니다."

왕전이 감탄했다.

"이런 비석이 출로出露한 걸 보니 천하가 점차 안녕해질 듯하다. 이 어찌 고인古人이 천하운수를 미리 알고 비석을 묻어놓은 게 아니겠는가? 지금부터 이곳을 무석無錫으로 부르겠다."

'무석'의 지명이 나오게 된 배경이다. 당시 왕전은 군사를 이끌고 지금의 강소성 소주에 있는 고소성姑蘇城에 입성했다. 그곳을 지키던 관원이 곧바로 성을 들어 투항했다. 왕전이 절강浙江을 건너가 이내 옛 월나라 땅을 평정했다.

월왕 구천句踐의 자손들은 월나라가 패망한 후 지금의 절강성에 소재한 용강甬江과 천대天臺 사이의 지역에 흩어져 바다에 의지하고 살았다. 그들은 스스로 군장君長을 칭했지만 서로 통솔하거나 구속하는 일은 없었다. 이때에 이르러 진나라 군왕의 위덕威德에 관한 이야기를 전해 듣고는 이내 모든 땅을 들어 투항했다. 왕전은 그곳 지도와 호구를 수습한 뒤 진왕 정에게 역참 전용 수레인 전거傳車를 이용해 보고하는 비보飛報를 했다. 이어 지금의 강서성 남창 일대인 예장豫章을 평정하고 구강군九江郡과 회계군會稽郡을 설치했다. 이로써 축융祝融을 모시던 제사가 끊어지게 됐다. 진왕 정 24년인 기원전 223년의 일이었다.

고찰컨대 주환왕 16년인 기원전 704년에 초무왕楚武王 웅통熊通은 강대한 나라를 배경으로 열국 제후들 가운데 처음으로 왕을 칭했다. 이후 주변의 소국을 차례로 병탄했고, 5세를 내려와 초장왕楚莊王 웅려熊旅 때 제후들의 우두머리인 패자霸者를 칭했다. 다시 5세를 내려가 초소왕楚昭王 때 오나라에 의해 거의 패망 직전까지 몰렸다. 다시 6세를 지나 초위왕楚威王 웅상熊商 때 마침내 오월의 땅을 모두 차지했다. 장강과 회수 일대가 초나라 영토가 되어 천하의 반을 점유하게 됐다. 초회왕楚懷王 때 간신 근상을 등용했다가 진나라에 기만을 당했다. 이후 점차 쇠약해지기 시작해 마침내 5세 뒤인 초왕 부추負芻 때에 이르러 진나라에 합병되고 말았다.

사신이 이를 두고 사찬史贊을 지었다.

초나라는 육웅의 후손 웅역 때	鬻熊之嗣
초 땅을 봉지로 받아 건국했다	肇封於楚
무왕 칭왕하고 장왕 패자 되니	通王旅霸
남쪽 땅에 큰 영토를 개척했다	大開南土
공자 위가 조카의 보위 빼앗고	子圍簒嫡
상신은 마침내 부왕을 시해했다	商臣弑父

천벌 받고도 뉘우치지 않았으니	天禍未悔
간신에 의지하며 크게 자만했다	憑奸自怙
소왕은 오자서에 쫓겨 달아났고	昭困奔亡
회왕은 간혀서 고생하다 죽었다	懷迫囚苦
경양왕과 초고열왕 때 쇠미해져	襄烈遂衰
마침내 부추 진나라 포로 됐다	負芻爲虜

당시 진나라 대장 왕전은 초나라를 멸망시킨 뒤 군사를 거둬 함양으로 돌아갔다. 진왕 정이 그에게 황금 1천 일鎰을 하사했다. 왕전이 고로告老하고 빈양으로 돌아갔다. 진왕 정이 왕전의 아들 왕분을 대장으로 삼고 요동에 있는 연왕 희를 치게 했다. 대장 왕분에게 이같이 명했다.

"장군이 요동을 평정한 뒤 파죽지세로 진군하면 바로 대代 땅을 취할 수 있을 것이오. 그리하면 번거롭게 다시 군사를 일으킬 필요가 없게 되오."

왕분의 군사가 강을 건넌 뒤 요동의 평양을 포위해 평정했다.[1] 이어 연왕 희를 생포한 뒤 좌우에 명해 함양으로 압송케 했다. 진왕 정이 연왕 희를 서인으로 폐했다.

고찰컨대 연나라는 소공召公 석奭 때 처음으로 봉토를 받았다. 9세 뒤인 연혜후燕惠侯 때 주여왕周厲王이 지금의 산서성 곽주 동북쪽의 체彘 땅으

---

1   이 대목이 『열국지』 원문에는 왕분의 군사가 압록강을 건너고 평양성을 포위해 평정했다는 뜻의 '왕분병도압록강王賁兵渡鴨綠江, 위평양성파지圍平壤城破之'로 되어 있다. 앞서 언급한 것처럼 평양은 요동에 있던 평양일 공산이 크다. 조선조 후기 박지원朴趾源은 『열하일기熱河日記』에서 북경 사행使行 길에 올라 요동 일대를 지나다가 '평양'의 지명을 지닌 곳이 너무 많아 놀라움을 표한 바 있다. 『사기』도 「연소공세가」와 「표」에서 '연왕 희 33년, 진나라 군사가 연왕 희를 생포하고 요동을 함몰시켰다.'고 기록해 놓았다. 압록강 역시 요동에 있던 평양 주변의 통상적인 강으로 보는 게 합리적이다. 원래 압록鴨綠은 만주어 'Yalu'를 음사音寫한 것으로 강江처럼 두 지역 사이의 경계를 뜻하는 말이다. 번역문은 '압록강'을 '강'으로 번역해 놓았다.

로 달아났다. 8세 뒤인 연장공燕莊公 때 제환공이 산융山戎을 정벌한 뒤 500리에 달하는 땅을 연나라에 내줬다. 연나라가 강대해진 이유다. 다시 19세를 전해 연문공燕文公 때 소진의 합종책을 채택했다. 그의 아들 연역왕燕易王 때 처음으로 칭왕稱王하며 전국칠웅戰國七雄의 일원이 됐다. 연역왕은 아들 연왕 쾌噲에게 보위를 전했으나 이내 제나라에 의해 패망했다. 그의 아들 연소왕燕昭王이 복국復國에 성공한 뒤 4세를 내려와 연왕 희喜 때 마침내 진나라에 의해 패망하고 만 것이다.

사신이 이를 두고 사찬을 지었다.

소공이 겹郟 땅을 다스린 이후	召伯治陝
백성들이 「감당」 시로 칭송했다	甘棠懷德
역왕 때 마침내 왕호 참칭하고	易王僭號
산동 6국 대열에 나란히 섰다	齒於六國
연왕 쾌는 나약해 멸망했으나	噲以懦亡
소왕이 힘을 길러 다시 세우다	平以强獲
태자 단의 계획이 실패로 끝나	一謀不就
마침내 요동 땅까지 잃고 말다	遼東幷失
보위를 아래로 전한지 43대에	傳四十三
연나라 역사 8-9백년 이어지다	年八九百
연나라 희성이 나중에 망한 건	姬姓後亡
소공의 은택 이어진 덕분이다	召公之澤

진나라 대장 왕분은 연나라를 멸망시킨 뒤 군사를 서쪽으로 옮겨 대代 땅을 공격했다. 대왕代王을 칭한 공자 가嘉는 싸움에 패해 흉노 땅으로 달아나려고 했다. 왕분이 지금의 내몽골 자치구에 있는 묘아장貓兒莊까지 추

격해 그를 생포했다. 그는 옥에 갇히자 결국 자살했다. 왕분이 지금의 내몽골 호화호특 동북쪽의 운중雲中과 산서성 대현 북쪽인 안문雁門 일대의 땅까지 모두 평정했다. 그때가 바로 진왕 정 25년인 기원전 222년이었다.

고찰컨대 조나라는 조보造父가 주나라를 섬긴 이후 대대로 주나라 조정에서 대부를 역임했다. 이후 주유왕이 무도한 정사를 펼치자 숙대叔帶가 진晉나라로 달아나 진문후晉文侯를 섬겼다. 이때 처음으로 조趙 땅에 봉지를 받고 조씨趙氏를 칭했다. 다시 5세 뒤 조숙趙夙 때 진헌공晉獻公을 섬겼고, 또 2세를 지나 조최趙衰 때 진문공晉文公을 섬겼다. 조최의 아들 조돈趙盾은 진양공晉襄公과 진성공晉成公 및 진경공晉景公의 세 군주를 섬겼다. 그 사이 진나라가 중원의 패자로 군림하자 조씨는 대대로 패자를 보좌하는 권신이 됐다.

조돈의 아들 조삭趙朔 때 무함을 받아 멸문지화를 당했으나 조삭의 아들 조무趙武가 다시 가문을 일으켜 세웠다. 다시 2세를 지나 조간자趙簡子 조앙趙鞅 때 가문을 중흥시켰다. 조간자는 종통을 조양자趙襄子 조무휼趙毋恤에게 전했다. 조무휼은 한씨韓氏 및 위씨魏氏와 함께 진晉나라를 3분한 뒤 보위를 조카인 조환자趙桓子 조완趙浣에게 전했다. 조완의 아들 조적趙籍이 처음으로 제후를 칭하는 칭후稱侯를 했다. 사후 열烈이라는 시호를 받았다.

이후 6세 뒤 조무령왕趙武靈王 때 전국에 호복胡服을 입도록 명해 무력을 강화했다. 다시 4세를 지나 조왕 천遷에 이르러 마침내 진秦나라의 포로가 되고 말았다. 공자 가嘉가 대代 땅에서 자립해 대왕代王을 칭하면서 조나라 제사를 이어갔다. 대나라는 대왕이 재위한지 6년 만에 진나라에 의해 멸망했다. 이로써 산동 6국 가운데 마침내 5국이 멸망해 제나라만 남게 되었다.

사신이 이를 두고 사찬을 지었다.

조나라의 선조는 비렴이니	趙氏之世
진나라 선조와 뿌리가 같다	與秦同祖
주목왕 때 서나라 평정 후	周穆平徐
수레 몰던 조보 제후 삼다	乃封造父
이후 숙대가 진나라 섬기고	帶始事晉
조숙 때 처음 봉토를 받다	夙初有土
조무 이후 경의 벼슬 잇고	武世晉卿
조적 때 이내 군주가 되다	籍爲趙主
호복 입고 무력 강해졌으나	胡服雖强
안팎으로 변란 그치지 않다	內亂外侮
염파와 이목을 쓰지 않다가	頗牧不用
결국 조왕 천은 포로 되다	王遷囚虜
대왕이 운중서 6년 버티니	雲中六載
망한 나라에서 기염 토하다	餘焰一吐

왕분이 함양에 승첩을 알리자 진왕 정이 크게 기뻐했다. 곧 친필 서신을 내렸다. 그 내용은 대략 이러했다.

　　장군은 한 번 출정하여 연나라와 대 땅을 평정코자 2천여 리를 분치奔馳했소. 장군의 부친과 비교할지라도 그 고생과 공로가 우열을 서로 따질 수 없는 불상상하不相上下에 해당하오. 비록 그러하나 연나라와 대나라에서 돌아오는 길에 곧바로 북쪽에서 남쪽으로 내려오면 문득 제나라에 이르게 되오. 제나라가 잔존해 있는 것은 비유하면 사람의 몸이 온전히 이뤄질 때 아직 팔 하나가 생겨나지 않은 것과 같소. 부디 장군의 여위餘威로 우레와 번개가 치듯 제나라를 격파해주기 바라오. 그리되면 우리 진나라에서는 장군 부자의 전공戰功에 짝할 사람이 없을 것이오.

왕분이 진왕 정의 친필 서신을 받아본 뒤 곧바로 군사를 이끌고 지금의 북경 북쪽에 위치한 연산燕山 산맥을 점령하고 하간河間을 바라보며 남행南行을 계속했다.

당시 제왕 건은 그간 상국 후승后勝의 말만 듣고 한나라와 위나라를 돕지 않았다. 그러다가 이웃 나라가 하나씩 패망하자 그때마다 사자를 진나라로 보내 하례를 올렸다. 진나라는 매번 제나라 사자에게 막대한 황금을 선물로 줬다. 사자는 귀국해 진왕 정의 극진한 대접을 자세히 진술했다. 그때마다 제왕 건은 두 나라의 화호和好가 믿을 만하다고 생각해 아무런 전쟁준비도 하지 않았다.

그러다가 산동의 5국이 모두 패망했다는 소식을 듣고는 내심 불안을 금치 못해 후승과 대책을 상의했다. 처음으로 군사를 출동시켜 서쪽 변경을 지키면서 진나라의 엄습掩襲에 대비했다. 그러나 왕분의 군사가 지금의 하북성 오교吳橋를 거쳐 곧바로 지금의 산동성 제남濟南으로 쳐들어오리라고는 전혀 예상치 못했다. 제나라는 제왕 건이 즉위한 이래 44년 동안 전혀 전쟁을 겪지 않아 상하 모두 무사안일에 빠져 있었다. 제나라 군사들은 군사훈련 한 번 한 적이 없었다. 게다가 진나라 군사가 강포強暴하다는 이야기를 전설처럼 듣고 있었다.

오늘에 이르러 왕분이 이끄는 수십만 명의 진나라 군사가 마치 태산이 무너지듯 쏟아져 내려오자 어찌 두려워하지 않을 수 있고, 그 누가 감히 대적할 수 있었겠는가? 왕분은 지금의 산동성 제남 경내에 있는 역하歷下와 산동성 치박시를 흐르는 치천淄川을 경유해 곧바로 제나라 도성 임치를 향

菓國一
六國
混一
興圖

■ 산동 6국을 겸병해 천하를 통일하다

해 진격했다. 진나라 군사는 장구長驅하며 곧바로 진공하는 직도直擣를 행함으로써 마치 무인지경無人之境에 들어간 듯했다.

임치성의 제나라 백성들은 쥐구멍을 찾아 달아나듯 사방으로 혼란스럽게 달아나며 숨는 난분난찬亂奔亂竄의 모습을 보였다. 성문을 지키는 자도 없었다. 상국 후승은 속수무계束手無計이어서 제왕 건에게 항복을 권할 수밖에 없었다. 왕분은 칼날에 피 한 방울 묻히지 않고 2달 사이 산동山東 6국 가운데 마지막까지 잔존한 제나라 땅 전체를 손에 넣었다. 진왕 정이 승첩을 전해 듣고는 곧바로 사자를 보내 전령傳令했다.

"전에 제왕 건은 상국 후승의 계책만 믿고 우리 진나라 사자를 거절하고 반역을 일으키려 했다. 지금 진나라 장병이 나의 명을 좇아 제나라를 멸망시켰으니 실로 다행한 일이다. 본래 제나라 군신을 모두 도륙해야 마땅하나 제왕 건이 40여 년 동안 공손히 우리 진나라를 공손히 섬긴 정을 생각해 주살誅殺을 면해주고자 한다. 이제 제왕 건과 처자식을 모두 공성共城으로 옮긴 뒤 유사有司는 곡식을 1일 1두斗씩 지급해 여생을 마치게 하라. 후승은 그곳서 참수하라."

왕분은 진왕 정의 명을 받들어 후승을 참수한 뒤 이졸吏卒을 시켜 제왕 건을 지금의 하남성 휘현인 공성 땅으로 압송했다. 태항산太行山 기슭에 있는 그곳에는 띠 풀로 지붕을 인 초라한 모옥茅屋 몇 칸만 있었다. 사방에는 소나무와 잣나무만 무성했고, 근처에 사는 사람이라곤 아무도 없었다.

내시와 궁녀 등 궁권宮眷 대부분이 뿔뿔이 흩어지기는 했으나 그래도 수십 명이 남아 있었다. 수십 명이 곡식 1두에 의지해 살려니 입에 풀칠하기도 힘들었다. 때로는 유사가 곡식을 주지 않을 때도 있었다. 제왕 건은 아들 1명뿐이었다. 어린 아들은 한밤중에 배가 고파 울었다. 제왕 건이 처연히 일어나 앉아 바람이 송백을 스치고 지나가는 소리를 들으며 지난날을 회상했다.

"임치에 있을 때는 얼마나 부귀했던가? 내가 간신 후승의 말만 믿다가 결국 망국의 모습을 보게 됐다. 지금 궁벽한 산속에서 기아飢餓에 시달리게 됐으니 후회한들 무슨 소용이 있겠는가?"

그러고는 쉬지 않고 눈물을 흘리더니 마침내 며칠 지나지 않아 숨을 거두고 말았다. 내시와 궁녀들 모두 달아났고, 제왕 건의 아들도 행방불명이 됐다. 전해오는 소문에 따르면 제왕 건은 아사餓死했고, 제나라 사람들이 그 소문을 듣고는 이런 노래를 지어 불렀다고 한다.

소나무야, 잣나무야!　　　　　　　　　　　　　　　松耶柏耶

배고파도 먹을 수 없지	饑不可爲餐
누가 제왕을 극한으로 몰았을까	誰使建極耶
슬프다, 사람을 잘못 썼기 때문이지	嗟任人之匪端

후대인이 이 노래를 전하며 「송백지가松柏之歌」라고 불렀다. 대략 나라를 오도한 상국 후승의 오국誤國 행위를 비난한 노래다.

고찰컨대 전씨田氏 제나라의 시조 진완陳完은 진여공陳厲公의 아들이다. 그는 주장왕周莊王 15년인 기원전 682년에 난을 피해 제나라로 달아난 뒤 그곳에서 벼슬을 살았다. 이후 몇 대를 지나 전환자陳桓子 진무우陳無宇가 세력을 떨쳤고, 다시 2세를 지나 진희자陳僖子 진기陳乞 때 백성들에게 재물을 많이 풀어 민심을 얻었다. 이후 진씨는 날로 강성해져 진희자의 아들 진항陳恒은 군주인 제간공齊簡公을 시해했다. 또 3세를 지나면서 성을 진씨에서 전씨田氏로 바꾼 제태공齊太公 전화田和는 마침내 제나라 보위를 찬탈해 제후를 칭했다. 다시 3세 뒤인 제위왕齊威王 때 더욱 강성해져 왕을 칭하기 시작했다. 이후 다시 4세 뒤인 제왕 건에 이르러 마침내 나라가 패망하고 말았다.

사신이 이를 두고 사찬을 지었다.

진나라 공자 완이 난을 피해	陳完避難
강태공의 제나라로 망명했다	奔於太姜
두 곳서 동시에 번성 못하니	物莫兩盛
성을 전씨로 바꿔 창성하다	嬀替田昌
전화는 처음으로 천명 받고	和始擅命
제위왕이 마침내 칭왕 하다	威遂稱王
맹상군은 많은 빈객 기르고	孟嘗延客

전단은 망하는 나라 구했다	田單救亡
상국 후승은 뇌물만 좋아해	相勝利賄
도적을 보고 상서롭다 했다	認賊爲祥
슬프고 슬프니, 제왕 건이여	哀哉王建
송백 푸른 곳에서 죽어갔다	松柏蒼蒼

그때가 바로 진왕 정 36년인 기원전 221년이었다. 진나라가 산동 6국을 모두 멸망시킨 뒤 사상 최초로 천하를 하나로 묶는 천하일통天下一統을 한 것이다.

216話 시황을 일컬으며 군현을 건립하다
— 호시황건립군현號始皇建立郡縣

　　당시 진왕 정은 패망한 산동 6국이 모두 왕호王號를 칭한 것이 존경스럽지 못하다고 생각해 제호帝號를 칭하고자 했다. 그러나 이 역시 옛날에 이미 동제東帝와 서제西帝의 사용을 논의한 적이 있는 까닭에 후대에 전해 사방에 위엄을 떨치기에 부족하다고 생각했다. 상고 때 군주를 부르는 명칭 가운데 오직 삼황오제三皇五帝의 칭호만이 하나라 우왕과 은나라 탕왕 및 주나라 문왕을 지칭하는 삼왕三王의 공덕을 능가하는 것으로 여겨졌다. 오직 진나라만이 삼황의 덕을 겸비했고, 오제의 공을 뛰어넘는 것으로 인정해 마침내 삼황과 오제에서 한 글자씩 따서 '황제皇帝'를 칭하기로 결정했다. 이어 부친 진장양왕을 태상황太上皇으로 추존追尊했다.

　　또 죽은 군주의 공덕을 드러내기 위해 주공周公이 만든 시호에 관한 법도인 시법諡法은 아들이 부친을 논하고, 신하가 군주를 논하는 까닭에 무례하다고 생각했다. 이후 이전의 '시법'을 폐지키로 결정한 뒤 이같이 명했다. "짐朕이 시황제始皇帝가 되고, 후대의 황제는 2세二世, 3세三世로 칭하도록 하라. 백천만세百千萬世에 이르도록 이같이 전해 나라가 무궁히 이어지도록 하라."

　　당시 1인칭으로 널리 사용된 '짐朕'을 앞으로는 천자만이 칭할 수 있고, 신하는 천자를 대할 때 반드시 '폐하陛下'를 칭하게 했다. 또 뛰어난 옥공을 불러 화씨지벽을 쪼아 나라를 전하는 상징적인 옥새인 전국새傳國璽를 만들면서 천명을 받아 영원히 창성한다는 뜻의 '수명어천受命於天, 기수영창旣壽永昌' 8자를 새겨 넣게 했다.

이어 오행五行이 운행하는 순서를 추정해 보니 주나라는 화덕火德으로 일어났기에 오직 수덕水德으로만 제압할 수 있었다. 진나라가 수덕의 운세에 부합하는 것으로 드러났다. 모든 의복과 깃발에 수덕에 해당하는 흑색黑色을 숭상케 한 이유다. 수덕은 숫자 6六에 해당되기에 모든 기물의 도량형에 6을 사용하고, 10월을 정월로 삼아 신년 하례를 이달에 행하게 했다. 또 글자 '정正'은 시황제의 이름인 '정政'과 음이 같아 황제의 이름을 범하는 게 되는 까닭에 앞으론 모든 '정正'을 '정征'으로 고쳐 쓰게 했다. 원래 정벌한다는 뜻의 '정征'은 상서롭지 못한 글자로 인식됐으나 시황제의 뜻에 따라 결정된 까닭에 감히 아무도 말을 할 수 없었다.

울료는 진시황이 기고만장한 자세로 일을 처리하자 분쟁紛爭이 더욱 그치지 않을 것을 짐작하고 홀로 탄식했다.

"진나라가 비록 천하를 얻었으나 그 원기元氣가 이미 쇠해졌으니 어찌 오래갈 수 있겠는가?"

그러고는 어느 날 저녁 제자 왕오와 함께 종적 없이 사라지는 둔거遁去를 했다. 아무도 그가 간 곳을 몰랐다. 진시황이 군신들에게 물었다.

"울료가 짐을 버리고 떠난 건 어찌된 일이오?"

군신들이 대답했다.

"울료는 폐하를 보좌해 사해를 평정했습니다. 가장 큰 공에 해당하니 내심 주나라의 강태공이나 주공처럼 봉토를 받을 것으로 기대했을 것입니다. 지금 폐하는 '황제'의 존호尊號를 이미 정했으면서도 논공행상의 은전恩典을 시행하지 않고 있습니다. 울료는 여기에 실망해 떠난 듯합니다."

진시황이 물었다.

"주나라의 분봉分封 제도를 지금도 시행해야 한단 말이오?"

신하들이 입을 모아 대답했다.

"지난날의 연나라와 제나라, 초나라, 대代나라 등은 함양서 멀리 떨어져

號始皇建立郡縣

시황을 일컬으며 군현을 건립하다

있어 두루 잘 다스리기가 어렵습니다. 왕호를 지닌 제후인 제후왕諸侯王을 두지 않고는 제압할 수 있습니다."

이사가 반대했다.

"옛날 주나라는 수백 개의 봉국封國을 두면서 왕실과 동성同姓인 제후를 대거 봉했습니다. 그런데도 이후 자손들이 서로 다투며 죽이는 쟁살爭殺이 그치지 않았습니다. 지금 폐하는 해내海內를 최초로 통일한 만큼 모두 군현郡縣으로 만드십시오. 비록 공신일지라도 녹봉만 후하게 할 뿐 한 뼘의 땅인 척토尺土와 백성 1명인 일민一民도 멋대로 소유치 못하게 해 전쟁의 근원을 끊으십시오. 이 어찌 오래도록 안정 속에서 나라와 백성을 다스리는 구안장치久安長治의 치술治術이 아니겠습니까?"

진시황가 이를 좇아 이내 천하를 수덕의 상징인 6이 6배수인 36개의 군군郡으로 나눴다. 36개 군은 어떤 곳인가? 내사군內史郡, 한중군漢中郡, 북지군北地郡, 농서군隴西郡, 상군上郡, 태원군太原郡, 하동군河東郡, 상당군上黨郡, 운중군雲中郡, 안문군雁門郡, 대군代郡, 삼천군三川郡, 한단군邯鄲郡, 남양군南陽郡, 영천군潁川郡, 제군齊郡 즉 낭야군琅琊郡, 설군薛郡 즉 사수군泗水郡, 동군東郡, 요서군遼西郡, 요동군遼東郡, 상곡군上谷郡, 어양군漁陽郡, 거록군鉅鹿郡, 우북평군右北平郡, 구강군九江郡, 회계군會稽郡, 장군鄣郡, 민중군閩中郡, 남해군南海郡, 상군象郡, 계림군桂林郡, 파군巴郡, 촉군蜀郡, 검중군黔中郡, 남군南郡, 장사군長沙郡이 그것이다.

당시 북쪽 변경은 호환胡患이 잦았던 까닭에 북쪽에 위치한 어양군과 상곡군 등은 가장 작게 나눠 방어시설을 갖춘 뒤 군사를 보내 수비에 만전을 기했다. 또 남쪽 수향水鄕은 안정安靖된 까닭에 남쪽에 위치한 구강군과 회계군 등은 가장 크게 나누었다. 이들 시책 모두 이사의 조정을 거쳐 시행됐다. 각 군마다 수위守尉 1인과 감어사監禦史 1인을 파견해 다스리게 했다.

또 천하의 모든 무기를 함양으로 거둬들인 뒤 이를 녹여 12개의 쇠로 된 사람인 이른바 금인金人을 만들었다. 하나의 무게가 1천근에 달했다. 모두 진나라 궁전 뜰에 세워두게 했다. 이는 진시황이 지금의 감숙성 임도臨洮 땅에서 키가 큰 사람인 임도장인臨洮長人[2]을 보고 이를 상서롭게 여긴 결과다. 이어 천하의 거부인 호부豪富를 함양으로 이주시켰다. 당시 함양의 가구가 20만 호에 달한 이유다. 아울러 함양의 북쪽 언덕에 패망한 산동 6국의 궁실을 모방해 6곳의 이궁을 짓고 겸하여 호화스런 아방궁阿房宮까지

---

2 임도장인臨洮長人을 두고 임도 땅의 호인胡人을 지칭한 것이다. 사마정은 『사기』「진시황본기」의 금인金人에 대한 주석에서 풀이키를, "진시황 26년인 기원전 221년에 임도 땅에서 키가 큰 사람을 본 까닭에 무기를 녹여 그들을 본뜬 금인을 만든 것이다."라고 했다.

지었다.

진시황은 이사를 승상丞相, 조고를 랑중령郎中令으로 삼았다. 제장들 가운데 큰 공을 세운 왕분과 몽무 등에게는 1만 호를 분봉하고, 여타 장수들에게는 각각 그 공에 따라 수천 호씩 분봉했다. 이들에게는 봉지에서 나온 수입을 기준으로 하여 관원들이 봉록을 지급했다.

이후 진시황은 나라를 다스리는 데 해를 끼치는 서적을 불태우고 학자들을 산 채로 구덩이 속에 묻는 이른바 분서갱유焚書坑儒를 행했다. 이어 정해진 일정이 없이 수시로 지방 순시에 나섰다. 북쪽 호인의 침공을 막기 위해 만리장성萬里長城을 축조하자, 백성들이 '아이고嗷嗷' 비명소리를 내며 통상적인 삶을 유지하는 요생聊生을 도모할 길이 없게 됐다.

2세 황제인 호해胡亥 때에 이르러서는 포학暴虐한 정사가 더욱 심해져 마침내 진승陳勝과 오광吳光의 무리가 군기群起해 진나라를 멸망시켰다.

사신이 「열국가列國歌」를 지어 이같이 평했다.

동천할 때 제나라와 정나라가 강했고	東遷强國齊鄭最
초나라 전횡하자 환공 문공 등장하다	荊楚漸横開桓文
이후에 초장왕과 송양공과 진목공도	楚莊宋襄和秦穆
번갈아 패업 이뤄 마음대로 정벌하다	迭爲王霸得專征
진양공, 진경공, 진도공도 패자 되고	晉襄景悼稱世霸
진평공, 진애공, 제경공 패자 꿈꾸다	平哀齊景思代興
진초가 쇠약해지자 오월이 진출하니	晉楚兩衰吳越進
합려와 구천이 얼마나 종횡 했던가	闔閭句踐何縱横
춘추시대 열국 헤아리기 어려우나	秦秋諸國難盡數
몇 개의 연원과 유파 찾을 수 있다	幾派源流略可尋
노, 위衛, 진晉, 연, 조, 정, 채나라는	魯衛晉燕曹鄭蔡

오나라처럼 주왕실의 희성姬姓이다	與吳姬姓同宗盟
제와 오는 여상과 탕왕의 후손이고	齊由呂尙宋商裔
기와 월은 우왕, 초는 전욱 후손이다	禹後杞越顓頊荆
진秦은 전욱, 진陳은 순의 후손이다	秦亦顓裔陳祖舜
허나라는 태악에서 연원이 시작되고	許始太嶽各有生
춘추시대가 끝나자 전국시대 열리다	及交戰國七雄起
한, 조, 위 3국이 진晉나라 3분하니	韓趙魏氏晉三分
위와 한 양국은 주왕실의 희성이고	魏與韓皆周同姓
조趙 선조 조보 성씨는 진秦과 같다	趙先造父同嬴秦
강씨 제나라 진陳의 전씨로 바뀌고	齊呂改田卽陳後
춘신군 황헐이 초나라 왕통 대신하다	黃歇代楚熊暗傾
제초 양국은 송노 양국을 아우르고	宋亡於齊魯入楚
오월은 주고받았으나 초에 멸망하다	吳越交勝總歸荆
진秦이 주왕실 없애 합종 무산되니	周鼎旣遷合縱散
산동 6국 잇달아 진나라에 합병되다	六國相隨漸屬秦

염선髥仙도 『열국지』를 모두 읽고 난 뒤 이런 시를 지었다.

주나라 점을 쳐 800년 얻으니	卜世雖然八百年
절반은 인사, 절반은 천명이다	半由人事半由天
충신 덕에 연면히 이어졌으니	綿延過曆緣忠厚
세과 따라 흥망성쇠 반복하다	陵替隨波爲倒顚
6국이 진나라에 아첨하며 사니	六國媚秦甘北面
주나라 낙양 동천한 게 한이다	二周失祀恨東遷
천고의 역사를 한데 묶어 보니	總觀千古興亡局

모두 현신과 간신 선별 문제다　　　　　　盡在朝中用佞賢

보설 – 전국시대의 등장인물과 약사

1. 상앙商鞅

원래 춘추시대까지만 해도 진秦나라는 중원의 서쪽에 있는 일개 제후국에 불과했다. 중원의 제후들은 진나라를 서융西戎의 일원으로 낮춰 보았다. 동쪽으로 진출해 중원의 패권을 장악코자 해도 앞을 가로막고 있는 진晉나라로 인해 그 뜻을 실현할 길이 없었다. 부국강병을 통해 이런 한계를 돌파한 인물이 바로 진목공秦穆公이다. 제환공과 진문공의 시기에 활약한 그는 진문공의 장인이기도 하다. 일부 사가들이 진목공을 '춘추5패'의 일원으로 꼽는 것은 그가 세운 공이 간단치 않았음을 반증한다. 여기에는 '기려지신' 백리해百里奚의 보필이 결정적인 배경으로 작용했다.

전국시대 중엽 진효공이 진목공의 유업을 이어 대대적인 개혁을 실시했다. 여기에는 '기려지신' 상앙商鞅의 보필이 결정적인 배경으로 작용했다. 여러모로 진목공 때의 백리해에 비유할 만했다. 사마천은 「상군열전」에서 그의 파란만장한 삶을 매우 소상히 기록해 놓았다. 이에 따르면 그는 기원전 390년에 중원의 약소국 위衛나라에서 태어났다. 부친은 위나라의 공자 출신이었으나 그는 첩의 아들이었다. 신분세습의 봉건질서 하에서 공경대부의 적통 입장에서 볼 때 이른바 서얼庶孽 출신은 거추장스러운 일종의 혹에 지나지 않았다. 상앙도 어렸을 때 차별대우를 받으며 커다란 울분을 느꼈을 공산이 크다. 그가 훗날 일련의 변법을 과감히 밀어붙인 것도 이런 출생 배경과 무관치 않다고 봐야 한다.

「상군열전」에 따르면 그는 어렸을 때부터 남달리 총명했다. 난세의 시기에 써먹을 수 있는 학술은 유가가 아닌 법가라는 사실을 통찰한 그는 법가의 일종인 형명학形名學을 좋아했다. '형명학'은 명분과 실상이 부합하는지 여부를 따지는 일종의 명실론名實論으로 궁극적으로는 법의 적용에 공평을 기하려는 취지에서 나온 것이다. 법의 엄격한 적용이 전제되고 있는 까닭에 통상 이를 '형명학刑名學'으로도 표현한다. 전국시대 말기에 한비자라는 걸출한 인물이 나와 법가사상을 집대성할 때까지 '형명학'은 곧 법가사상을 대신하는 용어로 사용됐다.

상앙은 춘추시대 중엽 때 활약한 관중처럼 열국 가운데 한 나라를 선택해 천하제일의 부강한 나라로 만든 뒤 이를 기반으로 천하에 명성을 떨치고자 했다. 그가 청년기에 고향을 떠나 벼슬길을 찾아 나선 것도 이런 맥락에서 이해할 수 있다. 그가 가장 먼저 찾은 나라는 춘추시대에 중원의 패자로 군림했던 진晉나라가 전국시대에 들어와 셋으로 나뉜 뒤 가장 먼저 위세를 떨친 위魏나라였다.

먼저 상국으로 있는 공숙좌公叔座를 찾아갔다. '공숙'은 군주의 숙부뻘을 지칭한 것이나 이후 성씨로 굳어진 것이다. 공족의 후손을 뜻하는 '공손公孫'이 상앙 집안의 성씨로 굳어진 것과 같다. 상앙이 위나라 상국 공숙좌를 곧바로 찾아간 것은 속히 출세해 자신의 뜻을 펼치고자 하는 열망이 매우 강렬했음을 반증한다. 공숙좌는 상앙과 몇 마디 말을 나누고는 그가 비상한 재주를 갖고 있다는 사실을 곧바로 눈치 챘다. 이내 중서자中庶子에 임명해 참모로 활용한 이유다. '중서자'는 공족을 관장하는 관직으로『주례周禮』에서는 '제자諸子'로 되어 있다.

공숙좌는 상앙의 보좌를 받아 모든 일을 성취했다. 그러나 그는 상앙을 위혜왕에게 천거하지 않았다. 기원전 362년, 진나라와 위나라 군사가 지금의 섬서성 한성현인 소량小梁에서 격돌했다. 위나라 군사는 직전에 이미 조나라 및 한나라 연합군과 격전을 치른 탓에 진나라 군사의 상대가 되지 못했다. 진나라 군사가 위나라 군사를 대파한 뒤 마침내 공숙좌를 포로로 잡게 되었다. 이때 마침 21세의 진효공秦孝公이 즉위했다. 진나라 군사는 국상으로 인해 이내 위나라와 강화하여 공숙좌를 석방한 뒤 곧바로 회군했다.

진효공은 불세출의 명군이었다. 석방된 공숙좌가 이내 병이 나 자리에 눕게 되자 위혜왕이 문병 차 찾아와 묻기를, "그대가 병석에서 오랫동안 치료를 받으셔야 한다면 국정을 대신 맡아볼 사람으로 누가 좋겠소?"라고 했다. 공숙좌가 상앙을 천거했다. 위혜왕이 아무 말도 하지 않았다. 뜬금없이 아마 실적이 없는 백면서생을 중용하라고 하니 기가 막힌 것이다. 천하의 웃음거리가 될 것을 염려한 위혜왕이 입을 굳게 다물고 있자 공숙좌가 좌우 측근들을 물린 뒤 다시 진언키를, "대왕이 그를 등용하지 않을 양이면 반드시 그를 제거해 다른 나라로 빠져나가지 못하게 해야 합니다."라고 했다. 위혜왕이 마지못해 대답하고 환궁하자 공숙좌가 상앙을 불러 말하기를, "내가 후임 상국으로 그대를 천거했으나 대왕의 안색을 보니 응낙하지 않을 듯하다. 만일 그대를 등용하지 않을 양이면 미리 제거해야 한다고 진언했다. 대왕이 이를 수락했으니 그대는 서둘러 이곳을 떠나도록 하라."고 했다. 상앙이 대답키를, "대왕이 저를 후임으로 기용하라는 상국의 진언을 받아들이지 않았는데 어찌 저를 죽이라는 진언을 받아들일 리 있겠습니까?"라고 했다. 당시 위혜왕은 환궁한 뒤 좌우에게 말하기를, "상국은 병이 깊어지더니 이상해졌소. 공손앙을 기용하라고 권하니 말이오. 이 어찌 노망이 든 게 아니겠소!"라고 했다. 이때 상앙과 가까운 위나라 공자 앙卬도 누차 위혜왕에게 상앙을 천거했다. 그러나 위혜왕은 끝내 상앙을 등용하지 않았다. 얼마 후 공숙좌가 죽었다. 훗날 위혜왕은 상앙을 놓친 것을 두고두고 후회했으나 이미 엎지른 물이었다.

이를 두고 훗날 사마광은『자치통감』에서 평하기를, "진나라는 진효공이 상앙을 맞아들인 이후 날로 강해지고 위나라는 상앙을 놓친 후 날로 영토가 줄어들었다. 이는 공숙좌가 어리석었기 때문이 아니라 위혜왕이 어리석었기 때문이다. 어리석은 자의 가장 큰 우환은 실로 어리석지 않은 자를 어리석은 자로 여기는 데 있다."라고 했다. 공숙좌가 죽자 상앙은 진효공이 천하의 인재를 모은다는 소식을 들은 까닭에 곧 진나라로 출국할 준비를 서둘렀다. 당시 진효공은 전국에 구현령求賢令을 내려 선언키를, "옛날 선군 진목공은 기산岐山과 옹수雍水 사이에서 덕을 닦고 무력을 길러, 동쪽으로 진晉나라의 내란을 평정하고 황하를 경계로 삼았다. 또한 서쪽으로 융적을 제압하고 땅을 1천 리나 더 넓혔다. 지금 한, 위, 조 등 이른바 3진三晉이 선군의 땅인 하서河西를 빼앗았다. 이보다 더 큰 치욕은 없을 것이다. 과인은 실지를 회복하고 정령의 본의를 밝게 드러내고자 하나 늘 마음속에 부끄럽고 비통한 생각뿐이다. 빈객과 군신들 중에 기계奇計를 내어 진나라를 부강하게 할 수 있는 사람이 있으면 과인에게 오라. 과인이 관작을 내리고 땅도 나눠 줄 것이다!"라고 했다. 구현령이 포고되자 천하의 인재들이 구름처럼 몰려들었다. 진나라에 당도한 상앙은 먼저 진효공의 총애를 받고 있는 대부 경감景監을 찾아갔다. 경감은 상앙과 여러 이야기를 나눴다. 과연 상앙은 뛰어난 인물이었다. 경감이 곧 진효공에게 상앙을 천거했다.

「상군열전」에 따르면 당시 상앙은 첫 만남에서 엉뚱하게도 도가에서 말하는 최상의 치도인 제도帝道에 관해서만 말했다. 상앙의 말이 다 끝나기도 전에 진효공은 졸기 시작했다. 5일 뒤 경감의 주선으로 상앙이 다시 진효공을 배견케 되었다. 상앙이 이번에는 상나라 탕왕과 주나라 무왕이 덕으로써 민심을 수습해 나라를 세운 일을 자세히 이야기했다. 진효공이 시종 시무룩한 표정을 지었다. 이번에는 왕도王道를 설명했다. '왕도'는 맹자가 강조했듯이 덕으로써 천하를 경영하는 것을 말한다. 이 또한 '제도'와 마찬가지로 비현실적인 방안이었다. 왕도를 강조하는 것은 춘추시대 송양공이 범한 이른바 '송양지인宋襄之仁'의 우를 범할 소지가 컸다. 진효공이 왕도에 시큰둥한 반응을 보인 이유다. 상앙의 부탁으로 다시 한 번 알현케 됐다. 이번에는 패도覇道를 논하며 건의키를, "옛날에 관중은 제나라 상국이 되어 군령으로 정치를 했습니다. 당시 백성들은 크게 반발했으나 제나라가 크게 다스려지고 제후들이 순종하자 비로소 관중이 자신들을 위한 대계大計를 세웠다는 것을 깨닫게 되었습니다. 무릇 패도의 길은 이처럼 처음에는 민심과 역행할 수밖에 없습니다. 이는 주어진 상황이 제도와 왕도를 허용치 않기 때문에 불가피 한 것이기도 합니다."라고 했다. 진효공이 고개를 끄덕이며 열심히 들었다. 상앙이 나가자 진효공이 경감에게 말하기를, "그대의 빈객은 매우 뛰어난 인물이오. 가히 더불어 이야기할 만하오."라고 했다.

다음날 진효공이 상앙을 불렀다. 상앙이 부강한 나라가 되는 강도彊道에 관해 설명키를, "나라 재정이 튼튼해야 비로소 군사를 쓸 수 있습니다. 또 군사를 쓸지라도 군사가 강해야만 적을 무찌를 수 있습니다. 나라 재정을 튼튼히 하려면 증산에 온 힘을 기울여야 합니다. 군사를 강하게 하려면 후한 상을 내걸고 장병들을 독려해야 합니다. 백성들에게 나라가 추구하는 바를 정확히 일러 주고 상벌을 분명히 해야 합니다. 그래야만 정령이 차질 없이 시행되어 재정을 튼튼히 하고 강군을 육성할 수 있는 것입니다. 그러고도 부강하지 않은 나라를 신은 일찍이 보지 못했습니다."라고 했다.

「상군열전」은 두 사람의 문답은 3일 동안 계속되었으나 진효공이 조금도 피로한 기색을 보이지 않았다고 기록해 놓았다. 춘추시대의 제환공이 관중을 만나 천하경영의 방략을 들을 때의 모습과 닮았다.

당시 천하형세를 살펴보면 우선 황하와 화산華山 이동에는 강력한 6국이 있었고, 회수淮水와 사수泗水 사이에는 10여 개의 소국이 존재했다. 6국 가운데 초나라 및 위나라가 진나라와 접경하고 있었다. 「자치통감」은 진효공의 출현 당시 상황을 두고 분석키를, "중원의 제후국들 모두 진나라를 이적으로 간주해 배척했다. 진나라는 중원에 있는 제후국들의 회맹에는 참여하지 못했다. 진효공은 발분發憤하여 진나라를 부강하게 만들려는 생각을 가졌다."고 했다. 진효공이 상앙의 변법變法을 받아들여 일대 개혁을 단행한 배경을 설명한 것이다.

실제로 기원전 359년, 상앙은 자신이 평소 생각한 변법의 구상을 담은 개혁안을 정식으로 제출했다. 개혁안의 작성에 약 2년의 시간이 걸린 셈이다. 그러나 반발이 만만치 않았다. 진효공이 상앙을 상경上卿에 해당하는 좌서장左庶長으로 삼은 뒤 군신들에게 분부키를, "앞으로 나라의 모든 정사는 좌서장의 명대로 시행할 것이다. 명을 어기는 자기 있으면 추호도 용서치 않을 것이다."라고 했다. 상앙이 곧바로 기존의 낡은 제도와 질서를 뜯어고치기 시작했다. 그의 변법은 백성들의 자발적인 참여를 이끌어내는 데 초점이 맞춰져 있었다. 일반백성들에게 새로운 기회를 대거 제공하기 위해서는 세족들의 낡은 특권을 타파해야 했다. 세족들의 반발은 진효공이 앞에 나서서 막았다. 상앙의 변법 중 가장 주목할 만한 것은 군공軍功에 대한 포상원칙이다. 군공을 20급으로 나누고 등급에 따라 작위와 관직, 주택, 처첩, 복장 등에 차등을 뒀다. 노비의 신분일지라도 공을 세우면 평민이 되는 것은 물론 높은 작위에 올라갈 수도 있었다. 이는 관록官祿의 세습제를 폐지한 것이나 다름없다. 가히 혁명적인 조치에 해당했다. 공자는 신분세습의 봉건질서를 군자의 양산을 통해 점진적으로 해체코자 한 데 반해 상앙은 변법조치를 통해 단번에 이를 해체시킨 셈이다. 훗날 진시황이 천하통일 직후 봉건정을 완전히 소탕하고 곧바로 제왕정을 세울 수 있었던 것도 바로 이때의 경험이 있었기에 가능했다.

또 하나 주목할 점은 상앙이 정치와 외교를 부국강병만큼이나 중시했다. 그의 저서로 알려진 『상군서商君書』는 모두 3편으로 구성돼 있다. 전쟁에서 승리하기 위해서는 막강한 군사력과 외교력이 필요하고, 이를 지원하기 위해서는 경제력이 뒷받침돼야 하고, 경제력은 국가기강을 바로 잡는 정치력이 전제돼야 가능하다는 논리를 담고 있다. 21세기의 치국방략으로 택할지라도 전혀 손색이 없는 탁견이다.

당시 상앙은 진나라를 일대 혁신치 않고는 장차 중원진출은커녕 주변 인국의 침공을 면치 못할 것으로 판단했다. 그의 이러한 판단은 옳은 것이었다. 진나라는 초나라 못지않게 구질서인 봉건질서에 크게 얽매여 있었다. 상앙이 변법을 시행치 않았다면 진나라는 초나라처럼 세족들의 발호로 이내 쇠락의 길을 걷고 말았을 것이다. 상앙의 변법은 크게 두 차례에 걸쳐 실시됐다. 진효공이 사망하는 시기까지 총 21년 동안 지속됐다. 그 효과는 막대했다. 진나라가 천하제일의 강국이 되고, 백성들이 안심하고 생업에 종사하며 최고의 전투력을 갖추게 된 비결이 모두 여기에 있다. 이것이 훗날 진시황의 천하통일에 초석이 된 것은 말할 것도 없다.

그가 시행한 변법에서 주목할 것은 변법 시행에 앞서 먼저 백성들의 믿음을 얻고자 한 점이다. 사실 변법의 내용이 아무리 좋을지라도 백성들이 따르지 않으면 아무 소용이 없다. 「상군열전」과 『자치통감』 모두 이를 수록해 놓았다. 그만큼 중시됐음을 반증한다. 이에 따르면 당시 상앙은 도성의 남문에 3장丈 길이의 나무를 세웠다. 이어 나무를 북문으로 옮겨 세우는 자가 있으면 10금의 상을 내리겠다는 내용의 포고문을 붙여 놓았다. 아무도 그 나무를 북문으로 옮기는 자가 없었다. 며칠 후 상앙이 포상금을 50금으로 올렸다. 백성들은 더욱 의심했다. 이때 한 사람이 나무를 뽑아 어깨에 메고 가 북문에 세웠다. 상앙이 곧바로 50금을 상으로 주었다. 백성들이 삼삼오오 모여 서로 말하기를, "좌서장은 명령만 내리면 꼭 실행하는 사람이다."라고 했다.

이튿날 상앙이 마침내 새 법령을 선포했다. 제1차 변법의 시행령은 크게 4가지였다. 첫째, 천도遷都에 관한 건이다. 진나라에서 가장 뛰어난 곳은 지금의 섬서성 서안시인 함양咸陽 땅이니 도읍을 역성에서 함양 땅으로 옮긴다는 내용이었다. 둘째, 관작官爵에 관한 건이다. 전장에서 적의 머리를 하나 얻을 때마다 1계급씩 승진한다. 반면 후퇴하는 자는 즉시 참형에 처한다. 존비와 관작의 등급은 전공에 따라 정해지고 각기 차등 있게 전택田宅과 신첩臣妾, 의복衣服을 사용한다. 전공을 세운 자는 벼슬에 따라 수레와 의복을 사치하게 차려도 금하지 않는다. 반면 전공이 없는 자는 아무리 부자일지라도 법에 의해 삼베옷을 입고 소를 타고 다녀야 한다. 아무리 종실일지라도 전공이 없을 시에는 모든 종친부에서 그 이름을 삭제하여 관작을 박탈한 뒤 생산업에 종사케 한다. 개인적인 감정으로 싸우는 자는 이유 여하를 막론하고 모두 참형에 처한다. 셋째, 십오什伍에 관한 건이다. 5개 가호를 '오伍', 10개 가호를 '십什'으로 조직해 상호 연대책임을 진다. 범법자를 고발하지 않을 시에는 10가를 모두 같은 죄로 다스려 허리를 자른다. 간적奸賊을 고발하는 자는 적의 수급을 벤 것과 같은 상을 받는다. 이를 어긴 자는 전쟁에서 적에게 항복한 자와 같은 벌을 받는다. 모든 역관驛館과 민가는 통행증이 없는 자를 재우면 법에 따라 처벌한다. 가족 내에 죄를 지은 자가 있으면 집안 식구 모두를 관가의 노비로 삼는다. 넷째, 준법違法에 관한 건이다. 이 법령이 공포되는 날로부터 남녀노소와 상하귀천 할 것 없이 모두 이 법령을 준수해야만 한다. 만일 이를 어기는 자가 있으면 법에 따라 엄벌에 처한다는 내용이었다.

새 법령이 반포된 지 1년이 되자 진나라 도성의 백성들 중 새 법령이 불편하다고 말하는 자가 매우 많았다. 태자 사駟도 새 법령에 대해 불평을 털어 놓았다. 그러던 중 문득 태자가 법을 위반하는 일이 생겼다. 이 이야기를 전해들은 상앙은 곧 진효공을 찾아가 처리방안을 보고한 뒤 진효공의 승낙을 얻었다. 태자의 스승 공자 건虔을 코를 베는 형벌인 의형劓刑, 태자의 교관 공손 가賈를 얼굴에 먹을 뜨는 형벌인 묵형墨刑이 내려졌다. 이후 아무도 법령을 비판하는 자가 없게 되었다. 시간이 지나자 진나라 백성들 중에는 새 법령이 이내 편하다고 말하는 자가 나오게 되었다. 상앙은 이들까지 처벌케 했다. 새 법령에 대해 비판하는 자들은 물론 칭송하는 자들까지 모두 사라지게 되었다. 이후 진나라에서는 백성들이 길가에 떨어진 물건을 줍지 않는 것은 물론 분에 넘치는 물건을 함부로 주고받지 않게 되었다. 도둑도 완전히 사라지고 말았다. 창고마다 곡식이 가득 차게 되었다. 백성들은 전쟁에는 용감하나 사적인 싸움인 사투私鬪에는 겁을 먹게 되었다.

그러나 불행하게도 이 과정에서 상앙은 당시 태자 사의 원한을 사고 말았다. 기원전 354년, 위나라가 조나라로 쳐들어가 도성인 한단을 포위하고 초나라가 군사를 보내 조나라를 구하는 등 열국이 치열하게 다퉜다. 이듬해인 기원전 353년, 조나라가 제나라에 도움을 청하자 제나라 장수 전기가 당대 최고의 병법가인 손빈의 도움으로 이해 10월에 지금의 하남성 장원현인 계릉桂陵에서 위나라 대군을 격파하는 혁혁한 전공을 세웠다. 이를 계기로 문득 제나라가 천하를 호령하기 시작했다. 이들 싸움 모두 진나라의 코앞에서 전개됐다.

기원전 352년, 진효공은 마침내 상앙을 대량조大良造에 임명했다. '대량조'는 제16등급의 작위로 일종의 군정대신에 해당한다. 상앙을 군정대신에 임명한 것은 본격적인 동쪽 진출의 신호탄에 해당했다. 중원으로 진출하기 위해서는 지정학적으로 관문처럼 버티고 있는 위나라부터 제압치 않으면 안 되었다. 상앙이 군사 5만 명을 이끌고 위나라 도성인 안읍까지 쳐들어갔다. 위혜왕이 서하 땅을 모두 내주는 조건으로 강화한 뒤 지금의 하남성 개봉시인 대량大梁으로 천도했다. 위나라 국호가 '위魏'에서 '양梁'으로 바뀐 이유다. 이후 위나라는 전혀 힘을 쓰지 못하게 되었다.

이와 정반대로 서하 땅을 회복한 상앙은 승승장구했다. 진효공은 상앙의 공을 높이 사 위나라를 쳐 빼앗은 지금의 섬서성 상현인 상어商於 땅의 15개 성읍을 봉지로 내리고 상군商君의 칭호까지 하사했다. 세인들은 이때부터 그를 '상앙商鞅'으로 부르기 시작했다. 그 이전까지만 해도 위나라 출신이라는 뜻에서 '위앙衛鞅'으로 불렸다. 상앙이 가장 득의한 시기였다. 당시 상앙을 놓친 것을 크게 후회한 위혜왕은 이를 만회하기 위해 뒤늦게 천하의 인재들을 거두기 위해 노력했다. 천하의 인재들이 그의 휘하로 속속 몰려들기 시작했다. 『맹자』 첫머리에 나오는 「양혜왕」편은 바로 맹자가 이들 인재들의 무리에 합류해 위혜왕을 만난 실화를 배경으로 한 것이다. 사가들은 양나라로 천도한 이후의 위혜왕을 '양혜왕'으로 불렀다. 이 사이 진나라에서는 상앙의 건의를 좇아 착공한 함양咸陽의 궁궐 조영造營 작업이 거의 마무리되어 가고 있었다.

기원전 350년, 마침내 함양 궁궐이 완공됐다. 진효공은 이내 길일을 택해 곧 역양에서 함양으로 천도했다. 사서는 함양 천도로 인해 이주한 대성大姓만도 수 천 가家에 이르렀다고 기록해 놓았다. 상앙은 천도 작업이 끝나자마자 제2차 변법 시행령을 내렸다. 골자는 크게 3가지였다. 첫째, 치현置縣에 관한 건이다. 경내의 모든 촌락은 현에 소속시킨다. 현마다 영승令丞 한 사람을 둔다. 영승은 새 법령의 시행을 철저히 감독한다. 새 법령을 어기는 자가 있으면 사안의 경중에 따라 가차 없이 처벌한다. 둘째, 개간開墾에 관한 건이다. 수레와 말이 다니는 도로를 제외하고 나머지 모든 교외와 광야를 개간한다. 이 일은 근방의 주민들이 책임진다. 셋째, 증산增産에 관한 건이다. 백성들은 오로지 증산에 힘써야 한다. 모든 노력을 기울여 본업인 농사에 종사해 곡식과 비단을 많이 쌓아 놓은 자에게는 요역을 면제해 준다. 그러나 말업末業인 상공업으로 치부하거나 무위도식하며 빈곤에 처한 자는 그 재산을 모두 몰수한 뒤 관가의 노비로 삼는다. 아들이 둘 이상 있을 때에는 반드시 별거해야 한다. 장정들은 각기 국가 소정의 세를 내야 한다. 별거를 원치 않는 자는 혼자서 여러 사람 분의 세를 내야 한다. 이는 가족 단위로 이뤄지는 생산규모의 세분화를 통해 생산성을 제고하기 위한 조치였다.

이런 조치로 인해 모두 31개의 현縣이 만들어졌다. 각 현에는 크기에 따라 큰 현에는 현령縣令, 작은 현에는 현승縣丞을 두었다. 함양으로 천도한 지 2년 뒤인 기원전 348년, 농지의 면적에 따라 세금을 부과하는 부세법賦稅法을 제정해 곧바로 시행에 들어갔다. 이는 황무지를 남김없이 개간하기 위한 조치였다. 이 제도는 모든 전답을 국유로 정했다. 농지는 사방 6자가 1보步, 사방 250보가 1

무畝로 정해졌다. 이 규정을 어기거나 속임수를 쓰는 자가 있으면 토지를 몰수당했다. 또 정령반포와 군사이동의 신속성을 확보하기 위해 사방으로 길을 뚫고 징세의 공정을 기하기 위해 도량형의 표준을 정했다. 부피를 재는 두斗, 6되들이 사각 통인 통桶, 무게를 재는 권權, 권과 함께 일종의 저울인 형衡, 길이를 재는 장丈과 척尺 등이 하나로 통일되었다. 훗날 진시황이 천하를 통일한 뒤 도량형을 통일한 것은 상앙의 도량형 조치를 완성한 것이나 다름없다.

상앙의 변법은 모든 면에서 오기의 변법과 닮았다. '기려지신' 출신인 상앙과 오기 모두 기득권 세력인 세족을 권력에서 과감히 몰아내 커다란 원망을 자초한 점에서 아무 차이가 없었다. 다만 상앙은 순수한 법가인 데 반해 오기는 법가사상에 기초한 병가였다는 점만이 달랐을 뿐이다. 불행하게도 상앙은 오기의 전철을 밟고 말았다. 태자 사의 원한을 산 게 결정적이었다. 태자 사는 진효공의 뒤를 이어 즉위한 뒤 왕호王號를 쓰기 시작했다. 그가 바로 진혜문왕秦惠文王이다. 진혜문왕은 상앙과 그 일족을 모두 주살했다. 당시 그의 나이 50세였다. 상앙의 비참한 최후는 후세인들로 하여금 그의 변법에 대해 많은 회의를 품게 만들었다. 「상앙열전」의 사평이 그 실례이다. 그러나 그가 시행한 2차에 걸친 변법은 훗날 진시황이 천하를 평정하는 기반이 됐다. 상앙이 없었다면 진나라의 천하통일도 불가능했다고 평할 만하다.

2. 소진蘇秦

전국시대를 대표하는 종횡가로, 전설에 따르면 손빈孫臏과 방연龐涓 및 장의張儀 등과 함께 귀곡자鬼谷子 밑에서 수학했다고 한다. 여러 정황에 비춰 『귀곡자』의 저자로 알려진 귀곡선생 역시 『손자병법』의 저자 손무와 마찬가지로 가공의 인물에 가깝다. 귀곡자는 이름이 왕허王栩로 알려져 있으나 실존인물인지 여부는 확실치 않다. 다만 왕허의 이름이 전한 말기 양웅揚雄의 『법언法言』을 비롯해 『전국책』과 『자치통감』 등에 빈번히 인용돼 있다. 일설에 따르면 본래 귀곡자는 송나라의 묵적墨翟과 함께 수도한 일이 있다고 한다. 이후 묵적은 인간을 구제하고 사물을 이롭게 만들겠다는 큰 뜻을 품고 천하를 떠돌아 다녔다. 그러나 귀곡자는 묵적과 달리 세상을 등지고 인적이 드문 곳으로 들어가 수도를 계속했다. '귀곡선생'이라는 별칭이 나온 배경이다.

일설에 따르면 귀곡자는 위로는 천문에 통달하고 아래로는 지리를 꿰뚫어 보는 안목이 있었다. 수학數學과 병학兵學, 종횡학縱橫學 등에도 능통했다. 많은 사람들이 그의 학술을 배우기 위해 찾아왔다. 귀곡자는 찾아온 사람의 소질과 성격에 맞는 한 가지 학술만을 가르쳤다. 그의 문하에는 병학을 전공한 제나라 사람 손빈과 위나라 사람 방연을 비롯해 종횡학을 공부한 위魏나라 출신 장의와 낙양 출신 소진 등이 있었다. 손빈과 방연은 서로 의형제를 맺고 귀곡자 밑에서 병법을 열심히 탐구했다. 소진과 장의도 의형제를 맺고 귀곡자 밑에서 종횡학을 배웠다. 이들 모두 각기 자신의 전공 분야에서 일가를 이뤘다.

이들 4인 가운데 가장 먼저 속세로 내려간 사람은 방연과 손빈이다. 두 사람은 같은 스승 밑에서 수학했음에도 끝내 악연으로 끝났다. 비극의 출발은 방연의 손빈에 대한 시기에서 비롯되었다. 『자치통감』은 기록키를, "당초 제나라의 손빈은 위나라의 방연과 함께 귀곡자 밑에서 병법을 배운 적이 있었다. 이후 방연은 위나라로 가 장군이 되었으나 스스로 손빈을 따라 갈 수 없다고 생각해 이내 손빈을 제거할 심산으로 위나라로 초청했다. 손빈이 오자 곧 법으로 얽어매어 그의 두 발을 자르고 얼굴에 먹을 뜨는 경형黥刑에 처한 뒤 종신토록 폐기코자 했다. 이때 마침 제나라의 사신이 위나라에 도착했다. 손빈이 형을 받고 있는 처지에서 은밀히 제나라 사신을 만나 자신을 데려갈 것을 설득했다. 제나라 사신이 몰래 그를 수레에 싣고 제나라로 갔다. 손빈이 제나라에 도착하자 전기가 곧 그를 상객으로 후대하면서 제위왕에게 천거했다. 제위왕이 손빈에게 병법에 대해 물어보고는 곧 그를 군사軍師로 삼았다."고 했다. 제위왕과 손빈의 만남은 명군과 현신의 만남에 비유할 수 있다. 실제로 제나라가 제위왕 때 천하를 진동시킨 데에는 손빈의 공이 컸다. 당시 한단성의 조나라 군사들은 기다리는 제나라 군사가 오지 않자 이내 상심했다. 얼마 후 한단이 마침내 위나라 군사에게 함락되고 말았다. 방연이 막 입성하려는 순간 한 군사가 달려와 제나라 장수 전기가 군사를 이끌고 우리의 양릉襄陵을 치러 가는 중이라고 고했다. 양릉은 지금의 산서성 수현으로 하남성 개봉시에 있던 위나라 도성 대량과 매우 가까웠다. 방연이 급히 군사를 이끌고 양릉 땅으로 달려갔다. 위나라 군사가 지금의 하남성 장원현 서북쪽에 있는 계릉桂陵 20리 밖에 이르렀을 때 제나라 군사와 만나게 되었다. 손빈은 위나라 군사가 한단의 포위를 풀고 급히 돌아온다는 보고를 받고 미리 만반의 준비를 갖추고 있었다. 위나라 군사의 참패였다. 방연도 병사들과 함께 황급히 달아나 간신히 목숨을 구할 수 있었다. 제나라는 이 싸움을 계기로 국위를 크게 떨치게 되었다. 여기서 위위구조圍魏救趙 성어가 나왔다. 위나라를 포위해 조나라를 구했다는 이야기다. 이는 훗날 『삼십육계三十六計』의 제2계로 채택됐다. 후대인들에게 커다란 영향을 미쳤음을 짐작할 수 있다. 당시 위혜왕은 방연이 한단을 함몰한 공을 높이 사 계릉의 패전을 용서해 주었다. 그러나 궁극적인 책임은 위혜왕이 져야만 했다. 자신의 실력을 헤아리지도 않은 채 중원의 패권을 차지하고자 서둘렀기 때문이다.

그럼에도 그는 반성할 줄 몰랐다. 설욕을 별렀다. 마침 조나라와 한나라가 합세해 위나라를 친다는 이야기가 들려 왔다. 방연을 불러 상의하자 방연이 먼저 한나라부터 치는 계책을 건의했다. 위혜왕이 이를 좇았다. 기원전 341년, 방연이 대군을 이끌고 한나라로 진격했다. 태자 신申이 명목상의 총사령관인 상장군이 되었다. 한소후가 제나라에 사자를 보내 구원을 청했다. 제위왕은 한나라의 구원요청을 받자마자 곧 대신들을 모아놓고 대책을 상의했다. 손빈이 건의키를, "지금 위나라는 자신들의 용맹만을 믿고 지난번에 조나라를 쳤고, 이번에는 한나라를 치고 있습니다. 이를 방치하면 장차 우리 제나라로 쳐들어올 것입니다. 우리가 이제 한나라를 구원하지 않으면 이는 위나라를 더욱 강하게 만들어 주는 셈이 됩니다. 그러니 한나라를 구원하지 말라고 하는 것은 옳지 않습니다. 그렇다고 한·위 두 나라 군사가 아직 피폐하지 않은 상황에서 구원에 나서면 한나라는 편히 싸움을 구경만 하게 되고 우리는 그들을 대신해 위험한 싸움을 해야 합니다. 그러니 한나라를 속히 구원하자는 것도 옳지 못합니다."라고 했다.

이어 제위왕이 구체적인 방안을 묻자 손빈이 건의키를, "우선 한나라를 구원해 준다고 말해 한나라를 안심시키십시오. 그러면 한나라는 우리 제나라가 구원해 줄 것을 믿고 전력을 기울여 위나라 군사를 막을 것입니다. 위나라 역시 한나라를 멸할 의지를 갖고 있어 전력을 다해 싸울 것입니다. 힘이 달리는 한나라로서는 결국 패망의 위기에 몰려 반드시 동쪽을 돌아보며 급히 구원을 청할 것입니다. 이때 도우면 우리는 한나라와 깊이 결친하게 되고 이미 피폐해진 위나라 군사를 쉽게 물리칠 수 있습니다. 한 번의 용병으로 커다란 이익과 높은 명성을 동시에 얻는 방법입니다."라고 했다. 제위왕이 이를 좇았다.

당시 한나라 군사는 제나라 군사가 곧 올 것으로 믿고 전력을 다해 싸우지 않았다. 총력전을 펼친 위나라 군사를 당할 길이 없었다. 5전 전패였다. 한소후가 제나라에 사자를 보내 황급히 구원에 나서줄 것을 간청했다. 제위왕이 이때 비로소 움직였다. 전기가 주장, 손빈이 군사軍師가 되었다. 전기가 군사를 이끌고 즉시 한나라로 떠나려고 하자 손빈이 만류하며 건의키를, "한나라를 도와주려면 위나라 군사의 급소를 찔러야 합니다. 위나라 도성 대량을 쳐야 합니다."라고 했다. 전기가 대량을 향해 급속히 진격했다. 5전 전승을 거둔 방연은 곧바로 한나라 도성 신정新鄭을 압박해 들어갔다. 이때 전령이 달려와 제나라 군사가 위나라 경계로 쳐들어오고 있다는 소식을 전했다. 방연이 곧바로 군사를 이끌고 대량 쪽으로 달려갔다. 한나라 군사는 피폐해진 나머지 철군하는 위나라 군사를 추격하지 않았다. 방연이 군사를 이끌고 급히 본국으로 철군할 당시 제나라 군사는 이미 위나라 국내에 깊숙이 들어와 있었다. 손빈이 전기에게 말하기를, "위나라 병사들은 본래 사납고 용감해 우리 제나라를 가벼이 본 나머지 제나라 군사를 겁쟁이라 부르고 있습니다. 적을 얕보면 반드시 패하기 마련입니다. 지금 우리는 적진 깊숙이 들어와 있습니다. 우리 군사는 짐짓 더욱 약한 모습을 보여 적들을 더욱 교만하게 만들어야 합니다. 교만해진 적을 유인한 뒤 계책을 써 일거에 치면 가히 승리할 수 있을 것입니다."라고 했다. 적들을 교만케 만들어 방비를 소홀하게 만드는 일종의 '교병계驕兵計'였다.

손빈은 행군하면서 먼저 부엌을 1만 개 만든 뒤 다음날부터 차례로 그 수효를 줄였다. 방연의 군사는 우리가 밥을 지어 먹고 간 부엌의 수효가 나날이 줄어든 것을 보고는 제나라 군사가 겁이 나 날마다 도망병이 늘어난 것으로 알았다. 더욱 교만해진 나머지 무리를 해서라도 급히 제나라 군사를 추격했다. 실제로 당시 방연은 크게 기뻐하며 말하기를, "원래 제나라 사람은 겁이 많다. 그들은 우리가 위나라 땅에 들어선지 불과 3일 만에 절반 이상이 달아나고 말았다. 급히 추격하면 가히 적들을 섬멸할 수 있다."고 했다. 방연이 군사들을 급히 몰아 황혼 무렵에 지금의 하북성 대명현 동남쪽에 있는 마릉馬陵에 도착했다. 마릉은 양쪽으로 높은 산이 솟아 있는데다가 계곡이 깊고 수목이 울창해 복병계伏兵計를 펼치기에 더없이 좋았다. 손빈은 이를 놓칠 리 없었다. 마릉으로 들어오는 길 중에서 가장 험준한 곳을 골라 큰 나무 하나만을 남겨 두고 나머지 나무들을 모두 베어 버렸다. 이어 병사들에게 명해 하나 남은 나무의 가지를 모두 자르고 껍질을 벗기도록 했다. 친히 붓을 들어 나무 위에 '방연사우차수지하龐涓死于此樹之下'라는 8자를 썼다. 방연은 이 나무 아래에서 죽는다는 뜻이다.

위나라 군사는 급히 추격전을 펼친 까닭에 마릉에 당도했을 때 이미 크게 지쳐 있었다. 앞서 가던 군사가 문득 돌아와 방연에게 쓰러진 나무로 인해 길이 막힌 정황을 보고했다. 방연이 직접 가보니 껍질이 벗겨진 나무 하나가 우뚝 솟아 있었다. 어렴풋이 글자가 보였으나 워낙 어두워 자세히 알 길이 없었다. 곁에 있던 군졸이 횃불을 키자 '방연사우차수지하' 8자가 뚜렷이 보였다. 함정에 빠진 것을 알고 속히 후퇴할 것을 명했으나 호령이 채 끝나기도 전에 사방에서 화살이 우박처럼 쏟아졌다. 방연이 피투성이가 된 채 탄식키를, "드디어 그 어린놈의 명성을 떨치게 만들어주었구나!"라고 했다.

마릉전투에서 제나라 군사는 위나라 군사 10만 명을 대파하는 대승을 거뒀다. 지난 1972년 산동성의 은작산 한묘漢墓에서 출토된 『손빈병법』에 따르면 방연이 12년 전의 계릉전투 때 포로가 된 것으로 나온다. 이게 사실이라면 도중에 어떤 이유로 탈출했거나 방환된 후 다시 마릉전투에 참전했다고 보아야 한다. 그러나 이는 상식적으로 납득키가 어렵다. 『열국지』의 묘사처럼 계릉전투 때 비록 참패하기는 했으나 간신히 목숨을 구한 것으로 보는 게 타당하다.

전설에 따르면 당대의 종횡가 소진은 손빈과 방연의 뒤를 이어 하산한 뒤 합종책合縱策을 주장하며 열국 군주들의 신임을 얻었다. '합종책'은 효산殽山의 동쪽에 있던 연燕, 초楚, 한韓, 위魏, 조趙, 제齊 등 이른바 산동山東 6국이 연합해 서쪽의 진秦나라에 대항한 외교 책략을 말한다. 이에 대해 장의는 종횡책縱橫策을 주장했다. 산동 6국이 진나라와 손을 잡고 함께 나아가는 책략을 말한다. 진나라가 상앙의 변법을 통해 최강의 군사대국으로 부상한 이래 진시황의 천하통일까지 약 1백여 년 동안 천하의 모든 책략은 합종과 연횡 사이를 오갔다. 이를 주도한 대표적인 인물이 바로 소진과 장의였다. 당시에는 두 사람 이외에도 공손연公孫衍과 진진陳軫, 범수范雎 등 수많은 종횡가가 활약했다. 이들의 종횡무진 유세 책략을 망라해 놓은 책이 바로 『전국책』이다. 『귀곡자』가 종횡술의 기본이치와 기교를 체계적으로 정리해 놓은 총론이라면, 『전국책』은 여러 종횡가와 책사의 활약을 토대로 이를 역사적으로 증명해 놓은 각론에 해당한다. 『귀곡자』를 읽을 때는 반드시 『전국책』을 곁들여야 한다는 이야기가 나오는 이유다.

지난 1973년 마왕퇴 3호묘에서 출토된 『백서전국책帛書戰國策』은 장의를 소진보다 1세대 가량 앞선 인물로 기록해 놓았다. 학계가 발칵 뒤집어졌다. 장의가 소진의 사주를 받아 진나라에서 활약했다는 『사기』「소진열전」의 기록과 정면으로 배치되기 때문이다. 이는 지금도 논란 중이나 학계의 중론은 『백서전국책』 쪽이다. 『백서전국책』의 기록에 따를 경우 두 사람은 귀곡자 밑에서 함께 공부한 적도 없고, 따라서 소진이 장의를 격분케 만들어 진나라로 들어가 입신토록 배후에서 조종할 일도 없었고, 활동 역시 장의가 소진에 앞서 종횡가로 활약하면서 명성을 떨친 게 된다. 『사기』의 기록과 정면으로 배치된다. 『사기』는 「소진열전」과 「진세가」 등에서 소진이 진혜문왕秦惠文王에게 유세를 시도했다가 실패한 뒤 곧바로 장의를 조종해 진혜문왕을 찾아가 유세토록 만든 것으로 묘사해 놓았다. 또 「연표」에서는 장의가 진혜문왕 10년인 기원전 328년에 공손연을 대신해 진나라의 재상이 됐다고 했다. 소진이 장의보다 먼저 이름을 떨쳤다는 일화가 역사적 사실인 양 후대에 전해진 근본배경이다.

『백서전국책』의 내용을 무시한 채 기존의 『사기』와 『자치통감』 내용을 토대로 소진과 장의의 관계를 정리하면 대략 "위양양 5년인 기원전 330년, 진나라가 공손연公孫衍을 시켜 위나라를 치게 했다. 공손연이 위나라 군사 4만여 명을 대파하고 위나라 장수 용가龍賈를 포로로 잡았다. 소진은 진나라 군사가 조나라로 쳐들어와 자신의 합종책을 깨뜨릴까 걱정했다. 곧 장의를 격노케 만들어 진나라로 들여보내고자 했다. 장의는 위나라 출신으로 소진과 함께 귀곡자를 섬기며 종횡술을 배웠다. 당시 장의는 제후들에게 유세했으나 특별한 신임을 얻지 못했다. 장의가 초나라에 체류하고 있을 때 소진이 장의를 조나라로 부른 뒤 짐짓 모욕을 주었다. 대로한 장의는 오직 진나라만이 조나라를 공벌할 수 있다고 생각해 진나라로 들어갔다. 이때 소진이 은밀히 가신을 보내 장의에게 많은 금품을 제공하면서 편의를 보아주었다. 덕분에 장의는 유세에 성공해 객경客卿이 되었다. 그러자 소진의 가신이 장의와 작별하면서 말하기를, '소군蘇君은 진나라가 조나라를 쳐 합종의 맹약을 깰까 염려했습니다. 그대가 아니면 진나라의 권력을 쥘 사람이 없다고 여겨 짐짓 그대를 격노케 만든 뒤 저로 하여금 몰래 그대에게 금품을 주게 했습니다. 모두 소군의 계책입니다'라고 했다. 장의가 탄식키를, '아, 나는 소진의 계책 속에 있었는데도 이를 깨닫지 못했다. 내가 소진을 따를 수 없다는 사실이 분명히 드러났다. 소진의 시대에 내가 어찌 감히 입을 열어 유세할 수 있겠는가?'라고 했다."는 식으로 요약할 수 있다.

『사기』「소진열전」은 소진의 생장배경 등에 관해 아무런 기록도 남기지 않았다. 다만 장의와 함께 귀곡자 밑에서 학업을 마친 후 노자를 마련해 유세를 다녔으나 이내 실패해 형제와 처첩 등의 웃음거리가 됐다고 기록해 놓았을 뿐이다. 『전국책』「진책」에 따르면 당초 소진은 진혜문왕을 설득키 위해 서신을 10통이나 올렸으나 채택되지 않자 크게 실망했다. 그 사이 입고 있던 갖옷은 온통 해지고 1백 근의 황금도 모두 비용으로 없어졌다. 생활비를 댈 길이 없게 되자 이내 고향인 낙양으로 돌아가게 되었다. 각반을 친 채 짚신을 신고, 등에 책 꾸러미를 이고 어깨에 짐을 멘 형용이 앙상할 정도로 수척하기 그지없었다. 게다가 얼굴은 까맣게 그을려 부끄러운 기색이 완연했다. 그러나 그 누구 하나 그를 반기지 않았다. 집안 식구들은 거지가 되어 돌아온 소진을 홀대했다. 소진의 아내 역시 남편이 돌아왔는데도 베틀에 앉아 베만 짤 뿐 내다보지도 않았다. 소진은 배가 고파 형수에게 밥을 지어 달라고 간청하자 땔나무가 없어 밥을 못 짓겠다고 거절했다. 소진은 눈물을 흘리며 탄식키를, "내가 가난하고 천하니 아내도 남편을 남편으로 섬기지 않고, 형수도 시동생을 시동생으로 대하지 않고, 어머니도 자식을 자식으로 보지 않는다. 이 모든 것이 진나라 때문이 아닌가!"라고 했다.

이날 저녁 책을 찾기 위해 10개의 책 상자를 모두 뒤적인 끝에 마침내 태공망 여상이 지은 병서 『음부陰符』를 찾아냈다. 이 책은 사물의 조짐과 사람의 속마음을 췌마揣摩해 군주를 설득하는 비술을 담고 있었다. 소진은 이 책의 내용을 숙지할 때까지 읽고 또 읽었다. 1년의 세월이 지나자 소진은 드디어 '췌마'의 이치를 깨우쳤다. 소진이 크게 기뻐하며 외치기를, "이제 그 어떤 군주도 능히 설득할 수 있다!"고 했다. 그리고는 이내 노자를 마련해 다시 천하유세의 길을 떠났다. 이상이 『전국책』「진책」의 내용이다. 이 대목은 역사적 사실에 가까운 것으로 보는 게 옳다. 소진 역시 장의와 마찬가지로 유세에 성공하기 전까지 많은 어려움을 겪었을 것으로 짐작된다.

『자치통감』은 기원전 333년에 소진이 진혜문왕에게 유세했으나 받아들여지지 않자 연나라로 가 유세에 성공한 데 이어 조나라까지 설득해 합종책을 본격 구사한 것으로 기록해 놓았다. 이는 『사기』「소진열전」과 『전국책』의 기록을 그대로 좇은 것이다. 그러나 『백서전국책』의 기록을 좇을 경우 이는 믿을 바가 못 된다. 『백서전국책』에 따르면 소진은 기본적으로 장의가 병사하기 직전에 즉위한 연소왕燕昭王 때 활약한 인물이다. 그는 연소왕이 널리 인재를 구한다는 소문을 듣고 연나라로 가 중용됐다. 이후 연소왕의 밀명을 받고 제나라로 들어갔다. 제민왕 12년인 기원전 289년에 소진은 제나라의 상국에 임명됐다. 이때 진나라 승상 위염魏冉이 제나라와 맹약을 맺고 각기 동제東帝와 서제西帝를 칭하면서 조나라를 멸한 뒤 그 땅을 반분코자 했다. 소진이 조민왕에게 조나라를 멸하는 것보다는 송나라를 멸하는 게 낫다며 진나라의 제의를 거절하라고 권했다. 제민왕이 이를 좇았다.

제민왕 14년인 기원전 287년에 소진이 조나라의 봉양군奉陽君 이태李兌와 협력해 5국의 군사를 일으킴으로써 진나라가 빼앗은 땅을 조나라에 돌려주게 만들었다. 조혜문왕이 크게 감격해 소진을 무안군武安君에 봉했다. 이듬해인 제민왕 15년인 기원전 286에 제나라가 송나라를 멸한 뒤 제나라에 편입시켰다. 제민왕 17년인 기원전 284년에 연나라 장수 악의가 제나라를 공격하자 소진은 연나라를 위해 활동한 사실이 적발돼 이내 거열형에 처해졌다. 『전국책』「조책」에는 소진이 죽기 직전 조혜문왕에게 올린 서신 내용이 실려 있다. 『백서전국책』 제21편에 나오는 「소진헌서조왕장蘇秦獻書趙王章」 내용과 거의 동일하다. 『백서전국책』의 기록을 토대로 연대를 추정할 경우 소진은 연소왕 28년인 기원전 284년까지 활약한 게 확실하다. 『사기』「소진열전」은 제나라의 대부들이 제민왕의 총애를 다투다가 이내 자객을 보내 소진의 척살을 시도했다고 기록해 놓았다. 이에 따르면 소진은 죽기 직전 제민왕에게 자신을 거열형에 처한 뒤 연나라를 위해 작란作亂을 꾀한 까닭에 처벌했다고 포고하면 자신을 척살코자 한 자들을 능히 찾아낼 수 있다고 말한 것으로 되어 있다. 전국시대 초기 오기가 죽기 직전 초도왕의 시신 옆에 몸을 숨김으로써 자신에게 화살을 날린 자들을 일거에 제거한 일화를 방불케 한다. 항간의 이야기를 그대로 옮겨 놓은 것으로 짐작된다.

「소진열전」은 소진 사후 간첩행위 사실이 드러났고, 제민왕이 연나라에 원한을 품자 이를 두려워한 연소왕이 소진의 동생 소대蘇代와 소려蘇厲의 계책을 좇아 열국과 함께 제나라를 친 것으로 기록해 놓았다. 그러나 이는 앞뒤가 뒤바뀐 것이다. 다만 연소왕이 소진 사후 소대와 소려를 총애하며 그들의 계책을 사용한 것은 역사적 사실에 부합한다. 훗날 유향은 『전국책』을 새롭게 편제하면서 소진을 두고 평하기를, "소진이 크게 활약하자 산동의 제후들이 모두 바람을 좇아가듯 그를 추종하면서 조나라를 크게 받들었다. 원래 소진은 토굴 같은 뒷골목에 있는 뽕나무 지게문에 나무로 만든 돌쩌귀로 된 집안 출신의 초라한 선비에 불과했다. 그러나 훗날 크게 성공하여 호화로운 수레에 고삐를 잡고 천하를 마음대로 역방歷訪하며 제후들에게 유세케 되자 열국 군신들의 입을 간단히 틀어막을 수 있었다."라고 했다. 소진에 대한 극찬에 해당한다.

사실 『전국책』에 실려 있는 내용 중 상당 부분이 모두 소진의 활약에 관한 것이다. 유향이 소진을 매우 긍정적으로 평가한 사실과 무관치 않았을 것이다. 사마천은 『사기』「소진열전」에서 소진을 두고 평하기를, "세상에 퍼진 소진의 사적에는 이설이 매우 많다. 시대를 달리하는 사적이라도 모두 소진에게 끌어다 붙였기 때문이다. 소진이 평민의 신분에서 입신하여 6국을 연결시켜 합종을 맺게 한 것은 그의 재지才智가 일반 사람을 훨씬 뛰어넘는다는 것을 말해준다. 내가 그의 행적을 시간대별로 차례로 나열한 것은 그가 악평만 받는 상황을 저지하려는 취지에서 나왔다."고 했다. 나름 소진을 높게 평가했음에도 사마천이 활동할 당시 소진에 관한 악평이 주류를 이뤘음을 짐작할 수 있다.

사실 종횡가에 대한 이러한 부정적인 견해는 이후 더욱 강화되는 경향을 보였다. 특히 성리학이 생긴 이후에는 더욱 그러했다. 그러나 난세에 대한 정확한 이해는 종횡가에 대한 이해 없이는 불가능한 일이다. 국가총력전 양상으로 전개되는 21세기 경제전쟁 시대에는 더욱 그러하다. 일각에서는 합종책으로 전국시대를 풍미했던 소진의 유세술을 크게 7단계로 정리하고 있다. 21세기의 경제전쟁 시대에 그대로 적용할 만하다.

첫째, 열지이예說之以譽이다. 이는 『귀곡자』「비겸」에서 말하는 것처럼 먼저 상대방을 칭찬하여 기분을 띄워주는 것을 말한다. 소진의 유세 내용을 보면 '나라의 강성함과 대왕의 현명함'이라는 말이 상투어처럼 거론된다. 예외가 없다. 유세할 때는 반드시 상대방을 띄워준 뒤 말문을 열어야 한다.

둘째, 협지이해脅之以害이다. 이는 '열지이예'와 정반대되는 것이다. 『귀곡자』「오합」에서 말한 것처럼 이익으로 유혹한 뒤 자신의 충고를 좇지 않을 경우 어떤 해가 미칠 것인지를 언급하며 은근히 협박하는 것을 말한다. '대왕이 진을 섬기면 진은 반드시 의양과 성고를 요구할 것입니다. 금년에 그것을 떼어주면 내년에 또 다른 땅을 요구할 것입니다. 떼어줄 땅이 더 없는데도 진은 계속 요구할 것입니다. 그러다 줄 것이 없게 되면 진은 쳐들어올 것입니다. 진나라를 섬겨 땅을 떼어주어도 기다리는 것은 파멸 밖에 없습니다.'고 언급한 게 그렇다.

셋째, 시지이성示之以誠이다. 이는 『귀곡자』 「벽합」에서 상황에 따라 자신의 마음을 열어 정성을 보여주어 상대가 속마음을 털어놓도록 만드는 계책이다. 소진은 유세할 때 단락이 끝날 때마다 '대왕을 위해 애석하게 생각한다' '대왕을 위해 부끄럽게 생각한다' '대왕을 좀 더 일찍 만나지 못한 것이 후회스럽다'는 등의 표현을 구사했다. 상대는 이런 이야기를 들으면 자신을 위해 정성을 다한다는 느낌을 받게 된다.

넷째, 명지이세明之以勢이다. 이는 『귀곡자』 「양권」에서 언급한 것처럼 천하대세를 명확히 파악한 뒤 유세를 함으로써 유세를 주효케 만드는 계책이다. 지세와 군사력의 현황을 구체적으로 분석한 뒤 시의에 부합하는 건의를 할 때 효과적이다. 소진은 초나라에서 유세할 때 '진나라에 대해 초나라만큼 위협적인 나라는 없다. 초가 강해지면 진은 약해지고 진이 강해지면 초가 약해진다. 두 세력은 절대 양립할 수 없다'는 식으로 언급했다. 이것이 정확한 정세분석에 기초한 것임은 말할 것도 없다. 초나라가 합종책에 동의한 배경이다. 상대방이 스스로를 과대평가할 때 정신을 차리게 만드는 효과가 있다.

다섯째, 유지이리誘之以利이다. 이는 『귀곡자』 「마의」에서 언급했듯이 상대를 이익으로 유혹하는 계책이다. 소진은 합종에 동의할 경우 구체적으로 어떤 이익이 뒤따를 것인지를 은근히 암시하는 수법을 구사했다. 『사기』와 『전국책』의 기록에 따르면 그는 조나라 군주가 목욕을 즐기며 휴양하는 것을 좋아하자 열국의 휴양지 시설을 언급하며 은근히 부추겼다. 초나라 군주가 음악과 여자를 좋아한다는 것을 알고 각 나라의 뛰어난 음악과 미인들을 거론하며 그의 침을 마르게 했다.

여섯째, 격지이언激之以言이다. 이는 『귀곡자』 「췌정」에서 강조하듯이 자존심을 건드려 격동시키는 계책이다. 병법의 격장지계激將之計와 닮았다. 소진은 한나라에서 유세할 때 '이제 대왕이 서면하여 진나라를 섬기니 바로 쇠꼬리가 된 것이 아니고 무엇입니까?' 이렇게 말로 한나라 군주를 분격시켰다. 한나라 군주는 칼을 뽑아가며 진나라를 더 이상 섬길 수 없다고 고함쳤다.

일곱째, 결지이력決之以力이다. 이는 『귀곡자』 「결물」에서 역설했듯이 상대가 우물쭈물하며 결단하지 못할 때 강하게 밀어붙여 결단케 만드는 계책이다. 대개 일이 마무리될 즈음 방심하거나 긴장을 풀어버려 그간의 노력이 허사가 되는 경우가 많다. 결심을 확고히 하지 못한 탓이다. 소진은 마지막 순간까지 상대가 결단하지 못하고 망설이는 눈치를 보이면 그 속셈을 읽고 거듭 설득해 자신의 뜻을 관철시켰다.

일각에서 『백서전국책』을 두고 소진의 유저遺著로 알려진 『소자蘇子』의 일부로 추론한 것도 전혀 근거 없는 것은 아니다. 『사기』 「소진열전」과 『전국책』에 수록된 그의 유세 행보가 그만큼 뛰어났기 때문이다. 「소진열전」에서 주목할 것은 사마천이 소진의 사적에는 이설이 매우 많다고 언급한 대목이다. 해당 자료의 진위에 대한 판단을 유보한 채 항간에 나도는 이야기까지 모두 그러모아 「소진열전」을 편제했음을 보여준다. 일각에서는 이를 토대로 『백서전국책』 역시 여러 이설 가운데 하나에 불과하며 「소진열전」의 기록이 오히려 역사적 사실에 가깝다는 주장을 펴기도 한다. 그러나 소진이 재상을 역임한 곳은 연나라가 아닌 제나라였다는 점에 주목할 필요가 있다. 제민왕이 연소왕의 밀명을 받은 그의 거짓 망명을 사실로 믿은 결과다. 『백서전국책』이 역사적 사실에 훨씬 부합한다는 이야기다. 이같이 볼 경우 진혜문왕이 죽기 직전에 보위에 오른 제민왕 때 활약한 소진이 진혜문왕이 죽은 지 2년 뒤에 죽은 장의를 만날 일이 없었다고 보는 게 합리적이다. 소진이 합종책을 성사시켜 6국의 재상이 되었고, 이로 인해 진나라가 15년 동안 함곡관 밖으로 나올 생각을 하지 못했다는 그간의 통설은 대대적인 수정을 요한다.

소진과 쌍벽을 이루는 당대의 종횡가 장의의 행보와 관련해 『사기』 「장의열전」은 장의가 언제 태어났는지 입을 다물고 있다. 단지 '위나라 출신으로 일찍이 소진과 함께 귀곡선생을 섬기며 종횡술을 배웠다'고 기록해 놓았을 뿐이다. 소진의 경우도 유사하다. '낙양 출신으로 동쪽 제나라로 가 스승을 찾아 섬기면서 귀곡선생 밑에서 배웠다'는 내용이 전부다. 귀곡자 밑에서 함께 종횡술을 연마했다는 대목을 빼면 소진과 장의 모두 이리저리 다니며 학업을 연마했을 공산이 크다. 그렇다면 장의는 언제쯤 태어나 종횡술을 연마한 것일까? 사망시점과 당시의 상황, 사서의 기록 등을 종합해 판단해 볼 때 50여 세에 사망했다고 가정할 경우 대략 기원전 360년 어간으로 추정된다. 「장의열전」은 장의가 귀곡자 밑에서 종횡술을 연마한 후 여러 제후들을 찾아다니며 유세하던 중 초나라로 갔다가 커다란 봉변을 당한 것으로 기록해 놓았다. 이는 상당 부분 역사적 사실에 기초한 것으로 보인다.

당시 장의는 귀곡자를 떠나 하산한 뒤 곧바로 자신의 고국인 위나라로 돌아갔다. 얼마 안 되는 가재를 모두 팔아 노자를 마련한 뒤 위나라에서 벼슬을 얻기 위해 백방으로 노력했다. 그러나 위혜왕魏惠王은 그를 등용하지 않았다. 위나라는 다른 나라와 싸울 때마다 매번 패하기만 했다. 장의가 위나라를 떠나 초나라로 가 재상 소양 밑에서 일했다. 소양이 군사를 이끌고 가 위나라를 크게 이기자 초위왕이 그의 공을 높이 사 뛰어난 구슬인 화씨벽和氏璧을 하사했다. 늘 자랑스럽게 화씨벽을 차고 다니던 소양은 어느 날 수행원들과 함께 밖으로 놀러갔다가 이를 잃어버리고 말았다. 『사기』 「장의열전」에 따르면 당시 소양을 따라간 빈객들과 수행원 모두 장의를 범인으로 지목했다. 소양이 이를 곧이듣고 장의를 잡아들였다. 장의는 훔친 일이 없으니 내놓을 게 없었다. 결국 곤장 수백 대를 맞고 기절했다. 소양은 장의가 거의 죽어가는 것을 보고야 매질을 중지시켰다. 그날 밤 장의는 겨우 의식을 회복했다. 아내가 눈물을 흘리며 만류했으나 장의가 입을 벌려 아내에게 보이며 묻기를, "자세히 보시오. 내 혀가 아직 살아 있소?"라고 했다. 종횡가의 밑천은 권력도 금력도 아닌 '혀', 즉 언변에 있다는 장의의 이 한 마디는 훗날 많은 유세객들을 격려하는 일화로 전해졌다. 당시 장의의 아내는 하도 기가 막혀 어이없다는 표정으로 웃으며 "아직 있기는 있습니다."라고 대답했다.

「장의열전」은 몇 달 후 장의의 몸이 완쾌되자 조나라에서 출세한 소진의 가신이 장의를 찾아와 진나라로 들어가 유세하도록 부추겼다고 기록해 놓았다. 그러나 이는 앞서 언급한 것처럼 믿을 바가 못 된다. 장의 스스로 진나라를 찾아가 유세를 한 것으로 보는 게 자연스럽다. 장의가 마침내 진혜문왕을 만나 유세하자 진혜문왕이 크게 놀라 곧바로 그를 객경客卿에 임명했다. 장의가 일세를 풍미케 된 근본배경이다.

당시 특별한 인맥이 없을 경우 뇌물을 쓰지 않으면 군주를 만나기 어려웠던 게 사실이다. 그러나 꼭 불가능한 것만도 아니다. 장의처럼 뛰어난 언변을 가진 사람은 굳이 뇌물을 쓰지 않을지라도 얼마든지 유세할 수 있었다. 실제로 장의의 복사판인 범수는 뇌물을 쓰지 않고도 능히 진소양왕을 만나 자신의 계책을 속 시원히 털어놓았다. 결국 군주들 모두 뛰어난 책사를 조건 없이 만나고자 한 까닭에 뛰어난 책략과 언변을 지닌 종횡가를 소개하는 것은 군주의 신임을 얻을 수 있는 길이기도 했다. 굳이 뇌물을 받아가며 소개할 필요는 없었다. 소진이 장의를 자극해 진혜문왕에게 유세토록 했다는 이야기는 후대인이 만들어낸 이야기로 보는 게 옳다.

당시 장의가 진혜문왕을 알현하는 과정에서 나름 어려움도 있었을 터이나 이것이 큰 문제가 되지는 않았을 것이다. 「장의열전」에는 자세한 내용이 나오지 않고 있으나 『전국책』「진책」에는 장의의 유세 내용이 그대로 실려 있다. 장의의 유세는 천하정세에 대한 정밀한 분석 위에 나온 게 특징이다. 장의가 구사한 이른바 '식언계食言計'는 초회왕을 속인데서 절정을 이루고 있다. 진소양왕이 즉위하기 6년 전인 기원전 313년, 진소양왕의 부친인 진혜문왕은 제나라를 치고자 했다. 그러나 제초 두 나라가 남북으로 합종할 것을 걱정한 그는 먼저 당대의 유세가인 장의를 이용해 이간책을 구사했다. 초나라로 간 장의가 초회왕에게 거짓으로 유세하자 초회왕은 이를 그대로 믿었다. 이듬해인 기원전 312년 봄, 진초 두 나라 군사가 지금의 섬서와 하남 사이를 흐르는 단강丹江 서북쪽 단양丹陽에서 접전했다. 초나라의 대패였다. 이 싸움에서 초나라는 병사 8만 명을 잃었을 뿐만 아니라 지금의 섬서성 한중시인 한중군漢中郡까지 상실했다. 대로한 초회왕은 다시 전 군사를 동원해 다시 진나라로 쳐들어가 지금의 호북성 종상현인 남전藍田에서 교전했다. 불행하게도 또다시 완패하고 말았다. 설상가상으로 한위 두 나라가 이 틈을 타 초나라를 습격했다. 결국 초회왕은 굴욕적인 조건으로 진나라와 강화할 수밖에 없었다. 결과적으로 초회왕은 장의의 '식언계'에 그대로 놀아난 셈이다.

그럼에도 장의는 진혜문왕 사후 태자인 진무왕이 즉위하면서 이내 위나라로 망명 아닌 망명을 갔다가 그곳에서 여생을 마쳐야만 했다. 진무왕이 장의를 꺼렸기 때문이다. 이 또한 진혜문왕이 상앙을 꺼린 것과 같은 맥락에서 이해할 수 있다. 진혜문왕이 죽은 지 2년 뒤인 기원전 309년의 일이다. 진효공과 상앙이 운명을 같이한 것처럼 당대의 종횡가인 장의 역시 진혜문왕과 생사를 거의 같이한 셈이다.

『사기』「연표」는 장의가 진혜문왕 10년인 기원전 328년에 진나라의 상국이 됐다고 기록해 놓았다. 『자치통감』에 따르면 이해에 그는 진나라 공자 화華와 함께 군사를 이끌고 가 지금의 산서성 습현인 위나라의 포양蒲陽을 공략했다. 이때 장의는 친혜문왕에게 포양을 다시 위나라에 돌려주고 진나라 공자 요繇를 위나라에 인질로 보내는 방안을 제시했다. 더 큰 것을 손에 넣고자 한 것이다. 그가 위혜왕을 만나 유세한 내용이 이를 뒷받침한다. 당시 위혜왕은 장차 더 많은 땅을 차지할 수 있다는 말에 귀가 솔깃했다. 이에 상군의 땅을 진나라에 바치면서 공자 요를 진나라로 돌려보냈다. 장의가 진나라로 돌아와 경과를 보고하자 진혜문왕이 크게 기뻐하며 공손연 대신 장의를 상국相國으로 삼았다. 장의가 상국이 되자 공손연은 이내 진나라를 떠나 위나라로 갔다. 원래 공손연도 뛰어난 종횡가였으나 결과적으로 장의에게 밀린 셈이다. 장의가 강대국 진나라의 재상이 된 배경이 여기에 있다. 말 그대로 오직 세 치 혀만으로 당대 최강국인 진나라의 재상이 된 셈이다. 장의의 진나라 상국 취임은 '종횡가시대'의 본격 개막을 알리는 사건이기도 했다.

3. 인상여藺相如

인상여는 조나라의 명신이자 책략가이다. 진나라가 상앙의 변법을 채택해 천하제일의 강국으로 부상할 당시 조나라가 나름 버틸 수 있었던 것은 인상여라는 뛰어난 인물이 조혜문왕을 보필한 덕분이다. 『사기』와 『자치통감』의 인상여 행보에 관한 내용은 이른바 '화씨벽和氏璧'에 관한 일화로부터 시작하고 있다. 『사기』「염파인상여열전」에 따르면 당초 인상여는 조나라 출신으로 원래 환관의 우두머리인 환자령宦者令 무현繆賢의 집사로 있었다. 그의 집안과 출사하게 된 배경 등에 관해서는 전혀 기록된 바가 없다. 이는 그가 매우 한미한 집안 출신이었음을 시사한다. 문득 '화씨벽'에 관한 이야기부터 시작하고 있는 것도 이런 맥락에서 이해할 수 있다. 원래 '화씨벽'은 초나라에서 산출된 옥 덩이라고 하여 흔히 '형박荊璞'으로 쓰인다. 전설에 따르면 초여왕 때 변화卞和라는 사람이 있었다. 그는 형산荊山에서 옥돌 하나를 주웠다. 변화는 초여왕에게 그 옥돌을 바쳤다. 초여왕이 옥장에게 옥돌을 보이자 옥장이 한참 보더니 보통 돌에 불과하다고 말했다. 변화는 초여왕의 노여움으로 인해 왼쪽 다리를 잃었다. 이후 초여왕이 죽고 초무왕이 즉위했다. 변화는 또 초무왕에게 그 옥돌을 바쳤다. 초무왕이 이를 옥장에게 보이자 이번에도 옥장은 이를 보통 돌이라고 했다. 초무왕이 대노하여 변화의 오른쪽 다리마저 끊었다.

이후 초무왕이 죽고 초문왕이 즉위했다. 변화는 또 옥돌을 바치고 싶었으나 두 다리가 없어 능히 움직일 수가 없었다. 이에 형산 아래서 옥돌을 가슴에 품고 3일 밤낮을 통곡했다. 눈에서는 눈물이 마르고 피가 흘렀다. 이때 친구가 와서 위로하자 그는 말하기를, "나는 상을 타기 위해 이 옥돌을 바치려는 것이 아니다. 이렇듯 좋은 옥돌을 보고 보통 돌이라고 한 자들을 원망할 뿐이다. 나는 정직한 선비다. 그런데 그들은 나를 사기꾼으로 몰았다. 옳은 것을 그르다하고, 그른 것을 옳다 하니 어찌 원통하지 않겠는가? 나는 내가 옳고 그들이 그르다는 것을 밝히지 못해 슬퍼하는 것이다."라고 했다. 초문왕은 마침내 변화가 피나게 울고 있다는 소문을 듣고 사람을 보내 그 옥돌을 가져 오게 했다. 이어 옥장을 불어 그 옥돌을 잘랐다. 쪼개고 보니 하자瑕疵 하나 없는 천하의 보배였다. 이에 초문왕은 옥장을 시켜 둥근 고리 모양의 벽璧을 만들게 했다. 초문왕은 앉은뱅이가 된 변화의 지조에 감동해 변화에게 종신토록 대부의 국록을 내렸다고 한다. 이 일화에서 '포박抱璞'이라는 성어가 나왔다. 이는 훗날 재주는 있지만 때를 만나지 못한 인물을 지칭하는 말로 전용되었다.

『사기』「장의열전」에는 '화씨벽'과 관련된 일화가 실려 있다. 초나라 영윤 소양은 초나라를 찾은 유세객 장의를 보자마자 곧 그의 기재를 알아보고 자신의 문하에 두었다. 이후 소양은 군사를 이끌고 가 위나라를 크게 이기고 위나라의 양릉 등 7개 성읍을 빼앗았다. 초위왕이 영윤 소양의 공을 높이 사 뛰어난 구슬을 하사했다. 연회 도중 구슬이 사라지자 사람들이 장의를 의심했다. 장의는 이로 인해 초죽음이 될 정도로 매를 맞고 간신히 목숨을 구할 수 있었다. 『열국지』는 당시 초나라 영윤 소양이 하사받은 구슬이 바로 '화씨벽'인 것처럼 묘사해 놓았다. 그러나 『염파인상여열전』은 단지 '벽璧'으로 기술해 놓았을 뿐이다. 『열국지』는 『사기』와 『자치통감』에 조혜문왕이 '화씨벽'을 얻게 됐다고 기술한 점에 주목해 이것이 '화씨벽'에 해당한다고 짐작한 듯하다. 전혀 터무니없다고 할 수는 없으나 단정 지을 수도 없는 일이다.

화씨벽이 조혜문왕의 손에 들어간 것과 관련해 『열국지』는 상상력을 발휘해 '화씨벽'이 조혜문왕의 손에 들어오게 된 배경을 소상히 묘사해 놓았다. 진위를 떠나 화씨벽이 조혜문왕의 손에 들어가게 된 배경을 설명한 것으로는 『열국지』가 유일하다. 그러나 당시 조혜문왕이 화씨벽을 갖고 있었던 것만은 확실하다. 문제는 그 다음이다. 당시 천하제일의 무력을 보유한 진나라의 소양왕이 이 소문을 듣고 이를 손에 넣고자 한 것이다. 그는 곧 사자를 보내 15개의 성읍과 '화씨벽'과 교환할 것을 제의했다. 여기서 '연성벽連城璧' 내지 '연성連城'의 성어가 나왔다. 물건이 귀중하거나 값지다는 뜻이다.

진소양왕의 속셈은 사실 강제로 빼앗을 속셈이었다. 조나라로서는 난감할 수밖에 없었다. 응하지 않자니 보복이 두려웠고 응하자니 기만을 당할까 걱정되었다. 조혜문왕이 곧 염파廉頗를 비롯한 대신들을 모아 대책을 논의했으나 뾰족한 대책이 나올 리 없었다. 이때 환자령 무현이 문득 나서서 자신의 가신으로 있는 인상여를 천거했다. 실제로 인상여는 마침내 조혜문왕이 주문한 일련의 임무를 무사히 마치고 돌아왔다. 여기서 빌려온 물건을 아무런 손상 없이 온전히 돌려준다는 뜻의 '완벽귀조完璧歸趙' 성어도 나오게 됐다.

인상여가 '완벽귀조'의 대공을 세운 지 4년 뒤인 기원전 279년, 진소양왕이 사자를 조나라로 보내 황하의 이남의 민지澠池 땅에서 회합하는 방안을 제시했다. 조혜문왕이 곧 군신들을 모아놓고 상의했다. 인상여가 건의키를, "신이 대왕을 모시고 가겠습니다. 염파가 태자와 함께 나라를 지키면 아무 문제가 없을 것입니다."라고 했다. 조혜문왕이 인상여와 함께 진나라를 향해 떠나자 염파가 조나라 국경까지 전송했다. 회동하는 날이 되어 두 나라 군주는 서로 예로써 회동한 뒤 술을 마시며 환담했다. 주연이 한창 무르익었을 때 진소양왕이 문득 조혜문왕에게 청하기를, "과인은 일찍이 군왕이 비파에 정통하다고 들었습니다. 여기에 마침 과인이 아끼는 좋은 비파가 있으니 한 곡 연주를 청하고자 합니다."라고 했다. 조혜문왕이 이를 치욕스럽게 생각했으나 부득불 비파를 연주할 수밖에 없었다. 진소양왕이 곁에 있는 태사에게 명해 조혜문왕이 자신을 위해 비파를 탄 사실을 기록케 했다. 이때 인상여가 문득 앞으로 나와 진소양왕에게 연주를 부탁했다. 대로한 진소양왕이 듣지 않자 인상여가 위협키를, "저와 대왕과의 거리는 불과 5보도 안 됩니다. 장차 제 목을 찔러 그 피로써 대왕의 옷을 물들일 수 있습니다."라고 했다. 진나라 무사들이 달려들어 인상여를 잡아채려고 했으나 인상여가 눈을 부릅뜨고 꾸짖자 감히 앞으로 나서지 못했다. 진소양왕도 할 수 없이 한 차례 분부를 두드리게 되었다. 술자리가 끝난 후에도 진소양왕은 달리 손을 쓸 수가 없었다. 조나라도 유사시를 대비해 이미 군사를 이끌고 와 주변에 배치해 놓고 있었기 때문이다. 결국 두 나라는 우호조약을 맺었다.

먼저 회동을 무사히 마치고 귀국한 조혜문왕은 인상여의 공적을 극찬했다. 늘 조나라를 업신여기며 무리한 요구를 해오던 진소양왕의 코를 납작하게 만들었기 때문이다. 곧 군신들을 모아놓고 인상여의 공을 높이 기려 상경의 벼슬을 내렸다. 상경은 염파보다 윗자리였다. 마침내 인상여가 상경이 되어 염파의 위에 서게 되자 이번에는 염파가 대로했다. 목숨을 걸고 전장에 나가 공성攻城과 야전野戰에서 큰 공을 세운 자신이 환자령 무현의 집에서 집사 노릇이나 하던 미천한 출신의 밑에 있을 수 없다는 게 이유였다.

인상여가 이 말을 듣고 염파와 서로 조우치 않으려고 애썼다. 조회가 있을 때마다 매번 칭병하며 참석치 않았다. 인상여는 염파와 우위를 다투는 쓸데없는 일로 인해 분란이 일어날까 염려했던 것이다. 그러자 인상여의 사인舍人들이 모두 이를 수치스럽게 생각했다. 하루는 일이 있어 밖으로 외출을 나왔다가 저쪽에서 오는 염파의 행차를 보게 됐다. 급히 어자에게 분부키를, "염장군에게 들키지 않도록 속히 수레를 옆 골목으로 몰아라!"라고 말했다. 인상여는 염파의 행차가 지나간 후에야 큰 길로 나왔다. 인상여의 시종들이 인상여에게 몰려가 불만을 털어놓자 인상여가 만류하기를, "무릇 진왕이 위압적으로 대했을 때에도 나는 진나라 조정에서 그를 꾸짖고 군신들을 욕보였다. 내가 비록 재주가 없다 해도 어찌 염장군을 두려워하겠는가. 내가 생각건대 강한 진나라가 감히 조나라에 출병치 못하는 것은 오직 우리 두 사람이 있기 때문이다. 그런데 두 마리 호랑이가 서로 다투면 형세 상 둘 다 살지 못할 것이다. 나는 이를 생각하기 때문에 먼저 국가의 급한 일을 생각한 연후에 사사로운 원한을 고려코자 하는 것이다. 나에게는 개인적인 원한보다 국가가 더 소중하다."고 했다. 인상여의 시종들은 모두 탄복했다. 염파는 이 말을 전해 듣고 크게 부끄러운 나머지 이내 웃통을 벗고 가시덤불을 짊어진 채 인상여의 집 문 앞으로 와 사죄했다. 인상여가 황급히 뛰어나와 염파를 부축해 일으켜 세우며 말하기를, "나는 이제부터 대감과 생사를 함께 하는 벗이 되겠소. 비록 내 목에 칼이 들어온다 해도 이 마음만은 변치 않겠소."라고 했다. 이상은 「염파인상여열전」에 나오는 일화이다. 여기서 문경지교刎頸之交 성어가 나왔다. 목숨을 바칠 정도의 우애를 뜻한다. 『열국지』는 이때 유세객 우경虞卿이 나타나 염파를 설득시켜 인상여에게 사죄토록 만든 것으로 그려 놓았다. 그러나 이는 사실과 다르다. 우경은 조혜문왕 때의 사람이 아니라 조혜문왕의 뒤를 이어 즉위한 조효성왕 때의 사람이다.

당시 염파는 우경의 설득으로 인상여를 찾아가 사죄한 것이 아니라 스스로 자신의 잘못을 뉘우치고 화해를 청했다. 그러나 이는 중요한 게 아니다. 당시 조나라가 천하제일의 막강한 무력을 자랑하는 진나라에 당당히 맞설 수 있었던 배경이 보다 중요하다. 인상여와 염파라는 두 인물이 서로 힘을 합쳐 나라를 보위한 게 그 비결이다. 여러모로 인상여는 춘추시대 초기 제환공을 위협해 잃어버린 땅을 되찾은 노나라 유협儒俠 조말曹沫과 사뭇 닮았다. 본서가 인상여를 지혜와 의지를 갖춘 강직한 신하로 꼽은 이유다. 인상여는 장군 염파와 함께 '문경지교'까지 맺은 점에서 조말보다 훨씬 뛰어나다고 할 수 있다. 이후 두 사람은 서로 굳건히 협력해 나라를 지킴으로써 '문경지교' 성어가 관포지교管鮑之交와 더불어 고금을 대표하는 깊은 우정의 사례로 인구에 널리 회자하는 배경이 됐다.

기원전 260년, 염파는 진나라 대군이 조나라를 총 공격했을 때 용의주도하고 신중한 방어책을 세워 대처하면서 원정을 나온 진나라 군사가 지치기만을 기다리는 지구전을 구사했다. 그러나 조효성왕은 진나라 승상 범수范睢의 이간책에 휘둘려 염파가 겁을 먹은 것으로 생각했다. 곧 명장 조사趙奢의 아들 조괄趙括을 상장군으로 삼고 부절을 내렸다. 은퇴한 인상여가 이 소식을 듣고 황급히 조효성왕을 찾아와 간하기를, "조괄의 명성이 높다는 이유로 그를 장수로 삼으면 이는 마치 거문고 줄을 고정시켜 탄주하는 것과 같은 것입니다. 조괄은 그 아비의 병서를 읽고 이야기하는 것에 불과합니다. 그는 임기응변의 용병 이치를 모릅니다."라고 했다. 여기서 식견이 짧아 융통성이 없는 사람을 비난할 때 사용되는 교주고슬膠柱鼓瑟 성어가 나왔다. 조괄은 어려서부터 병법을 배운 까닭에 병법이론에 관한 한 천하에 그를 당할 자가 없었다. 그 또한 병법의 대가임을 자처했다. 일찍이 그는 부친 조사와 더불어 병법을 논한 적이 있었다. 조사는 명장이기는 했으나 병서를 섭렵한 조괄을 이론적으로 당할 길이 없었다. 부인이 크게 기뻐하자 조사가 말하기를, "용병은 본래 사지死地로 들어가는 것이오. 그런데 이 아이는 이를 너무 쉽게 말하고 있소. 이것 하나만 보아도 그는 장수가 될 자격이 없소. 무릇 장수는 항상 긴장을 풀지 않고, 제장들에게 널리 묻고, 혹여 실수라도 있을까 염려되어 밤잠을 못 이루는 것이오. 이 아이처럼 너무 쉽게 말하는 자가 병권을 잡게 되면 남의 말을 듣지 않고 독단적으로 일을 처리하게 되오. 만일 그를 장수로 삼게 되면 조나라 군사는 반드시 패하고야 말 것이오. 조나라 군사를 패하게 만들 사람은 바로 이 아이일 것이오."라고 했다. 그는 죽기 직전 아들 조괄에게 유언키를, "병사兵事는 흉한 것이고 싸움은 위험한 것이다. 이에 옛 사람들은 함부로 싸우지 말라고 경고한 것이다. 내가 죽기 전에 너에게 한 가지 일러 줄 말이 있다. 너는 결코 장수가 될 인물이 못 된다. 무슨 일이 있어도 장수의 자리에 앉아서는 안 된다. 한 번 잘못하면 몸을 망칠 뿐만 아니라 나라까지 망치게 된다."고 했다. 조사가 죽자 조혜문왕은 그의 공로를 높이 사 조괄로 하여금 마복군馬服君의 군호君號를 잇게 했다. 그러다가 마침내 이때에 이르러 조혜문왕이 조괄을 장수로 삼게 된 것이다. 그는 염파가 만들어 놓은 기존의 부서와 군령을 모두 바꾸고 군리의 자리까지 변경했다. 이어 염파가 여러 곳으로 흩어 놓은 영채를 한 곳으로 모아 대영大營을 만든 뒤 전군에 명하기를, "앞으로 진나라 군사가 오거든 즉시 나가 싸우도록 하라. 진나라 군사가 달아나면 끝까지 추격해 무찌르도록 하라."고 했다.

이때 진나라 장수 무안군武安君 백기白起도 진나라 군영에 당도했다. 곧 제장들을 모아놓고 하령키를, "왕분王賁과 왕릉王陵은 군사 1만 명을 이끌고 진을 벌인 채 싸우지는 말고 적을 유인토록 하라. 사마조司馬錯와 사마경司馬梗은 각기 군사 1만5천 명을 이끌고 가 조나라 군사의 양도를 끊도록 하라. 또 호양胡陽은 군사 2만 명을 이끌고 가 왼쪽에 주둔해 있다가 조나라 군사가 이곳까지 오거든 즉시 뛰쳐나가 조나라 군사의 허리를 자르도록 하라. 몽오蒙驁와 왕전王翦은 각기 기병 5천 명씩을 이끌고 가 전세를 살피며 응원토록 하라."고 했다. 이튿날 먼동이 트자 왕분이 잠시 싸우다가 짐짓 도주했다. 조나라 군사가 급히 그 뒤를 쫓자 진나라 장수 왕릉이 도중에 나타나 잠시 앞길을 막다가 짐짓 달아났다. 조괄이 환호하며 친히 대군을 휘몰아 달아나는 진나라 군사를 급히 추격했다. 진나라 군사는 영루를 굳게 지키며 싸움에 응하지 않았다. 조나라 군사가 3일 동안 계속 강공을 퍼부었으나 진나라 영채는 끄덕도 하지 않았다. 이 사이 진나라 기병이 몰래 조나라 군사의 퇴로를 끊었다. 또 기병 5천 명이 조나라 군사와 조나라 대영 사이의 통로를 끊자 조나라 후군이 전진할 수 없게 되었다. 조나라 군사는 완전히 둘로 나뉜 데다 양도마저 끊어졌다. 백기가 경병輕兵으로 이들을 치자 조나라 군사가 크게 불리하게 되었다.

조괄이 수초가 무성한 곳에 영채를 세운 뒤 사람을 한단으로 급파해 원군을 청했다. 스스로 독안에 든 쥐를 자처한 꼴이 되었다. 날마다 진나라 군사들이 조나라 영채 앞에 와 큰소리로 말하기를, "백기 장군의 명이다. 속히 항복하면 목숨만은 살려줄 것이다!"라고 했다. 조괄은 이때야 비로소 백기가 진나라 군사 속에 있다는 것을 알게 되었다. 진소왕은 조군의 양도가 끊어졌다는 이야기를 듣고 친히 하내河內로 가 15세 이상의 백성을 모두 징발해 장평으로 보냈다. 이들은 조나라 군량을 탈취하고, 조나라 원군이 나오지 못하도록 길을 모두 차단했다. 고립된 조괄의 군사는 포위된 지 1달이 넘자 이내 군량이 바닥나게 되었다. 사서는 조나라 군사가 마침내 양식이 떨어진지 46일이 지나자 서로 몰래 전우를 죽이고 그 살을 씹어 먹는 사태까지 벌어졌다고 기록해 놓았다. 조괄은 최후 수단으로 직접 정예군 5천 명을 이끌고 가 육박전을 폈다. 이때 진나라 군사들이 기다렸다는 듯이 사방에서 화살을 난사했다. 조괄은 화살을 맞고 그 자리에서 즉사했다. 대장이 죽자 조나라 군사가 일대 혼란 속에 빠졌다. 백기가 제장들을 시켜 조나라 군사에게 항복을 재촉케 했다. 조나라 영루 안에 있던 병사 20만 명이 모두 투항했다. 여기서 지상담병紙上談兵 성어가 나왔다. 이론에

만 치우쳐 실제 상황에는 전혀 맞지 않는 계책이나 그런 상황을 지칭하는 말이다. 백기에게 항복한 조나라 군사는 모두 40만 명이나 되었다. 백기는 조나라 포로를 모두 구덩이 속으로 몰아넣어 산 채로 죽이는 이른바 갱살坑殺을 행했다. 사서는 당시 앞뒤로 참살된 자가 모두 45만 명에 달한다고 기록해 놓았다. 이를 장평대전長平大戰이라고 한다. 조나라는 그 여파로 이내 파멸로 치닫게 됐다. 『자치통감』에 따르면 이때 미성년인 소년 병사 240명만이 살아남아 귀국케 되었다. 진나라가 이들을 생환시킨 것은 진나라의 위엄을 널리 선양키 위한 것이었다. 소문이 퍼지자 조나라는 온통 울음바다가 되었다. 조나라 도성 한단에서는 통곡하는 소리가 그치지 않았다.

장평대전은 진·조 두 나라의 앞날뿐만 아니라 천하의 판세를 결정짓는 매우 중요한 결전이었다. 조효성왕은 이처럼 중차대한 싸움에서 진나라에 승리를 상납하고 만 셈이다. 실제로 이후 조나라 가 피폐를 면치 못하다가 진나라에게 병탄당하고 말았다. 자신의 판단에 대한 과신이 불러온 재난 이다. 최고 통치권자가 한 번 잘못된 판단을 내리면 나라의 존망이 엇갈릴 수밖에 없다는 사실을 몸소 보여준 셈이다.

4. 이사李斯

전국시대 말기의 대표적인 법가 사상가이자 정치가이다. 한비자와 함께, 유가사상을 집대성한 순자 밑에서 공부했다. 훗날 시황제로 격상된 진왕 정政에게 능력을 인정받아 책사가 된 뒤 법치주의 를 정착시키고, 진나라 통일에 결정적인 공을 세웠다. 분서갱유焚書坑儒를 건의하고, 동문수학한 한비자를 자결케 만들었다는 이유로 후대인의 비난을 받았다. 모두 『사기』「이사열전」과 「노자한비 열전」 등의 잘못된 기록으로 인한 것이다. 객관적으로 볼 때 한비자가 자진할 당시 이사는 상경의 자리에 있었다. 천하통일 직후 진시황은 봉건제를 부활해야 한다는 백관들의 건의를 모두 물리친 후 이사를 일인지하 만인지상의 승상으로 삼았다. 이사의 건의를 좇아 중앙집권적 관료체제인 군 현제郡縣制를 실시한 데 따른 조치였다. 천하통일을 전후해 이사를 얼마나 신임하고 있었는지를 반증한다. 한비자를 시기할 이유가 하등 없었다는 이야기다.

한비자가 사자로 온 기원전 233년 당시 두 사람은 15년 만에 해후한 셈이다. 이사는 한비자보다 훨 씬 앞서 하산했다. 한비자의 눈에 이사는 조속한 출세를 위해 학업을 도중에 그만둔 '소인배'처럼 보였을 공산이 크다. 「이사열전」에 따르면 이사는 어렸을 때 집안이 어려워 군郡의 소리小吏로 있 었던 전형적인 아전衙前 출신이다. 왕족 출신인 한비자와 비교할 때 하늘과 땅만큼의 차이가 있다. 그럼에도 두 사람은 공자 문하의 안연顔淵 및 자공子貢처럼 순자 문하에서 함께 열심히 학업을 연마했다. 학문을 연마하는 이유 가운데 하나는 생장과정에 작용하는 편견을 극복해 사물과 세상을 보다 객관적으로 바라볼 수 있는 안목을 키우려는 데 있다. 당시 이사는 비천한 신분에서 벗어나기 위한 급속한 신분상승의 열망에 휩싸여 있었다. 「이사열전」은 기록키를, "당초 이사는 소리로 있을 때 우연히 변소에 갔다가 오물을 먹던 쥐가 사람과 개가 다가가면 크게 놀라 황급히 달아나는 것을 보게 됐다. 이내 창고로 갔다가 쥐가 넓은 건물 안에서 사람과 개가 지나가는데도 전혀 겁내지 않고 곡식을 여유 있게 먹는 것을 보고는 크게 놀라 이같이 소리쳤다. '아, 사람의 잘나고 못난 것은 비유하면 쥐와 같다. 오직 스스로 어떤 상황에 처하는가에 달렸을 뿐이다.' 이에 곧 순자를 찾아가 제왕의 제왕지술을 배우게 됐다."고 했다. 당시는 능력만 뛰어나면 얼마든지 일거에 재상의 자리에 오를 수 있는 시기였다. 이사는 순자 밑에서 공부하는 동안 한비자와 자신을 늘 비교하며 신분상승에 대한 욕구를 더욱 키웠을 것이다. 학문이 어느 정도 완성되자 곧바로 스승을 찾아가 하직인사를 올렸다.

당시의 상황과 관련해 「이사열전」은 기록키를, "제가 듣건대 '때를 얻으면 태만하지 말라'고 했습니다. 지금 제후들이 바야흐로 서로 치열하게 다투자 유세객들이 정사를 주도하고 있고, 진나라 왕은 천하를 병탄하여 황제를 칭하려 하고 있습니다. 지금이 바로 포의지사가 유세하기 좋은 시기인 듯합니다. 비천한 처지에 있으면서 그냥 있는 것은 굶주린 짐승처럼 고깃덩이를 보면 바로 집어삼켜야 하는 처지에 있는데도 사람의 얼굴을 한 까닭에 억지로 참는 것에 불과합니다. 치욕으로 말하면 비천보다 더 큰 게 없고, 슬픔으로 말하면 빈궁보다 더 심한 게 없습니다. 오랫동안 비천한 지위와 곤궁한 처지에 놓여 있는데도 부귀를 비판하며 스스로 실행하지 않는 것은 선비의 진심이 아닐 것입니다. 저는 장차 서쪽 진나라로 가 유세할 생각입니다."라고 했다. 신분상승에 대한 이사의 욕망이 얼마나 간절했는지 능히 짐작할 수 있다.

주목할 것은 사마천이 「노자한비열전」에서 한비자를 무함한 인물로 주범 역할을 한 이사, 종범 역할을 한 종횡가 요가姚賈를 언급해 놓은 점이다. 요가姚賈를 '요고'로도 읽기도 하나, 『사기』에서 전한 초기에 활약한 육가陸賈를 두고 '육고'가 아닌 '육가'로 읽는 점에 비춰 '요고'보다는 '요가'로 읽는 게 합리적이다. '요가'라는 사람의 이름은 『사기』 전편을 통해 여기에만 유일무이하게 등장한다. 배경설명도 없다. 오직 '요가'라는 이름만 달랑 등장할 뿐이다. 요가는 과연 어떤 인물이었기에 사마천은 이처럼 밑도 끝도 없이 이사 뒤에 '요가'라는 사람의 이름만 달랑 기록해 놓은 것일까? 독자들이 볼 때 문맥상 한비자를 무함한 주범은 이사가 될 수밖에 없다. 그러나 『전국책』을 보면 요가는 결코 간단한 인물이 아니다. 그는 전국시대 말기를 화려하게 수놓은 당대 최고의 종횡가였다.

수완 면에서 진소양왕 때 활약한 종횡가 장의를 뺨치고 있다.

한비자의 독살옥사 사건과 관련해 남북조시대 남조 송나라 때의 배인裴駰이 사상 최초로 의문을 제기한 바 있다. 배인은 부친 배송지裴松之와 함께 각기 『사기』와 『삼국지』의 주석을 단 데서 알 수 있듯이 당대 최고의 사가에 속한다. 『사기』 「노자한비열전」의 한비자 관련 대목의 주석은 온통 당나라 때 활약한 장수절張守節의 『사기정의史記正義』와 사마정司馬貞의 『사기색은史記索隱』 주석 뿐이다. 배인의 『사기집해』 주석은 모두 3개 나온다. 2개는 사마천의 사평에 대한 주석으로 글자 해석에 그치고 있어 특이할 것도 없다. 주목을 끄는 것은 한비자의 '독살옥사' 기사에 대한 나머지 1개의 주석이다. 배인은 한비자의 죽음과 관련해 『사기』의 내용과 충돌하는 『전국책』 「진책」의 해당 기사를 거론해 놓은 것으로 주석을 대신했다. 그는 『전국책』 「진책」의 해당 대목을 간략히 거론해 놓은 것에 그치고, 사평을 덧붙이지 않았다. 이는 진시황과 조조를 천하의 폭군 내지 간웅으로 간주한 남조 정권의 성격과 무관치 않을 듯싶다. 당나라 측천무후와 현종 때 활약한 장수절과 사마정은 경쟁의식이 남달라 논란이 되는 대목에서 '사실史實'을 놓고 배인의 『사기집해』를 자주 인용하며 공방을 펼쳤음에도 이 대목에 대해서만큼은 입을 다물고 있다. 이들 역시 진시황을 미화한다는 비난을 받을까 우려했을 것으로 짐작된다. 객관적으로 볼 때 그는 『사기』의 한비자 '독살옥사' 사건에 관해 최초로 문제제기를 한 장본인에 해당한다. 21세기에 들어와 이 문제에 관심을 표명한 사람은 일본의 가이즈카 시게키貝塚茂樹이다. 그는 지난 2003년 코단샤講談社 학술문고본으로 펴낸 『한비韓非』에서 한비자가 동문수학한 이사의 시기심에 의해 죽음을 당했다는 「노자한비열전」의 기록에 강한 의구심을 나타냈다.

『전국책』 「진책」에 따르면 진시황은 종횡가 '요가'에게 병거 1백 승乘과 금 1천 근斤을 내주고 자신의 의관과 칼까지 착용케 하면서 열국을 설득케 했다. 진시황에게 하직 인사를 올리고 유세에 나선 요가는 곧바로 자신의 약속이 허언이 아니었음을 증명했다. 4국이 이내 진나라 침공의 모의를 철회한 게 그렇다. 그는 여기서 한 발 더 나아가 아예 4국과 우호관계까지 맺고 돌아왔다. 장의를 뺨치는 종횡술에 해당한다. 진시황 14년인 기원전 233년, '요가'가 4국과 우호관계까지 맺은 뒤 진나라로 돌아와 복명復命하자 진시황이 크게 기뻐하며 그에게 식읍 1천 호를 상으로 내리고 상경上卿으로 삼았다. 객경 출신으로서는 거의 최고의 자리에 오른 셈이다.

공교롭게도 마침 이때 한비자가 한나라의 사자로 함양에 와 있었다. 그는 진시황에게 충고키를,

"요가는 3년간에 걸쳐 귀한 보물을 모두 풀어 유세에 나섰습니다. 남으로는 초와 오, 북으로는 연과 조나라에 사자로 돌아다니며 애썼으나 4국이 진정으로 진나라와 국교를 맺으려 한 게 아닌데도

국내의 귀한 보물만 모두 바닥내고 말았습니다. 이는 요가가 대왕의 권세와 나라의 보물을 이용해 밖으로 제후들과 사사로이 교분을 맺은 탓입니다. 원컨대 대왕은 실체를 잘 살피시기 바랍니다. 원래 요가는 위나라 문지기의 아들로 태어난 자입니다. 일찍이 위나라에서 도둑질을 하고, 조나라에서 벼슬을 살다가 쫓겨난 바 있습니다. 조상 대대로 문지기를 한 집안의 아들로 태어나 위나라의 큰 도둑으로 있다가 조나라에서 쫓겨난 그런 자와 더불어 국가대사를 논의하니 이는 군신들을 격려하는 계책이 아닙니다."라고 했다. 화가 난 진시황이 곧 요가를 불러내 묻기를, "그대는 문지기의 아들로 태어나 위나라에서 도둑질을 한 적도 있고 조나라에서는 신하로 있다가 쫓겨났다고 하는데 그게 사실이오?"라고 했다.

요가가 대답키를, "태공망太公望 여상呂尙은 제나라에 있을 때 늙은 아내에게 쫓겨난 필부로 원래 썩은 고기나 팔다가 문을 닫은 백정 출신입니다. 이후 낚시로 생계를 꾸리려 했으나 고기가 미끼를 물지 않자 결국 호구지책으로 품팔이에 나섰으나 이 또한 여의치 못해 호구지책을 걱정해야 했던 극히 쓸모없던 자였습니다. 그런데도 주문왕은 그를 등용해 왕자王者가 되었습니다. 관중은 제나라의 장사꾼 출신으로 원래 가난한 처사로 지내다가 제환공을 죽이려 한 죄로 노나라에서 붙잡힌 후 간신히 석방된 죄수에 불과했습니다. 그러나 제환공은 그를 등용해 패자霸者가 되었습니다. 백리해는 우虞나라의 걸인으로 양 가죽 5장 값에 팔려 가는 신세였습니다. 그러나 진목공은 그를 구해 내 상국으로 삼음으로써 서쪽 오랑캐의 조공을 받게 되었습니다. 진문공은 중산中山 땅의 도적을 군사로 활용해 성복城濮의 싸움에서 초나라 군사를 대파하고 패업을 이뤘습니다. 여상을 비롯한 이들 4인 모두 비천한 출신으로 천하의 놀림거리였으나 주문왕 등은 이들을 과감히 등용했습니다. 이는 이들과 함께 공을 세울 수 있다는 사실을 알았기 때문입니다. 만일 신이 도인들처럼 굴속에 숨어 살았으면 대왕이 어찌 저를 등용할 수 있었겠습니까? 명군은 신하의 미천함을 따지지 않고, 과거의 비행을 따지지 않고, 오직 자신을 위해 쓸 만한 인물인지 여부만을 살필 뿐입니다. 사직을 보전하려는 군주는 비록 밖에서 비방하는 말이 들릴지라도 듣지 않고, 비록 뛰어난 명성이 있을지라도 최소한의 공조차 세우지 못한 자에게는 상을 내리지 않는 법입니다. 그래야만 군신들이 헛되이 군주에게 분에 넘치는 요구를 하지 않게 됩니다."라고 했다.

이와 관련해 「진책」은 진시황이 '다시' 요가의 지위를 회복시켜 주면서 한비자를 주살케 했다고 기록해 놓았다. 원문은 '가부사요가이주한비可復使姚賈而誅韓非'이다. 요가의 복귀와 한비자의 주살이 앞뒤로 맞물려 있다. 진시황이 한비자의 말을 듣고 요가의 관작을 박탈했다가 요가의 조리 있는 해명을 들은 뒤 크게 놀라 요가를 다시 복직시키면서 한비자를 곧바로 주살했음을 보여준다.

진시황의 노여움이 얼마나 컸는지 대략 짐작할 수 있다. 「진책」의 이 대목은 동시에 한비자가 자신의 출신성분에 대해 커다란 자부심을 갖고 있었음을 반증한다. 요가를 두고 '조상 대대로 문지기를 한 집안의 아들' 운운한 게 그 증거다. 그러나 당시는 능력만 있으면 포의지사布衣之士에서 일약 재상의 반열에 오를 수 있는 극히 개방적인 시대였다. 이런 시기에 한비자처럼 조상을 들먹이며 상대방을 공격하는 것은 매우 고루한 짓이다. 더구나 요가는 당대의 종횡가였다. 종횡가는 자신을 알아주는 주군을 위해 그 어떤 협상이든 주도적으로 나서는 말 그대로 유세전문가이다. 요즘의 '엘리트 외교관'에 해당한다. 한비자가 '엘리트 외교관'인 요가를 두고 조나라에서 쫓겨난 신하로 매도한 것은 아무래도 지나쳤다.

「전국책」「조책」에 한비자의 종횡가에 대한 과민한 반응이 얼마나 잘못된 것인지를 보여주는 일화가 나온다. 이에 따르면 조도양왕趙悼襄王은 조나라가 패망하기 직전의 군주로, 재위기간은 기원전 245년에서 기원전 236년까지 총 9년간이다. 진시황이 30세 전후가 되던 해에 보위에 앉아 있었던 셈이다. 당시 조나라는 크게 어지러웠다. 조도양왕이 요가에게 한나라 및 위나라와 결맹하는 일에 나서줄 것을 부탁했다. 요가의 설득에 넘어간 두 나라가 요가를 정중히 대접했다. 그러나 의심이 많은 조도양왕은 두 나라와 요가 사이에 무슨 밀약이 있는 것이나 아닌지 의심했다. 이때 요가의 동료인 유세객 거모舉茅가 요가를 위해 조도양왕에게 말하기를, "요가는 대왕의 충신입니다. 한, 위 두 나라는 요가가 탐이 난 나머지 그를 후대함으로써 대왕이 그를 의심해 쫓아내도록 만든 뒤 이내 받아들이려 하는 것입니다. 지금 대왕이 그를 내쫓으면 두 나라의 소원은 이뤄지고 대왕의 충신은 죄를 얻는 셈이 됩니다. 오히려 그를 내쫓지 않음으로써 대왕의 현명함을 분명히 하고 그를 얻으려는 두 나라의 음모를 와해시키는 게 현명합니다."라고 했다. 요가가 얼마나 탁월한 '엘리트 외교관'이었는지 짐작케 해주는 대목이다. 그가 진시황을 위해 유세에 나선 시점은 기원전 236년으로, 조나라를 위해 유세에 나선 때로부터 9년 뒤이다. 조도양왕이 의심을 산 후 이내 조나라를 떠나 진나라로 넘어온 것으로 보인다. 「조책」의 이 일화를 토대로 볼 때 한비자가 요가를 두고 '조나라에서 쫓겨난 신하'라고 비난한 것은 사실을 왜곡했다는 지적을 받을 만하다.

객관적으로 볼 때 요가는 쫓겨난 게 아니라 자발적으로 빠져나온 것에 가깝다. 한비자의 비난을 거꾸로 해석하면 당시 요가는 진소양왕 때 천하를 진동시킨 당대의 종횡가 장의가 그랬던 것처럼 한나라와 위나라를 손에 넣고 뜻하는 바대로 주무른 셈이다. 요가의 이런 현란한 유세행보를 두고 한비자가 '위나라의 큰 도둑'으로 비난한 것은 자신의 조국인 한나라의 입장에서 요가를 비판한 것으로 비춰질 소지가 크다. 이런 식의 접근은 천하통일의 준비 작업에 박차를 가하고 있던 진시황의 입장과 정면으로 충돌한다. 진시황의 입장에서 볼 때 증조부인 진소양왕秦昭襄王은 장의의 활약 덕분에 남방의 강국 초나라를 결정적으로 굴복시킨 바 있다. 진시황은 한때 서제西帝를 칭하며 천하통일 행보를 서둘렀던 증조부 진소양왕의 유지를 잇고자 했다. 종횡가를 높이 평가했을 공산이 크다. 실제로 그는 천하통일 과정에서 강력한 무력과 더불어 종횡가의 유세술을 대거 활용했다.

「진책」의 기록을 토대로 당시의 상황을 종합해 판단할 때 진시황으로서는 한비자의 말만 믿고 요가의 관작을 박탈한 자신의 '성급한' 조치에 스스로 화를 냈을 공산이 크다. 사실상 요가를 내쫓은 '암군' 조도양왕의 전철을 밟은 꼴이 됐기 때문이다. 자존심이 크게 상했을 것으로 짐작된다. '진시황이 다시 요가의 지위를 회복시켜 주면서 좌우에 명해 한비자를 주살케 했다'는 「진책」의 기록이 이를 뒷받침한다. 결과적으로 한비자는 한나라 귀족 가문출신으로서의 자만심과 법가사상을 집대성했다는 자부심 등으로 인해 섣불리 당대의 종횡가인 요가를 공격했다가 오히려 부메랑을 맞은 셈이다. 한비자를 궁지로 몰아넣은 것은 이사가 아닌 요가였음을 뒷받침해주는 대목이다. 이는 '아전' 출신 이사의 종횡가 행보를 살펴보면 더욱 명확해진다.

역사적으로 볼 때 진소양왕은 이미 위나라의 일개 대부 밑에서 일하던 범수范睢를 정승으로 발탁한 바 있다. 나아가 이사가 상경으로 있을 때 한비자는 겨우 망해 가는 조국 한나라를 구하기 위해 진시황을 찾아온 약소국의 일개 사자에 불과했다. 한비자는 결코 이사의 경쟁대상이 될 수 없었다. 오히려 한비자가 이사를 경쟁대상으로 삼았다고 보는 게 합리적이다. 한비자는 자신의 비참한 모습을 보고 내심 분통이 터졌을지도 모른다. 그는 진시황 못지않게 불같은 성정을 지니고 있었다. '간신이 날뛰는 현실을 외롭게 고민한 데 따른 울분'과 '나라를 좀 먹는 다섯 부류의 좀 벌레 같은 간신배'의 뜻을 지닌 『한비자』의 「고분孤憤」과 「오두五蠹」편의 제목이 이를 뒷받침한다. 『사기』의 한비자 및 이사 관련 대목에 대한 새로운 해석과 분석이 필요한 이유다.

5. 진시황秦始皇

진시황은 550년에 달하는 춘추전국의 난세를 종식시키고 사상 최초로 천하를 통일한 인물이다. 그는 스스로 자신의 공이 전설적인 삼황오제를 능가한다고 여겼다. 왕호를 제호로 바꿔 '황제皇帝'를 칭한 이유다. 이어 명命을 제제, 영令을 조詔라고 하고 짐朕이라 했다. 선왕인 진장양왕을 추존해 태상황이라고 칭하면서 하명키를, "죽은 뒤 생전의 행적을 가지고 평해 정하는 것이 시호이다. 그러나 이는 결국 아들이 아비를 논하고 신하가 군왕을 놓고 논하는 것이다. 금후 이런 시법을 없앤다. 짐은 첫 번째 황제인 시황제가 되니 후세는 순차로 2세와 3세가 되어 해 만세에 이르기까지 이를 무궁히 전하게 하라."라고 했다. '황제' 칭호가 사상 처음으로 등장한 배경이다. 그러고는 천하를 모두 36개 군郡郡으로 나누는 군현제를 실시했다. 각 군마다 군수郡守와 보위郡尉, 군감郡監을 두어 황제의 명을 일사불란하게 집행했다. 진시황은 난세가 종식되었다는 것을 천하에 널리 알리기 위해 열국에서 사용하던 무기를 모두 함양에 모은 뒤 이를 녹여 종과 북을 매다는 틀인 종거鐘鐻와 금인金人 12개를 만들었다. 금인의 무게는 각기 1천 석石 즉 120근에 달했다.

그러나 그 역시 사상 최초의 황제 자리에 오르기 전에 자객 형가荊軻에게 척살될 뻔한 적이 있다. 『사기』「자객열전」에 자세한 내용이 나온다. 「자객열전」에는 춘추전국시대에 활약한 5명의 자객에 관한 일화가 실려 있다. 거사에 성공한 이도 있고, 실패한 이도 있다. 첫머리에 등장하는 인물은 노나라 대부 조귀曹劌이다. 비수 하나로 제환공을 협박해 잃어버린 땅을 되찾은 장본인이다. 두 번째 인물은 오나라의 협객 전제專諸이다. 오자서의 사주를 받은 그는 마침내 요리사로 가장해 오왕 요에게 접근해 그를 척살하는 데 성공했다. 세 번째 인물은 자신을 국사國士로 대우해준 지백을 위해 목숨을 버린 중원 진나라의 예양豫讓이다. 그는 전제와 달리 칼과는 거리가 먼 선비였다. 척살에 실패한 것도 이와 무관하지 않을 것이다. 그럼에도 그는 여인이 사랑하는 남자를 위해 화장을 하는 것처럼 선비 또한 자신을 알아주는 사람을 위해 목숨을 바친다는 선비의 지조를 유감없이 보여주었다.

네 번째 인물은 한나라의 협객 섭정聶政이다. 그는 한열후 때의 상국인 협루俠累를 척살했다. 이 대목에서 『열국지』는 『사기』 대신 『전국책』의 기록을 좇는 바람에 역사적 사실을 잘못 기술해 놓았다. 전국시대 초기인 기원전 371년에 한나라 대부 엄수嚴遂가 군주인 한애후를 시해하는 일이 빚어진 바 있다. 당시 한애후는 대부 한외韓庾를 상국으로 임명하면서 동시에 엄수를 총애했다. 두 사람은 서로 크게 시기한 나머지 상대방을 용납지 못하는 단계까지 나아갔다. 결국 엄수가 자객을 시켜 조정에서 한외를 척살하는 것으로 끝났다. 그러나 당시 엄수가 고용한 자객은 한외를 척살하는 과정에서 애꿎은 한애후까지 척살하고 말았다. 이는 한외가 자객의 칼을 피하기 위해 한애후가 있는 쪽으로 달아나자 한애후가 엉겁결에 그를 보호하기 위해 껴안은 데서 비롯된 것이다. 『전국책』은 이 사건을 이보다 20년 앞선 한열후 때 협객 섭정이 한나라 대부 엄중자嚴仲子의 사주를 받고 상국인 협루를 척살한 사건과 같은 사건으로 기록해 놓았다. 전한 말기 유향은 『전국책』을 편찬하는 과정에서 협루와 한외를 같은 인물로 착각했다. 그러나 두 사건은 비록 내용이 유사하기는 하나 등장인물과 시간대가 완전히 다르다. 『사기』와 『자치통감』은 이를 엄연히 다른 사건으로 간주해 따로 기술해 놓았다. 『열국지』는 『전국책』이 범한 잘못을 그대로 답습한 셈이다.

이런 혼란을 부채질한데는 『사기』도 한몫했다. 한애후 이후의 한나라 세계世系를 헷갈리게 기록해 놓은 게 그렇다. 한애후의 후사와 관련해 「한세가」는 한의후韓懿侯, 「6국연표」는 한장후韓莊侯로 기록해 놓았다. 『자치통감』에는 한장후의 기록이 전혀 나타나지 않고 있다. 「한세가」의 기록을 토대로 「6국연표」를 작성하는 과정에서 착오가 있었던 것으로 보인다. 사마천이 「자객열전」에서 네 번째 사례로 거론한 섭정의 협루 척살 사건과 엄수의 한외 척살 사건은 완전히 별개의 사건이고, 한애후의 뒤를 이은 사람은 한장후가 아닌 한의후였다는 사실에 주의할 필요가 있다. 섭정의 경우는 전형적인 협객이기는 하나 자신을 알아준 사람을 위해 목숨을 바친 점에서는 예양과 닮았다.

「자객열전」에 나오는 다섯 번째 인물이 바로 위衛나라 출신 형가荊軻이다. 이 일화의 압권은 그가 진시황 척살을 실행에 옮기기 위해 떠나는 장면이다. 원전에 해당하는 『전국책』「연책」은 당시 장면을 생생히 묘사해 놓았다. 형가가 진나라를 향해 떠날 당시 태자 단과 빈객들이 모두 흰 의관을 갖추고 형가의 배웅에 나섰다. 일행이 역수易水 가에 이르러 노제路祭를 올리자 형가가 곧 길을 떠났다. 이때 형가의 절친한 친구인 고점리高漸離가 거문고와 비슷한 고대 악기인 축筑을 연주하자 형가가 이에 맞춰 노래를 불렀다. 곡조가 처량한 느낌을 주는 변치조變徵調로 나오자 전송하는 사람들이 모두 눈물을 흘렸다. 형가도 길을 떠나면서 노래하기를, "바람은 소슬하게 부는데 역수는 차갑네. 장사 한 번 떠나니 다시 오지 못하리라!"라고 했다. 「자객열전」과 『열국지』 모두 이를 그대로 인용해 놓았다. 형가가 부른 노래를 흔히 「역수가」라고 한다. 「역수가」는 오랜 세월을 두고 나라와 백성을 걱정하는 수많은 지사들의 심금을 울렸다. 대표적인 인물로 구한말의 안중근 의사를 들 수 있다. 그는 하얼빈으로 향하기 전 「역수가」를 방불하는 「장부가丈夫歌」를 읊은 바 있다.

진왕 정政이 보위에 오른 지 15년째 되는 기원전 232년, 진나라에 인질로 잡혀 와 있던 연나라 태자 단丹이 본국으로 탈출하는 일이 빚어졌다. 이보다 30년 전인 진소왕 52년인 기원전 263년에 인질로 잡혀 와 있던 초나라 태자 웅완熊完이 몰래 초나라로 탈주해 초고열왕楚考烈王으로 즉위한 것과 유사한 일이 빚어진 것이다. 『자치통감』에 따르면 당초 연나라 태자 단은 일찍이 조나라에 인질로 가 있을 때 마침 그곳에 인질로 와 있던 이인異人과 사이좋게 지냈다. 이인은 진시황의 부친이다. 이후 이인은 귀국한 뒤 부왕인 진효문왕의 뒤를 이어 진장양왕으로 즉위했다. 비슷한 시기에 태자 단도 연나라로 귀국했다. 그러나 진나라 승상을 지낸 강성군 채택蔡澤의 계교로 인해 그는 또 다시 진나라에 인질로 가는 비운의 주인공이 되었다. 이때 이전부터 알고 지내던 진장양왕이 그를 예로써 대하지 않았다. 그는 진장양왕의 이러한 태도에 커다란 원한을 품었다. 그러던 중 마침내 이때에 이르러 진나라가 어수선한 틈을 타 몰래 본국으로 도망친 것이다.

태자 단이 고국으로 도주한 지 4년째 되는 기원전 228년, 진나라 장수 왕전이 조나라 도성 한단을 함락하고 조유목왕趙幽繆王 조천趙遷을 포로로 잡았다. 조나라 공자 가嘉가 집안사람 수백 명을 이끌고 대代 땅으로 달아나 스스로 왕위에 올라 조대왕趙代王이 되었다. 당시 열국은 지리멸렬하기 짝이 없었다. 초나라에서 초유왕楚幽王이 죽자 국인들이 초유왕의 아우 학郝을 초왕으로 세웠으나 이해 3월, 서형 부추負芻가 학을 죽이고 스스로 초왕이 되었다. 조나라가 사실상 망한 상황에서 보위를 둘러싸고 심각한 내분양상이 빚어진 초나라는 다음 차례일 수밖에 없었다.

그러나 연나라 태자 단은 진나라의 예봉이 초나라에 앞서 연나라로 향할 것으로 생각했다. 몰래 도주한 일로 인해 제발이 저린 상황에서 왕전이 이끄는 진나라 군사가 옛날 중산국이 있는 곳에 주둔한 게 결정적인 배경으로 작용했다. 중산국의 고토는 연나라와 접경하고 있었다. 이로 인해 춘추전국시대를 통틀어 진나라와 연나라의 국경이 서로 접하는 사상 초유의 상황이 빚어졌다. 태자 단으로서는 공포에 가까운 위기의식을 느낄 수밖에 없었다. 그가 진시황 척살이라는 극단적인 선택을 하게 된 근본배경이 여기에 있다.

자객 형가가 진시황을 척살하기 위해 진나라를 향한 것은 기원전 228년 말이다. 『자치통감』은 기록키를, "태자 단은 미리 천하의 날카롭기 그지없는 비수를 구한 뒤 공인을 시켜 비수에 독약을 바르고 사람에게 시험을 해 보게 했다. 피가 실오라기만큼 배어났는데도 곧바로 죽지 않는 자가 없었다. 마침내 모든 준비를 마친 뒤 형가를 사자로 삼아 진나라에 파견했다. 이때 연나라 용사 진무양秦舞陽이 부사副使가 되어 형가와 함께 진나라로 들어갔다."고 했다. 이는 『전국책』「연책」의 해당 대목을 축약한 것이다. 『전국책』을 비롯해 이를 그대로 인용한 『사기』 및 『열국지』 모두 형가를 미화하기 위해 모든 책임을 진무양에게 뒤집어씌우고 있다는 혐의를 벗기 힘들다. 사마광이 『자치통감』을 저술하면서 이런 군더더기를 과감히 잘라낸 것은 나름 엄정한 역사적 사실만을 기록하겠다는 입장을 고수한 결과다.

주목할 것은 태자 단이 형가에게 천거한 진무양이라는 인물이 결코 간단한 인물이 아니었다는 점이다. 『사기』「흉노열전」에 그의 조상과 관련한 대목이 나온다. 「흉노열전」은 기록키를, "조무령왕이 호복기사胡服騎射를 채택해 북쪽으로 임호林胡와 누번樓煩을 격파한 뒤 장성을 쌓고 이후 운중雲中과 안문鴈門 등을 설치할 당시 연나라에 뛰어난 장수 진개秦開가 있었다. 그는 어렸을 때 호인 땅에 인질이 되어 잡혀갔다. 호인들이 그를 크게 신임했다. 이후 귀국한 뒤 동호東胡를 기습해 격파한 뒤 동호 땅 1천여 리를 차지했다. 형가와 함께 진왕 정을 척살하러 간 진무양은 진개의 손자이다. 연나라도 이후 조양造陽에서 양평陽平에 이르기까지 장성을 쌓고 상곡上谷과 어양漁陽, 우

북평右北平, 요서遼西, 요동遼東 등의 군군郡을 설치해 동호의 침입을 막았다."고 했다. 통상 '동호'
는 요서 지역을 중심으로 흉노와 동이 사이에 존재했던 선비족의 조상인 오환烏丸을 지칭한 것으
로 해석한다. 삼국시대 당시 조조가 오환을 정벌한 게 대표적인 예다. 그러나 이는 후대의 일이다.
「흉노열전」에 나온 '동호'는 고조선을 뜻하는 게 확실하다. 옛 문헌에는 호胡와 이夷를 같은 의미로
사용했다.

진개가 고조선을 침략한 시기는 연나라가 가장 강성했던 연소왕燕昭王 때의 일로 추정된다. 기원
전 311년부터 기원전 279년 사이에 해당한다. 기원전 284년, 진나라를 위시해 초나라 및 3진과 합
세한 연나라는 명장 악의樂毅를 내세워 제나라의 70여 개의 성과 도성 임치를 점령하는 등 제나라
를 패망 위기로까지 몰아간 바 있다. 이 시기에 진개가 동북쪽으로 북상해 고조선을 친 게 확실하
다. 그러나 연나라는 기원전 279년에 연소왕의 사망을 계기로 악의를 시기하던 태자가 연혜왕燕惠
王으로 즉위하고 악의가 조나라로 망명하면서 쇠망의 조짐이 뚜렷하게 나타났다. 실제로 기원전
272년에 연혜왕의 뒤를 이어 연무성왕燕武成王이 즉위하자 진나라가 위나라 및 초나라와 합세해
연나라를 치는 일이 빚어졌다. 이후 연나라는 패망할 때까지 위세를 떨치지 못했다.

사마천은 『사기』를 저술할 때 시종 한족 중심의 세계관을 견지했다. 「흉노열전」을 포함해 「조선열
전」과 「서남이열전」 등 주변국에 대한 서술이 모두 이런 관점에서 기술된 것이다. 일각에서는 고조
선인 '동호'를 친 진무양의 조부 진개의 실존을 의심하고 있으나 이는 약간 지나치다. 진개가 어렸
을 때 '동호'에 인질로 잡혀가 신임을 받았다는 「흉노열전」의 기록에 비춰볼 때 진개의 집안이 '동
호'와 밀접한 관련이 있었던 것은 거의 확실하다. 실제로 이를 뒷받침하는 유물이 지난 2000년에
대거 발굴된 바 있다. 중국 측이 발간한 당시의 중요 유적 보고서에 따르면 요하 서쪽의 대릉하 길
목에 있는 요녕성 건창현建昌縣의 동대장자촌東大杖子村에서 고조선 때의 대형 적석목곽묘가
나왔다. 이 무덤에서는 고조선의 유물을 대표하는 적석목곽묘와 손잡이를 황금으로 만든 청동단
검을 비롯해 전국시대 연나라에서 만든 것으로 보이는 청동기가 함께 나왔다.

이를 두고 일각에서는 연나라가 파견한 장군이 현지인인 고조선인과 함께 살면서 고조선인의 문화
를 적극 수용한 결과로 보고 있다. 이는 진개가 요서 일대의 고조선 땅을 경략한 뒤 그곳에서 제후
처럼 살았고, 그의 후손인 진무양 역시 그곳에서 생장하던 중 태자 단의 부름을 받고 형가의 부사
가 되었을 가능성을 시사한다. 형가를 미화하며 진무양에게 책임을 덮어씌우는 전설이 항간에 널
리 유포되는 과정에서 사마천이 이를 『사기열전』에 적극 반영했을 공산이 크다. 사마천이 시종 중
화주의에 입각해 『사기』를 저술한 점을 감안하면 진무양을 얼간이로 만들어 형가를 미화했다는 지

적이 전혀 근거 없는 것도 아니다.

형가의 일화는 너무 유명해 많은 이야기가 만들어졌다. 사마천이 『사기』를 저술하는 전한제국 때도 예외가 아니었다. 항간에는 근거를 알 수 없는 터무니없는 이야기도 그럴 듯하게 나돌았다. 사마천은 「자객열전」에서 언급키를, "형가와 관련해 세간에 나도는 무수한 이야기 중 형가가 진왕 정을 칼로 찔러 상처를 입혔다고 하는 등의 이야기는 모두 거짓이다."라고 했다. 모든 사서가 형가의 일화를 기술해 놓은 것도 후대인들의 지대한 관심을 반영한 것으로 볼 수 있다. 『열국지』가 거의 끝부분에서 이 일화를 2회에 걸쳐 상세히 묘사해 놓은 것도 같은 맥락이다. 그러나 진시황 정政을 여불위소생으로 만들기 위해 진시황의 생모를 번오기의 첩으로 묘사해 놓은 것 등은 아무래도 지나쳤다.

역사상 진시황을 '만세의 폭군'으로 낙인찍는 최초의 인물은 사마천이다. 그는 『사기』「진시황본기」의 사평에서 진시황의 통치를 '여정잔학呂政殘虐' 4자로 요약해 놓았다. 여불위 소생인 진시황이 포학한 통치를 펼쳤다는 뜻이다. 「여불위열전」에서 진시황의 생모인 조희趙姬를 두고 평생 음란한 행위를 멈추지 않았다는 뜻의 '음부지淫不止'로 표현해 놓은 것도 같은 맥락이다.

그러나 지난 1997년 중국의 진정陳靜이 저서 『진시황평전秦始皇評傳』에서 『사기』의 기록에 강한 의문을 제기한 데 이어 일본의 쓰루마 가즈유키鶴間和幸도 지난 2001년 『시황제의 지하제국』에서 진시황을 폄훼한 『사기』의 관련 대목을 조목조목 비판한 바 있다. 사마천이 사실史實과 항간의 소문을 근거로 한 전설傳說을 제대로 구분치 않음으로써 진시황에 대한 폄하를 조장했다는 것이다.

사실 『사기』에는 진시황을 폄훼하는 사마천의 의도가 너무 노골적으로 드러나 있다. 진시황의 이름을 영정嬴政이 아닌 '여정'으로 써 놓은 게 가장 대표적인 실례이다. 주목할 것은 이게 사마천의 쓴 글이 아니라 『한서』의 저자 반고班固의 글이라는 점이다. 『사기』에 왜 후한 초기에 활약한 반고의 글이 실리게 된 것일까? 『사기』를 반포하는 과정에서 의도적으로 진시황을 폄하코자 하는 의도로 끼워 넣었다고 해석할 수밖에 없다. 편집자는 『사기』「진시황본기」의 말미에 반고가 쓴 「효명제왈孝明帝曰」 표문表文을 삽입시켜 놓았다. 이는 반고가 후한의 효명황제孝明皇帝 유장劉莊에게 올린 표문表文을 말한다. 반고는 이 표문의 첫 대목에 진시황을 여정呂政으로 기록해 놓았다. '여정' 표현은 『사기』 전편을 통해 이게 유일무이하다. 이를 끼워 넣은 편집자도 문제가 심각하지만 표문에서 아무런 논거도 없이 진시황을 여불위의 아들로 단정한 반고의 자세 또한 사가의 기본자세가 아니다. 악의적이라고 볼 수밖에 없다. 사마천이 「진시황본기」의 첫머리에서 진시황을 '진장양왕秦莊襄王의 아들이다'라고 기술해 놓은 것과 너무나 상반된다. 그럼에도 후대인은 대부분 마치 사마천이 '여정' 표현을 쓴 것으로 오해했다. 오랫동안 후대인들이 마치 사마천이 '여정' 표현을 쓴 것으로 오해케 된 근본 이유다. 『사기』「진시황본기」가 진시황을 왜곡하는 논거로 인용된 배경이 여기에 있다. 학계 일각에서 반고가 쓴 『한서』가 예사穢史 즉 '더러운 역사서'로 비판받는 것도 이런 배경과 무관할 수 없을 것이다. 진시황의 혈통에 관한 논란이 빚어지게 된 것은 기본적으로 전국시대에 광범위하게 행해진 인질교환 관행에서 비롯됐다. 당시 인질의 교환은 우호의 표시였다. 진시황의 증조부 진소왕도 어렸을 때 등급이 낮은 후궁 소생이었던 까닭에 연나라에 볼모로 가 있었다. 그는 적형嫡兄인 진무왕이 기원전 308년에 힘자랑을 하던 중 사고사를 당한 덕분에 보위에 오를 수 있었다. 즉위 직후 생모인 초나라 출신 미팔자半八子를 선태후로 올렸다. 바로 선태후이다. 그녀는 자신의 소생이 보위에 오르자 섭정을 하면서 무소불위의 막강한 위세를 떨쳤다. 현재 중국 내 일부 학자들은 진시황릉의 진짜 주인공을 선태후로 꼽고 있다.

진소왕은 후궁인 당팔자唐八子 사이에서 안국군安國君을 얻었다. 진시황의 조부이다. 안국군의 정실인 화양부인華陽夫人 역시 초나라 출신이었다. 진소왕은 승상 범수의 건의를 좇아 종래의 소극적인 '연횡책'을 버리고 주변국을 병탄키 위한 적극적인 '원교근공책'을 구사했다. 그는 당대에 천하를 통일코자 했다. 재위 19년인 기원전 288년에 하늘에 제사를 올린 후 동쪽 제나라에 동제東帝를 칭할 것을 제의하고는 스스로 서제西帝를 칭하며 천하통일 작업에 박차를 가한 이유다. 기원전 251년, 진소왕이 병사하자 뒤이어 태자인 안국군이 진효문왕秦孝文王으로 즉위했다. 그 또한 즉위 직후 생모인 '당팔자'를 당태후로 높인 후 이내 조나라에 인질로 가 있던 진시황의 부친 '자초'를 태자로 삼았다. 당대의 거상 여불위의 공이 컸다. 여기서 진시황이 여불위의 자식이라는 전설이 만들어지기 시작했다. 인질제도와 거상 여불위의 결합이 '여정' 전설의 역사적 배경이 된 셈이다.

원래 여불위는 비록 부친과 더불어 열국을 돌아다니며 무역을 통해 거만금을 벌어들이기는 했으나 당시의 기준에서 볼 때 최하층인 상인이었다. 신분상승의 욕구가 누구보다 클 수밖에 없었다. 그는 우연히 조나라 수도 한단으로 갔다가 인질로 잡혀와 있는 안국군의 서자 이인을 보게 되었다. 비록 남루한 옷을 걸치기는 했으나 귀인의 상이었다. 지나가는 행인에게 물어 진나라 태자 안국군의 아들 이인이라는 사실을 안 뒤 찬탄키를, "기이한 보물이니 가히 거둘 만하다!"고 했다. 여기서 기화가거奇貨可居 성어가 나왔다. 기이한 보물을 은밀히 감춰두었다가 훗날 비싸게 팔아 이익을 도모할 만하다는 뜻이다. 그는 곧 이인을 찾아가 서로 뜻을 같이하기로 했다. 여불위는 곧 이인에게 500금을 건네주면서 여러 명사들과 사귀게 했다. 이어 나머지 500금으로 진귀한 보물과 아름다운 노리개를 산 뒤 이를 들고 진나라로 가 화양부인의 언니를 만났다. 그녀가 곧 동생인 화양부인을 만나 설득키를, "지금 부인은 총애를 받고 있으나 아들이 없으니 번창할 때 미리 현명하고 효성스런 자를 골라 아들로 삼아야 하오. 조나라에 인질로 가 있는 이인은 현명하여 자신이 적자가 될 수 없다는 사실을 잘 알고 있소. 부인이 이때 그를 발탁하면 그는 나라가 없다가 있게 되고, 부인은 아들이 없다가 있게 되는 것이오."라고 했다.

당시 여불위는 한단에서 가장 뛰어난 미인과 함께 살고 있었다. 바로 진시황의 생모인 조희趙姬였다. 그녀는 원래 조나라 호족의 딸이었다. 이인이 여불위와 함께 술을 마시다가 조희를 보고는 자신에게 넘겨줄 것을 청했다. 조희는 이인에게 간 이듬해인 기원전 259년 정월에 진시황을 출산했다. 정월에 태어난 까닭에 이름을 '정政'으로 지었다. 당시 바르다는 뜻의 '정正'과 바르게 다스린다는 뜻의 '정政'은 같은 뜻으로 쓰였다. 「여불위열전」은 여불위가 의도적으로 자신의 아이를 임신하고 있는 조희를 이인에게 바쳐 마침내 진시황을 낳게 되었다고 기록해 놓았다. 이는 후세에 진시황의 혈통을 왜곡하는 결정적인 계기로 작용했다. 사마광도 『자치통감』을 저술하면서 그대로 인용했다. 진시황이 여불위 자식으로 굳어진 배경이다.

『열국지』 역시 진시황은 여불위의 자식으로 낙인찍는 데 일조했다. 여불위가 임신한 조희와 상의하면서 '우리의 부귀는 무궁할 것이다!'라는 식으로 묘사해 놓은 게 그 증거다. 풍몽룡의 『신열국지』 이전에 나온 여소어의 『열국지전』은 여기서 한 발 더 나아갔다. 처음부터 의도적으로 조희를 임신시켜 이인에게 상납하는 것으로 다음과 같이 그려 놓았다. "여불위가 부친과 상의하며 말하기를, '제가 진나라를 손에 넣는 방안을 고민하던 차에 좋은 생각이 났습니다. 한단의 주씨朱氏 집안에 미색이 뛰어난 여인이 있는데 이름은 희姬라고 합니다. 그녀를 첩으로 삼아 임신하기를 기다렸다가 이인에게 바치는 계책입니다. 이미 주씨와 상의해 서로 배신하지 않을 것을 굳게 약속했습니다. 지금 이인은 인질로 와 있어 처가 없는 까닭에 틀림없이 받아들일 것입니다. 만일 아들을 낳게 되면 이는 틀림없이 저의 자식일 것입니다. 이인이 죽으면 반드시 저의 자식이 보위에 오르도록 되어 있습니다. 이때 다시 이름을 바꾸면 됩니다. 이 어찌 우리 집안이 일거에 천하를 손에 넣을 수 있는 계책이 아니겠습니까!'라고 했다. 여불위 부친이 기뻐하며 말하기를, '그 계책이 참으로 절묘하구나!'라고 했다."

풍몽룡은 『신열국지』를 펴낼 때 이 대목을 빼버렸다. 내용이 너무 노골적인데다가 이처럼 중차대한 사건을 다른 사람과 밀약했다는 줄거리 자체가 비현실적이라고 판단했음직하다. 그는 『사기』 「여불위열전」이 제기한 이른바 '음모설'에 입각해 내용을 그럴듯하게 재구성해 냈다. 『자치통감』도 예외가 아니다. 「여불위열전」의 기록을 다음과 같이 거의 그대로 인용해 놓았다. "여불위는 한단에서 가장 뛰어난 미인을 취해 함께 살면서 그녀가 임신한 사실을 알게 되었다. 마침 이인이 여불위와 함께 술을 마시다가 그녀를 보고는 그녀를 자신에게 넘길 것을 청했다. 여불위가 짐짓 화내는 표정을 지으면서 그녀를 바쳤다. 이 미인이 12달 동안 회임하다가 아이를 출산했다. 그가 바로 진왕 정政이다. 이인은 곧 그녀를 자신의 부인으로 삼았다.”

사마광도 '음모설'을 그대로 수용한 셈이다. '조희가 임신한 사실을 알게 되었다'는 대목을 「여불위열전」은 '지유신知有身', 『자치통감』은 '지유신知有娠'으로 표현해 놓았다. 「여불위열전」의 표현이 훨씬 문학적이다. '12달 만에 출산했다'는 이야기는 『자치통감』과 「여불위열전」에 공히 나온다. 『자치통감』의 원문은 '잉기년이생자孕期年而生子', 「여불위열전」의 원문은 '지대기시생자至大期時生子'이다. '기년'과 '대기'는 1년 즉 12달을 뜻한다. 이 경우 진시황은 만산아晩産兒가 된다. 의학상식으로 볼 때 태아가 10달을 기준으로 하여 예정일보다 며칠 정도까지는 몰라도 산달을 넘겨 2달 넘게 산모의 태내에 머문다는 것은 있을 수 없다. 조희가 여불위의 자식을 회임한 지 12달 만에 낳았을 가능성은 전혀 없다고 보아야 한다. 『열국지』는 이를 의식해 「여불위열전」과 『자치통감』 내용을 수정해 기록키를, “조희가 이인에게 올 때는 이미 임신한 지 2달이 지난 후였다. 어느덧 8달이 지났다. 10달이면 아기를 낳기 마련이다. 그런데 어찌된 셈인지 산월이 되었지만 뱃속의 아기는 꼼작할 생각을 하지 않았다. 조희의 뱃속엔 장차 천하를 손에 넣을 제왕이 들어앉아 있었다. 그러니 어찌 범상한 아이와 같을 리 있겠는가! 조희는 12달 만에 비로소 남자아이를 낳았다.”고 했다.

풍몽룡은 '기년'과 '대기'을 절묘하게 해석해 놓은 셈이다. 「여불위전」의 내용이 사실이라면 조희가 임신한 사실을 알고 여불위와 공모해 왕손 이인과 혼인하기까지는 최소한 2달 가까이 걸렸다고 보아야 한다. 이는 『열국지』의 묘사가 증명한다. 그렇다면 조희는 이인과 만난 지 불과 8달 만에 출산한 셈이 된다. 이인이 아무리 무지한 사람일지라도 과연 8달 만에 나온 자식을 자신의 자식으로 생각할 수 있을까? 있을 수 없는 일이다. 혹여 소위 '팔삭둥이'로 태어났다면 자신의 자식으로 인정할 수도 있었을 것이다. 그러나 여불위가 '팔삭둥이'로 태어났다는 이야기는 전혀 없다. 10달 만에 정상적으로 태어난 게 확실하다. 『사기』와 『자치통감』의 기록은 거꾸로 해석할 필요가 있다. 이는 2가지 가능성을 뒷받침하고 있다.

첫째, 여불위는 부득이하게 조희를 이인에게 바쳤거나, 정반대로 애초부터 이인을 위로하기 위해 조희를 바쳤을 가능성이다. 『자치통감』은 '여불위가 짐짓 화내는 표정을 지으면서 그녀를 바쳤다'고 기술해 놓았다. '음모설'에 입각한 묘사이다. 그렇다면 사마광은 '음모설'을 믿었던 것일까? 꼭 그렇게 볼 것만도 아니다. 『자치통감』의 해당 대목은 오히려 여불위가 애초부터 왕손 이인에게 조희를 넘겨줄 생각을 하고 있었음을 암시하고 있다. '짐짓 화내는 표정' 운운이 그 증거다. 원문은 '양노佯怒'이다. 사마광은 사마천과 달리 여불위가 애초부터 조희를 넘겨줄 생각으로 연회를 베풀고 이인을 초대했을 가능성에 무게를 둔 것이다. 결론적으로 말해 여불위는 부득불 조희를 이인에게 보냈거나, 아니면 애초부터 조희를 이인에게 보낼 생각을 갖고 있었거나 둘 중 하나였다고 보아야 한다. 어느 경우든 '음모설'과는 거리가 멀다.

둘째, 사마광은 진시황의 출생에 대한 '역사적 왜곡'에 대해 후대인들의 보다 자세한 검토를 주문했을 공산이 크다. 사마광이 활약한 북송의 사대부들은 진시황에 대해 매우 부정적인 생각을 갖고 있었다. 사마광도 결코 이런 풍조에서 자유롭지 못했다. 그러나 이는 북송 때만의 일도 아니다. 이미 1천여 년 동안 진시황과 진제국을 폄하하는 풍조가 면면히 이어졌다. 진시황의 출생 일화는 시간이 갈수록 더욱 사람들의 입맛에 맞게 채색되었다. 사마광은 이 대목에서 아무런 사평도 달아 놓지 않았다. 진시황이 여불위의 자식이라는 주장은 원래 도중에 사라진 이른바 『여불위전呂不韋傳』이라는 책에서 비롯된 것이다. 『사기색은』은 『사기』「진시황본기」 권6에 주석키를, "『여불위전』에는 '여불위는 원래 한나라 양적陽翟 땅의 거상이었다. 그의 총희는 한단에 있는 호족의 딸이었다. 그녀는 임신한 상태에서 자초에게 바쳐졌'고 되어 있다."고 했다. 『여불위전』은 대략 일반인들의 입맛에 맞춰 항간에 떠도는 온갖 이야기를 토대로 꾸며졌을 것이다. 역사적 사실과 동떨어진 것은 말할 것도 없다. 『사기색인』이 『여불위전』을 거론한 것은 『사기』「여불위열전」의 내용에 이의를 제기한 것이나 다름없다. 역사적 사실을 중시하는 사가의 입장에서 진시황 및 진제국에 관한 온갖 근거 없는 소문에 일침을 가하고자 한 셈이다.

당시 진나라를 역사에서 아예 지워버리는 방안으로 진시황을 여불위의 자식으로 만드는 것보다 더 나은 소재도 없었을 것이다. 조희가 여불위의 시첩 출신인 만큼 '음모설'에 입각한 이야기를 사서에 기록해 기정사실화할지라도 진제국이 이미 패망한 상황에서 이를 반론하는 것 자체가 불가능했다. 곡필曲筆 시비에 휘말릴 우려가 전혀 없었다. 진시황과 관련한 온갖 근거 없는 이야기가 만들어진 배경이 여기에 있다. 당대의 사가인 사마광이 『사기』의 기록을 거의 그대로 인용하면서 사평을 달지 않은 것도 이런 차원에서 접근할 필요가 있다. 역사적으로 볼지라도 진시황이 출생하는 전후 상황은 여불위가 한가하게 '음모설'이나 꾸밀 정도로 태평한 게 아니었다. 여불위가 아무리 동분서주하며 도와줄지라도 이인의 운명이 더 나아질 가망성이 그리 높았던 게 아니다. 여불위 역시 기왕의 투자와 노력이 일거에 수포로 돌아가는 것은 물론 목숨까지 잃을 수도 있었다. 이는 진시황이 생후 2년이 되던 해인 기원전 257년까지 지속됐다. 당시 조나라와 진나라 사이는 최악이었다. 진나라 군사의 한단에 대한 공격 역시 필사적이었다. 조나라 도성 안에는 이인과 조희가 어린 진시황과 함께 살고 있었다. 보위를 노리기는커녕 죽은 목숨이나 다름없었다.

실제로 성 안의 조나라 백성들은 대로한 나머지 이인을 죽이려고 혈안이 되어 있었다. 이인은 황급히 여불위와 상의해 황금 6백 근으로 감시관을 매수한 덕분에 진나라 군사가 있는 곳으로 달아날 수 있었다. 『열국지』는 이인과 여불위가 한단을 빠져나갈 때 조희와 이인은 물론 부모와 함께 야음을 틈타 진나라 군영으로 달아난 것으로 묘사해 놓았다. 그러나 이는 「여불위열전」의 기록과 배치된다. 「여불위열전」은 기록키를, "조나라 사람들이 이인의 처자를 죽이려고 했다. 이인의 부인 조희는 호족 집안 출신이라 몸을 숨길 수 있었다. 모자가 목숨을 구한 배경이다. 진소왕이 재위 56년에 죽자 태자인 안국군이 뒤를 이어 보위에 올랐다. 부인 화양부인이 왕후가 되고, 이인이 태자가 되었다. 조나라는 이인의 부인 조희와 아들 정政을 정중히 진나라까지 호송했다."고 했다.

진소왕은 기원전 251년 가을에 죽었다. 당시 진시황의 나이는 이미 9세였다. 무려 7년 동안 부친 이인이 없는 와중에 홀어미 밑에서 생장했다는 이야기가 된다. 아무리 조희가 호족의 딸이라고 할지라도 도망자 신세를 면할 수 없었던 만큼 어린 진시황을 안고 이리저리 몸을 숨기며 목숨을 부지했다고 보아야 한다. 진시황은 결코 축복을 받으며 태어난 게 아니었다. 부친 이인이 안국군의 후계자가 된다는 보장도 없었다. 여불위와 이인의 생사를 건 노력이 뒷받침되지 않을 경우 조희와 진시황의 목숨은 파리 목숨이나 별단 다를 게 없었다.

당시 무사히 탈출에 성공한 여불위는 이인과 함께 진나라에 돌아오면서 이인에게 초나라 복장을 입고 화양부인을 만나볼 것을 권했다. 화양부인이 초나라 출신인 점을 계산에 넣은 것이다. 화양부인은 초나라 복장을 한 이인을 보고는 크게 기뻐하며 약속키를, "나는 초나라 사람이다. 너를 내 아들로 삼겠다."고 했다. 그리고는 이인의 이름을 자초子楚로 바꿨다. '자초'는 수식어가 명사의 뒤에 붙는 남방어에 속하는 초나라 말로 해석할 경우 '초나라 종자'라는 의미가 된다. 조희는 '자초'가 보위에 오른 이듬해인 기원전 250년에야 어린 아들 진시황과 함께 진나라로 갈 수 있었다. 이는 조나라가 후환을 두려워한 나머지 조속히 송환한 결과였다. 진시황의 출생 전후에 관한 이야기는 비록 극적이기는 하나 전국시대 말기의 혼란스런 상황을 감안하면 크게 이상할 것도 없다.

진시황과 관련된 논란은 비단 출생문제에 그치는 것도 아니다. 그의 즉위과정에 관해서도 예로부터 많은 논란이 있었다. 이 또한 진시황을 의도적으로 폄하하려는 취지에서 나온 것임은 말할 것도 없다. 진시황의 조부인 안국군은 부왕인 진소왕이 사망한 직후 곧바로 진효문왕秦孝文王으로 즉위하기는 했으나 즉위식은 1년 뒤로 늦췄다. 당시에는 1년의 복상기간이 끝나고 즉위하는 게 관례였다. 진효문왕은 관례를 좇아 이듬해인 기원전 250년 가을에 비로소 상복을 벗고 즉위식을 올릴 수 있었다. 그러나 그는 즉위식을 치른 지 불과 3일 만에 세상을 떠나고 말았다. 이로 인해 무수한 설이 난무했다. 풍몽룡은 상상력을 발휘해 『열국지』에서 묘사키를, "당시 일부 사람들은 여불위가 태자 자초를 속히 보위에 올려놓기 위해 진효문왕을 독살한 것으로 생각했으나 이를 입 밖으로 내지는 못했다."고 했다.

원래 진효문왕 역시 서자였던 까닭에 어렸을 때 조나라에 인질로 가 있다가 태자가 되는 우여곡절을 겪었다. 여러모로 몸이 부실했을 공산이 크다. 게다가 부왕인 진소왕은 56년 동안 재위했다. 고금을 막론하고 부왕이 장수할 경우 태자는 책을 읽는 일을 제외하고는 특별히 할 일이 없다. 자칫 이상한 움직임을 보였다가는 가차 없이 태자의 자리에서 쫓겨나거나 죽임을 당할 공산이 컸기 때문이다.

기원전 250년 겨울, 진효문왕이 재위 1년 만에 급서하자 아들 자초가 진장양왕秦莊襄王으로 즉위했다. 곧 자신을 후사로 삼은 적모嫡母 화양부인을 화양태후, 생모 하희夏姬를 하태후로 높였다. 진시황의 생모인 조희는 왕후가 되었다. 여기서 주목할 점은 『사기』에 자초에 대한 기록이 거의 나오지 않고 있는 점이다. 자초는 즉위한 후 대략 3년가량 보위에 앉아 있었다. 『전국책』을 보면 오히려 자초 때 진나라가 더욱 강성해진 것을 알 수 있다. 그의 시호가 국력을 크게 떨친 것을 뜻하는 '장양莊襄'인 것을 결코 우연으로 볼 수 없다. 시법諡法에 따르면 '장莊'은 병갑극작兵甲亟作의 뜻이다. 여러 차례 정벌에 나섰다는 의미이다. '양襄' 역시 같은 의미의 갑주유로甲胄有勞로 풀이되고 있다.

그럼에도 『사기』 「진본기」에는 이에 관한 기록이 거의 없다. 오히려 왕후가 된 조희가 사통한 것으로 알려진 노애嫪毒의 행보를 지나치게 상세히 기술해 놓았다. 악의적인 왜곡 의도가 선명하다. 사망 당시 자초의 나이는 36세였다. 30세가 넘도록 조나라에 인질로 잡혀가 숱한 고난을 겪어야만 했던 그가 보위에 오른 뒤 매일 조희 및 후궁과 놀아났다는 것은 앞뒤가 맞지 않는다. 실제로 『전국책』 「진책」에 나오는 일화를 보면 자초가 매우 총명했음을 알 수 있다.

『사기』는 자초가 즉위한 후 여불위가 승상이 되어 문신후文信侯에 봉해지고, 진시황 즉위 후에는 승상보다 한 단계 높은 상국이 되어 '중부仲父'의 칭호를 받게 되었다고 기록해 놓았다. '중부'는 집안의 작은 아버지처럼 대우한다는 취지를 담은 것으로 신하를 극도로 높여 부른 극존칭에 해당한다. 문제는 여불위가 진시황 즉위 후에도 계속 태후의 자리에 오른 조희와 사통하다가 장안의 건달인 노애를 가짜 내시로 만들어 조태후의 음행을 방조했다는 후속 대목에 있다. 이 기록이 사실이라면 여불위는 자신이 사통하면 죄가 되고, 노애가 사통하면 죄가 되지 않는다고 생각한 셈이 된다. 세상물정에 훤한 여불위가 과연 이런 터무니없는 생각을 했을 리 없다.「여불위전」은 기록키를, "태후와 사통하던 여불위는 진시황이 성장하는데도 태후가 더욱 자주 음행을 요구하자 이내 발각될까 두려운 나머지 음경이 큰 대음인大陰人을 찾던 중 마침내 노애를 사인舍人으로 삼게 되었다. 여불위는 노애로 하여금 음탕한 음악이 연주되는 가운데 음경에 오동나무로 만든 작은 수레바퀴인 동륜桐輪을 끼운 뒤 걸어 다니게 한 뒤 태후의 귀에 이 소문이 들어가게 했다. 태후가 과연 이 소문을 듣고 노애를 곁에 두고자 했다. 여불위가 마침내 그를 가짜 환관으로 만들어 태후를 시중들게 만들었다."고 했다.

사마광은『자치통감』에서 이 대목을 기술하면서 '동륜' 등의 대목을 빼버렸다. 가당치 않다고 여긴 것이다. 만일 조희가 노애를 성의 노리개로 삼고자 했다면 당제국의 측천무후나 청제국의 서태후에 버금하는 절대적인 권력을 보유하고 있어야만 했다. 그러나『사기』의 기록은 조희가 단지 노애와 밤낮으로 음란한 행위를 일삼다가 임신했다는 내용뿐이다. 기본적으로 엄정한 법치가 행해진 진나라의 궁중에서 이런 엉터리없는 일이 자행되었다는 게 비상식적이다. 진나라의 패망 후 '분서갱유' 등으로 인해 원한을 품고 있던 유생들이 악의적으로 이런 헛소문을 만들어 유포시켰을 가능성이 높다. '천하의 음녀' 대목은 후대로 오면서 더욱 부풀려졌다. 전한제국 말기 유향의『설원』에 실린 일화가 그 증거이다. 이에 따르면 젊은 조태후는 전염을 막기 위해 멀리 요양을 가는 이른바 피접避接을 핑계로 노애와 함께 함양에서 2백리 떨어진 옛 도성인 지금의 섬서성 봉상현 남쪽의 옹雍 땅으로 가 부부 생활을 즐겼다. 그녀는 옹성에 머문 지 2년 만에 잇달아 2명의 아들을 낳자 곧 사자를 함양으로 보내 진시황에게 청하기를, "노애가 왕을 대신하여 나를 잘 모시고 있소. 그에게 토지를 봉해 주면 좋겠소."라고 했다.

진시황이 이를 받아들여 곧 노애에게 지금의 산서성 태원太原을 식읍으로 내리고 장신후長信侯에 봉했다. 노애 주변에 수많은 사람들이 몰려들자 노애는 마침내 함양성 안에까지 자신의 무리를 두게 되었다.『설원』의 이 일화는「여불위열전」에 살을 붙인 것이다.『설원』에는 노애와 관련한 또 다른 일화가 나온다.

진시황이 22세가 되는 재위 9년째인 기원전 238년에 혜성이 나타났다. 당시 혜성은 불길한 징조로 받아들여졌다. 진시황은 여러 액막이 조치를 취한 뒤 하늘에 제사를 올리기 위해 어가를 타고 옹성으로 갔다. 아직 성인식인 관례冠禮를 올리지 않은 까닭에 모후인 조태후의 권고를 받아들여 사당에서 의식을 거행키 위한 것이었다. 5일 동안 잔치를 베풀고 군신들과 함께 즐기는 와중에 노애도 날마다 술을 마시며 도박을 즐겼다. 4일째 되던 날 노애가 대부 안설과 도박을 하다가 계속 잃게 되자 판을 쓸고 새로 하자며 억지를 부렸다. 안설이 이를 거절하자 노애가 대노해 말하기를, "네 이놈, 네가 어느 존전이라고 감히 거부를 하는 것인가?"라고 했다. 손을 들어 안설의 따귀를 갈기자 화가 난 안설이 노애의 관끈을 잡아 당겨 끊어버렸다. 노애가 눈을 부라리며 호령키를, "나는 진왕의 양부이다. 너 같은 자가 감히 나에게 대드는 것이냐?"라고 했다. 겁이 난 안설이 방 밖으로 뛰쳐나가 곧 진시황을 찾아가 고변告變했다. 결국 노애의 무리는 대패하고 일당들 역시 줄줄이 잡혀 죽임을 당했다. 『자치통감』도 노애의 반란에 대해 상세히 기록해 놓았으나 '안설'의 일화는 생략했다. 『사기』는 진시황이 반란사건에 연루된 여불위를 촉 땅으로 귀양을 보내자 여불위는 중압감을 못 이겨 2년 뒤인 기원전 235년에 이내 자진하고 말았다고 기록해 놓았다. 진시황을 여불위 혈통으로 의심하는 사람들은 여불위의 죽음까지 이에 맞춰 해석하고 있다. 자식의 앞날을 위해 목숨을 끊었다는 식이다.

여러 정황에 비춰 노애는 이미 내시로 궁중에 들어왔다가 이내 진장양왕 자초의 눈에 들어 그의 총신으로 활약했을 공산이 크다. 조희는 남편의 유명을 좇아 노애와 제휴해 여불위를 일정부분 견제했고, 진시황은 장성한 뒤 두 권신인 '장신후' 노애와 '문신후' 여불위를 차례로 제거해 군권君權을 확립케 되었다고 보는 게 합리적이다. 실제로 이를 뒷받침하는 일화가 『전국책』「진책」에 나온다. 진시황의 재위 7년인 기원전 240년에 진나라가 위나라를 거세게 공격하자 어떤 사람이 위경민왕에게 건의키를, "지금 진나라는 집정대신에서 천민에 이르기까지 하나같이 노애와 여불위 중 어디에 붙어야 좋을지를 놓고 서로 묻고 있는 상황입니다. 대왕은 땅을 떼어 진나라에 바치면서 이를 노애의 공으로 삼아 그의 입지를 공고히 만드는 데 도움을 주십시오. 대왕이 노애를 도우면 틀림없이 그가 이길 것이고, 그러면 조태후가 대왕을 고마워하며 그 덕을 골수에 새길 것입니다. 노애를 통해 진나라와 가까워지고 그 교분이 천하의 제후들 중 으뜸이 되면 천하의 제후들 중 그 누가 여불위를 버리고 노애를 따르지 않겠습니까. 그러면 여불위에 대한 대왕의 원한도 갚게 되는 것입니다."라고 했다.

『사기』도 노애가 장신후에 봉해진 후 여불위는 문객들을 동원해 『여씨춘추』를 쓰는 것 이외에는 달리 할 일이 없게 되었다고 기록해 놓았다. 당시 『사기』의 기록처럼 여불위가 노애를 '천하의 음녀' 조희에게 천거했다면 노애와 조태후는 여불위에게 감사하는 모습을 보여야 했다. 그러나 이들은 『전국책』의 내용처럼 오히려 여불위와 극렬한 대립관계를 형성했다. 『사기』의 해당 기록을 의심케 만드는 대목이다. 당초 왕후가 된 지 3년여 만에 남편이 죽고 13세의 어린 아들이 보위에 오르면서

졸지에 태후가 되었을 때 조희의 나이는 30여세로 추정되고 있다. 상식적으로 생각할 때 당시 조태후의 급선무는 전에 어린 아들과 함께 몸을 숨기며 목숨을 부지한 것과 마찬가지로 어린 아들의 보위를 지키는 일이었다. 어느 모로 보나 최고의 위험인물은 여불위였다.

실제로 '불가능'을 '가능'으로 바꿔놓는 여불위의 놀라운 수완을 곁에서 지켜본 진장양왕 자초가 30여세의 과부와 13세의 어린 아들을 남겨놓고 가면서 편히 눈을 감을 수 있다고 생각하는 것 자체가 무리이다. 삼국시대 당시 유비도 그토록 신임하는 제갈량의 충성심을 거듭 확인한 뒤 후사를 당부하는 탁고유조託孤遺詔를 남긴 바 있다. 당시의 여러 정황에 비춰 노애는 '자초'가 세상을 떠나면서 여불위를 견제하기 위해 조희 곁에 심어둔 총신일 공산이 크다.

마지막까지 남아 있던 제나라의 마지막 왕 건建의 최후와 관련해 『사기』는 아무런 기록도 남기지 않았다. 그러나 『자치통감』과 『전국책』은 제왕 건이 아사했다고 기록해 놓았다. 이로써 제나라도 완전히 사라지고 말았다. 강씨의 제나라를 뒤엎고 전씨의 제나라를 세운지 138년 만의 일이다. 제나라의 패망으로 550년간 지속된 신분세습의 봉건정 시대가 공식적으로 종언을 고하고 사상 최초로 능력 위주의 새로운 제왕정 시대가 열리게 됐다. 진시황이 막을 올린 제왕정은 이후 20세기 초 청조가 패망할 때까지 무려 2,200년 동안 유지됐다. 제왕정이 나름 뛰어난 면이 있었음을 반증하는 대목이다.

객관적으로 볼 때 당시 550년 동안 지속된 춘추전국시대의 혼란스런 상황을 끝내기 위해서는 진시황처럼 강력한 무력을 동원해 천하를 통일하는 길밖에 없었다. 이 과정에서 진시황은 제국의 창업자로서 탁월한 리더십을 발휘했다. 단호한 결단력과 성실한 직무수행, 뜨거운 열정 등이 그것이다. 『사기』는 그를 잔학한 인물로 그려놓았으나 그가 '주지육림'의 향락에 빠졌다는 이야기는 전설로조차도 남아 있지 않다. 진시황이 패도의 '득천하得天下'와 왕도의 '치천하治天下' 이치를 몰랐다고 말하기도 어렵다. 그가 사상 최초로 천하를 통일한 뒤 5번에 걸쳐 순행하는 와중에 전국 곳곳에 세운 각석에 유가의 왕도 이념을 새겨 넣은 게 그 증거이다. 진시황 역시 장수했으면 이후 왕도를 널리 행했을 공산이 컸다.

역자후기

　동양 전래의 제왕학帝王學은 원래 경서와 사서 및 시문 등의 학문을 닦고 덕망을 두루 겸비한 군자의 양성을 목표로 삼았다. 문사철로 요약되는 21세기의 인문학이 바로 제왕학의 본령에 해당한다. 그 안에 천하와 국가, 정치, 군사, 외교, 경제, 법률, 사회, 문화 등 인간과 관련한 모든 학문이 다 들어 있다. 이 모든 학문의 토대가 바로 춘추전국시대의 제자백가에 의해 다져졌다.

　말 그대로 춘추전국시대는 제자백가들이 치국평천하의 방략을 둘러싸고 치열한 논쟁을 전개한 백가쟁명百家爭鳴의 시기였다. 이 시대를 정면으로 다루고 있는 『열국지』는 단순한 역사소설의 차원을 뛰어넘는다. 필자가 명대 말기의 문인 풍몽룡馮夢龍의 역저 『열국지』를 단순한 역사소설이 아닌 또 하나의 사서로 간주해 정밀한 주석을 가한 이유다. 108회의 매 회마다 한문 원문을 부기附記하고, 총 687개의 각주를 통해 한문 원문의 정확한 의미를 파헤치고, 3권으로 이뤄진 각 권마다 『춘추좌전』과 『사기』 등 정통 사서의 기록 및 학계의 최신 연구결과까지 반영한 보설補說을 덧붙인 게 그렇다.

모든 사상을 역사적 산물로 보는 정치사학政治史學 내지 정치적 사실史實을 문학적으로 풀이한 정치문학政治文學의 관점에서 볼 때 『열국지』를 관통하는 키워드 역시 1인자 리더십과 2인자 리더십의 다양한 교합交合으로 정리할 수 있다. 『열국지』의 구성이 제자백가서 및 역대 사서와 별반 차이가 없는 게 그렇다. 1인자와 2인자 리더십의 교합은 일방적인 충성을 강요한 유가의 통상적인 윤리와 커다란 차이가 있다. 예컨대 초장왕의 절영지연絶纓之宴에 나오는 당교唐狡, 진나라의 권신 조돈이 준 음식으로 아사를 면한 후 보은한 영첩靈輒, 주군인 지백의 은혜에 보답키 위해 온 몸을 내던진 예양豫讓 등의 일화가 그렇다. 이들 모두 자신의 재지才智를 알아준 주군의 지우지은知遇之恩에 보답키 위해 과감히 몸을 던졌다. 받은 게 있기에 아낌없이 내주었던 셈이다.

폭군과 간신, 암군과 요부, 명군과 현신 등이 쌍을 이뤄 등장하는 것도 같은 맥락이다. 원인이 있기에 그에 상응하는 결과가 있다는 교훈을 담고 있다. 『열국지』에 등장하는 주유왕周幽王과 제양공齊襄公 등의 암군은 선정을 베풀어 부국강병을 이룬 제환공齊桓公과 진문공晉文公 등이 보여준 명군의 행보와 뚜렷한 대조를 이룬다. 이들 명군은 하나같이 관중管仲과 조최趙衰, 백리해百里奚, 손숙오孫叔敖 등 뛰어난 현신의 보필을 받아 위업을 이뤘다. 간언을 물리치며 자고자대自高自大한 암군과 대비시키고자 한 저자 풍몽룡의 의도가 선명히 드러난다.

춘추시대와 달리 전국시대는 약육강식의 시대였다. 유가 대신 법가와 종횡가, 병가 등이 환영을 받은 이유다. 진시황의 천하통일은 이들 법가와 종횡가, 병가 등의 합작품이라고 할 수 있다. 『사기』에는 진시황이 폭군으로 묘사돼 있다. 후대의 사가들은 대부분 이런 관점을 그대로 이어받았다. 『열국지』도 예외가 아니다.

그러나 『사기』와 『열국지』 모두 진시황의 천하통일을 계기로 백성들이

500여 년간에 걸친 병화兵禍로부터 벗어난 점을 간과했다. 주나라의 봉건정은 기본적으로 왕조를 세운 희씨姬氏 일족의 종법제宗法制를 밖으로 확대시킨 제도이다. 종법제는 시간이 지나면 필연적으로 붕괴될 수밖에 없는 약점을 지니고 있다. 친연親緣과 인연姻緣으로 얽힌 혈통은 시간이 지나면 묽어질 수밖에 없다. 그런 점에서 주나라의 봉건정은 기본적으로 한시적인 통치체제에 지나지 않았다.

객관적으로 볼 때 『열국지』가 다루고 있는 춘추전국시대는 철제 농구와 대규모의 수리시설로 인해 생산량이 급증하고, 민간교역이 열국의 경계를 허물며 급격히 증가하던 매우 약동적인 시기였다. 생산도구와 생산기술의 발달은 농업생산력의 비약적인 증대를 가져왔고, 이는 지역별로 나뉜 시장의 통합과 효율적인 시장을 보장하는 강력한 중앙집권적 통치체제를 요구했다. 천하통일은 장강의 뒤 물결이 앞 물결을 치고 나가듯이 불가역不可逆의 천하대세였다.

이런 시대적 요구는 전국시대 후기로 들어와 더욱 거세졌다. 농업생산물의 비약적인 증산과 이에 따른 대규모 교역을 제도적으로 보장키 위한 새로운 통치체제의 출현이 더욱 절실히 요구되는 상황이었다. 이런 상황에서 가장 효과적으로 변신에 성공한 나라가 바로 서쪽에 치우쳐 있던 진秦나라였다. 진효공秦孝公의 전폭적인 지지에 힘입어 두 차례에 걸쳐 대대적으로 시행된 상앙商鞅의 변법變法이 이를 가능케 했다. 이것이 진시황 때에 이르러 천하통일의 초석이 된 것은 말할 것도 없다.

전국시대 말기 사인士人 계층을 대변하며 정치에 가장 관심이 많았던 맹자는 덕치만이 천하통일을 구현하는 유일한 길이라며 이른바 왕도王道를 역설했다. 천하는 자연히 덕치를 펼치는 나라에 의해 통일된다는 식의 매우 낭만적이면서도 이상적인 논리였다. 열국의 군주들이 냉소를 보냈음에도 맹자는 전혀 굴하지 않았다. 사상사적으로 볼 때 그는 반전론反戰論을 전개한 묵자의 대변자였다. 『묵자』가 역설한 의정義政 용어를 '왕도'로 바꿔 놓고, 『논어』에는 단 한 번도 등장하지 않고 오직 『묵자』에만 나타나는 인의 仁義 용어를 『맹자』의 키워드로 사용한 것 등이 그렇다. 20세기 초 중국 최고의 지성인으로 손꼽힌 량치차오梁啓超가 『관자』에 대한 주석 작업을 모두 마친 뒤 1909년에 펴낸 『관자평전』에서 중국 전래의 부국강병 노선을 망친 장본인으로 맹자를 꼽은 게 그 증거다. 필자를 포함한 학계 일각에서 맹자를 유가가 아닌 묵가의 후예로 보는 것도 바로 이 때문이다.

물론 묵자와 맹자가 '반전론'을 역설한 데에는 나름 이유가 있었다. 500여 년에 걸친 난세의 분열시대를 살던 백성들의 극단적인 염전厭戰 사상을 대변한 게 그렇다. 열국의 군주들이 겉으로나마 맹자의 '반전론에 입각한 왕도' 주장에 귀를 기울이는 모습을 보인 것도 이런 맥락에서 이해할 수 있다. 맹자가 극형에 처해야 한다고 지목한 손무孫武와 오기吳起 등의 군사전문가들이 '전쟁불가피론'을 전개하면서도 최소한의 전쟁을 언급한 것도 당시의 이런 분위기와 무관치 않다. 『오자병법』「도국圖國」편에 나오는 다음 구절이 이를 뒷받침한다.

"5승五勝을 거두면 화를 입고, 4승을 거두면 나라가 피폐해진다. 3승은 패자霸者, 2승은 왕자王者, 1승은 제자帝者가 된다."

이는 무력을 앞세운 일련의 전쟁을 천하의 흉기 내지 상서롭지 못한 일로 간주한 당시의 시대적 분위기를 반영한 것이다. 묵자와 맹자의 '반전론'에 입각한 의정론義政論과 왕도론王道論이 결코 몽상가의 공론空論만은 아니었음을 알 수 있다. 그러나 문제는 '의정론'과 '왕도론'만으로는 결코 통일을 이룰 수 없었던 엄중한 현실에 있다.

당시 열국의 백성들이 학정虐政을 극도로 미워한 나머지 덕치를 베푸는 타국의 군주에게 귀의하는 게 과연 현실적으로 가능했을까? 또 덕치를 베푸는 군주는 오직 한 사람뿐이고 나머지 군주는 모두 폭군이라는 전제조

건이 과연 타당한 것이었을까? 전제조건을 완화해 한 사람만이 가장 높은 수준의 덕치를 베푼다고 가정할지라도 대답은 같다. 나아가 열국의 백성들이 산술적인 비교우위의 논리를 적용해 가장 높은 수준의 덕치를 베푸는 군주에게 달려가는 일이 가능한 것일까? 비현실적인 이야기이다. 묵자의 '의정론'을 살짝 돌려 표현한 맹자의 '왕도론'이 열국의 군주들에게 백안시당한 근본적인 이유가 바로 여기에 있다.

맹자의 '반전론'은 물론 그 뿌리에 해당하는 묵자의 '비전론非戰論' 역시 똑같은 모순을 안고 있다. 묵자의 주장처럼 열국이 일체의 공격전을 포기하고 시종 방어전으로만 일관하는 게 과연 현실적으로 가능한 것일까? 설령 모든 나라가 '반전론' 내지 '비전론'에 동의해 마침내 그토록 바라던 평화가 이뤄졌을 경우 과연 그러한 분위기가 얼마나 유지될 수 있는 것일까? 이는 부부가 평생을 살아가면서 한 번도 다투지 않고 사는 것을 기대하는 것과 같다. 얼핏 이런 가정이 가장 화목한 가정처럼 보이나 사실 이는 이혼한 가정만도 못한 것이다. 애증이 존재하지 않기 때문이다. 비록 한 지붕 아래 같이 살기는 하나 부부가 서로 길거리 사람을 본 듯이 대하는 경우가 이에 해당한다.

병법의 이치에서 볼 때 공격과 방어는 서로 맞물려 있는 상대적인 개념에 불과하다. 이를 엄격히 분리하는 것 자체가 불가능한 일이다. 이른바 '이공위수以攻爲守'처럼 외양상 공격의 모습을 취할지라도 사실은 방어를 겨냥한 공격일 수 있고, 정반대로 '이수위공以守爲攻'처럼 외양상 공격의 모습을 취하는 방어가 얼마든지 존재할 수 있다. 나라를 지키기 위한 무력사용을 인정하는 한 공격과 방어를 엄격히 구분하는 것 자체가 불가능할 뿐만 아니라 무의미한 일이다. '반전론'으로 포장된 맹자의 평화론平和論과 묵수墨守로 표현되는 묵자의 '비전론'이 열국의 군주들로부터 아무런 호응을 얻지 못한 이유가 여기에 있다.

당시 상황에서 천하통일을 이룰 수 있는 가장 현실적 방안은 오직 부국 강병밖에 없었다. 진시황이 처음으로 실현한 제왕정의 기본 특징이 여기에 있다. 이상과 현실을 종합한 최종 방안이 바로 부국강병이었다. 전국시대 말기 이를 통찰한 인물이 바로 한비자의 스승인 순자였다. 그는 제자백가 사상을 두루 포섭한 위에 맹자에 의해 왜곡된 공자사상을 재정립한 장본인이다. 그가 예절을 중시하고 현자를 존중하는 이른바 '융례존현隆禮尊賢'의 예치禮治를 구체적인 통일방안으로 제시한 이유가 여기에 있다. 그는 『순자』「악론樂論」에서 그 이유를 이같이 설명했다.

"악樂이 중평中平하면 백성이 화목하면서도 방종하지 않고, 악이 숙장 肅壯하면 백성이 가지런하면서도 어지럽지 않게 된다. 백성이 화목하고 가지런하면 군사가 강해지고, 성이 견고해진다. 이에 적이 감히 침범치 못하게 되는 것이다."

덕정을 펼치며 천명을 받은 자가 자동적으로 천자가 되는 게 아니라 예법의 정비를 통해 폭정을 무력으로 제거하는 과정을 거친 자만이 비로소 천자가 될 수 있다고 주장한 것이다. 무력을 동원하면 폭력이 확대 재생산될 수밖에 없다고 주장한 맹자 및 묵가의 입장과 근본적인 차이가 있다. 폭력을 극소화하기 위해서라도 오히려 부국강병을 이뤄야 한다는 게 그렇다. 이런 이치가 21세기라고 달라질 리 없다. 난세의 관점에서 볼 때 맹자와 묵자의 주장은 태평성대에나 통할 수 있는 공허한 이상론에 지나지 않는다.

순자의 제자인 한비자가 공평한 법집행을 뜻하는 이른바 '무사집법無私 執法'에 의한 천하통일을 주장한 것도 이런 맥락에서 이해할 수 있다. 그는 유가에서 역설한 천명天命 자체를 공허한 이야기로 치부하면서 오직 부국 강병을 통해서만 천하를 통일할 수 있다고 역설했다. 열국의 모든 군주들이 예외 없이 한비자의 법가사상에 공명한 이유가 바로 여기에 있다. 실제로 진시황은 한비자의 법가사상에 입각해 천하를 통일할 수 있었다.

불행하게도 제왕정帝王政 사상에 입각한 최초의 제국帝國을 운영한 진나라는 그의 급서로 불과 15년 만에 사라지고 말았다. 그러나 그가 사상 최초로 건립한 제왕정의 제국체제는 수천 년 동안 변함없이 유지되었다. 이는 전례 없는 일로 제왕정이 나름 뛰어난 장점을 지니고 있음을 반증한다. 중국의 역대 왕조는 비록 이따금 중단이 있기는 했으나 2천 년 이상 진시황이 이룩한 제국체제의 큰 틀에서 한 치도 벗어나지 않았다. 21세기 현재의 중국도 그 내막을 들여다보면 진시황이 만든 제국체제와 별반 다를 게 없다.

『열국지』는 진시황 및 제왕정에 대해 사마천의 관점을 좇고 있다. 그러나 이는 크게 문제 삼을 게 없다. 동양 전래의 제왕정과 서양에서 발달한 민주공화정의 장단점은 이미 학자들에 의해 명확히 밝혀져 있기 때문이다. 『열국지』의 매력은 다른 데 있다. 바로 '인간학의 보고'라는 점이다. 이는 서양의 학문사상이 고대 그리스에 기원하는 것처럼 동양 전래의 역사문화와 학문사상이 춘추전국시대의 제자백가 사상에 뿌리를 둔 결과이기도 하다.

후대의 훈고학訓詁學과 성리학性理學, 양명학陽明學, 고증학考證學, 공양학公羊學 모두 선진시대의 제자백가 사상에서 가지를 친 것이다. 제자백가의 출현은 춘추전국시대에 이르러 귀족의 전유물이었던 학문과 지식이 일반 서민에게까지 널리 확산되는 단계에 이르렀음을 의미한다. 봉건질서의 붕괴를 통한 제왕정의 출현은 바로 여기서 비롯됐다. 이는 지식연마를 통해 신분상승을 꾀하는 사인士人들의 강력한 욕구가 분출된 결과이기도 하다.

전국시대에 들어와 포의지사布衣之士가 일약 재상으로 발탁되는 파격이 나타난 근본배경이 여기에 있다. 모두 공자가 춘추시대 말기에 '군자'를 키워드로 삼는 유가 학단學團을 창설한 덕분이다. 공자가 제자들을 교육하면서 가장 중시한 덕목은 인仁이다. 남을 자신과 똑같이 인간으로 대우하는 것을 말한다. '인'을 실현한 자가 바로 '군자'이고, 이들만이 위정자가 될 자격이 있다고 보았다. 군자는 전적으로 후천적인 수양에 의해 이루어지는 까닭에 혈통과는 아무 관련이 없다. 이처럼 공자가 창시한 유가사상은 그 자체 내에 봉건제의 뿌리를 뒤흔드는 혁명사상을 내포하고 있었다. 20세기 중엽 중국의 초대 사회과학원장을 지낸 궈모뤄郭沫若가 공자를 혁명가로 규정한 이유가 여기에 있다.

공자 사후 유가를 비판하며 우후죽순처럼 등장한 여타 제자백가 모두 정도의 차이만 있을 뿐 공자의 이런 혁명적 발상에 공감했다. 『열국지』가 제자백가의 효시인 공자의 일생을 상세히 소개해 놓은 것도 바로 유가 및 공자사상의 중요성을 깊이 인식한 결과로 볼 수 있다.

『열국지』는 비록 『삼국지』에 나오는 유비와 제갈량처럼 작품 전체를 관통하는 주인공이 없어 흥미진진한 맛은 약간 떨어지나 등장인물 모두 생동감 있게 묘사돼 있어 이를 상쇄하고도 남는다. 『삼국지』처럼 왕도에 입각해 없는 사실을 꾸며내거나 심지어 있는 사실조차 멋대로 왜곡한 것과 달리 있는 그대로 묘사해 놓은 점도 높이 살 만다. 필자가 『열국지』를 또 하나의 사서로 간주해 정밀한 주석을 가한 이유다. 실제로 청조 건륭제 때 풍몽룡의 『신열국지』를 다듬어 현재의 판본인 『동주열국지』를 펴낸 채원방도 서문에서 유사한 취지의 언급을 한 바 있다.

"『열국지』는 비록 역사소설이기는 하나 그 내용이 모두 경서와 사서에 나오는 것이니 자제들이 읽으면 마치 『춘추』, 『좌전』, 『국어』, 『전국책』을 읽어 익힌 것과 같다. 이 어찌 기쁜 일이 아니겠는가? 누군가가 말하기를, '완벽하게 잘된 책은 아니어서 자제들과 더불어 읽을 수 없다'고 했다. 그 까닭을 물으니 대답하기를, '그 가운데에는 교만 음탕하고 마음을 해치며 이치에 어긋난 일이 많아서 아이들이 보면 사악한 마음을 일으키게 될까 두렵다'고 했다. 이는 실로 시골의 고루한 훈장 선생의 견해이거나, 아니면 어린 아이들에게 억지로 도학을 주입시키려는 짓이다. 무릇 성인의 책은 선악이 병존한다. 선은 권고하기에 족하고, 악은 경계하기에 족할 따름이다. 『열국지』의 내용은 모두 실제로 있었던 일이다. 권선징악의 내용이 사람들에게 더욱 절실하게 느껴지도록 만드는 이유이다."

이런 점 등을 감안할 때 당대의 문인이자 우국지사인 풍몽룡이 필생의 심혈을 기울여 쓴 『열국지』는 춘추전국시대를 하나로 꿴 또 하나의 사서로 간주하는 게 타당하다. '정치사학' 내지 '정치문학'의 관점에서 볼 때 『열국지』는 시대를 초월한 걸작에 해당한다. 『열국지』를 포함한 고전의 장점은 시공을 초월해 감동을 주는 데 있다. 바로 인간의 이야기를 담고 있기 때문이다. 실제로 『열국지』는 읽을 때마다 사람과 세상을 보는 안목을 끝없이 넓혀준다. 가히 '인간학의 보고'로 칭할 만하다.

부록1. 춘추전국시대 연표

기원전	춘추 연대	사건
781	주유왕 원년	신후申侯의 딸을 왕후로 책립.
779	3년	주유왕이 포사를 총애함.
777	5년	왕후 강씨姜氏와 태자 의구宜臼를 폐함.
771	11년	신후가 견융과 결탁해 주유왕을 죽이고 평왕을 옹립함.
770	주평왕 원년	주평왕이 성주成周 낙읍으로 천도함 춘추시대 개막.
767	4년	정나라가 괵나라를 멸함.
751	20년	진秦이 서융을 격파하고 기서岐西를 빼앗음.
741	30년	초나라의 분모蚡冒가 죽고 웅통熊通이 수장이 됨.
722	49년	노은공이 주의보邾儀父와 멸멸蔑에서 결맹함.
720	51년	주환왕이 정장공을 홀대함.
719	주환왕 원년	위나라 공자 주우州吁가 주군을 시해함.
715	5년	정나라가 노나라와 영지를 교환함.
712	8년	노나라 공자 휘翬가 노은공을 시해함.
710	10년	송독宋督이 시해함. 제나라 문강文姜이 노나라로 시집감.
709	11년	곡옥무공曲沃武公이 진애후晉哀侯를 사로잡음.
707	13년	주환왕이 제후들의 군사를 이끌고 나가 정나라에 패함.
705	15년	곡옥백曲沃伯이 소자후小子侯를 죽임.
704	16년	초나라의 웅통熊通이 무왕을 칭함.
698	22년	진인秦人이 출자出子를 시해함.
697	23년	정나라에서 채중祭仲 암살 계책 실패함.
696	주장왕 원년	위선공衛宣公이 며느리를 가로챔.
695	2년	정나라 고거미高渠彌가 정소공을 시해함.
694	3년	제양공齊襄公이 팽생彭生을 시켜 노환공을 죽임.
686	11년	제나라 무지無知가 제양공을 시해함.
685	12년	포숙아鮑叔牙가 제환공齊桓公에게 관중管仲을 천거함.
684	13년	초나라가 채애공蔡哀公을 포로로 잡음.
682	15년	정여공鄭厲公이 복귀함.

680	주희왕 2년	정나라 부하傅瑕가 자의子儀를 시해함.
679	3년	제환공이 첫 패자가 됨.
678	4년	곡옥의 무공武公이 진후晉侯를 칭함.
675	주혜왕 2년	연나라 및 위나라가 자퇴子頹를 옹립함.
673	4년	정백과 괵숙虢叔이 자퇴를 죽임.
672	5년	웅군熊頵이 찬위함. 전완田完: 陳完이 분제奔齊함.
668	9년	진나라가 강絳에 도읍함.
667	10년	제환공이 봉국과 회맹해 백백伯이 됨.
666	11년	진헌공이 여희驪姬를 부인으로 삼음.
662	15년	노나라 경보慶父가 자반子般을 시해함.
661	16년	진나라가 위魏와 곽虢을 멸하고 2군을 창설함.
660	17년	노나라 경보慶父가 노민공을 시해하자 3환三桓이 흥성함.
659	18년	제후들이 형邢을 이의夷儀로 옮김. 형형荊이 초楚를 칭함.
658	19년	제후들이 위나라의 초구楚丘에 성을 쌓음.
656	21년	제환공이 채나라로 쳐들어가 초나라를 침.
655	22년	진나라가 곽虢과 우虞를 멸함. 중이重耳가 적狄으로 달아남.
654	23년	진나라 공자 이오夷吾가 양梁으로 달아남.
651	주양왕 원년	규구葵丘의 결맹이 이뤄짐. 진나라 이극里克이 해제奚齊를 죽임.
650	2년	이극이 탁자卓子를 시해함. 진秦이 이오를 귀국시킴.
649	3년	왕자 대帶가 융인을 불러들여 경사京師를 침.
648	4년	관중管仲이 주나라 왕실의 내분을 평정함.
647	5년	진나라에 기근이 들자 진秦나라가 식량을 보냄.
646	6년	진秦나라에 기근이 드나 진나라가 식량을 보내지 않음.
645	7년	관중 죽음. 진목공이 진혜공晉惠公을 잡았다가 풀어줌.
643	9년	제환공 죽음. 진나라 태자 어圉가 진秦에 볼모로 감.
642	10년	중이가 제나라로 옴. 송양공이 제효공을 옹립함.
641	11년	송양공이 증자鄫子를 희생으로 사용함.
639	13년	송양공이 녹상鹿上에서 회맹하나 초나라가 그를 잡았다가 풀어줌.
638	14년	진나라 공자 어圉가 귀국함. 초나라가 송양공을 홍泓에서 대파함.
636	16년	중이가 진회공晉懷公을 죽이고 즉위함. 주양왕이 정나라로 달아남.
635	17년	진문공이 주양왕을 복위시키자 주양왕이 왕자 대帶를 죽임.

633	19년	진나라가 3군을 창설함.
632	20년	진문공이 초군을 성복城濮에서 대파하고 천토踐土에서 결맹함.
629	23년	진나라가 5군을 창설함.
628	24년	진문공 죽음. 정문공 죽음.
627	25년	진나라가 진군秦軍을 효殽에서 격파함.
626	26년	초나라 상신商臣이 초성왕을 시해하고 초목왕으로 즉위함.
624	28년	진목공이 진나라를 무찔러 주나라 왕실로부터 공인받음.
623	29년	초나라가 강江나라를 멸함.
621	31년	진나라가 2군을 감축함. 진목공 죽음.
620	32년	송성공의 아우 어禦가 태자를 죽이고 즉위하자 국인들이 어를 죽임.
617	주경왕頃王 2년	진秦이 진나라를 침.
615	4년	진진秦晉이 하곡河曲에서 교전함.
614	5년	초목왕이 죽고 초장왕이 즉위함
613	6년	제나라 상인商人이 제소공을 시해함.
611	주광왕 2년	송나라 사람이 송소공을 시해함.
609	4년	노나라 양중襄仲이 노선공을 세움. 제의공齊懿公이 시해당함.
607	6년	진나라 조돈趙盾이 진영공晉靈公을 시해함.
606	주정왕 원년	초장왕이 육혼의 융인을 치고 구정九鼎의 무게를 물음.
605	2년	정나라 귀생歸生이 정영공을 시해함.
599	8년	진陳의 하징서夏徵舒가 진영공陳靈公을 시해함.
598	9년	초장왕이 진陳으로 들어가 하징서를 죽임.
597	10년	초장왕이 필邲에서 진군晉軍을 대파하고 청구淸丘에서 결맹함.
591	16년	초장왕 죽음.
590	17년	노나라가 구갑제丘甲制를 실시함. 왕사王師가 융인에게 대패함.
589	18년	진경공晉景公이 제후들의 군사를 이끌고 가 제나라를 대파함.
588	19년	진나라가 6군을 창설함.
585	주간왕 원년	오왕 수몽壽夢이 처음으로 주나라 왕실에 입조함.
583	3년	진나라가 대부 조동趙同·조괄趙括을 죽임.
581	5년	진나라가 노성공을 억류함.
576	10년	진여공晉厲公이 조성공曹成公을 억류해 경사로 보냄.
575	11년	진나라 난염欒黶이 언릉에서 초군을 대파함.

574	12년 진여공晉厲公이 3극三郤을 주살하자 난서欒書가 진여공을 잡음.
573	13년 난서가 주군 주포州蒲를 죽임.
566	주영왕 6년 정나라 자사子駟가 조鄵에서 정희공鄭僖公을 시해함.
563	9년 진생陳生과 백여伯輿가 쟁송하자 진나라 사개士匄가 결단함.
562	10년 노나라가 3군을 창설함.
559	13년 진나라가 3군으로 감축함.
557	15년 제나라가 내이萊夷를 멸함. 진나라가 거자莒子·주자邾子를 잡음.
553	19년 제후들이 전연澶淵에서 결맹함.
551	21년 공자孔子가 탄생함.
550	22년 진나라 난서가 반기를 들자 국인들이 난영欒盈을 죽임.
548	24년 대부 최저崔杼가 제장공齊莊公을 시해함. 오왕 제번諸樊이 전사함.
546	26년 초나라가 진나라와 강화함. 제나라 최저가 자진함.
544	주경왕景王 원년 오왕 여채餘祭가 혼인閽人에게 죽임을 당함.
543	2년 주경왕周景王이 아우를 죽이자 왕자 하瑕가 분진奔晉함.
542	3년 거인莒人이 주군을 시해하자 거질去疾이 분제奔齊함.
541	4년 초나라 공자 위圍가 주군을 시해하고 등극함.
538	7년 초영왕楚靈王이 오나라를 치고 제나라의 경봉慶封을 죽임.
536	9년 정나라 자산子産이 형정刑鼎을 주조함. 제나라가 연나라를 침.
531	14년 초나라가 채蔡의 태자를 희생으로 사용함.
529	16년 초나라 공자 기질棄疾이 시역한 비比를 죽이고 등극함.
527	18년 진나라가 선우鮮虞를 치고 고자鼓子를 잡아감.
523	22년 허나라 세자 지止가 시해함.
522	23년 오원伍員이 오나라로 도망가고 태자 건이 분송奔宋함.
521	24년 송나라 화해華亥·상녕向寧이 남리南里에서 이반함.
520	25년 왕자 조朝가 이반함.
519	주경왕敬王 원년 진나라가 왕자 조를 치고 오나라가 6국의 군사를 격파함.
517	3년 노소공이 3환씨 토벌에 실패해 분제奔齊함. 공자 제나라로 감.
516	4년 주소왕이 귀축하자 왕자 조가 분초奔楚함.
515	5년 오나라 공자 광光:闔廬가 주군을 시해하고 등극함.
514	6년 진나라가 기씨祁氏와 양설씨羊舌氏를 멸함.
512	8년 오나라가 서徐나라를 멸함.

510	10년	노소공이 제나라에서 죽자 노정공이 보위에 오름.
506	14년	오나라가 초나라 도성을 함락하자 초소왕이 낙향함.
505	15년	월나라가 오나라를 침. 초나라 신포서申包胥가 오나라를 격파함.
504	16년	초나라가 약鄀으로 천도하고 왕자 조의 잔당이 난을 일으킴.
498	22년	노나라가 3도三都를 무너뜨림.
497	23년	진나라 조앙趙鞅이 진양晉陽으로 들어가 이반함.
496	24년	오왕 합려가 죽다. 위나라 세자 괴외蒯聵가 분송奔宋함.
494	26년	오왕 부차가 월왕 구천을 회계에서 항복시킴.
493	27년	조앙이 괴외를 척읍戚邑으로 들여보냄.
490	30년	진나라 순인荀寅과 사길석士吉射이 분제奔齊함.
489	31년	제나라 진기陳乞가 주군 도茶를 시해함.
487	33년	송나라가 조나라를 멸하고 조백 양陽을 잡아감.
485	35년	오자서 죽음. 제도공齊悼公이 포씨鮑氏에게 살해당함.
482	38년	오왕 부차가 황지黃池에서 제후와 회맹함.
481	39년	획린獲麟함. 제나라 진항陳恒 전항田恒이 제간공齊簡公을 시해함.
479	41년	공자 죽음. 초나라 백공白公 승勝이 반기를 들었다가 자진함.
478	42년	초나라가 진陳을 멸함. 위나라 괴외가 도망치다 살해됨.
477	43년	위나라 석포石圃가 주군을 축출함.
475	주원왕 원년	주경왕이 죽고 그의 아들 주원왕이 즉위함
473	3년	오왕 부차가 월왕 구천에게 포위돼 자진하자 오나라가 멸망함.
469	7년	송나라 6경이 보위에 오른 공자 계啓를 축출함.
468	주정정왕 원년	노애공이 주邾 나라로 갔다가 월나라로 달아남.
447	22년	초나라가 채蔡 나라를 멸함.
445	24년	초나라가 기杞 나라를 멸함.
441	28년	주정정왕이 죽고 동생 주애왕과 주사왕, 주고왕이 차례로 찬위함.
431	주고왕 10년	초나라가 거莒 나라를 멸함.
430	11년	의거義渠가 진秦 나라를 공격해 위남渭南으로 진출함.
426	15년	서주西周혜공이 아들 반班을 공鞏에 세우고 동주東周를 칭함.
423	주위열왕 3년	진나라가 정나라를 치고 정유공鄭幽公을 죽임.
413	13년	진秦이 진晉에 패함. 제齊가 진晉을 치고 양호陽狐를 포위함.
409	17년	진秦이 백관에게 칼을 차게 함. 위魏가 진秦을 치고 축성함.

403	23년	3진三晉이 시작됨.『자치통감』이 시작됨─전국시대 개막.
400	주안왕 2년	정나라가 한韓나라의 양척陽翟을 포위함. 3진이 초나라를 침.
397	5년	섭정聶政이 한나라 재상 협루俠累를 죽임.
396	6년	위문후魏文侯가 죽자 아들 위무후가 즉위함.
387	15년	진秦이 촉蜀의 남정南鄭을 공략함.
386	16년	제나라의 전화田和를 제후로 봉함.
382	20년	제나라와 위나라가 위衛를 도와 조趙를 치고 강평剛平을 공략함.
379	23년	제강공齊康公이 죽고 전씨田氏가 제나라를 병합함.
378	24년	3진이 제나라의 영구靈丘까지 진격함.
377	25년	촉나라가 초나라를 침.
375	주열왕 원년	한나라가 정나라를 멸하고 양척陽翟으로 천도함.
372	4년	맹자 탄생.
369	7년	조나라와 한나라가 위나라를 포위함.
361	주현왕 8년	진秦나라가 상앙商鞅을 기용함.
359	10년	진나라가 상앙을 좌서장左庶長에 기용해 제1차 개혁을 단행함.
356	13년	노공후魯共侯와 위성후衛成侯, 한소후韓昭侯가 위혜왕을 조현함.
352	17년	제후들이 위나라의 양릉襄陵을 포위함.
351	18년	신불해가 한나라 재상이 됨.
350	19년	진나라가 함양으로 천도함. 상앙이 제2차 개혁을 단행함.
338	31년	진효공이 죽고 상앙이 피살됨.
337	32년	신불해가 죽음. 초나라 등 4국이 진나라에 사절을 파견함.
334	35년	위나라와 제나라가 서주徐州에서 만나 칭왕키로 합의함.
329	40년	진나라가 위나라의 분음汾陰과 피씨皮氏를 빼앗고 초焦를 포위함.
328	41년	진나라가 처음으로 상국相國제도를 두고 장의張儀를 상국으로 삼음.
325	44년	진나라가 처음으로 칭왕함.
323	46년	장의가 제·초齊楚 두 나라와 회맹함. 연·한燕韓이 칭왕함.
318	주신정왕 3년	3진과 연나라, 초나라가 합세해 진나라를 쳤으나 패배함.
316	5년	진나라가 촉나라를 멸함.
313	주난왕 2년	장의가 초나라 재상이 돼 제나라와 단교함.
312	3년	초회왕楚懷王이 진나라를 치다가 대패함.
311	4년	장의가 각국에 유세함.

309		6년	장의가 위나라에서 죽음.
307		8년	진나라가 한나라의 의양宜陽과 무수武遂를 빼앗고 축성함.
302		13년	위양왕과 한나라 태자가 진나라에 입조함. 초나라 태자 달아나 귀국함.
301		14년	진나라가 위·제·한과 함께 초나라를 중구重丘에서 격파함.
300		15년	진나라가 초나라를 대파함.
299		16년	맹상군이 진나라 승상이 됨. 진秦이 초楚를 치고 8개 성을 점거함.
298		17년	맹상군이 제나라로 달아나 옴. 한·위·제 3국이 진나라의 함곡관을 침.
297		18년	초회왕이 탈출에 실패함.
296		19년	초회왕이 진나라에서 죽임을 당함. 위양왕과 한양왕이 죽음.
295		20년	조나라 공자 성成이 조무령왕을 치자 조무령왕이 아사함.
293		22년	진나라 장수 백기白起가 한·위 연합군을 이궐伊闕에서 대파함.
288		27년	진소양왕이 서제西帝를 칭하고 제왕을 동제東帝로 칭함.
285		30년	진나라의 몽무蒙武가 제나라의 9성을 점령함. 진소양왕이 초왕과 화해함.
284		31년	진나라가 3진 및 연나라와 함께 제나라를 쳐 임치臨淄로 진공함.
280		35년	진나라가 초나라와 함께 조나라를 침.
279		36년	연燕의 악의樂毅가 분조奔趙함. 제나라 전단田單이 실지를 회복함.
278		37년	진나라가 초나라 도성 영郢을 함락시킴.
277		38년	진나라가 초나라의 무巫와 검중黔中을 점령함. 굴원이 멱라에 투신함.
276		39년	초나라가 장강 유역의 15개 성읍을 수복함.
275		40년	조나라의 염파廉頗가 위나라의 방자房子와 안양安陽을 빼앗음.
273		42년	조·위가 한韓의 화양華陽을 치나 진나라가 한나라를 도와 대승함.
272		43년	초나라가 태자를 볼모로 해 진秦과 강화함. 진·위·초가 연나라를 침.
263		52년	초고열왕이 즉위함. 춘신군이 재상이 됨.
262		53년	진나라가 한나라의 10개 성읍을 빼앗음.
260		55년	진나라 장수 백기가 장평長平에서 조나라 군사를 대파함.
259		56년	진시황이 탄생함. 진나라가 한·조 두 나라와 강화함.
257		58년	진나라 장수 백기가 자진함. 위나라가 진나라 군사를 한단에서 격파함.
256		59년	초나라가 노나라를 치고 거莒 땅으로 몰아냄. 진나라가 주나라 왕실을 멸함.
251	진소양왕 56년		진소양왕이 죽음. 조나라의 평원군이 죽음.

1. 동주東周

13 평왕平王 의구宜臼 ── 설부洩父 ── 14 환왕桓王 림林 ── 15 장왕莊王 타佗 ──
771-720   720-697   697-682

16 희왕釐王 호제胡齊 ── 17 혜왕惠王 랑閬 ── 18 양왕襄王 정鄭 ──
682-677   677-652   652-619

19 경왕頃王 임신壬臣 ── 20 광왕匡王 반班
619-613   613-607

21 정왕定王 유瑜 ── 22 간왕簡王 이夷 ──
607-586   586-572

23 영왕靈王 설심泄心 ── 24 경왕景王 귀貴 ── 25 도왕悼王 맹猛
572-545   545-520   520

26 경왕敬王 개丐 ──
520-477

27 원왕元王 인仁 ── 28 정정왕貞定王 개介 ── 29 애왕哀王 거질去疾
477-469   469-441   441

30 사왕思王 숙叔
441

31 고왕考王 외嵬 ──
441-426

32 위열왕威烈王 오午 ── 33 안왕安王 교驕 ── 34 열왕烈王 희喜
426-402   402-376   376-369

35 현왕顯王 편扁 ──
369-321

36 신정왕愼靚王 정定 ── 37 난왕赧王 연延
321-315   315-256

*환공桓公 ── 위공威公 ── 혜공惠公 ── 동주혜공東周惠公
256-249

2. 노魯

1 주공周公 —— 2 백금伯禽 —— 3 고공考公
999-995

4 양공煬公 —— 5 유공幽公
995-989   989-975

6 위공魏公 —— 7 여공厲公
975-925   925-888

8 헌공獻公 ——
888-856

9 진공眞公
856-826

10 무공武公 —— 괄括 —— 11 백어伯御
826-817   808-797

12 의공懿公
817-808

13 효공孝公 —— 14 혜공惠公 —— 15 은공隱公
797-770   769-723   722-712

16 환공桓公 —— 17 장공莊公 ——
712-694   694-662

18 민공湣公 —— 반班
662-660

19 희공釐公 —— 20 문공文公 —— 오惡
660-627   627-609   시視

21 선공宣公 —— 22 성공成公 —— 23 양공襄公 ——
609-591   591-573   573-542

훼毁
24 소공昭公
542-510

25 정공定公 —— 26 애공哀公 —— 27 도공悼公 —— 28 원공元公 —— 29 목공穆公
510-495   495-468   468-431   431-410   410-377

30 공공共公 —— 31 강공康公 —— 32 경공景公 —— 33 평공平公
377-355   355-346   346-317   317-295

34 문공文公 —— 35 경공傾公
295-272   272-249

3. 제齊

〈강씨〉

태공망太公望 여상呂尙 —— 정공丁公 6 애공哀公 부진不辰
　　　　　　　　　　　　　　7 헌공獻公 산山 —— 8 무공武公 수壽 ——
　　　　　　　　　　　　　　　860-851　　　　　851-825

9 여공厲公 무기無忌 —— 10 문공文公 적赤 —— 11 성공成公 탈脫 ——
　825-816　　　　　　816-804　　　　　804-795

12 장공莊公 구購 —— 13 희공釐公 녹보祿甫 —— 14 양공襄公 제예諸兒
　795-731　　　　　　731-698　　　　　　698-686

　　　　　　이중년夷仲年 —— 15 무지無知 16 환공桓公 소백小白 ——
　　　　　　　　　　　　　686-685　　　685-643

17 무궤無詭
　643

18 효공孝公 소昭
　643-633

19 소공昭公 반潘 —— 20 사舍
　633-613　　　　613

21 의공懿公 상인商人
　613-609

22 혜공惠公 원元 —— 23 경공頃公 무야無野 —— 24 영공靈公 환環
　609-599　　　　　599-582　　　　　　582-554

25 장공莊公 광光
　554-548

26 경공景公 저구杵臼 —— 28 도공悼公 양생陽生 —— 29 간공簡公 임壬
　548-490　　　　　　489-485　　　　　　485-481

　　　　　　27 안유자晏孺子 도荼
　　　　　　490-489

　　　　　*평공平公 오鷔 —— 선공宣公 적積 —— 강공康公 대貸
　　　　　481-456　　　　456-405　　　　405-379

〈전씨〉

전경중완田敬仲完 1 태공太公 화和 —— 2 후侯 섬剡 —— 3 환공桓公 오午 ——
　　　　　　　　386-383　　　　383-374　　　　374-356

4 위왕威王 인제因齊 —— 5 선왕宣王 벽강辟彊 —— 6 민왕湣王 지地6 ——
　356-319　　　　　　319-301　　　　　　301-283

7 양왕襄王 법장法章 —— 8 건建
　283-264　　　　　　264-221

4. 진晉 및 삼진三晉

1-1 진晉

1 당숙唐叔 우虞 6 정후靖侯 의구宜臼 —— 7 의후釐侯 사도司徒 ——
859-841   841-823

8 헌후獻侯 적籍 —— 9 목후穆侯 비생費生 —— 11 문후文侯 구仇 ——
823-812   812-785   781-746

10 상숙殤叔
785-781

12 소후昭侯 백伯 —— 13 효후孝侯 평平 —— 14 악후鄂侯 극郤
746-739   739-724   724-718

15 애후哀侯 광光 —— 16 소자후小子侯
718-709   709-706

17 진후晉侯 민緡
706-679

* 곡옥曲沃 환숙桓叔 —— 장백莊伯 —— 18 무공武公 칭稱 —— 19 헌공獻公 궤제佹諸
679-677   677-651

20 해제奚齊
651

21 탁자卓子
651

21 혜공惠公 이오夷吾 —— 23 회공懷公 어圉 —— 24 문공文公 중이重耳
651-637   637   636-628

25 양공襄公 환歡 —— 26 영공靈公 이고夷臯
628-621   621-607

* 환숙 첩捷 —— 혜백 담談

27 성공成公 흑둔黑臀 —— 28 경공景公 거據 —— 29 여공厲公 수만壽曼
607-600   600-581   581-573

30 도공悼公 주周 —— 31 평공平公 표彪 —— 32 소공昭公 이夷
573-558   558-532   532-526

33 경공頃公 기질棄疾 —— 34 정공定公 오午 —— 35 출공出公 착鑿
526-512   512-475   475-458

*대자戴子 옹雍 —— 기忌 —— 36 애공哀公 교驕
458-440

37 유공幽公 겹郟 —— 38 열공烈公 지止 —— 효공孝公 기頎 —— 정공静公 구주俱酒
440-422   422-395   395-378   378-376

1-2 삼진三晋

〈위魏〉

필만畢萬　무자武子　환자桓子　1 위문후魏文侯 —— 2 위무후魏武侯
　　　　　　　　　　　　　　　424-387　　　　　387-371

3 혜왕惠王 —— 4 양왕襄王 —— 5 애왕哀王 —— 6 소왕昭王 ——
371-335　　　335-319　　　319-296　　　296-277

7 안희왕安釐王 —— 8 경민왕景湣王 —— 가假
277-243　　　　　243-228　　　　228-225

〈한韓〉

한궐韓厥 —— 강자韓康子 —— 1 경후景侯 —— 2 열후烈侯 —— 3 문후文侯 ——
　　　　　　　　　　　　　408-400　　　400-387　　　387-376

4 애후哀侯　5 의후懿侯 —— 6 소후昭侯 —— 7 선혜왕宣惠王 —— 8 양왕襄王 ——
376-371　371-359　　　359-333　　　333-312　　　　312-296

9 희왕釐王 —— 10 환혜왕桓惠王 —— 안安
296-273　　　　273-239　　　239-230

〈조趙〉

조숙趙夙 —— 성자成子 최衰 —— 선자宣子 돈盾 —— 장자莊子 삭朔 ——

문자文子 무武 —— 경숙景叔 —— 간자簡子 앙鞅 —— 양자襄子 무휼無恤
　　　　　　　　　　　　　　　　　　　　　　　환자桓子 가嘉
　　　　　　　　　　　　　　　　　　백로伯魯 —— 대성군代成君 주周 ——

헌후獻侯 완浣 —— 1 열후烈侯 적籍 —— 3 경후敬侯 장章 —— 4 성후成侯 종種 ——
　　　　　　　　408-400　　　　387-375　　　　375-350

　　　　　　　　2 무공武公
　　　　　　　　400-387

5 숙후肅侯 어語 —— 6 무령왕武靈王 옹雍 —— 7 혜문왕惠文王 하何 ——
350-326　　　　326-299　　　　　299-266

8 효성왕孝成王 단丹 —— 9 도양왕悼襄王 언偃 —— 10 유목왕幽繆王 천遷
266-245　　　　245-236　　　　　236-228

　　　　　　　　　　　　　　　대왕代王 가嘉
　　　　　　　　　　　　　　　228-222

5. 초楚

육웅鬻熊 1 웅역熊繹 9 웅용熊勇9
848-838   828-822

10 웅엄熊嚴 ── 11 웅상熊霜
838-828   828-822

12 웅순熊徇 ── 13 웅악熊咢
822-800   800-791

14 약오若敖 웅의熊儀 ── 15 소오霄敖 웅감熊坎 ── 16 분모蚡冒 웅순熊呴
791-764   764-758   758-690

17 무왕武王 통通 ──
690-677

18 문왕文王 자貲 ── 19 두오杜敖 웅간熊艱
690-677   677-672

20 성왕成王 운惲 ── 21 목왕穆王 상신商臣 ──
672-626   626-614

22 장왕莊王 려侶 ── 23 공왕共王 심審 ── 24 강왕康王 초招 ── 25 겹오郟敖 원員
614-591   591-560   560-545   545-541

26 영왕靈王 어圍
541-529

27 평왕平王 거居, 기질棄疾 ──
529-516

28 소왕昭王 진珍 ── 29 혜왕惠王 장章 ── 30 간왕簡王 중中 ── 31 성왕聲王 당當 ─
516-489   489-432   432-408   408-402

태자 건建 ── 백공白公 승勝

32 도왕悼王 의疑 ── 33 숙왕肅王 장臧
402-381   381-370

34 선왕宣王 양부良夫 ── 35 위왕威王 상商 ── 36 회왕懷王 괴槐 ──
370-340   340-329   329-299

37 경양왕頃襄王 횡橫 ── 38 고열왕考烈王 원元 ── 39 유왕幽王 한悍
299-263   263-238   238-228

40 애왕哀王 유猶
228

41 부추負芻
228-223

6. 진秦

여수女脩 − 진중秦仲 − 장공莊公 − 1 양공襄公 − 2 문공文公 − 태자 정공靖公 −
                              778-766   766-716

3 영공寧公 —— 5 무공武公
716-704   698-678

4 출자出子
704-698

6 덕공德公 —— 7 선공宣公
678-676   676-664

                    8 성공成公
                    664-660

                    9 목공穆公 임호任好 —— 10 강공康公 앵罃 —— 11 공공共公 화和 —
                    660-621   621-609   609-604

12 환공桓公 —— 13 경공景公 —— 14 애공哀公 —— 태자 이공夷公 —— 15 혜공惠公 —
604-577   577-537   537-501   501-491

16 도공悼公 —— 17 여공厲公 공공 —— 18 조공躁公
491-477   477-443   443-429

                    19 회공懷公 —
                    429-425

태자 소자昭子 — 20 영공靈公 — 24 헌공獻公 사습師隰 — 25 효공孝公 거량渠梁 —
                425-415   385-362   362-338

21 간공簡公 —— 22 혜공惠公 —— 23 출자出子
415-400   400-387   387-385

26 혜문왕惠文王 사駟 —— 27 무왕武王 탕蕩
338-311   311-307

                    28 소양왕昭襄王 칙則 —— 29 효문왕孝文王 주柱 —
                    307-251   251-250

30 장양왕莊襄王 자초子楚 — 31 진시황始皇帝 정政 — 태자 부소扶蘇 — 33 자영子嬰
250-247   247-210   207

                              32 호해胡亥
                              210-207

7. 연燕

1 소공召公 석奭   9 혜후惠侯 —— 10 희후釐侯 —— 11 경후頃侯 —— 12 애후哀侯 ——
865–827   827–791   791–767   767–765

13 정후鄭侯 —— 14 목후繆侯 —— 15 선후宣侯 —— 16 환후桓侯 —— 17 장공莊公 ——
765–729   729–711   711–698   698–691   691–658

18 양공襄公 —— 19 환공桓公 —— 20 선공宣公 —— 21 소공昭公 —— 22 무공武公 ——
658–618   618–602   602–587   587–574   574–555

22 문공文公 —— 24 의공懿公 —— 25 혜공惠公 —— 26 도공悼公 —— 27 공공共公 ——
555–549   549–545   545–535   535–529   529–524

28 평공平公 —— 29 간공簡公 —— 30 헌공獻公 —— 31 효공孝公 —— 32 성공成公 ——
524–505   505–493   493–465   465–450   450–434

33 민공湣公 —— 34 희공釐公 —— 35 환공桓公 —— 36 문공文公 —— 37 역왕易王 ——
434–403   403–373   373–362   362–333   333–321

38 쾌噲 —— 39 소왕昭王 —— 40 혜왕惠王 —— 41 무성왕武成王 —— 42 효왕孝王 —— 희喜
321–312   312–279   279–272   272–258   258–255   255–222

8. 오월吳越

〈오〉

태백太伯
중옹仲雍 1 수몽壽夢 —— 2 제번諸樊 —— 6 합려闔廬 광光 —— 7 부차夫差
      586–561   561–548   515–496   496–473

3 여채餘祭
548–544

4 여말餘昧 —— 5 료僚
531–527   527–515

계찰季札

〈월〉

무여無餘 —— 1 윤상允常元常 —— 2 구천句踐 —— 무강無疆 —— 친親
                      496–465

풍몽룡의 동주열국지 5 - 전국시대

발행일 1쇄 2019년 1월 30일
지은이 풍몽룡
역 주 신동준
펴낸이 여국동
펴낸곳 도서출판 인간사랑
출판등록 1983. 1. 26. 제일 - 3호
주소 경기도 고양시 일산동구 백석로 108번길 60 - 5 2층
물류센타 경기도 고양시 일산동구 문원길 13 - 34(문봉동)
전화 031)901 - 8144(대표) | 031)907 - 2003(영업부)
팩스 031)905 - 5815   **전자우편** igsr@naver.com
페이스북 http://www.facebook.com/igsrpub
블로그 http://blog.naver.com/igsr
인쇄 하정인쇄 **출력** 현대미디어 **종이** 세원지업사

ISBN 978 - 89 - 7418 - 778 - 1 04910
       978 - 89 - 7418 - 772 - 9 (세트)

이 도서의 국립중앙도서관 출판시도서목록(CIP)은 서지정보유통지원시스템 홈페이지(http://seoji.nl.go.kr)와
국가자료공동목록시스템(http://www.nl.go.kr/kolisnet)에서 이용하실 수 있습니다.(CIP제어번호: CIP2019000915)